HEYNE BÜCHER

ESOTERISCHES WISSEN

Osho

Das Buch der Frauen

Durch Bewußtheit
zur Quelle der weiblichen Kraft

Zusammengestellt und
aus dem Englischen übertragen
von Raje H. Müller

Deutsche Erstausgabe

WILHELM HEYNE VERLAG
MÜNCHEN

HEYNE ESOTERISCHES WISSEN
Herausgegeben von Michael Görden
13/9711

Sämtliche ausgewählten Texte von Osho stammen aus spontan gehaltenen Vorträgen, überwiegend in Englisch, aber auch in Hindi, die auf Tonband aufgezeichnet, in Schriftform übertragen und ins Deutsche übersetzt wurden.

Fast alle verwendeten Vorträge sind als Buch in Englisch, einige auch in Deutsch, erschienen. Die Ziffern am Textende verweisen auf den Quellennachweis am Ende des Buches.

Umwelthinweis:
Dieses Buch wurde auf
chlor- und säurefreiem Papier gedruckt.

2. Auflage

Printed in Germany 1998
Lektorat: Renate Schilling
Umschlaggestaltung: Ateet Frankl, München/
Atelier Adolf Bachmann, Reischach
Umschlagabbildung: Bildagentur Mauritius, Mittenwald
Satz: MPM, Wasserburg
Druck und Bindung: Elsnerdruck, Berlin

ISBN 3-453-14483-X

Für das Weibliche
in uns allen

Inhalt

1. KAPITEL

»Weiblich«

Kannst du etwas über das Mysterium der Frau sagen?

Das ist eine der ältesten Fragen. Dem Mann war die Frau immer schon ein Rätsel. Doch eigentlich geht es bei diesem Problem nicht um Mann oder Frau. Auf das eigentliche, existentielle Problem reduziert, geht es um den Unterschied zwischen Kopf und Herz.

Der Kopf kann das Mysterium des Herzens nicht verstehen. Der Kopf ist logisch, rational, mathematisch, wissenschaftlich; das Herz weiß nichts von Logik, von Rationalität. Das Herz funktioniert auf ganz andere Weise. Durch die Art, wie es funktioniert, erzeugt es im Kopf die Idee des Mysteriums. Es geht bei dieser Frage gar nicht um die Frau. Die Frage taucht nur auf, weil die Frau durch das Herz funktioniert und der Mann durch den Kopf. Habt ihr jemals Frauen fragen hören: »Was ist das Mysterium des Mannes?« Sie wissen es einfach.

Das Problem entsteht durch logische Überlegung, und diese ist ein sehr oberflächliches Phänomen. Sie ist gut bei Objekten, bei toten Dingen. Damit kann sie gut umgehen, denn ein totes Ding hat keine Innerlichkeit, ein totes Ding hat keine Innenwelt, kein Innenleben. Der Wissenschaftler kann mit Objekten bestens umgehen, doch sobald er Überlegungen anstellt über die Subjektivität, die Innerlichkeit, ist er lahmgelegt, weil das Denken hier nicht greift.

Das Herz weiß einfach – ohne jeden Erkenntnisprozeß, ohne jeden Syllogismus, ohne jedes Argument. Woher weißt du, daß die Rose schön ist? Ist es eine logische Schlußfolgerung? Wenn du die Logik ins Spiel bringst, kannst du nicht beweisen, daß die Rose schön ist, denn mit Logik kann man das Phänomen der Schönheit nicht ergründen.

Wenn du sagst, daß die Rose schön ist, funktionierst du aus

dem Herzen. Wenn du sagst, daß du vom Sternenhimmel überwältigt bist, ist das keine rationale Aussage. Wenn du gezwungen wärest, es logisch zu beweisen, wärest du in der Klemme. Dann würde dir plötzlich klar, daß das Herz gesprochen hat. Der Kopf ist absolut unfähig zu verstehen, wie das Herz funktioniert.

Hingegen hat das Herz mit dem Kopf nicht diese Schwierigkeit, denn der Kopf ist oberflächlich, während das Herz tief in dein Inneres reicht. Das Niedrigere kann das Höhere nicht verstehen, aber das Höhere kann das Niedrigere ganz leicht verstehen; dazu bedarf es keines Nachdenkens. Dein Herz ist etwas Höheres als dein Kopf und zugleich etwas Tieferes als dein Kopf. Eine Frau vermag eine Dichterin zu sein, aber sie kann nicht wirklich eine Mathematikerin sein. Mathematik ist reines Gedankenspiel. Poesie ist ein völlig anderes Phänomen.

Das erinnert mich an Frau Einstein, die Ehefrau Albert Einsteins. Sie war eine Dichterin, und Albert Einstein vermutlich der größte wissenschaftliche Denker aller Zeiten. Natürlich wollte Frau Einstein ihrem Mann gerne ihre Gedichte zeigen. Einstein vermied das Thema, wo er nur konnte, aber schließlich, eines Nachts, als der Vollmond am Himmel stand, konnte Frau Einstein der Versuchung nicht widerstehen. Sie hatte ein schönes Gedicht über den Vollmond geschrieben und das trug sie nun vor.

Albert Einstein sah sie ganz perplex, geradezu schockiert, an. Sie verstand das nicht: »Warum sieht er mich so seltsam an? Er kann höchstens finden, daß das Gedicht nicht besonders gut ist ... aber er sieht mich an, als wäre ich verrückt!« Als sie mit dem Aufsagen des Gedichtes zu Ende war, fragte sie Albert Einstein: »Wie findest du das?«

Er sagte: »Ich hätte nie gedacht, daß du so verrückt bist! Du sagst, der Mond sei schön; du sagst, der Mond erinnere dich an deinen Geliebten. Das ist blanker Unsinn! Der Mond ist viel zu groß, um für deinen Geliebten zu stehen. Und außerdem ist der Mond überhaupt nicht schön! Er ist so gewöhnlich wie die Erde, ja noch gewöhnlicher, denn es gibt dort kein Grün, kein Wasser, nur öde Wüste. Und das Licht, das du von ihm reflektiert siehst, ist nicht einmal sein eigenes. Das Licht holt er sich von der Sonne; es stammt nicht vom Mond. Das Sonnenlicht fällt auf den Mond, und die Strahlen werden zurückgeworfen, und was deine Augen sehen, sind diese reflektierten Strahlen. Der Mond ist nicht die Quelle. Ich habe immer gedacht, du seist gebildet, aber du kennst ja nicht einmal das ABC der Physik!«

Jetzt war die Reihe an Frau Einstein, ihn anzusehen, als wäre er verrückt. Seit Jahrhunderten singen die Dichter ihre Lieder über den Mond – seine Schönheit, seinen ungeheuren Magnetismus, sein kühles Licht. Er hat eine gewisse hypnotische Wirkung auf das Herz ... und heute ist es auch faktisch erwiesen, daß eine gewisse hypnotische Kraft von ihm ausgeht.

In einer Vollmondnacht sind mehr Menschen erleuchtet worden als in anderen Nächten. Mahavira ist die einzige Ausnahme; er wurde bei Neumond erleuchtet. Gautama Buddha wurde in einer Vollmondnacht geboren, wurde in einer Vollmondnacht erleuchtet und starb in einer Vollmondnacht. Er ist das perfekte Beispiel für die hypnotische Wirkung des Mondes. In Vollmondnächten werden viel mehr Menschen verrückt als sonst – das ist statistisch belegt –, und mehr Menschen begehen Selbstmord bei Vollmond.

Irgendwie treibt der Vollmond den Verstand des Menschen in Dimensionen, die jenseits des Denkens liegen. Und nicht nur der Mensch wird vom Vollmond beeinflußt; auch das Meer steht unter seinem Einfluß. Aber so etwas kann ein Physiker, ein Mathematiker, nicht begreifen – und Frau Einstein erwähnte ihrem Mann gegenüber nie wieder etwas von ihren Gedichten, ihr ganzes Leben lang. Obwohl sie weiter dichtete, machte sie nichts davon publik. Schon beim allerersten Vortrag hatte es sich entschieden, daß diese Art von Dialog mit ihrem Ehemann nicht möglich war. Und das ist kein Ausnahmefall.

Kein Ehemann und keine Ehefrau sind in der Lage, einander zu verstehen. Mißverstehen ist die naturgegebene Situation. Der Mann sagt etwas – und die Frau versteht sofort etwas anderes. Der Mann kann nicht begreifen, wie sie zu diesem

Schluß gelangt ist. Doch für die Frau ist dieser Schluß absolut klar; es gibt keinen Zweifel daran. Was auch immer sie sagt, der Mann hat Schwierigkeiten, es nachzuvollziehen.

Die Psychologen haben angefangen, Paare als »Intimfeinde« zu bezeichnen, und das sind sie auch, denn keiner versteht den anderen. Doch der Grund dafür liegt nicht bei Mann und Frau. Der Grund liegt viel tiefer. Es ist eine Frage von Kopf und Herz.

Darum möchte ich die Tatsache hervorheben, daß die Frage von Anfang an falsch gestellt ist. Es ist nicht das Mysterium der Frau – es ist das Mysterium des Herzens, das für den Kopf unbegreiflich ist. Das Herz hat kein Problem mit dem Kopf; er ist eine niedrigere, oberflächlichere Ebene, und das Herz kann ihn verstehen. Wenn also Männer sagen, daß die Frauen ein Mysterium sind, grinsen die Frauen untereinander: »Seht euch diese Dummköpfe an!« Habt ihr je gehört, daß eine Frau sagt, die Frauen seien ein Mysterium? Sie kennen sich, durch und durch. Da gibt es kein Mysterium.

Es wird besser verständlich, wenn du noch eine andere Dimension betrachtest. Vergiß Mann und Frau – denk nur einmal an deinen eigenen Kopf und dein eigenes Herz. Haben sie eine »Kommunion« miteinander, können sie einander verstehen? Ich habe Albert Einstein nie kennengelernt, aber ich hätte ihn gerne getroffen, nur um ihn zu fragen, wie es kam, daß er sich in Frau Einstein verliebte; welche Physik, welche Mathematik, welche Wissenschaft dahintersteht, wenn man sich verliebt.

Aber vielleicht hat er nie darüber nachgedacht. Liebe kommt aus dem Herzen; sie kann nicht aus dem Kopf kommen. Selbst der größte Wissenschaftler gerät gelegentlich auf Abwege und kommt aus seinem Kopf heraus. Ein einziger schöner Sonnenuntergang, und er ist überwältigt! Er vergißt, daß er Wissenschaftler ist und solche Dinge, solche femininen Dinge, eigentlich nichts sind für seinen männlichen Verstand! Doch jeder Wissenschaftler verliebt sich mal in eine Frau, ohne darüber nachzudenken, was Liebe ist. Es ist ein Mysterium. Selbst dein eigenes Herz ist für dich ein Mysterium.

Wenn Herz und Kopf zusammen sind, bist du vollständiger, bist du kompletter. Das Herz ist ein Teil, und der Kopf ist ein Teil, aber zusammen ... wenn es zu einer Kommunion kommen kann, wird deine Stärke sich nicht bloß verdoppeln, sondern vervielfachen.

Wie können Kopf und Herz zusammenfinden? Dies ist eine multidimensionale Frage. Es geht dabei um Frau und Mann, es geht um Herz und Kopf, es geht um Ost und West.

Der Westen ist kopforientiert, der Osten ist herzorientiert. Es ist die gleiche Frage auf einer anderen Ebene: Wie können sie zusammenfinden? Wie kann es zwischen Kopf und Herz zu intimer Liebe – statt intimer Feindschaft – kommen? Es ist ein Widerspruch in sich.

In der Meditation können sie zusammenfinden, denn in der Meditation ist der Kopf leer, ist das Herz leer. Der Kopf ist leer von Gedanken, und das Herz ist leer von Gefühlen. Wenn zwei »Leeren« zusammenfinden, können sie nicht getrennt bleiben, weil es zwischen ihnen nichts gibt, das sie trennen könnte. Zwei Nullen werden zu einer Null. Zwei »Nichtse« können nicht getrennt voneinander existieren; sie müssen zwangsläufig eins werden, weil es nicht einmal einen Zaun zwischen ihnen gibt.

In der Meditation verlieren sich Kopf und Herz ineinander, verschmelzen sie miteinander. In Meditation können Mann und Frau miteinander verschmelzen.

In Indien haben wir eine alte, sehr alte Statue, eines der wunderbarsten Kunstwerke: die Statue von *Ardhanarishwar*. Diese Statue ist halb Mann, halb Frau. Es ist die Statue des Hindu-Gottes Shiva. Die eine Hälfte des Körpers ist eine Frau und die andere Hälfte des Körpers ist ein Mann. In der Zeit vor Carl Gustav Jung hatte man das immer nur für einen Mythos, etwas Symbolisches, für Poesie gehalten, aber nicht für etwas Wirkliches. Das ganze Verdienst gebührt Carl Gustav Jung, daß er der Welt klarmachte, daß es nicht nur symbolisch gemeint, sondern wirklich ist.

Jeder Mann, jede Frau ist beides, denn jedes Kind wird aus einem Vater und einer Mutter geboren. Daher ist in jedem

Kind etwas von der Mutter und vom Vater vorhanden, gleichgültig, ob das Kind ein Mädchen oder ein Junge ist. Der einzige Unterschied könnte darin bestehen, daß der Mann etwas mehr Mann ist, vielleicht einundfünfzig Prozent Mann und neunundvierzig Prozent Frau, und die Frau vielleicht einundfünfzig Prozent Frau und neunundvierzig Prozent Mann. Doch der Unterschied ist nicht groß. Darum ist auch die Geschlechtsumwandlung wissenschaftlich machbar geworden, weil das andere Geschlecht ebenso vorhanden ist. Man braucht nur den Hormonanteil zu verändern: Aus den einundfünfzig Prozent macht man neunundvierzig und aus den neunundvierzig macht man einundfünfzig – dann wird aus dem Mann eine Frau und aus der Frau ein Mann.

Aber nicht einmal in dir selbst ist Harmonie. In dir ist ein Konflikt, ein ständiger Konflikt zwischen Kopf und Herz, zwischen dem Mann und der Frau. Dieser Konflikt läßt sich nur lösen, wenn der Kopf sein Denken und das Herz sein Fühlen losläßt und beide zu einem blanken, leeren Raum werden. In dieser Leere kommt es zu einem großen Zusammentreffen, zu einem großen Verstehen.

Für mich ist keine Frau ein Mysterium, und ich habe sehr genau hingeschaut. Es gibt vielleicht auf der ganzen Welt niemand, der mit so vielen Männern und so vielen Frauen in Berührung gekommen ist wie ich. Doch weder Mann noch Frau erscheinen mir als Mysterium, weil in meinem Innern Kopf und Herz miteinander verschmolzen sind. Das hat mir eine neue Sichtweise gegeben und meine ganze Sicht von den Dingen verändert.

Wenn du das Mysterium der Frau wirklich verstehen willst, mußt du die Kunst lernen, deinen Kopf mit deinem Herzen zu verschmelzen. Das wird dir nicht nur helfen, das Mysterium der Frau zu erkennen, es wird dir auch helfen, das Mysterium des Mannes zu erkennen. Und nicht nur das, es wird dir helfen, das Mysterium der ganzen Existenz zu erkennen. **(1)**

Du scheinst mir wahrhaftig der erste Mann auf diesem Planeten zu sein, der die Frauen wirklich versteht und akzeptiert. Bitte sag etwas dazu.

Ich habe euch gesagt, daß man eine Frau lieben muß, und nicht, daß man sie verstehen muß. Das ist das erste, was es zu verstehen gilt. Das Leben ist derart geheimnisvoll, daß wir mit unseren Händen seine Größe nicht fassen können, mit unseren Augen sein tiefstes Mysterium nicht schauen können. Irgendeine Ausdrucksform der Existenz zu verstehen – die Männer oder die Frauen oder die Bäume oder die Tiere oder die Vögel – ist das Ziel des Wissenschaftlers, aber nicht des Mystikers. Ich bin kein Wissenschaftler. Für mich ist die Wissenschaft selbst ein Mysterium, und inzwischen haben auch die Wissenschaftler angefangen, das zu erkennen. Sie geben allmählich ihre alte hartnäckige und abergläubische Haltung auf, daß sie eines Tages alles wissen werden, was es zu wissen gibt.

Mit Albert Einstein hat die ganze Geschichte der Wissenschaft eine völlig neue Route eingeschlagen, denn je mehr er zum tiefsten Kern der Materie vordrang, um so mehr staunte er. Die ganze Logik blieb zurück, die ganze Vernunftmäßigkeit blieb zurück. Man kann der Existenz nichts vorschreiben, denn sie folgt nicht eurer Logik. Die Logik ist vom Menschen gemacht.

Es gab einen Punkt in Albert Einsteins Leben, an dem er, wie er sich später erinnerte, schwankte, ob er auf der Vernunft beharren sollte ... doch das wäre töricht gewesen. Es wäre menschlich gewesen, aber nicht intelligent. Selbst wenn man auf der Logik beharrt, auf der Vernunftmäßigkeit, wird sich die Existenz nicht ändern, um eurer Logik zu entsprechen; eure Logik muß sich entsprechend der Existenz verändern. Und je tiefer man geht, um so mysteriöser wird die Existenz.

Es kommt ein Punkt, an dem man Logik und Vernunft hinter sich lassen muß, an dem man nur auf die Natur hören darf. Ich nenne es das »Höchste Verstehen«, aber nicht im gewöhnlichen Sinne von Verstehen. Du weißt es, du fühlst es – aber du kannst es nicht in Worten ausdrücken.

Der Mann ist ein Mysterium, die Frau ist ein Mysterium. Alles, was existiert, ist ein Mysterium – und all deine Bemühungen, es zu enträtseln, sind zum Scheitern verurteilt.

Das erinnert mich an einen Mann, der für seinen Sohn ein Weihnachtsgeschenk in einem Spielzeugladen kaufen wollte. Da er ein bekannter Mathematiker war, brachte ihm der Besitzer ein ganz besonderes Puzzlespiel. Der Mathematiker versuchte, es zu lösen – es war ein kniffliges Spiel. Er probierte und probierte und probierte ... und er begann zu schwitzen. Es fing an, ihm unangenehm zu werden, weil alle zusahen: die Kunden, die Verkäufer, der Ladenbesitzer. Aber es gelang ihm nicht, das Problem zu lösen.

Schließlich gab er es auf, und er schrie den Besitzer an: »Hören Sie, ich bin Mathematiker, und wenn nicht einmal ich dieses Puzzlespiel lösen kann – wie soll dann mein kleiner Sohn das können?«

Der Ladenbesitzer sagte: »Sie müssen das richtig verstehen: Es ist so gemacht, daß niemand es lösen kann, ganz gleich, ob Mathematiker oder kein Mathematiker!«

Da sagte der Mathematiker: »Aber warum hat man es so gemacht?«

Der Besitzer sagte: »Es ist so gemacht, damit die Kinder von Anfang an lernen, daß man das Leben nicht lösen kann, daß man es nicht verstehen kann.«

Man kann es leben, man kann sich daran erfreuen, man kann eins werden mit dem Mysterium – aber die Vorstellung, es als Beobachter zu verstehen, ist etwas völlig Unmögliches.

Ich verstehe mich selbst nicht. Das größte Mysterium für mich bin ich selbst. Aber ich kann dir ein paar Hinweise geben:

Ein Psychiater ist jemand, der dir eine Menge teurer Fragen stellt, die du von deiner Frau ganz umsonst bekommen kannst.

Was ist der Schlüssel zum Glück? Vielleicht meinst du: Liebe, Zärtlichkeit, Leidenschaft. Aber die wahre Ekstase erlebst du, wenn du entdeckst, daß du deine Schlüssel doch nicht verloren hast.

Am Anfang leistet die Frau Widerstand gegen die Annäherungsversuche des Mannes, und am Ende blockiert sie seinen Rückzug.

Wenn du die Meinung einer Frau ändern willst, gib ihr recht.

Wenn du wissen willst, was eine Frau wirklich meint, hör ihr nicht zu, sondern schau sie an.

Eine Dame sagt zu einem Polizisten: »Herr Inspektor, dieser Mann dort an der Ecke ärgert mich.«

»Ich habe die ganze Zeit aufgepaßt«, sagt der Polizist, »aber dieser Mann hat Sie nicht einmal angeschaut.«

»Nun, ist das nicht ärgerlich?« sagt die Frau.

Ein verliebter junger Mann fragt das schöne Mädchen in seinem Bett: »Bin ich der erste Mann, mit dem du ins Bett gehst?«

Sie denkt einen Augenblick nach und sagt dann: »Kann sein – ich habe ein schreckliches Gedächtnis für Gesichter.«

Ein junges Mädchen sagt zu einer unverheiratet gebliebenen alten Dame: »Sie haben bestimmt viel verpaßt dadurch, daß Sie nicht geheiratet haben!«

»Nur die Zeremonie!« antwortet die alte Dame.

Ein unerfahrenes junges Mädchen geht kurz vor ihrer Hochzeit zu einer erfahrenen Freundin, um sich ein paar Ratschläge zu holen.

»Doris«, sagt sie, »es klingt vielleicht dumm, aber ich möchte dich ein paar Dinge fragen.«

»Kein Problem«, sagt Doris. »Frag nur!«

»Also«, sagt das schüchterne Mädchen, »ist es okay, mit dem Ehemann zu reden, während man Liebe macht?«

»Nun«, sagt Doris, »ich hab das zwar noch nie gemacht, aber ich denke, das ist schon okay – vorausgesetzt, du hast ein Telefon in Reichweite.«

Ein Mann ist mit Frau und Schwiegermutter auf Safari. Einmal liegt er mit grimmiger Laune in seinem Zelt, als er plötzlich seine Frau schreien hört. Er springt auf und rennt nach draußen. Dort sieht er seine Schwiegermutter fäusteschwingend im Gras stehen, fünf Meter von ihr entfernt ein riesiger Löwe, zum Sprung bereit.

»Tu doch was!« schreit seine Frau in höchster Panik.

»Warum sollte ich?« erwidert der frustrierte Jäger. »Das hat sich der Löwe doch selber eingebrockt! Soll er sehen, wie er da wieder rauskommt!«

Alles ist geheimnisvoll. Es ist besser, es zu genießen, als zu versuchen, es zu verstehen. Letztlich erweist sich derjenige, der stets das Leben zu verstehen trachtet, als ein Narr und derjenige, der das Leben genießt, als ein Weiser. Wer das Leben zu genießen versteht, wird mehr und mehr zur Einsicht kommen, daß er vom Geheimnisvollen umgeben ist.

Die größte Einsicht ist die, zu erkennen, daß es nichts zu verstehen gibt und daß alles ein Mysterium und ein Wunder ist. Für mich ist das der Anfang von Religion in eurem Leben. **(2)**

Würdest du bitte erläutern, was die wahren Unterschiede zwischen Mann und Frau sind?

Die meisten Unterschiede zwischen Mann und Frau rühren von der jahrtausendealten Konditionierung her. Es sind keine grundlegenden natürlichen Unterschiede. Es gibt jedoch ein paar Verschiedenheiten, die die einzigartige Schönheit und Individualität von Mann und Frau ausmachen. Diese Unterschiede lassen sich an ein paar Fingern abzählen.

Einer besteht darin, daß die Frau imstande ist, Leben hervorzubringen, und der Mann nicht. In dieser Hinsicht ist er ihr unterlegen, und diese Unterlegenheit hat eine entscheidende Rolle in der Herrschaft des Mannes über die Frau gespielt. So funktioniert der Minderwertigkeitskomplex: Man tut so, als wäre man der Überlegene, und auf diese Weise macht man sich selbst und der ganzen Welt etwas vor. Darum hat der Mann seit undenklichen Zeiten die Genialität der Frau, ihre Talente und Fähigkeiten unterdrückt, um sich selbst und der Welt seine Überlegenheit zu beweisen.

Die Frau ist, solange sie ein Kind austrägt, für neun Monate und länger äußerst schutzbedürftig und vom Mann abhängig. Die Männer haben das auf sehr häßliche Weise ausgenutzt. Das ist aber nur ein physiologischer Unterschied, der überhaupt nicht ins Gewicht fällt.

Die psychologische Verfassung der Frau ist vom Mann verfälscht worden, indem er ihr Dinge erzählte, die nicht wahr sind. Er hat sie zu seiner Sklavin gemacht, hat sie in dieser Welt zu einer Bürgerin zweiter Klasse degradiert. Und der Grund dafür ist, daß er die stärkeren Muskeln hat. Die Muskelkraft gehört jedoch zu unserem animalischen Erbe. Wenn sich daraus eine Überlegenheit ableiten ließe, wäre jedes Tier dem Mann überlegen.

Doch die wahren Unterschiede sind zweifellos vorhanden, und wir müssen sie hinter einem Berg von fiktiven Unterschieden aufspüren. Ein Unterschied, den ich sehe, besteht darin, daß die Frau mehr zur Liebe fähig ist als der Mann. Die Liebe des Mannes ist mehr oder weniger eine physische Notwendigkeit; die Liebe der Frau ist das nicht. Sie ist etwas Größeres, Höheres; sie ist eine spirituelle Erfahrung. Deshalb ist die Frau auch monogam, während der Mann polygam ist. Der Mann wünscht sich sämtliche Frauen der Welt und wäre doch nie befriedigt in seiner grenzenlosen Unzufriedenheit.

Die Frau hingegen kann mit einer einzigen Liebe zufrieden sein, völlig erfüllt, denn sie schaut nicht auf den Körper des Mannes; sie schaut auf seine innersten Qualitäten. Sie verliebt sich nicht in den Mann, der einen schönen, muskulösen Körper hat; sie verliebt sich in einen Mann, der Charisma hat – etwas Undefinierbares, ungeheuer Anziehendes –, einen Mann, der ein Geheimnis in sich trägt, das es zu entdecken gilt. Sie sucht nicht bloß einen Mann; sie sucht das Abenteuer der Erforschung des Bewußtseins.

Der Mann ist, was seine Sexualität betrifft, sehr schwach;

er kann nur einen einzigen Orgasmus haben. Darin ist ihm die Frau unendlich überlegen; sie kann mehrfache Orgasmen haben. Das hat sich als eines der schwierigsten Probleme erwiesen. Der männliche Orgasmus ist lokal, auf die Genitalien beschränkt. Der weibliche Orgasmus ist total und nicht auf die Genitalien beschränkt. Ihr ganzer Körper ist sexuell erregbar, und sie kann eine wunderbare orgasmische Erfahrung haben – tausendfach größer und tiefer, bereichernder und nährender, als ein Mann sie je haben kann.

Doch die Tragödie besteht darin, daß ihr ganzer Körper angeregt werden muß, und daran ist der Mann nicht interessiert; daran war er nie interessiert. Er hat die Frau als Sexmaschine benutzt, nur um seine eigenen sexuellen Spannungen loszuwerden. Innerhalb von Sekunden ist er fertig. Und wenn er fertig ist, hat die Frau noch nicht einmal angefangen!

Sobald der Mann mit dem Geschlechtsakt fertig ist, dreht er sich um und schläft. Der Geschlechtsakt verschafft ihm einen tiefen, entspannten Schlaf, nachdem er alle Spannungen in der sexuellen Betätigung losgeworden ist. Und noch jede Frau, die das erlebte, hat geweint und geheult. Sie hat noch nicht einmal begonnen, sie ist noch nicht in Fahrt gekommen. Sie ist benutzt worden, und das ist die häßlichste Sache im Leben: wenn man wie ein Ding, wie eine Maschine, wie ein Objekt benutzt wird. Sie kann dem Mann nicht verzeihen, daß er sie benutzt hat.

Damit die Frau als Partnerin ebenfalls orgasmisch wird, muß der Mann das Vorspiel lernen, muß er lernen, im Bett ohne Eile zu sein. Er sollte aus der Liebe eine Kunst machen. Man kann aus dem Schlafzimmer einen Liebestempel machen – mit Räucherstäbchen und gedämpftem Licht, nur Kerzenschein. Und der Mann sollte sich der Frau nur nähern, wenn er in einer positiven Stimmung ist, voller Freude, überfließend. Normalerweise ist es so, daß Mann und Frau erst streiten, bevor sie sich lieben. Das vergiftet die Liebe. Sie wird zu einer Art Waffenstillstand – zumindest für eine Nacht. Liebe als Bestechung, als Täuschungsmanöver.

Der Mann sollte so Liebe machen, wie ein Maler ein Bild

malt: wenn sich sein Herz danach gedrängt fühlt. Oder wie ein Dichter ein Gedicht schreibt, wie ein Musiker Musik macht. Der Körper der Frau sollte wie ein Musikinstrument sein, denn er ist es. Wenn der Mann voller Freude ist, wird der Sex für ihn nicht bloß als Entladung, als Entspannung, als Schlafmittel dienen. Dann wird es ein Vorspiel geben. Dann wird er mit der Frau tanzen, wird mit ihr singen, und schöne Musik und Räucherwerk – was immer sie beide mögen – werden den Liebestempel erfüllen. Sex sollte zu etwas Heiligem werden, denn im gewöhnlichen Leben gibt es nichts Heiliges, außer ihr macht die Liebe zu etwas Heiligem. Damit öffnet ihr zum ersten Mal eine Tür zum Phänomen des kosmischen Bewußtseins.

Liebe sollte niemals erzwungen werden, Liebe sollte niemals angestrengt sein. Ihr solltet sie überhaupt nicht im Kopf haben. Ihr spielt, tanzt, singt, genießt einfach ... es ist alles Teil eurer ausgedehnten Freude. Wenn es passiert, ist es schön.

Wenn Liebe passiert, hat sie eine Schönheit. Wenn ihr es macht, ist es häßlich.

Und wenn ihr euch liebt und der Mann oben auf der Frau ist ... man nennt das die »Missionarsstellung«. Der Osten findet das häßlich, weil der Mann schwerer, größer und muskulöser ist und das zarte Wesen unter sich fast erdrückt. Im Osten hat man es immer genau umgekehrt gehalten: die Frau oben. Unter dem Gewicht des Mannes hat die Frau keine Bewegungsfreiheit. Dann bewegt sich nur der Mann und kommt innerhalb von Sekunden zum Orgasmus, und die Frau ist in Tränen aufgelöst. Sie, als seine Partnerin, wurde überhaupt nicht einbezogen. Sie wurde nur benutzt.

Wenn die Frau oben ist, hat sie mehr Bewegungsfreiheit und der Mann weniger, und das wird ihren Orgasmus näher zusammenbringen. Wenn beide gemeinsam zum Orgasmus kommen, hat es etwas Überirdisches. Es ist der erste Funken von *Samadhi* (kosmischem Bewußtsein), der erste Funke der Erfahrung, daß der Mensch nicht sein Körper ist. Man vergißt den Körper, vergißt die Welt. Dann öffnet sich für beide, Mann und Frau, eine neue Dimension, die sie noch nie entdeckt hatten.

Die Frau hat die Fähigkeit zu multiplen Orgasmen; darum sollte der Mann so langsam wie möglich vorgehen. In der Realität hat er es jedoch mit allem so eilig, daß die ganze Beziehung deswegen kaputtgeht. Der Mann sollte ganz entspannt sein, damit die Frau mehrere Orgasmen haben kann. Sein Orgasmus sollte ganz zum Schluß kommen, wenn die Orgasmen der Frau ihren Höhepunkt erreicht haben. Es ist eine simple Frage des Verstehens der natürlichen Zusammenhänge.

Das sind natürliche Unterschiede; sie haben nichts mit der Konditionierung zu tun. Es gibt noch andere Unterschiede. So zum Beispiel ist die Frau zentrierter als der Mann. Sie ist gelassener, ruhiger, geduldiger, kann besser warten. Vielleicht liegt es an diesen Eigenschaften, daß sie mehr Widerstandskraft gegen Krankheiten besitzt und länger lebt als der Mann. Durch ihre Gelassenheit, ihre Zartheit kann sie einem Mann große Erfüllung im Leben bringen. Sie wird sein Leben mit einer sanften, behaglichen Atmosphäre umgeben.

Doch der Mann hat Angst. Er will nicht, daß die Frau ihn mit ihrer Sanftheit einhüllt, er will nicht, daß sie diese behagliche Wärme um ihn herum verbreitet. Er hat Angst, daß er dadurch von ihr abhängig werden könnte. Darum hat er sie seit Jahrhunderten auf Distanz gehalten. Und er hat Angst, weil er tief im Innern weiß, daß die Frau mehr ist als er: Sie kann neues Leben gebären. Sie ist von der Natur zur Fortpflanzung auserkoren, nicht der Mann.

Die Funktion des Mannes bei der Fortpflanzung ist praktisch null. Diese Unterlegenheit hat zum größten Problem geführt: Der Mann fing an, der Frau die Flügel zu stutzen. Er fing an, sie in jeder Hinsicht herabzusetzen und zu verurteilen, damit er glauben konnte, er sei der Überlegene. Er hat die Frauen wie Vieh behandelt – und noch schlimmer.

In China hat man jahrtausendelang geglaubt, die Frau habe keine Seele. Darum konnte der Ehemann sie töten, ohne daß das Gesetz sich einmischte, denn sie war sein Eigentum. Wenn er seine Möbel zerstören wollte, war es nicht gegen das Gesetz, und wenn er seine Frau zerstören wollte, war es auch nicht gegen das Gesetz. Es war die größte Beleidigung überhaupt: daß sie keine Seele habe.

Der Mann hat der Frau jegliche Bildung und finanzielle Unabhängigkeit vorenthalten. Er hat ihr die gesellschaftliche Bewegungsfreiheit genommen, weil er Angst hatte. Er weiß, daß sie ihm überlegen ist, er weiß, daß sie schön ist, er weiß, daß es gefährlich ist, ihr die Unabhängigkeit zu gewähren. Also hat es all die Jahrhunderte hindurch keine Unabhängigkeit für die Frau gegeben. Die mohammedanische Frau mußte sogar ihr Gesicht verbergen, damit niemand außer dem Ehemann die Schönheit ihres Antlitzes, die Tiefe ihrer Augen sehen konnte.

Im Hinduismus mußte die Frau dem Ehemann in den Tod folgen. Was für eine Eifersucht! Euer ganzes Leben lang habt ihr sie besessen, und selbst nach dem Tod wollt ihr sie noch besitzen! Ihr habt Angst. Sie ist schön, und wenn ihr nicht mehr da seid ... wer weiß, sie könnte ja einen neuen Partner finden, der vielleicht besser ist als ihr. So hat sich die Tradition des *Sati* (der Witwenverbrennung) über Jahrtausende gehalten – die häßlichste Sache, die man sich vorstellen kann!

Der Ehemann stirbt. Vielleicht ist seine Frau noch jung, in der Blüte ihrer Jahre; darum muß man sie zwingen, auf den Scheiterhaufen zu springen. Um das zu ermöglichen, wurde ein besonderes Arrangement getroffen: Gereinigte Butter wurde in großen Mengen über den Scheiterhaufen gegossen. Das erzeugte so viel Rauch, daß man nicht sehen konnte, was dahinter geschah. Eine dunkle Wolke hüllte den ganzen Scheiterhaufen ein. Und rundherum – es war so heiß, daß die Musiker weiter weg stehen mußten – da gab es große Trompeten, Trommeln und allerlei Musikinstrumente, angeblich, weil es ein Fest war, aber sie dienten in Wirklichkeit dazu, die Schreie der Frau zu übertönen, die bei lebendigem Leibe verbrannt wurde. Sie würde gerne weglaufen, doch rund um den Scheiterhaufen standen Priester mit brennenden Fackeln in den Händen und wenn die Frau versuchte, herauszulaufen, wurde sie ins Feuer zurückgestoßen. Und hinter den Musikern stand eine große Zahl von Priestern, die mit lauter Stimme *Mantras* aus den alten Veden rezitierten.

Dieses ganze Spektakel wurde nur inszeniert, um eine Frau zu töten, so daß keiner merken sollte, daß man sie gegen ihren Willen tötete. Die Menge, die außerhalb stand, jubelte vor Freude. Es war ein großes Ereignis: Eine Frau hatte ihre Liebe zu ihrem Mann unter Beweis gestellt, bis zur letzten Sekunde seines Lebens.

Wie viele Millionen Frauen wurden auf diese Weise verbrannt ... und alles nur wegen der Eifersucht des Mannes – weil er keine Garantie hat, wenn er nicht mehr da ist. Erst die britische Kolonialverwaltung setzte dem in Indien ein Ende, denn es war nichts anderes als Mord. Aber dann haben die Hindus den Witwen verboten, wieder zu heiraten. Sie rasierten ihnen den Kopf, nahmen ihnen ihr schönes Haar, das einen Teil ihrer Persönlichkeit ausmacht. Sie nahmen ihnen allen Schmuck und untersagten ihnen, Farbe in ihrer Kleidung zu tragen. Sie durften nur noch Weiß tragen. Man versuchte, sie um jeden Preis häßlich zu machen. Eine Witwe darf an keinen Festlichkeiten teilnehmen; sie ist völlig isoliert. Sogar in ihrem eigenen Haus darf sie nicht in die Küche, sondern muß draußen sitzen. Und sie darf um nichts bitten, was sie gerne hätte. Sie muß mit allem vorliebnehmen, was man ihr gibt, mit den Resten. Sie darf auch nicht in einem Bett schlafen, sondern muß auf dem Boden liegen. Das ist schlimmer als der Tod. Auf diese Weise kann sie noch fünfzig Jahre weiterleben! Sie muß all die niedrigen Arbeiten im Haushalt erledigen und darf niemandem vor die Augen treten.

Der Mann ist ein großer Egoist. Darum nenne ich ihn einen männlichen Chauvinisten. Der Mann hat diese Gesellschaft geschaffen, und in dieser Gesellschaft ist für die Frau kein Platz.

Doch sie hat ihre eigenen, großartigen Qualitäten! Während zum Beispiel der Mann das Potential zur Intelligenz besitzt, hat die Frau das Potential zur Liebe. Das soll nicht heißen, daß sie keine Intelligenz besitzt. Sie kann große Intelligenz haben, doch man muß ihr die Möglichkeit geben, sie zu entfalten. Die Liebe hingegen ist ihr angeboren. Sie besitzt mehr Mitgefühl, mehr Güte, mehr Verständnis.

Mann und Frau sind wie zwei Saiten einer Harfe, doch beide leiden, wenn sie getrennt voneinander sind. Und weil sie leiden und den Grund dafür nicht kennen, nehmen sie Rache am anderen.

Die Frau kann für die Gestaltung einer organischen Gesellschaft von ungeheurem Nutzen sein. Sie ist anders als der Mann, aber nicht ungleichwertig. Sie ist dem Mann gleichwertig. Sie hat ihre eigenen Talente und Fähigkeiten, und diese werden unbedingt benötigt.

Es genügt nicht, Geld zu verdienen; es genügt nicht, Erfolg in der Welt zu haben. Wichtiger ist ein schönes Heim, und die Frau hat die Begabung, jedes Haus in ein Heim zu verwandeln. Sie vermag es mit Liebe zu füllen; dafür hat sie das Feingefühl. Sie vermag den Mann zu beleben, ihm Entspannung zu bringen.

In den Upanischaden gibt es einen eigenartigen Segen für neue Paare. Ein junges Paar kommt zum Seher, und er gibt ihnen seinen Segen. Er sagt speziell zu dem Mädchen: »Ich hoffe, daß du Mutter von zehn Kindern wirst und schließlich dein Ehemann zu deinem elften Kind wird. Und nur wenn du deinem Mann zur Mutter wirst, bist du eine richtige Ehefrau.« Das ist sehr eigenartig, doch dahinter steht eine tiefe psychologische Einsicht. Die moderne Psychologie hat herausgefunden, daß jeder Mann in der Frau seine Mutter sucht, und jede Frau im Mann ihren Vater.

Darum scheitert jede Ehe: Weil ihr eure Mutter nicht findet. Die Frau, die ihr geheiratet habt, ist nicht zu euch ins Haus gekommen, um eure Mutter zu werden. Sie will eure Frau sein, eure Geliebte. Aber dieser Segen aus den Upanischaden, der fünf- bis sechstausend Jahre alt ist, wird durch die Erkenntnisse der heutigen Psychologie bestätigt.

Eine Frau – jede Frau – ist ihrem Wesen nach Mutter. Der Vater ist eine künstliche Einrichtung, nichts Natürliches ... doch die Mutter wird immer unersetzbar sein. Man hat Experimente durchgeführt, bei denen man Kinder mit allem Nötigen versorgte – mit Nahrung, Medikamenten, den perfektesten wissenschaftlichen Einrichtungen aller Art –, doch seltsamerweise verkümmerten die Kinder immer mehr und starben innerhalb von drei Monaten. So fand man heraus, daß der Körper und die Wärme der Mutter eine absolute Notwendigkeit sind, damit das Leben sich entwickeln kann. Diese Wärme am Anfang in diesem unermeßlichen, kalten Universum ist eine absolute Notwendigkeit, damit das Kind sich nicht im Stich gelassen fühlt, sonst verkümmert es und stirbt.

Es ist nicht nötig, daß der Mann sich der Frau unterlegen fühlt. Dieser Gedanke entsteht nur, weil ihr Mann und Frau als zwei getrennte Spezies auffaßt. Sie gehören beide zur selben Menschheit, und beide haben Qualitäten, die sich gegenseitig ergänzen. Beide brauchen sich gegenseitig, und nur zusammen sind sie vollständig.

Man sollte das Leben mit Leichtigkeit nehmen. Unterschiede sind keine Widersprüche. Unterschiede können sich gegenseitig unterstützen und enorm bereichern. Eine Frau, die euch liebt, kann eure Kreativität bereichern; sie kann euch zu Gipfeln inspirieren, von denen ihr nie geträumt habt. Und sie fordert nichts. Sie will nur eure Liebe, und diese steht ihr zu.

Die meisten Dinge, durch die Männer und Frauen sich voneinander unterscheiden, sind ankonditioniert. Unterschiede sollten gewahrt bleiben, denn sie machen die Anziehung zwischen Mann und Frau aus, aber man sollte sie nicht benutzen, um den anderen zu verurteilen.

Im Westen haben die Frauen durch die Frauenemanzipation an Weiblichkeit eingebüßt, weil sie sich gezwungen sehen, es dem Mann gleichzutun. Es ist aber keine Frage von Gleichheit oder Ungleichheit. Wenn sie es dem Mann gleichtun, verlieren die Frauen ihre Weichheit, ihre Anmut, ihre Schönheit – das kann ich beobachten.

Im Osten findet man in den höchsten Kreisen der Gesellschaft Frauen, wie man sie im Westen nirgendwo findet. Die westliche Frau eifert dem Mann nach. Das könnte ihr gelingen – es gelingt ihr bereits –, doch dann wird sie immer ein zweitklassiger Mann sein. Sie sollte sich aber bemühen, eine erstklassige Frau zu sein.

Ich sehe, daß die westliche Frau in jeder Hinsicht an

Liebreiz verliert. In ihrer Kleidung verliert sie an Liebreiz, in ihrem Verhalten, in ihrer Sprache … in allem verliert sie an Anmut. Nur um es den Männern gleichzutun, rauchen jetzt auch die Frauen. In Indien würde keine kultivierte Frau der oberen Gesellschaftsschicht daran denken zu rauchen, es sei denn, sie ist verwestlicht. Sie würde nicht daran denken, die gleichen Kleider wie die Männer zu tragen, denn es geht nicht nur um die Kleider – der ganze Körper verändert sich. Es ist das Denken, das alles verändert.

Die westliche Frau ist dabei, ihre Brüste zu verlieren; sie haben ihr die schönen runden Formen gegeben, das Einzigartige an ihr. Die ganze Geschichte der Malerei, Dichtung und Literatur kreist um den schönen Busen der Frauen, aber die westliche Frau ist dabei, ihn zu verlieren. Was ist passiert? Es ist der Wandel im Denken. Sie verliert ihren runden Po. Sie wird allmählich zu einem geraden Strich ohne Kurven. Und gerade die Kurven machten die ganze Schönheit ihres Körpers aus – dieses wunderbaren Kunstwerkes! Sie verliert ihre Wohlproportioniertheit. Ihr Gesicht wirkt kantig und vertrocknet. Selbst die schönsten Frauen im Westen sehen hart aus, kämpferisch. Das dient weder den Frauen noch ihrer Befreiung.

Ein Mann zweiter Garnitur zu werden, das ist keine Emanzipation. Wirkliche Emanzipation bedeutet, eine Frau erster Güte zu werden. Und Mann und Frau sind bereits gleich; sie sind die beiden Hälften eines Ganzen.

Es gibt so viele historische Belege für die Schönheit, Würde, Spiritualität und großartige Liebe der Frauen! Die Männer haben versagt, nicht die Frauen.

Ich würde mir wünschen, daß beide zu einem organischen Ganzen werden und gleichzeitig absolut frei bleiben, denn Liebe erzeugt niemals Sklaverei. Liebe gewährt Freiheit. Dann können wir eine bessere Welt erschaffen. Die eine Hälfte der Welt, die Frau, durfte nie ihren Anteil beisteuern, doch sie hat der Welt ein ungeheures Potential an Fähigkeiten zu geben. Es hätte die Welt zu einem wunderbaren Paradies gemacht.

Ich erwarte nicht, daß die Frauen gleich sein sollen, daß sie die gleichen Kleider tragen, daß sie sich wie Männer benehmen oder eine grobe Sprache benutzen, nur weil der Mann das tut. Die Frau sollte in ihrer Seele nach ihrem eigenen Potential forschen und es entwickeln, dann wird die Zukunft für sie schön sein.

Mann und Frau sind weder gleich noch ungleich; sie sind einzigartig. Und durch das Zusammentreffen von zwei einzigartigen Wesen kommt etwas Wunderbares in diese Existenz. **(3)**

Mann und Frau sind grundsätzlich verschieden, und nicht nur verschieden – sie sind konträre Gegensätze. Deshalb ist die Anziehungskraft so groß. Anziehung kann es nur zwischen Gegensätzlichem geben. Ähnliches kann nicht so anziehend sein, denn was man selbst ist, kennt man schon.

Für den Mann ist die Frau das Unbekannte. Es ist anziehend, es ist ansprechend, es ist einladend. Es erweckt den Forscherdrang, erweckt die Neugier. Für die Frau ist der Mann das Unbekannte. Für den Mann tritt Gott in Form der Frau in diese Welt, denn Gott ist das Unbekannte. Für die Frau repräsentiert der Mann das Göttliche, denn er ist für sie das Unbekannte. Aus diesem Grund ist der Gegensatz so bedeutsam.

Als erstes muß man also verstehen: Sie sind verschieden, und nicht nur verschieden, sondern gegensätzlich – aber sie sind nicht ungleichwertig. Sie sind gleichwertig. Unterschiede sind vorhanden, Gegensätzlichkeit ist vorhanden, Polarität ist vorhanden, aber sie sind nicht ungleich, sie sind gleichwertig. Zwei konträre Gegensätze sind immer gleichwertig, sonst könnten sie nicht konträr sein.

Als zweites muß man verstehen: Der weibliche Körper existiert für einen völlig anderen Zweck – biologisch, physiologisch und chemisch betrachtet. Er hat eine andere Aufgabe zu erfüllen als der männliche Körper. Und er ist so verschieden vom männlichen Körper, daß man den Unterschied nur begreifen kann, wenn man die Biologie von einer tieferen Ebene her betrachtet. Der weibliche und der männliche Körper existieren in zwei unterschiedlichen Welten.

Die Frau birgt in sich den Mutterschoß, den Uterus. Das englische Wort *woman* leitet sich ab von *man with a womb,* Mann mit Uterus, mit Gebärmutter. Der Mutterschoß ist deshalb so wichtig – wichtiger als alles andere –, weil neues Leben nur durch ihn kommen kann. Die ganze Bewegung des Lebens geht durch ihn hindurch; er ist das Tor zu dieser Welt. Und weil die Frau den Mutterschoß in sich birgt, muß sie empfänglich sein; sie kann nicht aggressiv sein. Der Mutterschoß kann nicht aggressiv sein; er muß empfangen, muß eine Öffnung, eine Einladung für das Unbekannte sein. Der Mutterschoß ist der Gastgeber, und der Mann ist der Gast.

Und weil der Mutterschoß für den weiblichen Körper so grundlegend ist, spielt er für die ganze weibliche Psychologie eine Rolle: Die Frau ist nicht aggressiv, nicht forschend, nicht fragend, nicht zweifelnd – denn das alles gehört zur Aggression. Der Mann zweifelt, fragt, geht auf die Suche. Die Frau wartet. Der Mann wird kommen, um sie zu suchen. Die Frau ergreift nicht die Initiative, sie wartet einfach – und sie kann unendlich lange warten.

Das Warten spielt eine Rolle, es macht einen Unterschied. Wenn eine Frau in die Welt der Religiosität eintritt, muß sie einem völlig anderen Weg folgen als der Mann. Der Mann ist aggressiv: Er zweifelt, er forscht, er tut alles für seine Suche, versucht alles zu erobern. Er muß es tun, denn das ist ein Ausdruck der Aggressivität des Samens. Der ganze Körper des Mannes existiert als Ausdruck seiner Sexualität, und diese muß suchen und durchdringen.

Sämtliche Waffen, die der Mann bis heute entwickelt hat – selbst die Bombe, die H-Bombe – sind nur Projektionen der männlichen Sexualität, Projektionen des Penis. Der Pfeil, das Gewehr, die Bombe – sie durchdringen, sie treffen, sie überwinden Distanz. Selbst die Fahrt zum Mond ... eine Frau wird einfach lachen und es töricht finden: »Wozu dort hinfahren?« Doch der Mann findet es wert, sein Leben dafür aufs Spiel zu setzen, denn es ist eine Art von Durchdringung – ein Eindringen in die Geheimnisse des Lebens.

Je entfernter das Ziel, um so attraktiver erscheint es ihm. Der Mann will den Everest erreichen, er will den Mond erreichen, er will immer weiter vorwärtsdrängen. Er läßt sich durch nichts aufhalten, durch nichts hindern. Sobald etwas bekannt ist, wird es nutzlos: Es ist nicht mehr interessant. Immer tiefere Geheimnisse müssen durchdrungen werden – so als wäre die gesamte Natur eine Frau, in die der Mann eindringen muß, um sie zu erkennen.

Der Mann hat die Wissenschaft hervorgebracht. Die Frau kann nicht wissenschaftlich sein, weil ihr die grundlegende Aggression abgeht. Frauen können Träumer sein, denn Träumen bedeutet Warten; es entspricht dem Mutterschoß. Aber sie können nicht wissenschaftlich sein, können nicht logisch sein. Logik ist etwas Aggressives. Frauen können keine Skeptiker und Zweifler sein. Sie können Vertrauen haben, können treu sein – das fällt ihnen leicht, denn es entspricht dem Mutterschoß. Ihr ganzer Körper existiert für das Überleben des Mutterschoßes; ihr ganzer Körper ist ein natürlicher Nährboden für den Mutterschoß. Die Natur ist am Mutterschoß interessiert, weil durch ihn neues Leben in die Existenz kommt. Das gibt der Frau eine völlig andere Ausrichtung.

Für sie ist Religion eine Form von Liebe; es wird keine Suche nach der Wahrheit für sie sein. Schon allein der Begriff »Wahrheitssuche« hat etwas Männliches. Für die Frau kann Religion ein Warten auf den Liebsten, auf den Geliebten sein. Für sie kann Gott der Sohn sein, der Ehemann – aber nicht die Wahrheit. Das erscheint ihr zu nüchtern, zu trocken, kalt und tot; in dem Wort »Wahrheit« ist für sie kein Leben. Aber für den Mann ist »Wahrheit« ein höchst bedeutungsvolles Wort. Er sagt: »Die Wahrheit ist Gott, und wer die Wahrheit kennt, kennt alles.« Und so folgt der Mann dem Weg, indem er erobert. Die Natur muß erobert werden.

Die Wissenschaft beruht auf Aggression, denn ihr ganzes Bemühen geht dahin, das Mysterium zu durchdringen und es aufzulösen, um zur Erkenntnis zu gelangen. Ihr ganzes

Streben geht dahin, das Universum zu entmystifizieren. Wissen bedeutet: Jetzt wissen wir es! Jetzt ist es kein Mysterium mehr! Und solange das Mysterium nicht gelöst ist, kann der Mann nicht in Frieden leben. Das Universum muß entmystifiziert werden; alles muß vom Wissen durchdrungen werden. Es darf kein Geheimnis zurückbleiben.

Die Frauen können warten, und sie können unendlich lange warten; ihre Geduld ist unendlich. Das muß so sein, weil das Kind neun Monate lang ausgetragen wird. Es wird jeden Tag schwerer und schwerer und schwerer, und alles wird immer schwieriger. Man muß geduldig sein und warten; man kann gar nichts tun. Man muß sogar diese Bürde lieben, muß warten und träumen, bis das Kind geboren wird. Und seht euch eine werdende Mutter an: Sie wird immer schöner, denn während sie wartet, erblüht sie. Eine Frau, die Mutter wird, erlangt eine andere Art von Anmut; sie ist umgeben von einer gewissen Aura, denn sie ist jetzt auf ihrem Höhepunkt. Sie ist dabei, die wichtigste Aufgabe, welche die Natur für ihren Körper vorgesehen hat, zu erfüllen. Jetzt reift etwas in ihr heran, und bald kommt sie zur Blüte.

Die Frau orientiert sich ganz an der Natur. Sie lebt mit der Natur, ist mehr im Einklang mit der Natur als der Mann. In Indien haben wir die Frau *Prakriti* genannt: die »Urnatur«, die Erde, den natürlichen Ursprung. Sie ist natürlicher. Ihre Orientierung und ihre Ziele sind natürlicher. Sie verlangt nie das Unmögliche; sie erstrebt das, was möglich ist. Der Mann hat die Eigenart, immer das Unmögliche anzustreben. Mit dem Möglichen gibt er sich nie zufrieden. Bloß ein zufriedener Ehemann zu sein genügt ihm nicht. Eine Frau ist glücklich, wenn sie einfach eine zutiefst zufriedene Ehefrau und Mutter sein kann. Darin besteht die Erfüllung ihres Lebens.

Die Biologen nennen dafür einen Grund: Der Mann trägt eine physiologische Unausgeglichenheit in sich, ein hormonelles Ungleichgewicht. Die Frau ist vollständiger, ausgewogener, mehr wie ein Kreis; sie ist im Gleichgewicht. Man sagt, daß die erste Zelle, aus der man stammt, entscheidet, ob man männlich oder weiblich wird. Dreiundzwanzig Chromosomen stammen von der Mutter und dreiundzwanzig Chromosomen vom Vater. Wenn die dreiundzwanzig von der Mutter und die dreiundzwanzig vom Vater dreiundzwanzig symmetrische Paare bilden, entsteht ein Gleichgewicht, und es wird ein Mädchen. Wenn ein Gleichgewicht, eine Symmetrie entsteht, wird ein Mädchen geboren. Der Vater hingegen weist ein ungleiches Chromosomenpaar auf, das in der Mutter ausgeglichen ist. Wenn eine Samenzelle mit diesem unvollständigen Chromosom auf das Ei der Mutter trifft, wird ein männliches Kind, ein Junge geboren, weil ein Ungleichgewicht gegeben ist.

Dieses Ungleichgewicht macht sich bemerkbar vom ersten Tag an, an dem ein Mädchen oder Junge geboren wird: Der Junge zeigt sich von Anfang an ruhelos, während das Mädchen vom ersten Tag an friedlich ist. Schon im Mutterleib merkt es die Mutter, denn die Jungen sind unruhig: Sie strampeln und stellen schon im Mutterbauch alles mögliche an. Ein Mädchen liegt ruhig und schläft. Von daher wissen Mütter, ob ein Junge oder ein Mädchen geboren wird, weil ein Junge keine Ruhe gibt.

Im Mann ist eine tiefe Ruhelosigkeit, und wegen dieser Ruhelosigkeit ist er ständig unterwegs und in Bewegung, immer an der Ferne interessiert, ständig auf Wanderschaft.

Die Frau ist mehr an ihrem Heim interessiert, an ihrer Umgebung; die Frau interessiert sich mehr für die Gerüchte aus der Nachbarschaft. Sie macht sich keine großen Gedanken über das, was in Vietnam passiert – es ist zu weit weg. Oder was in Zypern passiert – es hat keine Bedeutung für sie. Sie kann sich nicht einmal vorstellen, warum ihr Mann ständig über Zypern liest: »Was hat es mit dir und deinem Leben zu tun?« Und der Ehemann denkt, sie hätte keinen Sinn für höhere Dinge. Aber das ist nicht der entscheidende Punkt. Sie ist in Harmonie mit sich selbst, darum interessiert sie sich nur für ihre Umgebung. Ob die Frau von Soundso fremdgeht oder ob jemand krank ist, ob ein Kind geboren wurde oder jemand gestorben ist – das sind Neuigkeiten für sie. Diese Neuigkeiten sind persönlicher, intimer, und dazu genügt die Nachbarschaft.

Eine völlig zufriedene Ehefrau und Mutter wird sich nicht einmal Gedanken über die Nachbarschaft machen; ihr eigenes Haus ist genug. Sie fühlt sich vollständig, und der Grund dafür ist ein biologischer: Ihre Hormone und ihre Zellen sind im Gleichgewicht. Der Mann hat eine Rastlosigkeit in sich, und diese Rastlosigkeit bewirkt in ihm das Suchen und Zweifeln, die Bewegung. Er ist nicht zufrieden, solange er nicht das Höchste gefunden hat. Und selbst dann ist noch nicht sicher, ob er damit zufrieden sein wird oder ob er wieder eine neue Suche anfängt.

Im Westen ist neuerdings eine bestimmte Entwicklung zu beobachten: Es gibt viele alleinerziehende Mütter, die auf den Vater verzichten, und das wird noch weiter um sich greifen. Auf die Mutter kann man jedoch nicht verzichten; die Natur ist auf die Mutter angewiesen. Und darum ist die Mutter mehr ein körperliches Phänomen.

Frauen sind körperbewußter als Männer. Und daran liegt es wohl, daß sie so lange zum Ankleiden brauchen. Da könnt ihr hupen, soviel ihr wollt ... sie kommen und kommen nicht!

Einmal habe ich eine Frau erlebt ... Ich saß schon im Auto, und der Ehemann hupte, doch sie schaute aus dem Fenster und rief: »Ich hab's dir schon tausendmal gesagt: Ich komme in zwei Minuten!« Und so war es tatsächlich, denn sie sagte schon seit einer Stunde: »Ich komme in zwei Minuten!«

Warum braucht die Frau so lange zum Anziehen? Sie achtet mehr auf ihren Körper. Der Mann lebt mehr im Kopf, und die Frau lebt mehr im Körper.

Eine berühmte Schauspielerin soll einmal gesagt haben ... und man hielt, was sie sagte, für äußerst bescheiden und gar nicht eitel, wie man das sonst von Schauspielerinnen gewöhnt ist. Sie sagte: »Ich weiß, ich bin keine besonders schöne Frau, aber was bedeutet meine Meinung gegen die Meinung des Spiegels? Ich weiß, daß ich keine Schönheit bin, aber der Spiegel sagt: Du bist am schönsten.«

Sie stehen stundenlang vor dem Spiegel und betrachten sich. Ein Mann kann sich nicht einmal vorstellen, was sie da machen.

Eines Tages war Mulla Nasruddin damit beschäftigt, Fliegen zu töten, als er zu seiner Frau sagte: »Ich habe zwei Weibchen und zwei Männchen erwischt!«

Erstaunt fragte die Frau: »Woher willst du wissen, welches die Männchen und welches die Weibchen waren?«

Er sagte: »Zwei saßen auf dem Spiegel.«

Frauen sind körperbewußter; sie leben mehr im Körper, sie sind mehr geerdet. Darum leben sie auch länger, vier Jahre länger als die Männer. Und darum gibt es so viele Witwen: Männer erschöpfen sich schneller. Auf hundertzwanzig Jungen werden hundert Mädchen geboren, aber bis zum Alter von vierzehn sind schon zwanzig Jungen gestorben; die Natur hält das Gleichgewicht. Nur um das Gleichgewicht zu halten, bringt die Natur hundertzwanzig Knaben auf hundert Mädchen hervor, denn im Alter von vierzehn werden die hundert Mädchen immer noch hundert sein, aber zwanzig Knaben haben sich schon verabschiedet. Wer soviel Ruhelosigkeit in sich hat, verbraucht seine Energie zu schnell!

Alles in allem genommen, ist die Frau das stärkere Geschlecht. Sie lebt länger und ist weniger krank. Vielleicht tut sie öfter so, als ob sie krank sei – das ist etwas anderes –, aber sie ist weniger krank; sie hat eine bessere Gesundheit. Das Leben regt sich stärker in ihr; sie hat mehr Widerstand gegen Krankheiten als der Mann. Frauen haben bessere Abwehrkräfte, mehr Widerstand; sie sind besser geschützt, weil sie mehr im Körper verankert sind.

Der Mann lebt mehr im Kopf, mehr im Denken. **(4)**

Dem Mann wurde beigebracht, ein ganzer Mann zu sein: niemals weibliche Züge zu zeigen, sich niemals eine Schwäche des Herzens zu erlauben, sich nie empfänglich zu zeigen, immer nur aggressiv zu sein. Dem Mann wurde beigebracht, niemals zu weinen oder Tränen zu vergießen – denn Tränen sind feminin!

Den Frauen hat man beigebracht, sich niemals in irgendeiner Weise wie ein Mann zu verhalten: niemals Aggressionen zu zeigen, sich nie expressiv zu verhalten, immer passiv und empfänglich zu sein.

Das entspricht nicht der Wirklichkeit, und es hat beide verkrüppelt.

In einer besseren Welt mit mehr Verständnis werden Mann und Frau beides sein können – denn gelegentlich hat der Mann es nötig, wie eine Frau zu sein. Es gibt Augenblicke, in denen er es nötig hat, weich zu sein – zarte Augenblicke, Augenblicke der Liebe. Und es gibt Augenblicke, in denen eine Frau es nötig hat, sich auszudrücken und aggressiv zu sein – im Zorn, um sich zu verteidigen, um zu rebellieren. Wenn eine Frau immer nur passiv ist, wird sie automatisch zur Sklavin. Eine passive Frau wird zwangsläufig zur Sklavin – so war es seit Jahrtausenden. Und ein aggressiver Mann, der immer nur aggressiv ist und nie zart sein kann, wird zwangsläufig Kriege, Neurosen und Gewalt in die Welt setzen.

Der Mann hat immer gekämpft, ununterbrochen gekämpft. Die Männer scheinen nur zum Kämpfen auf dieser Welt zu sein.

In dreitausend Jahren haben sie fünftausend Kriege geführt! Immer gibt es irgendwo Krieg; die Erde ist nie ganz und gesund ... keinen Augenblick ohne Krieg! Entweder in Korea oder in Vietnam oder in Israel oder in Indien und Pakistan oder in Bangladesch – irgendwo muß immer ein Massaker stattfinden!

Der Mann muß töten. Um ein Mann zu sein, muß er töten. Fünfundsiebzig Prozent der Energie geht in den Krieg, in die Produktion von mehr Bomben – Wasserstoffbomben, Neutronenbomben und so weiter und so fort.

Der einzige Zweck, für den der Mann auf der Erde ist, scheint der Krieg zu sein. Die Kriegshelden werden am meisten geehrt. Die Kriegspolitiker sind diejenigen, deren Namen in die Geschichte eingehen: Adolf Hitler, Winston Churchill, Josef Stalin, Mao Tse-tung – diese Namen bleiben. Und warum? Weil sie große Kriege geführt und zerstört haben. Ob als Angreifer oder als Verteidiger, das spielt keine Rolle – sie sind die Kriegshetzer. Und niemand weiß, wer der wirkliche Aggressor war – ob Deutschland oder die anderen. Alles hängt davon ab, wer die Geschichte schreibt. Der Sieger schreibt die Geschichte, und er wird beweisen, daß der andere der Angreifer war. Die Geschichte wäre völlig anders verlaufen, wenn Adolf Hitler siegreich gewesen wäre. Gewiß, die Nürnberger Prozesse hätten ebenso stattgefunden, aber auf der Anklagebank hätten die amerikanischen, die englischen, die französischen Generäle und Politiker gesessen. Und die Geschichte wäre von den Deutschen geschrieben worden, und sie hätten das ganze natürlich aus einer völlig anderen Sicht dargestellt. Niemand weiß, wie es wirklich war.

Aber eines ist gewiß: Die Männer haben ihre ganze Energie in Kriege gesteckt. Und der Grund? Der Grund ist, daß man dem Mann beigebracht hat, ein »ganzer Mann« zu sein und seine weibliche Seite zu verleugnen. Darum ist kein Mann vollständig.

Und das gleiche gilt für die Frau: Keine Frau ist vollständig. Sie hat ihre männliche Seite verleugnet. Als kleines Mädchen durfte sie nicht mit den Jungen raufen, durfte sie nicht auf Bäume klettern; sie mußte mit Puppen spielen, mußte Familie spielen. Das ist eine sehr, sehr verfälschte Sicht.

Der Mann ist beides, die Frau ist beides – und beide Seiten sind nötig, um einen authentischen, harmonischen Menschen hervorzubringen. Die Existenz ist dialektisch: Gegensätze sind nicht nur Gegensätze, sondern sie ergänzen sich auch. **(5)**

Worin besteht der Unterschied zwischen dem weiblichen und dem männlichen Verstand?

Die moderne Forschung hat eine sehr bedeutungsvolle Tatsache entdeckt, eine der bedeutungsvollsten dieses Jahrhunderts: Der Mensch hat nicht bloß *einen* Verstand, sondern zwei. Euer Gehirn ist in zwei Hälften geteilt – die rechte und die linke Gehirnhälfte. Die rechte Gehirnhälfte ist mit der linken Hand verbunden, und die linke Gehirnhälfte ist mit der rechten Hand verbunden, überkreuz.

Die rechte Gehirnhälfte ist intuitiv, unlogisch, irrational, poetisch, platonisch, phantasievoll, romantisch, mythisch, religiös – und die linke Gehirnhälfte ist logisch, rational, mathematisch, aristotelisch, wissenschaftlich, kalkulierend.

Die beiden Gehirnhälften liegen in ständigem Konflikt miteinander. Die grundlegende Politik der Welt ist in euch; die größte Politik dieser Welt spielt sich in eurem Innern ab. Ihr mögt euch dessen gar nicht bewußt sein, aber wenn es euch erst einmal bewußt geworden ist, besteht die eigentliche Lösung des Problems darin, die beiden Seiten des Verstandes in Einklang zu bringen.

Die linke Hand steht in Verbindung mit der rechten Gehirnhälfte: Intuition, Phantasie, Mythos, Poesie, Religion. Man hat die linke Hand sehr schlechtgemacht. Dies ist eine Gesellschaft der Rechtshänder, und rechtshändig entspricht der linken Gehirnhälfte. Zehn Prozent aller Kinder werden als Linkshänder geboren, aber man zwingt sie, Rechtshänder zu werden. Geborene Linkshänder sind ihrem Wesen nach mehr irrational, intuitiv, unmathematisch, nichteuklidisch. Sie sind eine Gefahr für die Gesellschaft, deshalb nötigt man sie in jeder Hinsicht, Rechtshänder zu werden. Es ist nicht nur eine Frage der Hände, es ist eine Frage der Politik im Innern. Das linkshändige Kind funktioniert über die rechte Gehirnhälfte. Das kann die Gesellschaft nicht zulassen; es ist gefährlich. Also muß man es unterbinden, bevor die Dinge außer Kontrolle geraten.

Es wird vermutet, daß das Verhältnis ursprünglich fünfzig zu fünfzig betragen hat – fünfzig Prozent linkshändige Kinder und fünfzig Prozent rechtshändige Kinder –, aber die Rechtshänderpartei ist schon so lange an der Macht, daß allmählich das Verhältnis auf zehn zu neunzig Prozent gesunken ist. Auch unter euch mögen viele Linkshänder sein, ohne daß ihr es wißt. Ihr mögt mit der rechten Hand schreiben und eure Arbeit mit der rechten Hand tun, aber in eurer Kindheit hat man euch möglicherweise gezwungen, die rechte Hand zu benutzen. Das ist ein Trick, denn sobald ihr die rechte Hand benutzt, tritt die linke Gehirnhälfte in Funktion. Die rechte Gehirnhälfte ist jenseits der Vernunft; sie funktioniert nicht mathematisch, sie funktioniert blitzartig. Sie ist intuitiv, ganz und gar musisch – aber irrational.

Die Minderheit der Linkshänder ist die am meisten unterdrückte Minderheit auf dieser Welt – mehr unterdrückt als die Schwarzen, sogar mehr als die Armen. Wenn ihr diese Spaltung versteht, werdet ihr viele Dinge verstehen, zum Beispiel Bürgertum und Proletariat. Das Proletariat funktioniert immer über die rechte Gehirnhälfte; die Armen sind intuitiver. Geht zu den Primitiven, sie sind intuitiver. Je ärmer ein Mensch ist, um so weniger ist er intellektuell – und das mag ein Grund sein, warum er arm ist. Weil er weniger intellektuell ist, kann er in der Welt der Vernunft nicht mithalten. Er kann sich sprachlich, verstandesmäßig, rechnerisch nicht so gut ausdrücken. Er ist praktisch ein Dummkopf. Das mag der Grund dafür sein, daß er arm ist. Der Reiche funktioniert mehr über die linke Gehirnhälfte; er ist berechnender, in allem mehr kalkulierend, schlau, clever, logisch – und er plant alles. Das mag der Grund dafür sein, daß er reich ist.

Das gleiche gilt für Mann und Frau. Die Frau ist in der rechten Gehirnhälfte zu Hause, der Mann in der linken. Der Mann hat die Frau seit Jahrhunderten beherrscht. Jetzt revoltieren einige Frauen, doch das Erstaunliche ist, daß diese Frauen von der gleichen Art sind – ja, sie sind praktisch wie Männer: rational, argumentierend, aristotelisch. So wie die kommunistische Revolution in Rußland und China erfolgreich war, so wäre es denkbar, daß eines Tages die Frauen irgendwo, vielleicht in Amerika, erfolgreich sind und die

Männer stürzen. Doch wenn es soweit ist, werden sie keine Frauen mehr sein; dann werden auch sie in der linken Gehirnhälfte zu Hause sein.

Um zu kämpfen, muß man berechnend sein. Um gegen die Männer zu kämpfen, muß man aggressiv sein wie sie. Diese Aggressivität zeigt sich überall auf der Welt in der Frauenemanzipation.

Die Frauen, die der Emanzipationsbewegung angehören, sind sehr aggressiv; sie verlieren ihren ganzen Charme und alles, was mit ihrer Intuition zusammenhängt. Denn wenn ihr gegen die Männer kämpft, müßt ihr die gleichen Tricks lernen; wenn ihr gegen die Männer kämpft, müßt ihr die gleichen Strategien anwenden. Gegen jemanden zu kämpfen ist immer gefährlich, weil man dem Feind ähnlich wird. Es ist eines der größten Probleme der Menschheit: Sobald man gegen jemanden kämpft, muß man nach und nach die gleiche Taktik, dieselben Techniken anwenden. Nur so kann man den Feind besiegen. Doch wenn man ihn besiegt hat, ist man sein eigener Feind geworden.

Nur an der Oberfläche ändern sich die Verhältnisse; in der Tiefe bleibt der Konflikt unverändert bestehen. Der Konflikt liegt im Innern des Menschen. Wenn er dort nicht gelöst wird, kann er nirgendwo anders gelöst werden. Alle Politik findet in eurem Innern statt; sie spielt sich zwischen den beiden Seiten eures Verstandes ab.

Dazwischen gibt es eine schmale Brücke. Wenn diese Brükke durch einen Unfall, einen physiologischen Defekt oder sonstwie unterbrochen wird, dann spaltet sich die Persönlichkeit; der Mensch wird zu zwei Personen. Das Phänomen der Schizophrenie oder gespaltenen Persönlichkeit tritt auf. Wenn diese Verbindung unterbrochen wird – und sie ist sehr labil –, dann wird man gespalten; man verhält sich wie zwei verschiedene Menschen. Am Morgen ist man ganz liebevoll, ganz freundlich, und am Abend ist man total wütend, wie ausgewechselt. Man erinnert sich nicht an den Morgen – wie könnte man auch? Ein anderer Teil des Verstandes war in Aktion. Ein solcher Mensch hat zwei Persönlichkeiten.

Wird diese Brücke jedoch so sehr gestärkt, daß die Trennung der beiden Verstandeshälften verschwindet und sie eins werden, dann kommt es zu einer Integration, einer Kristallisation. Was George Gurdjieff die »Kristallisation des Wesens« nannte, ist nichts anderes als das Einswerden der beiden Seiten des Verstandes, das Verschmelzen des inneren Mannes mit der inneren Frau, das Zusammenkommen von *Yin* und *Yang*, von Links und Rechts, von Logik und Unlogik, von Aristoteles und Plato. Wenn ihr diese grundlegende Gabelung eures Lebensbaumes versteht, könnt ihr den ganzen Konflikt verstehen, der außerhalb und innerhalb von euch abläuft.

Ich möchte euch eine Anekdote erzählen:

Im deutschsprachigen Raum gilt Berlin als Inbegriff preußischer Schroffheit und Tüchtigkeit, während Wien das Wesen des österreichischen Charmes und der Gemütlichkeit repräsentiert.

Es gibt die Geschichte von einem Berliner, der in Wien zu Besuch war und sich verirrte, so daß er sich nach dem Weg erkundigen mußte. Wie machte er das? Er packte den erstbesten Wiener, der ihm über den Weg lief, beim Kragen und bellte ihn an: »Das Postamt. Wo ist es?«

Der überrumpelte Wiener löste bedächtig die Faust seines Gegenübers vom Jackett, strich sich über den Kragen und sagte in liebenswürdiger Manier:

»Gnä' Herr, könnten'S mich net ein bisserl höflicher anreden und mich fragen: Mein Herr, hätten'S ein Momenterl Zeit und könnten'S mir zeigen, wo das Postamt ist, wenn Sie's wissen?«

Der Berliner starrte ihn einen Moment lang entgeistert an, knurrte unwirsch: »Lieber verirre ich mich!« und stampfte davon.

Derselbe Wiener besuchte im gleichen Jahr Berlin, und wie es sich so ergab, mußte diesmal er nach dem Postamt suchen. Er näherte sich einem Berliner und fragte höflich: »Mein Herr, hätten'S ein Momenterl Zeit und könnten'S mir bitte zeigen, wo das Postamt ist?«

Wie aus der Pistole geschossen kam die Antwort des Berliners:

»Links um, zwei Häuserblöcke vorwärts, scharf um die Ecke

rechts, einen Block weiter, Straße kreuzen, Wendung halbrechts, links über die Schienen, am Kiosk vorbei, in die Schalterhalle vom Postamt!«

Der Wiener, mehr verwirrt als informiert, murmelte trotzdem: »Tausend Dank, gnä' Herr«, woraufhin der Berliner ihn grimmig am Kragen schnappte und brüllte: »Keine Ursache! Wiederholen Sie die Instruktionen!«

Der männliche Verstand – der Berliner; der weibliche Verstand – der Wiener.

Der weibliche Verstand hat etwas Anmutiges, der männliche Verstand ist effizient, und natürlich wird auf längere Sicht die Anmut im ständigen Kampf zwangsläufig unterliegen. Der effiziente Verstand wird die Oberhand behalten, denn die Welt spricht die Sprache der Rechner, nicht die Sprache der Liebenden. Doch in dem Moment, in dem eure Effizienz die Oberhand über eure Anmut gewinnt, habt ihr etwas ungeheuer Wertvolles verloren: Ihr habt den Kontakt zu eurem eigenen Sein verloren. Ihr seid vielleicht sehr effizient geworden, aber ihr seid keine richtigen Menschen mehr. Ihr seid zu Maschinen geworden, zu Robotern.

Das ist der Grund für den ständigen Konflikt zwischen Mann und Frau. Sie können nicht getrennt existieren, sie müssen immer wieder in Beziehung treten, aber sie können auch nicht zusammenbleiben. Der Kampf ist nicht außen; der Kampf ist in eurem Innern.

Ich sehe das so: Solange ihr nicht den inneren Kampf zwischen eurer rechten und eurer linken Gehirnhälfte gelöst habt, werdet ihr niemals fähig sein, in Frieden zu lieben – niemals, denn der innere Kampf wird sich außen widerspiegeln. Wenn ihr innerlich kämpft und euch mit der linken, der »vernünftigen« Gehirnhälfte identifiziert, werdet ihr ständig versuchen, die Oberhand über die rechte Gehirnhälfte zu gewinnen, und ihr werdet dasselbe mit der Frau machen, in die ihr euch verliebt habt. Und wenn die Frau im Innern ständig gegen ihre Vernunft kämpft, wird sie auch ständig den Mann bekämpfen, den sie liebt.

Alle Beziehungen – fast alle, die Ausnahmen sind unerheblich, nicht der Rede wert – sind häßlich. Am Anfang sind sie schön, am Anfang zeigt ihr noch nichts von der Wirklichkeit, am Anfang spielt ihr euch etwas vor. Doch sobald die Beziehung sich festigt und ihr euch entspannt, quillt euer innerer Konflikt hoch und fängt an, sich in eurer Beziehung widerzuspiegeln. Dann kommen die Kämpfe, dann kommen tausenderlei Arten, sich gegenseitig zu kritisieren und fertigzumachen. Daraus erklärt sich, warum die homosexuelle Beziehung eine solche Anziehungskraft besitzt.

Immer wenn in einer Gesellschaft die Spaltung zwischen Mann und Frau zu groß wird, bricht sofort die Homosexualität durch, denn wenn ein Mann einen anderen Mann liebt, gibt es nicht so große Konflikte. Ihre Liebesbeziehung mag zwar nicht ganz so befriedigend sein, wird vielleicht keine so große Seligkeit, keine solch orgasmischen Höhepunkte bringen, aber zumindest ist sie nicht so häßlich wie die Beziehung zwischen Mann und Frau.

Frauen werden lesbisch, wenn die Konflikte zu groß werden, denn zwischen zwei Frauen ist eine Liebesbeziehung nicht so konfliktbeladen. Gleich und gleich trifft sich – sie können einander verstehen.

Verstehen ist möglich, doch die Anziehungskraft geht verloren, die Polarität geht verloren, und das ist ein hoher Preis. Verstehen ist möglich, doch die ganze Spannung, die Herausforderung geht verloren. Wenn ihr die Herausforderung wählt, sind Konflikte unausweichlich, denn das wirkliche Problem liegt in eurem Innern. Solange ihr nicht zur Ruhe gekommen seid und eine tiefe Harmonie zwischen der weiblichen und der männlichen Seite eures Verstandes erreicht habt, werdet ihr nicht fähig sein zu lieben.

Das ist die ganze Schwierigkeit des heutigen Verstandes: Sämtliche Beziehungen verflachen nach und nach. Die Menschen haben Angst, sich überhaupt einzulassen, denn sie haben zumindest eines aus bitterer Erfahrung gelernt: Immer wenn sie sich zu sehr einlassen, bricht die Wirklichkeit durch, und der innere Konflikt wird vom anderen widergespiegelt. Das Leben wird häßlich, ein unerträglicher Horror.

Von außerhalb mag es aussehen wie eine wundervolle Oase in der Wüste, aber wenn du näherkommst, beginnt die Oase auszutrocknen und sich aufzulösen. Sobald du in ihr gefangen bist, ist es ein Gefängnis. Aber denke daran: Das Gefängnis kommt nicht vom anderen; es kommt aus deinem eigenen Innern.

Wenn deine linke Gehirnhälfte ständig die Oberhand hat, wirst du ein äußerst erfolgreiches Leben führen – so erfolgreich, daß du spätestens mit vierzig Magengeschwüre hast. Mit fünfundvierzig hast du mindestens ein oder zwei Herzanfälle gehabt. Und mit fünfzig bist du fast tot – aber sehr erfolgreich tot. Du wirst vielleicht ein großer Wissenschaftler werden – aber eine große Seele wirst du nie werden. Du wirst vielleicht große Reichtümer anhäufen – aber du wirst alles verlieren, was von wirklichem Wert ist. Du wirst vielleicht die ganze Welt erobern, wie Alexander der Große – aber dein eigenes inneres Reich bleibt unerforscht.

Es gibt viele Anreize, der linken Gehirnhälfte zu folgen; es ist das weltliche Gehirn. Da dreht sich alles um Dinge: Autos, Geld, Häuser, Macht, Status. Daran orientiert sich jener Mensch, den wir in Indien einen *Grustha,* einen Haushaltsvorstand, nennen.

An der rechten Gehirnhälfte orientiert sich der *Sannyasin* – ein Mensch, der mehr an seinem inneren Sein interessiert ist, an seinem inneren Frieden, seiner Glückseligkeit. Ihm liegt weniger an den Dingen. Wenn sie mühelos zu ihm kommen – gut; wenn sie nicht kommen – auch gut. Ihm geht es mehr um den gegenwärtigen Augenblick und weniger um die Zukunft, mehr um die Poesie des Lebens und weniger um seine Arithmetik …

Man kann sein Leben nach der Mathematik leben, oder man kann es nach einem Traum leben – nach Träumen und Visionen. Das sind völlig verschiedene Wege. Erst kürzlich fragte jemand: »Gibt es Geister, Feen und ähnliche Dinge?« Ja, es gibt sie – wenn ihr nach der rechten Gehirnhälfte lebt, dann gibt es sie. Wenn ihr nach der linken Gehirnhälfte lebt, gibt es sie nicht.

Alle Kinder leben in der rechten Gehirnhälfte. Sie sehen überall Geister und Feen, aber ihr redet es ihnen ständig aus und weist sie zurecht. Ihr sagt: »Das ist Unsinn! Du bist dumm! Wo ist diese Fee? Da ist nichts, nur ein Schatten.« Wenn ihr das Kind erst einmal überredet habt, das hilflose Kind ... allmählich wird es überredet und verlagert seine Orientierung von der rechten auf die linke Gehirnhälfte – es hat gar keine andere Chance. Es muß in eurer Welt leben. Es muß seine Träume vergessen, es muß alle Märchen vergessen, es muß alle Poesie vergessen; es muß Mathematik lernen. Es wird zu einem guten Mathematiker, keine Frage – aber was das Leben angeht, bleibt es ein Krüppel, ein Behinderter. Es entfernt sich immer weiter von der Existenz und wird zu einer Ware auf dem Markt. Sein ganzes Leben wird zu einem Schrotthaufen – aber natürlich wertvoll in den Augen der Welt.

Ein *Sannyasin* ist jemand, der aus seiner Vorstellungskraft lebt, der aus der träumenden Qualität seines Verstandes lebt, der aus der Poesie lebt und seinem Leben eine poetische Qualität verleiht, der das Leben durch seine Visionen wahrnimmt. Dann sehen die Bäume grüner aus, die Vögel bunter, und alles nimmt eine leuchtende Qualität an. Gewöhnliche Kieselsteine werden zu Diamanten, gewöhnliche Felsen sind nicht mehr gewöhnlich – nichts ist gewöhnlich. Wenn ihr von der rechten Gehirnhälfte aus schaut, wird alles göttlich, heilig. Religion gehört zur rechten Gehirnhälfte.

Ein Mann sitzt mit seinem Freund in einem Café, und sie trinken Tee. Er betrachtet seine Tasse und sagt mit einem Seufzen: »Tja, mein Freund, das Leben ist wie eine Tasse Tee.«

Der andere überlegt einen Moment und sagt dann: »Wieso? Wieso ist das Leben wie eine Tasse Tee?«

Da erwidert der erste: »Wie soll ich das wissen? Bin ich ein Philosoph?«

Die rechte Gehirnhälfte stellt einfach Tatsachen fest; sie kann keine Gründe angeben. Fragt man sie: »Wieso?« dann kann sie nur stumm bleiben; sie hat keine Antwort. Wenn du beim Spazierengehen eine Lotosblüte siehst und sagst: »Wie schön!« und jemand sagt zu dir: »Wieso?« – wie wirst du reagieren? Du wirst sagen: »Wie soll ich das wissen? Bin ich ein Philosoph?« Es ist einfach eine Feststellung, eine ganz simple Feststellung. Sie steht für sich allein, komplett. Dahinter ist kein Grund, und sie hat kein Ergebnis – es ist einfach die Feststellung einer Tatsache.

Die rechte Gehirnhälfte ist die Gehirnhälfte der Poesie und der Liebe. Eine große Verlagerung ist nötig, ein Standortwechsel – und das ist die innere Transformation. **(6)**

Die linke Gehirnhälfte bedeutet Kalkulieren. Sie ist mit der rechten Hand verbunden, und darum ist die rechte Hand so wichtig geworden. Die rechte Gehirnhälfte bedeutet Poesie und Musik. Sie versteht nichts vom Kalkulieren, sie ist sehr unschuldig. Sie versteht etwas von Liebe. Sie versteht, wie man verrückt vor Liebe sein kann, aber sie ist irrational, sie ist emotional. Dieser Teil des Verstandes ist mit der linken Hand verbunden. Und weil die Gesellschaft so viel auf Arithmetik gibt, bevorzugt sie die rechte Hand. Darum ist die rechte Hand »richtig« und die linke Hand »falsch« – so lautet zumindest die weit verbreitete Ansicht. Aber das stimmt nicht.

Eine Rebellion der linken Hand ist notwendig. Und wenn die linke Hand rebelliert, wird sich die ganze Struktur der Gesellschaft verändern. Wenn die rechte Hand ihre Vorherrschaft behält, wird die Frau niemals Gleichheit mit dem Mann erlangen, denn die Frau steht für den intuitiven, den irrationalen Verstand. Die Frau steht für die linke Hand. Solange die rechte Hand vorherrschend ist, bleibt das Leben freudlos, denn durch Kalkulieren kommt man nicht zur Freude.

Freude ist keine Sache von Kalkulation; Freude ist alles andere als kalkulierend. Freude ist etwas, das nur diejenigen erleben, die unschuldig sind wie Kinder, die sich ihr Staunen und ihre Ehrfurcht bewahrt haben, ihr Interesse an den kleinen Dingen des Lebens.

Ihr müßt von der Logik zum Irrationalen überwechseln. Darin besteht die Revolution von *Sannyas:* aus dem kalkulierenden Teil des Verstandes in den nicht kalkulierenden Teil überzuwechseln. Ich bin nicht gegen den kalkulierenden Teil: Er hat seine eigene Funktion, seinen Zweck. Doch er sollte nicht beherrschend sein. Er sollte nicht der Meister eures Lebens sein; er sollte nicht der Kapitän eurer Seele sein!

Die zentrale Kraft eures Lebens sollte die Poesie sein. Das Zelebrieren, nicht das Kalkulieren, sollte im Mittelpunkt stehen. Und das Kalkulieren muß im Dienst des Zelebrierens stehen, dann seid ihr auf der richtigen Spur, dann seid ihr auf dem Weg zum Göttlichen. Dann stehen die Dinge nicht mehr auf dem Kopf, und alles kommt in Harmonie. **(7)**

Ihr habt bestimmt schon den chinesischen Kreis von *Yin* und *Yang* gesehen. Er ist wie das Leben: die Begegnung der Gegensätze. Das *Yin-Yang*-Symbol ist zur Hälfte weiß, zur Hälfte schwarz. In der weißen Hälfte befindet sich ein schwarzer Punkt, und in der schwarzen Hälfte ein weißer Punkt. Das Weiß geht über ins Schwarz, und das Schwarz geht über ins Weiß – es ist ein Kreislauf. Die Frau geht über in den Mann, der Mann geht über in die Frau ... so ist das Leben. Und wenn ihr es genau beobachtet, könnt ihr es in euch selbst sehen.

Ein Mann ist nicht vierundzwanzig Stunden am Tag ein Mann, das geht nicht – manchmal ist er eine Frau. Eine Frau ist nicht vierundzwanzig Stunden am Tag eine Frau – manchmal ist sie auch ein Mann. Sie gehen ins Gegenteil. Wenn eine Frau wütend wird, ist sie nicht mehr Frau: Sie wird aggressiver als jeder Mann, gefährlicher als jeder Mann, denn ihre Männlichkeit ist noch unverbraucht und rein. Immer wenn sie diese männliche Kraft einsetzt, hat sie eine Schärfe, mit der kein Mann mithalten kann. Es ist wie bei einem jahrelang brachliegenden Acker: Wenn man dort Samen sät, gibt es eine Rekordernte!

Eine Frau wird gelegentlich zum Mann, und wenn es geschieht, kann kein Mann mithalten. Dann ist sie sehr gefährlich. Dann ist es für den Mann besser, er gibt nach. Und das tun alle Männer: Sie werden nachgiebig, sie fügen sich. Der Mann muß sofort zur Frau werden, sonst gibt es Probleme. Zwei Schwerter in einer Scheide – das gibt Probleme. Wenn die Frau zum Mann geworden ist, wenn sie die Rollen getauscht hat, wird der Mann sofort zur Frau. Dann ist alles wieder im Lot. Der Kreis ist wieder geschlossen.

Und immer wenn ein Mann sich fügt und nachgibt, hat sein Nachgeben eine Reinheit, mit der keine Frau mithalten kann – denn normalerweise ist er nie in dieser Situation, in dieser Rolle. Normalerweise hält er stand und kämpft. Normalerweise ist der Mann Wille, nicht Hingabe. Doch immer wenn ein Mann sich hingibt, hat es eine Unschuld, mit der keine Frau mithalten kann. Seht einen Mann, wenn er liebt – er wird wie ein kleines Kind.

Aber so vollzieht sich der Wandel des Lebens, und wenn ihr es versteht, werdet ihr euch überhaupt keine Sorgen machen. Dann wißt ihr, wenn euer Geliebter fortgegangen ist: er wird wiederkommen; wenn eure Liebste wütend ist: sie wird wieder liebevoll sein. Dann werdet ihr Geduld haben. Bei der aristotelischen Art zu denken könnt ihr keine Geduld haben, denn der Geliebte ist fortgegangen, er hat sich auf einem linearen Weg davongemacht – da gibt es keine Rückkehr, keinen Kreislauf. Doch wir im Osten glauben an den Kreislauf; der Westen glaubt an die gerade Linie.

Der westliche Verstand ist linear; der östliche Verstand ist zyklisch. Deshalb wird im Osten der Geliebte warten können, denn er weiß, daß die Frau, die ihn gerade verlassen hat, zurückkommen wird. Sie ist schon auf dem Weg; sie wird es bereits bereuen, muß es schon bereut haben, muß schon unterwegs sein. Früher oder später wird sie an deine Tür klopfen. Warte einfach – denn das Gegenteil ist immer da.

Und immer wenn eine Frau nach einem Wutausbruch

zurückkommt, ist die Liebe wieder frisch. Dann ist es keine Wiederholung. Die Lücke, die durch den Wutausbruch entstand, hat die Vergangenheit gelöscht. Jetzt ist sie wieder ein junges Mädchen, eine Jungfrau. Und sie verliebt sich von neuem – alles ist wieder frisch.

Wenn ihr das versteht, werdet ihr gegen nichts Widerstand leisten. Dann wißt ihr, daß auch die Wut ihre Schönheit hat und daß ein gelegentlicher Streit dem Leben Farbe gibt. Alles trägt zu seiner Fülle bei. Dann könnt ihr es akzeptieren, und in eurem tiefen Akzeptieren habt ihr Geduld; dann gibt es keine Ungeduld und keine Eile. Dann könnt ihr warten und beten und hoffen und träumen.

Im anderen Fall, wenn das Leben linear verläuft, wie es der westliche Verstand meint, gibt es viel Ungeduld im Leben. Keiner kommt zurück! Dann seid ihr immer ängstlich und besorgt und unterdrückt vieles. Dann bleibt ihr vielleicht zehn Jahre bei einer Frau – oder zehn Leben –, aber ihr seid wie Fremde. Der Mann kontrolliert sich, die Frau kontrolliert sich, und es kommt zu keiner Begegnung.

Das Leben ist nicht logisch. Die Logik ist nur ein Teil – sehr ordentlich und übersichtlich, säuberlich getrennt und abgesteckt –, doch das Leben ist chaotisch. Was kann man machen? Es ist nicht so übersichtlich, so ordentlich und durchschaubar – es ist ein Chaos. Aber die Logik ist tot, und das Leben ist lebendig, und so geht es darum, was man wählt: Konsequenz und Folgerichtigkeit oder das Leben.

Wenn du zu viel Wert auf Konsequenz legst, wirst du absterben, wirst mehr und mehr wie ein Toter, denn Konsequenz ist nur möglich, wenn du das Gegenteil völlig aufgibst. Dann wirst du nur lieben und nichts als lieben und immer nur lieben und niemals böse werden, niemals hassen, niemals kämpfen. Du wirst gehorchen und nichts als gehorchen – kein Ungehorsam, keine Rebellion, keine Abtrünnigkeit. Doch dann wird alles schal, dann ist die Beziehung vergiftet – und dann wird sie tödlich. **(8)**

Unsere ganze westliche Kultur bereitet uns darauf vor, nicht spontan zu sein. Sie bereitet uns darauf vor, Dinge zu *tun*, macht uns aber unfähig, Dinge *geschehen* zu lassen. Es ist eine männliche Kultur. Die weibliche Seite unseres Wesens wird verleugnet.

Nicht nur die Frau in der Außenwelt wird geringgeschätzt. Wenn man die Frau außen geringschätzt, ist die zwangsläufige innere Folge, daß man auch alles Weibliche in sich selbst geringschätzt. Wenn man die Frau nicht als dem Manne gleich akzeptieren kann, wie kann man dann die eigene innere Frau als gleichwertig akzeptieren? Was wir den Frauen in der Außenwelt angetan haben, das haben wir auch der Frau in unserem Innern angetan. Und alle Männer haben diese weiche Seite, so wie jede Frau ihre männliche Seite hat.

Jetzt schlägt das Pendel ins andere Extrem aus: Die Emanzen haben eine feindselige Haltung dem Mann gegenüber – aus naheliegenden Gründen. Aber damit gehen sie in dieselbe Falle. Wenn sie eine feindselige Haltung zum Mann in der Außenwelt einnehmen, werden sie auch feindselig gegen den Mann im Innern, und er ist ein wesentlicher Teil von ihnen. Dann ist ihre Persönlichkeit wiederum einseitig.

Man muß sein Leben ganzheitlich leben, nur dann lebt man wirklich. Und Ganzheit umfaßt die polaren Gegensätze. Die Männer sind häßlich geworden, weil sie ihre weibliche Seite verleugnet haben. Die Frauen werden häßlich, wenn sie ihre innere männliche Seite verleugnen. Nichts darf verleugnet werden, alles muß akzeptiert werden – selbst wenn es als ein Widerspruch erscheint. Und wenn schon? Wir können nichts daran ändern – so sind wir nun einmal: Mann und Frau, beides.

Spontaneität ist nur möglich, wenn ihr eure weibliche Seite voll zum Zug kommen laßt – die passive Seite, die wartet; jene Seite, die empfängt und aufnimmt wie ein Mutterschoß, aber nie aggressiv nach außen auftritt, nie auf die Suche geht. Sie wartet nur, mit ungeheurem Vertrauen. Werdet zum *Sahajia* – zu einem, der in die Spontaneität vertraut – und erlaubt eurer weiblichen Seite, sich von der jahrhundertelangen Ausbeutung zu befreien. Laßt diese Seite wieder voll zum Zug kommen.

Und ich sage nicht, daß ihr eure männliche Seite verleugnen sollt. Sie ist notwendig, sie erfüllt ihre Aufgabe. Wenn ihr bei der Arbeit seid, wenn ihr plant, etwas produziert, in der Fabrik, im Labor, wenn ihr Wissenschaftler oder Ingenieure seid ... natürlich müßt ihr da eure männliche Seite einsetzen. Die weibliche Seite wird euch dort nicht viel helfen. Aber die männliche Seite ist nicht alles.

Sie ist nicht nur nicht alles, sie ist noch nicht einmal das Wesentliche, denn das Wesentliche im Leben ist Freude, Ekstase, Tanz, Liebe. Und dieses Wesentliche ist nur möglich, wenn die weibliche Seite zugelassen wird.

Zweifel ist männlich, Vertrauen weiblich; Krieg ist männlich, Frieden weiblich; Extraversion ist männlich, Introversion weiblich.

Und der Mann muß zu beidem fähig sein, genauso wie die Frau zu beidem fähig sein muß. Wenn man zu beidem fähig wird, ohne irgendeinen Teil zu verleugnen oder zu unterdrücken, wird man zu einem Kreis; man kommt zur Vollendung. **(9)**

2. KAPITEL

Unterdrückung

Die menschliche Vergangenheit war völlig idiotisch, und unsere ganze idiotische Geschichte beruht auf einer zutiefst lebensverneinenden Einstellung und Haltung. Sämtliche Religionen der Vergangenheit haben diese lebensverneinende Haltung vertreten – nicht Buddha, nicht Christus, nicht Zarathustra und ihresgleichen, sondern die Priester. Es waren die religiösen Männer von Berufs wegen, die im Namen von Buddha, Christus, Zarathustra und anderen die Massen ausgebeutet haben.

Die Priester fanden es sehr zweckmäßig, die Menschen in einer lebensverneinenden Einstellung festzuhalten, denn sobald jemand eine negative Einstellung zum Leben hat, ist er schwach, und Schwache lassen sich leichter ausbeuten und versklaven. Schwache lassen sich leichter beherrschen und kaputtmachen.

So fanden die Priester heraus, daß zwei Dinge wesentlich sind für die Stärke, Freiheit und Bewußtheit des Menschen – und beides mußte man zerstören: Das eine ist Essen, das andere ist Sexualität. Beides sind Grundinstinkte. Essen ist nötig, damit das Individuum überleben kann, und Sex ist nötig, damit die Spezies überleben kann. Ohne Essen und ohne Sex würde die Menschheit aussterben. Wohl wissend, daß das entscheidende Voraussetzungen für einen wirklich lebendigen Menschen sind, haben die Priester beides verurteilt, und sie haben das Fasten und sie haben die Keuschheit propagiert.

Und weil sie das Fasten propagiert haben, wurden die Menschen vom Essen besessen. Jede Religion, die sich das Fasten auf ihre Fahnen schreibt – wie zum Beispiel der Dschainismus – führt zwangsläufig dazu, daß ihre Anhänger vom Essen besessen sind. Und jede Religion, die auf einer Ablehnung von Sexualität beruht, erzeugt zwangsläufig eine Sexbesessenheit.

Die Pornographie ist ein Nebenprodukt eurer sogenannten Religionen. Sie ist – pardon! – ein religiöses Phänomen. Es sind eure Priester, die für das Vorhandensein der Pornographie verantwortlich sind. Und Pornographie ist nichts Neues; sie ist so alt wie die Menschheit. Die Tempel von Khajuraho, Konarak und Puri sind nichts anderes als pornographische Skulpturen. Ihr könnt in die ältesten Höhlen gehen und werdet dort immer irgendeine Art von Pornographie finden. Ihr könnt in das Schrifttum, die Lieder, die Geschichten aller Völker schauen und werdet immer Pornographisches darin entdecken.

Die Pornographie ist so alt wie die Priesterschaft. Sobald der Priester auf den Plan tritt, folgt ihm unweigerlich die Pornographie wie ein Schatten. Und wenn man euch eine lebensfeindliche Haltung beibringt, bekommt ihr Angst, die Dinge offen und authentisch beim Namen zu nennen. Ihr redet nicht gerne über Sex, denn was werden die Leute von euch denken? Ihr wollt es verstecken. Ihr versucht, eine Fassade zu errichten, so als ob es Sex in eurem Leben nicht gäbe. Doch unter der Oberfläche seid ihr am Kochen. Unter der Oberfläche denkt ihr vierundzwanzig Stunden am Tag an Sex.

Doch Pornographie ist kein natürliches Phänomen – das muß man euch immer wieder in Erinnerung rufen –, sie ist ein religiöses Phänomen. Weil die Priester den Sex so sehr verdammen, hat der Mann ihn verdrängt. Und wenn man etwas zu sehr verdrängt, wird es sich auf so subtile Weise, auf so versteckte Weise zum Ausdruck bringen, daß man sich nicht einmal bewußt ist, was man tut. Sex wird anfangen, aus dem Unterbewußtsein zu wirken.

Daher rührt das enorme Interesse am weiblichen Körper. Ob Bilder, Skulpturen oder Filme – im Grunde sind sie alle entweder direkt oder indirekt pornographisch. Wenn nicht irgend etwas Sexuelles an ihnen ist, ist keiner interessiert. Sex und Mord sind notwendig, damit ein Film Erfolg hat, damit eine Geschichte gelesen wird, damit ein Roman Spaß macht. Sex und Mord – warum diese beiden zusammen? Sie sind verbunden: Wenn man Sex zu sehr unterdrückt, wird man mordgierig. In der Tat, jemanden zu ermorden ist ein pervertierter Sexualakt.

Der Mann will in den Körper der Frau eindringen. Wenn ihm das verwehrt ist, wird er anfangen, sich irgendeine andere Möglichkeit zu suchen, um in einen anderen Körper einzudringen. Er wird homosexuell. Wenn er keine Frau findet, sucht er sich einen Mann. Wenn er keinen Mann findet, sucht er sich ein Tier. Wenn ihm auch das zu schwer gemacht wird, fängt er an, sich eine Gummifrau, eine Plastikpuppe zu basteln, die er immer in der Tasche haben kann, und wenn er eine Frau braucht, braucht er sie nur aufzupumpen. Doch wenn es überhaupt keine Möglichkeit gibt, wird er rasend. Unterdrückte sexuelle Energie wird zur Raserei; sie wird mörderisch.

In der Tat sagen die Psychologen, daß alle unsere Waffen nichts anderes sind als Symbole, Sinnbilder für das männliche Geschlechtsorgan – sie repräsentieren das Eindringen in den anderen Körper. Unsere Bajonette, unsere Gewehrkugeln, unsere Schwerter – sie sind nichts anderes als weitere Ableger der lebensverneinenden Religionen. Auch die Politiker hatten ein Interesse, die Sexualität zu unterdrücken – aus diesem Grund und zu genau diesem Zweck: Wenn man die Sexualität unterdrückt, kann man die Menschen leicht dazu bringen, andere zu töten und von anderen getötet zu werden.

Und so war die ganze menschliche Vergangenheit eine Geschichte von Krieg, Krieg und wieder Krieg. In den vergangenen dreitausend Jahren haben wir fünftausend Kriege geführt. Es ist der absolute Wahnsinn! Fünftausend Kriege in dreitausend Jahren … als ob wir nur auf der Welt wären, um einander umzubringen! Was ist verkehrt gelaufen mit dem Menschen? Kein Tier tötet ein Mitglied seiner eigenen Art. Kein Löwe tötet einen anderen Löwen, niemals. Kein Hund tötet einen anderen Hund, niemals. Nur der Mensch. Wie ist es mit dem Menschen dahin gekommen?

Der Mensch ist das einzige pervertierte Tier auf der Erde. Die verschiedensten Arten von Perversionen ... Und diese jahrhundertelange Konditionierung, daß Sex euch kaltlassen soll! Und weil Sex euch kalt läßt, läßt euch alles andere ebenfalls kalt. Die Quelle aller Wärme in euch geht verloren.

Sex ist die Quelle des Lebens – durch ihn kreiert Gott die Schöpfung, und deshalb sollte er geachtet und verehrt werden. Er ist heilig. Sex ist die heiligste Sache in dieser Existenz, denn er ist die Grundlage allen Lebens. Wenn das Leben nicht heilig ist, dann ist Sex auch nicht heilig. Wenn das Leben heilig ist, dann ist auch Sex heilig.

Doch die Politiker und die Priester haben sich gegen den Menschen verschworen. Die Politiker wollten Soldaten, und die Priester wollten dumme Sklaven, gehorsame Leute. Wenn man die Würde eines Menschen zerstört, kann man ihn ganz leicht zum gehorsamen Sklaven machen. Und die beste Methode, seine Würde zu zerstören, besteht darin, ihn in einen Kampf mit sich selbst zu verwickeln. Er wird sich schuldig fühlen, weil er sich nicht beherrschen kann.

Aber wie könnte man den Sex beherrschen, oder das Essen? Wenn du gegen deine Sexualität kämpfst, teilst du dich in zwei Personen. Du wirst gespalten, du begibst dich freiwillig in die Welt der Schizophrenie; es wird dich krank machen. Wenn du gegen deine eigene Energie kämpfst, kannst du niemals gewinnen. Gegen deine eigene Energie zu kämpfen ist so, als ob du einen großen Kampf zwischen deiner rechten und deiner linken Hand kämpfst. Wer wird gewinnen? Keiner kann gewinnen. Du wirst nur deine Energie vergeuden und dich schwächen.

Und noch etwas anderes wird geschehen, das eine weitreichende Wirkung hat: Wenn du deine Sexualität nicht besiegen kannst, wirst du dich so schuldig fühlen, so häßlich, verdammenswert und minderwertig, daß du bereit bist, dich jedem Dummkopf zu beugen. Jeder, der gut schauspielern kann , der ein guter Heuchler ist, kann ein politischer Führer werden, kann ein religiöser Führer werden. Alles, was er braucht, ist

Heuchelei, ist Gerissenheit, ist eine Fassade, hinter der er sich verstecken kann. Eure Politiker leben ein Doppelleben, eure Priester leben ein Doppelleben – mit einer Vordertür und einer Hintertür. Und das Leben durch die Hintertür ist ihr wahres Leben. Das Lächeln an der Vordertür ist nur vorgetäuscht; diese Unschuldsmiene ist nur aufgesetzt.

Wenn ihr die Wahrheit über einen Politiker erfahren wollt, müßt ihr ihn an der Hintertür treffen. Dort findet ihr ihn in seiner Nacktheit, so wie er wirklich ist, und den Priester auch. Diese zwei Sorten von gerissenen Leuten haben die Menschheit beherrscht. Und sie haben eines schon sehr früh herausgefunden: Wenn man die Menschen beherrschen will, muß man zusehen, daß sie schwach sind, daß sie sich schuldig fühlen, daß sie sich minderwertig vorkommen. Man muß ihre Würde zerstören, muß ihnen ihren ganzen Stolz nehmen, muß sie erniedrigen. Und diese Leute haben so subtile Möglichkeiten der Erniedrigung gefunden, daß sie selbst dabei überhaupt nicht ins Spiel kommen. Sie überlassen es euch, euch selbst zu erniedrigen, euch selbst zu zerstören. Sie haben euch eine langsame Art des Selbstmordes beigebracht.

Der Mensch ist zu kalt geworden, und wenn der Mensch in der Realität zu kalt wird, nehmen seine Phantasien zu. Das bedeutet Pornographie: Wenn der Körper sexuell unterdrückt wird, wandert der Sex in den Kopf. Pornographie ist Sex im Kopf. Sie ist genauso blödsinnig, wie wenn du im Kopf über Essen phantasierst und denkst, es würde dich satt machen. Es wird dich nicht satt machen – du wirst verhungern! Um satt zu werden, brauchst du wirkliches Essen.

Pornographie ist Sex, der an seinem natürlichen Platz unterdrückt wurde und sich jetzt im Kopf breitmacht. Das birgt viele Gefahren in sich. Eine Gefahr ist diese: Wenn man sich zu sehr für Pornographie interessiert – was auf der ganzen Welt zu beobachten ist –, dann wird die wirkliche Frau nicht mehr so attraktiv sein, der wirkliche Mann wird nicht mehr so attraktiv sein. Daraus entsteht ein großes Problem: Deine Phantasie benötigt die Frau, die du im *Playboy* gesehen hast, aber eine solche Frau kannst du nirgendwo finden. Alles, was du finden kannst, wird im Vergleich dazu zurückbleiben. Nichts wird dich befriedigen können. Und so wird nach und nach die Realität unwirklich, und das Unwirkliche wird real.

Aber die ganze Schuld liegt bei den sogenannten religiösen Leuten.

Meine ganze Bemühung geht dahin, ein neues Tantra auf der Welt einzuführen, eine neue Vision der Liebe und ihrer Möglichkeiten, ein Verständnis von der Wirklichkeit des Orgasmus – denn der Orgasmus ist die großartigste Quelle, um zu Gott zu finden – zur Harmonie, zur Wahrheit, zur universalen Einheit allen Lebens.

Wenn du mit einer Frau, mit einem Mann eins werden kannst, hast du den geheimen Schlüssel in der Hand. Dann kannst du eins werden mit dem ganzen Universum, mit dem ganzen Kosmos.

Ich versuche, euch eine völlig neue Art von Religion zu geben – eine Religion, die das Leben liebt, eine Religion, die das Leben bejaht, eine Religion, die eine tiefe Liebesbeziehung mit dem Universum darstellt.

Die alten Religionen sind am Ende; ihre Tage sind vorüber. Die Menschheit braucht heute eine neue Perspektive. Die Menschheit braucht ein völlig neues Denken – einen neuen Menschen, der das Leben liebt, der trunken ist vor Lebensfreude, der mit den Bäumen tanzt und mit den Vögeln singt, der nichts verurteilt und stets bereit ist, die Dinge auf eine höhere Ebene zu transformieren.

Jawohl, Sex kann zu Liebe transformiert werden, und Liebe kann zu Andacht transformiert werden. Wenn Sex zu Andacht wird, seid ihr heimgekehrt. **(10)**

In Khalil Gibrans Buch Der Prophet *bittet eine Frau den Propheten Almustafa, über den Schmerz zu sprechen. Würdest du bitte etwas zu dieser Passage sagen?*

»Und eine Frau sagte: Sprich uns vom Schmerz.
Und er antwortete:
Euer Schmerz ist das Zerbrechen der Schale,
die euer Verstehen umschließt.
Wie der Kern der Frucht zerbrechen muß,
damit sein Herz die Sonne erblicken kann,
so müßt auch ihr den Schmerz erleben.
Und könntet ihr in eurem Herzen das Staunen
über die täglichen Wunder eures Lebens bewahren,
würde euch der Schmerz nicht weniger
wundersam scheinen als die Freude.
Und ihr würdet die Jahreszeiten eures Herzens gerade
so hinnehmen, wie ihr stets die Jahreszeiten
hingenommen habt, die über eure Felder streifen.
Und ihr würdet den Wintern eures Kummers
mit Heiterkeit zusehen.
Viel von eurem Leid ist selbstgewählt.
Es ist die bittere Arznei, mit der der Arzt
in euch euer krankes Selbst heilt.
Darum vertraut dem Arzt und trinkt sein
Heilmittel in Stille und Gleichmut:
Denn seine Hand, obgleich schwer und hart,
wird von der zarten Hand des Unsichtbaren geführt.
Und der Becher, den er bringt, mag er auch
eure Lippen verbrennen, ist aus dem Ton gebildet,
den der Töpfer mit seinen
eigenen heiligen Tränen benetzt hat.«

Es scheint, daß es sehr schwierig ist, selbst für einen Mann vom Kaliber Khalil Gibrans, eine tief eingefleischte männlich-chauvinistische Haltung zu vergessen. Ich sage das, weil die Aussagen, die Almustafa hier macht, in gewisser Weise richtig sind – und dennoch fehlt ihnen etwas ganz Wesentliches.

Almustafa übersieht, daß die Frage von einer Frau gestellt wird, und seine Antwort ist sehr allgemein; sie gilt für Männer ebenso wie für Frauen. Aber die Wahrheit ist, daß die Schmerzen und Leiden, die die Frauen der Welt durchgemacht haben, tausendfach größer sind als alles, was der Mann je gekannt hat. Darum sage ich, Almustafa antwortet zwar auf die Frage, aber nicht auf die Fragestellerin. Und solange die Fragestellerin keine Antwort bekommt, bleibt die Antwort oberflächlich – wie tiefsinnig sie auch klingen mag. Die Antwort wirkt akademisch, sie wirkt philosophisch.

Ihr fehlt die Einsicht in das, was der Mann der Frau angetan hat – und nicht erst seit einem Tag, sondern seit Tausenden von Jahren! Er erwähnt es nicht einmal. Im Gegenteil, er macht wieder genau dasselbe, was die Priester und die Politiker schon immer gemacht haben: Er spendet Trost. Hinter schönen Worten verbirgt sich nichts anderes als Trost. Und Trost kann die Wahrheit nicht ersetzen.

»*Und eine Frau sagte ...*« Ist es nicht eigenartig, daß aus dieser ganzen Menschenmenge kein Mann eine Frage über den Schmerz gestellt hat? Ist es einfach Zufall? Nein, auf keinen Fall. Es ist sehr bezeichnend, daß eine Frau die Frage gestellt hat: »*Sprich uns vom Schmerz*«, denn nur die Frau weiß, wie viele Wunden sie davongetragen hat, wieviel Sklaverei – körperlich, geistig und spirituell – sie erlitten hat und immer noch erleidet.

Eine Frau ist im innersten Kern ihres Wesens verwundet. Kein Mann weiß um die Tiefe, die der Schmerz in dir erreichen kann und wie er deine Würde, deinen Stolz, dein eigentliches Menschsein vernichten kann.

Almustafa sagte: »*Euer Schmerz ist das Zerbrechen der Schale, die euer Verstehen umschließt.*«

Ein sehr armseliger Kommentar – so oberflächlich, daß ich mich manchmal für Khalil Gibran schäme. Jeder Dummkopf kann das sagen. Es ist eines Khalil Gibran nicht würdig. »*Euer Schmerz ist das Zerbrechen der Schale, die euer Verstehen umschließt.*« Eine sehr simple und allgemeine Feststellung.

»*Wie der Kern der Frucht zerbrechen muß, damit sein Herz die Sonne erblicken kann, so müßt auch ihr den Schmerz erleben.*« – Ich hasse diesen Satz. Er befürwortet den Gedanken, daß ihr Schmerz erfahren müßt. Das ist eine Binsenwahrheit und nicht die Wahrheit. Es ist nur faktisch richtig: Ein Samenkorn muß tiefes Leid erfahren, denn solange das Samenkorn nicht stirbt, wird der Baum nie geboren, und sein reiches Laub und die Schönheit seiner Blüten können niemals entstehen. Aber wer denkt schon an das Samenkorn und seinen Mut zu sterben, damit das Unbekannte geboren werden kann?

Auch das ist wahr: Wenn *»die Schale, die euer Verstehen umschließt«*, dieses Leid durchmacht, wenn sie zerbricht und dadurch euer Verständnis freisetzt, ist ein gewisser Schmerz unumgänglich.

Aber was ist diese Schale? Auf diese Art haben sich die Poeten der Kreuzigung entzogen. Khalil Gibran hätte erklären sollen, was die Schale ist.

All das Wissen, all eure Konditionierungen, der ganze Vorgang eurer Erziehung, eure Bildung, eure Gesellschaft und Zivilisation – das alles macht die Schale aus, die euch und euer Verständnis eingesperrt hält. Aber er erwähnt mit keinem einzigen Wort, was er mit »Schale« meint.

Daß Khalil Gibran von keiner Religion verurteilt wurde, leuchtet ein. Wenn er aufrichtiger und ehrlicher gewesen wäre, hätte er selbst diesen Schmerz erfahren. Er hat für seine schönen, poetischen Aussprüche nur Lob eingeheimst, aber dieses Lob verdeckt eine Schwäche. Ein Stück Feigheit verbirgt sich in der Dunkelheit seiner Seele.

Hätte er gesagt: »Eure Religion, eure Philosophie, eure politischen Ideologien, eure Nationalität, eure Rasse – sie alle sind Bestandteile eurer Gefangenschaft«, dann wäre er, statt weltweit anerkannt und geehrt zu werden, von sämtlichen Religionen, sämtlichen Nationen, sämtlichen Rassen – mit anderen Worten, von der ganzen Welt – verdammt worden.

Diesen Schmerz habe ich selbst mein ganzes Leben lang durchgemacht, und wenn ich davon rede, sage ich es aus meiner eigenen Erfahrung.

Macht nur eine einzige Aussage gegen jene, die davon profitieren, die ganze Menschheit zu Sklaven zu erniedrigen, und ihr habt alle Mächtigen gegen euch! Und die Massen sind blind, die Massen sind unintelligent, die Massen sind arm – sie hören nicht auf mich, denn was könnte ich ihnen geben?

Einsicht könnte ich ihnen geben, aber Einsicht können sie nicht essen, von Einsicht können sie nicht leben. Ihre eigene Konditionierung ist alles, was man ihnen beigebracht hat – und sie halten es für Weisheit.

Also nicht nur die Mächtigen ... auch die Ausgebeuteten, denen die Macht von den Mächtigen geraubt wurde – denn woher hätten sie sonst die Macht? –, sie werden sich ihnen anschließen. Die Mächtigen sind die Schäfer, die die ganze Menschheit zu einer Schafherde gemacht haben.

Es ist beinahe unfaßbar, daß diejenigen, die das Bewußtsein der Menschheit zu Schönheit, Weisheit und Freude hätten heben können, nie gehört wurden – obwohl sie es von den Dächern schrien. Man hat jede Anstrengung unternommen, sie entweder zum Schweigen zu bringen – oder zu kreuzigen. Diejenigen, die nicht den Mut aufbrachten, als sie die ganze Lage durchschauten, haben den Mund gehalten. Aber wenn man den Mund hält, ist man mitbeteiligt an dem Leiden, das die ganze Menschheit durchmacht.

Nur sehr wenige haben sich geäußert – und sind vergiftet, gekreuzigt, getötet, ermordet worden. Ihr habt eure Freunde umgebracht! Ihr habt jene umgebracht, die euch so sehr geliebt haben, daß sie bereit waren, ihr Leben zu opfern statt zu schweigen. Und ihr habt euch euren Feinden angeschlossen, die euch ununterbrochen das Blut absaugen!

Almustafa sagt: *»Euer Schmerz ist das Zerbrechen der Schale, die euer Verstehen umschließt.«* Das stimmt, aber es wäre aufrichtiger gewesen, wenn er erklärt hätte, was er mit »Schale« meint, denn die ganze Sache steht und fällt mit der Bedeutung des Wortes »Schale«. Was ist diese Schale?

Die Menschen werden es als reine Dichtung lesen, als Lyrik, und niemand wird je bemerken, daß er das Wort »Schale« übergangen hat, welches eure ganze Vergangenheit enthält. Und solange ihr nicht bereit seid, euch von eurer Vergangenheit völlig zu trennen, wird es Schmerz geben. Es liegt an eurer Vergangenheit – es ist nicht so leicht, sie einfach abzustreifen. Es ist nicht wie mit Kleidern, die ihr ausziehen könnt; es ist, wie wenn ihr gehäutet werdet. Aber ohne diesen Schmerz durchzumachen, gibt es nicht die geringste Möglichkeit zur Einsicht.

Dies gilt für Männer so gut wie für Frauen, aber noch stärker trifft es auf die Frauen zu, weil die ganze Vergangenheit vom Mann geschaffen wurde. Die Frau ist einfach nur ein Schatten gewesen, ohne viel Substanz. Alle Hindu-Inkarnationen Gottes sind Männer. Es ist überraschend und schockierend, daß sie Tiere als Inkarnationen Gottes akzeptieren – aber nicht eine einzige Frau haben sie als Inkarnation Gottes anerkannt.

Gautama Buddha selber verweigerte den Frauen die Einweihung, so als wären sie eine Spezies, die nicht zur Menschheit gehört, sondern zu einem untermenschlichen Stand. Warum sich mit ihnen abgeben? Laßt sie erst zum Mann werden!

Es gibt einen Ausspruch von Gautama Buddha, demzufolge der Mann ein Kreuzweg sei, von dem aus man überall hingelangen könne – zur Erleuchtung, zur höchsten Freiheit. Von der Frau ist da überhaupt nicht die Rede. Sie ist kein Kreuzweg, nur eine dunkle Gasse, wo die Stadtverwaltung noch nicht einmal eine Straßenbeleuchtung gelegt hat; sie führt nirgendwohin. Der Mann dagegen ist eine Autobahn! Soll die Frau erst einmal auf die Autobahn kommen und Mann werden, im Körper eines Mannes geboren werden – dann, ja dann hat sie die Möglichkeit, erleuchtet zu werden.

Und Almustafa sagt: *»... so müßt auch ihr den Schmerz erleben«* – aber wozu? Wenn die Frau gar nicht erleuchtet werden kann, wozu sollte sie dann den Schmerz erleben? Sie ist doch kein Gold, das durchs Feuer gehen muß, um geläutert zu werden.

»Und könntet ihr in eurem Herzen das Staunen über die täglichen Wunder eures Lebens bewahren, würde euch der Schmerz nicht weniger wundersam scheinen als die Freude ...« Das ist wahr, aber manchmal kann die Wahrheit sehr gefährlich sein, ein zweischneidiges Schwert. Auf der einen Seite schützt es, auf der anderen zerstört es. Es ist wahr: Wenn ihr das Staunen in euren Augen bewahrt, werdet ihr überrascht feststellen, daß sogar der Schmerz seine eigene Süße hat, sein eigenes Wunder,

seine eigene Freude. Er ist nicht weniger wundersam als die Freude selbst.

Aber seltsam ... Tatsache ist, daß die Frau stets mehr dem Kind gleicht, mehr von Staunen erfüllt ist als der Mann. Der Mann ist immer hinter Wissen her – und was ist Wissen? Wissen ist nur ein Mittel, um das Staunen loszuwerden. Die gesamte Wissenschaft versucht, die Existenz zu entmystifizieren. Und es ist eine simple Tatsache: Je mehr ihr wißt, um so weniger staunt ihr.

Je älter ihr werdet, um so mehr verliert ihr die Sensibilität für das Staunen; ihr werdet immer abgestumpfter. Der Grund dafür ist, daß ihr schon alles wißt. Dabei wißt ihr gar nichts. Euer Verstand ist einfach nur randvoll mit geborgtem Wissen, und ihr habt nie bedacht, daß darunter nichts als Dunkelheit und Unwissenheit lauern.

Almustafa erwähnt nicht die Tatsache, daß die Frauen dem Kindsein immer näher sind als die Männer. Es ist ein Teil ihrer Schönheit, ihrer Unschuld – sie wissen nicht. Der Mann hat ihnen nie erlaubt, irgend etwas zu wissen. Sie wissen kleine Dinge – was es heißt, einen Haushalt zu führen, sich um die Küche und die Kinder und den Mann zu kümmern – aber das sind nicht die Dinge, die ein Hindernis darstellen könnten. Es ist kein großes Wissen; es kann sehr leicht beiseite gelassen werden.

Darum hat noch jede Frau, die gekommen ist, um mir zuzuhören, mich tiefer, intensiver, mit mehr Liebe gehört. Aber wenn ein neuer Mann ankommt, um mir zuzuhören, ist er voller Widerstand, auf der Hut, voller Angst, daß er beeinflußt werden könnte, verletzt, wenn sein Wissen nicht bestätigt wird. Oder er deutet, wenn er sehr schlau ist, alles, was gesagt wird, nach seinem eigenen Wissen um. Und dann sagt er: »Weiß ich alles schon – das war mir nicht neu.«

Mit dieser Maßnahme beschützt er sein Ego, schützt er die harte Schale. Und wenn diese Schale nicht bricht und du dich nicht staunend wiederfindest wie ein Kind, ist es ausgeschlossen, daß du je in einen Bereich kommst, den wir immer »die Seele« genannt haben – dein innerstes Sein.

Diese Erfahrung habe ich überall auf der Welt gemacht: daß die Frau zuhört. Man kann das Glitzern des Staunens in ihren Augen sehen. Das ist nicht oberflächlich; die Wurzeln reichen tief in ihr Herz. Aber Khalil Gibran erwähnt dies nicht, obwohl die Frage von einer Frau gestellt wird.

Ja, der Mann ist sogar so feige, daß er Angst hat, Fragen zu stellen – denn Fragen beweisen eure Unwissenheit. Die besten Fragen im »Propheten« stammen von Frauen: über Liebe, über Ehe, über Kinder, über Schmerz. Authentisch und real – nicht über Gott, nicht über irgendein philosophisches System, sondern über das Leben selbst. Sie mögen nicht wie große Fragen aussehen, aber in Wirklichkeit sind sie die größten Fragen, und wer sie zu lösen vermag, hat eine neue Welt betreten.

Doch Almustafa antwortet, als wäre die Frage von irgendeinem x-Beliebigen gestellt worden. Er geht nicht auf den ein, der sie gestellt hat. Mein Ansatz ist, daß die eigentliche Frage immer der Fragesteller selbst ist.

Warum ist diese Frage in einer Frau aufgekommen und nicht in einem Mann? Weil die Frau Sklaverei erlitten hat, weil die Frau Demütigung erlitten hat, weil die Frau finanzielle Abhängigkeit erlitten hat und weil sie vor allem unter ständiger Schwangerschaft gelitten hat. Seit Jahrhunderten erduldet sie ein Leben in Schmerzen und Schmerzen und Schmerzen.

Wegen des Kindes, das in ihr wächst, kann sie nicht essen; ihr ist ständig übel, zum Erbrechen. Und wenn das Kind neun Monate in ihr gewachsen ist, bedeutet die Geburt des Kindes beinahe den Tod der Frau. Und kaum hat sie eine Schwangerschaft hinter sich gebracht, steht der Mann schon bereit, sie wieder schwanger zu machen. Es scheint, als wäre die einzige Aufgabe der Frau, eine Fabrik zur Massenherstellung zu sein.

Und was ist die Aufgabe des Mannes? Er hat keinen Anteil an ihrem Schmerz. Neun Monate lang leidet sie, die Geburt des Kindes durchleidet sie – und was tut der Mann? Was den Mann betrifft, benutzt er die Frau einfach als Objekt, um seine Lust und Sexualität zu befriedigen. Er macht sich keine Gedanken darüber, welche Konsequenzen es für die Frau haben wird. Und trotzdem sagt er immer weiter: »Ich liebe dich.«

Wenn er sie wirklich geliebt hätte, wäre die Welt heute nicht überbevölkert. Sein Wort »Liebe« ist absolut leer. Er hat sie praktisch wie Vieh behandelt.

»Und ihr würdet die Jahreszeiten eures Herzens gerade so hinnehmen, wie ihr stets die Jahreszeiten hingenommen habt, die über eure Felder streifen.« – Wahr, und doch nicht vollkommen wahr. Wahr, wenn man die Fragestellerin nicht bedenkt, aber nicht wahr, wenn man an die Fragestellerin denkt.

Einfach als philosophische Feststellung ist es wahr: *»Und ihr würdet die Jahreszeiten eures Herzens gerade so hinnehmen ...«* Manchmal herrscht Freude und manchmal Schmerz und manchmal nur Gleichgültigkeit – weder Schmerz noch Freude. Er sagt, akzeptiert die Jahreszeiten eures Herzens genauso, *»wie ihr seit je die Jahreszeiten hingenommen habt, die über eure Felder streichen.«*

Oberflächlich betrachtet stimmt das. Zu akzeptieren, was es auch sei, verleiht dir einen gewissen Frieden, eine gewisse Ruhe. Du machst dir nicht allzu viele Sorgen; du weißt, auch das geht vorbei. Aber was die Frau betrifft, ist da ein Unterschied: Sie lebt ständig in ein und derselben Jahreszeit: Schmerz und immer nur Schmerz. Ihre Jahreszeiten wechseln nicht – kein Sommer, kein Winter, keine Regenzeit. Das Leben der Frau ist wirklich hart.

Heute ist es nicht mehr ganz so hart, aber auch nur in den fortschrittlicheren Ländern. Achtzig Prozent der Bevölkerung Indiens lebt in Dörfern, und dort könnt ihr die wirklichen Entbehrungen sehen, die die Frau auf sich nehmen muß. Sie nimmt diese Entbehrungen schon seit Jahrhunderten auf sich, und die Jahreszeit ist immer die gleiche. Wenn ihr dieser Tatsache ins Auge schaut, dann ist dieser Satz reaktionär, dann wird diese Aussage zur Vertröstung: »Akzeptiert die Versklavung durch den Mann; akzeptiert die Folter des Mannes.«

Die Frau hat in einem solchen Schmerz gelebt, und dennoch vergißt Almustafa völlig, wer die Frage gestellt hat. Gewiß, man kann den Wandel der Jahreszeiten akzeptieren – aber nicht zehntausend Jahre Sklaverei! Das ist nicht eine Jahreszeit, die sich ändert.

Was die Frau braucht, ist Revolte, nicht Akzeptanz.

Der Mann ist das lüsternste Tier auf Erden. Jedes Tier hat eine Jahreszeit, in der das Männchen hinter dem Weibchen her ist. Manchmal dauert diese Brunftzeit nur ein paar Wochen, manchmal ein oder zwei Monate – und dann vergessen sie den ganzen Sex für den Rest der Zeit, vergessen die ganze Fortpflanzung. Darum haben sie nicht diese Überbevölkerung. Nur der Mann ist das ganze Jahr hindurch lüstern. Und wenn er Amerikaner ist, dann ist er morgens, mittags und abends lüstern.

Und da verlangt Almustafa, daß die Frau den Schmerz akzeptiert!

Ich kann von euch nicht verlangen, daß ihr einen solchen Schmerz akzeptiert, einen Schmerz, der euch von anderen aufgezwungen wird. Ihr braucht eine Revolution!

»Und ihr würdet den Wintern eures Kummers mit Heiterkeit zusehen ...« Weshalb? Wenn wir es ändern können – weshalb sollten wir tatenlos zusehen? Seht nur Dingen zu, die sich nicht ändern lassen. Seht nur dem zu, was natürlich ist – da könnt ihr ein bloßer Zeuge sein. Aber das hier ist poetische Tücke, schöne Worte: »... *mit Heiterkeit zusehen ...«*

Schaut allem, was natürlich ist, mit Heiterkeit zu, aber revoltiert gegen alles Leiden, das euch von irgend jemandem aufgezwungen wird. Ob es ein Mann ist oder eine Frau, ob es euer Vater ist oder eure Mutter, ob es der Priester ist oder der Professor, ob es die Regierung ist oder die Gesellschaft – revoltiert!

Solange euer Geist nicht rebellisch ist, seid ihr nicht lebendig im wahrsten Sinne des Wortes.

»Viel von eurem Leid ist selbstgewählt ...« Das ist richtig. Euer ganzes Unglück, euer ganzer Schmerz ... vieles davon hat euch niemand aufgezwungen. Revoltiert gegen das, was man euch aufzwingt. Aber das, was ihr selbst gewählt habt, das laßt fallen. Da ist es nicht nötig, tatenlos zuzusehen. Die bloße Einsicht: »Ich habe es mir selbst auferlegt«, genügt – wirf es fort! Und laß andere zusehen, wie du es fortwirfst. Wenn sie sehen, wie du es fortwirfst, fällt vielleicht auch bei ihnen der

Groschen: »Wozu unnötig leiden? – die Nachbarn werfen ihren Kummer weg!«

Eure Eifersüchte, eure Wut, eure Habgier – sie alle bringen Schmerz. Eure ehrgeizigen Wünsche – sie alle bringen Schmerz. Und sie sind selbstgewählt.

»Es ist die bittere Arznei, mit der der Arzt in euch euer krankes Selbst heilt.« Wieder kommt er damit, euch zu trösten. Er macht keinen klaren Unterschied: Es gibt Schmerzen, die euch von anderen aufgezwungen werden – revoltiert gegen sie! Und es gibt Schmerzen, die natürlich sind: Bleibt Zeuge und beobachtet sie mit heiterer Gelassenheit, denn *»es ist die bittere Arznei, mit der der Arzt in euch* – die Natur – *euer krankes Selbst heilt«.*

»Darum vertraut dem Arzt und trinkt sein Heilmittel in Stille und Gleichmut.« Aber vergeßt nicht, hier ist vom *Arzt* die Rede, nicht von eurem Ehemann, nicht von der Regierung. Sie zwingen euch Schmerz auf, nicht um euch zu heilen, sondern um euch zu zerstören, um euch auszulöschen, denn je zerstörter ihr seid, desto leichter könnt ihr beherrscht werden. Dann brauchen sie keine Rebellion von eurer Seite zu befürchten. Vergeßt also nicht, wer der Arzt ist. Die Natur heilt, die Zeit heilt – ihr wartet nur, bleibt Zeuge. Aber seid euch völlig im klaren, was natürlich und was künstlich ist.

»Denn seine Hand, obgleich schwer und hart, wird von der zarten Hand des Unsichtbaren geführt. Und der Becher, den er bringt, mag er auch eure Lippen verbrennen, ist aus dem Ton gebildet, den der Töpfer mit seinen eigenen heiligen Tränen benetzt hat.«

Wenn etwas natürlich ist, etwas, wogegen keine Rebellion möglich ist – dann seid nicht unglücklich, dann nehmt es mit Dankbarkeit an. Es ist die unsichtbare Hand des Göttlichen, die euch heilen möchte, die euch auf eine höhere Bewußtseinsebene führt. Aber wenn etwas unnatürlich ist …

Sich irgendeiner Form von Sklaverei zu fügen heißt, deine eigene Seele zu zerstören. Es ist besser zu sterben, als als Sklave zu leben. **(11)**

Warum ist das Weibliche auf der ganzen Welt so sehr unterdrückt worden?

Der Mann leidet an einem tiefen Minderwertigkeitskomplex, weil er keine Kinder zur Welt bringen kann. Es ist eines der tiefsten unbewußten Gefühle von Unterlegenheit beim Mann. Er weiß, daß die Frau ihm überlegen ist, weil es im Leben nichts Höheres geben kann, als neues Leben hervorzubringen.

Die Aufgabe des Mannes, seine Beteiligung an der Entstehung des Lebens, ist verschwindend gering – nicht mehr als eine Injektionsspritze. Man kann es mit der Injektionsnadel machen. Man könnte ihn aus der Fortpflanzung ganz heraushalten.

Er muß das von Anfang an gespürt haben. Und die einzige Methode, diesen Minderwertigkeitskomplex zu überwinden, bestand darin, die Frau in jeder möglichen Hinsicht auf eine so unterlegene Stellung herabzusetzen, daß der Mann seine Minderwertigkeitsgefühle vergessen und glauben konnte, er sei der Überlegene.

Sämtliche Gesellschaften dieser Welt, sämtliche Kulturen, sämtliche Religionen haben mit verschiedenen Methoden alle das gleiche getan: Sie haben die Frau zu einer zweiten Kategorie Mensch gemacht, die dem Mann nicht gleichgestellt war. So zweitklassig, daß es in China jahrtausendelang nicht einmal ein Verbrechen war, seine Frau zu töten. In Indien wurde der Frau jahrhundertelang beigebracht, daß sie eine *Dasi* sei, eine Sklavin, und der Mann, ihr Ehemann, ein *Swami* – ihr Herr und Meister.

In keiner Kultur durfte sie gebildet sein, finanziell unabhängig sein oder sich in der Gesellschaft so frei bewegen wie der Mann. Ihr Haus war ihr Umkreis, aus dem sie sich nicht herausbegeben durfte. Das Haus war nahezu ein Gefängnis. Seit Jahrhunderten darf sie in der halben Welt noch nicht einmal ihr Gesicht herzeigen.

In Indien dürfen Mann und Frau während des Tages in Gegenwart der älteren Familienmitglieder nicht einmal miteinander reden. Nur in der dunklen Nacht können sie miteinander flüstern. Seit Jahrhunderten haben viele Ehemänner das Antlitz ihrer Frau nicht zu Gesicht bekommen, weil sie sich bei Tage nicht begegnen können. In einer Großfamilie ist immer einer der Älteren anwesend. Nur im Dunkel der Nacht … und selbst dann gibt es in einer Großfamilie, wo fünfzig bis sechzig Leute in einem Haus wie Vieh zusammengepfercht sind, keine Möglichkeit der Kommunikation, geschweige denn einer Unterhaltung über philosophische oder religiöse Dinge.

Fast alle Religionen haben den Frauen die Möglichkeit abgesprochen, aus dem weiblichen Körper ins Paradies zu gelangen. Aber tugendhaft, das darf sie sein. Ihr Ehemann ist ihr Gott; ihm sollte sie mit vollkommener Aufopferung und Hingabe dienen. Das ist die einzige Religion, die der Frau zugestanden wird. Es wird ihr im nächsten Leben einen männlichen Körper einbringen, und dann öffnen sich die Türen. Dann kann sie nach spirituellen Gipfeln streben. Dann kann sie ein erleuchteter Meister werden.

Es gibt Religionen, die den Frauen nicht gestatten, die religiösen Schriften zu lesen. Es gibt Religionen, die den Frauen nicht gestatten, ihre Tempel zu betreten.

Die Frau ist versklavt worden. Man hat sie darauf eingeschränkt, Kinder zu produzieren und sich ihr ganzes Leben lang um sie zu kümmern. Sie verdient keine Achtung als menschliches Wesen. Sie ist nur eine Gebärmaschine.

Der Mann hat ihr alles Unrecht angetan, das man nur tun kann, alles Unmenschliche, das man nur tun kann.

Im Hinduismus mußte eine Frau beim Tode ihres Mannes lebendig auf seinen Scheiterhaufen springen. Das wurde für spirituell gehalten. Es ist reiner Mord – ein sehr grausamer und primitiver Mord. Über Tausende von Jahren galt es als großartige spirituelle Handlung, doch seltsamerweise hat der Mann eine solche großartige spirituelle Handlung nie vollzogen. Kein Mann in der ganzen Geschichte ist je für seine tote Frau ins Feuer gesprungen. Kein einziger Brahmane befolgte die Regel, die er für Frauen aufgestellt hatte. Wenn sie Gültigkeit besaß, war es dann nicht seltsam, daß der Mann sie nicht ebenfalls befolgte? Nein, für den Mann galten völlig andere Regeln – eine Doppelmoral! Wenn eine Frau stirbt, denken die Leute bei ihrer Verbrennung an den Mann – wann er wieder heiraten sollte und wen. Nur mit Schwierigkeiten konnte dieses häßliche Mordritual abgeschafft werden – und es kommt gelegentlich immer noch vor.

Man muß sehen, daß der Mann in der Vergangenheit alles andere als mitfühlend, liebevoll oder respektvoll mit den Frauen umgegangen ist. Sein Verhalten war absolut kriminell. **(12)**

Wie denkst du über die Einstellung der Propheten und Heilande zu Frauen?

Diese Leute, die man immer für Abgesandte Gottes gehalten hat, die stets Barmherzigkeit und Liebe gepredigt haben, haben überhaupt kein Verständnis dafür gezeigt, daß Frauen auch Menschen sind.

Auch sie wurden von einer Frau geboren. Trotzdem haben sie alle den Frauen gegenüber eine derartige Respektlosigkeit an den Tag gelegt, daß einem davon übel werden kann. Der Grund liegt klar auf der Hand. Der Grund ist: Sie haben Angst vor Frauen. Und es ist eine psychologische Wahrheit, daß das, wovor man Angst hat, einen gleichzeitig fasziniert. Angst und Faszination gehören zusammen, ja, Angst ist eine Begleiterscheinung von Faszination.

Sie sind fasziniert – was ja natürlich ist. Daran ist nichts falsch; es ist absolut menschlich. Aber wenn jemand ein Heiland sein will, dann muß er die Bedingungen erfüllen, die ihm die Tradition vorschreibt – und alle diese Traditionen sind von Männern fabriziert worden. Bis heute haben wir in einer von Männern bestimmten Gesellschaft gelebt, in der die Frau überhaupt nicht berücksichtigt worden ist.

Konfuzius – und ganz China ist beeinflußt vom Denken des Konfuzius – glaubte, daß die Frau keine Seele hat, daß sie nur aus Körper besteht. Eine Frau umzubringen ist kein Mord. Deshalb war es jahrtausendelang in China kein Verbrechen, die eigene Frau zu töten. Es war nicht schlimmer, als wenn du deinen Stuhl kaputt machst, irgendein Möbelstück oder etwas anderes, das dir gehört. Es gehört ja dir, es ist dein Eigentum – genauso wie es *deine* Frau ist. Du bist der Besitzer, also kannst du sie auch töten. Es gab kein Gesetz in China, das den Ehemann daran hindern konnte, seine Frau umzubringen. Und es gab auch keine Bestrafung, denn die Frau war eine Sache, kein Lebewesen.

Aber Konfuzius gilt als einer der weisesten Männer der Welt! Was ist denn das für eine Weisheit? Er ist der Begründer des Konfuzianismus, aber Konfuzius hat nur eines zuwege gebracht: Er hat die Menschen konfus gemacht, sonst gar nichts.

Alle Religionen haben Angst vor Frauen, denn alle Religionen haben Angst vor Sex.

Alle Religionen unterdrücken Sex, sind gegen Sex. Die natürliche Folge davon ist, daß alle Religionen gegen die Frau sein müssen. Die Frau muß verdammt werden. Wenn man Sex verdammt, muß man notgedrungen auch die Frau verdammen. Wenn man die Frau achtet – und das ist eine logische Konsequenz –, dann wird man auch Sex achten, als etwas ganz Natürliches.

Und warum waren diese Leute gegen Sex? Ihre Meinungen über alle anderen Dinge gehen völlig auseinander, nur in bezug auf die Sexualität sind sich alle Religionen einig. Das scheint das einzige zu sein, worin die Religionen übereinstimmen. Es scheint also ungeheuer wichtig zu sein, daß wir tief in das ganze Phänomen eindringen: Warum haben sie Angst davor?

Sie haben Angst vor Sex, weil er die stärkste Energie im Menschen ist, der allerstärkste Trieb der Natur und der Biologie. Er ist absolut unzerstörbar.

Man kann Sex entweder verdammen und unterdrücken – oder man kann ihn verstehen und transformieren. Das letztere aber ist ein langer und schwieriger Weg, und es gehört große Intelligenz und Bewußtheit dazu – denn Sexualität ist eine unbewußte Kraft in euch. Jede Zelle eures Körpers besteht aus ihr, pulsiert mit ihr. Euer bewußter Verstand ist nichts im Vergleich zu eurer unbewußten sexuellen Energie. Daher die Angst, daß das Unbewußte jeden Augenblick von euch Besitz ergreifen könnte. Es zu unterdrücken scheint die leichtere Lösung zu sein. Zur Unterdrückung braucht man grundsätzlich keine Intelligenz; jeder Schwachkopf kann das. Im Gegenteil, *nur* Schwachköpfe können das.

Ich war erstaunt, nachdem ich in Indien Hunderte von Mönchen aus den verschiedensten Religionen gesehen hatte: Sie unterdrücken alle ihre Sexualität. Mein Erstaunen ging dahin, daß sie um so dümmer werden, je mehr sie ihre Sexualität unterdrücken – genau im gleichen Verhältnis. Die eigene Natur zu unterdrücken ist ein so schwachsinniges Unterfangen, daß es zwangsläufig die Intelligenz zerstören muß. Ich fand diese Leute sehr stumpf. Wenn ich mit ihnen redete, konnte ich sehen, daß sie überhaupt nichts hörten. Ihre Augen wirken wie tot, ihr Körper ist verkümmert. Sie sehen häßlich aus. Sie haben den Sex verurteilt, und deswegen müssen sie auch die Frau verurteilen.

Die Dschainas glauben, daß niemand aus einem weiblichen Körper heraus befreit werden kann. Nur der Mann kann befreit werden, nur er kann das Höchste erreichen – ihr Wort dafür ist *Moksha,* Befreiung –, aber nur vom Körper eines Mannes aus, nicht von dem einer Frau. Was ist verkehrt am Körper einer Frau? Es gibt überhaupt keinen Unterschied. Der einzige Unterschied ist physiologisch, und auch das ist kein allzu großer Unterschied – kein Unterschied, der einen Unterschied machen würde.

Die Sexualorgane des Mannes hängen nach außen, und die Sexualorgane der Frau hängen nach innen – das ist der einzige Unterschied. Das ist, wie wenn du deine Hosentasche nach außen stülpst – dann wird sie männlich. Wenn du sie nach innen, in ihre ursprüngliche Lage, zurückstülpst, wird sie weiblich. Das nennt ihr einen Unterschied? Die gleiche Tasche ...?

Die Dschainas sagen, daß die Frau durch ihren weiblichen Körper verdammt sei. Zuerst muß sie ein Mann werden. Also gibt es zwar Dschaina-Nonnen, aber sie streben nicht nach Befreiung, sondern danach, im nächsten Leben als Mann wiedergeboren zu werden. Dann erst werden sie für ihre Befreiung arbeiten. Für sie gibt es einen Schritt mehr zu tun als für den Mann. »*Ladies first*« trifft hier nicht zu.

Aber *eine* Frau gab es in der Geschichte der Dschainas, die sehr viel Mut und Intelligenz besessen haben muß. Sie muß eine Rebellin gewesen sein. Sie rebellierte gegen diese Vorstellung. Ihr Name war Mallibhai. Sie rebellierte einfach gegen diese ganze Idee. Sie sagte: »Das hat der Mann nur erfunden!« Und ganz sicher muß sie eine charismatische Frau gewesen sein, denn sie wurde ein Dschaina-Mönch. Sie wollte auf keinen Fall Nonne werden, weil das Ziel einer Nonne ist, im nächsten Leben ein Mönch zu werden. Sie wurde ein Dschaina-Mönch. Eine Dschaina-Nonne darf Kleider tragen; sie soll nicht nackt herumlaufen – diese Stufe kommt erst im nächsten Leben, falls sie Erfolg hat.

Aber diese Frau, Mallibhai, war eine einzigartige Rebellin. Ich habe überall auf der Welt nachgeforscht – ich finde keine andere Frau vom gleichen rebellischen Geist. Sie wurde ein Mönch. Sie ließ ihre Kleider fallen und erklärte den Dschainas: »Ich bin ein Mönch, und ich strebe nach Befreiung. Und es ist mir ganz egal, was eure Schriften sagen.« Sie hatte zweifellos Charisma, und sie erfüllte alle Bedingungen, die ein *Tirthankara* (erleuchteter Meister) erfüllen muß – und die Dschainas mußten sie als *Tirthankara* akzeptieren.

Doch sie haben sie ausgetrickst. Als sie starb, änderten sie ihren Namen. Sie hieß Mallibhai – »*bhai*« bezeichnet eine Frau; daraus machten sie Mallinath – »*nath*« bezeichnet einen Mann. Wenn ihr also die Geschichtsbücher lest, werdet ihr nicht merken, daß von den vierundzwanzig *Tirthankaras* einer eine Frau war, weil sie statt Mallibhai den Namen Mallinath verwenden.

Sie haben die ganze Welt getäuscht, und sie haben ihr altes Spiel weitergespielt. Eine Frau hat den Beweis erbracht – und der Beweis einer einzigen Frau reicht für alle Frauen. Aber die verlogene Priesterschaft änderte ihren Namen, als sie starb.

Und nicht nur den Namen haben sie geändert; sie haben auch ihre Statue geändert: Eine Männerstatue ist es, die in den Tempeln steht. In den Dschaina-Tempeln gibt es vierundzwanzig *Tirthankara*-Statuen – alles Männer!

Ich bin oft in Dschaina-Tempel gegangen und habe gefragt: »Wer ist Mallibhai?«

Und jedesmal wurde der Priester unruhig und sagte: »Äääh, Mallibhai ...? Bist du ein Dschaina?«

Und dann sagte ich immer: »Nein, ich bin kein Dschaina. Aber ich bin auch kein männlicher Chauvinist. Welche von diesen vierundzwanzig ist Mallibhai?« – Und er zeigte es mir.

Aber ich sagte: »Das ist eine Männerstatue – die Sexualorgane hängen nach außen.«

Bald wurden sie vorsichtig ... jedesmal, wenn ich in einen Dschaina-Tempel wollte, sagten sie: »Der Tempel ist geschlossen. Du darfst nicht in den Tempel.«

Es ist eine männlich-chauvinistische Welt. Alle Hindu-Avatare sind Männer. Nicht eine einzige Frau wurde anerkannt. Nicht, daß es nicht Frauen mit viel mehr Stärke, viel mehr Kraft gegeben hätte als diese sogenannten Avatare, aber sie wurden nicht akzeptiert – nur weil sie Frauen sind und es eine Männerwelt ist.

Ein Mohammedaner kann vier Frauen heiraten; der Koran erlaubt es ihm. Einer Frau ist es jedoch nicht gestattet, vier Männer zu heiraten. Das ist doch ungerecht! Eine Frau darf eine mohammedanische Moschee nicht betreten – sie darf nur draußen beten. Sie ist unrein, nur weil sie eine Frau ist. Sie darf noch nicht einmal innerhalb der Moschee beten!

In einer Synagoge gibt es einen gesonderten Bereich für Frauen, abgetrennt. Sie darf nicht bei den Männern sitzen. Meistens hat sie im hinteren Bereich ihren Platz, oder ihr Platz ist auf der Empore.

Das erinnert mich an eine Geschichte ... ich weiß nicht, ob sie stimmt oder nicht. Als Golda Meir Ministerpräsidentin von Israel war, stattete Indira Gandhi, die indische Ministerpräsidentin, Israel einen Besuch ab. Sie wollte eine Synagoge besichtigen und wissen, wie die Juden beten und was sie so tun. Also nahm Golda Meir Indira Gandhi mit, und sie saßen auf der Empore.

Indira Gandhi fragte Golda Meir: »Ist es in der Synagoge Vorschrift, daß nur Ministerpräsidenten auf der Empore sitzen dürfen?« – denn Golda Meir und Indira Gandhi waren zwei Frauen. Golda Meir scheute sich, zu sagen, daß die Frau nach jüdischer Sitte getrennt sitzen muß. Doch Indira Gandhi dachte: »Es liegt wohl daran, daß wir beide Präsidentinnen sind; deshalb wird uns ein besonderer Platz zugewiesen.«

Ja, es war ein besonderer Platz, aber nicht für Ministerpräsidenten, sondern für zwei Frauen. Sogar wenn sie Ministerpräsidentin ist, egal – eine Frau ist eine Frau.

Selbst Buddha benahm sich äußerst respektlos gegenüber den Frauen. Er gab Frauen nicht die Erlaubnis, Nonnen zu werden; er verweigerte ihnen die Einweihung. Da scheint eine tiefliegende Angst in ihm zu sein. Und aus einer seiner Äußerungen geht das klar hervor, denn fast fünfzehn Jahre lang weigerte er sich beharrlich: »Ich werde keine Frauen einweihen.« Was ist diese Angst? Warum wollte er keine Frau einweihen, wo doch Frauen ihn darum baten, eingeweiht zu werden? Was war der Grund, sie daran zu hindern, nach der Wahrheit zu streben und zu suchen? Ist dies das Monopol des Mannes? Ist selbst die Wahrheit eine Ware und ein Monopol des Mannes?

Schließlich gab er sehr widerstrebend nach – gar nicht freudig. Er mußte nachgeben, weil die Frau, die ihn darum bat, jene Frau war, die bei ihm Mutterstelle vertreten hatte. Gautama Buddhas eigene Mutter war gestorben, als sie ihn zur Welt brachte. Die Schwester seiner Mutter blieb daraufhin unverheiratet und widmete ihr ganzes Leben, um Gautama Buddha aufzuziehen. Sie gab ihm mehr Liebe, als jede Mutter zu geben vermag, und dafür opferte sie natürlich ihr eigenes Leben; sie überschüttete ihn mit allem, was sie hatte. Als sie zu ihm kam – alt, mit Tränen in den Augen … ihr Name ist Mahamaya – da sagte sie: »Ich weiß, daß du seit fünfzehn Jahren Frauen abweist, aber ich bin deine Mutter. Denke daran, ich habe dir mein ganzes Leben geopfert. Warum kannst du mir nicht die Einweihung geben? Kannst du nicht die Wahrheit, die du gefunden hast, mit mir teilen?«

Unter diesem Druck konnte er Mahamaya nicht zurückweisen; es wäre zu grausam gewesen. Doch was er sagte, war dennoch grausam. Er nahm sie an, er gab ihr die Einweihung – ungern, ganz ohne Zeremonie ... und nach der Einweihung sagte er: »Meine Religion hätte fünftausend Jahre dauern können, aber jetzt wird sie nur fünfhundert Jahre dauern, weil ich Frauen zugelassen habe. Sie werden sie zerstören.« Warum sollten Frauen sie zerstören? Ich kann das nicht so sehen.

In meiner Kommune sind mehr Frauen als Männer. Sie arbeiten genauso hart wie die Männer, aber vielleicht liebevoller als die Männer. Sie sind fähig zu lieben, mehr als der Mann. Sie haben die Kommune nicht zerstört – sie haben sie aufgebaut!

Warum hat Buddha solche Angst? Ich weiß, warum er Angst hat. Seine eigene tiefsitzende Angst ist, daß er vielleicht noch immer von Frauen fasziniert sein könnte. Zumindest kann er seinen Mönchen nicht trauen. Er weiß, sie werden fasziniert sein, und bald wird das, was er gelehrt hat – Keuschheit – zunichte gemacht sein. Die Keuschheit wird zerstört – aber wieso die Religion? Was hat Religion mit Keuschheit zu tun? Im Gegenteil: Wenn Männer und Frauen zusammen sind, kann die Religion wachsen. Es wird Kinder geben, und dann noch mehr Kinder, und es wird ein riesiger Baum werden.

Ich an seiner Stelle hätte gesagt: »Meine Religion hätte nur fünftausend Jahre gedauert, doch jetzt wird sie ewig dauern, denn jetzt, wo auch die Frauen dazugehören, ist sie vollständig. Mit Männern allein war sie unvollständig. Jetzt ist es eine richtige, lebendige Kommune, weil sie neues Leben hervorbringen kann.«

Aber diese Angst ... und diese Angst ist nur möglich, wenn sie auch irgendwo tief im Unterbewußtsein sitzt. **(13)**

Du hast schon oft die christliche Dreifaltigkeit erwähnt: Vater, Sohn und Heiliger Geist. Könntest du uns bitte sagen, was aus der Mutter wurde?

Alle Religionen der Welt wurden von Männern begründet. Nicht eine einzige Religion wurde je von einer Frau begründet. Und natürlich ist das männliche Ego, der männliche Chauvinismus, die Wurzel aller Lehren gewesen, die je zur Erklärung der Welt geschaffen wurden.

Dem männlichen Ego fällt es sehr schwer, sich eine Frau als Schöpfer vorzustellen. Auch nur einen kleinen Teil der Dreifaltigkeit an die Frau abzugeben, scheint problematisch. Alles hat der Mann geregelt. Der Mann ist in dieser Welt stets der Manager gewesen, und natürlich hat er auch die Vorstellung vom Jenseits geschaffen. Selbst das hat er noch im Griff.

Gott ist ein Mann, der Heilige Geist ist ein Mann, der Sohn ist ein Mann ... Nicht etwa, weil es so wäre! Wenn es einen Gott gibt, dann muß er sowohl Mann als auch Frau sein. Er kann nicht nur männlich sein – unmöglich! Dann wäre er unvollständig. Er muß ein vollständiger Kreis sein – männlich-weiblich, *yin-yang*.

Der Osten ist sich dessen mehr bewußt gewesen. Im Sanskrit ist *Brahma,* der höchste Gott, weder männlich noch weiblich. Das ist zutreffender – weil er beides ist. Er gehört zu keinem Geschlecht, er ist jenseits der Geschlechter. Das scheint mehr der Wahrheit zu entsprechen, scheint ein besseres Konzept, denn das Leben existiert in Polaritäten. Das Leben kann nicht nur aus einem Pol bestehen. Elektrizität kann nicht nur als positiver oder nur als negativer Pol existieren; sowohl der negative als auch der positive Pol ist notwendig. Zwischen diesen beiden Polen spielt sich das Phänomen der Elektrizität ab.

Die Menschheit kann nicht nur aus Männern oder nur aus Frauen bestehen. Beide sind notwendig, um ein einheitliches Ganzes zu bilden ... ein anmutiges, wohlgefälliges Ganzes. Der Mann allein ist unvollständig. Die Frau allein ist ebenfalls unvollständig.

Schaut euch das Leben an. Alle Polaritäten sind darin miteinander verbunden – Leben und Tod, Liebe und Haß, Tag und Nacht, Sommer und Winter. Alle Polaritäten sind miteinander verbunden ... die Erde und der Himmel. Gott ist die Gesamtheit, das Ganze. Das Ganze kann nicht ausschließlich männlich sein. Es ist eine männliche Haltung, zu sagen, daß das Ganze nur männlich sei. Das ist eine männlich-chauvinistische Haltung.

Heute verwahren sich die Frauen dagegen. Die Frauen in der Frauenbewegung haben angefangen, Gott eine »*Sie*« zu nennen. Sie nennen Gott nicht mehr »*Er*«. Das ist eine Gegenreaktion. Als Reaktion ist es verständlich, aber diese Reaktion macht wieder das gleiche – wieder wird der gleiche Fehler begangen. Gott ist sowohl *Er* als auch *Sie*. Im Sanskrit verwenden wir für Gott weder *Er* noch *Sie*. Wir verwenden »*tat*« – *tat* bedeutet »*das*«. Ein Hinweis, ein einfacher Hinweis, ohne etwas darüber auszusagen, was Gott ist – ob er oder sie. *Tat* – »das«; ein einfacher Hinweis, ohne damit etwas über das Geschlecht Gottes auszusagen.

Früher oder später wird die Menschheit es begreifen – daß Mann und Frau Ergänzungen sind. Gegensätze und doch Ergänzungen, die zusammen ein Ganzes ergeben.

Wegen dieser Idee, daß Gott ein Mann ist, hat der Mensch derartig absurde Theorien geschaffen, daß man es sich kaum vorstellen kann. Die Leute kommen zu mir und sagen: »Was geht in diesem Ashram vor? So viele Frauen, so viele Männer!« Denn in der Vergangenheit hat es nur Ashrams für Männer gegeben. Und wenn es Ashrams für Frauen gab, dann waren sie ausschließlich für Frauen da.

Die Religionen haben Männer und Frauen voneinander getrennt. Im Westen gibt es christliche Klöster, die nie eine Frau betreten hat, die nie eine Frau betreten darf. Es gibt Trappistenklöster, aus denen ein Mann, wenn er einmal eingetreten ist, nie wieder hinausdarf – aus Angst, er könnte in der Stadt einer Frau begegnen.

Sex ist etwas Verbotenes gewesen. Liebe ist etwas Verdammtes gewesen. Und der Mann hat versucht, sich davon völlig unabhängig zu machen – als ob das möglich wäre. Das ist nicht möglich. Die Energie braucht den Gegensatz.

Die Hindus zeigen sich in dieser Hinsicht wissenschaftlicher. Wenn man einen Hindutempel betritt, findet man dort Krishna mit Radha, Shiva mit Parvati, Ram mit Sita. Die weibliche Energie ist präsent. Sie muß da sein, um den Gott vollständig zu machen.

In einem Dschaina-Tempel steht Mahavira alleine da. Er sieht ein wenig verloren aus, ein wenig unvollständig. In einem buddhistischen Tempel sitzt Buddha allein. In einer christlichen Kirche sieht man Jesus gekreuzigt, am Kreuz, aber allein. Kein Wunder, daß eine Kirche so traurig aussieht – das ist nur natürlich, denn die andere Energie, die ein Fest daraus machen könnte, fehlt darin.

Wenn Frauen und Männer zusammen sind, dann feiert das Leben; es herrscht Freude. Habt ihr schon einmal beobachtet, was passiert, wenn zwanzig Männer in einem Raum zusammensitzen? Man kann fühlen, wie sich eine gewisse Traurigkeit breitmacht. Aber sobald eine Frau hereinkommt, flammt plötzlich die Energie auf ... aufsteigende *Kundalini*. Alle wachen auf; es passiert etwas. Es hat nichts mit den Körpern zu tun; es hat etwas mit der Energie zu tun. Die entgegengesetzte Polarität ist ins Spiel gekommen – Funken springen über. Die entgegengesetzte Energie ist da – der Magnetismus wird wirksam.

Eine Welt, die ausschließlich aus Männern bestünde, wäre eine sehr dumpfe und öde Welt. Die Dreifaltigkeit muß sich ja mittlerweile zu Tode langweilen. Der Vater, der Heilige Geist und der Sohn – was machen sie nur die ganze Zeit? Es muß eine sehr langweilige Gesellschaft sein. Stellt euch das nur einmal vor – zum Fürchten!

Nein, so kann das Leben nicht vollständig werden. Die Energien müssen sich mischen; nur dann wird das Leben höhere Stufen erreichen. Es ist dialektisch: These, Antithese, und zwischen beiden dann der Gipfel der Synthese. Dann wird die Synthese zur These, wieder eine Antithese ... und schließlich eine höhere Synthese. Eine Symphonie der Energien wird so ständig neu geschaffen.

Darum ist mein Ashram so ungewöhnlich, und deshalb trifft man nicht viele Inder hier. Sie können nicht glauben, daß das hier ein Ashram ist. Sie kennen nur Ashrams, in denen traurige Leute sitzen, Halbtote. Sie können nicht glauben, daß es hier so viel Freude gibt, so viel Spaß.

Erst gestern schrieb mir ein Inder einen Brief, und er sagt darin: »Ich finde das alles soweit in Ordnung, aber nach den Meditationen, und sogar nach deinem Vortrag, gibt es immer einige Paare, die anfangen, sich zu umarmen und zu küssen. Das erscheint mir unreligiös.« – Was könnte religiöser sein als das?

Liebe ist eine Religion, aber jahrhundertelang ist Liebe verdammt worden. Jahrhundertelang war Liebe eine Sünde. Jahrhundertelang haben Männer und Frauen getrennt gelebt und sich nur im Dunkel der Nacht getroffen, wenn niemand es merkte, und sich danach wieder getrennt. Und sie haben sich schuldig gefühlt, weil sie sich getroffen haben. Und sie waren zutiefst beunruhigt, weil sie das Verlangen nach einer Frau hatten oder das Verlangen nach einem Mann. Es ist einfach natürlich. Es liegt nicht an euch, es liegt an den Energien – positive und negative Energien begegnen sich. Wenn sie sich begegnen, entsteht neues Leben.

Die christliche Lehre ist mit Sicherheit falsch. Man muß Gott mehr Freiheit lassen, damit er sich frei zwischen den beiden Polen bewegen kann. In Indien gibt es die Vorstellung von Shiva als *Ardhanarishwar* – wahrscheinlich eine der tiefsten Einsichten überhaupt. *Ardhanarishwar* bedeutet, daß Gott halb Mann und halb Frau ist. Vielleicht habt ihr schon einmal eine solche Statue oder ein Foto der Statue von *Ardhanarishwar* gesehen, die Shiva als halb Mann und halb Frau zeigt. Dies ist höchst symbolisch; es zeugt von tiefer Weisheit. Genau so sollte es sein. **(14)**

Gott erschuf die Welt, und in jeder Kirche bekommt ihr zu hören, daß er Adam und Eva erschuf, nachdem er alles andere erschaffen hatte.

Das ist eine Lüge. Er erschuf als erstes Adam und Lilith,

aber das wird den Leuten nicht erzählt. Und es hat seine Gründe, warum es nicht erzählt wird.

Gott erschuf Adam und Lilith aus dem gleichen Lehm. Es ist ein Mythos, doch er hat eine ungeheuer tiefe Bedeutung. Und es zeugt von der absoluten Dummheit Gottes, daß er ein kleines Einzelbett erschuf, nur *ein* Bett, mit der männlich-chauvinistischen Vorstellung, daß Adam in diesem Bett schlafen würde und Lilith auf dem Boden. Die Frau darf dem Mann nicht gleich sein.

Von diesem Punkt an war das ganze Christentum gegen die Gleichheit. Wenn selbst Gott dagegen ist, dann kann Gleichheit, gleiche Chancen für alle, nicht akzeptiert werden. Deshalb ist das Christentum auch gegen den Kommunismus, gegen den Anarchismus.

Und ich behaupte, daß Gott absolut dumm war, denn wenn man ein Paar erschafft, sollte man zumindest ein Doppelbett erschaffen. Die erste Nacht war der Anfang eines Kampfes, der bis heute währt. Lilith wollte in dem Bett schlafen, und Adam wollte auch in dem Bett schlafen, doch das Bett bot nicht genug Platz für zwei. Also warf Adam Lilith davon herunter, und dann stürzte Lilith sich auf Adam und warf ihn herunter – alles nur wegen eines dummen Gottes, der sich nicht denken konnte, daß ein Doppelbett nötig war!

Die ganze Nacht ging dieser Streit – der Streit um die Gleichheit, der bis heute in jedem Schlafzimmer weitergeht. Obwohl heute Doppelbetten zur Verfügung stehen, geht die Schlacht immer weiter – diese Kissenschlacht.

Tags darauf fragte Adam Gott – aber nicht die richtige Frage: »Warum gibst du uns nicht ein größeres Bett?« – was naheliegend und logisch gewesen wäre. Er bat Gott: »Ich kann diese Frau, die mir gleich sein will, nicht ertragen.« Und Gott tötete Lilith, seine eigene Tochter. Adam verlangte kein größeres Bett, und Gott hat es ihm auch nicht vorgeschlagen: »Das ist kein Problem. Ich habe die ganze Welt erschaffen, ich kann auch ein Doppelbett erschaffen – einfach so *(Osho schnipst mit den Fingern)* ... ein Doppelbett!«

Aber Gott war genauso ein männlicher Chauvinist. Er

bevorzugte Adam, obwohl es ungerecht gegen Lilith war. Und diese Ungerechtigkeit geht sogar bis zum Mord: Er ermordete seine eigene Tochter, weil sie Gleichheit forderte.

Für mich ist die Forderung nach gleichen Chancen ein grundlegendes religiöses Prinzip. Ich sage nicht, daß die Menschen gleich sind; ich sage, daß sie gleiche Chancen bekommen sollten, um sich zu ihrer ungleichen Einzigartigkeit entwickeln zu können.

Aber ein Doppelbett ...! Statt ein Doppelbett zu erschaffen, brachte er lieber die eigene Tochter um! Und es geht nicht nur darum, daß Lilith umgebracht wurde – es geht darum, daß die ganze Idee der Gleichheit abgemurkst wurde. Gott tötete Lilith, und beim nächsten Mal schuf er Eva nicht aus der gleichen Erde, aus der er Adam erschaffen hatte, denn diese gleiche Erde hatte die Idee der Gleichheit aufkommen lassen.

Diesmal versetzte er Adam ins Koma und entfernte ihm einen Rippenknochen – der erste chirurgische Eingriff in der Existenz – und aus diesem Rippenknochen erschuf er Eva. Sie würde niemals beanspruchen, dem Manne gleich zu sein – sie war ja nur ein Rippenknochen! Sie würde dem Manne dienen, sich ihm unterwerfen, ihm gehorchen und ihn anbeten.

Aber in jeder Kirche wird weiterhin behauptet, daß Gott Adam und Eva erschaffen hat. Ihre eigenen Schriften besagen etwas anderes – aber das wird nicht erzählt. Jahrhundertelanges Wiederholen, daß Gott am Anfang Adam und Eva erschuf, hat bewirkt, daß die Lüge als Wahrheit erscheint.

Ein Gott, der die gesamte Welt erschaffen hat, soll nicht imstande gewesen sein, eine Frau zu erschaffen, ohne eine Rippe von Adam zu nehmen? Das ist äußerst merkwürdig ... aber dahinter steht der Gedanke, daß die Frau nur ein Knochen ist, daß sie nur Körper ist. Sie ist dem Mann untergeordnet, sie muß dem Mann eine Sklavin sein. Diese Idee findet man in unterschiedlicher Ausprägung in allen Religionen.

Die Frau kann nicht aus dem Körper einer Frau in den Himmel kommen. Vorher muß sie tugendhaft und rein sein, dem Mann absolut ergeben, dann kann sie im nächsten Leben als Mann wiedergeboren werden – dank ihrer Tugendhaftigkeit als Sklavin.

Sklaverei als Tugend! Gehorsam als Tugend! Der Ehemann kann ein Trunkenbold sein; der Ehemann kann ein Mörder sein; der Ehemann kann ein Vergewaltiger sein; der Ehemann kann alle möglichen Verbrechen begehen – aber die Frau muß den Mann als ihren Gott ansehen! Das nennt ihr Zivilisation? **(15)**

Ich fühle in meinem Innern einen tief vergrabenen, rachsüchtigen, kalten Zorn gegen alle Männer, die jemals Frauen unterdrückt, vergewaltigt, getötet und ihnen sonstwie Gewalt angetan haben. Es fühlt sich an, als würde ich das schon viele Leben mit mir herumtragen. Kannst du mir helfen, es ans Licht zu bringen und mich anzufreunden mit dieser alten Hexe in mir?

Das erste, was du dir klarmachen mußt: Es war das Christentum, das das Wort »Hexe« verunglimpft hat. Das (englische) Wort *»witch«* war eigentlich eines der respektabelsten Wörter. Es bedeutete einfach »weise Frau«.

Doch im Mittelalter sah sich das Christentum mit einer Gefahr konfrontiert: Es gab Tausende von Frauen, die viel mehr Weisheit besaßen als die Bischöfe und Kardinäle und der Papst. Diese Frauen waren der Kunst kundig, wie man das Leben der Menschen transformiert.

Ihre ganze Philosophie basierte auf Liebe und auf der Umwandlung der sexuellen Energie – und das kann eine Frau viel leichter als ein Mann. Schließlich ist sie eine Mutter, und zwar immer. Sogar ein kleines Mädchen im Babyalter besitzt diese Qualität der Mütterlichkeit. Die Qualität der Mütterlichkeit hat nichts mit dem Lebensalter zu tun; sie gehört zum Frausein. Und die Umwandlung der Energie bedarf eines sehr liebevollen Klimas, einer sehr mütterlichen Energieübertragung.

Das bedeutete Konkurrenz für das Christentum. Das Christentum hat im Vergleich dazu nichts anzubieten – doch das Christentum war an der Macht.

Die damalige Welt war eine Männerwelt, und die Männer beschlossen, alle Hexen zu vernichten. Doch wie konnte man sie vernichten? Es ging nicht darum, einzelne Frauen umzubringen, sondern Tausende. Ein Sondergericht, die Inquisition, wurde geschaffen, um festzustellen, wer eine Hexe war.

So wurde jede Frau, von der Christen behaupteten, sie hätte Einfluß auf andere und genieße hohes Ansehen, gefangengenommen und gefoltert – so lange, bis sie gestand. Man hörte nicht auf, sie zu quälen, bis sie endlich gestand, daß sie eine Hexe sei. Und im christlichen Denken, in der christlichen Theologie bekam das Wort »Hexe« eine andere Bedeutung: Eine Hexe war jemand, der Geschlechtsverkehr mit dem Teufel unterhielt.

Man hört heute gar nichts mehr davon, daß der Teufel mit irgendeiner Frau Geschlechtsverkehr hätte! Entweder ist der Teufel ein christlicher Mönch im Zölibat geworden oder ... was ist mit dem Teufel passiert? Wer war das, der mit Tausenden von Frauen sexuelle Beziehungen unterhielt? Und diese Frauen waren überwiegend ältere Frauen. Das macht wenig Sinn! Wo es doch genug junge, hübsche Frauen gab – warum sollte der Teufel sich die alten aussuchen, die Greisinnen?

Eine Hexe wurde man durch lange Ausbildung, langes Lernen, lange Erfahrung. Bis eine Frau zu einer richtigen Hexe, einer weisen Frau wurde, war sie schon alt; sie hatte alles geopfert, um zu dieser Weisheit, dieser Alchimie zu gelangen.

Man zwang diese armen alten Frauen, zu bekennen, daß sie Geschlechtsverkehr mit dem Teufel gehabt hätten. Viele von ihnen widerstanden lange ... aber die Folter war zu groß.

Man quälte diese Frauen mit so vielen häßlichen Methoden, nur um eines zu erreichen: daß sie ein Geständnis ablegten. Die Frauen bekräftigten immer wieder, daß sie nichts mit dem Teufel zu tun hatten und daß sie nichts zu gestehen hatten. Doch keiner hörte auf sie; sie wurden weiter gefoltert.

Man kann jeden Menschen zu jeder Art von Geständnis bringen, wenn man ihn nur lange genug foltert. Es kommt der Punkt, an dem er fühlt, daß es besser ist zu gestehen, als jeden Tag dieselbe Qual über sich ergehen zu lassen. Und was, wenn es bis ans Lebensende so weiterginge? Sobald eine Frau gestanden hatte, daß sie eine Hexe war und Geschlechtsverkehr mit dem Teufel gehabt hatte, wurde die Folter abgebrochen, und sie wurde vor das Gericht, ein Sondergericht des Papstes, gestellt. Vor diesem Gericht mußte sie nun ihr Geständnis ablegen. Und sobald sie sich vor Gericht schuldig bekannt hatte, konnte das Gericht sie bestrafen – denn in den Augen der Christenheit hatte sie das größte Verbrechen begangen.

Tatsache ist, selbst wenn eine Frau mit dem Teufel Geschlechtsverkehr hatte, geht das niemanden sonst etwas an – es ist kein Verbrechen, denn sie schadet damit niemandem. Und der Teufel hat noch nie bei der Polizei Anzeige erstattet: »Diese Frau ist gemeingefährlich!« Mit welchem Recht durfte das Christentum diese Frauen verbrennen?

Die einzige Strafe dafür war es, bei lebendigem Leibe verbrannt zu werden, damit nur ja keine andere Frau es jemals wagte, eine Hexe zu sein. So wurden Tausende von Frauen ermordet; ein wichtiger Teil der Menschheit wurde vollkommen ausgelöscht. Und mit ihm die Weisheit dieser Frauen – ihre Bücher, ihre Methoden, ihre Techniken der Transformation, der Energieumwandlung.

Du mußt nicht denken, daß das Wort »Hexe« etwas Schlechtes bedeutet. Es ist ein respektableres Wort als »Papst«, denn ich glaube nicht, daß ein Papst jemand ist, den man weise nennen könnte; das sind nur Papageien und sonst nichts.

Es ist möglich, daß es mit deinen früheren Leben zusammenhängt, und die Wunde ist so tief, daß in deinem Unterbewußtsein noch Erinnerungen daran vorhanden sind, die deinen Männerhaß hervorrufen, weil das, was man dir angetan hat, von Männern getan wurde.

Diese Assoziation ist naheliegend, aber du solltest diese Assoziation fallenlassen. Es wurde nicht von Männern getan, sondern von Christen. Und die Christen haben so viele Verbrechen begangen – und begehen sie immer noch. Es ist unglaublich. Und sie reden ständig von der Wahrheit, sie reden von Gott ... und sie erzählen euch Lügen. Aber das sind die religiösen Leute, die auf jede erdenkliche Weise versuchen, die Welt zu täuschen, den menschlichen Verstand zu täuschen und euch mit häßlichen Lügen zu vergiften.

Sei also nicht gegen die Männer als solche. Es genügt, wenn du gegen die Ungeheuerlichkeiten bist, welche die Christen begangen haben. Zweitausend Jahre lang hat das Christentum Menschen umgebracht – im Namen der Religion, im Namen Gottes, im Namen Christi, im Namen des Staates – dafür sollte man es zu Recht verurteilen. Aber nicht jeder Mann ist ein Christ!

Es wird gut für dich sein, mit Hypnose zu arbeiten, um mehr darüber herauszufinden. Vielleicht wirst du dich an die Methoden der Hexen erinnern – wie sie funktionierten und wie sie eingesetzt wurden, um Menschen zu transformieren. Wenn diese Methoden keine Gefahr für das Christentum gewesen wären, hätten die Christen nicht die Hexen umgebracht.

Sie waren eine echte Gefahr, weil das Christentum im Vergleich dazu nichts anzubieten hat. **(16)**

Sämtliche Religionen sagen, die Frau sei das Tor zur Hölle. Ich habe mich immer gewundert: Wenn die Frau das Tor zur Hölle ist, dann kann keine Frau in die Hölle kommen! Sie ist ja das Tor, und Tore bewegen sich nicht; Tore können nicht gehen.

Nur der Mann kann in die Hölle kommen, die Frau muß draußen bleiben. Sie kann nicht in den Himmel kommen – aber draußen vor der Hölle ... ich finde, das ist eine ausgezeichnete Position! Laßt so viele Männer wie möglich in die Hölle gehen – die Armen! –, aber ihr braucht euch nicht zu fürchten: Ihr seid ja das Tor!

Man darf bloß keine Frau lieben, sonst ist man geliefert! Man darf nicht tanzen, nicht singen, nicht glücklich dreinschauen! Man muß unglücklich dreinschauen. Je unglücklicher man dreinschaut, um so religiöser ist man.

Mit dieser Strategie werden die Leute unglücklich gemacht: Sie können die Sünde nicht begehen und haben doch das größte Verlangen, es zu tun. Alles drängt sie, die Sünde zu begehen, aber sie können nicht – weil es die Hölle gibt. Das erzeugt ein solches Dilemma, daß sie zur Hälfte bereit sind, die Sünde zu begehen, zur Hälfte laufen sie davor weg – und so stecken sie fest. Sie können weder sündigen noch können sie ins Paradies kommen. In diesem blockierten Zustand sind sie total unglücklich. Und diese unglücklichen Leute versammeln sich in den Kirchen, in den Tempeln, in den Moscheen, um sich vom Priester führen zu lassen, um sich von ihm helfen zu lassen. Und wenn sie doch irgendeine Sünde begehen, fühlen sie sich schuldig und im Elend: »Ich habe gesündigt ...!«

Die Religionen sind die Nutznießer und ernähren sich von eurer Schuld, von euren Sünden. Das Christentum hat deutlicher als andere Religionen klargemacht, was Sünde ist, aber die anderen Religionen haben die gleiche Strategie.

Dadurch, daß die Religionen ständig auf Monogamie herumreiten, entsteht die Eifersucht. Monogamie – nicht nach dem Wörterbuch, aber im Leben – bedeutet Monotonie, doch niemand will ein monotones Leben führen. Die Ehe ist eine tolle Strategie. Verheiratete Paare sind die unglücklichsten Menschen der Welt, aber die Religionen bestehen darauf: »Keine Scheidung. Scheidung ist Sünde!« Auf diese Weise entstehen die Prostituierten – sie sind eine Begleiterscheinung der Religionen.

Solch großartige Dinge haben die Religionen hervorgebracht! Und durch die Ehe entsteht überhaupt erst Eifersucht. Es hängt alles miteinander zusammen. Wenn ihr mit eurer Frau unglücklich seid, werdet ihr anfangen, euch in der Nachbarschaft umzusehen, aber die Frau beobachtet ständig, wo eure Augen hingehen und daß ihr beim Zeitunglesen immer nahe am Zaun sitzt. Die Zeitung soll nur verhindern, daß die Frau euer Gesicht sehen kann und wohin eure Blicke gehen – wem ihr Zeichen macht und zulächelt. Die Zeitung ist da eine große Hilfe. Und Ehefrauen werden schnell wütend; sie schnappen euch die Zeitung gleich weg. Ich habe mich oft gefragt, was Ehefrauen gegen die Zeitung haben, aber allmählich kam ich dahinter. Eifersucht ist da. Der Mann ist frustriert, die Frau ist frustriert, ihr seid frustriert, und eure Frauen sind auch frustriert. All diese frustrierten Menschen gehen auf das Konto der Religion – und darum gibt es Eifersucht!

Die Frau hat Angst. Sie ist ungebildet, ohne finanzielle Absicherung, und sie hat Kinder. Das ganze Geld hat der Mann in der Hand. Sie ist nur eine Ware. Und weil ihr die Frau zu einer Ware reduziert habt, wird sie ständig beobachten, wo ihr hingeht und was ihr macht. Sie durchsucht eure Taschen und beobachtet euch sogar noch im Schlaf.

Ich habe gehört ...

Eine Frau beobachtet ihren schlafenden Ehemann. Im Schlaf kann er nicht fremdgehen, doch siehe da! – er redet mit einer Frau: »Maria! Liebste, mein Schätzchen!«

Die Frau rüttelt den Mann wach und fragt: »Wer ist diese Maria?«

Ehemänner sind nicht blöd. Er sagt: »Maria? Ach, das ist ein Pferd. Ich will beim nächsten Pferderennen setzen, und ich denke, Maria wird gewinnen!«

Die Frau sagt: »Na gut.«

Am Vormittag ruft Maria an. Die Ehefrau ergreift sofort den Hörer – das überläßt sie nie dem Mann. Und dann sagt sie zu ihm: »Das Pferd will dich sprechen!«

Solange die Ehe nicht von der Erde verschwindet, kann auch die Eifersucht nicht verschwinden. Aber die Religionen bestehen auf der Ehe. Es ist ihnen egal, ob Millionen von Menschen unnötig leiden. Die Leute treiben sich gegenseitig in den Wahnsinn mit ihrer Eifersucht, mit ihren neuen Freundinnen. Und die Männer sind genauso eifersüchtig, nicht nur die Frauen. Die Männer sind eifersüchtig, weil sie wollen, daß ihnen ihre Frauen absolut ergeben sein sollen. Sie wissen, daß sie selber ihren Frauen nicht ergeben sind, aber so sind eben die Männer – »Jungs sind Jungs!« Diese ganze Ergebenheit und Hingabe ist bloß etwas für Frauen! Jungs sind Jungs und werden es immer bleiben.

Aber ich sage euch: Mädels sind Mädels!

Es ist Zeit für einen Witz: Harry Manners, ein sehr korrekter englischer Gentleman, hat die Gewohnheit, mit seiner Gattin Mabel jedes Jahr Urlaub in Frankreich zu machen. Diesen Sommer verbringen sie wie gewöhnlich in ihrer Villa am Meer, als Mabel plötzlich krank wird und stirbt. Harry ist völlig durcheinander, aber als korrekter Engländer hält er die Ohren steif und beschließt, seine Frau an Ort und Stelle in Frankreich begraben zu lassen.

Monsieur Felix, der Bürgermeister, leiht Harry für die Beerdigung einen schwarzen Anzug, aber als richtiger Engländer findet Harry, daß es nicht korrekt wäre, ohne schwarzen Hut hinzugehen. Das ist er schließlich seiner Frau Mabel schuldig.

So geht Harry ins Herrenbekleidungsgeschäft am Ort und fragt, in seinem besten Französisch, nach einem schwarzen Hut: »Haben Sie einen *capot noir?*«

Der Verkäufer denkt, Harry ist verrückt, denn *capot* ist das französische Wort für Kondom. Er zeigt auf die Apotheke schräg gegenüber und schickt Harry dorthin.

»Haben sie einen *capot noir?*« fragt Harry und wundert sich, wieso man in Frankreich schwarze Hüte in der Apotheke bekommt.

»Monsieur«, antwortet Madame Fifi hinter der Theke, »wir haben welche in Rosa, in Blau, in Grün und mit Federn, aber keine schwarzen.«

»Zu dumm«, denkt Harry, und fragt sich, wo er einen schwarzen Hut herbekommen könnte. »Aber, Monsieur«, sagt Madame Fifi, »darf ich fragen, warum Sie Schwarz haben wollen?«

»Oui! Oui!« antwortet Harry hoffnungsvoll. »Es ist für meine Frau, wissen Sie. Sie ist tot!«

»Ach!« haucht Madame Fifi voller Bewunderung. »Ihr Engländer seid ja so *kultiviert!*« **(17)**

Ich hasse Frauen. Warum sind Frauen so unintelligent? Warum bringst du Frauen auf den Weg des Tao?

Die Frau ist das, was der Mann aus ihr gemacht hat. Es ist ein Teufelskreis.

Frauen haben genausoviel Intelligenz wie nur irgendein Mann, denn Intelligenz hat nichts mit den Geschlechtshormonen zu tun. Meinst du, wenn man Albert Einstein durch eine Operation in eine Frau verwandelte, würde er seine Intelligenz verlieren? Er wäre immer noch Albert Einstein, nur in einem Frauenkörper. Der Unterschied besteht nur im Körperlichen; es besteht kein Unterschied im Bewußtsein, in der Intelligenz.

Aber dummerweise hat der Mann beschlossen, die Frau zu unterdrücken. Seit Jahrhunderten sind sich die Historiker darüber im unklaren, wie es dazu gekommen ist. Aber die neueste psychologische Forschung zeigt sehr deutlich, wie es dazu kam: Es ist so gekommen, weil der Mann im Vergleich zur Frau einen tiefen Minderwertigkeitskomplex hat. Und dieses Gefühl hat seine Wurzel darin, daß die Frau die Fähigkeit besitzt, Mutter zu werden. Sie ist die Quelle des Lebens, sie erschafft Leben. Der Mann ist dazu nicht fähig. Darum hat er allen Frauen die Flügel gestutzt – die Flügel der Freiheit und der Bildung – und sie in ein kerkerartiges Zuhause eingesperrt, sie zu einer bloßen Fortpflanzungsfabrik reduziert, damit er vergessen konnte, daß er ihr unterlegen ist.

Die Frau mußte unterlegen gemacht werden, damit der Mann sich wohlfühlen konnte, damit sein Ego das Gefühl haben konnte, daß er mit den Frauen nicht mehr konkurrieren müsse.

Die Frau trägt nicht die Schuld an ihrer Zickigkeit. Ihr habt sie jahrtausendelang gequält. Keine Gesellschaft der Welt hat sie als dem Mann gleichwertig akzeptiert. Keine Kultur der Vergangenheit hat der Frau den gleichen Respekt erwiesen, den sie dem Mann erweist. Im Gegenteil, sie alle haben versucht, sie in eine untermenschliche Existenz zu zwängen.

Und der Grund, warum die Frau nicht gegen diese Dinge

revoltierte, ist einfach: Es liegt an der Mutterschaft. Neun Monate lang, während ihrer Schwangerschaft, ist sie völlig abhängig. Und in der Vergangenheit war die Frau ununterbrochen schwanger. Sie konnte nicht kämpfen, sie konnte nicht rebellieren, sie mußte sich unterordnen, sie mußte sich fügen – natürlich widerwillig. Niemand wird bereitwillig zum Sklaven.

Wenn jemand bereitwillig zum Sklaven wird, ist es kein Problem. Aber Millionen von Frauen sind gegen ihren Willen gezwungen worden, Sklavinnen zu werden. Natürlich versuchen sie dann, sich auf indirekte Weise zu rächen.

Dein männlicher Chauvinismus ist verletzend. Es ist einfach eine unbewußte Reaktion, und du mußt dir diese Reaktion bewußtmachen, damit sie verschwinden kann. Sie ist deiner unwürdig. Sie läßt auf dich selber schließen, nicht auf die Frau. Es ist *deine* Wut, es ist *dein* Haß.

Wenn du dir die Geschichte anschaust ... In vielen Dörfern darf die Frau den Tempel nicht betreten. In einigen Religionen darf sie hinein, hat aber eine abgetrennte Ecke für sich – nicht den gleichen Bereich wie die Männer. In keiner Religion kommt die Frau als Kandidatin für die höchste Bewußtseinsentfaltung in Frage. Sie ist unwürdig – nur aus dem einen Grund, daß sie eine Frau ist. Ihr Verbrechen besteht darin, daß sie eine Frau ist. Sie kann sich zwar höherentwickeln, aber dazu muß sie erst eine Bedingung erfüllen: Sie muß als Mann wiedergeboren werden! Doch das war nur *eine* Methode, um die Frau schlechtzumachen.

Ein anderer Grund, warum der Mann die Frau schlechtmachte, ist die Macht, die die Frau über den Mann hat. Jemandem, der so viel Macht über dich hat, kannst du niemals verzeihen! Die Frau ist schön, sie ist anziehend ... durch ihre Schönheit, ihren Körper, ihre Anziehungskraft wirst du zu einem Bettler – dafür wirst du dich rächen. Doch das alles geschieht in einem unbewußten Zustand. Du bist dir nicht bewußt, was du da machst und warum.

Der Mann fühlt sich geradezu magnetisch von der Frau angezogen. Er kann sehen, daß er bloß eine Marionette ist.

Wie kann er der Frau verzeihen, daß sie ihn gezwungen hat, zur Marionette zu werden? – Er wird alles tun, was er kann. Überall war es den Frauen verboten, die heiligen Schriften zu lesen. In vielen Ländern durfte die Frau in der Gesellschaft nicht einmal ihr Gesicht zeigen. Das war früher in Indien so üblich, und in sämtlichen mohammedanischen Ländern ist es auch heute noch so.

Das sind subtile Methoden der Erniedrigung, der Isolierung der Frauen von der Welt der Macht, von den Bereichen, wo sich alles abspielt. Die Frau nimmt nicht daran teil. Sie spielt keine Rolle in euren Kriegen, sie spielt keine Rolle in euren Religionen.

Die Gesellschaft ist von Männern gemacht. Frauen leben in einer Gesellschaft, die nicht für sie gemacht ist, nicht von ihnen gemacht ist – die sie überhaupt nicht im geringsten berücksichtigt hat.

Deine Wut auf Frauen – es lohnt sich, sie zu verstehen. Vielleicht ist es in Wirklichkeit deine Wut auf dich selbst, deine Wut auf die Männer – auf das, was die Männer den Frauen angetan haben. Die Frauen waren die Opfer. Du kannst nicht wütend auf sie sein.

Wenn du von deiner Wut auf Frauen loskommen willst, mußt du dich einem sehr gründlichen inneren Frühjahrsputz unterziehen und erkennen, daß die Frau das Opfer ist. Und weil sie das Opfer ist und keine direkte Möglichkeit hat, Widerstand zu leisten und zu kämpfen, findet sie indirekte Wege: im Nörgeln, im Schreien, im Toben. Das sind einfach hoffnungslose Versuche. Und natürlich konzentriert sich ihre Wut gegen die Gesamtheit der Männer auf einen einzigen Mann: ihren Ehemann.

Die Freiheit der Frauen wird auch die Freiheit der Männer sein.

An dem Tag, da die Frau als gleichwertig akzeptiert wird, da ihr gleiche Wachstumschancen gegeben werden, wird der Mann sich plötzlich frei fühlen von der Zickigkeit, die er sonst immer bei den Frauen gespürt hat.

Es ist an der Zeit. Der Mensch hat eine gewisse Reife

erreicht. Wir können gemeinsam eine Welt schaffen, in der Männer und Frauen ihre Einsichten miteinander teilen, ihre Visionen, ihre Träume.

Weil sie verschieden sind, sind auch ihre Träume verschieden, wird auch ihr Beitrag zur Gesellschaft verschieden sein. Und wenn eine Gesellschaft geschaffen werden kann, an der Männer und Frauen gleichermaßen mitgewirkt haben, dann wird dies die erste wirklich reiche Gesellschaft der Welt sein – und ohne diese ganze Zickigkeit und Nörgelei und Streiterei.

Die bisherige Art zu leben ist absonderlich und dumm. Aber weil dein Vater auch schon so gelebt hat, wird es hochgehalten, als wäre es fast etwas Religiöses. Deine Vorväter haben es so gehalten, also mußt du es auch so halten, und deine Kinder werden es von dir übernehmen. So gibt jede Generation stets ihre Krankheiten an die nächste Generation weiter.

Meine Leute müssen aufmerksam sein und achtgeben, keine Krankheit weiterzugeben, die sie möglicherweise von der letzten Generation übernommen haben. Macht endlich einen Schlußpunkt! Reicht es nicht an die neue Generation weiter! Seht zu, daß das Neue wachsen kann – eine neue Erde, ein neuer Mensch.

Das Alte hat so jämmerlich versagt, daß es völlig unsinnig wäre, es zu restaurieren. Es ist ein einziger Scherbenhaufen. Man kann es höchstens in die Geschichtsbücher schreiben und einzelne Stücke im Museum aufbewahren – aber aus dem Leben sollte es ganz verschwinden. **(18)**

3. KAPITEL

Befreiung

Männlich oder weiblich zu sein ist mehr eine Frage der Psychologie als der Physiologie. Man kann physiologisch ein Mann, psychologisch jedoch überhaupt nicht männlich sein, und umgekehrt. Es gibt aggressive Frauen, sehr aggressive Frauen – und unglücklicherweise nimmt ihre Zahl auf der Welt zu. Die ganze Frauenemanzipationsbewegung hat ihre Wurzeln in der Psyche dieser aggressiven Frauen. Eine Frau, die aggressiv ist, ist nicht weiblich.

Die heilige Johanna von Orleans ist keine Frau, doch Jesus Christus ist eine Frau. Die heilige Johanna ist psychologisch ein Mann; ihr Vorgehen ist grundsätzlich aggressiv. Jesus Christus ist überhaupt nicht aggressiv. Er sagt: »Wenn jemand dich auf die eine Wange schlägt, halte ihm auch die andere hin, gib ihm auch die andere Wange.« Das ist die Psychologie der Aggressionslosigkeit. Jesus sagt: »Widerstrebe nicht dem Bösen.« Nicht einmal dem Bösen soll man Widerstand leisten! Widerstandslosigkeit ist die Essenz des weiblichen Sanftmuts.

Wissenschaft ist männlich; Religion ist weiblich. Wissenschaft ist das Bestreben, die Natur zu erobern; Religion ist ein Loslassen, ein Verschmelzen mit der Natur. Die Frau weiß, wie man verschmilzt, wie man eins wird. Und jeder Wahrheitssuchende muß lernen, mit der Natur zu verschmelzen, mit der Natur eins zu werden, sich mit dem Strom treiben zu lassen, ohne Widerstand zu leisten, ohne zu kämpfen. In dem Maße, in dem ihr meditativer werdet, wird eure Energie immer weniger aggressiv werden. Eure Gewalttätigkeit löst sich auf; Liebe erwacht. Dann habt ihr kein Interesse mehr daran, zu herrschen; statt dessen zieht euch die Kunst der Hingabe stärker und stärker in ihren Bann. Und das macht die weibliche Psychologie aus.

Die weibliche Psychologie zu verstehen bedeutet, die Psychologie der Religiosität zu verstehen. Aber dieser Versuch ist noch nicht unternommen worden, und alles, was heute im Namen von Psychologie existiert, ist männliche Psychologie. Deshalb studiert man weiterhin Ratten und schließt von Ratten auf den Menschen.

Die besten Beispiele, um die weibliche Psychologie zu studieren, sind die Mystiker – die unverfälschtesten Beispiele sind die Mystiker. Das heißt, man muß von Basho, Rinzai, Buddha, von Jesus und Laotse lernen. Von ihnen müßt ihr lernen, denn nur wenn ihr diese Menschen versteht, könnt ihr die höchste Ausdrucksform, den Gipfel des Weiblichen verstehen.

Weil die Frau seit Jahrhunderten unterdrückt wird, ist Religion von der Erde verschwunden. Wenn die Religion wiederkehrt, wird die Frau ihre Würde zurückgewinnen. Und weil die Frau unterdrückt, gequält und zu einem Nichts reduziert wurde, ist sie häßlich geworden. Immer wenn euer natürliches Wesen sich nicht nach seinen inneren Bedürfnissen verhalten darf, wird es bitter, wird es vergiftet. Es wird verkrüppelt, gelähmt – es wird pervertiert. Die Frau, die man heute auf der Welt findet, ist keine richtige Frau mehr, denn sie wurde jahrhundertelang sich selbst entfremdet.

Und wenn die Frau sich selbst entfremdet ist, kann auch der Mann nicht natürlich sein, denn schließlich ist es die Frau, die den Mann gebiert. Wenn sie nicht natürlich ist, werden auch ihre Kinder nicht natürlich sein. Wenn sie nicht natürlich ist – und als Mutter ist sie es ja, die die männlichen und weiblichen Nachkommen großzieht –, dann werden die Kinder von ihr beeinflußt.

Die Frau braucht zweifellos eine große Befreiung, doch was heute im Namen der Befreiung abläuft, ist idiotisch. Es ist nur Nachahmung, keine Befreiung.

Hier bei mir sind viele ehemalige Feministinnen, und wenn sie zum erstenmal hierherkommen, sind sie sehr aggressiv. Ich kann ihre Aggression verstehen: Die jahrhundertelange Unterdrückung hat sie in die Offensive getrieben. Sie sind rachsüchtig, wie besessen, und dafür ist nur der Mann verantwortlich. Doch allmählich werden sie dann weicher, anmutiger, und ihre Aggressivität verschwindet. Zum erstenmal werden sie richtig feminin.

Wahre Befreiung wird aus der Frau eine echte Frau machen und keine Imitation des Mannes. Aber im Moment ist es noch so: Die Frauen versuchen, genau wie die Männer zu werden. Wenn die Männer Zigaretten rauchen, müssen die Frauen auch Zigaretten rauchen. Wenn die Männer Hosen tragen, müssen die Frauen auch Hosen tragen. Wenn sie etwas Bestimmtes machen, müssen die Frauen es auch tun. Sie kopieren nur den Mann.

Das hat nichts mit Befreiung zu tun. Das ist eine viel tiefere Sklaverei – viel tiefer deshalb, weil die ursprüngliche Sklaverei von den Männern ausging. Diese zweite Sklaverei ist tiefer, weil sie von den Frauen selbst kreiert wird. Wenn jemand anderer dich zum Sklaven macht, kannst du rebellieren, doch wenn du dich selbst – im Namen der Befreiung – zum Sklaven machst, gibt es nicht die geringste Chance für Rebellion.

Ich möchte, daß die Frau zu einer richtigen Frau wird, denn viel hängt von ihr ab. Sie ist viel wichtiger als der Mann, denn in ihrem Schoß trägt sie beide aus – die Frau und den Mann. Sie ist die Mutter für den Jungen ebenso wie für das Mädchen, sie ernährt beide. Wenn sie vergiftet ist, dann ist auch ihre Milch vergiftet; dann ist die ganze Art, wie sie die Kinder aufzieht, vergiftet.

Solange die Frau nicht frei ist, eine richtige Frau zu sein, wird auch der Mann niemals frei sein, ein richtiger Mann zu sein. Die Freiheit der Frau ist die Voraussetzung für die Freiheit des Mannes; sie ist viel grundlegender als die Freiheit des Mannes.

Und wenn die Frau eine Sklavin ist, wie das seit Jahrhunderten der Fall ist, wird sie auch den Mann versklaven – auf sehr subtile Weise, denn ihre Art ist subtil. Sie wird ihn nicht direkt bekämpfen. Ihre Art zu kämpfen ist indirekt, weiblich: Sie wird weinen und schreien; sie wird nicht ihn schlagen, sondern sich selbst. Dadurch und durch ihr Schreien und Weinen wird sogar der stärkste Mann zum Pantoffelhelden.

Eine ganz zarte, schwache Frau vermag einen bärenstarken Mann zu beherrschen.

Die Frau braucht totale Freiheit, damit sie auch dem Mann Freiheit geben kann.

Etwas Grundlegendes, das man sich merken muß, ist: Wenn man jemanden zum Sklaven macht, gerät man letztlich selbst in Sklaverei; man kann nicht frei bleiben. Wenn ihr frei bleiben wollt, gebt auch dem anderen Freiheit. Nur so kann man frei sein. **(19)**

Bist du gegen die Frauenemanzipation?

Ich bin nicht gegen die Frauen; ich bin ganz und gar auf ihrer Seite. Aber die Emanzipationsbewegung ist häßlich – und ich weiß, daß die männlichen Chauvinisten dafür verantwortlich sind. Sie haben den Frauen im Lauf der Jahrtausende so viel Schlimmes angetan, daß die Frauen jetzt Rache nehmen wollen. Doch immer wenn man sich rächen will, wird man destruktiv. Die Bewegung befindet sich noch in einer destruktiven Phase; sie ist noch nicht kreativ. Und ich bin gegen jede Destruktivität.

Es hat keinen Sinn, ständig auf die vergangenen Wunden zu schauen. Es hat keinen Sinn, sich für die Vergangenheit zu rächen. Man sollte lernen, zu vergeben und zu vergessen. Gewiß, es war unrecht – aber akzeptiert es! Was auch immer den Frauen über die Jahrtausende angetan wurde, war unrecht. Sie *sind* von den Männern ausgebeutet worden. Die Männer sind absolut brutal und tierisch mit ihnen umgegangen. Der Mann hat die Frau zur Sklavin reduziert – ja, mehr noch, er hat sie zu einem Ding, zu einem Besitz gemacht. Doch was bringt es, Rache zu nehmen? Dann werdet ihr die Täter und die Männer die Opfer sein. Dann zeigt sich der Chauvinismus nur in neuer Gestalt: als weiblicher Chauvinismus. Dadurch kann die Sache nicht in Ordnung kommen. Dann dreht sich der Spieß nur um, und die Frauen tun den Männern Schlimmes an, und diese werden früher oder später Rache nehmen wollen. Wie soll das je ein Ende nehmen? Es ist ein Teufelskreis.

Mein Gefühl sagt mir, daß es den Frauen viel leichter fällt, damit aufzuhören und aus dem Teufelskreis auszusteigen, als den Männern, weil die Frauen mehr Liebe und mehr Mitgefühl haben. Die Männer sind aggressiver, gewalttätiger. Ich habe nicht viel Hoffnung für die Männer, aber ich erhoffe mir viel von den Frauen. Und darum bin ich auch kein Befürworter der aggressiven Haltung und Vorgehensweise der Frauenemanzipationsbewegung.

Hier gibt es viele Frauen, die der feministischen Bewegung angehört haben. Sobald sie mir näherkommen, ändern sie ihre Haltung und ihre Vorgehensweise.

Die Probleme des Lebens lassen sich nur durch Liebe lösen; sie lassen sich nicht durch gewaltsames Vorgehen lösen.

Mann und Frau sind zwei verschiedene Welten; darum ist es so schwierig, einander zu verstehen. Die Vergangenheit war voller Mißverständnisse, doch in Zukunft muß das nicht unbedingt so sein. Wir können eine Lektion aus der Vergangenheit lernen, und die wichtigste Lektion besteht darin, daß Männer und Frauen mehr Verständnis füreinander aufbringen und ihre Verschiedenheiten besser akzeptieren müssen. Diese Verschiedenheiten sind wertvoll; sie müssen nicht zu Konflikten führen. Vielmehr sind sie die Ursache für die gegenseitige Anziehung.

Wenn sämtliche Unterschiede zwischen Männern und Frauen verschwinden würden, wenn ihre psychologische Beschaffenheit identisch wäre, dann würde auch die Liebe verschwinden, weil die Polarität fehlen würde. Mann und Frau sind wie der negative und positive elektrische Pol: Sie werden magnetisch voneinander angezogen, sie sind entgegengesetzte Pole. Natürlich ergeben sich daraus Konflikte. Aber durch Verständnis, durch Mitgefühl, durch Liebe, durch wohlwollendes Hineinversetzen in die Welt des anderen lassen sich alle Probleme lösen. Es ist unnötig, noch mehr Konflikte zu erzeugen – genug ist genug!

Der Mann hat die Befreiung genauso nötig wie die Frau.

Beide brauchen Befreiung – die Befreiung vom Denken, vom Verstand. Sie sollten zusammenarbeiten und sich gegenseitig darin unterstützen, vom Verstand freizuwerden. Das wird die wahre Befreiungsbewegung sein. **(20)**

Warum kritisierst du die Frauenbefreiungsbewegung?

Die Frauenbefreiungsbewegung ist keine richtige Befreiungsbewegung. Tatsächlich ist sie das genaue Gegenteil: Sie versucht, es den Männern nachzumachen, genauso hart wie die Männer zu werden und all das zu tun, was die Männer tun.

Aber ihr müßt euch eines merken: Wenn die Frauen versuchen, die Männer zu imitieren, werden sie immer nur Kopien sein. Sie werden keine Erfüllung finden, werden ihr volles Potential nicht verwirklichen. Sie werden immer hinterherhinken. Und vor allem werden sie dadurch häßlich!

Die wahre Befreiungsbewegung hat noch nicht einmal begonnen. Bei der wahren Befreiungsbewegung wird es darum gehen, daß die Frauen mehr und mehr weiblich werden, daß sie sich in ihrer Wesenhaftigkeit verankern und nicht den Männern aus Vergeltung, aus Reaktion, aus Rebellion nacheifern – das ist nur dumm. Reaktion bringt überhaupt nichts.

Die Frau muß sie selbst werden. Und nicht nur das: Die Frau muß nicht nur ganz sie selbst sein, sie muß auch dem Mann helfen, weiblicher zu werden.

Nicht nur die Frau muß von den Männern befreit werden, auch der Mann muß von den Männern befreit werden.

Es besteht die große Notwendigkeit für eine Männerbefreiungsbewegung – keine Befreiung von den Frauen, sondern eine Befreiung von all dem Unfug, der den Männern seit ewigen Zeiten beigebracht wurde: »Seid hart! Seid wie Stahl! Gebt nicht nach! Zerbrecht lieber, als daß ihr nachgebt!« Man hat den Männern beigebracht, hart wie Stein zu sein. Der Mann hat so viel versäumt!

Und jetzt folgt ihm die Frau auf der gleichen Spur. Das ist eine gefährliche Situation. Wenn die Frauen es den Männern gleichtun, werden sie doch immer nur Bürger zweiter Klasse sein. Sie werden nie Gleichheit mit dem Mann erreichen. Und nicht nur das: Wenn sie den Männern nacheifern und hart werden, wie es die Emanzen tun – ihre Gesichtszüge sind hart, ihr Körper verliert seine Rundungen, seine Weichheit und Verletzlichkeit, sie werden immer zorniger und immer weniger liebevoll –, dann droht die Gefahr, daß es das Ende der ganzen Menschheit bedeuten könnte, falls es soweit kommt.

Die einzige Hoffnung für die Menschheit besteht in der weiblichen Qualität – die einzige Hoffnung! Es gibt keine Hoffnung bei Friedrich Nietzsche, Adolf Hitler, Benito Mussolini. Die Hoffnung liegt bei Buddha, Chaitanya, Meera – bei einer völlig anderen Sorte von Menschen. Wir müssen Männern *und* Frauen helfen, zu einer liebevollen, weiblichen Qualität zu finden.

Das Wichtigste wird sein, aus den Menschen ein bißchen mehr Weiblichkeit, ein weicheres Herz hervorzuholen – aus den Männern ebenso wie aus den Frauen. Ein bißchen mehr von einer wasserähnlichen, fließenden Qualität. Ihr müßt nicht wie Steine sein! Bitte, werdet wie Wasser. Laotse nennt seinen Pfad den »Weg des Wasserlaufs« – flüssig, sanft, feminin, widerstandslos, fließend, dynamisch ... **(21)**

Liebe strömt – wie das Wasser – in den Hohlraum, in die Leere. Das ist der Grund, warum egoistische Menschen nicht lieben können und warum sie auch keine Liebe empfangen können. Sie begehren viel, sie verlangen nach Liebe; sie tun alles Menschenmögliche, um Liebe zu bekommen – aber sie sind zum Scheitern verurteilt. Sie scheitern total, weil es nicht darum geht, wie man Liebe bekommt. Es geht darum, wie man hohl wird, wie man leer wird. Liebe darf man nicht direkt anstreben; man kann sie nicht direkt anstreben. Nur indirekt kannst du für sie erreichbar werden. Zuerst werde leer, und dann sieh: Tausendundein Strom wird zu dir hinströmen, fremde Unbekannte werden sich in dich verlieben –

nicht nur Menschen, auch Sterne und Felsen, Sand und Meer, Bäume und Vögel. Wo auch immer du hingehst, wird auf einmal Liebe dir zuströmen.

Denn Liebe ist wie Wasser: Es sucht immer die Höhlung, in der es zur Ruhe kommen kann. Du gehst an einem Baum vorüber ... wenn du hohl bist, wird plötzlich die Liebe des Baumes dir zuströmen. Es ist etwas Natürliches. Es ist kein Wunder. Liebe ist wie Wasser. Wenn du Wasser ausgießt, wird es an der tiefsten Stelle einer Höhlung zur Ruhe kommen. Liebe ist das Wasser des inneren Seins.

Laotse sagt: *»Die weichste Substanz der Welt durchdringt die härteste.«*

Man sagt, daß in siebentausend Jahren die Niagarafälle sämtliche Berge der Umgebung völlig aufgelöst haben werden. Schon zehn Kilometer Fels und Gestein haben sie zum Verschwinden gebracht, und in siebentausend Jahren werden die Niagarafälle völlig verschwunden sein, weil keine Erhebung mehr da sein wird, von der sie fallen können.

Das harte Gestein wird vom weichen Wasser aufgelöst. Dabei tut es überhaupt nichts! Es versucht nichts zu erreichen, fließt einfach immer weiter. Wenn man sieht, wie ein Wasserfall auf den Felsen trifft, wird man zunächst denken, daß der Fels unmöglich aufgelöst werden kann – so hart ist er. Doch der ganze Sand der Meere ist nichts anderes als frühere Himalajaberge. Das Wasser hat sie mitgenommen und dem Erdboden gleichgemacht. Die Himalajaberge sind verschwunden, doch das Wasser fließt weiter – so weich, aber so beständig, so weich, aber so kontinuierlich, daß nach und nach die harte Substanz aufgelöst wird, ohne zu wissen, wie ihr geschieht.

Wie geschieht es? Wieso kann das weiche Element das harte Element auflösen? Weil das Harte sich widersetzt, weil das Harte kämpft, weil das Harte von Anfang an defensiv ist – und dadurch ermüdet es. Das Weiche ist kein Kämpfer. Von Anfang an hat das weiche Element gar nicht die Absicht, irgend etwas aufzulösen oder zu zerstören. Es folgt einfach seinem Lauf und sucht den Hohlraum – das ist alles. Es ist von Anfang an kein Feind. Doch das harte Element ist wachsam und auf der Hut, streitlustig und abwehrend – und genau diese Abwehr kostet Energie, dieser Widerstand bedeutet den Tod. Widerstand leisten heißt sterben.

Zunächst scheint alles dafür zu sprechen, daß der Fels siegt, weil er aus Granit besteht. Und das arme Wasser – so kraftlos, ohne Form, ohne Widerstand, so bescheiden und egolos, so anspruchslos, daß es immer einen Hohlraum sucht, um sich zu verstecken ... ohne Ehrgeiz sucht es immer den Hohlraum, um sich vor der Welt zu verstecken und einfach dazusein. Dieses Wasser – wie kann es siegen?

Die Wahrheit ist wie Wasser, und die Unwahrheit ist wie ein Granitfelsen. Letztendlich siegt die Wahrheit, und die Unwahrheit wird besiegt. Es kann lange dauern, es kann noch siebentausend Jahre dauern, bis der Niagara die umliegenden Berge zum Verschwinden gebracht hat. Doch was sind siebentausend Jahre gegen die Ewigkeit? – Nichts; nicht einmal eine Sekunde.

Wenn man die Ewigkeit betrachtet, ist das Weiche siegreich und das Harte wird besiegt. Doch wenn man es mit einem sehr kurzsichtigen Verstand betrachtet, scheint das Härtere zu siegen. Wenn man Buddha und Alexander den Großen nebeneinander stellt, würde man da meinen, daß Buddha siegen wird? – Natürlich nicht! Alexander wird siegen. Jede Logik spricht für Alexander. Wenn ihr Laotse und Adolf Hitler nebeneinander stellt, könntet ihr euch vorstellen, daß Laotse siegen wird? Laotse wirkt so bescheiden und Hitler so arrogant. Hitler ist wie ein Granitfelsen. Aber wenn man es längerfristig betrachtet, wenn man es mit Weitsicht betrachtet, sieht man, daß sämtliche Hitler zu Sand werden, sämtliche Alexander sich in Sand auflösen. Hingegen Laotse und Buddha ... sie sind die Sieger. Sie kämpfen nicht, aber sie sind siegreich, und diejenigen, die kämpfen, werden besiegt.

»Die weichste Substanz der Welt durchdringt die härteste.«

Habt ihr schon einmal einen Menschen geliebt? Liebe ist so weich ... man kann sich nicht vorstellen, daß Liebe siegen kann, doch sie siegt immer. Es ist immer der Mann, der besiegt wird, nie die Frau. Wenn eine Frau besiegt wird, könnt ihr sicher sein, daß etwas Männliches in ihr wirkte. Und wenn ein Mann siegt, könnt ihr sicher sein, daß er etwas Weibliches, etwas Weiches in sich birgt – denn das Weiche gewinnt; das Harte kann nicht gewinnen.

Die Frau, die du liebst, kannst du schlagen, du kannst sie zwingen, Dinge zu tun, kannst ihr Gewalt antun, aber schließlich und endlich wird sie gewinnen. Wenn sie dich liebt, wird sie gewinnen; wenn du sie liebst, wirst du besiegt werden. Und sie kämpft nie wirklich. Wenn sie anfängt zu kämpfen, wird sie besiegt, denn dann verliert sie ihre Qualität von Weichheit. Und das geschieht heute im Westen.

Die modernen, emanzipierten Frauen sind nicht mehr weich; sie sind hart. Darum werden sie besiegt werden. Sie versuchen, mit männlichen Methoden gegen die Männer vorzugehen, aber sie werden besiegt werden. Und selbst wenn sie nicht besiegt werden, werden sie allein bleiben, ohne Liebe. Ich habe viele Feministinnen zu mir kommen sehen, und sie kommen mir immer wie eine Wüste vor, vertrocknet. Die Wolken der Liebe sind aus ihrem Leben verschwunden. Sie sind zu Kämpfern geworden. Sie haben die helle Klarheit und Weichheit des Wassers verloren; sie sind hart geworden.

Ich habe das Manifest einer feministischen Gruppe gelesen, einer Gesellschaft, die sich S.C.U.M. nennt. Der vollständige Name lautet *Society to Cut Up Men:* »Gesellschaft zum Massakrieren der Männer«. – Gesellschaft zum Massakrieren der Männer? In dem Manifest heißt es, daß alle Männer vernichtet werden müssen. Sie müssen getötet werden, ermordet; sie müssen vom Erdboden verschwinden. Sie werden nicht gebraucht. Und Frauen, die lieben wollen, sollten sich nie in einen Mann verlieben. Sie sollten lesbisch werden, sollten sich in andere Frauen verlieben.

Die Verfasserin dieses Manifests hat vor einigen Jahren Selbstmord begangen. Sie konnte die Männer nicht töten, also tötete sie sich selbst. Wenn ihr gegen die Männer kämpft, mit den von den Männern entwickelten Methoden, wird eure Weiblichkeit ganz vertrocknen. Alles Weiche wird verschwinden. Diese Methoden entsprechen den Männern, weil sie hart sind, hart wie Granit, aber sie entsprechen überhaupt nicht den Frauen. Wenn ihr diese Methoden anzuwenden versucht, werdet ihr wie die Männer werden. Natürlich werdet ihr euch mächtiger fühlen, aber ihr seid dumm, weil ihr nicht wißt, daß Macht letztlich niemals gewinnt. Was letztlich gewinnt, ist Sanftmut.

Ich habe Männer und Frauen in ihren Beziehungen auf millionenfache Weise beobachtet. Abgesehen vom ganzen Gehabe der Männer, das man vergessen kann, ist es für eine Frau fast unmöglich, nicht zu gewinnen – vorausgesetzt, sie bleibt Frau. Die Frau kann dem Mann zugestehen, sich wie der Sieger zu benehmen, doch alle Frauen wissen, daß sie die Sieger sind. Eigentlich ist es nicht richtig, einen Ehemann als Pantoffelhelden zu bezeichnen, denn Ehemann ist gleichbedeutend mit Pantoffelheld.

Umgekehrt wäre es undenkbar. Die Frau ist so weich, so anpassungsfähig wie Wasser – wie kann man sie zerstören? Ihre Weichheit wird dich nach und nach besiegen; ihre Sanftmut, ihre Liebe, ihre Bescheidenheit, ihre Egolosigkeit wird dich nach und nach besiegen.

Alexander der Große mag draußen in der Welt ein großer Krieger sein, doch sobald er sein Haus betritt, ist er nur eine gewöhnliche Maus. Keine Frau wird dich für einen großen Krieger halten. Selbst wenn sie es sagt, selbst wenn sie dich in dem Glauben läßt, du seist der Herr im Haus – du bist es nicht! Es ist unmöglich – nicht, weil die Frau ein politisches Spiel mit dir treibt, nein. Es ist einfach ein natürliches Phänomen: Das Weiche siegt, und die Frau ist das weichere Element im Vergleich zum Mann. Das harte Element hat seinen eigenen Zweck, aber was letztlich den Sieg erringt, ist das Weiche. Und wenn ein Mann ebenfalls weiblich wird, ist er nicht zu besiegen. Einen Buddha kann eine Frau nicht besiegen, unmöglich, denn ein Buddha ist weiblicher als jede Frau. Ein Laotse ist nicht zu besiegen, denn er ist sanftmütiger als jede Frau.

Wenn ihr gewinnen wollt – so Laotse –, dann müßt ihr weich, sanftmütig und widerstandslos sein. **(22)**

Die Emanzipationsbewegung, wie sie im Moment auf der Welt existiert, ist eine Erscheinung, die auf das Konto des Mannes geht, ein männliches Phänomen. Vielleicht wundert euch das, aber es ist wiederum eine männliche Verschwörung. Auf diese Weise will der Mann die Frau loswerden. Er will keine Verantwortung übernehmen. Er will sich an den Frauen erfreuen, will seinen Spaß mit ihnen haben, aber die ganze übrige Verantwortung, die damit verbunden ist, die will er nicht übernehmen.

Also, das Ganze ist eine subtile Verschwörung. Überall auf der Welt versuchen die Männer den Frauen einzureden, daß sie unabhängig werden müssen. Das ist ein raffinierter Trick. Der männliche Verstand ist schlau, und er hat Erfolg. Viele Frauen haben sich von dieser Idee anstecken lassen.

Wißt ihr, daß die ersten Leute, die von der Gleichheit von Mann und Frau zu reden begannen, Männer und nicht Frauen waren? Die ersten, die davon anfingen, daß die Frauen dieselben Freiheiten besitzen sollten, waren Männer, nicht Frauen. Den Samen hat der männliche Verstand gelegt! Und so ist es immer gewesen. Immer wenn der Mann etwas sieht, was ihm genehm ist, fädelt er es ein. Seine Schlauheit ist sehr subtil. Und gelegentlich kriegt er es sogar so hin, daß die Frau meint, sie macht es selbst.

Auch in der Vergangenheit ist es so gewesen. Die Männer haben den Frauen den Floh ins Ohr gesetzt, sie seien rein – die reinsten Engel. Der Mann ist unrein – »Jungs sind eben Jungs« –, aber die Frau, sie ist göttlich! Der Mann hat die Frau auf ein hohes Podest gestellt; das war sein Trick, um die Kontrolle über sie zu behalten. Der Mann hat die Frau verehrt, und durch seine Verehrung hatte er sie unter Kontrolle. Und weil die Frau auf dem Podest stand, hielt sie sich natürlich selbst für etwas Göttliches, und sie konnte unmöglich die Dinge tun, die die Männer tun, weil es ihrem Ego zuwiderlief. Das hohe Podest war äußerst befriedigend für das Ego. Sie war die Mutter und sie war göttlich; sie hatte die göttlicheren Qualitäten als der Mann. Der Mann war schmutzig, unmoralisch und all so was. Dem Mann konnte man nur vergeben.

So hat der Mann sich seit jeher seine Art bewahrt. Und die Frau war etwas Höheres. Aber das war ein Trick, um das Ego zu überreden. Und wenn das Ego überredet ist, dann seid ihr gefangen. Dann könnt ihr nicht von eurer Position abrücken. Gleichheit zu verlangen wäre ein Abstieg, und wenn ihr gleich sein wolltet, müßtet ihr von eurem Podest herunterkommen. Es war eine Strategie, und die Frau fiel darauf herein. Sie blieb rein, sie bewahrte sich ihre Jungfräulichkeit bis zur Ehe.

Nicht so der Mann. Wenn die Frau starb, durfte der Mann wieder heiraten – denn »Jungs sind Jungs« und können nicht ohne Frau leben. Wenn der Mann starb, mußte die Frau ihr ganzes Leben lang Witwe bleiben oder – vor allem in Indien, wo diese Strategie bis zur letzten logischen Konsequenz verfolgt wurde – sie mußte Selbstmord begehen. Sie mußte sich mit ihrem Ehemann lebendig verbrennen lassen. Millionen von Frauen haben das getan. Wie konnte man sie dazu überreden? Glaubt ihr, daß man sie dazu gezwungen hat? Nein, niemand hat sie dazu gezwungen. Es gab keinen sichtbaren Zwang, nur eine sehr tiefgehende Verführung. Indem sie *Satis* wurden, indem sie mit ihrem Mann ins Feuer gingen, war ihr Ego befriedigt – zutiefst befriedigt, denn sie wurden als Heilige verehrt. Wenn sie ins Feuer gingen, versammelten sich Tausende und feierten mit Gesängen die Reinheit der Frau.

Und wenn eine Frau nicht mit dem Ehemann ins Feuer ging, wenn sie nicht Selbstmord begehen wollte, wurde sie verurteilt, völlig schlechtgemacht. Sie war eine schlechte Frau. Wenn sie am Leben bleiben wollte, war sie schlecht. Sie wurde verdammt und von allen verachtet, verlor sofort ihr ganzes Ansehen. Ihr Leben wurde zur Hölle. Sie wurde überall geschmäht; nirgends wurde sie willkommen geheißen. Man hielt sie für ein böses Omen. Sie durfte an keiner Hochzeitsfeier teilnehmen. Wenn die Geburt eines Kindes gefeiert wurde, konnte sie nicht dabeisein. Sie durfte ihren Körper nicht schmücken, durfte keine schönen Kleider, keinen Schmuck tragen, durfte ihr langes Haar nicht behalten, nein, sie mußte ein häßliches Leben leben und wurde überall verdammt. Es war schlimmer als der Tod. Darum war es besser, ins Feuer zu springen und dafür Ehre zu erlangen.

Es wurden Tempel im Andenken an diese Frauen errichtet! Und diese Frauen dachten, es sei *ihr* Tun. Was ich damit klarmachen will: Diese Frauen dachten jahrhundertelang, es sei ihr eigenes Tun, ihr eigener Wille. Aber es war nicht so.

Jetzt passiert das gleiche wieder, nur umgekehrt. Im Westen hat der Mann der Frau den Floh ins Ohr gesetzt: »Du mußt jetzt endlich frei werden, du mußt gleich werden«, weil die Lage sich verändert hat, weil die Zeiten sich geändert haben: Der Mann möchte mit mehr Frauen seinen Spaß haben als nur mit der Ehefrau. Er will jetzt absolute Freiheit, und die einzige Möglichkeit, absolute Freiheit zu haben, besteht darin, der Frau absolute Freiheit zu geben. So hat er ihr wieder etwas aufgeschwatzt. Und die Frauenkämpferinnen und Feministinnen schreien jetzt aus voller Brust nach Freiheit und Gleichheit und merken gar nicht, daß sie schon wieder in derselben Falle sitzen: Wieder sind sie dem Mann auf den Leim gegangen. Jetzt will er sie benutzen und wegwerfen können, ohne irgendeine Verantwortung übernehmen zu müssen.

Wenn ihr der ganzen Sache auf den Grund geht, werdet ihr euch wundern. Der männliche Verstand ist sehr gerissen. Die Frau ist viel unschuldiger; sie kann nicht so berechnend sein, so politisch. Sie hat dem Mann immer geglaubt. Und das Erstaunliche ist, daß diese Feministinnen wieder auf den Mann hereingefallen sind! Nichts hat sich geändert. Es ist dem Mann nur recht, wenn ihr frei seid und keine Bindung verlangt, denn er will sich nicht binden; er will alle Freiheiten haben. Er will keine Verantwortung für eure Kinder übernehmen. Er will nicht ewig mit euch leben; er will jeden Tag die Frau wechseln.

Und wieder kleidet der Mann es in schöne Worte: »Man sollte ungebunden leben ... man sollte keine Beziehungskiste haben ... man sollte keine Besitzansprüche stellen ... man sollte nicht eifersüchtig sein ...«. Wieder einmal kleidet er das Ganze in eine wunderschöne Philosophie. Er hat das früher auch schon so gemacht, und auch damals haben sich die

Frauen täuschen lassen – und wieder fallen sie auf ihn herein. Frauen haben Vertrauen. Es fällt ihnen leicht, zu vertrauen. Liebe liegt ihnen mehr als Logik. Sie interessieren sich für das Naheliegende. Der Mann denkt immer in Strategien und taktischen Schritten – was passieren wird und wie es passieren wird. Er denkt an die Zukunft, plant für die Zukunft.

So entstand ein Klima, daß die Frau es heute dem Mann gleichtun muß. Sie darf sich nicht mehr für Haushalt und Familie, Kinder und Mutterschaft interessieren; sie muß sich für Dichtung, Literatur, Malerei, Wissenschaft, Technik, für dieses und jenes interessieren. Überall auf der Welt treffen sich heute Frauengruppen, um ihr Bewußtsein zu erweitern. Und all ihre bewußtseinserweiternde Gruppenarbeit bewirkt nur eines: daß sie etwas Wesentliches in ihrem Frausein abtöten müssen. Nur dann können sie mit dem Mann mithalten.

Sie sind weich, von Natur aus weich. Sie können nicht mit dem Mann mithalten. Wenn sie mit dem Mann mithalten wollen, müssen sie hart werden. Wenn man eine Feministin trifft, kann man sehen, daß ihr Gesicht die Weichheit verloren hat. Man kann zu einer Feministin schwer »Baby« sagen – sehr schwierig. Es wird sie wütend machen; sie wird es nicht mögen: »Was heißt hier Baby?« – Sie ist dir gleichgestellt! Sie wird mit Härte reagieren.

Jede Art von Kampf erzeugt Härte. Möglicherweise versucht ihr, euch nicht mehr für den Haushalt zu interessieren, denn wenn ihr euch zu sehr für den Haushalt interessiert, könnt ihr in der Welt nicht konkurrieren. Wenn ihr euch für Kinder interessiert, könnt ihr in der Welt nicht mithalten; es würde euch ablenken. Und wenn ihr in der Welt mithalten und euren Mann stehen wollt, müßt ihr euch den Männern angleichen, und das bedeutet einen Verlust.

Es ist ein Verlust, denn die einzige Hoffnung für die Menschheit besteht in der Weichheit der Frauen, und nicht in der Härte der Männer. Wir haben unter der Härte der Männer genug gelitten. Was jetzt nötig wäre, ist, daß der Mann mehr wie die Frau wird – und nicht die Frau wie der Mann.

Nietzsche hat ganz recht, wenn er sagt, daß Buddha und

Christus ein bißchen feminin waren. Ich gebe ihm recht. Und so sollte es auch sein – denn Buddha ist die Hoffnung. Die Männer sollten ein bißchen femininer werden, weicher, mehr wie Wasser. Aber leider geschieht das Gegenteil: Die Frauen versuchen, wie die Männer zu werden. Es ist klar: Wenn man mit jemandem konkurriert, versucht man, so zu werden wie er. Wenn ihr in Rivalität mit den Männern seid, werdet ihr früher oder später so werden wie sie.

Die Frauen strengen sich unheimlich an und schneiden sich dabei ins eigene Fleisch, denn es ist nicht natürlich. Natürlich ist für die Frau ihr Bauch, und ihr Bauch sehnt sich nach einem Kind, ihr Bauch sehnt sich nach einem Heim. Das Heim ist der äußerlich sichtbare Mutterbauch der Frau, eine Projektion des Mutterbauches nach außen.

Wenn eine Frau kein Interesse mehr für das Heim hat, hat sie auch kein Interesse mehr für ihren Bauch. Aber der Bauch ist in ihr. Und Männer und Frauen sind nicht gleich, sind verschieden, weil der Mann keine Gebärmutter hat. Wie könnten sie gleich sein? Ich sage nicht, daß sie nicht gleichwertig sind, aber sie sind nicht gleich. Sie sind so verschieden – wie könnten sie gleich sein? Sie sind polare Gegensätze. Sie sind so unterschiedlich, daß man sie nicht in Begriffen von Gleichheit oder Ungleichheit messen kann. Eine Frau ist eine Frau, ein Mann ist ein Mann. Und das sollten sie auch bleiben: Mann und Frau. Die Frau sollte sich für das Heim interessieren, denn wenn sie ihr Interesse am Heim verliert, hört sie auf, an ihrem Bauch und am Kinderkriegen interessiert zu sein. Und der nächste Schritt ist dann, daß sie lesbisch wird.

Es ist kein Zufall, daß viele Feministinnen lesbisch werden, denn wenn sie kein Interesse mehr an ihrem Bauch und am Kinderkriegen haben, wozu sollten sie dann noch an den Männern interessiert sein? Dann ist es besser, an Frauen interessiert zu sein. Es ist ein äußerst seltsames Phänomen, das da in der Welt passiert!

Meiner Ansicht nach muß der Mann ein bißchen weiblicher werden. In seinem Bestreben, ein Mann zu werden, hat er sich zu weit entfernt, hat er die Menschlichkeit aus den Augen verloren. Ihr solltet ihm nicht nacheifern, ihr solltet nicht mit ihm wetteifern, sonst geratet ihr ins gleiche Fahrwasser, in die gleiche Gewohnheit – ihr werdet kriegerisch. Und die Emanzen, die auf den Straßen schreien und kreischen und protestieren, sind einfach häßlich. Sie demonstrieren nur die schlimmsten Züge des männlichen Verstandes. **(23)**

Ich kann einfach nicht begreifen, wie du so verallgemeinernd über den männlichen und den weiblichen Typ reden kannst. Manchmal erwähnst du männliche und weibliche Prinzipien unabhängig vom Geschlecht, aber die meiste Zeit nennst du die Frauen »primitiv« und behauptest, sie suchten den »Wolf« im Mann. Was ist aber mit einer Frau, die es ganz natürlich findet, die Initiative zu ergreifen, oder die in ihrem Mann mehr eine Katze als einen Wolf sieht? Manche Männer sehnen sich wirklich danach, passiv zu sein, und manche Frauen müssen sich vielleicht selbst behaupten, um zu wachsen. Wie kannst du es einfach der Frauenemanzipation in die Schuhe schieben, daß sie die Frauen »überspannt« und allzu intellektuell macht?

Meine Aussage, daß die Frauen primitiver sind als die Männer, ist nicht als Verurteilung der Frauen zu verstehen, sondern als Verurteilung der Männer. Mit »primitiv« meine ich natürlicher, mehr in Harmonie mit der Existenz. Zivilisation ist eine Verfälschung; Zivilisation bedeutet eine Abkehr von der Natur. Je zivilisierter der Mensch wird, um so mehr steckt er im Kopf fest und verliert den Kontakt mit seinem Herzen. Das Herz ist immer noch primitiv. Gut, daß die Universitäten noch keinen Weg gefunden haben, um das Herz zu unterrichten und es zivilisiert zu machen. Darin besteht die einzige Hoffnung für das Überleben der Menschheit.

Die Frau ist die einzige Hoffnung für das Überleben der Menschheit. Bisher war der Mann beherrschend, und er war es aus einem sonderbaren Grund, nämlich deshalb, weil er sich tief im Innern der Frau unterlegen fühlt. Aus Minderwertigkeitsgefühlen und um diese zu kompensieren fing der Mann an, die Frau zu beherrschen.

Der Mann ist nur in einer Hinsicht stärker als die Frau: an Muskelkraft. In jeder anderen Hinsicht ist die Frau viel stärker als der Mann. Sie lebt länger als der Mann, fünf bis sieben Jahre länger; sie leidet weniger an Krankheiten. Auf hundertzehn Jungen werden hundert Mädchen geboren, doch bis zur sexuellen Reife ist die Zahl bereits ausgeglichen. Zehn Jungen haben sich schon verabschiedet. Die Frau hat bessere Abwehrkräfte gegen alle möglichen Infektionen und Krankheiten. Und die Zahl der Männer, die verrückt werden, ist fast doppelt so hoch wie die der Frauen, und es begehen auch mehr Männer Selbstmord: ebenfalls doppelt so viele.

Mit Ausnahme der Muskelkraft ist die Frau in jeder Hinsicht die Stärkere. Muskelkraft macht einen aber nicht wirklich überlegen; sie ist etwas Animalisches. In diesem Sinn ist ein Wolf viel stärker, ein Tiger noch viel stärker und ein Löwe noch viel viel stärker.

Dem Mann muß seine Unterlegenheit schon vor vielen Jahrtausenden klargeworden sein. Und das ist ein psychologischer Mechanismus: Wenn einem klar wird, daß man in einer Sache unterlegen ist, muß man es wettmachen. Eine häßliche Person wird versuchen, schön auszusehen, sie wird sich auf jede mögliche Weise den Anschein geben, schön zu sein. Sie wird es durch Kleider, durch Kosmetik versuchen; sie wird zur Kosmetikerin gehen, zum Schönheitschirurgen. Das ist Überkompensation. Sie ahnt, daß sie nicht schön ist, aber sie muß schön sein. Wer sich unterlegen fühlt, trachtet nach Überlegenheit. Durch seine Muskelkraft konnte der Mann beweisen, daß er der Herr ist, und auf diese Weise hat er die Frau seit jeher beherrscht.

Doch jetzt ist die Zeit für eine große Veränderung gekommen: Die Zukunft gehört den Frauen, nicht den Männern – denn was der Mann in der ganzen Vergangenheit hervorgebracht hat, ist häßlich: Kriege um Kriege um Kriege. Daraus besteht seine ganze Geschichte. Alles, was die Männer an Größe hervorgebracht haben, sind Leute wie Dschingis Khan,

Tamerlan, Nadir Schah, Alexander der Große, Napoleon, Adolf Hitler, Mao Tse-tung.

Gewiß, es hat einige wenige Männer wie Gautama Buddha, Jesus Christus, Krischna gegeben – aber ist euch eines aufgefallen? – Sie alle wirken feminin. Das war etwas, das Friedrich Nietzsche an Buddha und Jesus kritisierte: daß sie feminin aussehen, daß sie weibisch seien. Zweifellos sieht Buddha feminin aus. Wenn ein Mann sich in sein Herz begibt, tritt etwas Feminines in ihm zutage. Er wird runder, weicher, verletzlicher.

Nietzsche konnte Gautama Buddha nicht verstehen. Er hat einmal gesagt, das schönste Erlebnis, das er je hatte, das Schönste, was er je sah, seien weder die Sterne noch ein Sonnenuntergang oder ein Sonnenaufgang, weder schöne Frauen noch Rosen und Lotosblumen gewesen – nein, nichts dergleichen. Ihr könnt euch sicher nicht vorstellen, was das Schönste war, was er je erlebt hatte: eine Parade von Soldaten mit blanken Schwertern, die in der Sonne aufblitzten – das war sein schönstes Erlebnis! Der Klang ihrer Stiefel war die größte Musik, die ihm je begegnet war – nicht Mozart, nicht Wagner, nein – der Klang von Stiefeln! Und das Regiment, das daherkam mit blanken Schwertern, die in der Sonne blitzten, das war sein schönstes Erlebnis.

Kein Wunder, daß er Buddha nicht verstehen konnte. Es war Friedrich Nietzsche, der dieses Jahrhundert prägte, und dieses Jahrhundert ist eines der häßlichsten. Er ist der Vater zweier Weltkriege, und vielleicht wartet er jetzt auf den dritten, wartet er auf die Geburt des dritten Krieges. Er sagt, der Krieg sei das Schönste auf der Welt, weil er das Größte im Menschen hervorholt. Er selbst wurde verrückt, und das scheint nur logisch. Ein solcher Mann muß ja verrückt werden.

Gewiß, es hat einige Buddhas gegeben. Doch wenn ihr genauer hinseht, werdet ihr entdecken, daß sie mehr feminin als maskulin waren. Alle großen Künstler dieser Welt entwickeln ebenfalls mit der Zeit eine Qualität von Weiblichkeit, Sanftmut, Eleganz und Anmut. Ein gewisses Aroma von

Weichheit, Entspanntheit, Gelassenheit und Stille umgibt sie. Sie sind nicht mehr so fiebrig.

Was ich hier eigentlich lehre, ist, wie die ganze Welt weiblicher werden kann.

Du mußt eine Vertreterin dieser häßlichen Bewegung sein, die sich Frauenemanzipation nennt. Nicht nur die Frau muß sich emanzipieren und befreien, auch der Mann muß sich befreien. Die Frau muß sich von *ihrer* Vergangenheit befreien, und der Mann muß sich von *seiner* Vergangenheit befreien. Wir brauchen diese Befreiung, wir brauchen einen befreiten Menschen. Und merkt euch, wenn ich »der« Mensch sage, ist die Frau immer inbegriffen. Frauen sind in diesem Punkt sehr empfindlich geworden.

Aber seid nicht dumm. Wenn ich rede, versucht ein bißchen mitfühlender zu sein. Ihr werdet keinen mitfühlenderen Menschen finden als mich. Ich mache keinen Unterschied zwischen Männern und Frauen. Sie haben beide gelitten. Und so ist das immer mit dem Leiden; es ist ein zweischneidiges Schwert. Wenn du jemanden leiden läßt, mußt du selber leiden. Wenn du jemanden zum Sklaven machst, bist du selbst zum Sklaven geworden. Es ist immer gegenseitig.

Der Tag, an dem die Frauen befreit sind, wird auch für den Mann ein großer Tag der Befreiung sein. Doch macht die ganze Sache nicht so häßlich! Sonst kann es passieren – ich fürchte, es besteht diese Möglichkeit, sie ist sehr wahrscheinlich –, daß durch den Kampf gegen die Männer die Frau etwas Wertvolles verliert. Etwas, das der Mann noch nicht kaputtgemacht und zerstört hat, könnte die Frau selbst durch ihr Kämpfen gegen den Mann kaputtmachen. Wenn ihr erbittert kämpft, geht euch die Schönheit des Weiblichen verloren und ihr werdet selbst so häßlich wie die Männer.

Durch Kämpfen läßt es sich nicht bereinigen; nur durch Verstehen läßt es sich bereinigen. Ihr müßt mehr und mehr Verstehen verbreiten.

Gebt diese Idee auf, Männer oder Frauen zu sein! Wir alle sind Menschen. Ein Mann oder eine Frau zu sein ist eine ziemlich oberflächliche Angelegenheit. Macht nicht so viel Aufhebens darum; es ist nicht so wichtig. Macht daraus kein solches Theater!

Und was ich sage, kann manchmal verallgemeinernd aussehen, weil ich nicht immer sämtliche Details berücksichtigen kann, sonst wäre mein Reden zu sehr mit Fußnoten befrachtet, und ich *hasse* Bücher mit Fußnoten! Ich lese sie einfach nicht. Sobald ich Fußnoten sehe, werfe ich das Buch weg – es wurde bestimmt von irgendeinem *Pandit*, einem Schriftgelehrten, einem Narren geschrieben!

Du sagst: »*Ich kann einfach nicht begreifen, wie du so verallgemeinernd über den männlichen und den weiblichen Typ reden kannst ...*«

Ich rede immer von Typen; das Geschlecht spielt keine Rolle. Immer wenn ich »Mann« sage, meine ich den männlichen Typ, und wenn ich »Frau« sage, meine ich den weiblichen Typ. Aber ich kann nicht jedesmal »männlicher Typ« und »weiblicher Typ« sagen. Und du hast ganz recht: Es gibt Frauen, die keine Frauen sind, sondern Wölfinnen, und Männer, die keine Wölfe sind, sondern Katzen. Dann trifft aber alles, was ich über den männlichen Typ sage, auf diese Frauen zu, die Wölfinnen sind, und alles, was ich über Frauen sage, trifft auf Männer zu, die Katzen sind.

Ich rede nicht vom biologischen Unterschied zwischen Mann und Frau, ich rede vom psychologischen Unterschied. Ja, es gibt Männer, die viel femininer sind als alle Frauen, und es gibt Frauen, die viel maskuliner sind als alle Männer. Aber das ist kein sehr schöner Zustand; das ist häßlich, denn es erzeugt eine Spaltung in dir. Wenn du den Körper eines Mannes und die Psyche einer Frau hast, wird in dir ein Konflikt, ein Klassenkampf, ein Bürgerkrieg stattfinden. Du wirst dich ständig hin und her gerissen fühlen, wirst mit dir uneins und angespannt sein.

Wenn du physiologisch eine Frau bist und die Psyche eines Mannes besitzt, wirst du viel Lebensenergie in unnötigem Widerstreit vergeuden. Es ist viel besser, in einem harmonischen Gleichgewicht zu sein: ein männlicher Körper mit einer männlichen Psyche, ein weiblicher Körper mit einer weiblichen Psyche.

Die Frauenemanzipationsbewegung schafft unnötige Probleme. Sie macht aus den Frauen Wölfinnen und bringt ihnen das Kämpfen bei. Der Mann ist der Feind. Aber wie könnt ihr euren Feind lieben? Wie könnt ihr in einer intimen Beziehung mit eurem Feind sein?

Der Mann ist kein Feind. Die Frau, wenn sie wirklich Frau sein will, muß mehr und mehr zu ihrer Femininität finden, muß ihre Weichheit und Verletzlichkeit voll entfalten. Und der Mann, wenn er wirklich Mann sein will, muß so tief wie möglich in seine Maskulinität gehen. Wenn ein richtiger Mann und eine richtige Frau zusammentreffen, begegnen sich die polaren Gegensätze, die Extreme. Aber nur die Extreme können sich verlieben, nur die Extreme können Intimität genießen. Nur die Extreme ziehen sich gegenseitig an.

Zur Zeit zeichnet sich eine Art »Einheitslook« ab: Die Männer werden immer femininer, die Frauen immer maskuliner. Früher oder später werden alle Unterschiede verlorengehen. Das wird eine sehr farblose Gesellschaft geben, total langweilig.

Ich wünsche mir, daß die Frau so feminin wie möglich wird – nur dann kann sie erblühen. Und der Mann muß so maskulin wie nur möglich werden – nur dann kann er erblühen. Wenn sie polare Gegensätze sind, gibt es zwischen ihnen eine große Anziehung, eine starke magnetische Kraft. Und wenn sie sich dann nahe kommen und wirklich intim begegnen, bringt jeder seine eigene Welt, seine eigene Dimension, seinen eigenen Reichtum mit. Dann wird ihr Zusammentreffen ein ungeheurer Segen sein und ein großes Heil. **(24)**

Ich dachte, du wüßtest alles. Ich dachte, darum geht es bei der Erleuchtung: zu wissen. Aber du weißt gar nichts von den Frauen, und daß sie vertrauen, gerade weil sie einander ins Herz schauen. Der Haß der Frauen untereinander ist eine männliche Erfindung, um sie uneinig und machtlos zu halten. Und wer will schon ein Mann sein? Osho, ich bin fassungslos. Wie kannst du nur solchen Unsinn reden? Mein Verstand dreht durch, und mein Herz auch. Was soll ich tun?

Du mußt zuviel von dem Zeug geschluckt haben, das die Feministinnen verbreiten. Du bist randvoll damit. Nächstes Mal, wenn du zu mir kommst, muß ich dir mal in die Augen schauen, denn alle Leute, die bis zum Scheitel voll mit solchem Zeug sind, haben braune Augen! Und ich wette, du hast auch lesbische Neigungen!

Du sagst: *»Ich dachte, du wüßtest alles.«* Da liegst du absolut falsch. – Ich weiß nichts. Nichts zu wissen ist am intimsten.

Wenn du mit dieser Vorstellung hierher gekommen bist, bist du an den Falschen geraten; dann bist du hier am falschen Ort. Wir feiern die Unwissenheit! Wir demolieren hier jegliche Art von Wissen! Unsere ganze Arbeit besteht darin, dir die Unschuld wiederzugeben – die Unschuld, die du hattest, bevor du geboren wurdest. Die Zen-Leute nennen es »das ursprüngliche Gesicht«. Diese Unschuld ist angeboren. Wissen wird dir von der Gesellschaft eingeimpft, von den Menschen deiner Umgebung, von der Familie. Unschuld ist dein eigen; Wissen ist immer von anderen. Je mehr Wissen du in dir trägst, um so weniger bist du du selbst.

Erleuchtung hat nichts mit Wissen zu tun. Sie bedeutet Freisein von Wissen, absolutes Transzendieren des Wissens. Sie bedeutet Hinausgehen über das Wissen. Darum habe ich dieses großartige *Sutra* für den Anfang dieser Vortragsreihe ausgewählt: »Nichts zu wissen ist am intimsten.«

Ein Erleuchteter ist jemand, der keine Barriere zwischen sich selbst und der Existenz errichtet. Und Wissen ist eine Barriere. Wissen trennt dich von der Existenz; es hält dich getrennt. Nicht zu wissen vereint dich. Liebe ist eine Form von Unschuld. Unschuld ist eine Brücke; Wissen ist eine Wand. Wer hätte je gehört, daß Menschen, die viel wissen, erleuchtet wurden? Sie sind von der Erleuchtung am weitesten entfernt. Die Erleuchtung wächst nur auf dem Boden der Unschuld.

Unschuld bedeutet kindliches Staunen, Ehrfurcht. Der Erleuchtete ist jemand, der in fortgesetztem Staunen lebt – denn er weiß nichts; darum wird alles wieder zum Mysterium. Für den, der weiß, sind die Dinge entmystifiziert; für den, der nicht weiß, sind sie *re*-mystifiziert. Je mehr du weißt, um so weniger Staunen ist in deinem Herzen. Je mehr du weißt, um so weniger wirst du die großartige Erfahrung der Ehrfurcht haben können. Du kannst nicht sagen: »Ah, dies!« Du kannst nicht ekstatisch sein. Der Wissende ist so sehr beladen, daß er nicht tanzen kann, nicht singen kann, nicht lieben kann. Für den Wissenden gibt es keinen Gott, denn Gott bedeutet reines Staunen, Ehrfurcht, Mysterium. Deshalb hat sich mit der Zunahme des Wissens auf dieser Welt Gott immer weiter und weiter entfernt.

Friedrich Nietzsche konnte erklären: »Gott ist tot«, weil er so viel wußte. Er war zweifellos ein großer Philosoph, und die Philosophie muß zwangsläufig zu dem Schluß kommen, daß es keinen Gott gibt, denn Gott bedeutet einfach das Mysteriöse, das Wunderbare. Durch Wissen reduziert sich jedes Wunder auf eine ganz normale Gesetzmäßigkeit. Das ganze Mysterium reduziert sich auf Formeln.

Frag den Wissenden: »Was ist Liebe?«, und er wird sagen: »Nichts als Chemie – die Spannung zwischen männlichen und weiblichen Hormonen. Sie hat nicht mehr Bedeutung als ein Magnet, der Eisenspäne anzieht; es ist das gleiche – so wie negative und positive Elektrizität. Mann und Frau sind Bioelektrizität.«

Damit wird alles kaputtgemacht. Damit reduziert sich die ganze Liebe, die ganze Poesie, die ganze Musik zu Unsinn. Der Lotos reduziert sich zu Schlamm. Der Lotos wächst natürlich aus dem Schlamm, aber der Lotos ist nicht der Schlamm. Er ist nicht die Summe seiner Teile; er ist mehr als die Summe seiner Teile. Dieses Mehr ist Gott, dieses Mehr ist die Poesie, dieses Mehr ist die Liebe. Doch die Wissenschaft hat keinen Platz für dieses »Mehr«. Die Wissenschaft führt jedes Phänomen auf die Mechanik zurück. Wißt ihr, was das englische Wort *science* bedeutet? Es bedeutet Wissen; das lateinische Wort *scientia* bedeutet Wissen.

Religion ist nicht Wissen; sie ist das genaue Gegenteil von Wissen. Sie ist Poesie, sie ist Liebe. Sie ist grundsätzlich absurd. Ja, man kann sagen, daß ich Unsinn rede. Wenn Wissenschaft »Sinn« bedeutet, dann bedeutet Religion »Unsinn«. Aber darin besteht ihre Schönheit.

Du sagst: *»Ich dachte, du wüßtest alles.«*

Das ist *deine* Vorstellung – und ich bin nicht hier, um den Vorstellungen von allen zu entsprechen. Ich kann nicht *deinen* Vorstellungen entsprechen. Ich habe mehr als hunderttausend *Sannyasins.* Wenn ich die Vorstellungen von ihnen allen erfüllen müßte, würde es mich absolut zerreißen, in Millionen Stücke. Ich kann deine Vorstellungen von mir nicht erfüllen; darin besteht dein Irrtum. Und es ist noch nicht zu spät – laß diese Vorstellung fallen, wenn du hier bei mir sein willst.

Ihr seid hier bei jemandem gelandet, der paradox ist, bei jemandem, der versucht, euch etwas Mysteriöses zu vermitteln – kein Wissen! Der versucht, seine Erfahrung des Staunens und der Ehrfurcht in euer Sein zu gießen – mehr wie Wein als wie Wissen. Der versucht, euch alle besoffen zu machen, der versucht, euch zu Trunkenen zu machen. Gewiß, für rationale Menschen wird es wie Unsinn aussehen.

So hat einer der hervorragendsten Denker des Westens, Arthur Koestler, Zen beschrieben. Er nennt es »alles Unsinn«. Wenn man es rational betrachtet, stimmt das auch – aber ist die Ratio der einzige Weg, sich der Wirklichkeit anzunähern? Es gibt andere Wege, die viel tiefer, viel intimer sind: »Nicht zu wissen ist am intimsten.«

Ich bin kein Mann des Wissens, obgleich ich Worte benutze. Ich bin nicht einmal ein Mann von Worten.

»Ich bin ein Mann von wenig Worten. Willst du oder willst du nicht?«

»Bei dir oder bei mir?« fragt die Mieze.

»Hör mal«, sagt er, »wenn das so 'ne Diskussion gibt, dann vergessen wir's lieber!«

Ich gebrauche Worte, aber ich bin kein Mann von Worten. Es ist schiere Notwendigkeit. Es ist euretwegen, daß ich Worte gebrauchen muß, weil ihr Wortlosigkeit nicht verstehen könnt. Ich warte sehnlichst auf den Tag, an dem ich die Worte sein lassen kann. Ich bin es total müde … denn Worte können das, was ich bin, nicht vermitteln, und ich muß weiter versuchen, etwas völlig Unmögliches zu tun.

Macht euch bereit, damit wir bald in Stille sitzen und den Vögeln und dem Wind in den Bäumen lauschen können. »Im Stillsitzen und Nichtstun kommt der Frühling, und das Gras wächst von allein.« Das wird meine letztendliche Botschaft und meine abschließende Arbeit auf dieser Erde sein.

Du sagst: *»Ich dachte, darum geht es bei der Erleuchtung: zu wissen.«*

Über Erleuchtung kann man nichts denken, und alles, was man darüber denkt, wird falsch sein. Es hat nichts mit Wissen zu tun; es ist ein Zustand des Nicht-Wissens.

»Aber du weißt gar nichts von den Frauen, und daß sie vertrauen, gerade weil sie einander ins Herz schauen.«

Ich weiß von nichts. Und erst recht von den Frauen …! Ich weiß nicht einmal etwas von den Männern! Mach dir also keine Gedanken darüber. Wenn du weißt, was eine Frau ist oder was ein Mann ist, dann hüte dich vor deinem Wissen, denn es ist kein wirkliches Wissen; es ist nur eine Meinung, die du aufgeschnappt hast. Es stimmt schon, daß die Männer Gedanken gegen die Frauen verbreitet haben. Und jetzt verbreiten die Frauen Gedanken gegen die Männer. Aber das ist die gleiche Dummheit! Und so machen wir immer weiter: Wir bewegen uns ständig von einem Extrem ins andere.

Dann sagst du: *»Der Haß der Frauen untereinander ist eine männliche Erfindung, um sie uneinig und machtlos zu halten.«*

Die Männer haben viele erfundene Dinge über die Frauen verbreitet, aber jetzt machen die Frauen genau dasselbe. Sie erfinden Dinge über die Männer, die genauso falsch sind wie die Erfindungen der Männer über die Frauen. Ich bin aber nicht dazu da, zu entscheiden, was davon richtig oder falsch ist. Ich bin nicht dazu da, um euch zu Propagandisten für oder gegen die Frauen zu machen. Meine Arbeit besteht darin, euch von der ganzen Mann/Frau-Dualität zu befreien.

Als nächstes sagst du: »*Und wer will schon ein Mann sein?*

Wenn du wirklich kein Mann sein wolltest, hättest du das nicht gesagt. Das ist genau wie die alte Fabel von der Füchsin, die die Trauben nicht erreichen konnte, weil sie zu hoch hingen. Sie versuchte es immer wieder, aber sie konnte und konnte sie nicht erreichen. Dann blickte sie sich um – denn Füchse sind sehr schlaue Leute –, um zu sehen, ob jemand sie beobachtete – irgendein Journalist oder ein Fotograf. Keiner war da, und so machte sie sich davon.

Aber ein kleiner Hase war im Gebüsch versteckt. Er fragte: »Tantchen, was ist passiert?«

Die Füchsin warf sich in die Brust und sagte: »Ach, nichts. Diese Trauben sind es nicht wert. Sie sind noch gar nicht reif – sie sind mir zu sauer.«

Warum sagst du: »*Wer will schon ein Mann sein?*

Tief in dir muß irgendwo die Sehnsucht stecken, ein Mann zu sein. Jeder Mann will eine Frau sein, und jede Frau will ein Mann sein – aus dem einfachen Grund, weil jeder Mann beides ist, Mann und Frau, und jede Frau beides ist, Frau und Mann. Du bist aus dem Zusammentreffen von männlichen und weiblichen Energien entstanden. Eine Hälfte von dir stammt von deinem Vater, und die andere Hälfte von dir stammt von deiner Mutter. Du bist das Zusammentreffen von zwei polaren Gegensätzen, von zwei Energien.

Der einzige Unterschied zwischen Mann und Frau ist dies: Die Frau hat das Bewußtsein einer Frau und das Unterbewußtsein eines Mannes, und der Mann hat das Bewußtsein eines Mannes und das Unterbewußtsein einer Frau. Doch beide sind beides!

Darum kann es Homosexuelle und Lesben geben – sonst wäre es unmöglich. Dieses Phänomen gibt es seit ewigen Zeiten; es ist nichts Neues. Der Grund ist einfach: weil der Mann halb Mann und halb Frau ist – sein weiblicher Anteil ist in tiefe Dunkelheit gehüllt. Aber der bewußte Teil kann müde werden, und wenn der bewußte Teil ermüdet, übernimmt der unbewußte Teil. Daher kann ein Mann den Körper eines Mannes haben, aber anfangen, sich wie eine Frau zu verhalten. Und dasselbe geschieht bei einer Lesbe: An der Oberfläche ist sie eine Frau, doch in der Tiefe hat die unbewußte männliche Energie von ihr Besitz ergriffen. Die Dinge stehen auf dem Kopf. Und das wird auch Einfluß auf ihre Physiologie haben.

Auch hier sind einige Lesben. Ihre Physiologie wird zwangsläufig von ihrer Psychologie beeinflußt, weil Psychologie und Physiologie nicht getrennt sind; sie sind verbunden. Psyche und Körper sind nicht getrennt. Ihr seid »Körperpsyche«. Darum hat alles, was in eurer Physiologie passiert, auch Einfluß auf eure Psychologie. Darum läßt sich durch Hormongaben eure Psychologie verändern. Heute können wir einen Mann zu einer Frau machen und eine Frau zu einem Mann.

Und wenn meine Wahrnehmung stimmt, dann werden im kommenden Jahrhundert Millionen von Menschen ihr Geschlecht ändern. Es wird modern sein, progressiv, avantgardistisch. Es wird eine neue Art von Freiheit bringen. Warum sollte man sich sein ganzes Leben lang damit begnügen, ein Mann zu sein, wenn man beide Welten haben kann? Wer es sich leisten kann, wird sein Geschlecht umwandeln lassen. Ein paar Jahre lang bleibt man ein Mann und sieht sich die Welt vom männlichen Standpunkt aus an, und dann läßt man eine einfache Operation vornehmen und wird in eine Frau verwandelt; jetzt kann man die Welt durch weibliche Augen betrachten. Und es wird möglich sein, daß ein Mensch sein Geschlecht mehrere Male verändert. Wenn der Vorgang einfacher wird – und er wird einfacher werden, denn darin besteht die ganze wissenschaftliche Arbeit: die Dinge immer einfacher zu machen –, wenn der Vorgang einfach geworden ist, werden Millionen von Menschen ihr Geschlecht wechseln.

Das wird auf der Welt eine große Freiheit eröffnen, aber auch eine große Verwirrung und ein großes Chaos. Eines Tages kommt dann plötzlich dein Ehemann als Frau nach Hause! Oder deine Frau kommt als Mann aus dem Urlaub zurück.

Weil beide beides sind, ist die Sehnsucht, der andere zu sein, in jedem. Sie muß auch in dir vorhanden sein, und zwar ziemlich stark. Darum sagst du: »*Und wer will schon ein Mann sein?*« *Du* willst ein Mann sein. Von anderen weiß ich das nicht.

Und du sagst: »*Osho, ich bin fassungslos.*«

Das ist gut! Also habe ich schon Erfolg! Ich will, daß ihr völlig die Fassung, die Orientierung, den Verstand verliert. Ich will euch in ein Chaos stürzen, denn nur aus dem Chaos werden die Sterne geboren.

Du fragst mich: »*Wie kannst du nur solchen Unsinn reden?*«

Was sonst?! Sinn kann man nicht reden ... bleibt nur Unsinn übrig. Ich nehme das nicht als Kritik – es ist ein Kompliment! Vielen Dank! Wenigstens ergibt *dein* Reden einen Sinn.

Du sagst: »*Mein Verstand dreht durch, und mein Herz auch. Was soll ich tun?*«

Ich glaube nicht, daß man da noch etwas tun kann. Dazu ist es zu spät. Du kannst nicht mehr zurück – ich werde dich verfolgen! Du kannst nur weitergehen. Laß alle diese Ideen fallen, die du mit dir herumschleppst, diesen Männerhaß. Laß das alles fallen! Ich bin weder für die Männer noch für die Frauen. Ich bin für Transzendenz.

Und nehmt meine Witze nicht so ernst! Ihr seid solche Dummköpfe, daß ihr nicht einmal Witze spielerisch nehmen könnt. Eine andere Frau hat mir geschrieben: »Osho, du redest zuviel gegen die Frauen. Gestern hast du gesagt, sie hätten eine große Klappe.« Also, diese Frau beweist damit nur, daß sie eine große Klappe hat, sonst nichts! Außer ihr war sonst niemand beleidigt. Ein Witz ist ein Witz! Aber warum ist sie so empfindlich? Wahrscheinlich hat sie eine große Klappe. Wahrscheinlich bekommt sie das immer wieder von ihrem Mann zu hören: »Halt deine große Klappe!« Und jetzt kommt sie hierher und möchte etwas Schönes über sich hören, aber ich erzähle einen Witz über Frauen – und schon ist die große Klappe wieder da!

Ihr dürft Witze nicht ernst nehmen. Eigentlich dürft ihr gar nichts ernst nehmen. Ihr verpaßt sonst die Pointe, wenn ihr die Dinge ernst nehmt. Sogar die Schriften müßt ihr ohne Ernst nehmen, nur dann könnt ihr sie verstehen. Zum Verstehen braucht man eine tief entspannte, unernste, spielerische Einstellung. Wenn ihr ernst seid, verspannt ihr euch. Wenn ihr ernst seid, verschließt ihr euch. Wenn ihr verspielt seid, kann viel passieren, denn Verspieltheit ist Kreativität. Mit Verspieltheit könnt ihr neue Dinge entdecken.

Aber eure Gedanken stehen euch ständig im Weg; ihr könnt sie nicht beiseite tun. **(25)**

Eines will ich den Frauen auf der ganzen Welt sagen: Eure Befreiungsbewegung hat überhaupt nichts gebracht, weil sie in den Händen von sehr unintelligenten Frauen liegt. Sie sind reaktionär und überhaupt nicht revolutionär.

Ansonsten wäre es doch ganz einfach: Das Wichtigste, die allererste Priorität, besteht darin, daß die Frauen eine Trennung der Stimmen verlangen: Frauen wählen nur Frauen, und Männer wählen nur Männer. Allein dieser eine, einfache Schritt würde bewirken, daß sämtliche Parlamente der Welt zur Hälfte aus Frauen bestehen würden. Und die Frauen würden auf natürliche Weise an die Macht kommen, weil die Männer von Natur aus streitsüchtig sind. Sie würden sich wegen der kleinsten, minimalsten, trivialsten Angelegenheiten in die Haare kriegen und sich in Fraktionen, politische Parteien und religiöse Ideologien aufsplittern.

Während die Frauen im Parlament eine einzige, geschlossene Einheit bilden könnten, würde die andere Hälfte, die der Männer, mindestens acht bis zehn Splittergruppen bilden. So könnte die ganze Welt in die Hände der Frauen gelangen. Und die Frauen sind nicht am Krieg interessiert, die Frauen sind nicht an Nuklearwaffen interessiert, die Frauen sind nicht am Kommunismus oder am Kapitalismus interessiert.

All diese Ismen existieren nur im Kopf. Die Frauen sind daran interessiert, glücklich zu sein. Sie sind an den kleinen Dingen des Lebens interessiert: einem schönen Heim, einem Garten mit Swimmingpool.

Das Leben könnte ein Paradies sein, doch es wird eine Hölle bleiben, solange die Männer nicht von der Macht vertrieben werden. Und das ließe sich ganz leicht erreichen. **(26)**

4. KAPITEL

Sexualität

Ich fühle mich so gefangen in der Angst, mit einem Mann intim zu sein und völlig die Kontrolle zu verlieren. In meinem Innern ist diese Wahnsinnsfrau eingesperrt. Wenn sie gelegentlich mal rauskommt, drehen die Männer für gewöhnlich durch, und dann verkriecht sie sich wieder in ihren Winterschlaf, sie geht auf Nummer sicher und ist total frustriert. Kannst du bitte etwas über diese Angst vor Intimität sagen?

Die Menschheit, und insbesondere die Frau, leidet an vielen Krankheiten. Bis heute waren sämtliche sogenannten Zivilisationen und Kulturen psychologisch krank. Sie haben es nie gewagt, ihre Krankheit überhaupt zu erkennen, aber der erste Schritt zur Behandlung ist die Erkenntnis, daß man krank ist. Und die Beziehung zwischen Mann und Frau ist besonders unnatürlich.

Dazu muß man sich ein paar Fakten in Erinnerung rufen. Erstens, der Mann hat die Fähigkeit zu nur einem Orgasmus; die Frau ist zu mehreren Orgasmen fähig. Daraus ist ein ungeheures Problem entstanden. Es wäre nicht zu einem Problem geworden, wenn man dem Menschen nicht Ehe und Monogamie aufgezwungen hätte. Die Natur scheint etwas anderes beabsichtigt zu haben. Der Mann bekommt Angst vor der Frau, einfach deshalb, weil sie, wenn er sie zum Orgasmus bringt, gleich zu mindestens einem halben Dutzend weiterer Orgasmen bereit ist – und er ist nicht in der Lage, sie zu befriedigen. Der Ausweg, den der Mann gefunden hat, ist: Gib der Frau nicht einmal einen einzigen Orgasmus, ja nimm ihr überhaupt jede Idee, daß sie einen Orgasmus haben kann.

Zweitens, der Sex des Mannes ist lokal, genital. Das gilt nicht für die Frau: Ihre Sexualität, ihre Sinnlichkeit ist über den ganzen Körper verteilt. Sie braucht länger, um sexuell erregt zu werden, aber noch bevor sie überhaupt warm wird, ist der Mann schon fertig. Er dreht ihr den Rücken zu und fängt an zu schnarchen. Seit Jahrtausenden leben und sterben Millionen von Frauen auf der ganzen Welt, ohne das größte Geschenk der Natur gekannt zu haben: die Freude des Orgasmus. So hat der Mann sein Ego geschützt. Die Frau braucht ein langes Vorspiel, bis ihr ganzer Körper anfängt, vor Sinnlichkeit zu vibrieren, aber das Risiko ist dann: Was macht man mit ihrer Fähigkeit, mehrfache Orgasmen zu haben?

Wenn man es vorurteilsfrei angeht, sollte man entweder den Sex nicht ganz so ernst nehmen und ein paar Freunde mit einladen, damit die Frau das ganze Spektrum ihrer Orgasmen erleben kann, oder aber man könnte einen technischen Vibrator benutzen. Mit beidem gibt es jedoch Probleme. Ein Vibrator vermag so viele Orgasmen hervorzurufen, wie die Frau haben kann, aber wenn eine Frau das erst einmal kennengelernt hat, erscheint das Organ des Mannes so armselig dagegen, daß sie vielleicht das technische Gerät, den Vibrator, einem Geliebten vorzieht. Lädst du aber ein paar Freunde mit dazu ein, dann ist es ein Gesellschaftsskandal – du feierst Orgien! So besteht die einfachste Methode, die der Mann gefunden hat, darin, daß die Frau sich nicht einmal bewegen darf, während er mit ihr Sex macht; sie muß fast wie eine Leiche daliegen. Und die Ejakulation des Mannes kommt schnell – in höchstens zwei, drei Minuten. In dieser kurzen Zeit wird sich die Frau überhaupt nicht bewußt, was sie verpaßt.

Für die biologische Fortpflanzung ist der Orgasmus nicht notwendig. Für das spirituelle Wachstum hingegen ist der Orgasmus eine Notwendigkeit. Meiner Ansicht nach hat die orgasmische Erfahrung der Ekstase die Menschen schon früh auf die Idee der Meditation gebracht, um nach einer gesteigerten, intensiveren, vitaleren Erfahrung Ausschau zu halten. Der Orgasmus ist eine Offenbarung der Natur, daß in jedem von uns ein riesiges Potential ekstatischer Freude schlummert. Er gibt uns einen Vorgeschmack davon – damit wir uns auf die Suche machen können.

Der orgasmische Zustand, ja sogar die Erkenntnis, daß es

ihn gibt, ist eine ziemlich neue Entdeckung. Erst in diesem Jahrhundert wurden die Psychologen darauf aufmerksam, welche Probleme die Frauen damit haben. Durch die Psychoanalyse und andere psychologische Richtungen ist man zu demselben Schluß gekommen: Die Frau wird an ihrer spirituellen Entwicklung gehindert; sie bleibt auf dem Niveau einer Dienstmagd.

Zur Zeugung von Kindern genügt die Ejakulation des Mannes; biologisch ist das kein Problem. Aber psychologisch ist es eines. Die Frauen sind reizbarer, mäkeliger, zickiger, und der Grund dafür liegt darin, daß man ihnen etwas vorenthalten hat, was ihr Geburtsrecht ist. Und sie haben noch nicht einmal eine Ahnung davon! Nur in der westlichen Gesellschaft hat die jüngere Generation den Orgasmus für sich entdeckt. Und es ist gewiß kein Zufall, daß diese sich auf den Weg gemacht hat, nach der Wahrheit, nach der Ekstase zu suchen – denn so flüchtig der Orgasmus auch ist, gibt er dir doch einen Schimmer des Jenseitigen.

Beim Orgasmus geschieht zweierlei: Das eine ist, daß das Denken mit seinem ständigen Geschnatter aufhört; für einen Moment wird es zum Nicht-Denken. Und das zweite: Die Zeit steht still. Dieser kurze Moment orgasmischer Freude ist so immens und so erfüllend, daß er der Ewigkeit gleicht. Schon in sehr frühen Tagen entdeckten die Menschen, daß es diese beiden Dinge sind, die dir die größtmögliche Lust geben, die die Natur zu geben vermag. Und daraus zogen sie eine einfache und logische Schlußfolgerung: Wenn du deinen schnatternden Verstand stoppen und so still werden kannst, daß alles aufhört – einschließlich der Zeit –, dann bist du frei von der Sexualität. Du brauchst nicht abhängig zu sein von einer anderen Person, Mann oder Frau; du kannst diesen Zustand der Meditation auch allein erreichen. Und der Orgasmus kann nicht mehr als ein flüchtiger Augenblick sein, aber Meditation kann über die ganzen vierundzwanzig Stunden ausgedehnt werden. Ein Mann wie Gautama Buddha lebt jeden Augenblick seines Lebens in orgasmischer Freude – und es hat nichts mit Sex zu tun.

Ich werde immer wieder gefragt, warum so wenige Frauen erleuchtet worden sind. Neben anderen Gründen ist der wichtigste Grund: Sie hatten nie eine Erfahrung des Orgasmus; das Fenster zum grenzenlosen Himmel hat sich nie aufgetan. Sie lebten, gebaren Kinder und starben. Die Frau wurde von der Biologie und vom Mann als Fabrik zur Erzeugung von Kindern benutzt.

Im Osten ist es selbst heute noch sehr schwierig, eine Frau zu finden, die den Orgasmus kennt. Ich habe sehr intelligente, gebildete, kultivierte Frauen gefragt – sie haben keine Ahnung davon. Tatsächlich gibt es in den Sprachen des Ostens nicht einmal ein Wort, das man als Übersetzung für Orgasmus nehmen könnte. Es wurde nicht benötigt; man ist einfach nie darauf gestoßen.

Und der Mann hat der Frau beigebracht, daß nur Prostituierte Spaß am Sex haben dürfen: Sie stöhnen und seufzen und schreien und geraten ganz außer sich. Als ehrbare Dame darf man solche Dinge nicht tun. Also bleibt die Frau angespannt und fühlt sich zutiefst erniedrigt – sie wurde benutzt. Und viele Frauen haben mir berichtet, daß sie nach dem Sex, während ihr Ehemann gleich schnarcht, geweint haben.

Eine Frau ist wie ein Musikinstrument: Ihr ganzer Körper besitzt eine ungeheure Sinnlichkeit, und diese Sinnlichkeit muß entfacht werden. Dazu ist ein Vorspiel nötig. Und nach dem Sex sollte der Mann nicht gleich einschlafen. Das ist häßlich, unzivilisiert, unkultiviert. Eine Frau, die dir so viel Freude geschenkt hat, braucht auch ein bißchen Nachspiel – schon aus reiner Dankbarkeit.

Deine Frage ist sehr wichtig und wird in Zukunft noch viel wichtiger werden. Dieses Problem muß gelöst werden.

Aber die Ehe ist ein Hindernis, die Religion ist ein Hindernis, eure verrotteten alten Ideen sind Hindernisse. Sie hindern die eine Hälfte der Menschheit daran, Freude zu erleben, und ihre ganze Energie, die zu Blüten der Freude aufblühen könnte, wird sauer, vergiftet und äußert sich durch Herumnörgeln und Zickigkeit. All dies Nörgeln, diese Zickigkeit würden verschwinden.

Mann und Frau sollten keinen eheähnlichen Vertrag miteinander haben. Sie sollten sich lieben, aber ihre Freiheit behalten. Sie schulden einander überhaupt nichts. Und das Leben sollte mehr Bewegungsfreiheit zulassen. Eine Frau, die mit vielen Männern Kontakt hat, und ein Mann, der mit vielen Frauen Kontakt hat, sollten die Regel sein. Aber das geht nur, wenn Sex als Spiel gilt, als Spaß. Es ist keine Sünde, es ist Spaß. Und seit der Einführung der Pille fällt die Angst vor dem Kinderkriegen weg.

Die Pille ist meiner Ansicht nach die größte Revolution in der Geschichte der Menschheit.

Ihre Implikationen stehen dem Menschen noch nicht in ihrer ganzen Tragweite zur Verfügung. In der Vergangenheit war das Problem, daß Sex bedeutet hat, mehr und mehr Kinder zu bekommen. Es hat die Frau kaputtgemacht, denn sie war immer schwanger und ständig schwanger zu sein und zwölf oder zwanzig Kinder zur Welt zu bringen, ist eine Tortur. Man hat die Frauen wie Zuchtvieh benutzt. Aber die Zukunft kann völlig anders aussehen – und der Unterschied wird nicht vom Mann ausgehen. So wie Marx über das Proletariat gesagt hat: Proletarier der Welt, vereinigt euch, ihr habt nichts zu verlieren ... aber alles zu gewinnen! Er sah die Gesellschaft in zwei Klassen geteilt: reich und arm. Ich sehe die Gesellschaft in zwei Klassen geteilt: Mann und Frau.

Der Mann ist jahrhundertelang der Herr gewesen, und die Frau die Sklavin. Man hat sie versteigert, hat sie verkauft, hat sie bei lebendigem Leibe verbrannt. Alles, was an Unmenschlichem getan werden kann, hat man den Frauen angetan – und sie stellen die eine Hälfte der Menschheit dar.

Die Zukunft könnte ein völlig anderes Bild präsentieren. Alle Frauen der Welt müßten nur für ein getrenntes Wahlsystem kämpfen, in dem die Frauen nur Frauen und die Männer nur Männer wählen. Dann würde jedes Parlament zur Hälfte aus Frauen und zur Hälfte aus Männern bestehen. Und die Männer wären in kleine Parteien aufgespalten, aber die Frauen müßten darauf achten, keine Spaltungen zu erzeugen, sondern sich über die grundlegenden Dinge einig zu sein, denn es ist eine Frage von Tausenden von Jahren der Sklaverei. Ihr könnt euch Parteien nicht leisten. Es sollte nur eine einzige internationale Partei der Frauen geben, und diese sollte alle Regierungen der Welt übernehmen.

Dies scheint mir der einzige Weg, um den Status der Frauen zu verändern: die freie Anwendung wissenschaftlicher Methoden, die die Beziehung zwischen Mann und Frau transformieren können, und das Aufgeben des Konzeptes der Ehe, die etwas absolut Häßliches ist, weil sie schlichtweg eine Art von Privatbesitz darstellt. Menschen kann man nicht besitzen; sie sind kein Eigentum. Und die Liebe sollte einfach ein fröhliches Spiel sein. Und wenn ihr Kinder wollt, dann sollten die Kinder der Gemeinschaft gehören, so daß die Frau nicht mehr zur Mutter, Ehefrau oder Prostituierten abgestempelt ist. Diese Stempel müssen beseitigt werden.

Deine Frage: *»Ich fühle mich so gefangen in der Angst, intim zu sein und völlig die Kontrolle zu verlieren.«* Jede Frau hat Angst, denn wenn sie mit einem Mann die Kontrolle verliert, dreht der Mann durch. Er packt es nicht; seine Sexualität ist so begrenzt. Weil er der Gebende ist, verliert er beim Sex Energie. Die Frau verliert beim Sex keine Energie – im Gegenteil, sie fühlt sich bereichert. Nun, dies sind Tatsachen, die man in Rechnung stellen muß. Jahrhundertelang hat der Mann die Frau genötigt, sich zu kontrollieren; er hat sie auf Abstand gehalten und ihr nie erlaubt, allzu intim zu werden. Sein ganzes Gerede über Liebe ist eine Farce.

»In meinem Innern ist diese Wahnsinnsfrau eingesperrt. Wenn sie gelegentlich mal rauskommt, drehen die Männer für gewöhnlich durch, und dann verkriecht sie sich wieder in ihren Winterschlaf, sie geht auf Nummer sicher und ist total frustriert.«

Das ist nicht nur deine Geschichte; es ist die Geschichte aller Frauen. Alle leben sie in tiefer Frustration. Und weil sie keinen Ausweg finden, weil sie nicht wissen, was ihnen vorenthalten wird, haben sie nur ein Ventil: Man findet sie in den Kirchen, den Tempeln, den Synagogen, wo sie zu Gott beten. Aber dieser Gott ist ebenfalls ein männlicher Chauvinist. In der christlichen Dreifaltigkeit ist kein Platz für eine

Frau. Alle sind Männer: der Vater, der Sohn, der Heilige Geist. Es ist der reinste Schwulen-Club.

Der Frau sind auf vielfältige Weise die Flügel gestutzt worden. Und der größte Schaden, der ihr zugefügt wurde, ist die Ehe – denn weder Mann noch Frau sind monogam. Psychologisch gesehen sind sie polygam. So hat man ihre ganze Psychologie auf widernatürliche Weise vergewaltigt. Und weil die Frau vom Mann abhängig war, mußte sie alle möglichen Erniedrigungen hinnehmen – denn der Mann war der Herr, er war der Besitzer, er hatte das ganze Geld. Und um seine polygame Natur zu befriedigen, erschuf der Mann sich Prostituierte.

Die Prostitution ist eine Begleiterscheinung der Ehe. Diese häßliche Institution der Prostitution wird nicht aus der Welt verschwinden, solange die Ehe nicht verschwindet. Sie ist ihr Schatten – denn der Mann will nicht in einer monogamen Beziehung festgenagelt sein, und er hat die Bewegungsfreiheit, er hat das Geld, er hat die Bildung, er hat die ganze Macht. So erfand er die Prostitution. Eine Frau kaputtzumachen, indem man sie zur Prostituierten macht, ist der häßlichste Mord, den man begehen kann. Groteskerweise sind alle Religionen gegen die Prostitution, dabei sind gerade sie deren Ursache. Sie alle sind für die Ehe und können eine einfache Tatsache nicht sehen: daß die Prostitution ihre Existenz der Ehe verdankt.

Jetzt versucht die Frauenemanzipationsbewegung, den Männern all die Dummheiten, die sie mit den Frauen angestellt haben, nachzumachen. In London, New York, San Francisco findet man männliche Prostituierte. Das ist ein neuer Trend. Es ist aber kein revolutionärer Schritt, es ist ein reaktionärer Schritt.

Das Problem ist, daß du nur dann eine orgasmische Erfahrung haben kannst, wenn du beim Sex die Kontrolle verlierst. Deshalb sollten zumindest meine Leute verstehen, daß die Frau stöhnen und seufzen und schreien muß. Das liegt daran, daß ihr ganzer Körper beteiligt ist – total beteiligt. Ihr braucht keine Angst davor zu haben. Es ist ungeheuer heilsam: Sie wird nicht mehr zickig zu euch sein, und sie wird nicht mehr an euch herummäkeln, denn all die Energie, die sonst in die Zickigkeit geht, wird transformiert in eine immense Freude. Und habt keine Angst vor den Nachbarn. Es ist *ihr* Problem, wenn sie sich über euer Stöhnen und Seufzen aufregen, es ist nicht euer Problem. Ihr behindert ja niemanden ...

Macht eure Liebe zu einem wahren Fest, und nicht bloß zu einer schnellen Nummer. Tanzt, singt, macht Musik – und laßt den Sex nicht bloß im Kopf stattfinden. Zerebraler Sex ist nicht authentisch. Sex muß spontan sein. Ihr müßt dafür die richtige Situation kreieren. Euer Schlafzimmer sollte ein heiliger Ort sein, ein Tempel. In eurem Schlafzimmer solltet ihr nichts anderes machen. Singt und tanzt und spielt miteinander, und wenn die Liebe von allein passiert, ganz spontan, dann werdet ihr eine große Überraschung erleben: Die Biologie offenbart euch einen Schimmer von Meditation.

Und macht euch keine Gedanken darüber, daß die Frau ganz außer sich gerät. Sie *muß* verrückt werden: Ihr ganzer Körper gerät in einen völlig anderen Zustand. Sie kann die Kontrolle nicht behalten. Wenn sie kontrolliert, bleibt sie wie eine Leiche. Aber Millionen von Männern schlafen mit Leichen.

Ich habe eine Geschichte gehört über Kleopatra, die schönste Frau: Als sie starb, wurde ihr Körper nach altem ägyptischem Ritus drei Tage lang nicht begraben. In diesen drei Tagen wurde sie vergewaltigt – ihr Leichnam! Als ich das zum ersten Mal hörte, habe ich mich gefragt: Was muß das für ein Mann sein, der eine tote Frau vergewaltigt? Aber dann kam mir, daß das vielleicht gar nicht so abwegig ist, denn alle Männer haben die Frauen zu Leichen degradiert, zumindest wenn sie mit ihnen Liebe machen.

Die älteste Abhandlung über Liebe und Sex ist das *Kamasutra* von Vatsayana: Aphorismen über den Sex. Er beschreibt vierundachtzig Stellungen für den Geschlechtsverkehr. Als die christlichen Missionare in den Osten kamen, waren sie erstaunt, denn sie kannten nur eine einzige Stellung: der Mann obenauf. So hat der Mann mehr Bewegungsfreiheit, und die Frau liegt unter ihm wie eine Leiche.

Vatsayanas Vorschlag, daß die Frau oben sein sollte, trifft den Nagel auf den Kopf. Der Mann oben ist etwas sehr Unkultiviertes; die Frau ist zu zart. Aber der Grund, warum die Männer es so eingerichtet haben, daß sie oben sind, ist der, daß sie auf diese Weise die Frau unter Kontrolle haben. Begraben unter dem Monster, bleibt die Schöne zwangsläufig unter Kontrolle. Die Frau darf noch nicht einmal ihre Augen aufmachen, denn dann wäre sie ja eine Dirne. Sie muß sich wie eine Dame benehmen. Diese Position, mit dem Mann oben, nennt man im Osten die »Missionarsstellung«.

Du mußt deine Angst, mit einem Mann intim zu sein und völlig die Kontrolle zu verlieren, loslassen. Laß doch ruhig diesen Dummkopf Angst haben! Wenn er unbedingt Angst haben will, ist das seine Sache. Sei du einfach authentisch, sei du selbst. Sonst belügst du dich selbst, du machst dir etwas vor und machst dich kaputt. Was spielt es für eine Rolle, wenn der Mann durchdreht und nackt aus dem Zimmer rennt? Sperr ihn aus! Und laß die ganze Nachbarschaft wissen, daß dieser Mann spinnt. Aber du brauchst dich nicht zu kontrollieren und dir damit die Möglichkeit zu nehmen, eine orgasmische Erfahrung zu haben.

Durch die Erfahrung des Orgasmus erfahrt ihr Vereinigung und Verschmelzung, Egolosigkeit, Gedankenfreiheit, Zeitlosigkeit.

Dies kann euch auf den Weg bringen, nach einer Methode zu suchen, wie ihr auch ohne einen Partner, ohne den Mann, Ego, Verstand und Zeit hinter euch lassen und allein in die orgasmische Freude eintauchen könnt. Das nenne ich wahre Meditation.

Darum komm aus deinem Winterschlaf und hör auf, auf Nummer sicher zu gehen – und deine ganze Frustration wird verschwinden. Warum solltest du dir um den Mann Gedanken machen? Überlaß es ihm, sich zu fragen: »Was mach ich denn nur? Diese Frau wird ja ganz verrückt! Sie springt auf mich drauf und fängt an, mir das Gesicht zu zerkratzen ...!«

Mach dir keine Gedanken! Hab Spaß bei dem ganzen Spiel, geh spielerisch damit um. Und wenn ein Mann durchdreht ...

es gibt noch Millionen anderer Männer! Eines Tages wirst du einen Typen finden, der verrückt genug ist und nicht durchdreht. **(27)**

Ich habe dich sagen hören, daß achtundneunzig Prozent aller Frauen im Osten noch nie einen Orgasmus gehabt haben. Wie kommt es, daß sie so anmutig wirken und nicht frustriert wie die Frauen im Westen?

Es ist eine seltsame Logik des Lebens, aber in gewisser Weise ganz einfach. Im Osten haben die Frauen – achtundneunzig Prozent – noch nie erfahren, was ein Orgasmus ist. Deine Frage ist: *»Wie kommt es, daß sie so anmutig wirken und nicht frustriert wie die Frauen im Westen?«* – Gerade deshalb!

Man muß zuerst einmal in der Lage sein, eine bestimmte Erfahrung zu machen, und erst wenn sie einem danach verweigert wird, setzt die Frustration ein. Wenn du noch gar nicht weißt, daß es so etwas wie einen Orgasmus gibt, ist Frustration gar nicht möglich. Im Westen war die Frau bis unmittelbar vor diesem Jahrhundert auch noch nicht frustriert, weil die Situation die gleiche war. Erst durch die Psychoanalyse und die tiefere Erforschung menschlicher Energien fand man heraus, daß wir ein Jahrtausend lang in einem Trugschluß gelebt haben – dem Trugschluß, daß die Frau einen vaginalen Orgasmus hat. Es hat sich aber herausgestellt, daß das gar nicht stimmt. Sie hat überhaupt keinen vaginalen Orgasmus.

Tatsächlich ist die Vagina der Frau völlig unsensibel; sie fühlt nichts. Ihr Orgasmus wird von der Klitoris ausgelöst, und die ist ein völlig unabhängiger Teil. Die Frau kann Kinder gebären, ohne den Orgasmus je kennengelernt zu haben; sie kann Liebe machen, ohne einen Orgasmus zu erleben. So hat sich die Frau, im Osten wie im Westen, jahrhundertelang damit zufriedengegeben, Mutter zu werden. Und in gewisser Weise war sie gegen den Sex, weil er ihr überhaupt keine Freude schenkte; er brachte ihr nur Ärger – die Schwangerschaft.

Jahrhundertelang waren die Frauen reine Gebärmaschinen, und der Mann hat sie wie eine Fabrik und nicht wie ein menschliches Wesen behandelt – denn es war normal, daß neun von zehn Kindern starben, und wenn man zwei oder drei Kinder haben wollte, mußte die Frau zwei bis drei Dutzend Kinder produzieren. Das bedeutet, daß sie ihr ganzes sexuelles Leben hindurch, solange sie gebärfähig war, immer und immer wieder schwanger wurde – und Schwangerschaft ist ein Kreuz.

Sie ist nie für den Sex gewesen. Sie hat ihn erlitten, hat ihn erduldet, hat ihn über sich ergehen lassen, weil es ihre Pflicht war. Und im tiefsten Herzen haßte sie ihren Mann, weil er sich aufführte wie ein Tier. Warum, meint ihr, haben Frauen seit jeher keusche Heilige verehrt? Der tiefste Grund ist der, daß deren Keuschheit sie als heiligere Wesen auswies. Ihren eigenen Ehemann konnte die Frau nicht in gleicher Weise achten.

Sobald du mit einer Frau eine sexuelle Beziehung hast, kann sie keine Achtung mehr vor dir empfinden. Das ist der Preis ... denn sie weiß, daß du sie benutzt hast.

In allen Sprachen macht die Ausdrucksweise es deutlich: Es ist der Mann, der mit der Frau sexuell etwas *macht* – nicht umgekehrt. Das ist seltsam, wo sie doch beide Sex miteinander machen! Aber in jeder Sprache ist es immer der Mann, der Liebe macht, und die Frau ist nur das Objekt. Die Frau erduldet es nur und läßt sich darauf ein, weil es ihrem Hirn eingetrichtert worden ist, daß es ihre Pflicht ist. Der Ehemann ist ihr Gott, und sie muß ihm das Leben so angenehm wie möglich machen.

Doch der Sex hat ihr nichts gegeben. Und man hat ihr verheimlicht – denn der Mann muß es schon früh gewußt haben, als es noch keine Ehe gab und Männer und Frauen so frei waren wie Vögel ... schon damals muß der Mann es bemerkt haben, und die Frauen der frühesten Urzeit ebenfalls –, daß die Frau die Fähigkeit zum multiplen Orgasmus hat.

Für den Mann bedeutet es höchste Alarmstufe, wenn er die orgasmischen Energien der Frau auslöst. Der Mann kann sie nicht befriedigen, kein Mann kann das. Es scheint eine Diskrepanz zu sein, ein Fehler der Natur, daß die Frau mehrere Orgasmen haben kann, der Mann hingegen nur einen. Deshalb hat der Mann sogar versucht, so zu tun, als könne die Frau überhaupt keinen Orgasmus haben. Darum ist es im Osten heute noch so, vor allem in den entlegenen Teilen des Landes, einmal abgesehen von den großen Städten, wo einige wenige Frauen darauf gestoßen sind, die durch ihre Bildung vielleicht von Masters und Johnson gehört haben, den beiden Wissenschaftlern, die die multiple Orgasmusfähigkeit der Frau entdeckten.

Aber im Westen wurde es zu einem Problem, denn die Entdeckung des multiplen Orgasmus ging einher mit der Entdeckung des uralten Betruges, den der Mann an der Frau begangen hatte. Zur gleichen Zeit entstand die Frauenbewegung, und die Frauen versuchten, all das Unrecht aufzudecken, das ihnen die Männer zugefügt hatten. Sie stürzten sich sofort auf dieses neue Phänomen und auf diese Forschungsergebnisse. Und es kam soweit, daß die fanatischsten Frauen der Emanzipationsbewegung lesbisch geworden sind, weil nur eine Frau einer anderen zum multiplen Orgasmus verhelfen kann – weil er nämlich gar nichts mit der Vagina zu tun hat.

Die Körper von Mann und Frau sind eigentlich sehr ähnlich, nur daß der Mann bloß Ansätze zu einer Brust aufweist, während die Frau richtige Brüste hat – aber die physiologischen Merkmale sind auch beim Mann zu finden. Umgekehrt ist die Klitoris so etwas wie ein Ansatz des männlichen Penis, nur ein kleiner Auswuchs, aber sie liegt außerhalb der Vagina. Kinder werden aus der Vagina geboren; dazu braucht der Mann die Klitoris überhaupt nicht zu berühren. Doch wenn er nicht mit der Klitoris spielt, kann die Frau nicht zum Orgasmus kommen. Es war daher ziemlich einfach für ihn, dieser Sache aus dem Weg zu gehen.

Die östliche Frau wirkt deswegen zufriedener, weil sie keine Ahnung hat, was ihr entgeht. Sie ist auch deswegen anmutiger, weil sie noch nicht einmal angefangen hat, sich Gedanken über eine Befreiung zu machen. Der Osten hat insgesamt in einer Konditionierung des Sich-Dreinschickens gelebt, Männer wie Frauen – in Armut, Sklaverei, Krankheit, Tod.

Der Gedanke einer Revolution war im östlichen Denken unvorstellbar, weil diese Konditionierung, daß man nur das Produkt seiner eigenen Taten in früheren Leben ist, über viele Jahrhunderte so stark war.

Die Frage, warum die Frauen so anmutig wirken und nicht so frustriert wie im Westen, ist sehr einfach zu verstehen: Sie haben ihr Schicksal hingenommen. Die westliche Frau revoltiert jetzt zum ersten Mal in der Geschichte gegen all diese fiktiven Vorstellungen von Schicksal, karmischen Gesetzen, vergangenen Leben.

Die westliche Frau hat zuletzt eine sehr revolutionäre Phase durchgemacht, und das hat ihre Zufriedenheit zerstört – die Anmut, die ihr sonst immer zu eigen war. Und es hat sie ins andere Extrem geführt, so daß sie angefangen hat, sich häßlich und gemein zu geben. Es ist keine Auflehnung, die aus Einsicht kommt, sondern nur eine Reaktionshaltung.

Und die Gründe, warum die westliche Frau anders geworden ist als die östliche Frau ...? Erstens Karl Marx, der verkündete – und der die Intelligentsia der ganzen Welt überzeugte –, daß Armut nichts mit irgendwelchen vergangenen Leben oder mit Schicksal und Vorsehung zu tun hat. Daß da nicht irgendein Gott beschließt, wer arm und wer reich sein soll, sondern daß die gesellschaftliche Struktur, die ökonomische Struktur darüber entscheidet, wer arm ist. Und daß diese Struktur verändert werden kann, weil sie nicht von Gott gemacht ist – weil es Gott als solchen gar nicht gibt –, sondern daß sie vom Menschen gemacht ist.

Der erste Hammer kam also von Karl Marx. Der zweite Hammer kam von Sigmund Freud. Er erklärte, daß Männer und Frauen gleich seien und zur gleichen Spezies gehören. Und daß alle Theorien und Philosophien, welche die Frau verdammen, einfach unmenschlich sind und männlichen Chauvinismus beweisen.

Und dann kam der dritte und letzte Hammer durch die Forschungen von Masters und Johnson, die ans Licht brachten, daß die Frau seit alters her um ihren Orgasmus betrogen wurde. Womit bewiesen war, daß der Mann sich wirklich unmenschlich verhalten hat. Was seine eigenen sexuellen Bedürfnisse anging, hat er die Frau benutzt, aber er hat nicht zugelassen, daß auch die Frau den Sex genoß.

Diese drei Dinge haben das ganze Klima des Westens verändert, aber diese drei Dinge sind bisher noch nicht ins traditionelle östliche Denken eingedrungen. Als Konsequenz ist die westliche Frau auf dem Kriegspfad. Aber es ist nur eine Reaktion. Darum bin ich nicht für das, was im Namen der Frauenbefreiung passiert.

Ich möchte zwar, daß die Frau befreit wird, aber nicht, daß sie ins andere Extrem fällt. Die Frauenemanzipationsbewegung fällt ins andere Extrem: Sie versucht, Rache zu nehmen; sie versucht, dem Mann genau das gleiche anzutun, was der Mann der Frau angetan hat. Das ist schiere Dummheit. Was vergangen ist, ist vergangen; es existiert nicht mehr. Und was der Mann getan hat, geschah unbewußt. Es war keine bewußte Verschwörung gegen die Frauen. Weder der Mann noch die Frau war bewußt.

Die Feministinnen erklären, daß sie keine Beziehung mit einem Mann haben wollen. Schneidet alle Beziehungen zu Männern ab! Lesbische Liebe wird groß geschrieben, parallel zur Homosexualität. Frauen sollten nur andere Frauen lieben! Das ist reine Perversion. Und boykottiert den Mann! Und als Reaktion tut alles, was er den Frauen angetan hat: Benehmt euch daneben, schikaniert ihn, redet so unflätig, wie der Mann immer geredet hat, raucht Zigaretten genau wie der Mann!

Natürlich verlieren sie da ihre Anmut, ihre Schönheit. Zieht euch genauso an, wie der Mann sich immer angezogen hat! Aber es ist seltsam, wie Kleidung verändert. Die Kleidung der östlichen Frau hat Grazie und verleiht dem ganzen Körper Grazie. Die westliche Frau versucht, es den Cowboys gleichzutun – Blue Jeans, lächerlich aussehende Kleider, häßliche Frisuren.

Sie glauben vielleicht, daß sie Rache nehmen, aber sie zerstören sich selbst. Rache zerstört dich immer nur selbst; Reaktion zerstört dich immer nur selbst. Ich sähe sie liebend gerne als *Rebellen*. **(28)**

Sex sollte mehr ein Spaß sein und nicht eine so ernsthafte Sache, wie das in der Vergangenheit der Fall war. Er sollte ein Spiel sein, ein Vergnügen. Zwei Menschen spielen mit ihrer beider Körperenergien. Und wenn beide damit glücklich sind, geht es niemanden etwas an; sie tun ja niemandem weh. Sie erfreuen sich aneinander, genießen die Energie des anderen. Es ist ein gemeinsamer Tanz zweier Körperenergien. Und es geht die Gesellschaft überhaupt nichts an. Solange keiner in das Leben eines anderen eingreift oder sich aufdrängt, Zwang ausübt, Gewalt anwendet, das Leben eines anderen verletzt ... nur in solchen Fällen sollte die Gesellschaft sich einmischen. Ansonsten ist es kein Problem. Es geht niemanden etwas an.

In Zukunft wird man den Sex ganz anders sehen. Er wird mehr Spaß, Freude, Freundschaft sein – eher wie ein Spiel als eine ernsthafte Angelegenheit wie in der Vergangenheit. Sex hat den Menschen ihr ganzes Leben zerstört, er war eine solche Bürde – unnötigerweise! Er war die Ursache von so viel Eifersucht, Besitzergreifen, Unterdrückung, Reibereien, Zank, Zwist, Hader und Verurteilung – völlig sinnlos!

Die Sexualität ist ein einfaches biologisches Phänomen. Man sollte ihre Bedeutung nicht überschätzen. Ihre einzige Bedeutsamkeit besteht darin, daß man diese Energie transformieren kann, sie auf eine höhere Ebene bringen kann. Sie kann nach und nach zu spiritueller Energie werden. Und der Weg, um den Sex spiritueller zu machen, besteht darin, ihn nicht mehr so schrecklich ernst zu nehmen. **(29)**

Obwohl du uns ständig sagst, daß wir den Sex genießen und Spaß dabei haben sollen, erlebe ich mich beim Sex oft als ernsthaft und nicht sehr lebendig. Irgendwie habe ich Angst davor, einfach Spaß zu haben. Ich verstehe das nicht. Kannst du das erklären?

Es liegt an deiner Konditionierung. Man hat dir so oft gesagt, daß Sex Sünde sei, daß jedesmal, wenn du Liebe machst, diese Konditionierung sich sofort dazwischenschiebt – zwischen dich und deinen Partner. Du fängst an, dich ernst und schuldig zu fühlen. Du fängst an zu denken: »Was tue ich da? Was ich da tue, ist gegen Jesus, gegen Buddha, gegen Konfuzius.« Du tust etwas, das gegen all die Großen der Weltreligionen geht. Du allein, ein einzelner kleiner Mensch, willst dich anlegen mit der gesamten Geschichte von Tausenden von Propheten und Heilanden aller Länder, aller Nationen? Kein Wunder, daß du ernst wirst, und deine Ernsthaftigkeit bewirkt, daß du dich tot fühlst.

Ernsthaftigkeit gehört zu den Toten. Hast du je einen Toten lachen sehen? Oder auch nur lächeln? Lachen gehört zum Leben; Ernsthaftigkeit ist ein Bestandteil des Todes. Ein lebendiger Mensch ist immer spielerisch, nie ernst. Und weil ich sage, daß das Liebemachen bloß Spaß ist .... man hat dir gesagt, es sei Sünde, und nun sage ich, daß es Spaß ist. Diese Diskrepanz ist so groß, daß es dich verwirrt. Es ist keine Sünde. Wenn es Sünde wäre, hätte die Existenz dich ohne Geschlechtsorgane erschaffen. Wozu sind sie nötig? Die Natur hätte auch einen anderen Weg finden können, um Kinder zu erzeugen.

Ich habe einmal von einem Paar gehört ... Sie waren unterwegs zu einem fernen Planeten – es muß eine Geschichte aus dem einundzwanzigsten Jahrhundert sein! Sie erreichten ihn und wollten alles darüber wissen, denn auf dem Planeten gab es Leben: Menschen, Bäume, Vögel, Tiere – ein bißchen anders zwar, aber als solche erkennbar. Sie wollten so viel wie möglich über diesen Ort erfahren, denn bald würden sie zur Erde zurückkehren und dann mußten sie über alles berichten, was sie gefunden hatten.

Sie betraten das erste Haus. Die Leute waren sehr liebevoll und fragten: »Möchtet ihr irgend etwas? Was Kaltes oder Warmes zum Trinken?«

Sie sagten: »Nein danke, das hat Zeit bis später. Zuerst wollen wir ein paar Dinge über diesen Planeten in Erfahrung bringen.«

Der Gastgeber war ebenfalls interessiert, etwas über die

Erde zu erfahren. Er sagte: »Das ist gut, denn ich will auch etwas über euren Planeten wissen. Vor allem interessiert mich eines: Wie macht ihr Kinder?«

Das Paar war etwas peinlich berührt, denn solche Fragen stellt man auf der Erde nicht. Aber weil er sicher sein konnte, daß keiner es weitererzählen würde, sagte der Mann: »Es ist schwer zu beschreiben. Ich werde mit meiner Frau Liebe machen, dann könnt ihr sehen, wie wir Kinder machen.«

Und als er anfing, mit seiner Frau Liebe zu machen, kugelten sich die Gastgeber vor Lachen. Sie konnten es nicht fassen, daß so die Kinder gemacht werden. Erstens die arme Frau unter diesem Riesen ... und er macht Liegestütz über ihr! Komische Gymnastik!

Und weil sie so sehr lachten, fanden es die Menschen von der Erde noch peinlicher. Erstens, weil sie Liebe machten, und zweitens, weil diese zwei Leute dastanden und sich kugelten vor Lachen. Der Mann unterbrach sich und fragte: »Was ist denn los?«

Sein Gastgeber sagte: »Wir lachen, denn das ist die Methode, wie wir Kaffee machen! Kinder machen wir auf eine ganz einfache Weise.«

Er führte die Besucher zum Kühlschrank und öffnete ihn. In einem Gefäß war eine grüne Flüssigkeit und in einem anderen Gefäß eine rote Flüssigkeit. Sie mixten die beiden Flüssigkeiten in einem dritten Gefäß und stellten sie wieder in den Kühlschrank. Die Erdenmenschen konnten nicht verstehen, wie daraus ein Kind entstehen sollte. Aber der Mann sagte: »In neun Monaten wird aus diesen beiden Flüssigkeiten ein Kind – so einfach ist das! Aber Kaffeemachen, das ist bei uns das Schwierigste.«

Wenn die Existenz gewollte hätte, daß Sex eine Sünde sein soll, dann hätte sie sich etwas anderes einfallen lassen, um Kinder zu erzeugen. Aber die Existenz hat nichts gegen Sex. Ihr müßt euch darüber im klaren sein – es betrifft ja nicht nur den Menschen.

Eure Heiligen bewundern doch auch die Blumen – sie

haben ja keine Ahnung! Sie wissen nicht, was sie da tun: Sie bewundern den Sex! Eigentlich dürften sie eine Blume gar nicht bewundern, doch was kümmert das die Blume? Ob Heilige oder keine Heiligen, Dichter oder keine Dichter! Auch bei den Pflanzen gibt es männliche und weibliche Teile. Natürlich können diese armen Wesen nicht herumlaufen und sich umarmen und Liebe machen – was bestimmt viel netter gewesen wäre! Sie sind darauf angewiesen, daß die Schmetterlinge ihren männlichen Samen, die Pollen, zu den weiblichen Eiern bringen und sie befruchten.

Blumen sind sehr erotisch! Weshalb sind sie wohl so farbenprächtig? Und weshalb haben sie einen so starken Duft? Doch nicht euretwegen! Ihr Duft soll die Schmetterlinge, die Bienen anlocken. Ihre Farben sollen sie anziehen. Wären sie farblos und ohne Duft, dann wäre kein Schmetterling und keine Biene so dumm, zu ihnen zu kommen. Sie müssen eine magnetische Anziehungskraft entfalten, damit sie kommen. Das Ganze ist ein sexuelles Phänomen. Die Vögel, die Tiere, die ganze Existenz beruht auf Sex, um neues Leben hervorzubringen.

Eure Religionen stellen sich gegen die Existenz. Sie erzählen euch, daß Sex Sünde sei und Keuschheit eine Tugend. Und dabei weiß doch jeder, wie diese Keuschheit in den Klöstern aussieht und welche Keuschheit die Bischöfe und Priester einhalten!

Kürzlich habe ich erfahren, daß ein christlicher Geistlicher für eineinhalb Jahre ins Gefängnis mußte, weil er auf der Kanzel Keuschheit predigte, aber mit einem fünfzehnjährigen Jungen beim Sex erwischt wurde. Jetzt haben auch andere Jugendliche gestanden, daß er mit ihnen das gleiche gemacht hat.

Einer der letzten Päpste war ein Homosexueller. Er war Bischof in Mailand gewesen, und jeder wußte von seiner Homosexualität, weil sein Liebhaber immer mit ihm zusammen gesehen wurde. Als er Papst wurde, kam auch sein Freund von Mailand in den Vatikan und wurde sein Sekretär … Diese Leute werden auch weiterhin Keuschheit predigen, und sie werden euch damit verrückt machen. Sie haben schon die ganze Menschheit verrückt gemacht.

Deswegen sage ich: Sex ist Verspieltheit, er ist Spaß. Du kannst diese Vorstellung, daß er Spaß ist, nicht akzeptieren, weil man dich darauf konditioniert hat, daß er Sünde sei. Es ist ein Quantensprung von der Sünde zum Spaß! Aber was kann ich dafür? Er *ist* nun mal ein Spaß!

Du wirst deine Konditionierung aufgeben müssen. Und du wirst dadurch nichts verlieren; du wirst nur gewinnen, wenn du die Idee der Sünde aufgibst. Obwohl du wußtest, daß es Sünde war und Keuschheit eine Tugend, hast du weiter Liebe gemacht. Was beweist das? – Daß diese Ideen deine Natur nicht verhindern können. Aber sie können dein Denken vernebeln. Wenn du Liebe machst, ist dein Denken von all diesen Ideen eingenebelt.

Die Priester haben es nicht geschafft, den Sex aus der Welt zu schaffen, aber sie haben ihn vergiftet. Der Mann ist gespalten, die Frau ist gespalten, wenn sie sich lieben. Ihre Köpfe sind in einen dichten Nebel von allerlei sexfeindlichen theologischen Konzepten gehüllt, während ihre Körper sich in Liebe begegnen. Sie sind nicht völlig anwesend.

Es ist kein psychisches Leiden, daß Männer vorzeitig ejakulieren. Es ist ein religiöses Leiden, denn der Kopf ist so voller Angst, eine Sünde zu begehen – macht schnell! Bringt es möglichst schnell hinter euch! Die ganze Schuld liegt bei Jesus, Mohammed, Mahavira. Es ist nicht eure Schuld, wenn ihr vorzeitig ejakuliert; es geht auf das Konto der Religionen. Ihr habt es nicht geschafft, keusch zu bleiben – die Natur hat euch gezwungen. Aber ihr könnt auch nicht freudig und spielerisch im Sex sein, weil der Kopf euch ständig von beiden Seiten bedrängt und euch einredet, etwas sei verkehrt.

Ihr solltet mal einen Film drehen, wie ihr mit eurer Frau oder Freundin Liebe macht, und euch diesen Film gelegentlich ansehen. Ihr würdet euch wundern, wie verkrampft euer Gesicht aussieht! Es ist, als wäret ihr in größter Eile, als ob man euch dazu zwingt, als ob euch jemand von hinten eine Pistole ansetzt: »Mach jetzt Liebe, sonst ...« Und schaut euch das

Gesicht der Frau an: Sie scheint einen Anfall zu bekommen; ihr Gesicht ist ganz verzerrt. Das ist kein Orgasmus – das ist reiner Schwachsinn!

Die Frau denkt, du bist ein alter Schmutzfink. Doch weil sie deine Frau ist, ist es ihre Pflicht ... darum erfüllt sie ihre Pflicht, wohl wissend, daß es Sünde ist. Wie kann diese Frau zum Orgasmus kommen? Sie ist gar nicht anwesend. Sie liegt fast wie eine Leiche im Bett. Und kein Mann will, daß die Frau sehr aktiv wird, weil sie dann keine Dame mehr ist.

Die Frau hat ein anderes Tempo. In der Natur haben Männchen und Weibchen das gleiche Tempo. Die Tiere kommen gleichzeitig zum orgasmischen Höhepunkt, weil sie noch nicht vernommen haben, daß Liebe Sünde sei – darum haben sie es nicht eilig.

Euer Kopf verurteilt das, was ihr tut; er drängt euch zur Eile. Und die Frau hat ein langsameres Tempo. Sie hat einen viel subtileren Mechanismus; ihr ganzer Körper ist erregbar. Der Mann ist in dieser Hinsicht ärmer. Nur sein Genital ist erregbar; der übrige Körper ist nur ein Anhängsel für das Genital, damit es funktionieren kann.

Doch bei der Frau ist der ganze Körper erregbar. Und natürlich braucht der ganze Körper länger, bis er vor Freude pulsiert, bis er warm geworden ist. Bis die Frau anfängt, etwas zu spüren, ist der Mann schon am Schnarchen. Er hat seinen Job erledigt, hat die Akte geschlossen und ist eingeschlafen – und nicht nur das: Er schnarcht. Viele Frauen haben mir berichtet, daß sie nach dem Sex verzweifelt sind und weinen. Wer würde nicht verzweifelt weinen bei einem solchen Kerl? Die Frau ist nicht gekommen, und der Mann ist hinüber!

Durch eure religiösen Lehren ist Sex für den Mann zu einer Art Schlafmittel geworden. Es entspannt ihn, er verausgabt sich; dann ist keine Energie mehr übrig für das Denken, und es kann nicht mehr weiterrattern und ihn wachhalten. Er schläft ein.

Dazu ist Sex nicht da – als Schlafmittel! Dazu könnt ihr euch jede Sorte, jede beliebige Marke besorgen – dazu braucht ihr keine Frau. Es ist beleidigend, eine Frau als Schlafmittel zu benutzen.

Wenn es das Geburtsrecht der Frau ist, die wunderbarste Ekstase zu erleben: das orgasmische Gefühl, das Verschwinden des Egos, das Stillstehen der Zeit, den Eintritt in die völlige Stille – eine solche Explosion der Freude, daß es aus ihr hervorbricht ... wenn das ihr Geburtsrecht ist, und das ist es, dann wird der Mann wieder in die Schule gehen müssen.

Er muß das Vorspiel lernen – vor dem Liebesakt zuerst mit dem Körper der Frau zu spielen, bis sie warm wird und vor Erregung bebt. Und erst wenn er spürt, daß der ganze Körper bereit ist – erst dann sollte er loslegen. Und während ihr Liebe macht, laßt die Bibel beiseite! Ich glaube nicht, daß irgend jemand Liebe machen kann, wenn die Bibel dazwischenfunkt. Vergeßt den ganzen Quatsch, den man euch erzählt und beigebracht hat. Macht den Sex zu einem behutsamen, langsamen, entspannten Spiel.

Einen Mann, der eine Tasse Tee in einem Zug hinunterschüttet und gleich damit fertig ist, würdet ihr einen Idioten nennen. Er wird sich den Mund verbrennen, und der ganze Tee ist vergeudet. Er hat keine Ahnung, wie man Tee trinkt: Man muß ihn Schlückchen für Schlückchen trinken, und nicht hinunterkippen!

Laßt euch Zeit. Wartet so lange, bis die Frau ebenfalls bereit ist, und gesteht der Frau ihr Frausein zu! Befreit sie, bitte, von dem Etikett der Dame! Laßt sie ebenfalls aktiv sein, denn wenn sie aktiv ist, wird sie früher an den Punkt des Orgasmus kommen. Wenn sie wie tot daliegt, braucht ihr gar nicht zu hoffen ...

Und merkt euch noch eine dritte Sache: Wenn der Orgasmus stattgefunden hat und beide vor Freude überfließen, dann sollte noch der letzte Teil vollendet werden – der Anhang, das Nachspiel. Die Frau hat dir so viel Freude gegeben, der Mann hat dir so viel Freude gegeben – doch ihr sinkt in den Schlaf, ohne euch dafür zu bedanken, ohne Dankbarkeit zu zeigen. Die beste Art, eure Dankbarkeit zu zeigen, ist das Nachspiel: Spielt wieder mit dem Körper der Frau, und laßt auch die Frau mit eurem Körper spielen.

Und denkt nicht, nur Prostituierte dürften aktiv sein, nur

Prostituierte dürften mit eurem Körper spielen. Jede Frau hätte Spaß daran, mit eurem Körper zu spielen, aber sie hat Angst, man könnte sie für eine Prostituierte halten. Und seht ihr nicht die einfache Tatsache, daß selbst Männer, die sehr schöne Ehefrauen haben, zu Prostituierten gehen? Warum? Weil man dort keine Damen antrifft.

Aber diese ganze verkorkste Situation habt ihr euch selber eingebrockt. Die Prostituierte gibt euch größere Befriedigung als die Ehefrau, weil sie dafür bezahlt wird, euch völlig zufriedenzustellen. Sie ist ein Profi. Eure Frau hingegen ist Amateurin, so wie ihr Amateure seid.

Inzwischen gibt es auch männliche Prostituierte, speziell in Kalifornien. Kein Problem also – wenn ihr zu einer Prostituierten geht, kann eure Frau das genauso tun! Sie kann zu einem männlichen Prostituierten gehen, und er wird ihr eine größere Befriedigung verschaffen, einfach weil er ein professioneller, geübter Mann ist, der sämtliche Methoden kennt, wie man Frauen zum Höhepunkt bringt. Das sollten alle Liebenden können!

Meiner Ansicht nach werden die Prostituierten aus der Welt verschwinden, wenn der Sex zum Spaß wird. Keine Frau braucht so tief zu sinken, daß sie ihre Liebe verkauft. Laßt wenigstens *eine* Sache, die Liebe, aus dem Geschäft heraus! Wenigstens *eine* Sache, die keine Ware auf dem Marktplatz ist! Die Liebe hat kein Preisschild. Sie ist etwas ungeheuer Kostbares, aber sie hat keinen Preis.

Ein Mann, der zu einer Prostituierten geht, ist in seinen eigenen Augen gefallen. Und eine Frau, die sich als Prostituierte hergibt, fühlt sich in ihrer tiefsten Seele schlecht, weil sie etwas verkauft, das unbezahlbar ist.

Aber denkt daran: Die Priester und die Prostituierten werden gemeinsam verschwinden. Die Priester sind diejenigen, die Millionen von Frauen zur Prostitution gezwungen haben. Sie sind es, die den Gedanken der Sünde in euer Gehirn gepflanzt haben! All diese Dinge sind miteinander verbunden, und ich gehe immer an die Wurzeln. Darum lege ich so großen Wert darauf: Macht den Sex zu einem Spiel, zum Spaß.

Und seit die Pille erfunden wurde, ist es kein Problem mehr; ihr braucht keine Angst mehr zu haben wegen der Kinder. Jetzt ist es nur noch Spaß, ohne Verpflichtung, ohne nachfolgende Probleme. Genießt es! Und laßt euren Kopf beiseite! Sagt dem Priester, der euch ständig mit seinem Blabla in den Ohren liegt, er soll zur Hölle gehen! Während ihr Liebe macht, hält er in eurem Kopf die Sonntagspredigt!

Nein! Die Liebe ist ein so herrliches Phänomen, daß ihr die Kunst des Liebens erlernen solltet, genauso wie ihr die Kunst des Lebens erlernen solltet.

Wenn ihr es einrichten könnt, solltet ihr für die Liebe einen eigenen Raum haben, denn es ist ein Tempel. Und wenn ihr euren Liebestempel betretet, solltet ihr die Schuhe draußen lassen – und den Kopf ebenfalls. Stellt ihn neben die Schuhe. Und bevor ihr Liebe macht, nehmt eine schöne Dusche und reinigt euch. Meditiert ein paar Minuten. Macht es zu einem wunderbaren Erlebnis. Nehmt in dem Zimmer kein elektrisches Licht, sondern Kerzen. Nehmt ein bißchen Duft, wie in einem Tempel; verbrennt Räucherstäbchen. In eurer Liebeskammer solltet ihr nichts anderes tun – kein Streiten, kein Argumentieren. Wenn ihr nicht in guter Stimmung seid, ist es besser, den Liebestempel nicht zu betreten.

Ihr seid in so vielen Dingen unbewußt. Im selben Bett, in dem Mann und Frau sich zum Schlafen hinlegen, streiten sie auch, argumentieren sie, bewerfen sich mit Kissen, und dann lieben sie sich wieder – alles im selben Bett. Sie verstehen nicht, daß jede Handlung, jeder Gedanke, jedes Gefühl seine eigene Schwingung hat. Eure Liebeskammer sollte von den Schwingungen der Liebe erfüllt sein.

Ich möchte, daß die Liebe euer einziger Gott ist. Und mit Gott braucht man nicht ernsthaft zu sein! Man muß spielerisch und voller Freude sein.

Es geht einfach darum, daß ihr versteht, was es mit euch macht – und das Verstehen allein verändert alles. **(30)**

Was ist ein Orgasmus?

Wenn zwei Liebende in tiefem Orgasmus sind, verschmelzen sie ineinander. Dann hört die Frau auf, Frau zu sein, und der Mann, Mann zu sein. Sie werden zum Kreis von *Yin* und *Yang:* Sie gehen ineinander über, begegnen sich im Innersten, lösen sich auf, vergessen völlig ihre Identität. Das ist es, was die Liebe so beseligend macht. Diesen Zustand tiefer orgasmischer Vereinigung nennt man »*Mudra*«. Und die höchste Stufe, den Orgasmus mit dem ganzen Kosmos, nennt man »*Mahamudra*« – den großen Orgasmus.

Was geschieht beim Orgasmus, beim sexuellen Orgasmus? Das muß man genau verstehen, weil man nur so den Schlüssel zum höchsten Orgasmus bekommt. Was geschieht? Wenn zwei Liebende zusammen sind ... und vergeßt nicht: zwei Liebende! Nicht Ehemann und Ehefrau – denn unter Verheirateten kommt es praktisch nie vor. In der Ehe spielen Mann und Frau eine zunehmend festgelegte Rolle; sie hören auf zu fließen und sich ineinander aufzulösen. Der »Ehemann« wird zur Rolle, die »Ehefrau« wird zur Rolle. Sie spielen Theater. Die Frau muß, ob sie will oder nicht, ihre Rolle als »Ehefrau« spielen, und der Mann muß den »Ehemann« mimen. Es ist eine rechtliche Abmachung.

Einmal fragte ich Mulla Nasruddin: »Nasruddin, wie lange bist du schon verheiratet?« Er sagte: »Ein Vierteljahrhundert!« – »Also fünfundzwanzig Jahre?« – »Ja, aber wenn du meine Frau siehst, verstehst du, warum es ein Vierteljahrhundert ist.«

Ehefrau und Ehemann sind gesellschaftliche Phänomene – eine gesellschaftliche Einrichtung. Die Ehe ist eine Institution und keine Beziehung. Sie ist etwas Erzwungenes. Es geht dabei nicht um Liebe, sondern um andere Dinge: wirtschaftliche Absicherung, Ordnung, Kinder, Gesellschaft, Kultur, Religion – alles mögliche, nur nicht um Liebe.

Zwischen Eheleuten kommt es praktisch nie zum Orgasmus – es sei denn, sie lieben sich wirklich. Es ist möglich: Man kann auch als Ehemann oder Ehefrau ein Liebender sein; man kann seine eigene Frau lieben. Aber dann ist es etwas völlig anderes. Dann ist es gar keine Ehe, weil dann die Institution keine Rolle spielt.

Im Osten, wo die Ehe seit Tausenden von Jahren existiert, haben die Menschen vollkommen vergessen, was Orgasmus ist. Ich habe keine einzige indische Frau getroffen, die den Orgasmus kannte. Im Westen sind die Frauen erst in den letzten paar Jahrzehnten darauf gekommen, daß der Orgasmus etwas ist, das die Mühe lohnt. Ansonsten haben die Frauen völlig vergessen, daß ihr Körper die Fähigkeit zum Orgasmus besitzt.

Das ist eine der größten Katastrophen in der Geschichte der Menschheit.

Und wenn die Frau nicht zum Orgasmus kommt, kann der Mann es im Grunde auch nicht, weil der Orgasmus ein Verschmelzen von beiden ist. Nur wenn zwei Menschen ineinander aufgehen, kommt es zum Orgasmus. Es kann also nicht der eine einen Orgasmus haben und der andere nicht – das ist unmöglich.

Entladung, ja ... Ejakulation ist möglich. Es wird dich vom sexuellen Druck befreien – aber das ist kein Orgasmus.

Was ist Orgasmus überhaupt?

Orgasmus ist ein Zustand, in dem sich der Körper nicht mehr wie Materie anfühlt, sondern wie vibrierende Energie, wie Elektrizität. Er pulsiert aus der tiefsten Tiefe, aus der Wurzel des Seins, und man vergißt vollkommen, daß er stofflich ist. Der Körper wird zum elektrischen Phänomen – und tatsächlich ist er ein elektrisches Phänomen.

Die moderne Physik sagt, daß es keine Materie gibt, daß alle Materie nur Schein ist, daß im Grunde, an der Wurzel der Existenz, nichts als Elektrizität existiert, also keine Materie. Im Orgasmus dringst du zu diesem tiefsten Kern des Körpers vor, wo alle Materie aufhört und nur noch Energieschwingungen übrigbleiben. Du wirst zu einer tanzenden, vibrierenden Energie. Plötzlich verlierst du alle Grenzen – es ist einfach ein Pulsieren, ein substanzloses Pulsieren. Und dein Partner pulsiert mit dir.

Und nach und nach, je mehr ihr euch liebt und euch gegenseitig hingebt, desto mehr gebt ihr euch diesem Augenblick des Pulsierens, des Vibrierens, der Auflösung in reine Energie hin, und ihr verliert alle Angst davor – obwohl es wie ein Tod ist. Wenn der Körper seine Grenzen verliert, wenn der Körper sich wie in Dunst auflöst, wenn der Körper seine Substanz verliert und nur Energie zurückbleibt, nichts als ein kaum spürbarer Rhythmus, dann erlebst du dich so, als gäbe es dich gar nicht.

Nur in tiefer Liebe kommst du an diesen Punkt.

Liebe ist wie der Tod. Was stirbt, ist dein materielles Bild von dir. Du stirbst als das, was du für deinen Körper hältst. Du stirbst als Körper und wirst zu Energie, zu Lebensenergie.

Und wenn Mann und Frau, wenn die Liebenden, die Partner, zu einem gemeinsam vibrierenden Rhythmus werden, dann vereinigt sich der Pulsschlag ihrer Herzen und ihrer Körper, dann werden sie zu einer einzigen Harmonie. Dann kommt es zum Orgasmus, und sie sind nicht mehr getrennt.

Das ist die Bedeutung des *Yin-Yang*-Symbols: *Yin* wird zu *Yang*, und *Yang* zu *Yin;* der Mann durchdringt die Frau, die Frau den Mann. Jetzt bilden sie einen Kreis und pulsieren gemeinsam, in einem gemeinsam vibrierenden Rhythmus. Ihre Herzen sind nicht mehr getrennt, ihre Herzschläge fallen zusammen; sie sind zu einer Melodie, zu *einer* Harmonie geworden. Das ist die größte Musik, die es gibt. Alle andere Musik ist im Vergleich dazu nur ein schwaches Echo, ein Schatten.

Diese Schwingung von zwei in einem ist Orgasmus. Wenn das gleiche nicht mit einem anderen Menschen, sondern mit der ganzen Schöpfung eintritt, dann ist es *Mahamudra*, dann ist es der »Große Orgasmus«. **(31)**

Kannst du noch mehr über Sex und Tod sagen?

Eine richtige sexuelle Erfahrung ist auch eine Erfahrung des Todes: Du stirbst. Darum haben die Menschen solche Angst vor Sex, solche Angst vor Frauen. Ich habe nicht viele Leute getroffen, die keine Angst vor Frauen hatten. Diese Angst ... die Frau hat dir das Leben geschenkt, sie muß dir auch den Tod bringen.

Betrachtet einmal die Vorstellung der Hindus von Kali, Mutter Kali: Sie ist Leben und Tod zugleich, Gebende und Nehmende. Eine schöne Frau – aber schwarz, schwarz wie der Tod. Eine schöne Frau – aber sehr gefährlich. So gefährlich, daß sie auf dem Körper ihres Gatten tanzt und ihn fast umbringt. Shiva liegt da, und sie tanzt auf seinem Körper, zertrampelt ihn beinahe. Um den Hals trägt sie eine Girlande von Schädeln, und in einer Hand hält sie einen abgehackten Kopf, frisch abgehackt, von dem noch das Blut tropft. Die Leute im Westen können sich nicht vorstellen, warum eine Mutter so gefährlich sein sollte, warum eine schöne Frau auf eine so gefährliche, schreckliche, abstoßende Weise dargestellt wird. Die Hindus wissen es besser. Sie sind tiefer in das Mysterium des Lebens eingedrungen als alle anderen. Sie wissen, daß Sex und Tod so nahe beisammen liegen, daß sie fast eins sind.

Wenn das Sexzentrum anfängt, zu pulsieren und Wellen durch den ganzen Körper zu schicken, fängt auch das Todeszentrum an, zu pulsieren. Deshalb wurde Orgasmus zu einem bloßen Wort. Ihr gelangt im Sex nicht zum Orgasmus, könnt es nicht – es sei denn, ihr akzeptiert den Tod.

Nur dann könnt ihr zum Orgasmus kommen, denn Orgasmus bedeutet, alle Kontrolle zu verlieren. Orgasmus bedeutet, den Verstand zu verlieren. Orgasmus bedeutet, daß der ganze Körper vor Ekstase bebt, bis in jede Faser, jede Zelle. Der ganze Körper feiert in einer nie gekannten Seligkeit, und der Verstand hat aufgehört, zu kontrollieren und zu manipulieren.

Der Mann erreicht nur einen lokalen Orgasmus – nur eine Ejakulation, aber das ist kein Orgasmus. Denn wenn der Orgasmus von dir Besitz ergreift, bist du nicht mehr da – dann ergreifen Leben und Tod zugleich Besitz von dir. Dann packt dich die Furcht. Seit Tausenden von Jahren haben die Frauen keinen Orgasmus erfahren, und selbst heute bekommen in Indien nicht einmal zwei Prozent der Frauen einen Orgasmus.

Erst in den letzten Jahren hat der Mann herausgefunden,

daß auch die Frau einen Orgasmus haben kann. Es wurde unterdrückt, weil die Frau, wenn sie zum Orgasmus kommt, so verrückt wird, daß sie zu Kali wird. Sie wird vor Ekstase so verrückt, daß sie anfängt, auf deiner Brust herumzutanzen und ganz außer sich zu geraten. Sie ist nicht mehr sie selbst; sie wird zu einer Urkraft, zu einem Wirbelsturm, einem Orkan. Sie wird lachen und weinen, und man weiß nicht, was alles passieren kann. Die ganze Nachbarschaft wird wissen, daß eine Frau zum Orgasmus gekommen ist.

Sex ist etwas so Privates. Wir haben ihn zu einer geheimen, verborgenen Angelegenheit gemacht, die im Dunkeln passiert. Die Partner können sich nicht einmal sehen, und die Frau hat gelernt, absolut passiv und unbeweglich zu bleiben – alles aus Angst. Denn wenn sie erst einmal weiß, wie schön es ist, so völlig außer sich zu geraten, dann ist sie nicht mehr kontrollierbar. Dann ist es unmöglich für einen Mann, eine Frau zu befriedigen, denn die Frau kann viele Orgasmen bekommen, der Mann aber nur einen. Eine Frau kann innerhalb von Minuten wenigstens sechs Orgasmen haben – zwischen sechs und sechzig. Dann wird es für jeden Mann unmöglich, die Frau zu befriedigen. Sie wird total verrückt, weil sie so natürlich ist. Es ist ratsamer, sie zu unterdrücken.

Man hat den Sex unterdrückt, weil er ein Aspekt des Todes ist. Nur zwei Dinge sind auf der Welt so sehr unterdrückt worden: Sex und Tod. Immer wenn eine Kultur den Sex unterdrückt, wird sie den Tod nicht so sehr unterdrücken; das ist dann unnötig, weil die Unterdrückung des Sex allein ausreicht. Immer wenn eine Kultur den Tod unterdrückt, macht sie sich nicht die Mühe, auch den Sex zu unterdrücken; das ist dann unnötig, weil die Unterdrückung des Todes allein ausreicht. Wenn man das eine unterdrückt, unterdrückt man beide, weil beide zusammenhängen – und beide müssen befreit werden.

Erst dann lebt ihr total, doch dann lebt ihr immer am Rande des Todes. Ihr lebt im Sein, aber euer Blick ist ins Nicht-Sein gerichtet. Darin besteht die Schönheit und auch der Schrekken. In der Tat haben alle natürlichen, schönen Dinge immer auch etwas Schreckliches. **(32)**

Es gibt Spinnen … während sie Liebe machen, fängt die weibliche Spinne an, ihren Liebhaber aufzufressen. Während er sie liebt und auf ihr draufsitzt, beginnt sie ihn zu verspeisen. Frauen sind gefährlich! Und sie fängt beim Kopf an. Als erstes frißt sie den Kopf, weil er ihr dann nicht weglaufen kann. Er aber macht weiter – der Kopf ist längst weg, aber wer braucht schon den Kopf? Wenn es ums Lieben geht, wer braucht dazu einen Kopf?

Sein Kopf ist weg, und allmählich verschwindet er, Stück für Stück – aber er macht immer weiter. Was noch von ihm übrig ist, zittert weiter. Die Spinnenmännchen dieser Gattung machen nur ein einziges Mal Liebe. Aber was für eine Liebe! Was für eine Totalität! Was für eine Geilheit! Heilige Spinne! **(33)**

Sex ist ein Problem für mich. Manchmal wünsche ich mir, es gäbe ihn gar nicht. Ich habe oft das Gefühl, daß mit mir etwas nicht stimmt, aber ich habe immer so getan, als wäre alles in Ordnung und als würde es mir Spaß machen.

Da muß etwas geschehen, nicht wahr? Denn das ist eine verkehrte Einstellung, und du schaffst dir nur unnötig Probleme damit und verpaßt vieles, was für deine Entwicklung nötig ist. Eines Tages muß man Sex hinter sich lassen, aber der Weg, wie man darüber hinauskommt, geht mitten hindurch. Und wenn du nie richtig hineingehst, wird es sehr schwierig sein, darüber hinauszugehen. Um es zu transzendieren, muß man in die Erfahrung hineingehen.

Vermutlich hast du einfach eine bestimmte Haltung zum Sex übernommen; es ist eine Konditionierung.

Auf der ganzen Welt werden die Menschen irgendwie verdorben – und sie werden dadurch verdorben, daß man ihnen beibringt, sich schuldig zu fühlen, wenn sie Spaß haben. Als ob etwas daran verkehrt wäre, wenn du glücklich bist! Wenn du unglücklich bist, scheint alles in Ordnung zu sein, aber wenn du glücklich bist, stimmt etwas nicht! Man hat das Glück der Menschen unterdrückt und verdrängt – aber solange du noch nicht vor Glück explodiert bist, hast du die ganze Chance des Lebens verpaßt.

Das Leben existiert zu diesem Zweck: damit wir lernen, absolut glücklich zu sein. Damit du lernst, wie du dabei explodieren kannst.

Natürlich ist Sex die beste Möglichkeit für diese Explosion. Er ist eine der natürlichsten Methoden, um einen Schimmer von *Samadhi* zu bekommen – einem tiefen Zustand von Meditation und Glückseligkeit. Es gibt viele andere Methoden, um diese Glückseligkeit zu erlangen, aber keine ist so natürlich. Sex ist der natürlichste Weg – ein biologisches Standardprogramm. Es ist Gottes Geschenk an uns, damit jeder Mensch – ob religiös oder nicht, ob Hindu oder Mohammedaner, ob Kommunist oder Atheist, ob er nun an Gott glaubt oder nicht – damit jeder einen Funken des Jenseitigen bekommen kann, eine Erfahrung von etwas, das jenseits des Körpers und des Verstandes liegt.

Du mußt dir drei Dinge merken und sie ausprobieren: Erstens, sei aktiv, wenn du Liebe machst. Wenn du aktiv bist, kann es leichter passieren. Wenn du passiv bist, kann es nicht so leicht passieren. Sag also deinem Freund, daß er die Rolle der Frau übernehmen soll, und du übernimmst die Rolle des Mannes. Mach ein Spiel daraus. Laß ihn passiv sein und werde du aktiver. Wenn man aktiv ist, ist man stärker beteiligt, wird die Energie stärker aktiviert. Dann kann man nicht mehr so leicht mittendrin aufhören. Aber wenn du passiv bist, kannst du jederzeit aussteigen, weil du gar nicht richtig drin bist. Dann bist du bloß ein Zuschauer. Werde also aktiver, okay? Aber das ist nur eine vorübergehende Maßnahme. Wenn du erst einmal zur Erfahrung des Orgasmus gekommen bist, ist es nicht mehr notwendig. Dann kannst du wieder zu deiner alten Rolle als Frau zurückkehren. Es ist nur vorübergehend. Sag also deinem Freund, er soll die Frau spielen, und du bist der Mann, der Aktive.

Das zweite: Bevor ihr anfangt, Liebe zu machen, tanzt miteinander. Macht einen wilden Tanz daraus. Singt laut, tanzt und spielt Musik, wenn ihr wollt. Verwendet Räucherstäbchen im Zimmer und macht das ganze zu einem schönen Ritual – fast zu etwas Heiligem.

Die Menschen bereiten sich nicht schrittweise auf den Liebesakt vor. Zwei Liebende sitzen beieinander, und plötzlich fangen sie an, sich zu lieben. Es geht zu schnell – besonders für die Frau; es ist zu abrupt. Für den Mann ist es nicht abrupt, weil seine Energie anders funktioniert; seine Sexualität ist mehr örtlich. Die Sexualität der Frau ist totaler – ihr ganzer Körper ist daran beteiligt. Wenn also kein Vorspiel vorausgeht, kann die Frau nie so tief in den Sex hineingehen.

Zuerst tanze und singe und laß die Energie in Schwung kommen, und dann sei der aktive Teil. Und werde richtig wild dabei! Gehe nicht nach einem bestimmten Muster vor – sei einfach wild. Wenn du schreien willst, mach dir keine Sorgen. Wenn du singen willst, mach dir keine Sorgen. Wenn du einfach nur unsinnige Laute von dir geben willst, tu es.

Und drittens: Beobachte dich tagtäglich, von morgens bis abends, wie du auch bei anderen Tätigkeiten deine Freude blockierst. Du mußt dein ganzes Muster ändern. Wenn du ißt, iß mit Freude, denn alles ist mit allem verbunden. Wenn du tanzt, freu dich! Wenn du mit jemandem sprichst, fühle die Freude, das Strahlen, das Fließen. Wenn du auf der Straße gehst, freu dich. Wir wissen ja gar nicht, was wir alles versäumen! Ein ganz normaler Spaziergang auf der Straße – man kann ihn so sehr genießen! Wer weiß – vielleicht ist es das letzte Mal? Vielleicht kannst du morgen nicht mehr auf dieser Straße gehen. Vielleicht kannst du morgen nicht mehr die Sonne spüren. Der Wind wird noch da sein, aber du vielleicht nicht mehr. Wer weiß, was morgen ist? Dies könnte dein letzter Tag sein!

Darum freue dich über jeden Augenblick, als wäre es dein letzter. Nimm ihn als Ganzes in dich auf, quetsche ihn bis zum äußersten aus, laß nichts von ihm übrig. Dann lebt man intensiv und leidenschaftlich.

Der Sex ist nur eine Nebenerscheinung deiner Gesamteinstellung zum Leben. Darum kannst du nicht einfach nur den Sex ändern – das geht nicht. Alles ist miteinander verbunden, nicht wahr? Darum wirst du alles verändern müssen.

Iß mit Freude! Du darfst nicht einfach deinen Körper mit Essen vollstopfen – genieße es! Es ist ein Sakrament. Gehe – und genieße es! Es ist ein Geschenk Gottes, und man sollte dafür dankbar sein. Wenn du mit jemandem redest, genieße es.

Fang also ab sofort an, alles zu genießen, auch wenn es scheinbar gar nichts mit Sex zu tun hat. Das Ergebnis wird sein, daß du, wenn du viele Dinge genießen kannst, auch Sex mehr genießen wirst. Wenn du andere Dinge nicht genießen kannst, kannst du auch den Sex nicht genießen.

Das ist meine Beobachtung: daß die Einstellung zum Sex deine Haltung zum Leben symbolisiert. Sie sagt alles über dein Leben insgesamt aus. **(34)**

Ich glaube, ich strenge mich beim Sex zu sehr an. Es ist ein Problem, aber ich kann nicht aufhören, es immer wieder zu versuchen. Das Gefühl bleibt, daß es im Sex etwas gibt, was ich noch nicht gefunden habe. Ich habe Angst, keinen Orgasmus – oder das, was ich dafür halte – zu bekommen. Ich fühle mich minderwertig und zu kurz gekommen.

Du hast eine westliche Einstellung zum Sex; daraus entstehen all die Schwierigkeiten. Die westliche Einstellung geht immer in Richtung Tun – etwas *tun* zu müssen. Es gibt aber ein paar Dinge, die man nicht tun kann. An diesem Punkt spinnt der Westen total!

Zum Beispiel Schlaf und Sex. Das sind Dinge, die man nicht tun kann. Darum leidet der Westen auch so sehr an Schlaflosigkeit, und er leidet am Sex. Jeder fürchtet, daß er nicht erlebt, was er erleben sollte. Der Orgasmus kommt nicht, oder nur begrenzt, oder er kommt nur ein bißchen, oder nicht total genug. Und der Schlaf ist auch nicht gut – man hat zu viele Träume, oder man wacht zu oft auf, oder er kommt erst nach stundenlangem Warten. Die Leute probieren alles mögliche, nur um einschlafen zu können: Schlaftabletten, die verschiedensten Tricks, Mantras, TM.

Und auch über Sex machen sie sich große Gedanken. All diese Gedanken und Sorgen und der Versuch, etwas zu ändern, sind das Problem. Sex ist etwas, das geschieht. Man kann es nicht tun. Darum müßt ihr die östliche Einstellung zum Sex lernen, die tantrische Einstellung.

Tantra hat die Einstellung, daß man einfach liebevoll miteinander sein soll. Es gibt nichts zu planen, nichts in Gedanken im voraus zu proben. Es gibt überhaupt nichts Bestimmtes zu tun. Seid einfach liebevoll und offen und spielt mit euren Energien. Und wenn ihr anfangt, Liebe zu machen, braucht es gar nichts Großartiges zu werden, sonst verstellt ihr euch nur, und der andere auch. Dann wird der Mann so tun, als wäre er ein großartiger Liebhaber, und du wirst so tun, als wärest du eine großartige Geliebte ... und ihr werdet beide unbefriedigt bleiben! Es ist unnötig, irgend etwas vorzutäuschen.

Sex ist wie ein stilles Gebet. Sich zu lieben ist eine Meditation. Es ist etwas Heiliges – das Heiligste vom Heiligen.

Während du also mit einem Mann Liebe machst, laß dir sehr viel Zeit ... koste es aus, nimm jede Nuance in dich auf. Und mache es ganz langsam. Es hat keine Eile; ihr braucht euch nicht zu beeilen – es ist genug Zeit da.

Und vergiß den Orgasmus, während du Liebe machst. Sei ganz entspannt mit dem Mann; entspannt euch in den anderen hinein. Der westliche Verstand denkt ständig daran, wann es kommt und wie du es möglichst schnell und toll machen kannst und all so was. Diese Gedanken erlauben euch nicht, die Energien des Körpers einfach machen zu lassen. Sie erlauben euch nicht, euch dem Körper zu überlassen. Der Verstand funkt ständig dazwischen.

Entspanne dich mit dem Mann. Wenn nichts passiert, ist es nicht nötig, daß etwas passiert. Wenn nichts passiert, dann passiert eben das ... und auch das ist schön! Orgasmus ist nicht etwas, das jeden Tag passieren muß. Sex sollte bedeuten, daß ihr einfach zusammen seid und miteinander verschmelzt. Dann könnt ihr euch eine halbe Stunde, eine Stunde lang lieben und euch einfach in den anderen hinein entspannen.

Auf diese Weise werdet ihr erleben, wie eure Liebe eine neue Qualität hinzugewinnt – eine Qualität von Entspanntheit, völliger Unschuld, völliger Stille, völliger Gedankenfreiheit, denn das Denken wird nicht gebraucht.

Liebe ist die einzige Sache, bei der man das Denken nicht braucht – und hier begeht der Westen einen großen Irrtum: Er bringt selbst hier den Verstand ins Spiel!

Entspannt euch also einfach in den anderen hinein und vergeßt den Verstand. Genießt die bloße Gegenwart des anderen, das Verschmelzen, und verliert euch darin. Versucht nichts daraus zu machen – es gibt nichts zu machen. Dann werdet ihr eines Tages einen Tal-Orgasmus erleben. Es wird kein Höhepunkt sein, kein Gipfel; es wird nur eine tiefe Entspannung sein, doch sie wird ihren eigenen Höhepunkt haben, weil sie Tiefe hat. Und dann, eines Tages, wird der Körper von selbst einen Gipfel-Orgasmus auslösen, aber auch das wird von allein kommen, und ihr laßt es bloß geschehen.

Manchmal wird es ein Tal sein, manchmal wird es ein Gipfel sein ... es hat seinen eigenen Rhythmus. Man kann nicht jeden Tag einen Gipfel haben. Wenn ihr nur Gipfel habt, werden diese Gipfel nie sehr groß sein. Ihr müßt euch den Gipfel verdienen, indem ihr im Tal verweilt. Es ist also halbehalbe. Manchmal wird ein Tal-Orgasmus kommen. Dann verliert euch in der Dunkelheit des Tales, in seiner Kühle, in seinem Frieden. So verdient ihr euch den Gipfel. Eines Tages wird die Energie bereit sein, und sie wird ganz von allein den Gipfel ansteuern. Aber du machst es nicht. Wie könntest du es machen? Wer bist du denn, daß du meinst, du könntest es in die Hand nehmen? Wenn ihr einfach im Tal bleibt, sammelt sich die Energie an. Der Gipfel entsteht aus dem Tal heraus. Dann kommt es zu einem großen Orgasmus, und euer ganzes Sein wird in Freude gebadet.

Der Gipfel bringt Freude, und das Tal bringt Frieden. Und beides ist wunderbar. Letzten Endes ist der Frieden mehr wert als die Freude, weil die Freude nur zeitweilig ist. Auf dem Gipfel könnt ihr nur einen kurzen Augenblick verweilen. Ein Gipfel ist sehr schmal, er ist wie eine Pyramide. Man kann sich dort nicht lange aufhalten, man kann nur kurze Zeit dort verweilen. Aber in einem Tal könnt ihr lange verweilen. Wenn ein Gipfel kommt – gut; wenn ein Tal kommt – gut. Beides sollte man genießen; beides hat seinen Wert. Beides hat seine Bedeutung, und beides hilft euch zu wachsen.

Letztlich, so sagt Tantra, ist der Tal-Orgasmus dem Gipfel weit überlegen. Der Gipfel-Orgasmus ist etwas Unreifes; der Tal-Orgasmus hat eine große Reife. Der Gipfel-Orgasmus bringt Aufregung; er ist fiebrig, leidenschaftlich. Er bringt einen Kitzel, doch dieser Kitzel ist ermüdend. Der Tal-Orgasmus hat keinen Kitzel, aber er hat eine Stille – und diese Stille ist viel wertvoller, diese Stille wird euch transformieren. Sie wird euch vierundzwanzig Stunden lang begleiten. Sobald ihr einmal in diesem Tal wart, wird das Tal euch begleiten. Der Gipfel geht wieder verloren, und danach seid ihr erschöpft und fallt in den Schlaf. Das Tal wird bestehen bleiben; es wird noch tagelang in euch nachwirken. Ihr werdet euch entspannt fühlen, sehr zentriert.

Beides ist gut, aber man kann nichts dafür tun. Man muß es einfach geschehen lassen.

Liebe ist eine Form der Entspannung, in der man die Dinge geschehen lassen muß. Drum laß deinen westlichen Verstand los … **(35)**

Bleibt beim Anfang, strebt nicht dem Ende zu. Faßt den Liebesakt nicht als ein Mittel auf, um irgendwohin zu gelangen. Benutzt ihn nicht als Mittel zum Zweck. Er ist in sich selbst schon das Ziel – er hat kein Ziel. Er ist kein Weg, der irgendwo hinführt.

Zum zweiten: Denkt nicht an die Zukunft, bleibt in der Gegenwart … und wenn ihr während des Vorspiels nicht in der Gegenwart bleiben könnt, dann könnt ihr es nie – denn es liegt in der Natur des Aktes, euch in die Gegenwart zu bringen.

Bleibt in der Gegenwart, genießt diese Begegnung zweier

Körper, zweier Seelen, und verschmelzt miteinander. Löst euch ineinander auf! Vergeßt, daß es irgend etwas zu erreichen gibt! Bleibt im Moment, ohne irgendwohin zu wollen, und schmelzt! Durch Herzenswärme, durch Liebe soll eine Situation geschaffen werden, in der ihr beide miteinander verschmelzen könnt.

Aus diesem Grunde habt ihr es immer eilig, wenn ihr mit jemandem schlaft, den ihr nicht liebt. Der andere wird einfach nur benutzt; der andere ist bloß ein Mittel zum Zweck. Und der Partner benutzt euch genauso. Ihr nutzt euch einfach gegenseitig aus, ohne miteinander zu verschmelzen. Wenn ihr liebt, könnt ihr verschmelzen, und diese Verschmelzung am Anfang führt zu allen möglichen tieferen Erkenntnissen.

Sobald ihr es nicht mehr eilig habt, den Geschlechtsverkehr zu beenden, wird das Ganze immer weniger sexuell. Es wird immer spiritueller. Auch die Geschlechtsorgane verschmelzen ineinander, die beiden Körperenergien treten in einen Zustand tiefer, stiller Einswerdung, und wenn das geschieht, könnt ihr stundenlang zusammenbleiben. Die Ebene dieses Zusammenseins wird nach und nach immer tiefer. Aber denkt nicht daran, bleibt im Moment, bleibt tief miteinander verschmolzen. Dann wird es irgendwann zur Ekstase, zum *Samadhi,* zum kosmischen Bewußtsein. Wenn ihr das erfahren habt, wenn ihr das fühlen und erkennen könnt, verliert ihr jeden Wunsch nach Sex. **(36)**

Tantra propagiert nicht die Sexualität. Tantra weist einfach darauf hin, daß Sex eine Quelle von Seligkeit sein kann. Und wer diese Seligkeit einmal kennengelernt hat, kann von da weitergehen, denn nun hat er seine Wurzeln in der Wirklichkeit. Man sollte nicht ewig beim Sex stehenbleiben, man sollte Sex nur als Sprungbrett benutzen.

Das bedeutet Tantra: Sex als Sprungbrett zu benutzen. Und wer die Ekstase des Sex einmal kennengelernt hat, kann verstehen, worauf die Mystiker immer hingewiesen haben –

daß es einen größeren Orgasmus, einen kosmischen Orgasmus gibt.

Im menschlichen Leben ist der Liebesakt das einzige Tun, durch das ihr zum Erleben der Nichtdualität gelangt: Ihr erlebt ein tiefes Einswerden, in dem die Vergangenheit verschwindet, die Zukunft verschwindet und allein der gegenwärtige Augenblick übrigbleibt – der einzig wirkliche Augenblick. Darum haben alle Mystiker, die das Einswerden mit dem Göttlichen, das Einswerden mit der Existenz tatsächlich erfahren haben, immer in sexuellen Begriffen und Symbolen geredet, um diese Erfahrung auszudrücken. Es gibt keine andere Symbolik. Mit keiner anderen Symbolik kommt man dieser Erfahrung so nahe.

Sex ist nur der Anfang, nicht das Ende. Doch wer den Anfang verpaßt, verpaßt auch das Ende – man kann den Anfang nicht umgehen, um das Ende zu erreichen.

Tantra sagt: Nimm das Leben als etwas Natürliches; sei nicht unrealistisch. Sex ist da – als eine tiefe Möglichkeit, ein großes Potential. Benutze ihn! Und was ist falsch daran, dabei Glück zu empfinden? In der Tat, Moral ist immer gegen das Glücklichsein!

Wenn jemand glücklich ist, hast du das Gefühl, daß etwas nicht stimmt. Wenn jemand traurig ist, ist alles in Ordnung. Wir leben in einer neurotischen Gesellschaft, in der jeder traurig ist. Wenn du traurig bist, sind alle anderen froh, weil sie Mitleid mit dir haben können. Wenn du glücklich bist, fühlen sich die anderen unwohl. Was sollen sie mit dir anfangen? Wenn jemand Mitgefühl mit dir zeigt, schau dir sein Gesicht an: Sein Gesicht strahlt, ein feines Leuchten liegt darauf. Er freut sich, wenn er Mitgefühl haben kann. Wenn du glücklich bist, hat er dazu keine Gelegenheit. Dein Glück erzeugt im anderen Traurigkeit; dein Unglück erzeugt in ihm Glück. Das ist neurotisch! Das erscheint von Grund auf verrückt.

Tantra sagt: Sei wirklich, sei authentisch. Dein Glück ist nichts Schlechtes; es ist gut. Es ist keine Sünde! Nur Traurigkeit ist Sünde, nur Kummer ist Sünde. Glücklichsein ist eine

Tugend, weil ein glücklicher Mensch kein Unglück für andere erzeugt. Nur ein glücklicher Mensch kann zum Glück der anderen beitragen.

Zweitens: Wenn ich sage, daß Tantra weder moralisch noch unmoralisch ist, meine ich damit, daß Tantra grundsätzlich wissenschaftlich ist. Es betrachtet dich so, wie du bist. Das bedeutet, daß Tantra es nicht darauf anlegt, dich zu verändern, aber tatsächlich transformiert es dich durch die Wirklichkeit.

Tantra ist eine Wissenschaft. Tantra sagt: Zuerst mußt du wissen, was die Wirklichkeit ist, was der Mensch ist. Darum darfst du jetzt noch keine Werte festlegen, keine Ideale erzeugen. Zuerst mußt du die Tatsachen kennen. Denke nicht an das, was sein *sollte*, denke nur an das, was *ist*. Und erst wenn du das, was ist, wirklich kennst, kannst du etwas verändern. Dann kennst du das Geheimnis.

Zum Beispiel sagt Tantra: Versuche nicht, gegen Sexualität anzugehen, denn wenn du gegen Sexualität angehst und versuchst, den Zustand von *Brahmacharya* (Enthaltsamkeit, Keuschheit) herzustellen, ist das unmöglich. Ohne zu wissen, was Sexualenergie ist, ohne zu wissen, woraus Sex besteht, ohne sich tief auf seine Realität, auf seine Geheimnisse eingelassen zu haben, kannst du nur einem Ideal von *Brahmacharya* folgen. Und was wirst du dann tun? Du wirst Sexualität einfach unterdrücken. Jemand, der Sex unterdrückt, ist aber mehr sexuell als jemand, der ihn auslebt, weil diese Energie durch das Ausleben befreit wird. Durch Unterdrückung bleibt sie vorhanden, bleibt sie unterschwellig ständig in dir wirksam.

Ein Mensch, der Sex unterdrückt, fängt an, in allem nur Sex zu sehen. Für ihn wird alles sexuell. Nicht, daß es tatsächlich so wäre, aber jetzt projiziert er. Seine eigene unterdrückte Energie wird er projizieren. Überall, wo er hinschaut, wird er Sex sehen, und weil er sich selbst verurteilt, wird er anfangen, alle anderen ebenfalls zu verurteilen. Man kann keinen Moralapostel finden, der andere nicht heftig verurteilt. Er wird jeden verurteilen; in seinen Augen haben alle unrecht. Dann fühlt er sich gut; dann ist sein Ego befriedigt. Und warum haben alle anderen unrecht? Weil er überall genau das sieht, was er in sich selbst unterdrückt. Je mehr sein eigenes Denken sexuell gefärbt ist, um so mehr hat er davor Angst. Diese Art von Keuschheit ist eine Perversion; sie ist unnatürlich.

Anhänger von Tantra gelangen zu einer ganz anderen Art von Keuschheit, einer Keuschheit von anderer Qualität – doch der Weg dahin ist das genaue Gegenteil, diametral entgegengesetzt.

Tantra lehrt zuerst, wie man sich auf Sex einläßt, wie man ihn erfährt, wie man ihn erlebt, wie man die tiefsten in ihm verborgenen Möglichkeiten erforscht – er lehrt, wie man zum Höhepunkt kommt und die essentielle Schönheit, die essentielle Seligkeit und Ekstase erfährt, die im Sex verborgen liegen.

Wenn du dieses Geheimnis kennengelernt hast, kannst du den Sex hinter dir lassen. Im tiefen sexuellen Orgasmus ist es nämlich in Wirklichkeit nicht der Sex, der dich ekstatisch macht, sondern etwas ganz anderes. Sex ist nur der Anlaß. Etwas ganz anderes beschert dir die Euphorie, die Ekstase. Dieses andere läßt sich in drei Faktoren unterteilen. Und denke nicht, wenn ich von diesen Faktoren rede, daß du sie allein durch meine Worte verstehen kannst! Sie müssen zu einem Teil deiner eigenen Erfahrung werden. Als bloße Konzepte sind sie nutzlos.

Durch drei grundlegende Faktoren gelangt man im Sex zu einem Augenblick der Glückseligkeit. Es sind dies:

Erstens: Zeitlosigkeit – du transzendierst völlig die Zeit. Sie ist nicht mehr da. Du vergißt sie völlig; die Zeit hört für dich auf zu existieren. Nicht, daß die Zeit aufhörte, aber sie hört für *dich* auf. Du bist nicht mehr in der Zeit. Da ist keine Vergangenheit, keine Zukunft. Die ganze Existenz konzentriert sich auf *diesen* Augenblick, hier und jetzt. *Dieser* Augenblick wird zum einzig wirklichen Augenblick. Wenn du *diesen* Augenblick auch ohne Sex zum einzig wirklichen Augenblick machen kannst, dann wirst du unabhängig vom Sex. Und das geschieht in der Meditation.

Zweitens: Beim Sex verlierst du zum ersten Mal dein Ego:

Du wirst egolos. Darum sind all jene, die sehr egoistisch sind, immer gegen Sex, weil sie im Sex ihr Ego aufgeben müssen. Du bist nicht mehr da, und dein Partner auch nicht. Du und dein Geliebter, ihr seid beide in etwas Größerem aufgegangen. Eine neue Wirklichkeit entsteht; eine neue Einheit entsteht, in der die beiden alten Einheiten aufgehen, in der sie völlig verschwinden. Davor hat das Ego Angst. Du bist nicht mehr da. Wenn du auch ohne Sex einen Moment erreichst, in dem du nicht mehr da bist, dann brauchst du den Sex nicht mehr.

Und drittens: Im Sex bist du zum ersten Mal natürlich. Alles Unwirkliche geht verloren, die Maske, die Fassade geht verloren; die Gesellschaft, die Kultur, die Zivilisation gehen verloren. Du bist wieder ein Teil der Natur. So wie die Bäume, die Tiere, die Sterne bist du ein Teil der Natur. Du bist in etwas Größerem aufgehoben – im Kosmos, im Tao. In ihm treibst du dahin. Du kannst nicht einmal darin schwimmen, denn *du* bist nicht. Du treibst nur dahin – von der Strömung getragen.

Diese drei Dinge geben dir die Ekstase. Sex ist nur eine Situation, in der es auf natürliche Weise geschehen kann. Sobald du es einmal kennst, sobald du diese Faktoren wahrnehmen kannst, kannst du sie auch unabhängig vom Sex herbeiführen.

Alle Meditation ist im wesentlichen die Erfahrung von Sex ohne Sex – aber du mußt durch ihn hindurch! Es muß zu einem Teil deiner Erfahrung werden – nicht nur als Konzepte, Ideen, Gedanken.

Tantra befürwortet nicht den Sex, Tantra befürwortet die Transzendenz. Doch transzendieren kann man nur durch Erfahrung – durch existentielle Erfahrung, nicht durch Ideologie. Nur durch Tantra ist wahre Keuschheit, *Brahmacharya,* möglich. Das sieht paradox aus, ist es aber nicht. Nur durch Erfahrung ist Transzendenz möglich. Unwissenheit kann dir niemals zur Transzendenz verhelfen; sie kann dir höchstens zur Heuchelei verhelfen. **(37)**

Die besten, intelligentesten Leute sind auch die sexuellsten. Das muß man verstehen, denn Liebesenergie ist in erster Linie Intelligenz. Wer nicht lieben kann, ist irgendwie verschlossen; er ist kalt, er ist nicht im Fluß.

Wenn man verliebt ist, ist man im Fluß. Wenn man verliebt ist, hat man ein solches Selbstvertrauen, daß man die Sterne berühren könnte. Dann wird eine Frau zur großen Inspiration, wird ein Mann zur großen Inspiration. Wenn eine Frau geliebt wird, ist sie sofort schöner, mit einem Schlag! Einen Augenblick vorher war sie noch eine ganz gewöhnliche Frau ... doch sobald die Liebe sie durchflutet, badet sie in einer völlig neuen Energie; sie ist in eine neue Aura gehüllt. Ihr Gang ist anmutiger – sie tanzt mit jedem Schritt. Ihre Augen zeigen eine wunderbare Schönheit, das Gesicht glüht. Sie leuchtet. Und das gleiche geschieht auch mit dem Mann.

Liebende befinden sich auf dem Gipfel ihrer Leistungsfähigkeit. Wird den Menschen die Liebe verwehrt, dann bleiben sie auf dem Minimum stehen. Wenn sie auf dem Minimum sind, bleiben sie dumm, unwissend und uninteressiert. Und Menschen, die unwissend, dumm und verblendet sind, kann man leicht hinters Licht führen. Menschen, die sexuell unterdrückt sind, die in bezug auf die Liebe unterdrückt sind, fangen an, sich nach dem anderen Leben zu sehnen. Dann träumen sie vom Himmel, vom Paradies, aber sie denken nicht mehr daran, das Paradies hier und jetzt zu schaffen.

Für den, der liebt, ist das Paradies hier und jetzt. **(38)**

Ich fühle mich meistens zu Frauen hingezogen und nur selten tiefer zu einem Mann. Das macht mir ein wenig Sorge. Kannst du bitte etwas dazu sagen?

Man hat Sex die Erbsünde genannt – er ist aber weder geerbt noch Sünde. Noch bevor sie die Frucht vom Baum der Erkenntnis aßen, hatten Adam und Eva schon Sex miteinander, und all die anderen Tiere im Garten Eden hatten auch Sex. Das einzige, was sich änderte, nachdem sie vom Baum der

Erkenntnis gegessen hatten, war Bewußtheit: Sie wurden sich dessen bewußt. Und indem sie bewußt wurden, begannen sie sich zu schämen.

Warum begannen sie sich zu schämen? Woher kam diese Scham? Plötzlich schämten sie sich, weil sie sahen, daß sie sich wie die Tiere benahmen. Aber was ist falsch daran, sich wie die Tiere zu benehmen? Auch der Mensch ist ein Tier. Aber das Ego kam ins Spiel. Die Frucht vom Baum der Erkenntnis brachte das Ego. Sie brachte Überlegenheit, die Idee der Überlegenheit: »Wir sind Menschen, wir sind etwas Höheres. Diese dummen Tiere ... es ist verzeihlich, wenn sie solche Dinge tun. Für uns hingegen ist es unverzeihlich – es ist unter unserer Würde.«

Sex ist eine so grundlegende Sache in der Natur, daß das Ego des Menschen auf die Idee kam, ihn loswerden zu wollen.

Als erstes möchte ich euch erinnern: Sex ist etwas Natürliches. Es besteht keine Notwendigkeit, ihn loswerden zu wollen. Allerdings weiß ich, daß man ihn eines Tages transzendieren kann – das ist aber etwas völlig anderes. Durch eure Bemühung könnt ihr ihn nicht loswerden. Wenn ihr versucht, ihn loszuwerden, werdet ihr zum Opfer von Perversionen. Weil die Menschen seit Jahrhunderten versuchen, den Sex loszuwerden, haben sie viele Arten von Perversionen hervorgebracht. Die Homosexualität entstand, weil man Menschen die Möglichkeit zur Heterosexualität genommen hat. Die Homosexualität ist ein religiöses Phänomen, das in den Klöstern auftauchte, weil die Mönche an einem Ort zusammenleben mußten und die Nonnen an einem anderen, und weil sie durch hohe Mauern voneinander getrennt waren.

Bis heute gibt es katholische Klöster in Europa, zu denen seit zwölfhundert Jahren keine einzige Frau Zugang hatte – nicht einmal ein sechs Monate altes Mädchen, ein Baby, darf hereinkommen. Was für Menschen sind das, die dort leben, daß sie vor einem sechs Monate alten Mädchen Angst haben? Was sind das für Menschen? Sie müssen total pervers sein und große Angst haben, sie könnten irgend etwas tun. Sie können sich selbst nicht vertrauen.

Auf diese Weise *muß* ja Homosexualität entstehen. Sie tauchte zuerst in den Klöstern und in der Armee auf, denn das sind beides Situationen, in denen Männer und Frauen nicht zusammentreffen dürfen. Und in den Internaten und Studentenheimen, wo Jungen und Mädchen ebenfalls getrennt werden. Das ganze Phänomen der Homosexualität ist eine Begleiterscheinung unserer ganzen idiotischen Erziehung. Homosexualität wird erst von der Welt verschwinden, wenn Männer und Frauen sich auf natürliche Weise begegnen dürfen.

Wir halten sie von Kindheit an getrennt. Wenn ein Knabe mit Mädchen spielt, schelten wir ihn und sagen: »Was machst du da? Bist du ein Weichling? Du bist doch ein Junge, ein Mann! Also sei auch ein Mann und spiele nicht mit den Mädchen!« Wenn ein Junge mit Puppen spielt, gibt es gleich Schelte: »Das ist nur etwas für Mädchen!«

Wenn ein Mädchen auf Bäume klettern will, halten wir es sofort zurück: »Das ist nicht gut! Das geziemt sich nicht für ein Mädchen!« Und wenn ein Mädchen eigensinnig seinen Willen durchsetzt und rebellisch ist, gilt sie als Wildfang und wird abgelehnt. So treffen wir von Anfang an diese häßlichen Unterscheidungen. Mädchen klettern auch gerne auf Bäume; es macht solchen Spaß! Und was ist falsch daran, mit Puppen zu spielen? Ein Junge kann doch auch Puppen haben, denn im Leben wird er ohnehin viele Puppen treffen, und dann weiß er nicht, was er mit ihnen anstellen soll!

Dieses ganze Phänomen hat nichts mit dir persönlich zu tun. Es ist eine gesellschaftliche Krankheit, die auf der ganzen Welt verbreitet ist.

Zwei englische Gentlemen der alten Schule unterhalten sich eines Abends in ihrem Londoner Club über alte Bekanntschaften. »Was ist denn eigentlich aus dem alten Higgins geworden?« fragt der eine.

»Wie, weißt du das noch nicht? Higgins fuhr auf Safari nach Afrika und tat sich mit einem Gorilla zusammen!«

»Einem Gorilla? Ist denn der alte Knabe schwul?« – »Himmel, nein! Es war ein Weibchen.«

Wenn es ein Weibchen war, und sei es ein Gorilla, dann ist es völlig okay!

Wir haben so tiefgehende Konditionierungen geschaffen, daß die Menschen hier und da gegen all diese Konditionierungen revoltieren. Sex sollte als etwas ganz Natürliches akzeptiert werden. Wir haben ihn viel zu ernst genommen. Entweder verurteilen wir ihn als häßlich und animalisch oder wir erheben ihn zu etwas Göttlichem, aber wir akzeptieren ihn nie als menschlich – und wir akzeptieren ihn nie als Spaß. Eigentlich ist es ein Spaß, ein schöner Sport. Die Menschheit wird weiterhin mit all diesem häßlichen Unsinn belastet sein, wenn wir Sex nicht als einen schönen Sport verstehen. Er ist gesund für den Körper – die beste Gymnastik!

Ihr könnt die Herzspezialisten fragen. Sie werden euch sagen, daß durch sexuelle Betätigung der Herzinfarkt verhindert wird. Eines ist sicher: Beim Sex hat noch niemand einen Herzanfall erlitten. Bei allen anderen Tätigkeiten ereignen sich Herzanfälle, aber nie beim Sex. Oder hättet ihr je gehört, daß jemand beim Sex einen Herzanfall hatte und starb? Nein, niemals. Es ist eine natürliche körperliche Betätigung; es ist Spaß und ein guter Sport.

Wenn du es nicht so ernst nimmst, brauchst du dir keine Gedanken zu machen, daß du dich zu Frauen hingezogen fühlst. Mach dir keine Sorgen – denn es wird nichts daran ändern. Es ist völlig in Ordnung. In einer wirklich freien Welt, die frei ist von den Konditionierungen unserer primitiven, unwissenden Vergangenheit, in einer wirklich erleuchteten Welt werden wir all diese Dinge akzeptieren. Ja, gelegentlich wird man vielleicht auch eine Frau oder einen Mann lieben. Daran ist nichts verkehrt, denn innerlich seid ihr beides. Jeder Mann ist Mann und Frau zugleich, und jede Frau ist Frau und Mann zugleich, denn ihr stammt ja schließlich aus der Begegnung eines Mannes mit einer Frau. Die eine Hälfte kommt vom Vater, die andere von der Mutter. Ein Teil von dir ist männlich, ein anderer Teil ist weiblich.

Es besteht also kein Grund, sich deswegen Sorgen zu machen. Vielleicht fühlt sich dein männlicher Anteil zu anderen Frauen hingezogen, aber weil du biologisch eine Frau bist, macht dir das Angst. Du brauchst keine Angst zu haben! Nimm die Dinge leichter – das ist mein Grundsatz. Nimm es leicht! Und wenn man die Dinge leicht nimmt, kann man leichter, angenehmer und schneller darüber hinwegkommen, als wenn man die Dinge ernst nimmt. Wenn du sie zu ernst nimmst, verstrickst du dich; dann werden sie zu einer Last.

Und so groß ist das Problem gar nicht. Es gibt größere Probleme.

Du sagst: *»Ich fühle mich meistens zu Frauen hingezogen und nur selten tiefer zu einem Mann.«*

Wunderbar – wenigstens fühlst du dich zu jemandem hingezogen! Dann besteht die Möglichkeit der Liebe. Es gibt Menschen, die so dumpf sind, so tot, so unsensibel, daß sie sich nur zum Geld hingezogen fühlen, oder zu politischer Macht oder zum Ruhm. Aber diese Menschen werden nicht als pervers angesehen. Das sind die *wahren* Perversen: Geld ist ihr ganzes Leben, ihre ganze Liebe. Das Geld ist ihr Gott. Du bist sehr viel besser dran; zumindest bist du nicht ins Geld verliebt.

Du fühlst dich zu Frauen hingezogen – wunderbar! Laß dich tief auf die Beziehung mit Frauen ein. Wenn du dir deswegen Sorgen machst, wirst du dich nicht so tief mit einer Frau einlassen können. Wenn du dich in die Beziehung mit Frauen tief einläßt, wirst du früher oder später dahinterkommen, daß eine solche Beziehung nicht sehr befriedigend sein kann, weil zwei Frauen sich zu ähnlich sind. Eine Beziehung braucht eine gewisse Spannung, eine gewisse Polarität, um befriedigend zu sein. Zwei Frauen, die sich lieben, oder zwei Männer, die sich lieben, werden zwar eine schöne Beziehung haben, aber es wird nicht knistern. Es wird ein bißchen fade und monoton sein, ein bißchen langweilig.

Das kannst du aber nur herausfinden, wenn du dich tiefer einläßt. Wenn du Angst hast, wird dich das hindern, in die Tiefe zu gehen, und dann wirst du dein ganzes Leben lang an Frauen interessiert sein und dich zu ihnen hingezogen fühlen.

Für sämtliche Probleme gilt mein Grundsatz: Was auch immer es ist, gehe damit in die Tiefe, dann wirst du entweder einen Schatz heben – wenn ein Schatz darin verborgen ist –, oder du wirst entdecken, daß es leer ist. In beiden Fällen wirst du bereichert. Wenn du einen Schatz findest, wird es dich wirklich bereichern. Und wenn du findest, daß es leer ist, wird es für dich erledigt sein.

Zwei Frauen in einer Beziehung können keine sehr großartige Liebesgeschichte haben. Sie wird nicht richtig abheben, wird keine großen Höhen und Tiefen erreichen. Aber Leute, die Angst vor den Höhen und Tiefen haben, werden das sehr angenehm und bequem finden. Darum nennt man die Homosexuellen auch *»gay people«* – fröhliche Leute. Sie sind gut drauf; sie sehen viel fröhlicher aus als die Heterosexuellen.

Die Heterosexuellen haben ständig irgendwelche Dramen – mehr Konflikt, mehr Streit, weniger Verständnis. Das passiert zwangsläufig. Zwei Frauen können einander viel besser verstehen als ein Mann und eine Frau. Zwei Männer können einander viel besser verstehen, weil sie vom gleichen Schlag sind, aber es sprühen keine Funken. Ja, eine gewisse Fröhlichkeit wird da sein, ganz nett, aber nicht viel Poesie, keine große Romanze. Es wird eine homöopathische Beziehung sein – ohne Abenteuer, ohne Überraschungen, aber sicher und geborgen, mit viel Verständnis und weniger Konflikten, weniger Nörgeleien.

Eine homosexuelle Beziehung ist honigsüß – ein bißchen zu süß, so daß es einem leicht übel wird. Aber eine Mann-Frau-Beziehung liegt immer im Argen. Sie läßt euch nicht einschlafen; der andere läßt es nicht zu. Die beiden Partner stacheln sich ständig gegenseitig an. Und ihre Welten sind so verschieden – darin besteht die Anziehung.

Gehe in deinen Beziehungen mit Frauen so tief, wie du kannst – und mach dir keine Sorgen. Bald wird dir klar werden, daß eine Beziehung zwischen den gegensätzlichen Polen etwas völlig anderes ist. Dann solltest du dich tief in eine Beziehung mit einem Mann einlassen, denn nur wenn du dich tief mit einem Mann einläßt, kannst du erkennen, daß *alle* Beziehungen unbefriedigend sind. Auch die Beziehung zwischen Mann und Frau bleibt unbefriedigend und bringt dir nicht die Erfüllung, die sie verspricht.

Und nur durch deine eigene Erfahrung – nicht durch das, was die Buddhas sagen, nicht durch das, was ich sage – nur durch deine eigene Erfahrung wirst du eines Tages imstande sein, alle Beziehungen hinter dir zu lassen. Dann wirst du allein glücklich sein können. Und nur wer allein glücklich sein kann, ist wirklich ein Individuum. Wenn dein Glück von einem anderen abhängt, bist du ein Sklave, dann bist du noch nicht frei; du bist gefangen.

Wenn du allein glücklich sein kannst, wenn du mit dir allein leben kannst, besteht keine zwingende Notwendigkeit mehr, in einer festen Beziehung zu leben. Das heißt aber nicht, daß du nicht in Beziehung sein wirst. Es sind zwei verschiedene Dinge, ob man in Beziehung ist oder ob man in einer Beziehungskiste steckt. Eine feste Beziehung ist eine Art Gefängnis; in Beziehung zu sein ist ein Teilen. Du wirst mit vielen Menschen in Beziehung sein, wirst deine Freude mit vielen Menschen teilen, aber du wirst nicht auf jemand Bestimmten angewiesen sein und wirst auch nicht wollen, daß jemand auf dich angewiesen ist. Du wirst von niemandem abhängig sein und wirst nicht zulassen, daß irgend jemand von dir abhängig ist. Dann lebst du aus deiner eigenen Freiheit heraus, aus deiner Freude, aus deiner Liebe.

Du sagst: *»Das macht mir ein wenig Sorge.«*

Mach dir deswegen überhaupt keine Sorgen, nicht die geringsten. Genieße es. Du kannst nichts dafür. Ihr seid von Christen, Dschainas, Hindus, Buddhisten erzogen worden – es ist nicht eure Schuld. Was könnt ihr dafür? Ihr kommt in eine Welt, die bereits vorgeprägt ist, und ihr kommt so unschuldig, so rein, so unwissend über das, was man mit euch machen wird. Und eure Eltern fangen an, euch zu programmieren, die ganze Gesellschaft fängt an, euch mit Dingen vollzuprogrammieren. Es ist nicht eure Schuld; es ist einfach symptomatisch für diese kranke Gesellschaft.

Wir müssen diese Gesellschaft transformieren. Aber der

einzige Weg, die Gesellschaft zu transformieren, besteht darin, das Individuum zu transformieren. Es gibt keinen anderen Weg, keine Abkürzung.

Genieße es – es ist schön: nicht genug, aber trotzdem schön. Es wird dich zur heterosexuellen Beziehung hinführen. Das ist ein bißchen besser. Aber auch das wird dich nicht zufriedenstellen. Es wird dich zur Meditation hinführen, zum Alleinsein – zu jener Schönheit, jenem Segen, der sich nur einstellt, wenn man ganz allein ist. **(39)**

Weil Mann und Frau so nahe und so eng beisammen leben, vergessen sie ständig, wie verschieden sie sind. Nichts an ihnen ist gleich. Und es ist gut, daß nichts gleich ist, denn so können sie einen Energiekreis bilden. Sie ergänzen sich gegenseitig; sie passen zusammen. Aber daß sie zusammenpassen, bedeutet nicht, daß sie gleich sind – sie passen zusammen, weil sie so verschieden sind.

Wenn zwei gleichartige Körper und Psychen versuchen, zusammenzupassen, ist es eine Perversion. Nur aus diesem Grund sage ich, daß Homosexualität eine Perversion ist. Im Westen ist sie heute immer mehr verbreitet, und die Homosexuellen halten sich für äußerst progressiv. Sie haben ihre eigenen Clubs, Partys, Vereine, Zeitschriften, Werbung, alles mögliche. Und ihre Zahl wächst ständig. In manchen Ländern machen sie schon fast vierzig Prozent aus. Früher oder später wird die Homosexualität eine allgemein übliche Lebensform, eine ganz normale Sache sein. In einigen Staaten der USA ist es inzwischen sogar erlaubt, daß Homosexuelle heiraten. Wenn die Menschen es verlangen, muß man es ihnen erlauben, denn die Regierung ist dazu da, dem Volk zu dienen. Wenn zwei Männer in einer Ehe zusammenleben wollen, hat keiner das Recht, ihnen Hindernisse in den Weg zu legen. Es ist völlig in Ordnung. Wenn zwei Frauen als Ehepaar zusammenleben wollen, geht das niemanden etwas an. Es ist *ihre* Sache.

Es spricht jedoch grundsätzlich gegen die Wissenschaft. Es ist *ihre* Sache, aber es ist unwissenschaftlich. Es ist *ihre* Angelegenheit, und keiner sollte sich einmischen, aber sie sind sich über eines nicht im klaren: In ihrer unerleuchteten Sichtweise haben sie keine Ahnung vom Grundmuster der menschlichen Energien und ihrer Entwicklung.

Homosexuelle können sich spirituell nicht weiterentwickeln. Es ist äußerst schwierig. Ihr ganzes energetisches Muster ist durcheinandergeraten. Der ganze Mechanismus ist davon beeinträchtigt, ist pervertiert. Und wenn die Homosexualität sich jetzt auf der Welt so sehr verbreitet, wird man völlig neue, bisher unbekannte Techniken entwickeln müssen, um diesen Leuten zu helfen, in den Zustand der Meditation zu gelangen. **(40)**

Warum nennt man dich im Westen den »Sexguru«?

Das liegt an einer sehr, sehr langen, idiotischen Tradition des Westens – der christlichen Tradition der Unterdrückung und tiefen Ablehnung des Lebens und der Lebensenergien. Deswegen hat man mir diesen Stempel aufgedrückt. Ansonsten habe ich gar nichts mit Sex am Hut. Ich lehre euch nicht den Sex.

Wenn ich gelegentlich über Sex reden muß, dann liegt es nur daran, daß eure christliche, eure hinduistische, eure mohammedanische Tradition so repressiv gewesen ist. Ich bin nicht dafür verantwortlich; sie sind dafür verantwortlich. Sie haben das Leben der Menschen völlig gelähmt und verkrüppelt, und ihre ganze Strategie beruht auf der Unterdrückung der Energie, die wir »Sex« nennen.

Ihr müßt eines bedenken: Ihr habt nur diese eine Energie; ihr habt nicht viele verschiedene Energien – nur diese eine. Auf der untersten Stufe nennt man sie Sexualenergie. Wenn ihr sie verfeinert, wenn ihr sie transformiert – durch Meditation, durch die Alchimie der Meditation –, dann fängt diese Energie an, aufzusteigen. Sie wird zur Liebe, sie wird zum Gebet. Es ist dieselbe Energie in verfeinerter Form.

Sex ist etwas Rohes, Unbehauenes – wie ein roher Diamant, wenn er gerade aus der Mine kommt. Er muß erst behauen und geschliffen werden, und das erfordert viel Arbeit. Erst dadurch wird es möglich, ihn überhaupt als Diamant zu erkennen.

Der Kohinoor, der größte Diamant dieser Welt, hatte drei Jahre im Hause eines Bauern gelegen. Seine Kinder spielten damit, weil sie nicht wußten, daß es ein Diamant war. Er sah einfach wie ein schöner Stein aus. Der Bauer hatte ihn seinen Kindern gegeben.

Durch reinen Zufall hielt sich ein wandernder Sucher, ein *Sannyasin*, in der Hütte auf. Er traute seinen Augen nicht! Dieser *Sannyasin* war früher einmal Juwelier gewesen. Er sagte zu dem Bauern: »Bist du nicht ganz bei Trost? Ich habe in meinem ganzen Leben noch keinen solchen Diamanten gesehen, und ich habe die größten Steine in Händen gehabt! Das ist kein gewöhnlicher Stein.«

Und der Bauer sagte: »Er liegt schon seit drei Jahren hier. Ich fand ihn eines Tages auf meinem Acker. Durch den Acker fließt ein kleiner Bach« – es geschah an einem Ort, der Golconda heißt – »und im Sand dieses Baches fand ich ihn. So brachte ich ihn für meine Kinder nach Hause, und sie spielen damit.«

Man verständigte sogleich den Nizam von Hyderabad, den Herrscher dieses Gebietes. Er war ein Diamantenliebhaber und konnte seinen Augen nicht trauen. Er belohnte den Bauern mit Millionen von Rupien.

Heute ist dieser Kohinoor der Diamant Nummer eins auf der ganzen Welt. Er gehört zur Krone der englischen Königin. Heute hat er nur noch ein Drittel seines ursprünglichen Gewichts. Was geschah mit den anderen zwei Dritteln? Zwei Drittel wurden entfernt durch das Schleifen und Verfeinern. Zwei Drittel des Diamanten sind verschwunden, nur noch ein Drittel ist übriggeblieben. Aber je mehr er geschliffen wurde, je mehr er verfeinert wurde, um so wertvoller wurde er. Er hat gegenüber dem ursprünglichen Gewicht millionenfach an Wert hinzugewonnen.

Sex ist rohe Energie. Sie muß transformiert werden, und durch Transformation geschieht Transzendenz. Doch anstatt sie zu transformieren, haben die Religionen sie nur unterdrückt. Und wenn man sie unterdrückt, ist die natürliche Konsequenz ein pervertierter, vom Sex besessener Mensch.

Jene Leute, die mich »Sexguru« nennen, sind besessen vom Sex.

Ich habe über Sex nicht mehr geredet als über Meditation, Liebe, Gott, Andacht, aber niemand scheint sich für Gott, Liebe, Meditation, Andacht zu interessieren. Doch sobald ich etwas über Sex sage, stürzen sich alle sofort darauf.

Von meinen dreihundert Büchern handelt nur eines vom Sex, und auch dieses nicht zur Gänze. Der Name des Buches ist *»Vom Sex zum kosmischen Bewußtsein«*. Nur der Anfang handelt vom Sex. Je tiefer das Verständnis, um so mehr geht es in Richtung kosmisches Bewußtsein, in Richtung *Samadhi*. Dieses Buch hat Millionen von Menschen erreicht. Es ist seltsam, aber meine anderen Bücher haben nicht so viele Menschen erreicht. Es gibt keinen einzigen Hindu-Heiligen, Dschaina-Heiligen, keinen einzigen *Mahatma* in Indien, der es nicht gelesen hätte. Es wurde in jeder möglichen Hinsicht diskutiert, kritisiert, analysiert und kommentiert, und zahlreiche Bücher sind als Entgegnung geschrieben worden – als ob es das einzige Buch wäre, das ich verfaßt habe!

Warum so viel Aufhebens? Die Leute sind wie besessen, insbesondere die religiösen Leute. Dieser Stempel des »Sexguru« stammt von den religiösen Leuten.

»Hat der Pornofilm, den wir gesehen haben, Sie schockiert?« fragt ein Freund den Bischof.

Der Bischof: »Beim zweiten Mal war ich mehr schockiert.«

Die Art und Weise, wie man die Menschen seit Jahrhunderten erzieht, ist lebensverneinend. Ich bejahe das Leben mit allem, was es mit sich bringt. Das bedeutet nicht, daß ich nicht möchte, daß ihr euch verändert. Im Gegenteil, es ist die einzige Möglichkeit, sich zu verändern: Zuerst muß man akzeptieren, wo man steht und wer man ist. Zuerst müßt ihr eure Realität untersuchen, nur dann könnt ihr Wege finden, um über sie hinauszugehen. Ihr müßt alle Gegebenheiten eurer Existenz erforschen.

Und Sex ist eines der wichtigsten Phänomene – ja das allerwichtigste Phänomen in eurem Leben. Aber wir werden von Kindheit an getäuscht; man belügt uns, was Sex betrifft. Und an dem Tag, an dem wir die Tatsachen des Lebens herausfinden, taucht eine große Schuld auf, so als hätten wir etwas Kriminelles getan. Das Kriminelle haben euch eure Eltern, eure Priester, eure Politiker, eure Pädagogen angetan. Sie haben in euch eine solche Konditionierung erzeugt, daß ihr die Tatsachen eures Lebens und deren Auswirkungen nicht erforschen könnt. Man hat euch betrogen, man hat euer Vertrauen mißbraucht.

Darum kann kein Kind seine Eltern wirklich respektieren; sie alle haben es getäuscht. Kein Schüler, kein Student kann seine Lehrer, seine Professoren respektieren; sie alle haben sein Vertrauen mißbraucht. Er hat ihnen vertraut, aber sie haben ihn belogen. Totale Lügen! Aber diese Lügen sind so tief in euch eingedrungen und haben sich in so dicken Schichten um euren Kern herumgelegt, daß ihr Angst bekommt, sobald ihr anfangt, die Wirklichkeit zu entdecken. Ihr tut etwas Unrechtes – etwas, das man nicht tun darf!

Die kleine Lotte kommt ins Badezimmer, während die Mutter gerade badet. Als sie die Brüste der Mutter sieht, fragt sie: »Mama, was hängt denn da vorn bei dir runter?«

»Das?« antwortet die verwirrte Mutter. »Ach, das sind Luftballons, Lottchen.«

Lottchen läßt nicht locker: »Und wozu sind die da?«

»Wenn man stirbt, werden sie aufgeblasen, und dann schwebt man in den Himmel!«

Nach kurzem Nachdenken sagt die Kleine: »Mama, ich glaub, unser Hausmädchen stirbt. Ich hab gerade gehört, wie sie gesagt hat: ›Oh Gott, ich komme!‹, und der Papa liegt auf ihr drauf und pumpt ihr die Luftballons auf!«

Die Kinder werden irgendwann die Wahrheit herausfinden. Wie lange könnt ihr sie vor ihnen verstecken? Es ist unnötig, irgend etwas zu verstecken; man sollte alles erklären. Wenn das Kind fragt, sollte man alles erklären, wie es ist. Es ist unnötig, die Köpfe der Kinder von Anfang an mit Lügen zu füllen. Stopft ihnen die Köpfe nicht mit Lügen voll, denn wie lange könnt ihr die Tatsachen vor ihnen verbergen? Sie werden sich manifestieren, und dann ist das Kind in Schwierigkeiten, dann sitzt es in der Klemme. Es wird geteilt sein, gespalten. Seine Konditionierung wird ihm sagen: »Es ist nicht recht«, und das Leben wird sagen: »Tu es!« Seine Biologie wird das eine sagen und sein Kopf das andere. Ihr habt eine schizophrene Situation für das Kind geschaffen.

Ich bin gegen dieses Verbrechen. Ich möchte, daß jedes Kind über alle Tatsachen des Lebens vollständig informiert wird, so wie sie sind. Es ist unnötig, Schuld zu erzeugen. Doch eure Religionen beruhen auf Schuld. Sie haben viele Schleier vor eure Augen gezogen. Und diese Schleier sind falsch, unwahr, absolut verlogen; sie verzerren alles.

Meine Achtung vor der Wahrheit ist absolut, und alles andere ist mir gleichgültig. Ihr habt eine häßliche Menschheit geschaffen. Ich möchte einen Menschen schaffen, der in der Wahrheit ruht, in der Wahrheit lebt, der nicht gespalten ist, der nicht krank ist, sondern gesund und vollständig und intelligent, und der von nichts besessen ist. Eure Religionen erzeugen Besessenheit. All eure Schriften sind voll von Besessenheit, sie strotzen vor Sexbesessenheit.

Die Religionen haben eine merkwürdige Situation geschaffen. Sie haben eure Besessenheit mit Sex erzeugt, und dann machen sie euch dafür verantwortlich. Sie tragen die Schuld dafür, daß sie bei den Menschen Schuld erzeugen, aber euch machen sie Schuldgefühle. Es liegt eine subtile Strategie und Politik darin, Schuld bei den Menschen zu erzeugen. Sobald jemand anfängt, sich schuldig zu fühlen, wird er schwach, wird er unintelligent. Sobald jemand anfängt, sich gespalten zu fühlen, kann man ihn beherrschen, kann man ihn ausbeuten. Er verliert seine Unabhängigkeit. Er wird zum Sklaven einer Kirche, eines Staates, einer Ideologie, einer Philosophie, einer Theologie. Er ist kein Individuum mehr; er kann nicht rebellieren. Die ganze Menschheit wurde in Chaos und Verwirrung gestürzt, und der ganze Trick bestand darin, euer Denken in bezug auf Sex zu vergiften.

Sex ist ein natürliches Phänomen; man braucht sich darüber keine Sorgen zu machen.

Und wenn ich manchmal darüber sprechen muß, dann ist es wegen dieser Religionen. Wenn der Mensch einmal von religiöser Ausbeutung und von repressiven religiösen Konventionen und Traditionen befreit ist, dann wird es nicht mehr nötig sein, über Sex zu reden. Dann können wir uns den subtileren, wissenschaftlichen Methoden zuwenden, wie er in höhere Energieformen umgewandelt werden kann.

Sex entspricht dem untersten Energiezentrum eures Daseins, und *Samadhi* dem höchsten, dem siebten Zentrum. Es ist wie eine Leiter mit sieben Sprossen. Die Sexenergie muß Sprosse für Sprosse nach oben bis zum siebten gebracht werden, wo sie sich wie ein tausendblättriger Lotos öffnet. Man wird erst zu einem Buddha, wenn man den Sex transformiert hat.

Der Stempel, den man mir aufgedrückt hat, ist absolut falsch. Nur um mich zu verurteilen, nennen sie mich den »Sexguru«, aber in Wirklichkeit sind *sie* die Verbrecher! **(41)**

Die tantrische Vision ist von ungeheurer Bedeutsamkeit, besonders für den jetzigen Zeitpunkt der Menschheitsentwicklung. Die Geburtswehen einer neuen Menschheit haben schon eingesetzt. Ein neues Bewußtsein klopft an die Tür.

Die Zukunft gehört Tantra. Denn von jetzt an wird sich der Geist des Menschen nicht länger von dualistischen Einstellungen beherrschen lassen.

Sie haben es jahrhundertelang versucht, und sie haben den Menschen völlig verstümmelt. Sie haben ihm ein schlechtes Gewissen gemacht. Und sie haben ihn nicht frei gemacht, sie haben den Menschen zum Gefangenen gemacht. Sie haben den Menschen auch nicht glücklich gemacht; sie haben den Menschen sehr unglücklich gemacht. Sie haben alles verurteilt: Vom Essen bis zum Sex haben die Dualisten alles verurteilt. Beziehungen, Freundschaften – alles haben sie verurteilt. Die Liebe wird verurteilt, der Körper wird verurteilt, das Denken wird verurteilt. Sie haben euch keinen Fußbreit übriggelassen, wo ihr noch stehen könntet. Sie haben der Menschheit alles genommen, und jetzt hängt sie einfach in der Luft, hängt sie im Leeren.

Dieser Zustand der Menschheit ist nicht mehr zu ertragen. Tantra kann euch eine neue Perspektive geben. **(42)**

Wenn man etwas an der Oberfläche unterdrückt, geht es tiefer ins Innere, ins Unbewußte. Es ist noch da. Sex ist nicht zerstört worden – glücklicherweise. Er ist nicht zerstört worden, nur vergiftet. Er kann nicht zerstört werden; er ist die Lebensenergie selbst. Er ist verunreinigt worden, aber man kann ihn wieder reinigen.

Das ist der Prozeß des Tantra – ein großer Reinigungsprozeß.

All eure Lebensprobleme lassen sich im Grunde auf das Sexproblem zurückführen. Ihr könnt weiter versuchen, eure anderen Probleme zu lösen, aber ihr werdet nicht dazu imstande sein, weil es keine wirklichen Probleme sind. Wenn ihr das Sexproblem löst, werden sämtliche anderen Probleme verschwinden, weil ihr das Grundproblem gelöst habt.

Aber ihr habt solche Angst, es euch überhaupt anzusehen. Dabei ist es einfach. Wenn ihr eure Konditionierung beiseite lassen könnt, ist es ganz einfach. Es ist so einfach wie die folgende Geschichte:

Eine frustrierte alte Jungfer war eine rechte Plage für die Polizei. Sie rief ständig an und behauptete, ein Mann sei unter ihrem Bett. Schließlich wurde sie in eine psychiatrische Klinik eingeliefert. Den Ärzten erzählte sie das gleiche: ein Mann sei unter ihrem Bett. Nachdem man das neueste Medikament an ihr ausprobiert hatte, erklärte sie plötzlich, sie sei geheilt.

»Soll das heißen, Fräulein Mauerblum, Sie sehen jetzt keinen Mann mehr unter ihrem Bett?«

»Nein, ich sehe jetzt zwei.«

Einer der Ärzte meinte, für diese Krankheit – die er als »bösartige Virginität« diagnostizierte –, gebe es eigentlich nur eine Art von Spritze. Wie wäre es, wenn man sie mit Hermann, dem Krankenhausschreiner, zusammenbrächte?

Sie holten Hermann und erzählten ihm von dem Problem. Er war einverstanden, daß sie ihn eine Stunde lang mit ihr zusammen in ihrem Zimmer einschlossen, und meinte, so lange würde es gar nicht dauern.

Während eine kleine Schar Neugieriger auf dem Flur wartete, hörten sie: »Nein, hören Sie auf, Hermann. Meine Mutter würde mir das nie verzeihen!«

»Hören Sie auf zu schreien! Einmal muß es ja sein! Man hätte das schon vor Jahren machen sollen!«

»Dann tun Sie, was Sie nicht lassen können, Sie brutaler Mensch!«

»Ihr Mann würde das auch machen, wenn Sie einen hätten.«

Das Personal konnte nicht länger warten. Sie platzten ins Zimmer.

»Ich habe sie geheilt«, sagte der Schreiner.

»Er hat mich geheilt«, sagte Fräulein Mauerblum.

Er hatte die Beine vom Bett abgesägt.

Manchmal ist die Lösung ganz einfach, aber ihr versucht tausenderlei Dinge ... Dieser Schreiner hat gute Arbeit geleistet – einfach die Beine ab, und das Problem war gelöst! Wo hätte sich jetzt noch jemand verstecken können?

Sex ist die Wurzel fast all eurer Probleme. Und das liegt an der jahrtausendelangen Vergiftung. Ein großes Reinemachen ist nötig.

Tantra kann eure Sexualenergie reinigen. Vernehmt die

tantrische Botschaft und versucht sie zu verstehen. Es ist eine revolutionäre Botschaft. Sie geht gegen alles, was die Priester und Politiker euch gesagt haben. Sie geht gegen alle, die euch vergiftet und die Freude von der Welt verbannt haben, nur um den Menschen zum Sklaven zu machen, um ihn zu erniedrigen.

Holt euch eure Freiheit zurück! Holt euch die Freiheit zu lieben zurück! Holt euch die Freiheit zu sein zurück – dann ist das Leben nicht länger ein Problem. Es ist ein Mysterium, es ist Ekstase, es ist ein Segen! **(43)**

5. KAPITEL

Ehe

Warum ist es für Mann und Frau so schwierig, Freunde zu sein? Es scheint so einfach und stellt sich doch als nahezu unmöglich heraus. Entweder gibt es einen häßlichen Kompromiß – wie Ehemann und Ehefrau –, oder aber die Leidenschaft schlägt am Ende um in Haß. Warum gibt es immer soviel Häßliches zwischen Männern und Frauen?

Das ist ganz einfach zu verstehen. Die Ehe ist die häßlichste Institution, die der Mann erfunden hat. Sie ist nicht natürlich. Sie wurde erfunden, damit er das Monopol über die Frau haben kann. Er hat die Frau behandelt, als wäre sie ein Stück Land oder ein Bündel Banknoten. Er hat die Frau zu einem Ding herabgewürdigt.

Aber merkt euch eines: Wenn ihr einen Menschen zu einem Ding reduziert – ungewollt, unbewußt –, dann werdet auch ihr auf den gleichen Stand reduziert, denn sonst könntet ihr nicht mit dem anderen kommunizieren. Um mit einem Stuhl reden zu können, muß man selbst ein Stuhl sein.

Die Ehe ist widernatürlich.

Man kann sich nur dieses einen Augenblicks sicher sein, den man in Händen hält. Jedes Versprechen für morgen ist eine Lüge – und die Ehe ist ein Versprechen fürs ganze Leben. Ihr versprecht, zusammenzubleiben, einander zu lieben und zu achten – bis zum letzten Atemzug.

Und die Priester – die Erfinder so vieler häßlicher Dinge – sagen euch, daß die Ehen im Himmel geschlossen werden. Gar nichts wird im Himmel geschlossen. Es gibt keinen Himmel.

Wenn ihr auf die Natur hört, werden eure Probleme, eure Fragen sich einfach in Dunst auflösen.

Das Problem ist: Der Mann fühlt sich biologisch zur Frau hingezogen, und die Frau fühlt sich zum Mann hingezogen, aber die Anziehung kann nicht ewig gleichbleiben. Ihr fühlt euch zu etwas hingezogen, weil es eine Herausforderung darstellt, es zu bekommen. Ihr seht einen schönen Mann, eine schöne Frau, und fühlt euch angezogen. Daran ist nichts verkehrt. Es läßt euer Herz schneller schlagen. Ihr möchtet gerne mit dieser Frau, diesem Mann zusammensein, und die Anziehung ist so stark, daß ihr in diesem Moment meint, mit dieser Frau auf ewig zusammenleben zu wollen.

Nicht, daß Liebende sich etwas vormachten – sie sprechen die Wahrheit. Aber diese Wahrheit gehört zu diesem Moment. Wenn Liebende einander sagen: »Ich kann ohne dich nicht leben«, ist es nicht so, daß der Mann der Frau etwas vormacht oder sie ihm. Sie meinen es wirklich. Aber sie sind sich über die Natur des Lebens nicht im klaren. Morgen wird genau dieselbe Frau nicht mehr so schön aussehen. Und mit der Zeit wird sowohl der Mann als auch die Frau das Gefühl haben, gefangen zu sein.

Dann kennen sie die komplette Geographie des anderen. Zuerst war es ein unbekanntes, neu zu entdeckendes Territorium, doch nun gibt es nichts mehr zu entdecken. Und ständig die gleichen Worte, die gleichen Handlungen zu wiederholen, erscheint so mechanisch, so häßlich. Und so verwandelt sich Leidenschaft in Haß. Die Frau haßt euch, weil ihr immer wieder das gleiche tut. Um es zu vermeiden, geht sie, sobald der Ehemann nach Hause kommt, mit Kopfweh ins Bett. Sie will nicht ständig ins selbe Geleise geraten. Und der Mann flirtet mit seiner Sekretärin im Büro – jetzt ist sie unbekanntes Territorium.

Für mich ist das ganz natürlich. Unnatürlich ist es, die Menschen für ihr ganzes Leben zu binden – im Namen der Religion, im Namen Gottes.

In einer besseren, intelligenteren Welt werden die Menschen einander lieben, aber sie werden keine Verträge machen. Es ist kein Geschäft! Sie werden Verständnis füreinander haben, und sie werden verstehen, daß der Strom des Lebens sich verändert. Sie werden aufrichtig miteinander sein. In dem Augenblick, da der Mann spürt, daß er mit seiner Geliebten keine Freude mehr empfindet, wird er ihr sagen, daß es Zeit ist, sich zu trennen. Es besteht keine Notwendigkeit zur Ehe, keine Notwendigkeit zur Scheidung. Dann wird Freundschaft möglich.

Du fragst mich, warum Freundschaft zwischen Männern und Frauen nicht möglich ist ... Freundschaft ist nicht möglich zwischen dem Gefängniswärter und dem Gefangenen. Freundschaft ist nur möglich zwischen gleichwertigen Menschen, die vollkommen frei sind von jeglicher Versklavung durch Gesellschaft, Kultur, Zivilisation und die nach ihrem authentischen Wesen leben.

Es ist keine Beleidigung der Frau, wenn man ihr sagt: »Liebling, die Flitterwochen sind vorbei.« Es ist keine Beleidigung des Mannes, wenn sie ihm sagt: »Jetzt ist es nicht mehr so schön zwischen uns. Der Sturm hat sich gelegt. Es herrscht eine andere Jahreszeit; unser Frühling ist vorüber. Die Blumen sind verblüht und duften nicht mehr. Es wird Zeit, auseinanderzugehen.« Und wenn es keine rechtliche Gebundenheit durch die Ehe gibt, erübrigt sich die Frage einer Scheidung.

Es ist häßlich, daß der Staat, daß Gerichte und Justiz sich in euer Privatleben einmischen. Wer sind sie denn, daß ihr sie um Erlaubnis zu fragen hättet! Es ist eine Sache zwischen zwei Individuen, ihre ganz private Angelegenheit.

Es wird nur Freunde geben – keine Ehemänner, keine Ehefrauen. Und wenn es nur Freundschaft ist, braucht die Leidenschaft nie in Haß umzuschlagen. Wenn ihr merkt, daß die Leidenschaft verschwindet, könnt ihr euch Adieu sagen, und der andere wird es verstehen – auch wenn es weh tut. Man kann nichts daran ändern; so ist eben das Leben.

Aber der Mann hat Gesellschaft, Kultur, Zivilisation, Gesetze, Regeln geschaffen, und er hat dafür gesorgt, daß die ganze Menschheit unnatürlich geworden ist. Deswegen können Männer und Frauen nicht Freunde sein. Und aus Männern und Frauen werden Ehemänner und Ehefrauen – eine häßliche Sache. Man fängt an, den anderen zu besitzen.

Ein Mensch ist kein Ding. Man kann ihn nicht als Eigentum beanspruchen. Wenn ich eure Frau schön finde und mich ihr nähere, werdet ihr böse. Ihr werdet bereit sein zu kämpfen, weil ich mich eurem Eigentum nähere. Eine Ehefrau gehört niemandem, ein Ehemann gehört niemandem. Was für eine Art von Welt haben wir geschaffen? Die Menschen werden zum Eigentum reduziert, und so entstehen Haß und Eifersucht.

Ihr wißt selber, daß ihr die Frau eures Nachbarn attraktiv findet. Also könnt ihr auch von euch auf eure Frau schließen. Eure Frau weiß sehr wohl, daß sie jemand anderen attraktiv findet, aber sie kann nicht auf ihn zugehen, weil ihr Ehemann da ist. Er steht Gewehr bei Fuß!

Die Liebe muß sich ja in Haß verwandeln, und dieser Haß häuft sich ein ganzes Leben lang immer mehr an. Glaubt ihr, aus diesem Haß könnten schöne Kinder geboren werden? Sie werden nicht aus Liebe geboren, sondern aus Pflicht. Die Frau hat die Pflicht, euch zu gestatten, daß ihr sie benutzt.

Um die Wahrheit zu sagen: Es ist überhaupt kein Unterschied zwischen einer Ehefrau und einer Prostituierten. Es ist der gleiche Unterschied, wie wenn man im eigenen Auto oder im Taxi fährt.

Eine Prostituierte kauft man sich für ein paar Stunden. Ehefrauen sind eine längerfristige Investition – das ist rentabler.

Die Angehörigen von Königsfamilien dürfen nicht außerhalb ihres königlichen Geblüts heiraten – wegen Status, Geld, Macht ... Unter solchen Umständen kann niemand einen anderen Menschen lieben – wenn die Beziehung eine finanzielle ist.

Die Frau ist von euch abhängig, weil ihr das Geld verdient. Und jahrhundertelang haben die Männer den Frauen nicht zugestanden, eine Schulbildung zu haben, am Geschäftsleben teilzuhaben, einen Beruf auszuüben – aus dem einfachen Grund, weil die Frau, wenn sie einen unabhängigen finanziellen Status, ein eigenes Bankkonto hat, nicht mehr zu einem Ding degradiert werden kann. Sie muß von euch abhängig bleiben. Aber glaubt ihr wirklich, jemand, der von euch abhängig ist, könnte euch lieben?

Jede Ehefrau würde ihren Mann am liebsten umbringen. Daß sie es nicht tut, steht auf einem anderen Blatt, denn wenn sie ihn um die Ecke bringen würde – was würde sie dann anfangen? Sie hat keine Schulbildung, keine gesellschaftliche Erfahrung, keine Möglichkeit, Geld zu verdienen. Und der Ehemann – ich sage, jeder Ehemann ohne Ausnahme – will seine Frau loswerden, kann es aber nicht. Die Kinder sind da ... und er selbst hat seiner Frau tausende Male geschworen, daß er sie liebt. Wenn er zur Arbeit geht, gibt er ihr einen Kuß, aber es ist keine Liebe darin. Zwei Skelette berühren sich. Keiner ist wirklich anwesend.

Der Mann hat eine Gesellschaft geschaffen, in der Freundschaft zwischen Mann und Frau unmöglich ist.

Denkt daran: Freundschaft ist etwas ungeheuer Wertvolles. Darum solltet ihr um jeden Preis mit eurer Ehefrau, mit eurem Ehemann eine Freundschaftsbeziehung haben und euch gegenseitig absolute und totale Freiheit zugestehen.

Ich sehe darin kein Problem. Wenn ich eine Frau liebe und sie mir eines Tages gesteht, daß sie sich in jemand anderen verliebt hat und glücklich ist, dann freue ich mich. Ich liebe sie ja, und ich möchte, daß sie glücklich ist – wo liegt da das Problem? Ich werde sie unterstützen, wo ich kann, damit sie noch glücklicher werden kann. Wenn sie mit jemand anderem glücklich ist – was schmerzt mich daran?

Es ist euer Ego, das schmerzt: Sie hat jemand anderen gefunden – jemand Besseren als euch. Es geht aber überhaupt nicht um besser – es ist vielleicht euer Chauffeur – es geht nur um ein kleines bißchen Abwechslung. Wenn ihr euch gegenseitig vollkommene Freiheit gewährt, werdet ihr vielleicht euer ganzes Leben lang zusammenbleiben oder eine ganze Ewigkeit, denn dann braucht ihr den anderen nicht mehr loszuwerden.

Die Ehe erzeugt das Bedürfnis, den anderen loszuwerden, weil sie bedeutet, daß euch die Freiheit genommen ist – und Freiheit ist der höchste Wert im menschlichen Leben. Macht alle Paare frei, und ihr werdet euch wundern: Diese Welt wird zum Paradies!

Aber es gibt noch andere Probleme. Ihr habt Kinder – was macht man mit den Kindern? Meine Antwort ist, daß die Kinder nicht den Eltern gehören sollten; sie sollten der Gemeinschaft gehören, dann ist es kein Problem. Die Eltern können mit ihren Kindern zusammensein, sie können sie einladen, sie können mit ihnen befreundet sein, aber die Kinder werden nicht von ihnen abhängig sein. Sie werden der Gemeinschaft gehören. Dadurch würden eine Menge psychologischer Probleme verschwinden.

Wenn ein Junge ausschließlich seine Mutter kennt, hinterläßt die Persönlichkeit der Mutter bei ihm eine Prägung. Dann wird er sein ganzes Leben lang versuchen, eine Frau zu finden, die wie seine Mutter ist – aber eine solche Frau wird er nie finden können. Und das Mädchen wird niemals einen Mann finden können, der genau wie ihr Vater ist. Auf diese Weise ist man nie mit irgendeiner Frau oder einem Mann zufrieden.

Wenn aber die Kinder der Gemeinschaft gehören, werden sie mit so vielen Onkeln und Tanten in Berührung kommen, daß sie nicht nur ein einziges Bild im Kopf haben. Sie werden eine weniger spezifische Vorstellung von Frausein und Mannsein entwickeln, und zu dieser Vorstellung werden viele verschiedene Menschen in der Gemeinschaft beitragen; sie wird multidimensional sein. Dann werden sie in der Lage sein, einen geeigneten Partner zu finden, weil sie nur eine vage Vorstellung haben. Sie werden jemanden finden, der diese vage Vorstellung zu einer handfesten Realität macht. Derzeit ist es so, daß ihr eine feste Vorstellung in euch habt, aber auf einen vagen Menschen trefft. Das muß früher oder später zur Enttäuschung führen.

Und wenn die Kinder der Gemeinschaft gehören, werden sie viele Dinge lernen. Sie werden offener sein für Freundschaften, offener für die unterschiedlichsten Einflüsse. Es wird sie reicher machen. Ein Kind, das von einem Paar erzogen wird, ist sehr eingeschränkt. Es weiß nicht, daß es Millionen von Menschen gibt, die anders denken, die auf ihre eigene Art schön sind. Ein Kind, das sich in der Gemeinschaft frei bewegt, wird viel reicher sein. Es wird so vieles kennengelernt haben, bevor es entscheidet, mit wem es zusammensein will, daß die Voraussetzung für eine lange Freundschaft gegeben ist.

Was passiert heute? Ihr seht ein Mädchen am Strand und verliebt euch. Ihr kennt das Mädchen überhaupt nicht; ihr kennt nur ihr Make-up. Am nächsten Morgen, wenn ihr aufwacht und das Make-up nicht mehr da ist, werdet ihr sagen: »Mein Gott! Was habe ich getan? Das ist ja gar nicht die Frau, die ich geheiratet habe. Das ist jemand ganz anderer!« Aber jetzt könnt ihr euer Wort nicht mehr zurücknehmen. Und wenn ihr es tut, ist der Staat da, sind die Gerichte da, um euch auf euren Platz zu verweisen. Das ist eine äußerst häßliche Situation; es ist krank.

Die Menschen sollten die Freiheit haben, einander kennenzulernen, so viele verschiedene Menschen wie möglich kennenzulernen, denn jeder Mensch ist so einzigartig, daß sich ein Vergleich erübrigt. Laßt die Kinder von möglichst vielen Quellen trinken, dann werden sie ein Gefühl dafür entwickeln, welcher Partner der richtige für das Zusammenleben ist.

Dann wird sich niemand mehr unbewußt in die Liebe stürzen. Jeder wird bewußt entscheiden: »Das ist der Richtige«, denn dann hat er so viele verschiedene Menschen getroffen, daß er erkennt, wer die Eigenschaften und Qualitäten aufweist, die er schätzt. Dann wird es eine richtige Freundschaft werden – ohne Angst. Und wenn morgen die Dinge sich ändern, ist es keine Tragödie.

Das Leben in der Gesellschaft sollte nicht so routinemäßig und starr sein, so statisch und unlebendig. Es sollte in Bewegung sein, sollte im Fluß bleiben. Mit der einen Frau könnt ihr eine bestimmte Art von Freude erleben, mit einer anderen eine andere Art, und mit einer dritten erlebt ihr eine Überraschung. Warum arm sein? Nur weil Jesus gesagt hat: »Selig sind die Armen«?

Seid reich in allen Dimensionen, und haltet euch offen und zugänglich. Und laßt die Person, mit der ihr zusammen seid, wissen: »Zwischen uns herrscht Freiheit und kein Ehevertrag.

Wir wollen uns in Freiheit begegnen, ohne Versprechen für die Zukunft – denn wer weiß, was die Zukunft bringt.«

Wenn zwei Menschen heute gerne zusammen sind, ist das mehr als genug. Wenn sie auch morgen wieder gerne zusammen sind – wunderbar. Und wenn nicht, dann ist es ihre persönliche Angelegenheit. Niemand hat das Recht, sich einzumischen.

Wenn ihr jemanden liebt, dann sollte das Bindeglied zwischen euch die Freiheit sein. Und wenn ihr morgen seht, daß eure Frau jemand anderen umarmt, braucht ihr nicht eifersüchtig zu werden. Sie wird bereichert, sie bekommt eine Kostprobe von etwas Neuem – genauso wie ihr manchmal in ein chinesisches Restaurant geht. Es ist gut. Danach werdet ihr wieder zu eurem gewohnten Essen zurückkehren, aber das chinesische Restaurant hat euch geholfen; jetzt könnt ihr das übliche Essen mehr genießen.

Aber ein paar Tage später – und so funktioniert unser Verstand – werdet ihr zum Italiener gehen wollen – Spaghetti!

Das Leben ist so einfach und so schön, nur eine Sache fehlt: Freiheit. Wenn eure Frau mit anderen zusammen ist, wird sie bald bereichert und mit neuen Erkenntnissen zu euch zurückkehren. Und sie wird bei euch etwas finden, was sie vorher noch nicht gefunden hatte. Und in der Zwischenzeit braucht ihr nicht einfach herumzusitzen und euch die Haare zu raufen. Sammelt auch Erfahrungen, damit auch ihr, wenn eure Frau zurück ist, wieder frisch seid. Auch ihr wart beim Chinesen.

Das Leben sollte eine Freude sein, ein Genuß. Nur dann kann es Freundschaft zwischen Männern und Frauen geben, ansonsten werden sie intime Feinde bleiben. **(44)**

Warum kann ich fast alles leicht nehmen – außer meinen Ehemann? Warum bekämpfe ich ihn so sehr? Und warum versuche ich ihn ständig zu ändern?

Das ist die älteste aller Geschichten. Es hat nicht speziell etwas mit dir oder mit deinem Mann zu tun. Die Ehe ist eine häßliche

Einrichtung – die häßlichste überhaupt. Und alle anderen häßlichen Einrichtungen beruhen auf der Institution der Ehe.

An dem Tag, an dem die Ehe aus der Welt verschwindet, werden die Staaten verschwinden, werden die Nationen verschwinden, denn sie alle haben die Familie als Grundlage. Die Kirchen werden verschwinden, die Religionen werden verschwinden. Die ganze Vergangenheit wurzelt in der Familie, und die Familie wurzelt in der Erfindung der Ehe.

Die Ehe ist häßlich, weil sie die Freiheit von zwei Menschen zerstört. Freiheit ist für mich der allerhöchste Wert. Alles, was die Freiheit zerstört, ist gegen die menschliche Natur. Wenn die Freiheit zerstört wird, ist man voller Wut, voller Zorn. Und an wem wird man seinen ganzen Zorn auslassen? Die Frau nimmt den Ehemann dazu her, der Ehemann nimmt die Frau. Sie sind sich am nächsten, greifbar und so sehr aneinander gebunden, daß sie nicht leicht davonkommen. Die Gesellschaft hat das in jeder Hinsicht erschwert, ja beinahe unmöglich gemacht.

Die Ehe hat einen Eingang, aber keinen Ausgang. Und selbst wenn in ein paar Ländern heute ein Ausgang möglich geworden ist, wird er nicht wirklich respektiert; er wird verurteilt und auf subtile Weise schlechtgemacht. Die Ehe hingegen wird gepriesen. Die Priester sagen ständig: »Ehen werden im Himmel geschlossen«, und sie sagen, sie sei ein heiliges Sakrament. Das ganze Establishment basiert auf der Heiligkeit der Ehe. Aber sie ist nicht heilig. In Wahrheit ist sie etwas sehr Häßliches. Sie hat die ganze Menschheit kaputtgemacht.

Aber man kann an den Priestern keine Rache nehmen, denn sie sind nicht direkt greifbar; sie treten sehr indirekt auf den Plan. Man kann an den Politikern keine Rache nehmen; sie sind sehr diplomatisch. Man kann höchstens seinen Partner dazu hernehmen – die Ehefrau, den Ehemann – denn er ist zum Greifen nahe, körperlich anwesend. Und so richtet sich die ganze Wut auf den Partner.

Ehemänner und Ehefrauen liegen ständig in Zank und Streit miteinander, als wären sie Feinde. Es ist sehr selten, ein Paar zu finden, das freundschaftlich miteinander umgeht. Freundlich sind sie nur, wenn sie mit anderen zusammen sind.

Wenn Gäste da sind, setzen sie sofort ein Lächeln auf. Auch vor ihren Kindern tragen sie Masken und vermeiden Zusammenstöße. Auf der Straße wird nicht gestritten, doch der Kampf währt vierundzwanzig Stunden. Dieser Kampf nimmt viele Formen an; er ist multidimensional. Er laugt ihre Energie aus. Und weil sie zusammenleben, müssen sie sich immer irgendwie arrangieren.

Sex wird zu einem Mittel, um die Wogen zu glätten und sich wieder zu versöhnen. Zuerst wird gestritten, und dann – weil man ja mit dem anderen leben muß – wird Sex benutzt, um dem Partner Liebe und Zärtlichkeit zu zeigen, damit vorübergehend Frieden einkehrt. Aber dieser Friede hält nicht lange vor; es ist eher ein kalter Krieg als ein Friede. Der Krieg wird von neuem ausbrechen. Am Morgen geht die gleiche Geschichte wieder von vorne los.

Solange uns nicht bewußt wird, wie idiotisch das alles ist, was im Namen der Ehe propagiert wird, wird es immer so weitergehen.

Der Ehemann hat euch nichts Schlimmes angetan, noch hat eure Ehefrau euch etwas Schlimmes angetan. Wenn etwas schlimm ist, dann ist es diese Sklaverei, das Gefühl der Versklavung. Gebt diese Versklavung auf! Gebt euch gegenseitig mehr Freiheit. Achtet die Freiheit mehr als alles andere, denn die Freiheit ist der höchste Wert – höher noch als die Liebe. Wenn eure Liebe euch Freiheit bringt, ist es gut. Wenn eure Liebe keine Freiheit bringt, ist es nicht gut – dann ist es auch keine Liebe.

Eure Liebe bringt Eifersucht und Besitzergreifen; nie bringt sie Freiheit. Sie macht jede Möglichkeit für Freiheit zunichte. Und so ist es von Anfang an gewesen …

Vergeßt, was eure Priester euch erzählt haben! Was wissen *sie* denn von romantischer Liebe? Hier ist die Geschichte, wie sie wirklich passierte:

»Adam, Schatzi«, sagt Eva, während sie ihm einen Strauß Vergißmeinnicht überreicht, die sie im Garten Eden gepflückt hat. »Liebst du mich auch wirklich, mich allein?«

»Na klar«, sagt Adam. »Wen denn sonst?«

So hat deine Geschichte damals angefangen! Du wiederholst einfach eine uralte Geschichte, ein altes Muster. Laß dieses alte Muster endlich fallen!

Es besteht überhaupt keine Notwendigkeit, deinen Ehemann ernst zu nehmen. Warum ausgerechnet diesen armen Mann? Was hat er dir denn getan? Wenn du alles andere leicht nehmen kannst – warum solltest du dann deinen Ehemann ernst nehmen?

Ernst ist eine Krankheit. Und wenn du jemanden ernst nimmst, wird er sich früher oder später rächen, denn niemand kann lange ernst bleiben. Jeder will glücklich sein und seinen Spaß haben.

Aber es liegt nicht nur an dir. Dein Ehemann wird wohl selbst dafür sorgen, daß man ihn ernst nimmt. Das haben alle Ehemänner seit Tausenden von Jahren so gemacht: Jeder Ehemann will ernst genommen werden – er ist ja kein gewöhnlicher Mensch, er ist dein Ehemann!

In Indien haben die Ehemänner ihren Frauen beigebracht: »Dein Mann ist dein Gott.« Die Männer selbst haben es den Frauen beigebracht! Und sie haben die armen Frauen gezwungen, sie als Gott zu akzeptieren. Aber die Frauen haben sich gerächt; sie können gar nicht anders, als Rache zu nehmen. Sie können es nicht akzeptieren. Niemand kann eine solche Erniedrigung akzeptieren.

Doch die Methode der Frauen ist subtiler. Die Methode des Mannes ist brutal: Er setzt seine Überlegenheit bei der Frau mit Prügeln durch.

Die Frau setzt ihre Überlegenheit auf ganz subtile Weise durch: Sie quält ihn, aber so subtil, daß er sich nicht einmal dagegen wehren kann.

Wenn euch jemand bekämpft, indem er mit brutaler Gewalt angreift, habt ihr wenigstens die Möglichkeit, euch zu verteidigen. Ihr könnt Karate lernen, könnt ihm ein paar gute Fußtritte versetzen. Alle Frauen sollten Karate lernen, denn was genug ist, ist genug! Und wenn euer Ehemann versucht, euch zu zwingen: »Du sollst mich ernst nehmen!«, dann könnt ihr ihm ein paar gute Karatekicks verpassen. Und ihr solltet auch den Karateschrei lernen, damit die ganze Nachbarschaft mitbekommt, was los ist.

Man sollte das Leben leicht nehmen. Weder Ehefrau noch Ehemann sollten ernst genommen werden. Ernsthaftigkeit ist nichts Gutes. Zwischen zwei Menschen erzeugt Ernsthaftigkeit eine Mauer; sie verhindert Intimität. Wenn ihr aber die Absicht habt, euch gegenseitig zu beherrschen, müßt ihr natürlich ernsthaft sein. Jemanden spielerisch zu beherrschen – das geht nicht. Wenn ihr spielerisch seid und die Dinge spaßhaft seht, könnt ihr nicht dominieren, könnt ihr keinen Egotrip daraus machen. Das Ego kommt nur in einer Atmosphäre von Ernsthaftigkeit zum Zug.

»Liebling«, fragt der Ehemann, »was genau ist eigentlich Hypnotismus?

»Hypnotismus«, antwortet die Frau, »bedeutet, daß man Macht über jemanden hat und ihn Dinge tun läßt, die er von sich aus nicht tun würde.«

»Das ist nicht Hypnotismus«, schnaubt der Ehemann. »Das ist die Ehe!«

Ehemänner versuchen, ihre Frauen zu zwingen, ihr Schatten zu sein. Und die Ehefrauen versuchen, ihre Männer zu zwingen, ihr Schatten zu sein. Das ganze ist unmenschlich, unreligiös, ungesund und neurotisch!

Wenn du das Leben genießen willst, stelle keine solchen Anforderungen. Nimm die Dinge ohne Ernsthaftigkeit. Erinnere dich mal, wie lange es her ist, daß du mit deinem Ehemann gelacht hast. Wie lange ist es her, seit du mit deinem Ehemann getanzt hast – ganz zwanglos, ohne förmlichen Hintergrund? Nicht auf einer Hochzeit oder bei einem Rotarier-Treffen oder einer Gesellschaft – nicht als gesellschaftlicher Anlaß, sondern aus reiner Freude! Wie lange ist es her, daß ihr still beisammen gesessen und Musik gehört habt – ohne zu reden, zu argumentieren, zu nörgeln oder all die schwachsinnigen Dinge zu tun, die im Namen der Ehe vor sich gehen?

Eine Mauer wird in der Ehe zwischen Frau und Mann

aufgerichtet. Die Gesellschaft zementiert diese Mauer, und ihr seid so dumm, die Gesellschaft noch darin zu unterstützen, daß sie eure Beziehung zerstört, daß sie die Schönheit eurer Beziehung kaputtmacht.

Ein Endvierziger sagt beim Spazierengehen zu seiner Frau: »Heh, hast du gesehen, wie das hübsche Mädchen mich gerade angelächelt hat?«

»Das ist noch gar nichts«, sagt die Frau. »Als ich dich zum ersten Mal sah, mußte ich laut lachen!«

Ein Franzose kommt eines Abends früher nach Hause und findet seinen besten Freund im Bett mit seiner Frau.

Ungläubig schüttelt er den Kopf und sagt: »Ich verstehe das nicht, Pierre. Ich muß ja, aber du?«

Otto Meier kommt eines Abends früher als erwartet nach Hause und findet seine Frau im Bett mit einem Unbekannten.

»Was macht ihr da?« brüllt er los.

»Verstehst du jetzt, was ich meine?« sagt die Frau zu ihrem Liebhaber. »Ein Trottel!«

»Ach ja, meine Elisabeth war wirklich eine bemerkenswerte Frau«, erzählt Karl seinem Tischnachbarn in der Kneipe. »Und so fromm! Kein Tag verging, an dem sie nicht in der Kirche war. Und zu Hause hat sie auch von morgens bis abends gebetet.«

»Wie ist sie denn eigentlich gestorben?« fragt ihn der andere.

»Ich hab sie erwürgt.«

Du sagst: *»Warum versuche ich ihn ständig zu ändern?«*

Hör auf damit! Sonst wird es schwierig sein, dich zu retten, wenn er dich erwürgt. Jede Ehefrau versucht, ihren Mann zu ändern. Das ist eine subtile Strategie, um ihn zu beherrschen. Es ist eine Verurteilung: »Mit dir stimmt etwas nicht; du mußt anders werden!« Und die Ehemänner können sich dagegen nicht zur Wehr setzen, weil sie ein paar Dinge tun, die sie selbst für schlecht halten – darum sind sie hilflos.

Zum Beispiel rauchen sie, und sie finden es selber schlecht, und die Frau nörgelt ständig: »Hör auf zu rauchen!« Doch je mehr sie nörgelt, um so mehr muß der Ehemann rauchen, weil er noch nervöser wird. Und wenn er nervös ist, weiß er keinen anderen Ausweg, als zu rauchen. Wenn er nicht rauchen würde, müßte er die Ehefrau erwürgen! Also erwürgt er lieber die Zigarette, oder er fängt an, Kaugummi zu kauen, damit er nicht die Frau beißt! Er muß irgend etwas tun, um sich beschäftigt zu halten, bis seine Wut wieder abgeflaut ist.

Und die Frau hat recht: Sie sagt es ja nur wegen ihm – wegen seiner Gesundheit, damit er länger lebt. Aber eigentlich will der Mann so schnell wie möglich sterben! Mit dieser Frau ein langes Leben zu leben ...! Also raucht er weiter, und noch mehr – in der Hoffnung, daß ihn das Rauchen möglichst schnell umbringt.

Er trinkt, und die Frau ist dagegen – und er selbst ist auch dagegen, weil das ganze Klima so ist, daß alle sagen, es sei schlecht, und er hat diese Idee akzeptiert. Er kann nicht sagen, daß er recht hat; er hat nicht den Mut, zu sagen, daß er recht hat. Er muß zugeben, daß die Frau recht hat. Und Ehefrauen rauchen nicht, sie trinken nicht, sie spielen nicht, sie tun überhaupt nichts, was schlecht ist. Sie sind ja so heilig!

Das ist das Tolle, wenn man heilig ist: Man kann alle anderen quälen! Ja, es geht sogar so weit: Wenn man die anderen nicht quälen kann, ist man kein Heiliger – das macht ja den ganzen Spaß aus!

Ehefrauen sind sehr heilig und sehr fromm, aus dem einfachen Grund, weil sie dann ihre Ehemänner quälen können, weil sie ihre Kinder quälen können, weil sie alle anderen quälen können. Sie sind ja so heilig! Im Vergleich zu ihnen sind alle anderen Sünder.

Der Mann kommt zitternd und bebend nach Hause. Er weiß, daß er schlechte Dinge tut. Aber man ist doch nicht schlecht, wenn man raucht! Man ist nicht schlecht, wenn man gelegentlich etwas trinkt – es ist absolut menschlich. Habt ihr je ein Tier rauchen sehen? Das unterscheidet euch von den Tieren! Worin würdet ihr euch sonst unterscheiden? Habt ihr je ein Tier einen trinken, in die Kneipe gehen und Bierflaschen tragen sehen? Es macht euch menschlich! Es ist nichts Schlechtes.

Meine ganze Einstellung ist menschlich. Ich möchte nicht, daß ihr traurige, ernsthafte Heilige werdet. Die kennen wir alle schon zur Genüge!

Bitte versuche nicht, deinen Ehemann zu ändern. Liebe heißt Akzeptieren – den anderen so zu akzeptieren, wie er ist. Sonst ist es Haß ... Wenn man versucht, jemanden zu ändern, ist es keine Liebe. Und laß ihn in Ruhe. Er hat nichts Schlechtes getan, als er dich heiratete. Laß ihn nicht allzusehr darunter leiden. Er hat nichts Schlechtes getan – warum willst du ihn dafür bestrafen? Gib ihm seine Freiheit. Und indem du ihm Freiheit gibst, wirst du darin auch deine Freiheit finden, denn nur wenn wir Freiheit gewähren, sind wir selber frei.

Und wenn zwei Menschen einander Freiheit geben, nur dann kann die Liebe wachsen. In absoluter Freiheit wächst die absolute Liebe. Und wenn Liebe und Freiheit zusammenkommen, hat es eine ungeheure Schönheit. **(45)**

Ist das Konzept der Seelengefährten brauchbarer als das der Ehe?

Eines der wichtigsten Dinge im Leben eines Menschen ist die Liebesbeziehung. Die Geburt habt ihr nicht in der Hand, den Tod habt ihr nicht in der Hand, und das sind die einzigen drei wichtigen Dinge im Leben: Geburt, Liebe und Tod. Nur die Liebe habt ihr in der Hand, nur die Liebe gibt euch die Freiheit und Würde, ein Mensch zu sein – das übrige, Geburt und Tod, geschieht euch, wie es jedem anderen Tier, jedem Baum geschieht. Die Liebe sollte so rein und unverdorben wie nur möglich bleiben.

Du fragst: *»Ist das Konzept der Seelengefährten brauchbarer als das der Ehe?«* Konzepte spielen keine Rolle. Was eine Rolle spielt, ist dein Verständnis. Du kannst das Wort »Ehe« in

»Seelengefährten« umändern, aber *du* bist derselbe. Du wirst dieselbe Hölle aus den Seelengefährten machen, wie du sie aus der Ehe gemacht hast. Nichts hat sich geändert – nur das Wort, das Etikett. Lege nicht zu viel Wert auf Etiketten.

Warum hat die Ehe versagt? In erster Linie, weil wir unnatürliche Maßstäbe an sie angelegt haben. Wir haben versucht, etwas Dauerhaftes, Heiliges aus ihr zu machen, ohne auch nur das ABC des Heiligen zu kennen, ohne etwas von der Ewigkeit zu wissen. Unsere Absichten waren gut, doch unser Verständnis war verschwindend gering, nahezu Null. Statt etwas Himmlisches zu werden, ist die Ehe zur Hölle geworden. Statt etwas Heiliges zu werden, ist sie in tiefste Profanität gefallen.

Es ist eine Dummheit des Menschen, eine uralte Dummheit, daß er immer, wenn er in Schwierigkeiten gerät, das Wort ändert. Ändert das Wort »Ehe« in »Seelengefährten«, aber ändert nicht euch selbst! Aber das Problem seid *ihr*, nicht das Wort. Man kann jedes Wort nehmen. Eine Rose ist eine Rose ist eine Rose ... egal, wie man sie nennt. Ihr fragt, ob man das Konzept ändern kann; ihr fragt nicht, wie ihr euch selbst ändern könnt.

Die Ehe hat versagt, weil ihr sie nicht auf das Niveau heben konntet, das ihr von der Ehe, vom Konzept der Ehe erwartet habt. Ihr seid brutal gewesen, seid barbarisch gewesen, seid voller Eifersucht, voller Geilheit gewesen. Ihr habt nie wirklich gewußt, was Liebe ist. Im Namen der Liebe habt ihr alles probiert, was das genaue Gegenteil von Liebe ist: Besitzergreifen, Herrschsucht, Macht.

Die Ehe ist zu einem Schlachtfeld geworden, auf dem zwei Menschen um die Vorherrschaft kämpfen. Natürlich hat der Mann seine eigene Methode: gröber, primitiver. Und die Frau hat ihre eigene Methode: femininer, weicher, etwas zivilisierter, unterschwelliger. Aber die Situation ist die gleiche. Die Psychologen sprechen heute von der Ehe als einer »Intimfeindschaft«. Und als genau das hat sie sich erwiesen: Zwei Feinde leben zusammen und tun so, als liebten sie einander, und einer erwartet vom anderen, daß er ihm Liebe gibt, und beide erwarten dasselbe vom anderen. Keiner ist bereit zu geben – denn keiner hat es. Wie kann man Liebe geben, wenn man sie nicht hat?

Und wenn du fühlst, daß du keine Liebe bekommst – und beide fühlen das gleiche: eine große Frustration –, dann kommt der Gedanke, der Verdacht auf, daß der andere dich vielleicht getäuscht hat. Vor der Ehe haben beide wunderschöne Worte gebraucht, süße Nichtigkeiten. Beide haben sich von ihrer besten Seite gezeigt, um für den anderen attraktiv zu sein, um ihn an sich zu binden. Doch sobald sie verheiratet sind, sobald das Recht sich einmischt und die Gesellschaft ihnen die Freiheit gibt, zusammenzuleben, sind die Flitterwochen im Nu vorüber. Noch bevor sie aus den Flitterwochen zurückkommen, ist es schon vorbei ... alles ist zu Ende, weil man den anderen in seiner Ganzheit kennengelernt hat, in seiner ganzen Häßlichkeit.

Die Fassade, die Maske, die sie vor der Heirat aufgesetzt hatten, ist ihnen entglitten. Sie läßt sich nicht vierundzwanzig Stunden lang aufrechterhalten. Wenn man mit jemandem lebt, muß man die Heuchelei aufgeben und zu dem herabsteigen, was man wirklich ist – und ihr wißt, daß ihr nicht die Person seid, die ihr zu sein vorgebt. Und dasselbe gilt für den anderen. Und dann wird das ganze zu einem Kampf, um die Frau zu besitzen, den Mann zu besitzen.

Das einzige bedeutsame Kennzeichen der Liebe besteht darin, daß sie niemals Besitz ergreift. Im Gegenteil, sie gewährt Freiheit. Sie ist glücklich, wenn der andere glücklich ist. Sie bettelt nicht, sie ist kein Bettler. Sie ist ein Kaiser. Sie gibt, und sie gibt bedingungslos.

Doch was im realen Leben seit Jahrhunderten geschieht, ist, daß einer den anderen bittet, ihm zu geben. Und beide sind Bettler. Ihre Bettelschalen sind leer; sie haben nichts zu geben. Die Ehe wird zum Kampf, zum Kriegsschauplatz.

Du kannst das Konzept der Ehe in Seelengefährten umändern, doch was ist mit *dir?* Was ist mit den Menschen, die zu Seelengefährten werden? Wenn es die gleichen Leute sind, die in der Ehe ein Paar wurden, dann wird sich nichts ändern.

Mein Vorschlag ist: Weder Ehe noch Seelengefährten sind nötig – einfach Freundschaftlichkeit ist genug. Ihr wißt überhaupt nichts von der Seele – wie könnt ihr da zu einem Seelengefährten werden?

Wenn ihr einfach nur freundschaftlich miteinander umgeht, ist das mehr, als man vom heutigen Menschen erwarten kann. Wenn ihr eure gegenseitigen Schwächen und Fehler verstehen könnt, ist das mehr, als man erwarten kann.

Wenn ihr diese alte abergläubische Vorstellung fallenlassen könntet, daß eine Frau oder ein Mann, die sich lieben, sich für immer und ewig lieben müssen ...!

Liebe ist sehr zerbrechlich. Sie ist wie eine Blume: schön, aber sehr zart. Am Morgen blüht sie auf, doch bis zum Abend ist sie verwelkt, und ihre Blütenblätter liegen verstreut. Was am Morgen noch schön war, ist am Abend zu einem Grab geworden. Das Leben ändert sich, es ändert sich ständig.

Wenn ich sage, daß großes Verständnis vonnöten ist, bedeutet es, daß der alte Gedanke einer dauerhaften Beziehung – egal, nach welchem Konzept – aufgegeben werden muß. Ihr müßt von einem Augenblick auf den anderen leben; ihr müßt jeden Augenblick so leben, als wäre es der letzte. Vergeudet ihn nicht mit Zanken, Nörgeln und Rechthabenwollen, denn vielleicht gibt es keinen nächsten Augenblick, nicht einmal für eine Entschuldigung.

Allein schon die Vorstellung einer dauerhaften, lebenslangen Beziehung führt dazu, daß ihr das Wesentliche aufschiebt und weiterhin Dinge tut, die absolut unwesentlich sind – und nicht nur unwesentlich, sondern geradezu schwachsinnig.

Die Leute streiten sich um solche Bagatellen, daß sie in ihren klareren Momenten selbst darüber lachen müssen.

Ich habe von einem Paar gehört, das zum Heiraten aufs Standesamt gekommen war. Der Mann war an der Reihe, zu unterzeichnen – die Frau hatte schon vor ihm unterschrieben. Als sie seine Unterschrift sah, sagte sie sofort zum Standesbeamten: »Ich beantrage die Scheidung.« Der Standesbeamte fragte: »Was ist denn passiert? Sie wollen doch heiraten! Sie haben doch gerade erst die Heiratsurkunde unterschrieben.«

Sie sagte: »Ja, ich habe unterschrieben, aber es ist schon alles verdorben. Sehen Sie sich doch die Heiratsurkunde an. Ich habe in kleiner Schrift unterschrieben, aber er hat mit riesigen Buchstaben unterschrieben, nur um mir zu zeigen, daß er der Herr im Haus ist. Damit fangen die Scherereien schon an – ich habe keine Lust, mich darauf einzulassen.« Die größeren Buchstaben demonstrieren bereits die Vorherrschaft, die Überlegenheit des Mannes.

Ihr könnt die Wörter ändern, aber ich möchte, daß ihr euer Bewußtsein ändert.

Die Vorstellung einer dauerhaften Beziehung war verkehrt, doch sie wurde euch von den Dichtern, von den Priestern, von allen eingeimpft. Und ich sage nicht, daß zwei Menschen nicht ihr ganzes Leben lang in tiefer Freundschaft zusammenleben können. Das ist möglich, aber es sollte keine Konditionierung sein, sondern ein Erblühen der Freundschaft, eine offene Beziehung. Jeden Tag könnte einer der Partner sagen: »Ich bin dankbar für all die schönen Augenblicke, die du mir geschenkt hast, aber jetzt trennen sich unsere Wege. Es ist traurig ... aber ich werde dich immer in Erinnerung behalten. Ich möchte nicht, daß das Leben mit dir zur Hölle wird, denn sonst würde alles, was zwischen uns schön war, kaputtgehen – selbst die Erinnerung würde kaputtgehen. Laß uns einfach nur Freunde sein.« **(46)**

Neulich hast du über die negativen Aspekte der Ehe gesprochen. Kannst du uns bitte erklären, was du mit Intimität meinst? Und wann ist es gut, in schwierigen Zeiten zusammenzubleiben, und wann nicht?

Die Ehe ist eine Methode, um Intimität zu vermeiden. Sie ist ein Trick, um eine formelle Beziehung herzustellen. Intimität ist etwas Informelles. Wenn aus Intimität Ehe entsteht, ist es schön, aber wenn ihr hofft, daß aus der Ehe Intimität entsteht, hofft ihr vergeblich. Natürlich weiß ich, daß viele Menschen, Millionen von Menschen, sich anstelle von Intimität für die Ehe entschieden haben – denn Intimität bedeutet Wachstum und ist mit Schmerzen verbunden.

Ehe bedeutet Sicherheit, Abgesichertsein. Sie verhindert Wachstum. Man stagniert. Die Ehe ist ein sexuelles Arrangement, Intimität hingegen ein Streben nach Liebe. Die Ehe ist eine Form von Prostitution, eine permanente Form. Wenn man mit einer Frau, mit einem Mann verheiratet ist, lebt man in permanenter Prostitution. Bei diesem Arrangement geht es um die ökonomische, nicht um die psychologische Seite; es geht nicht ums Herz.

Darum beachtet: Wenn die Ehe aus der Intimität entsteht, ist es etwas Schönes. Das impliziert, daß jeder zuerst mit seinem Partner zusammenleben sollte, bevor er heiratet. Die Flitterwochen sollten nicht nach der Hochzeit stattfinden; sie sollten vor der Hochzeit stattfinden. Man sollte dunkle Nächte ebenso wie schöne Tage, traurige ebenso wie glückliche Augenblicke zusammen erlebt haben. Man sollte dem anderen nicht nur tief in die Augen, sondern auch tief in sein Wesen geschaut haben.

Wonach soll man es entscheiden? Wenn eure Intimität euch hilft, zu wachsen und zu reifen, dann ist es positiv und gut und gesund, dann ist es heilsam. Wenn sie destruktiv ist und euch nicht erlaubt, reif zu werden, sondern euch eher darin bestärkt, kindisch und unreif zu bleiben, dann ist es ungesund. Jede Beziehung, die euch darin bestärkt, kindisch zu bleiben, ist ungut, und ihr solltet sie aufgeben. Doch jede Beziehung, die euch Herausforderungen gibt – zu wachsen, sich auf ein Abenteuer einzulassen, um die Höhen und Tiefen des Lebens intensiver kennenzulernen ... Und ich sage nicht, daß eine positive Ehe problemlos ist – sie bringt *mehr* Probleme als eine negative Ehe. In einer positiven Beziehung gibt es mehr Probleme, weil jeder Tag neue Herausforderungen bringt. Doch jedesmal, wenn ein Problem gelöst ist, werdet ihr ein wenig höher steigen; jedesmal, wenn eine Herausforderung akzeptiert wurde, werdet ihr entdecken, daß ihr wieder ein Stück mehr in eurem inneren Wesen integriert seid.

Eine negative Beziehung hat keine Probleme – höchstens Pseudoprobleme, sogenannte Probleme, aber keine echten Probleme. Habt ihr es nicht auch schon beobachtet? Ehepartner streiten sich um die banalsten Dinge. Das sind keine Probleme. Darum zu streiten, bringt gar nichts; es hilft euch nicht zu wachsen. Beobachtet die Ehefrauen und Ehemänner, beobachtet euch selbst. Vielleicht seid ihr selbst Ehemänner, Ehefrauen.

Beobachtet einfach. Wenn ihr euch über triviale Dinge streitet – Kleinigkeiten, die ohnehin nichts bedeuten –, dann bleibt ihr unreif und kindisch. Die echten Probleme, die authentischen, denen man sich wirklich stellen muß, werden einen großen Tumult in eurem Innern erzeugen; sie werden euch ins Chaos stürzen. Man muß sich ihnen stellen. Ihr solltet sie nie vermeiden. Die trivialen Fragen sind eine Ausflucht vor den wirklichen Problemen. Ein Ehemann und eine Ehefrau streiten sich um winzige Kleinigkeiten: Welchen Film sie sehen wollen, welche Farbe das neue Auto haben soll, welches Modell, welche Type, in welches Restaurant sie heute abend gehen wollen. Solche banalen Dinge! Es macht keinen Unterschied. Ihr macht zuviel Aufhebens um solche Probleme, und so wird eure Beziehung euch nicht weiterbringen, sie wird euch nicht zur Integrität, zu eurem Zentrum führen. Eine solche Beziehung nenne ich negativ.

Eine positive Beziehung wird die echten Probleme konfrontieren. Ein Beispiel: Wenn ihr wütend seid oder traurig seid, werdet ihr in Gegenwart eurer Frau traurig sein, und ihr werdet kein falsches Lächeln aufsetzen. Ihr werdet zu ihr sagen: »Ich bin traurig.« Damit muß man sich auseinandersetzen. Und wenn ihr mit eurer Frau auf der Straße geht, und eine schöne Frau kommt vorbei, und ihr seht, wie in eurem Herzen große Sehnsucht und starkes Begehren auftauchen, dann werdet ihr eurer Frau erzählen, daß diese Frau ein starkes Begehren in euch ausgelöst und euer Herz berührt hat. Ihr werdet keine Ausflüchte suchen. Ihr werdet nicht den Blick abwenden und so tun, als hättet ihr die Frau gar nicht wahrgenommen. Eure Frau hat es längst bemerkt, ob ihr es nun zugebt oder nicht! Sie kann gar nicht anders, als es zu bemerken, weil eure Energie, eure Präsenz sich sofort verändert. Das sind die wahren Probleme!

Eine Frau zu heiraten bedeutet ja nicht, daß man sich für keine andere Frau mehr interessiert. Wenn es tatsächlich soweit ist, daß man sich für keine anderen Frauen mehr interessiert, dann wird man sich auch für die eigene Frau nicht mehr interessieren. Wozu denn? Wofür? Was wäre denn so Besonderes an der eigenen Frau? Wenn ihr aufhört, euch für Frauen zu interessieren, werdet ihr auch aufhören, euch für eure eigene Frau zu interessieren. Ihr liebt sie, weil ihr Frauen immer noch liebt – und sie ist eben eine Frau. Und wenn euch gelegentlich eine andere Frau begegnet, die euch bezaubert, dann werdet ihr es eurer Ehefrau erzählen. Und ihr werdet den Aufruhr, den es mit sich bringt, durchstehen. Das ist alles andere als trivial – es bringt Eifersucht, es bringt Streit, es stört den Frieden. Ihr werdet des Nachts nicht schlafen können, denn eure Frau wird Kissen nach euch werfen.

Ehrlich zu sein erzeugt echte Probleme. Authentisch zu sein erzeugt echte Probleme. Und ihr solltet alles sagen, was auch immer auftaucht. Ihr solltet nicht ausweichen, nicht beiseite schauen. Schaut geradeaus und seid aufrichtig. Und helft auch eurer Frau, ehrlich zu sein; helft eurem Mann, ehrlich zu sein.

Ja, echte Intimität bringt Probleme – mehr Probleme als eine negative Beziehung. Denn wenn zwischen euch und eurer Frau wirklich Vertrautheit herrscht, wie könnt ihr da der Tatsache aus dem Weg gehen, daß ihr euch für eine andere Frau interessiert? Ihr müßt es sagen. Das gehört zur Liebe dazu, das gehört zur Intimität. Ihr entblößt euch selbst, ihr zeigt euch völlig nackt, ihr haltet nichts zurück. Selbst wenn ihr in der Nacht von einer anderen Frau träumt, könnt ihr es am Morgen eurer Frau erzählen.

Ich habe von einem Filmregisseur gehört. In der Nacht fing er plötzlich an, mit seiner Freundin im Schlaf zu reden, und er sprach laut. Er sagte ihr lauter nette Dinge, und die Ehefrau, die neben ihm lag, starrte ihn an. Und weil ein verheirateter Mann sich sogar im Traum noch vor seiner Ehefrau fürchtet, bekam er plötzlich Angst. Was sagte er da? Er fühlte, wie seine Frau ihn ansah, und sagte geistesgegenwärtig: »Schnitt! Neue Szene« – so als wäre er bei den Dreharbeiten!

Wenn ihr die Frau wirklich liebt, werdet ihr am Morgen euren Traum erzählen – daß ihr in der Nacht im Traum mit einer anderen Frau geschlafen habt. Alles sollte mitgeteilt werden. Man sollte sein ganzes Herz ausschütten.

Intimität bedeutet, daß es nichts Geheimes gibt, daß ihr keine Geheimnisse mehr habt – zumindest nicht vor dem Menschen, mit dem ihr intim seid. Ihr gebt eure Privatheit auf. Ihr zeigt euch nackt und unverdeckt. Ob gut, ob schlecht – was immer ihr seid: Ihr öffnet euer Herz, gleichgültig, welchen Preis ihr dafür bezahlen müßt, egal, welche Schwierigkeiten ihr dafür in Kauf nehmen müßt. Das bringt Wachstum.

Und ihr helft auch dem anderen, seine Hemmungen, Filter und Masken fallenzulassen. In einer intimen Beziehung gelangt man dahin, daß man das ursprüngliche Gesicht des anderen zu sehen bekommt; man gelangt dahin, daß man sein eigenes ursprüngliches Gesicht herzeigt. Wenn eine Beziehung euch hilft, euer ursprüngliches Gesicht zu finden, dann ist sie meditativ, dann ist sie religiös. Wenn eure Beziehung euch einfach nur hilft, immer mehr Masken und Heucheleien zu erzeugen, dann ist sie unreligiös.

Versuche, meine Definition zu verstehen. Wenn meine Definition verstanden wird, dann sind neunundneunzig von hundert Ehen unreligiös, weil sie einfach mehr und mehr Unechtheit erzeugen. Die Verstellung beginnt schon von Anfang an.

Ich habe gehört: Der Priester wirft ein beifälliges Auge auf das Brautpaar vor ihm und auf die Hochzeitsgäste. Dann erhebt er die Stimme: »Falls einer der hier Anwesenden einen Grund kennt, warum diese beiden Menschen nicht in ehelicher

Gemeinschaft verbunden werden sollten, möge er jetzt sprechen oder für immer schweigen.«

»Ich habe etwas zu sagen«, ertönt eine laute, klare Stimme.

»Sie?« sagt der Priester. »Sie sind ruhig! Sie sind doch der Bräutigam!«

So geht es von Anfang an! Sie sind noch nicht einmal verheiratet. Der Priester sagt: »Sie sind ruhig! Sie sind doch der Bräutigam« – und damit beginnt das Leben eines Ehepaares.

Die Menschen sind still, sie sagen nichts. Sie sagen nicht die Wahrheit, sie täuschen Lügen vor. Sie lächeln, obwohl sie gar nicht lächeln wollen; sie küssen, obwohl sie gar nicht küssen wollen. Aber wenn man küßt, obwohl man in Wirklichkeit gar nicht küssen will, dann ist der Kuß vergiftet. Wenn man nicht lächeln will, aber lächeln muß, dann ist dieses Lächeln häßlich. Es ist Politik.

Und dann gewöhnt man sich irgendwie an diese Dinge. Man arrangiert sich mit der Falschheit, mit der Unechtheit des Lebens. Und man tröstet sich auf tausenderlei Arten.

»Doch, wir sind sehr glücklich«, sagt der Ehemann. »Natürlich kommt es hier und da vor, daß meine Frau Teller nach mir wirft, aber das ändert nichts an unserem Glück. Wenn sie mich trifft, ist sie glücklich, und wenn sie mich verfehlt, bin ich glücklich!«

Mit der Zeit arrangiert man sich – und beide sind glücklich.

Ein älteres Ehepaar hat einen furchtbaren Autounfall und stürzt in einen Abgrund.

»Wo bin ich?« stöhnt der Mann, als er wieder zu sich kommt. »Bin ich im Himmel?«

»Nein«, sagt die Frau, noch ganz benommen. »Ich bin noch bei dir.«

Solche Arrangements sind höllisch. Was ihr Beziehung nennt, ist nur Falschspielerei.

Darum merkt euch als Kriterium: Wenn ihr weiter wachst, wenn ihr mehr und mehr zu Individuen werdet, wenn das Leben intensiver für euch wird, wenn ihr offener werdet, wenn ihr die Schönheit der Existenz mehr wahrnehmen könnt, wenn in eurem Herzen mehr Poesie ist, wenn mehr Liebe durch euch hindurchfließt, mehr Mitgefühl, wenn ihr bewußter werdet – dann ist die Beziehung gut; dann macht weiter. Dann ist es keine Ehe – dann ist es Intimität.

Wenn aber das Gegenteil passiert: Wenn die ganze Poesie verschwindet und das Leben sehr prosaisch wird, wenn die ganze Liebe verschwindet und das Leben nur noch eine Last, eine tote Last ist, wenn euer Gesang erstirbt und ihr nur noch aus Pflichtgefühl lebt, dann ist es besser, aus dem Gefängnis auszubrechen. Es ist besser für euch, und es ist besser für den Partner, mit dem ihr lebt. **(47)**

Findet man eigentlich nie den perfekten Ehepartner?

Perfekte Menschen gibt es nicht. Und wenn es sie gäbe, wären diese perfekten Menschen sehr langweilig. Das Unvollkommene ist das, was das Leben interessant macht. Stelle dir nur einmal den perfekten Ehemann vor, die perfekte Ehefrau: Sie würden sich zu Tode langweilen!

Bertrand Russell soll einmal gesagt haben: »Ich will allein schon deshalb nicht in den Himmel kommen, weil dort die ganzen Heiligen und Weisen sind – und alle sind perfekt. Der Himmel muß furchtbar langweilig sein.«

Stell dir vor, es gäbe nur perfekte Leute – was für ein Leben wäre das? Bertrand Russel hat recht: In der Hölle ist viel mehr Leben als im Himmel. Der Himmel ist mit Sicherheit langweilig und tot.

Perfektion bedeutet Tod, und Perfektion läßt sich nirgends auf der Welt finden. Die Welt existiert durch Unvollkommenheit, denn in der Unvollkommenheit liegt das Wachstum, liegt die Evolution. Perfektion bedeutet, daß man in eine Sackgasse geraten ist; der Weg geht nicht mehr weiter, man steckt fest.

Du fragst mich: »*Findet man eigentlich nie den perfekten Ehepartner?*« – Sehr schwierig, fast unmöglich!

Ich habe von einem Mann gehört, der sein Leben lang nach der perfekten Frau suchte, und natürlich starb er als Junggeselle. Als er im Sterben lag, fragte ihn jemand: »Du hast dein ganzes Leben lang nach einer perfekten Frau gesucht. Hast du keine einzige Frau finden können, die perfekt war?«

Er sagte: »Wer sagt denn, daß ich sie nicht gefunden habe? Ich bin viele Male einer perfekten Frau begegnet.«

»Ja und? Warum hast du sie nicht geheiratet?«

Er sagte: »Weil sie den perfekten Mann gesucht hat!«

Es ist schon äußerst schwierig, *einen* perfekten Menschen zu finden – und du willst gleich zwei perfekte Menschen finden – unmöglich! Das ist noch nie passiert; das kann gar nicht passieren.

Und wie würde eine perfekte Ehe aussehen? Wenn die Frau eine echte Frau und der Mann ein echter Mann ist, ist Spannung unvermeidlich, und diese Spannung hat etwas Schönes. Ja, sie macht erst die Schönheit einer Ehe aus. Ein bißchen Konflikt ist natürlich; ohne Konflikte fehlt das Salz in der Beziehung. Es ist, wie wenn im Essen das Salz fehlt – es wird nicht gut schmecken. Eurem Leben fehlt dann die Würze. Wenn die Frau eine richtige Frau ist und der Mann ein richtiger Mann, dann werden sie polare Gegensätze sein – und darin besteht ihre Anziehung.

Ja, gelegentlich werden sie sich ganz nahe kommen, und diese Nähe wird große Freude mit sich bringen – und dann werden sie wieder auseinanderfallen. Es wird ein ständiger Prozeß von Zusammenkommen und Auseinandergehen sein. Sooft sie auseinandergehen, wird es Streit geben, denn auf diese Weise können sie sich voneinander entfernen.

Streiten ist nichts als ein Hilfsmittel. Wenn ihr das begreift, könnt ihr sehen, daß Streit ein Hilfsmittel ist, um sich zu trennen. Und jede Trennung ist schön, denn sie gibt euch Gelegenheit für neue Flitterwochen. Danach könnt ihr euch wieder neu begegnen. Sich zu streiten und den anderen wiederzugewinnen, sich zu streiten und sich wieder zu versöhnen, das ist etwas Schönes. Wenn es nie Streit gibt, werden diese beiden Menschen keine richtigen Menschen sein.

Es ist die Nacht vor der Hochzeit. »Schatz, ich muß dir etwas gestehen«, sagt der junge Mann. »Wenn du dir's noch anders überlegen willst, ist es mir auch recht, aber du mußt eines wissen: Ich bin ein Sadist.«

»Ach, Liebster, ich bin so froh, daß du mir das sagst!« antwortet das Mädchen. »Ich habe dir auch etwas verheimlicht: Ich bin eine Masochistin!« Eine perfekte Ehe, zwischen einem Sadisten und einer Masochistin! Unübertrefflich!

Also heiraten die beiden und fahren in die Flitterwochen. Am Abend im Hotel reißt sich die Braut die Kleider vom Leib, wirft sich aufs Bett und stöhnt mit kehliger Stimme: »Schlag mich! Bitte, schlag mich!«

Und der Bräutigam steht über ihr, die Arme verschränkt, und antwortet: »Da kannst du lange warten!«

Er ist wirklich ein Sadist, denn würde er sie schlagen, dann wäre das ja keine Qual, sondern eine Freude für sie; sie will ja geschlagen werden. Also sagt er: »Da kannst du lange warten!« und steht da mit gekreuzten Armen ... Auch diese perfekte Ehe ist gescheitert!

Ich habe noch nie gehört, daß eine Ehe perfekt gewesen wäre. Es heißt, perfekte Ehen würden im Himmel geschlossen. Vielleicht stimmt das auch, aber noch keiner ist von dort zurückgekommen. Und wie wäre denn eine solche perfekte Ehe? Ohne Spannung, ohne Individualität, weder beim Mann noch bei der Frau. Sie würden nie zusammenkrachen, würden sich nie streiten. Sie würden zuckersüß miteinander sein. Aber zuviel Zucker erzeugt Diabetes! **(48)**

Ist es okay, zu heiraten und Kinder zu haben?

Meditiere über ein paar von Murphys Sutras:

Erstens: Es ist gut, gelegentlich verheiratet zu sein.

Zweitens: Ein kluger Mann erzählt der Frau, daß er sie versteht, ein dummer versucht es ihr zu beweisen.

Drittens: Die Ehe macht, daß die Welt sich dreht – aber das gleiche bewirkt auch ein Kinnhaken.

Viertens: Wie kann man eine Ehe vor der Scheidung retten? Die einzige Möglichkeit ist, nicht bei der Hochzeit zu erscheinen.

Und fünftens: Die Frau ist Gottes zweiter Fehler – der erste war zweifellos der Mann –, und zwei Fehler zusammengenommen ergeben keinen Geniestreich.

Darum sei auf der Hut! Wenn du heiraten willst – welches Recht hätte ich, dir davon abzuraten? Ich kann dir nur helfen, ein bißchen bewußter zu werden. Überlege es dir gut, bevor du springst! **(49)**

Warum will man eigentlich heiraten?

Ich weiß es nicht genau, denn ich habe es nie gewollt. Ich bin also völlig unerfahren. Du solltest mir keine so schwierigen Fragen stellen. Aber ich vermute – und es ist nur eine Vermutung – ich vermute, es ist deshalb, weil die Menschen lieber in Institutionen leben, in Gefängnissen. Die Menschen leben nicht gerne ein offenes Leben; sie leben lieber ein geschlossenes Leben. Und darum wollen sie heiraten.

Ich vermute, weil die Menschen nicht lieben – darum wollen sie heiraten. Ihre Liebe reicht nicht aus, darum brauchen sie die Unterstützung des Gesetzes. Wenn die Liebe ausreicht, hat es keinen Sinn zu heiraten. Wenn ihr eurer Liebe vertraut, ist das ausreichend; nichts anderes ist nötig, um euch zusammenzuhalten. Die Ehe ist ein Versuch, euch zusammenzuhalten, weil ihr kein Vertrauen habt, daß eure Liebe ausreicht, um euch zusammenzuhalten. Es sind die Menschen, die nicht lieben, die heiraten wollen. Obwohl ... sie sind sehr schlau, sie sagen: »Wir wollen heiraten, weil wir lieben.« Doch weshalb sollte man heiraten wollen, wenn man liebt? Liebe ist mehr als genug. Was könnte eine Ehe daran verbessern? Sie kann es höchstens kaputtmachen, sie kann es nicht verbessern.

Der bloße Gedanke der Ehe ist der Beginn der Scheidung. In dem Moment, in dem ihr ans Heiraten denkt, solltet ihr auf der Hut sein: Ihr habt bereits angefangen, eure Scheidung einzuleiten! Die Furcht ist schon im Anzug, die Angst vor der Scheidung, und ehe sie euch übermannt, wollt ihr heiraten. Dann tritt das Gesetz auf den Plan, und die Polizei und das Gericht und die Gesellschaft, um euch daran zu hindern, vor der Frau davonzulaufen, oder um die Frau daran zu hindern, vor euch davonzulaufen.

Liebe ist genug, mehr als genug. Und wenn Liebe euch nicht zusammenhalten kann, dann kann nichts euch zusammenhalten. Und nichts sollte euch zusammenhalten.

Die Leute heiraten, weil sie es nicht aushalten können, glücklich zu sein. Sie wollen lieber leiden. Immer wenn ihr ein Paar seht, einen Mann und eine Frau, die total unglücklich sind, könnt ihr darauf bauen, daß sie verheiratet sind – aber sie müssen total unglücklich sein. Es ist schwer, ein verheiratetes Paar zu treffen, das glücklich ist – davon abgesehen, welchen Anschein sie sich geben. Vielleicht täuschen sie Glück vor, aber es ist nicht die Wahrheit. Ihr müßt sie sehen, wenn sie nicht Theater spielen, wenn sie nicht ihr offizielles Gesicht tragen. Dann sind sie ständig am Zanken und Streiten und gehen sich gegenseitig auf die Nerven.

Die Leute können Glück nicht ertragen. Die Liebe ist eine solche Freude – das ist unerträglich. Es ist so unerträglich, daß ihr es kaputtmachen müßt. Und die Ehe ist die sicherste Methode, um die Liebe kaputtzumachen. Alle Ehen sind destruktiv für die Liebe. Die Idee der Ehe an sich ist destruktiv. Die Liebe sollte euer ganzes Vertrauen sein.

Ich vermute, daß die Männer heiraten, weil sie es müde sind, und die Frauen, weil sie neugierig sind. Beide sind enttäuscht. Die Männer heiraten, weil sie vor den Frauen so viel Angst haben. Wenn man heiratet, braucht man nur noch vor einer Frau Angst zu haben; es gibt eine gewisse Sicherheit. Wenn ihr unverheiratet seid, jagen euch alle Frauen Angst ein. Wenn ihr verheiratet seid, schützt euch eure Frau, sie ist eine Art Schutzschild für euch. Dann seid ihr nicht mehr offen; sie schützt euch vor euch selbst.

Die Frauen wollen heiraten, weil sie seit jeher von den Männern in wirtschaftlicher Abhängigkeit gehalten wurden, so daß sie sich immer nach wirtschaftlicher Sicherheit sehnen. Wenn diese Hilflosigkeit der Frauen erst einmal verschwunden ist und die Frau ihre wirtschaftliche Unabhängigkeit erlangt hat, wird die Ehe das meiner Meinung nach nicht überleben. Dann wird niemand mehr heiraten wollen. Und es ist gut, wenn die Ehe aus der Welt verschwindet. Sie ist eine der größten Katastrophen überhaupt.

Und ich sage nicht, daß es verkehrt ist, in intimer Liebe zusammenzusein und ein ganzes Leben lang zusammenzubleiben. Das sage ich überhaupt nicht. Aber es sollte nur aus Liebe geschehen und aus keinem anderen Grund. Es sollte kein wirtschaftliches Motiv geben, kein sicherheitsorientiertes Motiv. Es sollten keine anderen Bedingungen daran geknüpft sein – nur reine Liebe. Gewiß, die Liebe bringt viele Gefahren mit sich, aber dadurch lebt sie, durch die Gefahren. Die Liebe bleibt durch die Gefahren lebendig. Gefahren sind nicht schlecht, sie halten die Dinge im Fluß, und dadurch bleibt die Liebe ein Abenteuer. Zu lieben erfordert Mut, und es ist feige, zu heiraten.

Und falls diese Frage eine persönliche Frage ist, falls es deine eigene Frage ist – denn du hast gefragt: *»Warum will man eigentlich heiraten?«* Wenn dieser »man« du bist, dann lautet mein Vorschlag: Heirate nie, aber lebe immer in Liebe! Wenn du immer in Liebe leben willst, darfst du nie heiraten, denn sonst wirst du anfangen, im Haß zu leben. Niemand kann seinen eigenen Gefangenen lieben, niemand kann seinen eigenen Gefängniswärter lieben. Doch wenn ihr heiratet, werdet ihr dazu – einer wird zum Gefängniswärter und einer zum Gefangenen. Und beide beginnen sich zu hassen. Dann bringt das Leben viel Reibung, aber keine Poesie. **(50)**

Jeder Machttrip macht euch zum Politiker. Der Ehemann versucht, der Frau überlegen zu sein – es ist Politik. Und die Frau versucht, dem Mann überlegen zu sein … weil sie diese Idee seiner Überlegenheit einfach nicht akzeptieren kann. Obwohl sie seit Tausenden von Jahren dazu konditioniert wurde, findet sie Wege, es zu sabotieren.

Das ist der wahre Grund, warum die Frauen ständig herumnörgeln, warum sie einen Anfall bekommen, warum sie wegen jeder Kleinigkeit in Tränen ausbrechen und eine Szene machen – wegen der banalsten Dinge, von denen ihr nie gedacht hättet, daß daraus ein Problem werden könnte. Und warum geschieht das alles? Es ist die weibliche Methode, eure politische Strategie zu sabotieren: »Du hältst dich für überlegen? Das kannst du ruhig weiter denken, aber ich werde dir schon zeigen, wer hier der Überlegene ist!« Und jeder Ehemann weiß genau, wer der Überlegene ist, aber er gibt sich immer noch den Anschein, als wäre er der Überlegene. Zumindest außerhalb des Hauses steht er stramm, rückt sich die Krawatte zurecht, er lächelt und tut, als wäre alles in bester Ordnung.

In einer kleinen Dorfschule fragt die Lehrerin ihre Schüler: »Könnt ihr mir den Namen eines Tieres nennen, das wie ein Löwe aus dem Haus geht und wie eine Maus zurückkehrt?«

Ein kleiner Junge hebt die Hand. Die Lehrerin sagt: »Ja, wie ist deine Antwort?«

»Mein Vater«, sagt der Kleine.

Kinder haben eine klare Wahrnehmung. Sie beobachten ständig alles, was passiert. Der Vater geht beinahe wie ein Löwe aus dem Haus, aber wenn er heimkommt, ist er ein Mäuschen. Jeder Ehemann ist ein Pantoffelheld. Es gibt nur diese eine Kategorie von Ehemännern. Und warum? Wie ist es zu dieser häßlichen Situation gekommen?

Wegen der männlichen und wegen der weiblichen Machtpolitik – und weil beide ständig versuchen, sich gegenseitig zu beherrschen. **(51)**

Ich habe einen Brief gelesen, den Mulla Nasruddin seiner Frau schrieb. Hört ihn euch an:

An meine geliebte, ewig liebende Frau
Im vergangenen Jahr habe ich 365mal versucht, mit Dir zu schlafen, durchschnittlich einmal am Tag. Nachstehend ist eine Liste der Gründe, mit denen du mich abgeschmettert hast:

Falsche Woche	11
Die Kinder werden aufwachen	7
Es ist zu heiß	15
Es ist zu kalt	3
Zu müde	19
Zu spät	16
Zu früh	9
Stelltest dich schlafend	33
Fenster offen, Nachbarn könnten es hören	3
Kreuzschmerzen	16
Zahnschmerzen	2
Kopfschmerzen	6
Nicht in Stimmung	31
Baby unruhig, könnte schreien	18
Willst das Spätprogramm sehen	15
Schlammpackung	8
Schon eingecremt für die Nacht	4
Zu betrunken	7
Vergessen, zur Apotheke zu gehen	10
Besucher schlafen im Nebenzimmer	7
Frisch vom Friseur	28
»Ist das alles, was dir einfällt?«	62

Liebste, meinst du, daß wir diese Bilanz im nächsten Jahr verbessern können?

Dein dich ewig liebender Gatte,
Mulla Nasruddin

Das sind Methoden, mit denen man den Partner manipuliert, mit denen man ihn aushungert, Methoden, mit denen man ihn immer hungriger macht, damit er immer abhängiger wird. **(52)**

Eine Frau kam zu mir. Ich hatte sie seit vielen Jahren beobachtet; sie kam seit vielen Jahren zu mir. Als sie zum ersten Mal kam, sagte sie mir, daß sie überhaupt nicht an Sex interessiert sei, ihr Ehemann sei jedoch ständig auf Sex aus. Sie fühlte sich sehr schlecht damit, ihr war fast übel. »Wie kann ich das abstellen? Was soll ich tun?« fragte sie.

Ich redete mit dem Ehemann und sagte zu ihm: »Zeige einen Monat lang kein sexuelles Interesse. In einem Monat wird alles besser und anders sein.« Und für einen Monat befolgte er meinen Rat.

Dann kam die Frau wieder. Sie sagte: »Ich bin sehr verletzt. Mein Mann ist überhaupt nicht mehr sexuell an mir interessiert.«

Da sagte ich zu ihr: »Du mußt verstehen, was da abläuft. Wenn dein Mann sexuell interessiert ist, hast du eine gewisse Macht über ihn. Du genießt diese Macht, aber gleichzeitig hast du auch das Gefühl, benutzt zu werden. Wenn dein Mann sexuelle Blicke auf dich wirft, bedeutet es, daß er in dir ein Mittel sieht, um zu seiner Befriedigung zu kommen. Du fühlst dich benutzt.«

Fast alle Frauen fühlen sich benutzt, und das ist ihr Problem. Wenn aber der Ehemann aufhört, sich für sie zu interessieren, vergessen sie ganz, daß sie sich benutzt fühlten, und bekommen es mit der Angst zu tun. Dann befürchten sie, daß der Mann sich weit von ihnen entfernen könnte. Sie haben keine Macht mehr über ihn; sie können ihn nicht mehr besitzen.

Darum sagte ich zu der Frau: »Du mußt die Tatsache ganz klar sehen: Wenn du deinen Mann besitzen willst, mußt du dich auch von ihm besitzen lassen. Wenn du ihn besitzen willst, mußt du dich auch von ihm benutzen lassen.«

Durch ein besitzergreifendes Denken wird man selbst zum Besitz. Etwas zu besitzen heißt, davon besessen zu werden.

Je mehr ihr besitzt, um so mehr Sklaverei erzeugt ihr in eurem Umfeld. Freiheit entsteht, wenn ihr aufhört, besitzergreifend zu sein. Wenn ihr verlernt, besitzergreifend zu sein, werdet ihr nicht mehr darauf aus sein, Macht über jemanden auszuüben. Dann wird keine Eifersucht aufkommen. Und wenn ihr nicht bestrebt seid, den anderen zu besitzen, erzeugt das eine solche Schönheit um euch herum, daß der andere euch gar nicht als Ding betrachten kann. Ihr werdet zu einem strahlenden, leuchtenden Wesen – einem erleuchteten Menschen. Ihr werdet euch selbst zum Licht. Dann kann niemand euch besitzen. Jeder, der in eure Nähe kommt, wird die gewaltige Schönheit fühlen, und niemand wird euch als Ding betrachten können.

Nun leidet jedoch jede Frau, denn in erster Linie will sie besitzen. Und wenn sie jemanden besitzen will, wird der andere sie auch besitzen. Wenn jemand sie besitzt, dann hat sie das Gefühl: »Ich werde benutzt.« Wird sie aber nicht benutzt, dann fühlt sie, wie ihre Macht entschwindet. Darunter leiden die Frauen ständig, und das gleiche gilt für die Männer.

Ein Problem zu durchschauen bedeutet, davon geheilt zu werden, denn wenn man es durchschaut, erkennt man, daß man einen falschen Trick gelernt hat. Man kann umlernen, und dadurch geschieht Heilung. **(53)**

Was sagt eine französische Ehefrau, wenn ihr Ehemann unerwartet nach Hause kommt? – »Pierre, rück mal zur Seite. Mon Chéri ist nach Hause gekommen!«

Was sagt eine deutsche Ehefrau? – »Fritz, du kommst zwanzig Minuten zu früh!«

Und eine englische Ehefrau? – »Hello, Darling! Darf ich dir Gilbert vorstellen?«

Eine griechische Ehefrau: – »Alexis, mein Lieber! Mach bitte die Hintertür zu!«

Eine italienische Ehefrau: – »Mamma mia, Luigi. Wenn du

uns unbedingt alle erschießen willst, dann erschieß dich als erstes!«

Und eine jüdische Ehefrau: – »Bist du es, Isaak? Wer ist denn dann dieser Mann neben mir?« **(54)**

Warum machen die Frauen beim Sex immer die Augen zu?

Weil sie es nicht mit ansehen können, wie ihr Gatte seinen Spaß hat!

Ich bin ziemlich sicher, daß mein Mann mich betrügt. Als er gestern abend nach Hause kam, hatte er Lippenstift am Kragen, und als ich ihn danach fragte, sagte er, es sei Tomatensaft. Was soll ich tun?

Frag ihn: »Wer ist diese Tomate?« **(55)**

Ich langweile mich mit meinem Ehemann. Ich habe alles versucht, aber nichts hat funktioniert. Hast du nicht ein paar Ratschläge für mich?

Nicht viele, nur einen. Schreibe den folgenden Brief an fünf von deinen Freundinnen:

> Hallo, liebe Freundin!
> Diesen Brief begann eine Frau wie Du in der Hoffnung, ihrem Dasein als gelangweilte und frustrierte Ehefrau ein Ende zu bereiten.
> Im Unterschied zu den meisten Kettenbriefen kostet dieser überhaupt nichts. Du brauchst nur eine Kopie des Briefes an fünf von Deinen Freundinnen zu senden, die es genauso leid sind wie Du. Dann pack Deinen Ehemann zusammen, schick ihn an die Frau, die an erster Stelle in der Liste steht und schreib Deinen Namen ans Ende der Liste.
> Wenn Dein Name an die erste Stelle der Liste aufgerückt

ist, erhältst Du 16 478 Männer, und ein paar davon werden mit Sicherheit besser sein als der, den Du schon hast.
Unterbrich auf keinen Fall diese Kette ... habe Vertrauen!
Eine Frau hat die Kette unterbrochen und bekam ihren eigenen Typen zurück.
Bevor dieser Brief losgeschickt wurde, erhielt eine Freundin von mir 183 Männer. Sie wurde gestern beerdigt, aber die Leute von der Bestattung haben sechsunddreißig Stunden gebraucht, um das Lächeln aus ihrem Gesicht wegzubekommen! **(56)**

Wenn die Liebe durch die Ehe kaputtgemacht wird, wie sollen wir dann unser Leben gestalten, wenn wir unsere Liebe, unsere Gedanken, unseren Alltag mit einem anderen Menschen teilen wollen? Und wie können unsere Kinder mit Mutter und Vater aufwachsen?

Ich habe nie gesagt, daß die Liebe durch die Ehe kaputtgemacht wird. Wie könnte die Liebe durch die Ehe kaputtgemacht werden? Gewiß, die Liebe wird *in* der Ehe kaputtgemacht, aber sie wird durch *euch* kaputtgemacht, nicht durch die Ehe. Sie wird durch die Partner kaputtgemacht. Wie könnte die Ehe die Liebe kaputtmachen? *Ihr* seid es, ihr macht sie kaputt, weil ihr nicht wißt, was Liebe ist. Ihr tut, als wüßtet ihr es; ihr hofft, daß ihr es wißt; ihr träumt davon, daß ihr es wißt – aber ihr habt keine Ahnung, was Liebe ist.

Liebe ist etwas, das man lernen muß; sie ist die größte Kunst, die es gibt.

Wenn ihr einem Tänzer zuseht, und jemand fordert euch auf: »Komm, tanz mit!« dann sagt ihr bestimmt: »Ich kann das nicht.« Ihr werdet nicht einfach aufspringen und zu tanzen anfangen und vor den anderen so tun, als wäret ihr ein großer Tänzer. Ihr würdet nur als ein Narr, aber nicht als Tänzer dastehen. Man muß es lernen – die Anmut, die Bewegungen. Man muß seinen Körper dafür trainieren.

Ihr geht ja auch nicht einfach her und fangt an zu malen,

nur weil eine Leinwand und Pinsel und Farben vorhanden sind. Ihr fangt deswegen nicht gleich an zu malen. Ihr sagt nicht: »Alle Voraussetzungen sind gegeben, also kann ich malen.« Natürlich könnt ihr malen, aber so wird man kein Maler.

Ihr trefft eine Frau – das ist eure Leinwand –, und sofort werdet ihr zum Liebhaber: Ihr fangt sofort an zu malen, und sie fängt an, auf euch zu malen. So werdet ihr beide zu Narren – mit Clownbemalung –, doch früher oder später bemerkt ihr, um was es eigentlich geht. Ihr habt nie daran gedacht, daß die Liebe eine Kunst ist. Man wird nicht mit dieser Kunst geboren; sie ist nicht etwas, was man von Geburt an mitbringt. Man muß es lernen. Es ist die subtilste Kunst.

Ihr kommt nur mit dem Potential auf die Welt. Ihr bringt den Körper mit, und natürlich könnt ihr ein Tänzer werden, weil ihr einen Körper habt. Ihr könnt Bewegungen machen, und ihr könnt tanzen – doch das Tanzen will gelernt sein. Um tanzen zu lernen, ist große Anstrengung vonnöten. Dabei ist das Tanzen nicht so schwierig, weil es nur euch allein betrifft.

Die Liebe ist viel schwieriger. Sie ist ein Tanz mit Partner. Der andere ist genauso nötig, um zu erfahren, wie dieser Tanz geht. Mit jemandem zusammenzupassen ist eine große Kunst. Harmonie zwischen zwei Menschen herzustellen ... und zwei Menschen sind zwei verschiedene Welten! Wenn zwei Welten sich nahekommen, ist ein Zusammenstoß unvermeidlich – es sei denn, man hat gelernt, Harmonie herzustellen. Liebe ist Harmonie. Zufriedenheit, Gesundheit, Harmonie – das alles entsteht aus der Liebe. Darum lernt zu lieben. Habt es nicht eilig zu heiraten. Lernt zu lieben. Werdet erst zu einem großen Liebenden.

Und was sind die Voraussetzungen dafür? Die Voraussetzung ist, daß ein großer Liebender immer bereit ist, Liebe zu geben, und sich nicht darum kümmert, ob sie erwidert wird oder nicht. Sie wird immer erwidert; das liegt in der Natur der Dinge. Es ist, wie wenn ihr in die Berge geht und ein Lied singt: Die Täler werden euch antworten. Habt ihr es schon erlebt, das Echo in den Bergen? Wenn ihr ruft, rufen die Täler zurück, und wenn ihr singt, singen die Täler. Jedes Herz ist ein Tal. Und wenn ihr eure Liebe einströmen laßt, wird es euch antworten.

Die erste Lektion der Liebe besteht darin, nicht um Liebe zu bitten, sondern nur zu geben. Werdet zu einem Gebenden. Die Menschen machen aber genau das Gegenteil. Selbst wenn sie geben, tun sie es nur mit dem Hintergedanken, Liebe zurückzubekommen. Es ist ein Tauschhandel. Sie verströmen sich nicht, sie verschenken sich nicht freigebig. Sie teilen aus, aber nicht vorbehaltlos. Aus dem Augenwinkel beobachten sie, ob es erwidert wird oder nicht. Arme Leute ... sie haben keine Ahnung von dem Naturgesetz der Liebe. Wer Liebe verströmt, zu dem wird sie zurückkommen.

Und wenn sie nicht kommt, macht euch keine Sorgen. Ein Liebender weiß, daß Lieben glücklich macht. Wenn es erwidert wird – gut, dann vervielfacht sich das Glück. Doch selbst wenn es nicht erwidert wird, macht der Akt des Liebens euch so glücklich und ekstatisch – wen kümmert es da, ob die Liebe erwidert wird?

Die Liebe hat ihre eigene, ihr innewohnende Glückseligkeit. Sie stellt sich ein, wenn man liebt. Man braucht nicht auf das Ergebnis zu warten. Fangt einfach an zu lieben, und allmählich werdet ihr sehen, wieviel Liebe zu euch zurückkommt. Man kann nur erleben und erfahren, was Liebe ist, indem man liebt. Genau wie man schwimmen lernt, indem man schwimmt, so lernt man lieben, indem man liebt.

Aber die Menschen sind sehr knausrig. Sie warten auf die große Liebe – dann, ja dann werden sie lieben! Sie bleiben verschlossen und in sich gekehrt. Und sie warten. Irgendwann, irgendwo wird ihre Kleopatra auftauchen, und dann werden sie ihr Herz öffnen. Aber bis es soweit ist, haben sie völlig verlernt, ihr Herz zu öffnen.

Laßt keine Gelegenheit vorbeigehen, um zu lieben! Selbst auf der Straße, im Vorbeigehen, kann man liebevoll sein. Selbst zu einem Bettler kann man liebevoll sein. Es ist nicht nötig, ihm etwas zu geben, aber lächeln kann man. Es kostet nichts. Doch euer Lächeln öffnet euer Herz; es bringt Leben in euer

Herz. Nehmt jemanden bei der Hand – einen Freund, einen Fremden. Wartet nicht, bis erst der Richtige kommt, den ihr lieben könnt. So wird der Richtige nie kommen. Liebt einfach. Und je mehr ihr liebt, um so größer ist die Wahrscheinlichkeit, daß der Richtige zu euch findet, weil euer Herz anfängt zu blühen. Ein Herz in voller Blüte lockt viele Bienen an, viele Liebende.

Man hat euch auf völlig falsche Weise erzogen. Erstens trägt jeder die falsche Vorstellung in sich, daß er schon ein Liebender sei. Nur weil ihr geboren seid, meint ihr, ihr wäret schon Liebende. So einfach ist das nicht. Ja, das Potential ist vorhanden, aber das Potential muß erst ausgebildet werden, es muß diszipliniert werden. Der Same ist vorhanden, doch erst muß er zum Blühen kommen.

Wenn ihr nur den Samen weiter in euch tragt, wird keine Biene herbeikommen. Habt ihr je gesehen, daß Bienen die Samen besuchen? Wissen sie nicht, daß aus den Samen Blumen werden? Aber sie kommen erst, wenn die Blumen blühen. Gebt euch nicht mit dem Samen zufrieden – werdet zur Blume.

Zwei Menschen, die einzeln unglücklich sind, erzeugen noch mehr Unglück füreinander, wenn sie sich zusammentun. Rein mathematisch ist es so. Du warst unglücklich, deine Frau war unglücklich – und jetzt hofft ihr beide, zusammen glücklich zu werden? Es ist eine einfache Rechnung – so wie zwei und zwei vier ist, genauso einfach. Dazu gehört keine höhere Mathematik. Es ist simpel; man kann es sich an den Fingern ausrechnen: Ihr werdet alle beide unglücklich sein.

»Liebst du mich nicht mehr?« fragt Mulla Nasruddins Frau. »Du sagst mir überhaupt nichts Nettes mehr wie früher, als du noch um mich geworben hast.« Und mit dem Schürzenzipfel wischt sie sich eine Träne aus dem Auge.

»Ich liebe dich ja, ich liebe dich«, antwortet Mulla Nasruddin, »aber kannst du jetzt bitte still sein und mich in Ruhe mein Bier trinken lassen?«

Um jemanden zu werben ist eine Sache ... aber macht euch davon nicht abhängig. Ehe ihr heiratet, solltet ihr die Zeit der Werbung bereits hinter euch gelassen haben. Mein Vorschlag ist, daß die Hochzeit *nach* den Flitterwochen stattfinden sollte, niemals vorher. Nur wenn alles gut läuft, solltet ihr Hochzeit feiern.

Flitterwochen nach der Hochzeit sind eine riskante Angelegenheit. Soviel ich weiß, enden neunundneunzig Prozent aller Ehen mit den Flitterwochen. Dann seid ihr gefangen, dann könnt ihr nicht mehr entkommen. Dann wird die ganze Gesellschaft, das Recht, das Gericht – sie alle werden dagegen sein, wenn ihr eure Frau verlassen wollt oder wenn sie euch verläßt. Die ganze Moral, die Religion, die Priester – sie alle werden gegen euch sein.

Doch eigentlich sollte die Gesellschaft möglichst große Hindernisse für die Ehe aufbauen und keine Hindernisse für die Scheidung.

Die Gesellschaft sollte nicht zulassen, daß man so leicht heiraten kann. Es sollte juristische Hindernisse geben: daß man mindestens zwei Jahre mit einer Frau zusammenleben muß, bevor man vom Gericht die Erlaubnis zur Heirat bekommt. Heute machen wir es genau umgekehrt. Wenn ihr heiraten wollt, fragt euch keiner, ob ihr dazu wirklich bereit seid oder ob es nur eine Laune ist – weil ihr die Nase dieser Frau schön findet. Wie töricht! Man kann doch nicht auf einer Nase sein ganzes Leben aufbauen. Nach zwei Tagen ist die Nase vergessen. Welcher Mann achtet denn auf die Nase seiner eigenen Frau?

Ich habe gehört: Auf einer Station arbeiten lauter Krankenschwestern, die aussehen, als hätten sie sich für das Finale zur »Miss World« qualifiziert. Ein Patient starrt mit intensivem Blick, sooft eine dieser Schwestern in sein Blickfeld kommt, und sagt dann: »Unsinn!«

Sein Bettnachbar kann sich keinen Reim darauf machen. »Die reinsten Schönheitsköniginnen kümmern sich um Sie, aber Sie sagen immer nur: ›Unsinn!‹ Warum eigentlich?«

Da antwortet der erste mit trauriger Miene: »An die Schwestern hab ich dabei nicht gedacht, nur an meine Ehefrau!«

Die Ehefrau ist nie schön, der Ehemann ist nie schön. Sobald sie sich kennengelernt haben, verschwindet die ganze Schönheit.

Zwei Menschen sollten lange genug zusammenleben dürfen, um sich kennenzulernen, um miteinander vertraut zu werden. Und selbst wenn sie heiraten wollen, sollte es ihnen nicht gleich gestattet werden. Dann wird die Scheidung aus der Welt verschwinden. Scheidungen gibt es, weil die Ehen unecht oder erzwungen sind. Scheidungen gibt es, weil die Ehen in einer romantischen Anwandlung geschlossen werden.

Eine romantische Anwandlung ist gut für Dichter – und Dichter sind bekanntermaßen keine guten Ehemänner und Ehefrauen. Im Gegenteil, Dichter sind fast immer unverheiratet. Sie haben ihren Spaß, lassen sich aber nicht einfangen, und so bleiben ihre Romanzen am Leben, und sie können weiterhin Gedichte schreiben, wunderschöne Poesie.

In einer poetischen Stimmung sollte man keine Ehe mit einer Frau oder einem Mann eingehen. Man sollte warten, bis die Prosastimmung kommt, bevor man sich mit jemandem niederläßt, denn das tagtägliche Leben ist eher Prosa als Poesie. Man muß reif dafür sein.

Reife bedeutet, kein romantischer Schwärmer mehr zu sein: Man versteht das Leben, versteht die Verantwortung im Leben, versteht die Probleme des Zusammenlebens mit einem anderen Menschen. Man akzeptiert all diese Schwierigkeiten und entscheidet sich trotzdem für das Zusammenleben. Man wiegt sich nicht mehr in der Hoffnung, im Himmel zu leben, auf Rosen gebettet. Man hofft nicht mehr auf solchen Unsinn. Man weiß um die Realität und um ihre Härte. Es ist kein Honiglecken. Ja, es gibt auch Rosen, hier und da, aber sie haben viele Dornen.

Wenn ihr euch all dieser Probleme bewußt seid und trotzdem beschließt, daß es sich lohnt, das Risiko einzugehen und mit dem anderen zusammenzuleben, statt allein zu sein – dann könnt ihr heiraten. Dann wird eure Ehe die Liebe nicht kaputtmachen, denn es wird eine realitätsbezogene Liebe sein. Nur die romantische Liebe wird durch die Ehe kaputtgemacht. Und die romantische Liebe, diese »Turteltauben-Liebe« – man sollte sich davon nicht abhängig machen. Man sollte nicht denken, daß man durch sie genährt wird. Sie ist wie Eiskrem: Man kann sie gelegentlich genießen, aber leben kann man davon nicht. Das Leben muß realistisch genommen werden, als ein Prosastück.

Die Ehe an sich macht nie etwas kaputt. Die Ehe bringt nur das ans Tageslicht, was in euch verborgen ist. Sie bringt es an die Oberfläche. Wenn hinter euch die Liebe steht, wenn sie sich in eurem Innern verbirgt, dann wird die Ehe sie hervorholen. Wenn die Liebe nur eine Täuschung war, ein Köder, dann wird sie früher oder später verschwinden. Und dann kommt eure Realität, eure häßliche Persönlichkeit zum Vorschein. Die Ehe ist einfach eine Chance, daß die Dinge, die in euch sind, an die Oberfläche kommen können.

Ich sage nicht, daß die Liebe durch die Ehe kaputtgemacht wird. Die Liebe wird kaputtgemacht durch die Menschen, die nicht wissen, wie man liebt. Die Liebe wird kaputtgemacht, weil es von vornherein gar keine Liebe ist. Ihr habt in einem Traum gelebt, und die Realität macht diesen Traum kaputt. Ansonsten ist nämlich die Liebe etwas Ewiges, ein Teil der Ewigkeit. Wenn ihr wachsen könnt, wenn ihr diese Kunst erlernt, wenn ihr die Realität des Liebeslebens akzeptieren könnt, dann wird eure Liebe von Tag zu Tag wachsen. Dann wird die Ehe zu einer ungeheuren Chance, in der Liebe zu wachsen.

Nichts kann die Liebe kaputtmachen. Wenn Liebe da ist, wird sie weiter wachsen. Doch mein Gefühl sagt mir, daß sie von Anfang an gar nicht vorhanden ist. Ihr wart in einem Mißverständnis befangen – es war etwas ganz anderes. Vielleicht war es Sex, vielleicht war sexuelle Anziehung vorhanden. Diese wird verschwinden, denn sobald ihr mit einer Frau Sex gehabt habt, verschwindet die sexuelle Anziehung. Sexuelle Anziehung lebt vom Unbekannten, und wenn ihr den Körper einer Frau oder eines Mannes kennengelernt habt, verschwindet die sexuelle Anziehung. Wenn eure Liebe nur sexuelle Anziehung war, dann wird diese verschwinden.

Verwechselt nicht etwas anderes mit Liebe. Wenn Liebe wirklich Liebe ist ... und was meine ich, wenn ich »wirklich Liebe« sage? – Ich meine, wenn ihr euch in der bloßen Gegenwart des anderen mit einemmal glücklich fühlt, wenn ihr euch durch das bloße Zusammensein ekstatisch fühlt, wenn die bloße Anwesenheit des anderen eine tiefe Befriedigung in eurem Herzen bewirkt ... Etwas in eurem Herzen beginnt zu singen, und ihr fallt in Harmonie ... Dann wird die bloße Gegenwart des anderen euch darin unterstützen, zusammenzusein. Dann werdet ihr zu einem Individuum, ihr werdet zentrierter, ihr werdet besser geerdet. Dann ist es Liebe.

Liebe ist nicht Leidenschaft, Liebe ist nicht Emotion. Liebe ist die tiefe Erkenntnis, daß ein anderer Mensch dich irgendwie vollständig macht. Der andere macht dich rund, zu einem Kreis. Die Präsenz des anderen verstärkt deine eigene Präsenz.

Liebe gibt dir die Freiheit, du selbst zu sein. Sie ist nicht besitzergreifend.

Ihr müßt achtgeben. Haltet nicht Sex für Liebe, sonst unterliegt ihr einer Täuschung. Seid aufmerksam, und wenn ihr das Gefühl habt, die bloße Anwesenheit, die bloße Gegenwart des anderen – nichts anderes ... alles andere ist unnötig; ihr braucht nichts als die Gegenwart des anderen, genau so, wie er ist – wenn das genügt, um euch glücklich zu machen, wenn etwas in euch zum Blühen kommt, wenn tausend Lotosse zu blühen anfangen – dann ist es Liebe, und dann könnt ihr durch alle Schwierigkeiten hindurchgehen, welche die Realität mit sich bringt. All die Not, all der Schmerz ... dann werdet ihr fähig sein, das alles durchzustehen, und eure Liebe wird mehr und mehr zum Blühen kommen, denn all diese Situationen werden Herausforderungen sein. Und indem ihr sie überwindet, wird eure Liebe stärker und stärker werden.

Liebe ist ewig. Wenn Liebe da ist, wird sie immer weiter wachsen. Liebe kennt einen Anfang, aber kein Ende. **(57)**

6. KAPITEL
Liebe

Was ist Liebe?

Das kommt darauf an. Es gibt so viele Arten von Liebe, wie es Menschen gibt. Die Liebe ist eine Hierarchie – von der untersten Sprosse bis zur höchsten, vom Sex bis zum kosmischen Bewußtsein. Es gibt viele Schichten, viele Ebenen der Liebe. Es hängt ganz von dir ab. Wenn du auf der untersten Sprosse lebst, wirst du eine völlig andere Vorstellung von Liebe haben als jemand, der auf der höchsten Sprosse lebt.

Adolf Hitler wird seine eigene Idee von Liebe haben, Gautama Buddha eine ganz andere, und sie werden einander diametral entgegengesetzt sein, weil sie extreme Pole darstellen.

Auf der untersten Stufe ist Liebe eine Form von Politik, Machtpolitik. Überall dort, wo Liebe von der Idee des Herrschens durchsetzt ist, geht es um Politik. Ob man es nun Politik nennt oder nicht, darauf kommt es nicht an – es ist politisch. Und Millionen von Menschen lernen nie eine andere Liebe kennen als diese Politik – die Politik, wie sie zwischen Ehemann und Ehefrau, zwischen Freund und Freundin herrscht. Es ist Politik. Das Ganze ist politisch, weil einer den anderen beherrschen will.

Ihr habt Freude am Herrschen, aber eine solche Liebe ist nichts anderes als Politik mit Zuckerguß – eine bittere Pille mit Zuckerguß. Ihr redet von Liebe, aber der tiefere Wunsch ist, den anderen auszubeuten. Und ich sage nicht, daß ihr es willentlich oder bewußt tut – dazu seid ihr noch nicht bewußt genug; ihr könnt es gar nicht willentlich tun. Es ist ein unbewußter Mechanismus.

Darum ist so viel Besitzanspruch, so viel Eifersucht in eurer Liebe, als fester Bestandteil. Und deswegen bringt euch die Liebe mehr Kummer als Freude. Zu neunundneunzig Prozent ist sie bitter, und das eine Prozent ist der Zuckerguß, mit dem ihr sie überzieht. Doch früher oder später verschwindet der Zucker.

Am Beginn einer Liebesromanze, wenn sie noch im Flitterwochenstadium ist, schmeckt es süß. Doch sobald sich der Zucker aufgelöst hat und die Realität sich in ihrer drastischen Unverhülltheit zeigt, wird das Ganze häßlich.

Millionen Menschen haben beschlossen, niemanden mehr zu lieben. Es ist besser, einen Hund zu lieben, eine Katze, einen Papagei; es ist besser, ein Auto zu lieben – all diese Dinge kann man gut beherrschen, und sie werden nie versuchen, euch zu beherrschen. Es ist einfacher. Es ist nicht so kompliziert, wie wenn man einen Menschen liebt.

Auf einer Cocktailparty wird die Gastgeberin Zeugin eines Gesprächs, das ein kultivierter Herr mit seinem Gegenüber führt:

»Oh, ich bete sie an! Ich verehre sie!« schwärmt der Mann.

»Das würde ich auch tun, wenn sie mir gehören würde«, pflichtet ihm sein Freund bei.

»Wie sie geht und sich wiegt! Ihre strahlenden braunen Augen! Und der stolze Gang, das erhobene Haupt!«

»Du hast wirklich Glück«, kommentiert der Freund.

»Und weißt du, was ich am aufregendsten finde? Die Art, wie sie an meinem Ohr knabbert!«

»Mein Herr«, mischt sich die Gastgeberin ein. »Ich konnte nicht umhin, Ihre bewundernden Worte mit anzuhören. In diesen Zeiten, wo es so viele Scheidungen gibt, finde ich es sehr bewundernswert, wenn ein Mann seine Gattin so leidenschaftlich liebt!«

»Meine Gattin?« sagt er überrascht. »Aber nein, ich sprach von meinem Rennpferd!«

Die Leute verlieben sich in Pferde, in Hunde und andere Tiere, in Maschinen, in Dinge. Warum? Weil die Liebe zwischen Menschen zu einer wahren Hölle, einem immerwährenden Konflikt geworden ist – dauernd Zank und Streit, ständig liegt man sich in den Haaren.

Das ist die unterste Stufe der Liebe. Nichts ist daran falsch, wenn du es als Sprungbrett benutzen kannst, wenn es zu deiner Meditation wird. Wenn du es beobachtest und versuchst, es zu verstehen, wird allein schon das Verstehen dich auf eine höhere Stufe bringen. Du wirst höher zu steigen beginnen.

Erst auf dem höchsten Punkt, wenn die Liebe keine Beziehung mehr ist, wenn sie zu einem Seinszustand für dich geworden ist, öffnet sich der vollkommene Lotos und verströmt seinen herrlichen Duft – aber erst auf dem höchsten Punkt. Auf der untersten Stufe ist Liebe nur ein politisches Verhältnis. Auf der höchsten Stufe ist Liebe ein religiöser Bewußtseinszustand.

Auch ich liebe euch, Buddha liebt, Jesus liebt – doch ihre Liebe erwartet nichts zurück. Ihre Liebe schenkt sich aus reiner Freude am Geben; sie ist kein Tauschhandel. Das macht ihre strahlende Schönheit, ihre transzendente Schönheit aus. Sie übertrifft alle Freuden, die ihr kennt.

Wenn ich von Liebe spreche, meine ich diesen Seinszustand der Liebe.

Es ist nicht adressierte Liebe. Dann liebt man nicht diesen oder jenen Menschen, man liebt einfach. Man *ist* Liebe. Statt zu sagen, daß man jemanden liebt, ist es besser, zu sagen, man *ist* Liebe. Und jeder, der daran teilzuhaben vermag, kann daran teilhaben. Jeder, der aus den unerschöpflichen Quellen deines Seins zu trinken vermag, für den bist du zugänglich, und zwar bedingungslos zugänglich.

Das ist nur möglich, wenn Liebe mehr und mehr zur Meditation wird.

»Medizin« und »Meditation« stammen aus derselben Wurzel. Die Liebe, die ihr kennt, ist eine Art Krankheit – sie bedarf der Medizin »Meditation«. Durch Meditation kann sie geläutert werden. Und je geläuterter sie ist, um so ekstatischer wird sie.

Susi und Elfi treffen sich zum Kaffeeklatsch. Susi fragt: »Woher weißt du eigentlich, daß dein Mann dich liebt?«

»Er bringt morgens immer den Abfall raus.« – »Das ist keine Liebe. Das ist Ordnungssinn.«

»Mein Mann gibt mir so viel Haushaltsgeld, wie ich brauche.« – »Das ist keine Liebe. Das ist Großzügigkeit.«

»Mein Mann schaut keine andere Frau an.« – »Das ist keine Liebe. Das ist Kurzsichtigkeit.«

»Fritz hält mir immer die Tür auf.« – »Das ist keine Liebe. Das sind gute Manieren.«

»Fritz küßt mich auch, wenn ich Knoblauch gegessen habe und Lockenwickler in den Haaren habe.« – »Ja, das ist Liebe!«

Jeder hat seine eigenen Vorstellungen von Liebe. Aber erst wenn du an den Punkt gelangst, wo alle deine Vorstellungen von Liebe sich aufgelöst haben, wo Liebe keine Idee mehr ist, sondern dein Wesen – erst dann kennst du die Freiheit der Liebe. Dann ist Liebe gleichbedeutend mit Gott. Dann ist Liebe die höchste Wahrheit.

Laß deine Liebe durch den Prozeß der Meditation geläutert werden. Beobachte alles – beobachte das berechnende Wesen deines Verstandes, beobachte seine Machtpolitik. Außer ständigem Wahrnehmen und Beobachten wird nichts helfen. Wenn du etwas zu deinem Mann, zu deiner Frau sagst, schau dir an, welches unbewußte Motiv dahintersteht. Warum sagst du das? Gibt es ein Motiv, und worin besteht es? Sei dir dieses Motivs bewußt, bringe es ins Bewußtsein – denn dies ist ein geheimer Schlüssel zur Umwandlung deines Lebens. Alles, was bewußtgemacht wird, löst sich auf.

Eure Motive bleiben unbewußt, und darum bleibt ihr ihnen ausgeliefert. Wenn ihr sie euch bewußtmachen könnt, wenn ihr sie ans Licht bringt, werden sie verschwinden.

Es ist, wie wenn man einen Baum entwurzelt und seine Wurzeln dem Sonnenlicht aussetzt: Sie werden sterben, denn nur im Dunkel der Erde können sie existieren. Auch eure Motive können nur im Dunkel eurer Unbewußtheit existieren. Die einzige Möglichkeit, eure Liebe umzuwandeln, besteht darin, alle eure Motivationen aus dem Unterbewußtsein ins Bewußtsein zu holen, dann werden diese Motive allmählich sterben.

Und unmotivierte Liebe ist das Wunderbarste, was einem Menschen geschehen kann. Eine solche Liebe hat etwas Jenseitiges, etwas Göttliches.

Das bedeutet es, wenn Jesus sagt: »Gott ist Liebe.« Ich sage euch: Liebe ist Gott.

Gott könnt ihr vergessen, aber die Liebe dürft ihr nicht vergessen – denn durch die Läuterung der Liebe gelangt ihr zu Gott. Wenn ihr Gott ganz und gar vergeßt, verliert ihr nichts. Aber vergeßt nicht die Liebe, denn Liebe ist die Brücke. Liebe ist der Prozeß der alchimistischen Verwandlung eures Bewußtseins. **(58)**

Liebe erfordert großen Mut – und zwar deshalb, weil die Voraussetzung für Liebe das Aufgeben des Egos ist.

Aber die Menschen haben große Angst, ihr Ego aufzugeben. Es erscheint ihnen fast wie Selbstmord. Aber das scheint nur so, weil wir nichts anderes kennen als das Ego.

Das Ego ist zu unserer einzigen Identität geworden, und es aufzugeben, scheint mit Sicherheit zu bedeuten, daß man seine Individualität aufgibt. Das stimmt aber nicht – im Gegenteil. Die Wahrheit ist: Solange du das Ego nicht aufgibst, kannst du nicht deine wahre Individualität erfahren. Das Ego ist ein Schwindler – unecht, trügerisch, erfunden. Solange du es nicht aufgibst, kannst du nicht sehen, was wirklich ist: Das, was wirklich ist, bleibt immer durch das, was unwirklich ist, verborgen. Das Wirkliche verbirgt sich hinter dem Unwirklichen, so wie die Sonne sich hinter den Wolken verbirgt.

Liebe verlangt, daß du dein Ego aufgibst. Dann kann Liebe ein Tor zum Göttlichen werden. Es fängt damit an, daß du eine Person liebst, doch am Ende liebst du das Unpersönliche. Die Person wird zu einem Fenster, zu einer Öffnung hin zur Unendlichkeit des Himmels. Aber man muß sich völlig darüber im klaren sein, daß man das Ego wird opfern müssen.

Die Menschen sehnen sich nach Liebe, aber gleichzeitig klammern sie sich an ihr Ego. Darum wird die Liebe für sie nie zur Wirklichkeit. Sie kommen und gehen, ohne vom Nektar der Liebe gekostet zu haben. Doch bevor du nicht die Liebe erfahren hast, hast du das Leben noch nicht erfahren, gehst du am Wesentlichen vorbei. **(59)**

Mein ganzes Leben lang habe ich stets geglaubt, jemanden zu lieben. Jetzt, da ich das erste Mal hier bei dir bin, frage ich mich: Habe ich jemals wirklich geliebt? Bin ich überhaupt fähig zu lieben? Bin ich fähig, dich zu lieben?

Du unterliegst einem grundlegenden Irrtum, wenn du meinst, stets jemanden geliebt zu haben.

Dies ist eines der wesentlichsten Dinge, und es betrifft alle Menschen: Eure Liebe bezieht sich immer auf jemand Bestimmten, sie ist immer auf jemanden gerichtet – doch wenn ihr eure Liebe auf jemanden richtet, macht ihr sie zunichte. Es ist, als würdet ihr sagen: »Ich werde nur für dich atmen, und wenn du nicht da bist, kann ich nicht atmen.«

Liebe sollte wie Atmen sein. Sie sollte einfach deine Wesensqualität sein, gleichgültig, wo du dich befindest und mit wem du zusammen bist. Ja sogar wenn du allein bist, strahlst du ständig Liebe aus. Es geht nicht darum, Liebe zu jemand Bestimmtem zu empfinden. Es geht darum, Liebe zu *sein*.

Die Menschen sind von dem, was sie als Liebe erfahren, frustriert – aber nicht, weil mit der Liebe etwas nicht stimmt. Sie haben ihre Liebe nur so sehr eingeengt, daß für den ganzen weiten Ozean der Liebe kein Platz ist. Man kann den Ozean nicht eingrenzen; er ist kein kleiner Bach.

Liebe ist dein ganzes Sein, Liebe ist dein göttliches Wesen.

Es geht darum, ob du voll Liebe bist. Ob ein Objekt für deine Liebe vorhanden ist, spielt keine Rolle. Wenn du mit deiner Frau bist, liebst du die Frau. Wenn du mit deinen Kindern bist, liebst du die Kinder. Wenn du mit deinen Dienern bist, liebst du die Diener. Wenn du mit deinen Freunden bist, liebst du die Freunde. Wenn du mit Bäumen bist, liebst du die Bäume. Wenn du am Meer bist, liebst du das Meer.

Du bist Liebe.

Liebe ist von keinem Objekt abhängig. Sie ist eine Ausstrahlung deiner Subjektivität, eine Ausstrahlung deiner Seele. Und je größer die Ausstrahlung, desto weiter ist deine Seele. Je weiter sich die Flügel deiner Liebe spannen, desto größer ist der Himmel deines Seins.

Du bist einem verbreiteten Irrtum aller Menschen unterlegen. Jetzt fragst du: *»Bin ich fähig, dich zu lieben?«* – und wieder derselbe Irrtum. Du solltest fragen: »Bin ich fähig, Liebe zu *sein?«*

In meiner Gegenwart brauchst du dir keine Gedanken zu machen, ob du mich liebst, sonst verharrst du weiter in deinen üblichen Irrtümern. Hier mußt du einfach lernen, liebevoll zu sein. Natürlich wird deine Liebe auch mich erreichen, so wie sie andere erreicht. Sie wird zu einer Schwingung, die dich umgibt und sich nach allen Seiten hin ausbreitet. Wenn so viele Menschen ihre Liebe verströmen, ihre Lieder, ihre Ekstase, wird dieser ganze Ort zu einem Tempel. Das ist die einzig richtige Art, einen Tempel zu errichten. Im ganzen Umkreis verbreitet sich eine neue Energie, von der keiner ausgeschlossen ist, weil die Liebe so vieler Menschen sich über jeden ergießt. Jeder einzelne wird von der Liebe so vieler Menschen überschüttet.

Gib diesen Irrtum auf. Das Leben ist nur eine Gelegenheit für das Erblühen der Liebe. Du hast diese Gelegenheit, solange du lebst, bis zu deinem letzten Atemzug. Und selbst wenn du dein ganzes Leben lang daran vorbeigegangen bist: Wenn du beim letzten Atemzug, im letzten Augenblick deines Erdendaseins Liebe sein kannst, war dein Leben nicht vergeblich. Ein einziger Augenblick der Liebe bedeutet die ganze Ewigkeit der Liebe. **(60)**

Ich habe das Gefühl, daß wir alle das Wort »Liebe« wie ein unanständiges Wort in den Mund nehmen, ohne einen blassen Schimmer zu haben, wovon wir eigentlich reden. Kannst du bitte etwas darüber sagen, was Liebe wirklich bedeutet?

Du hast recht. Die Leute gebrauchen tatsächlich das Wort »Liebe« wie ein unanständiges, obszönes Wort. Aber es würde Anstoß erregen, wenn man »Geilheit« dazu sagen würde.

Wenn ihr zu einer Frau sagt: »Ich bin geil auf dich«, könnt ihr nicht erwarten, daß sie Respekt vor euch hat. Sie wird sagen: »Geil? Laß mich gefälligst in Ruhe!« Wenn ihr aber sagt: »Ich liebe dich«, ist alles in Ordnung.

Aber hinter diesem Satz verbirgt sich bloß Lüsternheit, das biologische Verlangen, eine Frau zu benutzen. Die schönen Worte verbergen eine häßliche Realität. Das Problem ist, daß die Menschen keine Ahnung haben, was Liebe ist. Darum täuschen sie nicht nur andere, sondern sie täuschen auch sich selbst. Sie halten es selbst für Liebe.

Liebe erfordert enorme Bewußtheit. Liebe ist die Begegnung zweier Seelen, Lust ist die Begegnung zweier Körper. Lust ist animalisch, Liebe ist göttlich. Solange ihr nicht wißt, daß ihr eine Seele seid, könnt ihr nicht verstehen, was Liebe ist.

Ich kann dir nicht sagen, was Liebe ist, aber ich kann dir sagen, wie du deine Seele finden kannst. Darin besteht meine ganze Arbeit: Ich helfe dir zu meditieren, ich helfe dir, wacher und bewußter zu werden, damit du nach und nach erkennen kannst, daß du nicht bloß dein Körper bist, daß du nicht einmal dein Verstand bist, sondern daß sich dahinter etwas ganz anderes verbirgt: dein wahres Leben. Und wenn du erst einmal dein wahres Leben, dein eigentliches Wesen entdeckt hast, dann erlebst du, wie die Freude so mächtig aus deinem Wesen hervorquillt, daß du sie mit jemandem teilen willst, der dafür offen ist, mit jemandem, der dafür zugänglich ist, mit jemandem, der bereit ist, sein Herz aufzumachen.

Die Begegnung zweier Menschen im Bewußtsein ist Liebe.

Entdecke dein Bewußtsein, dann wirst du erfahren, was Liebe ist. Liebe ist eine Erfahrung, und man kann unmöglich etwas darüber sagen. Es ist unmöglich, mehr darüber zu sagen, als ich bereits gesagt habe. Wenn zwei Menschen sich in ihrem Bewußtsein begegnen und miteinander verschmelzen, ereignet sich der größte Orgasmus, den es im Universum gibt.

Aber bevor das geschehen kann, mußt du dich von Körper, Verstand und Herz lösen und bis ins innerste Zentrum deines Seins vordringen.

Wenn du das Zentrum deines Seins erreichst, erlebst du, daß Liebe von dir ausstrahlt. Es ist nicht etwas, das du tust. Es ist genauso, wie wenn die Sonne aufgeht und die Blumen sich öffnen und die Luft mit ihrem Duft erfüllen.

Liebe ist eine Begleiterscheinung der Meditation. Nur ein Mensch, der meditiert, kann wissen, was Liebe ist. **(61)**

Deine Liebe ist nur eine Flucht vor dir selbst, weil du nicht mit dir allein sein kannst. Du fragst mich, was ich mit Liebe meine. Mit Sicherheit meine ich damit nichts von alledem, was man in der Welt darunter versteht.

Mit Liebe meine ich einen Austausch der Herzen. Aber zuerst mußt du dein Herz finden. Ich meine damit einen Austausch der Seelen. Aber zuerst mußt du so tief in Meditation gehen, daß du zu den geheimsten Kammern deines Wesens vordringst. Dann wirst du Freude und Glückseligkeit erleben, deren Reichtum du mit anderen teilen kannst.

Eure Liebe ist kein Teilen, kein Austausch, sondern nur eine Flucht vor euch selbst – ein Vorwand, um mit jemandem zusammenzusein. Eure Liebe steht im Widerspruch zur Meditation.

Meine Liebe ist eine Blüte der Meditation, sie ist ihr Erblühen. Nur ein Meditierender kann lieben. **(62)**

Kürzlich hast du gesagt, daß wir allein geboren werden, allein leben und allein sterben. Aber vom Tag unserer Geburt an scheinen wir, unabhängig davon, wer wir sind und was wir tun, die Nähe anderer Menschen zu suchen, und normalerweise fühlen wir uns zu einer intimen Beziehung mit einem bestimmten Menschen hingezogen. Kannst du bitte etwas dazu sagen?

Die Frage, die du gestellt hast, ist die Frage jedes Menschen. Wir werden allein geboren, wir leben allein und wir sterben allein. Alleinsein ist unsere eigentliche Natur, aber wir sind uns dessen nicht bewußt. Und weil wir uns dessen nicht bewußt sind, bleiben wir uns selber fremd. Statt unser Alleinsein als etwas Wunderbares, Schönes, Ekstatisches zu erleben, statt es als Stille und Frieden, als ein Geborgensein in der Existenz wahrzunehmen, halten wir es irrtümlich für Einsamkeit.

Einsamkeit ist mißverstandenes Alleinsein. Sobald du dein Alleinsein mißverstehst und es für Einsamkeit hältst, verändert sich die ganze Perspektive. Alleinsein ist eine schöne, eine großartige Erfahrung, sie ist etwas sehr Positives. Einsamkeit hingegen ist etwas Armseliges, Negatives, Dunkles, Düsteres.

Alle flüchten sich vor der Einsamkeit. Sie ist wie eine Wunde, und sie schmerzt. Die einzige Möglichkeit, ihr zu entgehen, besteht darin, sich in die Menge zu flüchten. Man sucht die Gesellschaft anderer, man trachtet, Freunde zu haben, eine Familie zu gründen, einen Ehemann, eine Ehefrau und Kinder zu haben. In der Menge trachten alle danach, ihre Einsamkeit zu vergessen.

Aber es ist noch niemandem geglückt, sie zu vergessen. Man kann versuchen, die eigene Natur zu ignorieren, aber man kann sie nicht vergessen. Sie wird sich immer wieder behaupten. Und das Problem wird noch dadurch kompliziert, daß ihr die Realität noch nie als solche erkannt habt. Ihr habt es als gegeben hingenommen, daß man einsam geboren wird.

Die lexikalische Bedeutung ist die gleiche. Daran zeigt sich das Denken der Leute, die Lexika erstellen: Sie haben keine Ahnung, was für ein enormer Unterschied zwischen Einsamkeit und Alleinsein besteht.

Einsamkeit ist ein Mangel. Es fehlt etwas, es ist etwas nötig, um diesen Mangel zu beheben. Aber man kann ihn durch nichts beheben, weil er von vornherein ein Mißverständnis ist. Und je älter man wird, desto stärker wird dieser Mangel empfunden. Die Menschen haben eine solche Angst vor dem

Alleinsein, daß sie alle möglichen unsinnigen Dinge tun. Ich kenne Leute, die mit sich selber Karten spielen, ohne Partner. Sie erfinden Kartenspiele, bei denen einer beide Seiten übernimmt.

Die Leute wollen sich irgendwie beschäftigt halten. Man kann mit anderen beschäftigt sein, oder mit seiner Arbeit ... Nehmt zum Beispiel die Workaholics, die Arbeitssüchtigen: Sie bekommen Angst, wenn das Wochenende näherrückt. Was sollen sie mit sich anfangen? Es ist ihnen unerträglich, sich selbst überlassen zu sein und nichts zu tun zu haben.

Vielleicht überrascht es euch, daß die meisten Unfälle an den Wochenenden passieren. Die Menschen fahren Stoßstange an Stoßstange in die Urlaubsorte, an den Strand, in die Berge. Oft brauchen sie acht Stunden, zehn Stunden, um ans Ziel zu kommen. Aber auch dort gibt es nichts zu tun. Nur die ganze Masse ist ebenfalls da. Zu Hause, in ihrem Wohnviertel, in ihrer Stadt, ist es jetzt viel friedlicher als in dem Badeort, wo sich alle treffen. Aber Hauptsache, man ist beschäftigt!

Die Leute spielen Karten, sie spielen Schach; sie sehen stundenlang fern. Der Durchschnittsamerikaner sieht täglich fünf Stunden fern. Die Leute hören Radio – alles nur, um sich selbst zu vermeiden. Der einzige Grund für all diese Aktivitäten ist, daß man nicht allein sein möchte. Es erzeugt Angst. Aber ihr habt diese Idee von anderen übernommen. Wer hat euch denn erzählt, daß man Angst davor haben muß, allein zu sein?

Diejenigen, die in das Alleinsein eingetaucht sind, erzählen etwas völlig anderes. Sie sagen, daß es nichts Schöneres, nichts Friedlicheres, nichts Freudvolleres gibt, als allein zu sein.

Doch ihr hört auf die Menge. Die Menschen, die mit diesem Mißverständnis leben, sind die überwiegende Mehrheit. Wer hört denn schon auf einen Zarathustra, einen Gautama Buddha? Diese wenigen können unrecht haben, können Halluzinationen gehabt haben, können sich selbst etwas vorgemacht haben oder euch etwas vormachen – doch Millionen Menschen können unmöglich unrecht haben. Und Millionen Menschen sind sich darin einig, daß es die schlimmste Erfahrung im Leben ist, allein gelassen zu werden. Es ist die Hölle.

Aber eine Beziehung, die man aus Angst eingeht, um der inneren Hölle der Verlassenheit zu entgehen, wird immer unbefriedigend sein. Sie ist von der Wurzel her vergiftet.

Du liebst deine Frau nicht. Du benutzt sie nur, um nicht einsam zu sein. Und genausowenig liebt sie dich. Sie lebt mit derselben Paranoia: Sie benutzt dich, um nicht allein zu sein.

Im Namen der Liebe passiert alles mögliche – außer Liebe. Es gibt Streit, es gibt Zänkereien, doch selbst diese zieht man der Einsamkeit vor. Wenigstens ist jemand da. Man hat Ablenkung und kann seine Einsamkeit vergessen.

Doch Liebe ist auf diese Weise nicht möglich, weil jede Voraussetzung für die Liebe fehlt. Liebe entsteht nie aus Angst.

Du fragst mich: *»Kürzlich hast du gesagt, daß wir allein geboren werden, allein leben und allein sterben. Aber vom Tag unserer Geburt an scheinen wir, unabhängig davon, wer wir sind und was wir tun, die Nähe anderer Menschen zu suchen.«*

Die Suche nach der Nähe anderer Menschen ist nur ein Fluchtverhalten. Schon ein kleines Baby versucht, sich zu beschäftigen, und wenn es nichts anderes hat, lutscht es an seinem großen Zeh. Das ist absolut sinnlos und führt zu nichts, aber das Kind ist beschäftigt, es hat etwas zu tun. Auf dem Bahnhof, auf dem Flughafen könnt ihr die kleinen Jungen und Mädchen mit ihrem Teddybären sehen. Ohne ihn können sie nicht schlafen; sie fürchten sich, allein im Dunkeln zu schlafen. Der Teddybär ist ihr Beschützer, er ist bei ihnen. Euer Gott ist nichts anderes als ein Teddybär für Erwachsene.

So wie ihr seid, seid ihr unfähig zu leben. Eure Beziehungen sind keine richtigen Beziehungen; sie sind häßlich. Jeder benutzt den anderen, und jeder weiß im Grunde, daß er vom anderen benutzt wird. Einen anderen Menschen zu benutzen bedeutet, ihn zu einem Gebrauchsgegenstand, zu einer Ware zu degradieren. Es ist respektlos gegenüber dem anderen.

»Und normalerweise«, sagst du, *»fühlen wir uns zu einer intimen Beziehung mit einem bestimmten Menschen hingezogen.«*

Das hat einen psychologischen Grund. Du bist mit Mutter

und Vater aufgewachsen. Wenn du ein Junge bist, wirst du die Mutter lieben und auf den Vater eifersüchtig sein, weil er dein Konkurrent ist. Bist du ein Mädchen, dann wirst du den Vater lieben und die Mutter hassen, weil sie deine Konkurrentin ist. Das sind längst erwiesene Tatsachen und keine Hypothesen. Und die Konsequenz davon ist, daß ihr euer ganzes Leben lang unglücklich seid. Der Junge trägt das Bild seiner Mutter als ideale Frau in sich. Er ist ständig daraufhin konditioniert worden, denn er kennt nur diese eine Frau so nahe und intim. Ihr Gesicht, ihr Haar, ihre Wärme – das alles prägt sich ihm ein. Und das ist der wissenschaftliche Ausdruck, der dafür verwendet wird: Es wird zu einer psychischen Prägung. Und dasselbe passiert beim Mädchen mit dem Vater.

Und wenn ihr erwachsen seid und euch in eine Frau oder in einen Mann verliebt, denkt ihr: »Vielleicht sind wir füreinander geschaffen.« Niemand ist für irgend jemanden geschaffen. Doch warum fühlst du dich zu einem bestimmten Menschen hingezogen? – Es kommt von deiner Prägung. Der Mann muß deinem Vater irgendwie ähnlich sein; die Frau muß deiner Mutter irgendwie ähnlich sein.

Aber natürlich kann keine andere Frau eine exakte Wiederholung der Mutter sein. Und außerdem suchst du ja gar keine Mutter, du suchst eine Ehefrau. Doch deine Prägung wird für dich entscheiden, welche Frau die richtige ist. Sobald du sie zu Gesicht bekommst, ist alle Vernunft dahin. Du wirst dich wie magisch zu ihr hingezogen fühlen. Die Prägung übernimmt sofort die Kontrolle: Diese Frau oder keine! Dieser Mann oder keiner!

Das ist ja ganz nett, wenn man sich gelegentlich am Strand trifft, im Kino oder im Park. Dann braucht man sich nicht so gut kennenzulernen. Aber beide sehnen sich nach einem gemeinsamen Leben und wollen heiraten. Das ist einer der riskantesten Schritte, den zwei Liebende unternehmen können.

Sobald ihr verheiratet seid, lernt ihr allmählich den anderen in seiner Gesamtheit kennen, und dann wundert ihr euch bei jedem Detail: »Was stimmt denn da nicht? Das ist doch nicht die gleiche Frau, der gleiche Mann!« Sie entsprechen nicht eurem Idealbild. Das Problem multipliziert sich noch, weil die Frau das Idealbild ihres Vaters in sich trägt, dem der Mann nicht entspricht, und umgekehrt trägt der Mann das Idealbild seiner Mutter in sich, dem die Frau nicht entspricht. Das ist der Grund, weshalb alle Ehen scheitern.

Es ist selten, daß eine Ehe nicht scheitert – und ich hoffe, daß Gott dich vor einer solchen Ehe, die nicht scheitert, bewahrt, denn sie ist psychologisch krank. Es gibt Sadisten, die es genießen, andere zu quälen, und Masochisten, die es genießen, sich selbst zu quälen. Wenn Mann und Frau zu diesen beiden Kategorien gehören, wird ihre Ehe ein Erfolg sein. Der eine ist Masochist, der andere Sadist – das gibt die perfekte Ehe, weil der eine Spaß daran hat, sich quälen zu lassen, und der andere hat Spaß am Quälen.

Oft ist es gar nicht so leicht, herauszufinden, ob man ein Masochist oder ein Sadist ist, und selbst wenn man es weiß, müßte man den Gegenpol finden ... Wenn du schlau bist, gehst du zum Psychologen und läßt dich testen, ob du ein Masochist oder ein Sadist bist. Und dann frag ihn gleich, ob er dir nicht jemand Passenden vermitteln könnte. Doch gelegentlich kommt es vor, daß ein Sadist und ein Masochist zufällig aufeinandertreffen und heiraten. Das sind dann die glücklichsten Menschen auf der Welt – sie erfüllen sich gegenseitig ihre Bedürfnisse. Aber was für Bedürfnisse! Beide sind Psychopathen, und ihre Ehe ist eine Folter.

Im Normalfall scheitert aber jede Ehe – aus dem einfachen Grund, daß die Prägung ein solches Problem darstellt.

Nicht einmal in der Ehe wird das Hauptbedürfnis, aus dem man die Beziehung eingegangen ist, befriedigt. Man ist *mehr* allein, wenn man mit seiner Frau zusammen ist, als wenn man alleine wäre.

Dieses ganze Bestreben, sich beschäftigt zu halten – sei es durch Beziehungen oder durch tausenderlei andere Dinge – ist nur eine Flucht vor dem Schreckgespenst der Einsamkeit. Und ich möchte eines besonders betonen: Hier verläuft die Grenzlinie zwischen gewöhnlichen Menschen und einem Meditierenden.

Die gewöhnlichen Menschen versuchen ständig, ihre Einsamkeit zu vergessen, während die Meditierenden anfangen, sich mehr und mehr mit ihrem Alleinsein anzufreunden. Früher hat man sich von der Welt zurückgezogen, ist in eine Höhle gegangen oder in die Berge, in die Wälder, nur um allein zu sein. Ein Meditierender will herausfinden, wer er ist. In der Menge ist das schwierig, weil es so viele Störungen gibt. Und all jene, die die Erfahrung des Alleinseins gemacht haben, lernten darin die größte Seligkeit kennen, die einem Menschen möglich ist – denn bloß zu *sein* ist Seligkeit.

Erst wenn du mit deinem Alleinsein in Einklang gekommen bist, kannst du in Beziehung treten. Dann wird dir deine Beziehung viele Freuden bescheren, weil sie nicht aus Angst eingegangen wird. Wenn du dein Alleinsein entdeckt hast, kannst du schöpferisch sein, dann kannst du dich mit so vielen Dingen beschäftigen, wie du willst, denn dann wird diese Beschäftigung nicht mehr ein Davonlaufen vor dir selbst sein. Dann wird es dein schöpferischer Ausdruck sein – die Manifestation von allem, was dein Potential ausmacht.

Nur ein solcher Mensch – und ob er nun zurückgezogen oder mitten in der Gesellschaft lebt, verheiratet oder unverheiratet, macht keinen Unterschied – solch ein Mensch wird immer glücklich sein, zufrieden und still. Sein Leben wird zu einem Tanz, einem Gesang, einem Aufblühen, einem Duft. Alles, was er tut, ist von diesem Duft durchdrungen.

Aber die erste, die grundlegende Sache ist, mit deinem Alleinsein absolut vertraut zu werden.

Die Flucht vor euch selbst habt ihr von der Menge gelernt. Weil alle auf der Flucht sind, fangt auch ihr an zu flüchten. Jedes Kind wird in die Menge hineingeboren, und es fängt an, die anderen nachzuahmen. Es tut alles, was die anderen tun. So gerät es in die gleichen jämmerlichen Situationen wie die anderen. Es fängt an zu glauben, daß das Leben eben so sein muß. Und so geht es völlig am Leben vorbei.

Darum merke dir: Mißverstehe nicht das Alleinsein als Einsamkeit. Einsamkeit ist eine Krankheit, Alleinsein bedeutet vollkommene Gesundheit.

Ginsberg besucht Doktor Goldberg. »Jawohl, Sie sind krank.« – »Das genügt mir nicht. Ich brauche ein weiteres Urteil.«

»Also gut«, sagt Doktor Goldberg. »Sie sind auch häßlich.«

Derartige Mißverständnisse unterlaufen uns allen ständig.

Ich möchte dir klarmachen, daß der erste und grundlegendste Schritt, um den Sinn und die Bedeutung des Lebens zu finden, darin besteht, dich in dein Alleinsein hineinzubegeben. Es ist dein Tempel, dort lebt dein Gott. Und diesen Tempel kannst du nirgendwo anders finden – auch nicht, wenn du zum Mond fliegst oder zum Mars ...

Wenn du erst einmal den innersten Kern deines Seins berührt hast, wirst du deinen Augen nicht trauen: So viel Freude, so viel Wonne, so viel Liebe ist in dir – doch du bist vor deinen eigenen Schätzen davongelaufen.

Wenn du diese Schätze und ihre Unerschöpflichkeit kennst, dann kannst du dich auf Beziehungen einlassen, dann kannst du schöpferisch werden. Dann wirst du anderen dadurch helfen, daß du deine Liebe mit ihnen teilst, und du wirst sie nicht benutzen. Du wirst anderen durch deine Liebe Respekt erweisen und ihre Würde nicht verletzen. Völlig mühelos wirst du zu einer Quelle für andere, so daß auch sie ihre eigenen Schätze finden können. Was immer du tust, was immer du hervorbringst – in allem wirst du deine Stille, deinen Frieden, deine Fülle verbreiten.

Doch diese grundlegenden Dinge werden in keiner Familie, in keiner Gesellschaft, an keiner Universität gelehrt. Die Menschen leben weiter im Unglück, und man nimmt es in Kauf. Alle sind unglücklich – es ist also nichts Besonderes, wenn du unglücklich bist; du bist keine Ausnahme.

Doch ich sage dir: Du *kannst* eine Ausnahme sein. Du hast bisher nur nicht den richtigen Versuch gemacht. **(63)**

Was heißt es eigentlich, zu geben, und was heißt es, zu empfangen? Ich verstehe jetzt, daß ich gerade erst anfange, einen Schimmer davon zu haben. Empfänglich zu sein fühlt sich für mich an wie Sterben, und automatisch geht alles in mir in Alarmbereitschaft. Hilfe! Die Existenz erscheint so riesig!

Ich kann verstehen, was dich beunruhigt. Es beunruhigt fast jeden. Es ist gut, daß du es erkannt hast, denn jetzt ist es möglich, etwas daran zu ändern. Im Nachteil sind diejenigen, die unter dem gleichen Problem leiden, ohne sich dessen bewußt zu sein. Ihre Unbewußtheit nimmt ihnen jede Möglichkeit zur Transformation. Du hast den Mut gehabt, dich bloßzustellen.

Was du sagst, ist von ungeheurer Bedeutung. Du fragst: »*Was heißt es eigentlich, zu geben?*« Habt ihr euch jemals gefragt, was es heißt, zu geben? Ihr denkt, ihr gebt schon so viel – euren Kindern, eurer Frau, eurer Freundin, der Gesellschaft, den Rotariern – ihr gebt so viel. Aber in Wirklichkeit wißt ihr gar nicht, was es eigentlich heißt, zu geben.

Solange du nicht dich selbst gibst, gibst du überhaupt nichts.

Du kannst dein Geld geben, aber du bist nicht dein Geld. Wenn du nicht dich selbst gibst – das heißt, wenn du nicht Liebe gibst –, weißt du nicht, was Geben ist.

»*... und was heißt es, zu empfangen?*« Nahezu jeder glaubt zu wissen, was es heißt, zu empfangen. Doch die Fragestellerin hat recht, es zu fragen und zuzugeben, daß sie eigentlich nicht weiß, was es heißt, zu empfangen. So wie ihr nicht wißt, was Geben heißt, solange ihr nicht Liebe gebt – genauso ist es mit dem Empfangen: Wenn ihr nicht fähig seid, Liebe zu empfangen, wißt ihr nicht, was es eigentlich heißt, zu empfangen.

Du willst geliebt werden, aber du hast noch nie darüber nachgedacht, ob du überhaupt fähig bist, Liebe zu empfangen. Es gibt so viele Hindernisse, die dir nicht erlauben, Liebe zu empfangen.

Erstens hast du keine Selbstachtung. Wenn dann Liebe auf dich zukommt, fühlst du dich nicht gut genug, sie zu empfangen. Du bist in solch einem Wirrwarr, daß du sogar diese einfache Tatsache nicht sehen kannst: Du hast dich selbst nie geliebt, weil du dich niemals so akzeptiert hast, wie du bist. Wie kannst du da imstande sein, von jemand anderem Liebe zu empfangen?

Du weißt, du bist dessen nicht würdig. Aber du willst nicht erkennen und akzeptieren, daß man dich mit dieser dummen Idee gefüttert hat, daß du nicht würdig seist. Was machst du also? Du weist die Liebe zurück. Und um die Liebe zurückweisen zu können, mußt du Entschuldigungen finden. Die erste und verbreitetste Entschuldigung ist: »Es ist nicht Liebe, darum kann ich es nicht akzeptieren.« Du kannst nicht glauben, daß jemand dich liebt. Solange du dich selbst nicht lieben kannst, solange du dich selbst nicht gesehen hast – in deiner Schönheit, in deiner Anmut, deiner Größe –, wie kannst du es glauben, wenn jemand sagt: »Du bist schön. Ich sehe in deinen Augen eine unergründliche Tiefe von gewaltiger Schönheit. Ich spüre in deinem Herzen einen Rhythmus, der in Harmonie ist mit dem Universum.«

So etwas kannst du nicht glauben, es ist zuviel. Du bist daran gewöhnt, daß man dich kritisiert, daß man dich beschuldigt, daß man dich bestraft. Du bist daran gewöhnt, daß man dich zurückweist. Du bist daran gewöhnt, daß du so, wie du bist, nicht akzeptiert wirst – diese Dinge kannst du leicht annehmen.

Die Liebe wird eine gewaltige Auswirkung auf dich haben, denn du wirst durch eine große Umwandlung gehen müssen, bevor du sie empfangen kannst. Zuerst mußt du dich ohne Schuldgefühle akzeptieren. Du bist kein Sünder, wie die Christen und andere Religionen es lehren.

Du siehst nicht die Dummheit der ganzen Sache: Irgend so ein Kerl, in ferner Vergangenheit, irgend so ein Adam, gehorchte Gott nicht – was keine besondere Sünde ist. Eigentlich hatte er völlig recht, ihm nicht zu gehorchen. Wenn jemand eine Sünde beging, dann war es Gott, weil er seinem eigenen Sohn und seiner eigenen Tochter verbot, die Frucht der Weisheit und die Frucht des ewigen Lebens zu essen. Was ist das für ein Vater? Was ist das für ein Gott? Was ist das für eine Liebe?

Liebe würde verlangen, daß Gott zu Adam und Eva sagt: »Bevor ihr irgend etwas anderes eßt, denkt an diese zwei Bäume. Eßt, soviel ihr wollt, vom Baum der Weisheit und vom Baum des ewigen Lebens, damit ihr im gleichen Zustand der Unsterblichkeit sein könnt wie ich.«

Das wäre naheliegend für jemanden, der liebt. Aber daß Gott Adam von der Weisheit fernhält, bedeutet, er will ihn unwissend halten. Vielleicht ist er eifersüchtig, ängstlich und besorgt, daß Adam ihm gleich wird, wenn er weise wird. Er will Adam in Unwissenheit lassen, damit er unterlegen bleibt. Und wenn Adam vom Baum des ewigen Lebens ißt, wird er selbst ein Gott werden.

Dieser Gott, der Adam und Eva abhielt, muß sehr eifersüchtig gewesen sein, sehr häßlich, unmenschlich und lieblos. Und wenn all diese Dinge keine Sünde sind, was ist dann Sünde?

Aber die Religionen haben euch – Juden, Christen und Mohammedaner – gelehrt, daß ihr noch immer an der Sünde tragt, die Adam begangen hat. So weit sollte man die Lügen denn doch nicht ausdehnen.

Und selbst wenn Adam eine Sünde begangen hat, kannst du sie nicht tragen. Nach diesen Religionen hat Gott dich erschaffen, doch du trägst keine Göttlichkeit in dir, sondern Adams und Evas Ungehorsam.

Dies ist die westliche Art, dich zu verdammen – du bist ein Sünder. Der Osten kommt zu dem gleichen Schluß, aber mit einer anderen Begründung. Sie sagen, jeder trägt die Last vieler sündiger und schlechter Taten, die er in Millionen von früheren Leben begangen hat. Im Vergleich dazu trägt ein Christ oder Jude oder Mohammedaner eine viel kleinere Last. Du bist nur mit der Sünde beladen, die Adam und Eva begangen haben, und sie muß inzwischen sehr stark verdünnt sein – nach all diesen Jahrhunderten! Du bist kein direkter Erbe von Adams und Evas Sünde; sie ist durch viele Millionen Hände gegangen. Jetzt muß es fast schon eine homöopathische Dosis sein!

Das östliche Konzept ist dagegen noch viel gefährlicher: Du trägst nicht die Sünde eines anderen. Erstens kannst du überhaupt nicht die Sünde von jemand anderem tragen. Wenn dein Vater ein Verbrechen begeht, kann man dich dafür nicht ins Gefängnis stecken. Selbst der ganz normale, gesunde Menschenverstand wird sagen: Wenn der Vater eine Sünde oder ein Verbrechen begangen hat, dann muß *er* dafür leiden. Man kann den Sohn oder Enkel nicht dafür an den Galgen bringen, daß der Großvater einen Mord begangen hat.

Doch das östliche Konzept ist viel gefährlicher und vergiftender: Es sind deine eigenen Sünden, die du trägst, nicht die von Adam und Eva – und das ist nicht wenig. Mit jedem Leben ist es mehr geworden, denn du hast vor diesem Leben schon Millionen von Leben gelebt, und in jedem Leben hast du unzählige Sünden begangen, und sie haben sich alle auf deiner Brust angesammelt. Diese Last ist so groß wie der Himalaja; sie erdrückt dich.

Es ist eine merkwürdige Strategie, die deine Würde zerstört und dich zu einem Untermenschen reduziert. Wie kannst du dich selbst lieben? Du kannst dich hassen, aber nicht lieben. Wie kannst du annehmen, jemand könnte dich lieben? Es ist besser, die Liebe zurückzuweisen, denn früher oder später wird der Mensch, der dir seine Liebe anbietet, deine Wahrheit herausfinden, und die ist sehr häßlich – eine lange, schwere Kette von Sünden. Und dann wird dieser Mensch dich zurückweisen. Um der Zurückweisung zu entgehen, ist es besser, die Liebe zurückzuweisen. Das ist der Grund, warum die Menschen Liebe nicht akzeptieren.

Sie verlangen sehnsüchtig danach. Wenn aber der Augenblick kommt und jemand bereit ist, dich mit Liebe zu überschütten, dann ziehst du dich zurück. Dein Zurückziehen hat eine tiefe psychologische Ursache: Du hast Angst. »Es ist schön, aber wie lange kann es dauern? Früher oder später wird meine Wirklichkeit ans Licht kommen. Es ist besser, von Anfang an auf der Hut zu sein.«

Liebe bedeutet Intimität. Liebe bedeutet, daß zwei Menschen sich näherkommen, Liebe bedeutet: zwei Körper, aber eine Seele. Du hast Angst. Deine Seele? Die Seele eines Sünders, belastet mit den bösen Taten von Millionen Leben? Nein, es ist besser, sie zu verstecken. Es ist besser, gar nicht erst in die Situation zu kommen, daß der Mensch, der dich lieben wollte, dich zurückweist. Die Angst vor Zurückweisung erlaubt dir nicht, Liebe zu empfangen.

Du kannst keine Liebe geben, weil dir nie jemand gesagt hat, daß du als liebendes Wesen geboren bist. Sie haben dir gesagt: »Du bist in Sünde geboren!« Du kannst nicht lieben, und du kannst auch keine Liebe empfangen. Dies hat alle Möglichkeiten deines Wachstums eingeschränkt.

Du sagst: *»Ich verstehe jetzt, daß ich gerade erst beginne, einen Schimmer davon zu haben.«* Du bist vom Glück begünstigt, denn es gibt Millionen von Leuten auf der Welt, die völlig blind geworden sind für die eigenen Konditionierungen, für die häßlichen Lasten, die ihnen die ältere Generation auferlegt hat. Es tut so weh, daß man das Ganze besser vergißt. Aber durch Vergessen schafft man es nicht aus der Welt.

Wenn man den Krebs vergißt, kann man ihn nicht operieren. Wenn du ihn nicht erkennst und ihn im Dunkeln hältst, nimmst du unnötig das größte Risiko für dich selbst in Kauf. Er wird weiter wachsen. Er braucht die Dunkelheit; er braucht es, daß du nichts von ihm weißt. Früher oder später wird er dein ganzes Wesen zudecken, und niemand außer dir selbst wird dafür verantwortlich sein.

Wenn du also das Gefühl hast, daß du anfängst, einen Schimmer davon zu bekommen, öffnen sich bereits einige Fenster in dir.

»Empfänglich zu sein fühlt sich für mich an wie Sterben.« Habt ihr je darüber nachgedacht? Empfänglich zu sein fühlt sich an wie Sterben – das ist wahr. Empfänglich zu sein fühlt sich wie Sterben an, weil empfänglich zu sein nach Erniedrigung aussieht. Etwas zu empfangen, insbesondere Liebe, bedeutet, daß du ein Bettler bist. Niemand will auf der Empfängerseite sein, weil es ihn dem Gebenden unterlegen macht.

»Empfänglich zu sein fühlt sich für mich an wie Sterben, und automatisch geht alles in mir in Alarmbereitschaft.« Diese Alarm-

bereitschaft ist dir von der Gesellschaft, die du immer respektiert hast, eingepflanzt worden – von den Leuten, von denen du dachtest, sie seien dir wohlgesinnt. Ich sage nicht, daß sie dir absichtlich Schaden zufügen wollten. Ihnen selbst wurde von anderen Schaden zugefügt, und sie geben einfach weiter, was sie von ihren Eltern, ihren Lehrern, der älteren Generation bekommen haben.

Jede Generation gibt stets ihre Krankheiten an die junge Generation weiter, und natürlich hat die junge Generation immer mehr zu tragen. Ihr seid die Erben sämtlicher abergläubischen, repressiven Konzepte der ganzen Geschichte. Was in Alarmbereitschaft geht, ist nicht etwas, das zu dir gehört. Es ist deine Konditionierung, die in Alarmbereitschaft geht.

Und dein letzter Satz ist nur der Versuch, eine Rationalisierung dafür zu finden. Auch das ist eine der großen Gefahren, deren sich jeder bewußt sein muß.

Rationalisiere nicht! Gehe bei jedem Problem bis an die Wurzel, aber suche keine Entschuldigungen, denn wenn du Entschuldigungen vorbringst, kannst du die Wurzel nicht beseitigen.

Die letzte Aussage der Fragestellerin ist eine Rationalisierung. Vielleicht konnte sie das nicht sehen. Sie sagt: *»Hilfe! Die Existenz erscheint so riesig!«*

Nun meint sie, sie hätte Angst zu empfangen, weil die Existenz so riesig ist, und sie hätte Angst zu geben, weil die Existenz so riesig ist. Was hätte es für einen Sinn, wenn du deine winzige Liebe gibst, die nur ein Tautropfen ist im Vergleich zum Ozean? Der Ozean würde es nie merken. Also ist es sinnlos zu geben, und es ist sinnlos zu empfangen. Der Ozean ist so riesig, daß du darin nur ertrinken würdest. Darum fühlt es sich an wie Sterben. Aber das ist nur eine Rationalisierung.

Du weißt nichts über die Existenz; du weißt nichts über dich selbst – jenen Teil der Existenz, der dir am nächsten ist. Wenn du nicht bei dir selbst beginnst, wirst du die Existenz niemals erfahren. Das ist der Anfangspunkt, und alles hat am Anfang zu beginnen.

Wenn du dich selbst erkennst, erkennst du dein Dasein. Der Geschmack und das Aroma deines Daseins wird dir Mut machen, ein bißchen tiefer in das Dasein anderer einzudringen. Wenn dein eigenes Dasein dich so glückselig gemacht hat, ist es ein natürliches Verlangen, auch in andere Mysterien einzudringen, die dich umgeben: das Mysterium des Menschen, das Mysterium der Tiere, das Mysterium der Bäume, das Mysterium der Sterne.

Und wenn du erst einmal dein eigenes Dasein kennst, hast du keine Angst mehr vor dem Tod.

Jene, die sich selbst erkannt haben, haben ohne jeden Zweifel erkannt, daß sie unsterbliche Wesen sind. Sie sind viele Male gestorben, doch sie sind am Leben.

Tod und Geburt sind nur kleine Episoden auf dieser wunderbaren Pilgerreise der Seele. Deine Angst vor dem Tod wird sofort verschwinden, sobald du den Kontakt zu dir selbst aufgenommen hast, und dies wird dir einen völlig neuen Horizont eröffnen, den es zu entdecken gilt. Wenn du erkennst, daß es den Tod nicht gibt, wird alle Angst verschwinden. Die Angst vor dem Unbekannten, die Angst vor der Dunkelheit – welche Form auch immer: Alle Ängste werden verschwinden. Zum ersten Mal wirst du zu einem wahren Abenteurer. Du wirst in verschiedene Geheimnisse eindringen, die dich umgeben. Die Existenz wird zum ersten Mal dein Zuhause. Es gibt nichts zu fürchten. Sie ist deine Mutter, du bist ein Teil von ihr. Sie kann dich nicht ertränken, sie kann dich nicht zerstören. Je mehr du das weißt, um so mehr wirst du dich genährt fühlen; je mehr du das weißt, um so mehr wirst du dich gesegnet fühlen; je mehr du das weißt, um so mehr wirst du *sein*.

Dann kannst du Liebe geben, weil du sie hast, und dann kannst du Liebe empfangen, weil es keine Zurückweisung mehr gibt. **(64)**

Beginne, dich selbst zu lieben! Das muß der Anfang sein, und das wird auch das Ende sein. Damit schließt sich der Kreis. Es fängt damit an, daß du dich selbst liebst – denn du bist dir selbst am nächsten. Und wenn du anfängst, dich selbst zu lieben, wird sich deine Liebe von der Peripherie in Richtung Zentrum bewegen, denn du existierst an der Peripherie. Du wendest dich nach innen: Du stehst an der Tür, die dein Inneres mit dem Außen verbindet. Du schaust von der Peripherie aus nach innen, und verliebst dich in dein Zentrum. Das ist der Anfang. Und das Ende wird sein, daß du das Zentrum erreichst, und dann stehst du im Zentrum und schaust auf die Peripherie. Damit ist die Reise vollendet.

Der erste Schritt ist: Sterne, Sonne und Mond zu lieben – je weiter entfernt, desto besser, denn wenn du das weit Entfernte lieben kannst, wird es leichter, auch das zu lieben, was dir näher ist. Auch die Sterne besitzen eine ungeheure Sensibilität, wenn sie auch primitiver ist als die der Tiere. Sterne, Sonne, Mond – fange bei ihnen an, und sie werden dir antworten, vergiß das nicht! Und sei darauf gefaßt, daß sie nicht sehr schonend mit dir umgehen werden! Sie werden dir die reine Wahrheit sagen – wie auch immer sie aussieht.

Dann gehe zu den Felsen, zu den Bergen. Fühle die Felsen, ihre Beschaffenheit, und liebe sie. Dann gehe zu den Flüssen, dem Wind, dem Regen. Sie besitzen mehr Leben, sind lebendiger als alles andere. Tanze im Regen und im Wind. Schwimme im Fluß und laß los, laß dich davontragen. Kämpfe nicht gegen den Fluß, treibe ihn nicht an und gehe nicht gegen die Strömung. Gehe mit dem Strom, vollkommen eins mit ihm.

Auf diese Weise wirst du viele Spielarten der Liebe kennenlernen, viele Qualitäten der Liebe. Dann Bäume, Sträucher, Blumen, Früchte ... bewege dich allmählich auf das Leben zu. Die Bäume sind noch lebendiger, und die Blumen sind noch näher, viel näher als die Sterne und die Felsen und die Flüsse. Dann gehe zu den Vögeln, zu den Tieren.

Und wenn du imstande bist, alle diese unterschiedlichen Ausdrucksformen der Existenz zu lieben, wirst du auch imstande sein, Mann und Frau zu lieben, denn Mann und Frau sind ihr höchster Ausdruck – sie enthalten die Sterne, die Berge, die Flüsse, die Winde, den Regen, die Bäume, die Vögel, die Tiere. Das alles ist in ihnen enthalten. Aus all diesen Dingen sind wir gemacht! Etwas in uns hat teil an den Sternen, etwas in uns hat teil an den Flüssen, den Bergen, etwas in uns hat teil an den Bäumen, den Blumen, etwas in uns hat teil an den Vögeln.

Es ist nicht von ungefähr, daß ihr vom Fliegen träumt; es ist nicht von ungefähr, daß der Mensch die Flugzeuge erfunden hat; es ist nicht von ungefähr, daß sich der Mensch so gewaltig zu den Sternen hingezogen fühlt, und das seit Tausenden von Jahren. Zuerst durch die Astrologie, dann durch die Astronomie und heute durch die enorme Attraktion, den Mond zu erreichen, den Mars und schließlich die Sterne. Etwas Magnetisches zieht uns an.

Es ist nicht von ungefähr, wenn ihr ans Meer fahrt, daß etwas in euch sich eins mit dem Meer fühlt, denn achtzig Prozent eures Körpers bestehen aus Meerwasser. Der Mensch war am Anfang seiner Entwicklung ein Fisch, und vom Fisch hat er sich zum Menschen entwickelt. Jedes Kind im Mutterleib ist tatsächlich für einige Tage ein Fisch. In neun Monaten muß es sämtliche Stadien durchlaufen, die die ganze Menschheit in Millionen von Jahren durchlaufen hat. Etwas in euch bleibt immer fischähnlich.

Auch ist es nicht verwunderlich, daß ihr, wenn ihr eine Frau liebt, anfangt, sie »Kätzchen« zu nennen; sie hat etwas davon. Jede Frau hat in ihrem Wesen etwas von der Katze, jeder Mann hat etwas vom Hund. Darum könnt ihr ständig erleben, daß Mann und Frau wie Hund und Katze miteinander sind.

Wenn du einen Mann oder eine Frau lieben willst, mußt du noch ganz anderes lieben. Wenn du dich Hals über Kopf in eine Frau verliebst, hast du bald Schwierigkeiten, denn viele ihrer Dimensionen sind dir unbekannt. Viele Dimensionen des Mannes, den du liebst, sind dir fremd. Etwas an ihm ist auch ein Fels, und wenn du die Beschaffenheit eines Felsens nicht kennst und den Felsen nicht lieben kannst, wirst du auch den Peter nicht lieben können – denn Peter bedeutet »Fels«.

Nur wenn du die Liebe in all ihren Erscheinungsformen kennenlernst ... denn Mann und Frau sind der Höhepunkt vieler Dinge. Viel ist geschehen, und eine gewaltige Vergangenheit liegt hinter ihnen, ist in ihrem Sein inbegriffen. Sie ist präsent und sehr lebendig. Wenn du die Bäume nicht lieben kannst, wenn du den Wind nicht lieben kannst, wenn du keine Lust verspürst, im Regen zu tanzen, dann wirst du nicht fähig sein, eine Frau oder einen Mann zu lieben. Deiner Liebe wird etwas fehlen. Sie wird nicht jene Vollendung, jene exquisite Anmut haben, die sie haben könnte und auch haben sollte.

Du mußt langsam vorgehen. Beginne bei dir selbst und gehe dann zu den entferntesten Sternen, und von den Sternen bewege dich wieder auf dich selbst zu. Die Sterne sind deine Peripherie, und nur von dort aus kannst du dein Zentrum wiederentdecken. Das ist der Moment, in dem ein Mensch zu einem Erleuchteten wird, zu einem Buddha, einem Christus. Das ist der Moment, in dem er heimkehrt. Seine Pilgerreise ist zu Ende – die Pilgerreise der Liebe.

Ein junges Paar lernt sich in den Ferien kennen. Sie verlieben sich ineinander und beschließen zu heiraten. Der einzige Geistliche in der Gegend gehört zur örtlichen Nudistenkolonie.

Als sie sich erkundigen, sagt man ihnen, daß der Geistliche und ein paar Mitglieder der Kolonie bereit wären, die Heiratszeremonie durchzuführen, wenn sie ihrerseits bereit wären, ihre Kleider auszuziehen und sich der Gruppe anzuschließen. Die beiden willigen freudig ein, und der Geistliche vollzieht die Zeremonie im Freien unter den Bäumen. Die Nudisten stellen sich in einer langen Reihe auf, die Männer auf der einen, die Frauen auf der anderen Seite.

Als der Geistliche zur Braut sagt: »Nimmst du diesen Mann zu deinem rechtmäßig angetrauten Ehegatten?«, da schaut sie zuerst auf ihren Bräutigam und dann auf die lange Reihe attraktiver nackter Männer, und dann sagt sie: »Also, ehrlich gesagt, ich würde lieber diesen Mann dort am Ende der Reihe nehmen!«

Man muß die Liebe in all ihren Erscheinungsformen kennenlernen! Lege dich nicht zu schnell fest. Bewege dich frei innerhalb der ganzen Existenz. Liebe viele Männer, liebe viele Frauen. Nur so kannst du nach und nach herausfinden, mit welchem Menschen dein Herz Synchronizität verspürt. Es ist keine leichte Aufgabe. Kein Astrologe kann es für dich tun; kein Vater, keine Mutter kann es für dich tun. Es gibt keine andere Möglichkeit, als vieles auszuprobieren und Fehler zu riskieren! **(65)**

Es gibt zwei Arten von Liebe. C. S. Lewis hat die Liebe in zwei Kategorien eingeteilt: »bedürftige Liebe« und »schenkende Liebe«. Abraham Maslow teilt die Liebe ebenfalls in zwei Kategorien; die eine nennt er »Mangelliebe« und die andere »Seinsliebe«. Dieser Unterschied ist bedeutsam und muß verstanden werden.

Die »bedürftige Liebe« oder »Mangelliebe« ist von einem anderen Menschen abhängig. Sie ist unreif. Tatsächlich ist es gar keine richtige Liebe: Es ist ein Bedürfnis. Man benutzt den anderen, benutzt ihn als Mittel zum Zweck. Man beutet ihn aus, manipuliert ihn, dominiert ihn. Der andere wird herabgesetzt, man setzt sich über ihn hinweg. Und genau das gleiche macht umgekehrt auch der andere. Er versucht, dich zu manipulieren, zu dominieren, dich zu besitzen und zu benutzen. Einen anderen Menschen zu benutzen ist sehr lieblos. Es erscheint bloß wie Liebe, ist aber eine falsche Münze. So geschieht es jedoch bei fast neunundneunzig Prozent der Menschen, weil sie ihre erste Lektion über die Liebe in ihrer Kindheit lernen.

Wenn ein Kind geboren wird, ist es von der Mutter abhängig. Seine Liebe zur Mutter ist »Mangelliebe«: Es ist auf die Mutter angewiesen, es kann ohne die Mutter nicht überleben. Es liebt die Mutter, denn die Mutter bedeutet sein Leben. Eigentlich ist es nicht Liebe – das Kind würde jede Frau lieben, ja, jeden Menschen, der es beschützt, der ihm überleben hilft, der seine Bedürfnisse stillt. Die Mutter ist praktisch die Nahrung, die das Kind zu sich nimmt. Es ist nicht nur die Milch, die es von der Mutter bekommt, es ist auch die Liebe – auch sie ist ein Bedürfnis.

Millionen von Menschen bleiben ihr ganzes Leben lang wie Kinder, sie werden nie erwachsen. Älter ja, doch ihre Psyche wächst nicht mit. In ihrer Psyche bleiben sie kindlich und unreif. Sie brauchen ständig Liebe. Sie hungern nach Liebe wie nach Essen.

Ein Mensch wird reif, sobald er anfängt zu lieben, statt zu brauchen. Sobald er anfängt, überzufließen und mit anderen zu teilen, sobald er anfängt zu geben. Die Betonung liegt ganz woanders. Bei der ersten Art von Liebe liegt die Betonung mehr auf dem Bekommen. Bei der zweiten Art liegt die Betonung auf dem Geben: Wie kann man mehr geben, und wie kann man ohne Einschränkung geben? Dies bedeutet einen Schritt zum Erwachsenwerden, zur Reife.

Ein reifer Mensch gibt. Und nur ein reifer Mensch kann geben, denn nur ein reifer Mensch hat etwas zu geben. Seine Liebe ist nicht abhängig von anderen. Er kann liebevoll sein, gleichgültig, ob ein anderer da ist oder nicht. Seine Liebe ist keine Beziehung, sondern ein Seinszustand.

Was würde geschehen, wenn alle meine Schüler verschwinden würden und ich ganz allein hier säße? Denkt ihr, es würde sich etwas ändern? Was geschieht, wenn eine Blume mitten im Wald blüht, wo keiner sie bewundert, wo keiner ihren Duft verspürt, wo keiner etwas zu ihr sagt und sie schön findet, wo keiner ihre Schönheit, ihre Freude genießt, wo keiner da ist, mit dem sie teilen kann ... Was geschieht mit dieser Blume? Wird sie sterben? Wird sie leiden? Wird sie in Panik geraten? Wird sie Selbstmord begehen? – Sie wird weiter blühen, sie wird ganz einfach weiter blühen. Es macht überhaupt keinen Unterschied, ob jemand vorbeikommt oder nicht – es ist unwichtig. Sie wird ihren Duft weiter an die Lüfte abgeben. Sie wird ihre Freude weiterhin Gott und dem Ganzen darbringen.

Auch ich würde, wäre ich allein, genauso liebevoll sein, wie wenn ich mit euch zusammen bin. Nicht ihr ruft meine Liebe in mir hervor. Wenn ihr meine Liebe hervorrufen würdet, dann würde natürlich mit eurem Weggehen auch meine Liebe verschwinden. Nicht ihr holt meine Liebe aus mir heraus. Ich gieße sie über euch aus – es ist »schenkende Liebe«, es ist »Seinsliebe«.

Aber eigentlich stimme ich nicht mit C. S. Lewis und Abraham Maslow überein. Die erste Art von Liebe, die sie »Liebe« nennen, ist eigentlich keine Liebe, sondern Mangel. Wie könnte Mangel Liebe sein? Liebe ist Luxus, ist Fülle. Sie bedeutet, daß so viel Leben in dir ist, daß du nicht weißt, wohin damit – also läßt du andere daran teilhaben. Es bedeutet, daß so viele Lieder in deinem Herzen sind, daß du sie singen mußt, und ob ein anderer dir zuhört oder nicht, ist unwesentlich. Selbst wenn niemand es hört, mußt du singen und deinen Tanz tanzen. Der andere kann es nehmen oder auch nicht, aber was dich betrifft, ist es ein Fließen, ein Überfließen.

Wenn du in der Liebe von jemandem abhängig bist, ist das Unglück vorprogrammiert. Sobald du abhängig bist, fühlst du dich schlecht, denn Abhängigkeit bedeutet Sklaverei. Dann wirst du anfangen, dich auf subtile Weise zu rächen, weil der andere, von dem du abhängig bist, Macht über dich hat. Niemand möchte, daß ein anderer Macht über ihn hat, niemand möchte gerne abhängig sein, denn Abhängigkeit tötet die Freiheit, und in Abhängigkeit kann die Liebe nicht zur Blüte kommen.

Die Liebe ist eine Blume der Freiheit. Sie braucht Raum. Sie braucht absoluten Freiraum, in den der andere nicht eindringen darf. Sie ist eine sehr zarte Pflanze.

Wenn du abhängig bist, wird dich der andere mit Sicherheit beherrschen, und auch du wirst versuchen, den anderen zu beherrschen. Das ist der Kampf, der zwischen sogenannten Liebenden stattfindet. Sie sind intime Feinde, ununterbrochen im Kampf miteinander.

C. S. Lewis und Abraham Maslow unterteilen die Liebe in diese zwei Kategorien. Für mich stimmt diese Unterteilung nicht. Ich behaupte, daß die erste Art von Liebe nur dem Namen nach existiert; sie ist eine falsche Münze, eine Fälschung. Nur die zweite Art von Liebe ist tatsächlich Liebe.

Liebe ereignet sich erst, wenn du gereift bist. Du wirst erst zur Liebe fähig, wenn du erwachsen bist, wenn du weißt, daß Liebe kein Bedürfnis, sondern ein Überfließen ist: »Seinsliebe« oder »schenkende Liebe« – dann gibst du, ohne Bedingungen aufzustellen.

Die erste Kategorie der sogenannten Liebe entspringt dem tiefen Bedürfnis nach einem anderen, während die schenkende Liebe oder Seinsliebe aus der Fülle eines gereiften Menschen zu einem anderen überfließt, weil er so übervoll davon ist. Du hast eine Fülle, und sie beginnt sich in deinem Umfeld zu zeigen – genau wie wenn du eine Lampe anzündest und die Strahlen anfangen, die Dunkelheit zu durchdringen.

Liebe ist eine Begleiterscheinung des Seins. Wenn du *bist*, umgibt dich eine Aura der Liebe. Wenn du nicht bist, hast du diese Aura nicht. Und wenn du diese Aura nicht um dich herum hast, dann wirst du von anderen verlangen, daß sie dir Liebe geben.

Laß es mich wiederholen: Wenn du keine Liebe hast, verlangst du vom anderen, daß er sie dir gibt. Du bist ein Bettler. Und auch der andere verlangt von dir, daß du ihm Liebe gibst. Dann strecken sich zwei Bettler die Hände entgegen und hoffen beide, daß der andere es hat … Und natürlich fühlen sich am Ende beide gescheitert, fühlen sich beide betrogen.

Frage einen Ehemann, eine Ehefrau, frage irgendeinen sogenannten Liebenden: Beide fühlen sich betrogen. Es war *deine* Projektion, daß der andere es hat. Was kann aber der andere dafür, daß du eine falsche Projektion aufrechterhalten hast? Deine Projektion ist geplatzt. Der andere hat deine Erwartung nicht erfüllt – das ist alles. Aber der andere hat keinerlei Verpflichtung, sich nach deinen Erwartungen zu richten.

Und auch der andere fühlt sich von dir betrogen – zumindest erlebt er das so, weil auch er gehofft hat, daß Liebe von dir zu ihm fließen würde. Ihr habt beide gehofft, daß Liebe vom anderen zu euch fließen würde – und beide wart ihr leer. Wie kann da Liebe geschehen? Ihr könnt höchstens gemeinsam unglücklich werden. Vorher wart ihr beide für euch allein unglücklich, und jetzt könnt ihr gemeinsam unglücklich sein. Und denkt daran: Wenn zwei Menschen gemeinsam unglücklich sind, addiert es sich nicht nur, sondern es multipliziert sich.

Allein warst du frustriert, jetzt fühlst du dich gemeinsam frustriert. Aber es hat auch sein Gutes: Jetzt hast du nämlich jemanden, auf den du die Verantwortung schieben kannst! Der andere ist schuld, daß du unglücklich bist! Das ist das Gute daran, und es beruhigt dich: »Mit mir ist alles in Ordnung, aber mein Partner … Was kann man machen bei so einer Frau, so einer miesen Zicke?« – Da muß man ja unglücklich werden! »Was kann man machen bei so einem Mann, so einem häßlichen, geizigen Bock?« Jetzt kannst du die Verantwortung auf jemand anderen abschieben. Du hast einen Sündenbock gefunden. Aber das Unglück bleibt bestehen, ja, es multipliziert sich noch.

Das Paradoxe ist, daß diejenigen, die sich verlieben, keine Liebe haben – und darum verlieben sie sich. Und weil sie keine Liebe haben, können sie nichts geben. Und noch etwas: Ein unreifer Mensch verliebt sich immer in einen anderen unreifen Menschen, weil sie die gleiche Sprache sprechen.

Jemand, der reif ist, wird einen reifen Menschen lieben. Jemand, der unreif ist, wird einen unreifen Menschen lieben.

Du kannst deinen Mann oder deine Frau tausendmal wechseln, aber du wirst dir immer wieder die gleiche Art von Mann, die gleiche Art von Frau aussuchen, und dasselbe Unglück wird sich nur in anderer Form wiederholen. Aber es ist fast haargenau dasselbe Unglück, das sich wiederholt. Du kannst die Frau wechseln, aber *du* bist der gleiche geblieben. Wer sucht sich denn die neue Frau aus? *Du* bist es. Und du entscheidest dich aus deiner Unreife heraus, und du wirst dich wieder für die gleiche Art von Frau entscheiden.

Das Hauptproblem in der Liebe besteht darin, daß du zuerst reif werden mußt. Dann wirst du einen reifen Partner finden und unreife Menschen überhaupt nicht mehr anziehend finden. So einfach ist das. Wenn du fünfundzwanzig Jahre alt bist, verliebst du dich ja auch nicht in ein zweijähriges Baby, unmöglich. Genauso läuft das. Wenn du psychisch und spirituell ein reifer Mensch bist, dann verliebst du dich nicht in ein Kleinkind. Es passiert einfach nicht, es *kann* nicht passieren, weil du schon vorher sehen kannst, wie sinnlos das ist.

Ein reifer Mensch wird sich nicht mehr *ver*-lieben; er »fällt« nicht in die Liebe, wie es in der englischen Sprache heißt, sondern »steigt höher« in der Liebe. Nur Unreife »fallen« – sie stolpern in die Liebe, stürzen sich hinein. Zuvor hatten sie sich gerade noch auf den Beinen gehalten, und nun können sie nicht mehr aufrecht stehen. Sie suchen sich eine Frau und fallen um, suchen sich einen Mann und fallen um. Sie waren schon längst bereit, sich fallenzulassen und auf dem Bauch zu kriechen. Sie sind ohne Rückgrat, ohne Stärke. Es fehlt ihnen die Integrität, um allein dazustehen.

Ein reifer Mensch besitzt die nötige Integrität, um allein zu sein. Und wenn ein reifer Mensch Liebe gibt, dann gibt er sie ohne Einschränkungen. Er gibt einfach. Wenn ein reifer Mensch Liebe gibt, ist er dir dankbar, wenn du seine Liebe annimmst, und nicht umgekehrt. Er erwartet nicht, daß du ihm dafür dankbar bist – nein, überhaupt nicht. Er hat deinen Dank nicht nötig. Er dankt dir, daß du seine Liebe entgegengenommen hast.

Wenn zwei reife Menschen sich lieben, passiert eines der größten Paradoxe im Leben, eines der schönsten Phänomene: Sie sind zusammen und gleichzeitig absolut allein. Sie sind so sehr zusammen, daß sie fast eins sind. Aber ihr Einssein tut ihrer Individualität keinen Abbruch. Im Gegenteil, es verstärkt sie noch: Sie werden noch mehr zu Individuen. Zwei reife Menschen, die sich lieben, helfen sich gegenseitig, freier zu werden. Und es geschieht ohne Politik, ohne Diplomatie, ohne den Wunsch zu herrschen. Wie kannst du über den Menschen, den du liebst, herrschen?

Denke einmal darüber nach. Herrschen ist eine Form von Haß, Wut, Feindschaft. Wie kannst du daran denken, einen

Menschen, den du liebst, zu beherrschen? Du möchtest doch, daß dieser Mensch völlig frei und unabhängig ist. Du wirst ihm mehr Individualität zugestehen. Darum nenne ich es das größte Paradox: Sie sind so sehr zusammen, daß sie fast eins sind, doch in diesem Einssein sind sie Individuen. Ihre Individualität ist nicht aufgehoben, sondern wird noch verstärkt. Der andere bereichert nur noch ihre Freiheit.

Unreife Menschen, die sich verlieben, machen sich gegenseitig ihre Freiheit kaputt; sie erzeugen Hörigkeit, bauen ein Gefängnis. Reife Menschen, die sich lieben, helfen sich gegenseitig, frei zu sein; sie helfen sich gegenseitig, alle Arten von Hörigkeit zu beseitigen.

Und wenn Liebe in Freiheit fließt, hat sie eine Schönheit. Wenn Liebe in Abhängigkeit fließt, hat sie etwas Häßliches.

Denke daran: Freiheit ist von höherem Wert als Liebe. Darum nennen wir in Indien die höchste Erfahrung *Moksha*, und *Moksha* bedeutet Freiheit. Freiheit ist von höherem Wert als Liebe. Wenn also die Liebe die Freiheit zerstört, ist sie wertlos. Man kann die Liebe aufgeben, doch die Freiheit muß man bewahren. Die Freiheit ist von höherem Wert. Und ohne Freiheit kannst du niemals glücklich sein – das ist unmöglich.

Freiheit ist die inwendige Sehnsucht eines jeden Mannes, einer jeden Frau – völlige Freiheit, absolute Freiheit. Alles, was die Freiheit untergräbt, beginnt man zu hassen.

Haßt du nicht auch den Mann, den du liebst? Haßt du nicht auch die Frau, die du liebst? Du haßt sie. Das ist ein notwendiges Übel; man muß es in Kauf nehmen. Weil du nicht allein sein kannst, mußt du dich irgendwie arrangieren, um mit jemandem zusammenzusein, und du mußt dich den Ansprüchen des anderen anpassen. Du mußt ihn tolerieren, mußt ihn aushalten.

Damit Liebe wirklich den Namen »Liebe« verdient, muß es Seinsliebe, schenkende Liebe sein. Seinsliebe bezeichnet einen Zustand der Liebe. Wenn du zu dir heimgekehrt bist, wenn du erkannt hast, wer du bist, dann entsteht Liebe in deinem Sein. Dann breitet sich ihr Duft aus, und du kannst ihn an andere weitergeben. Wie könntest du etwas geben, was du selbst nicht hast? Um etwas zu geben, ist die erste Voraussetzung, daß man es hat.

Solange du nicht in dir selbst vollständig bist, kann keine Liebe fließen. Und wenn ich sage: Solange du nicht in dir selbst vollständig bist, rede ich nicht von irgendeiner Theorie und ich philosophiere auch nicht. Ich weise einfach auf eine Tatsache des Lebens hin. Ich sage damit: Wie kannst du geben, was du selbst nicht hast? Und wie kannst du überfließen, wenn du leer bist? – Liebe ist ein Überfließen. Nur wenn du mehr hast, als du brauchst, nur dann kannst du geben. Dann ist es »schenkende Liebe«. Wie kannst du Geschenke austeilen, wenn du selbst nichts hast?

Liebe ist eine Funktion des Vollständigseins. **(66)**

Wenn du liebst, wirst du das Ego aufgeben müssen – und das bedeutet den Tod des Egos. Wenn du liebst, wirst du lernen müssen zu schmelzen, zu verschmelzen, dich aufzulösen. Wenn du liebst, wirst du erkennen müssen, daß das Leben weit mehr bedeutet als Logik, Berechnung ... daß das Leben weit mehr bedeutet, als mehr Geld zu haben, mehr Besitz, mehr Macht.

Wenn du liebst, wirst du einen Schimmer des Göttlichen erhaschen. Und wenn du dich tief in die Liebe hineinbegibst, wirst du den Tempel Gottes betreten.

Diese Chance ist jedoch von der Gesellschaft zunichte gemacht worden. Deine Liebe ist vergiftet worden. Du wurdest zur Angst erzogen, nicht zur Liebe. Du wurdest zum Kämpfen erzogen, nicht zum Lieben. Du wurdest so erzogen, als wäre die ganze Existenz dein Feind und nicht dein Freund – wie kannst du da lieben? Die Gesellschaft hat Liebe unmöglich gemacht.

Die einzige Möglichkeit, wie die Menschen sich der Religion zuwenden können, die einzige Möglichkeit für eine Revolution im Leben der Menschen ist von der Gesellschaft zunichte gemacht worden. Die Gesellschaft hat eine solche

Angst vor der Liebe, wie sie sonst vor nichts anderem Angst hat.

Liebe ist für eure sogenannte Gesellschaft die potentiell gefährlichste Sache, denn die Liebe wird die Menschen aufwecken, die Liebe wird die Herzen der Menschen anrühren. Sie werden anfangen, aus dem Herzen zu leben, und sie werden nicht mehr auf den Kopf hören. Und wenn sie nicht auf den Kopf hören, wird die Gesellschaft in der Klemme sein. Es ist unmöglich, Menschen zu beherrschen, die aus dem Herzen leben. Nur der Kopf läßt sich beherrschen, nur Köpfe lassen sich zu Sklaven degradieren. Das Herz ist immer der Herr und König. **(67)**

Kann man mehr als einen Menschen lieben?

Man kann die ganze Welt lieben. Und man sollte lieben. Die Liebe sollte in keiner Weise besitzergreifend sein. Sie sollte niemanden ausschließen; sie sollte alles einschließen. Nur wenn Liebe alles einschließt, kannst du wissen, was sie ist. Wenn Liebe etwas ausschließt, wenn sie ausschließlich einem Menschen gilt, engst du sie so sehr ein, daß du sie tötest. Du zerstörst ihre Unendlichkeit. Du versuchst, den ganzen Himmel auf kleinstem Raum unterzubringen, doch auf so kleinem Raum ist nicht genug Platz für die Liebe.

Man sollte lieben. Liebe sollte nicht bloß eine Beziehung sein, sie sollte ein Seinszustand sein. Und immer wenn du jemanden liebst, wirst du durch diesen einen alles lieben. Und wenn wirklich Liebe passiert, wirst du plötzlich entdecken, daß du beginnst, die Bäume und die Vögel und den Himmel und die Menschen zu lieben. Was geschieht eigentlich, wenn du dich in einen Mann oder in eine Frau verliebst? Wenn du dich in eine Frau verliebst, verliebst du dich in alle Frauen. Diese eine Frau ist nur stellvertretend, ist nur ein Beispiel für alle Frauen, die es auf der Welt je gegeben hat, die es jetzt auf der Welt gibt und die es auf der Welt noch geben wird. Diese eine Frau ist nur eine Tür zur Weiblichkeit. Aber die Frau ist nicht nur Frau, sie ist auch Mensch; darum hast du dich auch in alle Menschen verliebt. Und die Frau ist nicht nur Mensch, sie ist auch Lebewesen; darum hast du dich in alle Lebewesen verliebt. Wenn du dich verliebst, wirst du erstaunt sein: Es setzt deine Liebesenergie zu allem frei. Das ist echte Liebe.

Besitzergreifende Liebe ist keine echte Liebe. Sie ist so winzig; sie erstickt sich selbst, und sie erstickt auch den anderen. Doch so ist es bisher gewesen: Liebe war nie einschließend – man hat euch nur ausschließende Liebe beigebracht.

Deine Mutter sagt: »Liebe mich! Ich bin deine Mutter.« Dein Vater sagt: »Liebe mich! Ich bin dein Vater.« Und nicht nur das: Dein Vater und deine Mutter fragen dich manchmal – scheinbar im Scherz, aber im Grunde ist es kein Scherz: »Wen liebst du mehr, mich oder deine Mutter? Wen liebst du mehr, mich oder deinen Vater?« Damit stellt man dem Kind eine falsche Frage. Die Frage von »mehr« ins Spiel zu bringen ist dumm. Entweder ist Liebe da, oder sie ist nicht da; es gibt kein »mehr« und kein »weniger«. Man bringt den Kindern eine falsche Mathematik bei! So versucht die Mutter, von dir Besitz zu ergreifen. Und später ist jeder besitzergreifend: »Liebe mich und sonst niemanden!« Tatsächlich hat man früher jemanden, der sich nicht zu einer Eins-zu-eins-Beziehung verpflichten wollte, für neurotisch angesehen. Im Grunde ist aber gerade ein solcher Mensch, der eine ausschließliche Beziehung sucht, unreif. Bei einem einzigen Menschen Liebe zu suchen bedeutet, auf einer infantilen Stufe der Elternfixierung stehengeblieben zu sein. Man sollte frei sein, man sollte viele Begegnungen, viele Beziehungen, viele Lieben haben können.

Das erscheint riskant. Es ist aber nur riskant, weil es gegen unsere Gewohnheiten geht. Und wer hat diese Gewohnheiten ins Leben gerufen? In diesen Gewohnheiten steckt eine subtile Logik. Die Menschen haben in einer Ökonomie der Knappheit gelebt: Es gab nie genug Essen für alle, nie genug Häuser für alle, nie genug Kleidung für alle.

Die Menschheit hat von alters her in einer Ökonomie des Mangels gelebt. Es mangelte an allem, und das hat den

Gedanken entstehen lassen, daß auch die Liebe Mangelware sei: Wenn du zwei Menschen liebst, ist es klar, daß jeder nur die Hälfte bekommt, und wenn du drei liebst, entsprechend weniger. Wenn du Tausende liebst, ist die Liebe so dünn verteilt, daß es fast so ist, als liebtest du niemanden. Aber für die Liebe stimmt das nicht.

Liebe ist unerschöpflich. Knappheit steht außer Frage. Aber selbst Leute wie Sigmund Freud denken, daß auch in der Liebe Knappheit herrscht. Freud spricht sich gegen die Liebe zum Nächsten oder zu Fremden aus. Er wehrt sich heftig gegen den Ausspruch Jesu: »Liebe deinen Nächsten.« Und sein Argument ist rein ökonomisch: Wenn man Liebe verteilt, verzettelt man sie. Freud schreibt, es sei unpsychologisch, seinen Nächsten zu lieben. Und er schreibt auch: »Eine solch ungeheure Inflation der Liebe kann ihren Wert nur vermindern.« In echt jüdisch-kapitalistischer Fasson geht Freud von einer Ökonomie der Knappheit auch in der Psyche aus. Es gebe insgesamt nur soundso viel Libido, soundso viel Liebe, und man müsse sorgfältig darauf achten, worin man sie investiert. Das ist völliger Schwachsinn. Es ist *absolut* unrichtig.

Ihr habt nicht nur soundso viel Libido – ihr habt *unendlich* viel Libido. Und weil man euch diesen Gedanken in den Kopf gesetzt hat, leidet ihr. Darum scheint kein Liebender je befriedigt zu sein. Das kommt daher, daß so viel Liebe vorhanden ist, daß man sich unmöglich damit zufriedengeben kann, sie nur einem einzigen Menschen zu geben. Man muß unbefriedigt bleiben, weil man der ganzen Welt davon hätte abgeben können, und nun bleibt das, was man nicht gegeben hat, zurück. Und jede Energie, die zurückgehalten und nicht ausgedrückt wird, wird destruktiv – sie wird zum Feind.

Laß die Liebe fließen. Du bist ein Brunnen der Liebe. Laß die Menschen so viel Liebe aus dir schöpfen, wie sie nur schöpfen können, dann wird stets frisches Wasser nachfließen. Du bist mit dem unendlichen Ozean verbunden. Erst wenn die Menschen dieses Phänomen erkannt haben – daß Liebe unerschöpflich ist, daß es keinen Mangel daran gibt –, kann die Eifersucht verschwinden.

Eifersucht gehört zur Ökonomie des Mangels. Deine Frau bekommt Angst, wenn sie dich mit einer anderen Frau lachen sieht. Sie weiß, daß du mit ihr nicht lachen wirst – dieses Lachen kann sie streichen. Es gibt nur soundso viel Libido, soundso viel Lachen. Du hast gelächelt, du hast soundso viel Lächeln verschwendet; jetzt ist kein Lächeln mehr für sie übrig. Aber das ist völliger Unsinn. Im Gegenteil, wenn dein Ehemann mit anderen gelächelt hat, ist es wahrscheinlicher, daß er auch mit dir lächeln wird, denn er hat Lächeln geübt. Wenn er mit allen anderen, die er außer dir trifft, verschlossen bleibt, dann übt er Verschlossenheit, und wenn er dann zu dir kommt, ist er verschlossen. Es wird zu einer Gewohnheit. Nicht zu lächeln wird ihm zur Gewohnheit.

Wenn er niemand anderen außer dir lieben darf, wird er sich bemühen, den ganzen Tag lang lieblos zu sein. Vergiß das nicht. Er geht ins Büro und ist lieblos mit seinen Bürokollegen. Er geht zu seinen Freunden und ist lieblos zu seinen Freunden. Er geht in den Club und ist lieblos zu den Leuten im Club. Er übt sich in Lieblosigkeit. Und dann kommt er nach Hause, gut trainiert in kultivierter Lieblosigkeit, und schaut dich an. Wie soll er dich lieben können? Er hat verlernt, was Liebe bedeutet, er verharrt in seiner Gewohnheit. Nach und nach wird die Gewohnheit ihm zur zweiten Natur.

Die Menschen sind so lieblos. Der Grund dafür ist, daß sie alle beschlossen haben, daß Liebe Mangelware ist – man kann sie nicht ständig allen und jedem geben. Doch ich sage euch aus meiner eigenen Erfahrung: Ich habe Millionen von Menschen Liebe gegeben, und je mehr du sie gibst, desto mehr hast du sie.

Und merke dir auch dies: Liebe muß nicht immer etwas Sexuelles bedeuten, Liebe muß nicht immer etwas Sinnliches bedeuten. Die Liebe kennt viele Dimensionen. Sie ist ein vielfältiges Phänomen. Du kannst Musik lieben, du kannst Poesie lieben. Doch vielleicht hast du es auch schon beobachtet: Wenn du deine Musik zu sehr liebst, kann deine Frau sogar auf Musik eifersüchtig werden. Sie kann sogar deine Gitarre kaputtmachen, sie kann sie wegwerfen. Die Gitarre erscheint ihr als Rivalin. Wenn du deine Gitarre anfaßt, berührst du sie so, als ob sie deine Geliebte wäre. Natürlich, wenn du Musik liebst und wenn du deine Gitarre liebst, ist die Gitarre nicht nur ein Instrument. Sie ist nichts Mechanisches, sie hat eine Persönlichkeit, ein eigenes Wesen. Du schaust sie an, du berührst sie mit liebevollen Augen, mit liebevollen Händen. Du hältst deine Gitarre nah an dein Herz. Sie ist lebendig!

Liebe macht alles lebendig; alles, was sie berührt, macht sie lebendig. Lieblosigkeit macht alles tot; alles, was sie berührt, macht sie tot. Wenn du in Lieblosigkeit lebst, lebst du in einer toten Welt. Wenn du in Liebe lebst, lebst du in einer lebendigen Welt.

Aber die Frau wird eifersüchtig sein. So liebevoll berührst du deine Frau nie, wie du deine Gitarre berührst – so wird sie denken. Auf dem Körper deiner Frau spielst du nie so liebevoll wie auf deiner Gitarre, aber auch deine Frau trägt eine Musik in sich. Jetzt wird sie eifersüchtig und denkt: »Die Gitarre ist eine Rivalin. Die Gitarre muß weg!«

Wenn du ein schönes Buch liest und ganz darin versunken bist und deine Frau neben dir nach Aufmerksamkeit lechzt, wird sie dein Buch in die Ecke feuern und sagen: »Das geht zu weit! Ich bin hier und du liest?« Sogar die Liebe zu einem Buch kann Eifersucht hervorrufen. Wenn die Frau eine Malerin ist, wird der Ehemann eifersüchtig, wenn er nach Hause kommt und die Frau beim Malen antrifft.

Aber dieses ganze Phänomen beruht auf einer einzigen Idee – so tief verwurzelt sie auch sein mag, so ist sie doch falsch –, der absolut falschen Idee, daß Liebe knapp ist, daß man sie bewahren und für diejenigen aufheben muß, die man liebt, weil man nur eine begrenzte Menge davon hat.

Du hast nicht nur eine begrenzte Menge davon. Du hast davon genauso viel, wie du gibst. Indem du sie gibst, hast du sie. Du kannst Liebe nicht horten. Wer Liebe hortet, wird gar nichts haben. Wer Liebe hortet, wird entdecken, daß er keine Liebe hat. Wenn er sie hortet, stirbt sie. Sie lebt nur, indem man sie teilt; sie lebt durch Kommunion. Wenn sie von einem Menschen zum anderen weitergeht, lebt sie und sammelt immer mehr Energie. Und je mehr aus dir herausfließt, um so mehr bist du in der Lage, es fließen zu lassen. Du wirst ein immer größerer Kanal, durch den Gott in die Welt fließt. **(68)**

Die Wege der Liebe sind mysteriös, und die Wege der Liebe stehen geradezu im Gegensatz zu dem, wie es in der Welt zugeht. Wenn du zum Beispiel in der Welt mehr von etwas haben willst, mußt du es anhäufen. In der Welt der Liebe hingegen gilt: Wenn du mehr Liebe haben willst, mußt du sie austeilen, mußt du sie hergeben. Nur indem du sie hergibst, kannst du sie behalten. Hier gelten völlig andere Gesetze – der absolute Gegensatz zur Welt der Ökonomie.

Geld folgt nur einem Gesetz: Wenn du mehr Geld haben willst, mußt du es anhäufen. Du mußt ausbeuten, mußt geizig sein – nur so kannst du mehr bekommen. Wenn du es ständig ausgibst, kann es nicht mehr werden.

Das Gesetz der Liebe besagt das genaue Gegenteil: Wenn du Liebe für dich behältst, stirbt sie – sie verdirbt. Die kreative Energie, die darin enthalten war, wird zerstörerisch. Sie kann mörderisch werden, sie kann selbstmörderisch werden. Dieselbe Energie, die ein Segen hätte sein können, kann zu einer Katastrophe führen – für dich und für andere. Dieselbe Energie, die Nektar werden könnte, wird zum Gift. Wenn du sie hortest, wird sie schnell zum Gift. Wenn du sie hergibst und fließen läßt, bleibt sie Nektar.

Und je mehr du davon gibst, desto mehr hast du. **(69)**

Liebe ist kein Gegenstand, den man besitzen kann. Im Gegenteil, Liebe ist Energie. Man kann von ihr besessen sein. Die meisten Menschen auf der Welt haben ihre Liebe getötet in dem Versuch, sie zu besitzen.

In dem Augenblick, in dem du versuchst, Liebe zu besitzen, zerstörst du sie. Du hast sie zu einem Ding gemacht. Jetzt kannst du dein Wohnzimmer mit einem goldenen Käfig und einem toten Liebesvogel dekorieren. Wenn du die Liebe lebendig haben willst, mußt *du* verschwinden – zusammen könnt ihr nicht existieren.

Man sagt: »Ich liebe dich«, doch zuerst muß das »Ich« verschwinden, dann wird »Liebe« übrigbleiben. Denn wenn auf der einen Seite das »Ich« verschwindet, verschwindet auf der anderen Seite auch das »Du«. Hinter diesem Satz verbirgt sich viel mehr – reine Liebe, ohne Ich, ohne Du.

Wenn die Liebe nicht ihre Flügel in den ganzen Himmel ausbreiten und alle Sterne umfassen kann, bleibt sie eingesperrt – eine gefangene Herrlichkeit.

Stecke deine Liebe nicht in einen Käfig, denn sie ist dein Lebensfunke. **(70)**

Dies ist meine Botschaft: Liebe das Leben, und mit einer solchen Intensität, mit einem solchen Feuer, daß du die Totalität deines Seins erreichst. Denn darin begegnest du Gott.

Liebe ist nur für jene zu haben, die ihre Intelligenz ständig schärfen. Liebe ist nicht für die Mittelmäßigen, Liebe ist nicht für die Unintelligenten. Ein unintelligenter Mensch kann ein großer Intellektueller werden. Und in der Tat sind es die Unintelligenten, die sich bemühen, große Intellektuelle zu werden. Das ist die beste Methode, um ihre Dummheit zu verstecken. Liebe ist nichts für Intellektuelle. Liebe verlangt eine völlig andere Art von Begabung – ein begabtes Herz und kein begabtes Hirn.

Liebe hat ihre eigene Intelligenz, ihre eigene Art zu sehen und wahrzunehmen, ihre eigene Art, das Leben zu verstehen, ihre eigene Art, das Mysterium dieser Existenz zu begreifen.

Der Dichter kommt dem viel näher als der Philosoph, doch nur der Mystiker befindet sich im Innern des Tempels. Der Dichter steht auf den Stufen, der Philosoph direkt davor. Er kann höchstens die Vorhalle erreichen, aber nie die Stufen, denn er geht immer im Kreis, läuft ständig um den Tempel herum, untersucht die Außenwände des Tempels und begeistert sich so sehr dafür, daß er völlig vergißt, daß die Außenwände nicht der eigentliche Tempel sind. Denn die Gottheit ist im Innern.

Der Dichter kommt bis zur Tür, aber die Tür ist so schön, daß er wie hypnotisiert davor stehenbleibt. Er denkt, er sei am Ziel – was könnte es noch mehr geben? Der Philosoph verliert sich in seinen Vermutungen über das Innere und tritt nie ein. Er denkt immer nur darüber nach, er philosophiert. Der Dichter versucht, in das Mysterium einzutreten, aber er bleibt in der Nähe der Tür hängen. Nur der Mystiker betritt das Allerheiligste, den innersten Schrein des Tempels.

Der Weg dorthin ist Liebe, und dieser Weg bedeutet liebende Intelligenz. Wenn Liebe und Intelligenz zusammentreffen, kannst du den Raum kreieren, in dem alles, was ein Mensch erreichen kann, verwirklicht wird. Dazu ist liebende Intelligenz nötig.

Intelligenz allein ist intellektuell, Liebe allein ist Sentimentalität, aber liebende Intelligenz wird nie Intellektualität oder Sentimentalität sein. Sie gibt dir eine andere, neue Art von Integrität, von Kristallisation.

So kann ein Mensch zum Erwachten werden – erwacht zur Wahrheit dieser Existenz, erwacht zur Wahrheit des eigenen Seins. So wird man zum Buddha. Ein Buddha ist einfach jemand, der nicht mehr schläft, der nicht mehr träumt – einer, der voll erwacht ist. **(71)**

Liebe ist das Wunderbarste in dieser ganzen Existenz. In der Tat ist alles mit allem in Liebe verbunden.

Wenn du am Gipfel angekommen bist, wirst du sehen können, daß alles mit allem in Liebe verbunden ist. Selbst wenn du keine Liebe entdecken kannst, wenn du Haß fühlst – Haß ist nur fehlgeleitete Liebe. Wenn du Gleichgültigkeit fühlst – Gleichgültigkeit bedeutet nur, daß die Liebe noch nicht den Mut hatte, hervorzubrechen. Wenn du fühlst, daß jemand verschlossen ist, bedeutet es nur, daß er soviel Angst, soviel Unsicherheit in sich hat, daß er nicht imstande ist, den ersten Schritt zu tun. Aber alles ist Liebe.

Auch wenn ein Tier ein anderes anspringt und auffrißt – ein Löwe springt einen Hirschen an und frißt ihn auf –, auch das ist Liebe. Es sieht aus wie Gewalt, weil du keine Ahnung hast. Aber es ist Liebe. Das Tier, der Löwe, nimmt den Hirschen in sich auf – natürlich auf eine rohe, eine äußerst rohe, primitive, animalische Weise –, aber dennoch ist es Liebe. Auch Liebende fressen einander; sie nehmen den anderen in sich auf. Das Tier macht es nur auf sehr grobe Weise, das ist alles.

Die ganze Existenz ist Liebe – die Bäume lieben die Erde, die Erde liebt die Bäume, denn wie könnten sie sonst zusammen existieren? Was würde sie zusammenhalten? Es muß eine gemeinsame Verbindung geben. Es sind nicht bloß die Wurzeln, denn wenn die Erde nicht eine tiefe Liebe für den Baum hätte, würden ihm die Wurzeln gar nichts helfen. Zwischen allem existiert eine tiefe, unsichtbare Liebe.

Diese ganze Existenz, der ganze Kosmos dreht sich um Liebe. **(72)**

7. KAPITEL

Beziehung

Warum ist es so schwierig, in Beziehung zu sein?

Weil es dich noch nicht gibt. In dir ist eine innere Leere und die Angst, daß du, wenn du mit jemandem in Beziehung trittst, früher oder später als leer bloßgestellt wirst. Darum erscheint es sicherer, andere auf Distanz zu halten; wenigstens kannst du so tun, als ob es dich gibt.

Es gibt dich nicht. *Du* bist noch nicht geboren; du bist nur eine Möglichkeit. Du bist noch nicht zur Erfüllung gekommen, und nur zwei erfüllte Menschen können miteinander in Beziehung treten. In Beziehung zu treten gehört zu den großartigsten Dingen, die es im Leben gibt. In Beziehung zu treten bedeutet zu lieben, bedeutet zu teilen. Doch bevor du teilen kannst, mußt du *haben*. Und bevor du lieben kannst, mußt du von Liebe erfüllt sein, von Liebe überfließen.

Zwei Samenkörner können nicht in Beziehung treten; sie sind verschlossen. Zwei Blumen können in Beziehung treten; sie sind offen. Sie können sich gegenseitig ihren Duft schenken, sie können unter derselben Sonne tanzen und im gleichen Wind. Sie können im Zwiegespräch sein, können miteinander flüstern. Zwei Samenkörner können das nicht. Samenkörner sind völlig verschlossen, fensterlos – wie könnten sie in Beziehung treten?

Und das ist unsere Situation. Der Mensch wird als Samenkorn geboren. Er kann zur Blume werden oder auch nicht. Es hängt ganz von dir ab, was du mit dir selbst anfängst. Es hängt von dir ab, ob du wächst oder nicht. Du hast die Wahl – und jeden Augenblick mußt du diese Wahl treffen, jeden Augenblick stehst du am Scheideweg.

Millionen entscheiden sich dafür, nicht zu wachsen. Sie

bleiben Samenkörner. Sie bleiben Möglichkeiten, die sich nie verwirklichen. Sie wissen nicht, was Selbstverwirklichung ist, wissen nicht, was Selbsterkenntnis ist. Sie wissen nichts vom Sein. Völlig leer leben sie, völlig leer sterben sie. Wie können sie in Beziehung treten?

Es wird dich bloßstellen – deine Nacktheit, deine Häßlichkeit, deine Leere. Es erscheint sicherer, Distanz zu halten. Sogar Liebende halten Distanz. Sie wagen sich nur bis zu einer gewissen Grenze vor und halten sich immer den Rückzug offen. Sie kennen ihre Grenzen und überschreiten sie nie. Sie bleiben innerhalb der abgesteckten Grenzen.

Sicher, sie haben eine Art Beziehung, aber es ist kein Sich-aufeinander-Beziehen, sondern ein Besitzergreifen. Der Ehemann besitzt die Ehefrau, die Frau besitzt den Mann, die Eltern besitzen die Kinder und so weiter und so fort. Aber Besitzen ist nicht In-Beziehung-Treten. Im Gegenteil, zu besitzen bedeutet, alle Chancen zunichte zu machen, sich wirklich auf den anderen zu beziehen.

Wenn du dich wirklich auf den anderen beziehst, achtest du ihn – du kannst ihn nicht besitzen. Wenn du für ihn offen bist, hast du große Hochachtung. Wenn du für ihn offen bist, kommst du ihm sehr nah – sehr, sehr nah; in tiefer Intimität überschneiden sich eure Grenzen. Dennoch bleibt die Freiheit des anderen unangetastet, bleibt der andere ein unabhängiges Individuum. Es ist eine Ich-Du-Beziehung, keine Ich-Es-Beziehung – eine gegenseitige Durchdringung, Überschneidung, und dennoch Unabhängigkeit.

Khalil Gibran sagt: »Seid wie zwei Säulen, die das gleiche Dach tragen, aber fangt nicht an, einer den anderen zu besitzen. Laßt dem anderen seine Unabhängigkeit. Tragt dasselbe Dach – dieses Dach ist die Liebe.«

Zwei Liebende tragen gemeinsam etwas Unsichtbares und ungeheuer Wertvolles: eine Poesie des Daseins, eine Musik, die in den verborgensten Winkeln ihres Seins vernommen wird. Sie tragen es beide, sie halten eine Harmonie zwischen sich und bleiben dennoch unabhängig. Sie können sich dem anderen offenbaren, weil sie keine Angst haben. Sie wissen, daß sie *sind.* Sie kennen ihre innere Schönheit, sie kennen ihr inneres Aroma; sie haben keine Angst.

Doch gewöhnlich ist Angst da, denn ihr habt kein Aroma. Wenn ihr euch offenbart, kommt nur Gestank heraus. Ihr stinkt nach Eifersucht, nach Haß, Wut und Lüsternheit. Es kommt nicht das Parfüm der Liebe, der Andacht, des Mitgefühls.

Millionen bleiben lieber Samenkörner. Warum? Warum ziehen sie es vor, Samenkörner zu bleiben, wenn sie zu Blumen werden und im Wind und in der Sonne und im Mondschein tanzen könnten? Diese Entscheidung hat etwas für sich. Das Samenkorn ist sicherer als die Blume. Die Blume ist zart und verletzlich, das Samenkorn nicht. Das Samenkorn sieht stärker aus. Die Blume kann mit Leichtigkeit zerstört werden – ein Windstoß genügt, und die Blütenblätter sind hinüber. Das Samenkorn kann nicht so leicht vom Wind zerstört werden; das Samenkorn ist gut geschützt, es ist sicher. Die Blume ist ungeschützt, ein so zartes Ding, und so vielen Gefahren ausgesetzt: Ein starker Wind kann kommen, es kann in Strömen gießen, die Sonne kann die Blume verbrennen, irgendein dummer Mensch kann sie pflücken. Ihr kann alles mögliche passieren. Die Blume ist in ständiger Gefahr; das Samenkorn aber ist sicher.

Und so ziehen Millionen Menschen es vor, Samenkörner zu bleiben. Doch ein Same zu bleiben heißt, tot zu bleiben. Ein Samenkorn zu bleiben heißt, lieber gar nicht erst zu leben. Gewiß, das ist sicher, aber nicht lebendig. Der Tod ist sicher, aber Leben heißt Unsicherheit.

Wer wirklich leben will, muß sich der Gefahr aussetzen, ständiger Gefahr. Wer die Gipfel erreichen will, muß das Risiko auf sich nehmen, verlorenzugehen. Wer die höchsten Gipfel erklimmen will, muß das Risiko auf sich nehmen, irgendwo abzustürzen, auszurutschen und zu fallen.

Je stärker das Verlangen nach Wachstum, desto mehr Gefahren muß man in Kauf nehmen. Der wahre Mensch akzeptiert die Gefahr als seinen täglichen Lebensstil, als sein ständiges Wachstumsklima.

Du fragst mich: *»Warum ist es so schwierig, in Beziehung zu* *sein?*« Es ist deshalb so schwierig, weil du noch nicht bist. *Sei* erst. Alles übrige ist erst dann möglich – zuerst sei.

Jesus sagt das auf seine Weise: »Suche zuerst das Reich Gottes, und alles andere wird dir gegeben werden.« Das ist nur ein altmodischer Ausdruck für das, was ich sage: »Zuerst sei, dann wird dir alles andere gegeben.«

Sein ist die Grundvoraussetzung. Wenn du bist, folgt der Mut auf dem Fuße. Wenn du bist, regt sich ein großes Verlangen nach Abenteuer, ein großer Forscherdrang. Und wenn du bereit bist zu forschen, bist du bereit, mit anderen in Beziehung zu treten. In Beziehung zu treten bedeutet zu erforschen – das Bewußtsein des anderen zu erforschen, das Territorium des anderen zu erforschen. Aber wenn du das Territorium des anderen erforschst, mußt du es auch dem anderen erlauben und ihn einladen, *dich* zu erforschen. Es darf keine Einbahnstraße sein. Und du kannst dem anderen nur dann erlauben, dich zu erforschen, wenn du etwas *hast*, wenn du irgendeinen Schatz in dir trägst, denn dann hast du keine Angst. Vielmehr forderst du den Gast auf, du empfängst ihn mit offenen Armen, du rufst ihn, du bittest ihn herein. Du möchtest, daß er sieht, was du in dir entdeckt hast, und möchtest es mit ihm teilen.

Sei zuerst, dann kannst du dich auf andere beziehen. Und vergiß nicht, es ist etwas Schönes. Eine »Beziehung« dagegen ist etwas Totes, Festgelegtes, ein Schlußpunkt hinter allem. Du heiratest eine Frau: Das ist ein Schlußpunkt. Von nun an geht's bergab. Du hast die Grenze des Wachstums erreicht. Der Fluß ist zum Stillstand gekommen und zum Stausee geworden.

Eine »Beziehung« ist ein Ding, fix und fertig.

Sich auf einen anderen zu beziehen ist ein Prozeß. Vermeide Beziehung und geh immer tiefer ins Beziehen hinein.

Meine Betonung liegt auf Verben, nicht auf Substantiven. Vermeidet Hauptwörter, wo ihr nur könnt. Ich weiß, die Sprache erlaubt es zwar nicht immer, aber im Leben müßt ihr sie meiden, denn »leben« ist ein Tätigkeitswort. Leben ist eigentlich kein Substantiv, es ist ein Verbum. Es ist »leben«, nicht »Leben«. Nicht »Liebe«, sondern »lieben«. Nicht »Beziehung«, sondern »beziehen«. Nicht »Gesang«, sondern »singen«. Nicht »Tanz«, sondern »tanzen«.

Seht den Unterschied, fühlt den Unterschied! Ein Tanz ist etwas Fertiges; alles ist abgerundet und ausgefeilt – es gibt nichts mehr hinzuzufügen. Etwas Fertiges ist tot. Das Leben kennt keinen Punkt. Kommas sind in Ordnung, aber keine Punkte. Ruhepausen sind in Ordnung, aber keine Ziele.

Anstatt darüber nachzugrübeln, wie du in einer Beziehung sein kannst, erfülle die erste Voraussetzung: meditiere, *sei*. Dann entsteht daraus ganz von allein die Offenheit für andere. Jemand, der still und selig ist und vor Energie überfließt, wird zur Blume; er *muß* sich anderen öffnen. Es ist nicht etwas, das man erlernen müßte; es fängt von sich aus an zu geschehen. Du öffnest dich Menschen, du öffnest dich Tieren, du öffnest dich Bäumen, du öffnest dich sogar den Steinen.

Ja, du wirst zu einer vierundzwanzigstündigen Offenheit. Wenn du auf der Erde gehst, bist du in Beziehung mit der Erde. Deine Füße berühren den Boden, du kommunizierst mit ihr. Wenn du im Fluß schwimmst, bist du in Beziehung mit dem Fluß. Und wenn du die Sterne betrachtest, bist du in Beziehung mit den Sternen.

Es geht nicht um eine Beziehung mit einem ganz bestimmten Menschen. Es geht darum, ob du bist. Wenn du *bist*, wird dein ganzes Leben zu einem einzigen Sich-Beziehen. Es wird ein immerwährendes Singen, ein ständiges Tanzen, eine Bewegung ohne Ende, ein fließender Strom.

Meditiere, suche und finde erst dein eigenes Zentrum. Bevor du dich auf andere einläßt, laß dich erst auf dich selber ein. Das ist die grundlegende Voraussetzung, die erfüllt werden muß. Ohne sie ist nichts möglich. Mit ihr ist nichts unmöglich. **(73)**

Muß man erst mit seiner Einsamkeit zurechtkommen, bevor man eine Beziehung eingeht?

Ja, du mußt mit deiner Einsamkeit zurechtkommen – und zwar so gut, daß deine Einsamkeit sich in Alleinsein verwandelt. Nur dann wirst du imstande sein, eine tiefe, bereichernde Beziehung einzugehen. Nur dann wirst du fähig sein, dich auf die Liebe einzulassen.

Was bedeutet es, wenn ich sage, man muß mit seiner Einsamkeit so gut zurechtkommen, daß daraus Alleinsein wird?

Einsamkeit ist ein negativer psychischer Zustand. Alleinsein ist positiv – ungeachtet dessen, was in den Wörterbüchern steht. Im Wörterbuch wird Einsamkeit gleichbedeutend mit Alleinsein verwendet; dort sind es Synonyme – aber nicht im Leben.

Einsamkeit ist ein psychischer Zustand, in dem du den anderen ständig vermißt. Alleinsein ist ein psychischer Zustand, in dem du mit dir allein ständig Freude erlebst. Einsamkeit ist leidvoll, Alleinsein ist ekstatisch. Einsamkeit ist immer kummervoll. Du vermißt etwas, sehnst dich nach etwas, wünschst dir etwas. Alleinsein ist tiefe Erfüllung. Ohne nach außen zu gehen, bist du ungeheuer zufrieden und glücklich; du feierst dich. In der Einsamkeit bist du aus deinem Zentrum geworfen. Im Alleinsein bist du zentriert und verwurzelt.

Alleinsein ist schön. Es hat Stil, eine gewisse Anmut, eine Atmosphäre großer Zufriedenheit. Einsamkeit ist armselig. Sie kleidet sich in Betteln und sonst nichts. Sie hat keine Anmut – im Gegenteil, sie ist häßlich. Einsamkeit ist Abhängigkeit, Alleinsein ist reinste Unabhängigkeit: Man fühlt sich komplett in seiner eigenen Welt, in seiner eigenen Existenz.

Wenn du aus Einsamkeit eine Beziehung eingehst, wirst du den anderen ausbeuten. Der andere wird ein Mittel zu deiner Befriedigung; du benutzt ihn. Und jeder wehrt sich dagegen, benutzt zu werden, denn kein Mensch ist dazu da, für andere ein Mittel zum Zweck zu sein. Jeder Mensch ist ein Selbstzweck. Niemand ist dazu da, wie ein Ding benutzt zu werden; jeder ist dazu da, wie ein König verehrt zu werden. Niemand ist dazu da, die Erwartungen eines anderen zu erfüllen; jeder ist einfach dazu da, er selbst zu sein.

Wenn du also aus Einsamkeit eine Beziehung eingehst, ist die Beziehung schon von Anfang an zum Scheitern verurteilt.

Noch bevor sie überhaupt angefangen hat, ist sie schon zum Scheitern verurteilt. Das Kind ist schon tot vor der Geburt. Es wird dir noch mehr Unglück bringen. Und vergiß nicht, wenn Einsamkeit dahintersteht, wirst du dich mit jemandem in eine Beziehung stürzen, der in derselben Misere ist. Jemand, der aus seinem Alleinsein heraus lebt, kann sich zu dir niemals hingezogen fühlen; du befindest dich zu weit unter ihm. Er kann höchstens Mitgefühl für dich empfinden, aber lieben kann er dich nicht. Jemand, der auf dem Gipfel seines Alleinseins steht, kann sich nur zu jemandem hingezogen fühlen, der ebenfalls allein ist. Wenn deine Einsamkeit dahintersteht, wirst du immer jemanden vom gleichen Schlag finden; du wirst irgendwo auf dein eigenes Spiegelbild treffen.

Zwei Bettler werden sich treffen, zwei unglückliche Leute werden sich treffen. Und bedenke, wenn zwei unglückliche Leute sich treffen, addiert es sich nicht einfach, sondern es multipliziert sich. Sie schaffen sich gegenseitig noch viel mehr Unglück als jeder für sich allein.

Erst lerne, allein zu sein. Erst fange an, Freude an dir selbst zu haben. Erst liebe dich selbst. Erst werde so authentisch glücklich, daß es keine Rolle spielt, ob jemand kommt – du bist einfach voll, überfließend. Wenn keiner an deine Tür klopft, ist es auch gut. Dir fehlt nichts. Du wartest nicht, daß jemand kommt und an deine Tür klopft. Du bist daheim. Wenn jemand kommt – gut und schön. Wenn niemand kommt, ist auch das gut und schön.

Dann kannst du eine Beziehung eingehen. Jetzt wirst du wie ein Meister und nicht wie ein Bettler vorgehen. Jetzt wirst du ein Kaiser und kein Bettler sein. Und wer in seinem Alleinsein daheim ist, für den wird nur jemand attraktiv sein, der sich ebenfalls in seinem Alleinsein wohl fühlt, denn Gleiches zieht Gleiches an. Wenn zwei Meister sich begegnen – Meister ihres Daseins, ihres Alleinseins – dann addiert sich das Glück nicht nur, sondern es multipliziert sich. Es wird zu einem großartigen Fest der Lebensfreude. Und sie werden sich nicht ausbeuten, sondern sich gegenseitig bereichern. Sie werden den anderen nicht benutzen. Statt dessen werden sie verschmelzen und sich gemeinsam über das Leben freuen, das sie umgibt. Zwei einsame Menschen hingegen stehen sich frontal gegenüber, einander zugewandt.

Zwei Menschen, die das Alleinsein erfahren haben ... in ihrem Zusammensein werden sie sich gemeinsam einer Sache zuwenden, die größer ist als sie beide. Ich verwende immer dieses Bild: Zwei normale Liebende, beide einsam, stehen einander zugewandt. Zwei wahre Liebende in einer Vollmondnacht mögen sich zwar an den Händen halten, aber sie sind einander nicht zugewandt, sondern schauen beide nach dem Vollmond hoch oben am Himmel. Obwohl zusammen, sind sie nicht einander zugewandt, sondern einer anderen Sache. Manchmal werden sie gemeinsam einer Symphonie von Mozart, Beethoven oder Wagner lauschen. Manchmal werden sie unter einem Baum sitzen und die gewaltige Präsenz, die von ihm ausgeht, genießen. Manchmal werden sie neben einem Wasserfall sitzen und der wilden Musik lauschen, die dort unaufhörlich erzeugt wird. Manchmal werden sie beide am Meer den weitesten Punkt am Horizont betrachten, den die Augen noch sehen können.

Wenn zwei einsame Menschen sich begegnen, schauen sie sich gegenseitig an, weil sie ständig nach Mitteln und Wegen suchen, wie sie ihr Gegenüber ausbeuten können, wie sie den anderen für sich benutzen können, wie sie durch den anderen glücklich sein können.

Aber zwei Menschen, die in sich selbst völlig zufrieden sind, werden nicht versuchen, einander zu benutzen. Statt dessen werden sie zu Reisegefährten; sie sind auf einer Pilgerreise. Das Ziel ist hoch, das Ziel ist weit entfernt. Ihr gemeinsames Interesse verbindet sie.

Normalerweise ist Sex das gemeinsame Interesse. Sex kann zwei Menschen zeitweilig und kurzweilig, aber oberflächlich, miteinander verbinden. Wahre Liebende haben ein größeres gemeinsames Interesse. Nicht, daß es keinen Sex zwischen ihnen gäbe – es kann ihn geben, aber als Teil einer höheren Harmonie. Beim Hören einer Symphonie von Mozart oder Beethoven können sie sich so nah kommen, ganz, ganz nah, daß Liebe daraus entsteht, daß sie sich lieben – aber es passiert durch die größere Harmonie dieser Beethoven-Symphonie. Die eigentliche Sache war die Symphonie, und die Liebe passiert als Teil davon. Und wenn Liebe von allein passiert, ohne daß ihr den Wunsch danach habt, ohne daß Gedanken darüber da sind, wenn sie einfach als Teil einer höheren Harmonie geschieht, hat sie eine völlig andere Qualität – sie wird göttlich sein, nicht bloß menschlich.

Das (englische) Wort *»happiness«* (Glück) stammt von dem skandinavischen Wort *»hap«*, genauso wie *»happening«* (Geschehen). Glück – *happiness* – ist ein Geschehen – *happening*. Man kann es nicht machen, man kann es nicht herbeibefehlen, man kann es nicht erzwingen. Man kann höchstens dafür offen sein. Wann immer es geschieht, geschieht es.

Zwei wahre Liebende sind stets offen, denken aber nie an das Glück und versuchen nie, es herbeizuführen. Dann sind sie niemals frustriert, denn wenn es geschieht, geschieht es. Sie schaffen nur eine Gelegenheit. Und wenn du mit dir selbst glücklich bist, bist du allein schon eine Gelegenheit, und wenn der andere ebenfalls mit sich selber glücklich ist, dann ist er ebenfalls eine Gelegenheit. Und wenn diese beiden Gelegenheiten sich nahekommen, entsteht eine noch größere Gelegenheit. In dieser größeren Gelegenheit kann viel geschehen – aber nichts wird gemacht.

Man braucht nichts zu tun, um glücklich zu sein. Man muß nur im Fluß sein und loslassen.

Die Frage lautete: *»Muß man erst mit seiner Einsamkeit zurechtkommen, bevor man eine Beziehung eingeht?«* Ja, absolut ja. So muß es sein, sonst wirst du frustriert sein, und im Namen der Liebe wirst du etwas tun, was nichts mit Liebe zu tun hat. **(74)**

Was bringt mir Meditation für meine Beziehungen?

Liebe ist eine Beziehung zwischen dir und jemand anderem. Meditation ist eine Beziehung zwischen dir und dir. Liebe geht nach außen, Meditation geht nach innen. Liebe ist ein Teilen.

Aber wie kannst du teilen, wenn du nichts hast? Was willst du denn teilen?

Die Menschen haben Wut, die Menschen haben Eifersucht, die Menschen haben Haß, und im Namen der Liebe fangen sie allmählich an, diese Dinge zu teilen, weil es das ist, was sie haben. Sobald die Flitterwochen vorüber sind und ihr eure Masken abnehmt, sobald die Wirklichkeit sich zeigt und ihr echt werdet – was werdet ihr miteinander teilen? Ihr werdet das teilen, was ihr habt. Wenn es Wut ist, dann teilt ihr Wut; wenn es Besitzanspruch ist, dann teilt ihr Besitzanspruch. Dann kommt es zu Kampf und Zank und Streit, und jeder versucht den anderen zu beherrschen.

Meditation wird dir etwas geben, das du teilen kannst. Meditation wird dir die Qualität, die Energie geben, die zu Liebe werden kann, wenn sie mit jemandem geteilt wird. Gewöhnlich habt ihr diese Qualität nicht. Niemand hat sie. Du mußt sie erst hervorbringen.

Liebe ist nicht etwas, mit dem du geboren wirst. Es ist etwas, das du hervorbringen mußt; es ist etwas, das du werden mußt. Es ist eine Bemühung, ein Ringen – und eine große Kunst.

Wenn du überfließende Liebe in dir hast, dann kannst du teilen. Aber das kann nur geschehen, wenn du mit dir selbst eine Beziehung eingehst.

Meditation ist nichts anderes, als mit dir selbst in Beziehung zu treten. Wenn du nicht mit dir selbst in Beziehung sein kannst, wie kannst du da erwarten, daß du mit jemand anderem in Beziehung treten kannst?

Die erste Liebe gilt also dir selbst. Dann erst wird die zweite möglich. Aber die Menschen stürzen sich in die zweite Liebe, ohne die erste kennengelernt zu haben! **(75)**

Würdest du bitte über unsere Partner zu uns sprechen – über unsere Ehefrauen, Ehemänner und Geliebten? Wann sollen wir bei einem Partner bleiben, und wann sollen wir uns aus einer Beziehung zurückziehen, die uns hoffnungslos – oder gar zerstörerisch – vorkommt?

Eine Beziehung ist eines der Mysterien des Lebens, und weil sie zwischen zwei Menschen existiert, ist sie von beiden abhängig.

Wenn sich zwei Menschen begegnen, wird eine neue Welt geschaffen. Einfach durch ihr Zusammentreffen wird ein neues Phänomen geschaffen – eines, das vorher nicht da war, eines, das es nie vorher gegeben hat. Und durch dieses neuartige Phänomen werden beide Menschen verwandelt und transformiert.

Ohne Beziehungen seid ihr eine Sache für sich, aber sobald ihr Beziehungen herstellt, werdet ihr zu etwas anderem. Etwas Neues ist geschehen. Wenn eine Frau zur Geliebten wird, ist sie nicht mehr dieselbe. Ein Mann, der zum Geliebten wird, ist nicht mehr der gleiche Mann.

Und wenn ein Kind geboren wird, vergessen wir völlig einen wichtigen Punkt – im gleichen Augenblick wird auch die Mutter geboren. Sie hat vorher nicht existiert. Die Frau gab es, aber nicht die Mutter. Die Mutter ist etwas absolut Neues.

Ihr kreiert eure Beziehungen, und umgekehrt kreieren die Beziehungen auch euch. Zwei Menschen begegnen sich, das heißt, zwei Welten begegnen sich. Das ist keine einfache Sache. Es ist kompliziert – das Komplizierteste, was es gibt. Jeder Mensch ist seine eigene Welt – ein kompliziertes Wunder mit einer langen Vergangenheit und einer ewigen Zukunft.

Am Anfang treffen sich nur die Oberflächen. Wenn die Beziehung intimer wird, wenn man näher und tiefer zusammenwächst, dann treffen sich allmählich auch die Zentren. Wenn sich zwei Zentren treffen, nennt man es Liebe.

Wenn die Peripherien sich begegnen, ist es eine Bekanntschaft. Man berührt den anderen von außen, nur so vom Randbezirk her; es ist eine Bekanntschaft. Oft wird eine Bekanntschaft für Liebe gehalten. Dann befindet ihr euch im Irrtum, denn Bekanntschaft ist nicht Liebe.

Liebe ist sehr selten. Um einem Menschen in seinem Zentrum zu begegnen, muß man durch eine eigene innere Revolution gehen. Denn wenn man jemandem in seinem Zentrum begegnen möchte, muß man ihm auch erlauben, das eigene

Zentrum zu berühren. Ihr müßt empfindsam werden, vollkommen verletzlich, absolut verletzlich und offen.

Es ist ein Wagnis. Jemandem zu erlauben, das Zentrum in einem selbst zu berühren, ist ein gefährliches Risiko. Man kann nie wissen, was der andere mit einem macht, wenn man einmal alle seine Geheimnisse preisgegeben hat, wenn das Verborgene ans Licht gekommen ist. Wenn man völlig bloßgestellt ist, weiß man nie, was der andere tun könnte.

Wir haben Angst davor, deshalb sind wir nie offen.

Wir haben Bekanntschaften und glauben, es sei Liebe. Die Oberflächen treffen sich, und wir meinen, daß wir uns getroffen haben. Ihr seid nicht eure Oberfläche. Die Oberfläche ist da, wo ihr aufhört – nur der Zaun um euch herum. Das seid nicht ihr. Die Oberfläche ist die Stelle, wo ihr aufhört und die Welt anfängt.

Selbst Eheleute, die viele Jahre zusammengelebt haben, können unter Umständen nur Bekannte sein. Sie haben sich gegenseitig vielleicht noch gar nicht kennengelernt. Und je länger man mit jemandem zusammenlebt, desto mehr vergißt man, daß die Zentren unbekannt geblieben sind.

Das erste, was man also verstehen muß, ist, daß man eine Bekanntschaft nicht für Liebe halten darf. Ihr könnt eine sexuelle Beziehung haben, ihr könnt miteinander schlafen, aber Sex ist auch nur oberflächlich. Wenn sich die beiden Zentren nicht begegnen, ist Sex nur die Begegnung zweier Körper. Und ein körperliches Treffen ist nicht *euer* Treffen. Sex bleibt eine Bekanntschaft – körperlich zwar, aber doch nur eine Bekanntschaft.

Ihr könnt jemanden nur in euer Zentrum hereinlassen, wenn ihr keine Angst habt.

Darum sage ich euch, es gibt zwei Lebensweisen: Die eine ist angstorientiert und die andere liebesorientiert. Eine angstorientierte Lebenshaltung kann euch niemals in eine tiefe Beziehung führen. Ihr habt immer Angst und könnt dem anderen nicht erlauben, zu eurem tiefsten Kern vorzudringen. Ihr gestattet dem anderen ein Eindringen bis zu einem gewissen Punkt – und dann kommt die Mauer, wo alles aufhört.

Ein liebesorientierter Mensch ist ein religiöser Mensch. Der liebesorientierte Mensch hat keine Angst vor der Zukunft, er fürchtet sich nicht vor den Konsequenzen. Er lebt im Hier und Jetzt.

Kümmere dich nicht um die Konsequenzen! Das ist das angstorientierte Gemüt. Denke nicht daran, was geschehen könnte; bleibe einfach hier und handle total. Kalkuliere nicht. Ein angstorientiertes Gemüt schätzt immer ab, macht Pläne, arrangiert, versichert sich – und vergeudet damit sein ganzes Leben.

Ich habe einmal von einem alten Zen-Mönch gehört, der auf seinem Sterbebett lag. Sein letzter Tag war gekommen, und er teilte seinen Schülern mit, daß er an diesem Abend sterben würde. Alle seine Anhänger, Schüler und Freunde kamen herbei. Er wurde von vielen geliebt, und sie kamen alle. Von fern und nah versammelten sich die Leute.

Einer seiner alten Schüler rannte zum Marktplatz, als er hörte, daß sein Meister sterben würde. Jemand fragte: »Warum gehst du auf den Marktplatz, wenn der Meister in seiner Hütte liegt und stirbt?« Der alte Schüler sagte: »Ich weiß, daß mein Meister einen speziellen Kuchen besonders gerne mag, und ich will hingehen und diesen Kuchen kaufen.«

Es war nicht leicht, den Kuchen zu finden, weil er schon lange aus der Mode gekommen war, aber irgendwie gelang es ihm doch noch gegen Abend. Er rannte mit dem Kuchen zur Hütte.

Alle hatten sich schon Sorgen gemacht. Es schien, als wartete der Meister auf jemanden. Er machte immer wieder die Augen auf, um zu schauen, und dann schloß er sie wieder. Und dann kam der Schüler. Der Meister sagte: »Ach, da bist du ja! Wo ist der Kuchen?« Der Schüler holte den Kuchen hervor. Er war so glücklich, daß der Meister danach gefragt hatte.

Sterbend nahm der Meister den Kuchen in seine Hand; sie zitterte nicht. Er war schon sehr alt, aber seine Hand zitterte nicht. Jemand fragte: »Du bist so alt und stehst an der Schwelle des Todes, der letzte Atemzug ist bald getan, aber deine Hand zittert gar nicht ...»

Der Meister sagte: »Ich zittere nie, weil ich keine Angst habe. Mein Körper ist alt geworden, aber ich bin noch immer jung und werde jung bleiben, selbst wenn der Körper gestorben ist.«

Dann biß er ab und begann den Kuchen zu verspeisen. Jemand fragte: »Meister, was ist deine letzte Botschaft? Du wirst uns nun bald verlassen ... Was sollen wir nicht vergessen?«

Der Meister lächelte und sagte: »Ah, dieser Kuchen ist köstlich!«

Das ist ein Mensch, der im Hier und Jetzt lebt. »Ah, dieser Kuchen ist köstlich!« Selbst der Tod spielt keine Rolle. Der nächste Moment ist ohne Bedeutung. In diesem Moment ist der Kuchen köstlich. Wenn ihr im Moment, in diesem Moment, in dieser Gegenwart, in dieser Fülle leben könnt – nur dann könnt ihr lieben.

Die Liebe ist eine seltene Blume. Sie ereignet sich nur hin und wieder einmal. Millionen und Abermillionen von Menschen leben in der irrigen Vorstellung, daß sie lieben. Sie glauben, daß sie lieben, aber das ist nur ihr Glaube. Liebe ist ein seltenes Erblühen. Dann und wann geschieht es. Es ist selten, weil es nur geschehen kann, wenn keine Angst da ist – niemals vorher. Das bedeutet, daß Liebe nur einem zutiefst spirituellen, religiösen Menschen geschehen kann. Sex kann jeder haben. Bekanntschaft ist für alle möglich. Aber nicht Liebe.

Wenn du keine Angst hast, gibt es nichts zu verstecken. Dann kannst du offen sein, dann kannst du alle Grenzen fallenlassen, dann kannst du den anderen einladen, dich im tiefsten Innern zu treffen. Und vergiß nicht, wenn du jemandem erlaubst, tief in dich einzudringen, wird der andere auch dir erlauben, in ihn oder sie einzudringen. Wenn du jemanden tief in dich hereinläßt, schaffst du Vertrauen. Wenn du selbst keine Angst hast, wird auch der andere furchtlos.

Bei eurer Liebe ist die Angst immer dabei. Der Ehemann hat Angst vor der Ehefrau, die Ehefrau hat Angst vor dem Ehemann. Liebende haben immer Angst. Dann ist es keine Liebe. Dann ist es nur ein Abkommen zwischen zwei ängstlichen Menschen, die voneinander abhängig sind und kämpfen und sich gegenseitig ausnutzen, manipulieren, dominieren, kontrollieren, Besitz ergreifen. Aber es ist keine Liebe.

Wenn ihr zulassen könnt, daß Liebe geschieht, dann ist es nicht nötig, zu beten oder zu meditieren, dann braucht ihr keine Kirche, keinen Tempel. Ihr könnt Gott völlig vergessen, wenn ihr lieben könnt. Denn durch Liebe ist euch alles geschehen – Meditation, Gebet und Gott. Alles das wird euch geschehen. Das meint Jesus, wenn er sagt: »Liebe ist Gott.«

Aber Liebe ist schwierig. Die Angst muß erst verschwinden. Und das ist das Merkwürdige: Ihr habt so viel Angst, und dabei habt ihr nichts zu verlieren.

Kabir sagt irgendwo: »Ich sehe in die Leute hinein. Sie haben so viel Angst, aber ich sehe nicht, warum – sie haben doch nichts zu verlieren ...» Und er sagt weiter: »Sie sind wie ein nackter Mensch, der nicht wagt, im Fluß baden zu gehen, weil er Angst hat, seine Kleider könnten nicht trocken werden.« Ihr befindet euch in der gleichen Situation – ihr seid nackt, ohne Kleider, und habt doch stets Angst um eure Kleider.

Was habt ihr zu verlieren? Nichts. Dieser Körper wird euch beim Tode genommen. Bevor der Tod ihn nimmt, schenkt ihn der Liebe. Was ihr auch besitzt, es wird euch irgendwann genommen. Warum nicht mit anderen teilen, bevor es weggenommen wird? Das ist die einzige Möglichkeit, es zu besitzen. Wenn ihr teilen und geben könnt, seid ihr die Meister. Es wird euch sowieso genommen. Ihr könnt nichts ewig behalten; der Tod wird alles zerstören.

Darum – wenn ihr mir richtig gefolgt seid – ist es ein Kampf zwischen Tod und Liebe. Wenn ihr geben könnt, gibt es keinen Tod. Bevor euch irgend etwas genommen werden kann, habt ihr es schon weggegeben. Ihr habt ein Geschenk daraus gemacht. Dann kann es keinen Tod geben.

Für einen Liebenden gibt es keinen Tod. Für einen, der nicht liebt, ist jeder Augenblick der Tod, denn in jedem Augenblick wird ihm etwas entrissen. Der Körper verfällt – man verliert ihn in jedem Augenblick mehr. Der Tod wird kommen und alles auslöschen.

Was ist diese Angst? Warum fürchtet ihr euch so sehr? Selbst wenn man euch vollkommen durchschaut und in euch liest wie in einem offenen Buch, habt ihr noch Angst. Was kann euch denn passieren? Die Angst basiert auf einer falschen Vorstellung, auf Konditionierungen, die die Gesellschaft dir mitgegeben hat: daß du dich verstecken und schützen mußt, daß du andauernd kämpfen mußt, daß alle anderen Feinde sind, daß alle gegen dich sind.

Niemand ist gegen dich. Selbst wenn du das Gefühl hast, daß jemand gegen dich ist, ist es ein Irrtum, denn alle sind mit sich selbst beschäftigt, nicht mit dir. Es gibt nichts zu fürchten. Das muß man erkannt haben, bevor eine echte Beziehung möglich ist. Es gibt nichts zu fürchten.

Meditiert darüber. Dann erlaubt dem anderen, in euch einzutreten – ladet ihn ein, hereinzukommen, und legt ihm keine Hindernisse in den Weg, werdet wie ein offener Durchgang. Seid einfach immer offen – keine Riegel, keine verschlossenen Türen in eurem Innern. Dann wird Liebe möglich.

Wenn zwei Zentren sich treffen, entsteht Liebe. Und die Liebe ist ein alchimistischer Vorgang. Es ist wie das Zusammentreffen von Wasserstoff und Sauerstoff – etwas Neues entsteht: das Wasser. Man kann soviel Sauerstoff haben, wie man will, oder soviel Wasserstoff, wie man will, aber der Durst wird davon nicht gelöscht.

Wenn sich zwei Zentren treffen, entsteht etwas Neues. Dieses Neue ist Liebe. Und sie ist wie Wasser – sie löscht den Durst vieler Leben. Auf einmal ist man zufrieden. Das ist das sichtbare Merkmal der Liebe: Man wird so zufrieden, als hätte man alles erreicht. Es gibt nichts mehr zu erreichen, man ist am Ziel. Es gibt kein Ziel mehr. Das Schicksal ist erfüllt. Der Same ist zur Blume geworden. Er ist zum völligen Erblühen gekommen.

Tiefe Zufriedenheit ist das sichtbare Merkmal der Liebe. Wenn jemand liebt, kann man seine Liebe nicht sehen, aber man kann die tiefe Zufriedenheit sehen, die tiefe Befriedigung, die ihn umgibt. Jeder Atemzug, jede Bewegung, sein ganzes Wesen ist Zufriedenheit.

Ihr werdet überrascht sein, wenn ich euch sage, daß die Liebe wunschlos macht. Wünsche kommen aus der Unzufriedenheit. Man begehrt etwas, weil man nichts hat. Ihr wünscht euch Dinge, weil ihr denkt, daß ihr zufrieden seid, wenn ihr sie besitzt. Wünsche kommen aus der Unzufriedenheit.

Wenn Liebe da ist und zwei Zentren sich getroffen haben und ineinander verschmolzen sind und die neue alchimistische Substanz geboren ist, dann ist Befriedigung da. Es ist, als hätte die Welt aufgehört, sich zu drehen. Da ist keine Bewegung. Wenn der gegenwärtige Augenblick der einzige Augenblick ist, dann kannst du sagen: »Ah, dieser Kuchen ist köstlich!« Selbst der Tod ist ohne Bedeutung für einen, der liebt.

Darum sage ich euch: Die Liebe wird euch wunschlos machen. Vergeßt eure Angst, werdet furchtlos und offen. Erlaubt einem anderen Zentrum, euer eigenes inneres Zentrum zu treffen. Ihr werdet dadurch neu geboren, eine neue Wesensqualität wird geschaffen. Diese Wesensqualität sagt: Dies ist Gott. Gott ist kein Streitgespräch, sondern eine Erfüllung. Ein Gefühl des Erfülltseins.

Es wird euch aufgefallen sein, daß ihr Gott immer leugnet, wenn ihr unzufrieden seid. Wenn ihr unzufrieden seid, möchte euer ganzes Wesen ausrufen, daß es keinen Gott gibt. Atheismus entsteht nicht aus logischem Denken, sondern aus Unzufriedenheit. Man kann es rationalisieren – das steht auf einem anderen Blatt. Man kann sagen, daß man Beweise hat, daß es keinen Gott gibt. Aber darum geht es überhaupt nicht.

Wenn du zufrieden bist, sagt dein ganzes Wesen plötzlich, daß es Gott gibt. Auf einmal fühlst du es: Die ganze Welt ist göttlich. Wenn du liebst, fühlst du zum ersten Mal, daß die Schöpfung göttlich ist und alles, was es gibt, ein Segen. Aber viel muß getan werden, bevor das geschehen kann. Vieles muß zerstört werden, bevor das geschehen kann. Du mußt alles, was Barrieren in dir schafft, zerstören.

Mache die Liebe zu einer *Sadhana,* zu einer inneren Disziplin. Laß sie keine leichtfertige Angelegenheit sein. Liebe darf nicht nur etwas sein, das deinen Verstand beschäftigt. Laß sie nicht nur körperliche Befriedigung sein. Mache sie zur inneren Suche und betrachte den anderen als Hilfe, als einen Freund.

Wenn ihr schon etwas von Tantra gehört habt, wißt ihr sicher, daß Tantra sagt: Wenn du einen Geliebten finden kannst, einen Freund, Mann oder Frau, der bereit ist, mit dir dem inneren Zentrum entgegenzugehen, der bereit ist, mit dir den höchsten Gipfel von Beziehung zu erreichen, dann wird diese Beziehung zur Meditation. Dann kannst du durch diese Beziehung zur Beziehung mit dem Allerhöchsten gelangen. Dann wird der andere zur Tür.

Laßt es mich erklären: Wenn man jemanden liebt, verschwindet das Oberflächliche allmählich, die Form der anderen Person löst sich auf. Man kommt mehr und mehr in Kontakt mit dem Inneren, dem Formlosen. Allmählich wird die Gestalt undeutlich und verschwindet. Und wenn man noch tiefer geht, fängt selbst dieses formlose Individuum an, sich aufzulösen und zu schmelzen. Dann öffnet sich das Jenseits. Dieser spezielle Mensch war nur eine Tür, eine Öffnung – durch deinen Geliebten findest du das Göttliche.

Wir brauchen so viele religiöse Rituale, weil wir nicht lieben können. Das ist der Ersatz, doch ein recht erbärmlicher Ersatz.

Aber der erste Schimmer kommt immer durch ein einzelnes Wesen. Es ist schwierig, mit dem Grenzenlosen in Kontakt zu sein. Es ist so groß, so weit, ohne Anfang und ohne Ende. Wo soll man anfangen? Von wo soll man eintreten? Das Individuum ist die Tür.

Verliebt euch und macht keinen Zweikampf daraus. Macht es zum tiefsten Zugeständnis an den anderen, macht es zur Einladung. Erlaubt dem anderen ohne irgendwelche Bedingungen, in euch einzudringen. Und plötzlich verschwindet der andere, und Gott ist da.

Wenn eure Geliebten nicht göttlich werden können, kann überhaupt nichts auf der Welt göttlich sein. Dann sind all eure frommen Reden sinnlos.

Es kann mit einem Kind geschehen, mit einem Tier, mit deinem Hund ... wenn du in einer tiefen Beziehung zu deinem Hund stehen kannst, kann es geschehen. Der Hund wird göttlich.

Es ist also nicht bloß eine Frage von Mann und Frau – das ist eine der tiefsten göttlichen Quellen, die euch natürlicherweise erreicht, aber es kann von überallher kommen. Der Grundschlüssel ist: Du mußt dem anderen erlauben, bis zu deinem tiefsten Innern, bis zum Wesensgrund, vorzudringen.

Aber ihr macht euch immer etwas vor. Ihr denkt, daß ihr liebt. Und wenn ihr denkt, daß ihr liebt, gibt es keine Möglichkeit, daß die wahre Sache geschieht. Denn wenn ihr denkt, daß dies bereits Liebe ist, dann bleibt alles andere verschlossen. Macht erneute Anstrengungen! Versucht im anderen das verborgene wahre Wesen zu finden. Nehmt nicht jeden als eine Selbstverständlichkeit hin. Jedes Wesen ist ein solches Mysterium! Und dieses Mysterium ist ohne Ende, wenn man weiter und weiter in den anderen hineingeht.

Aber ihr langweilt euch mit euren Partnern, weil ihr an der Oberfläche verharrt – immer an der Oberfläche.

Ich habe kürzlich eine Geschichte gelesen: Ein Mann war sehr krank. Er hatte alle möglichen Behandlungen und Arzneien probiert, aber es hatte alles nichts geholfen. Dann ging er zu einem Hypnotiseur. Der gab ihm ein *Mantra*, eine Suggestion, die er ständig wiederholen mußte: »Ich bin nicht krank.« Mindestens eine Viertelstunde morgens und abends mußte er wiederholen: »Ich bin nicht krank, ich bin gesund.« Und den ganzen Tag über, wann immer er sich erinnerte, mußte er es wiederholen. Nach ein paar Tagen ging es ihm schon viel besser. Innerhalb weniger Wochen war er völlig in Ordnung.

Dann sagte er zu seiner Frau: »Ein Wunder ist geschehen! Soll ich noch einmal zu dem Hypnotiseur gehen und um ein anderes Wunder bitten? In letzter Zeit habe ich keine sexuellen

Wünsche mehr, und unsere sexuelle Beziehung ist so gut wie tot. Ich verspüre kein Begehren mehr.«

Seine Frau freute sich und sagte: »Ja, geh nur«, denn sie war sehr frustriert.

Der Mann ging zu dem Hypnotiseur. Als er wiederkam, fragte seine Frau: »Was für ein *Mantra* hat er dir gegeben?« Der Mann wollte ihr nichts sagen. Aber nach ein paar Wochen hatte sich sein sexuelles Begehren wieder eingestellt. Seine Frau war sehr verwundert. Sie bohrte ständig nach, aber der Mann wollte nichts sagen und lachte nur. Eines Tages versuchte sie an der Tür zu lauschen, als er morgens im Badezimmer war und seine Morgenmeditation machte – das viertelstündige *Mantra* –, um zu hören, was er sagte.

Und was mußte sie hören: »Sie ist nicht meine Frau. Sie ist nicht meine Frau. Sie ist nicht meine Frau.«

Wir nehmen die Menschen als selbstverständlich hin. Jemand ist deine Frau – und darin erschöpft sich die Beziehung. Jemand ist dein Mann – das genügt. Jetzt gibt es kein Abenteuer mehr; der andere ist zum Gegenstand geworden, zum Gebrauchsartikel. Jetzt ist der andere kein Mysterium mehr, das man suchen muß. Jetzt ist der andere nichts Neues mehr.

Denkt daran: Alles stirbt mit dem Alter ab. Die Oberfläche ist immer alt und das Zentrum immer neu. Die Oberfläche kann nicht neu bleiben. Jeden Augenblick wird sie älter und verbrauchter. Nur das Zentrum bleibt immer frisch und jung.

Deine Seele ist weder ein Kind noch ein junger Mann noch ein alter Mann. Deine Seele ist einfach ewig frisch. Sie hat kein Alter. Du kannst es ausprobieren: Ob du jung bist oder alt – mache die Augen zu und finde es heraus. Versuche zu fühlen, wie dein Zentrum ist. Ist es alt? Ist es jung? Du wirst fühlen, daß das Zentrum weder das eine noch das andere ist. Es ist immer neu und wird niemals alt. Warum? Weil das Zentrum keine Zeit kennt.

Im Laufe der Zeit wird alles alt. Wenn ein Mensch geboren wird, fängt der Körper schon an, alt zu werden. Wenn wir sagen, daß ein Kind eine Woche alt ist, bedeutet es, daß eine

Woche Alter das Kind durchdrungen hat. Das Kind ist seinem Tod schon sieben Tage nähergekommen. Es bewegt sich auf den Tod zu; früher oder später muß es sterben.

Alles, was in den Lauf der Zeit hineingezogen wird, muß alt werden. In dem Moment, in dem die Zeit betreten wird, fängt das Altern schon an. Dein Körper ist alt, deine Oberfläche ist alt. Man kann sie nicht ewig lieben. Aber dein Zentrum ist immer frisch, ist auf ewig jung. Wenn du einmal Kontakt damit hast, wird die Liebe zu einer Entdeckung in jedem Augenblick. Dann hören die Flitterwochen niemals auf. Wenn sie aufhören, waren es in Wirklichkeit keine Flitterwochen, sondern bloß eine Bekanntschaft.

Und schließlich das letzte, woran man sich immer erinnern muß: In einer Liebesbeziehung gebt ihr immer dem anderen die Schuld, wenn etwas schiefgeht. Wenn etwas nicht so läuft, wie es sollte, ist der andere verantwortlich. Das zerstört jede Möglichkeit für zukünftiges Wachstum.

Vergiß nicht: Du bist immer selbst verantwortlich – also ändere dich selbst! Laß alle Eigenschaften, die Probleme machen, fallen. Mache die Liebe zu deiner eigenen Transformation.

Die Kaufleute haben ein Sprichwort: Der Kunde hat immer recht. Ich möchte euch sagen, daß in der Welt der Beziehungen und der Liebe der andere immer recht hat, und ihr selbst habt unrecht.

So fühlen es Liebende. Wenn Liebe da ist, fühlen immer beide: »Ich habe etwas falsch gemacht«, wenn die Dinge nicht so laufen, wie sie sollten. Und beide fühlen so! Dann gibt es Wachstum, dann öffnen sich ihre Zentren, und die Grenzen verschmelzen.

Wenn du aber denkst, daß der andere unrecht hat, und der andere denkt, daß du unrecht hast, verschließt ihr euch. Und Gedanken sind ansteckend. Wenn du denkst, daß der andere im Unrecht ist – selbst wenn du nichts gesagt hast, selbst wenn du lächelst und nach außen hin zeigst, daß du nicht so denkst – der andere versteht es genau. Er sieht es an deinen Augen, an deinen Gesten, an deinem Gesichtsausdruck. Selbst wenn du ein Schauspieler bist, ein großartiger Schauspieler, und deinen Gesichtsausdruck und deine Gesten arrangieren kannst, wie du es brauchst, wird trotzdem dein Unbewußtes ständig Signale aussenden: »Du bist im Unrecht.« Und wenn du fühlst, daß der andere im Unrecht ist, fängt auch der andere an zu fühlen, daß du im Unrecht bist.

Beziehungen zerbrechen an diesem Felsen, und so verschließen sich die Menschen. Wenn du jemandem unrecht gibst, beginnt er sich zu schützen und zu verteidigen. Dann schließen sich die Türen.

Vergiß nie: In der Liebe bist du immer im Unrecht. Dann öffnen sich Möglichkeiten und Wege, und der andere wird genauso fühlen. Wir verursachen die Gefühle in uns gegenseitig. Wenn zwei Liebende einander nah sind, springen die Gedanken von einem zum anderen. Selbst wenn sie überhaupt nichts sagen, selbst wenn sie schweigen, kommunizieren sie.

Sprache ist für diejenigen, die nicht lieben. Für Liebende ist das Schweigen Sprache genug. Ohne etwas zu sagen, sagen sie alles.

Macht die Liebe zur *Sadhana*, zur spirituellen Disziplin. Sagt nicht, daß der andere unrecht hat. Versucht lieber herauszufinden, was ihr selbst falsch gemacht habt – und dann gebt euren Fehler auf.

Das wird euch nicht leicht fallen, weil es gegen euer Ego geht. Es wird euch nicht leicht fallen, weil euer Stolz verletzt wird. Es wird schwierig werden, weil ihr nicht mehr besitzergreifend sein könnt, weil ihr nicht mehr dominieren könnt. Ihr könnt jetzt nicht mehr Macht ausüben, indem ihr den anderen besitzt. Es wird euer Ego zerstören – deshalb wird es schwierig werden.

Aber die Zerstörung des Egos ist das Ziel. Von welchem Punkt ihr euch der inneren Welt auch nähert – von der Liebe, von der Meditation, vom Yoga, vom Gebet, welchen Weg ihr auch wählt – das Ziel bleibt das Gleiche: die Zerstörung des Egos, das Aufgeben des Ichbewußtseins.

Durch Liebe kann man es leicht erreichen. Es ist so natürlich. Liebe ist die natürliche Religion. **(76)**

In meiner Beziehung verliere ich oft den Kontakt zu mir selbst und fange dann an, mich eingesperrt zu fühlen. Was kann ich dagegen tun?

Dies ist eines der grundlegendsten Probleme der Liebe. Jeder Liebende muß es lernen; niemand kann es von Geburt an. Die Erkenntnis kommt sehr, sehr langsam und unter vielen Schmerzen, aber je früher sie kommt, desto besser.

Jeder braucht seinen eigenen Freiraum, und man sollte in den Raum des anderen nicht eindringen. Für Liebende ist es naheliegend, die Grenzen des anderen zu überschreiten, weil sie anfangen, sich gegenseitig für selbstverständlich zu nehmen. Sie fühlen sich nicht mehr getrennt, denken nicht mehr als »ich« und »du«, sondern fangen an, sich als »wir« zu verstehen. Das seid ihr ja auch, aber nur gelegentlich.

»Wir« ist eine seltene Erscheinung. Einmal sind die Liebenden vielleicht für ein paar kurze Augenblicke an den Punkt gekommen, wo dieses Wort bedeutsam war – wo ihr »wir« sagen konntet, weil »ich« und »du« miteinander verschmolzen waren und die Grenzen sich aufgelöst hatten. Aber das sind seltene Augenblicke, und man sollte sie nicht für gegeben hinnehmen. Ihr könnt nicht vierundzwanzig Stunden am Tag dieses »Wir« leben. Aber das verlangen alle Liebenden, und dadurch entsteht unnötiges Leid.

Gelegentlich kommt ihr euch so nahe, daß ihr eins werdet, aber das sind seltene, kostbare Momente, die man besonders wertschätzen sollte. Ihr könnt sie nicht vierundzwanzig Stunden lang aufrechterhalten. Wenn ihr es versucht, werdet ihr sie kaputtmachen; ihre ganze Schönheit wird verschwinden. Wenn ein solcher Moment vorbei ist, ist er vorbei, und ihr seid wieder »ich« und »du«.

Du hast deinen Freiraum, und dein Liebster hat seinen Freiraum. Und diesen Raum solltet ihr respektieren, ihr solltet ihn in keiner Weise beeinträchtigen, solltet ihn nicht verletzen. Wenn ihr ihn verletzt, verletzt ihr den Partner, denn ihr greift in seine Individualität ein. Und weil dein Partner dich liebt, wird er oder sie es immer wieder tolerieren. Aber es ist nur ein Tolerieren, und es ist nicht besonders schön. Wenn der Partner es nur irgendwie toleriert, wird er sich früher oder später dafür revanchieren. Er kann es dir nicht verzeihen, und so sammelt es sich an – Tag für Tag für Tag ... Du hast dich in tausenderlei Dinge eingemischt, und das sammelt sich alles an und wird eines Tages explodieren.

Das ist der Grund, warum Liebende immer miteinander kämpfen. Der Kampf geht um die ständige Einmischung. Wenn du dich in das Leben deines Partners einmischst, wird er sich bei dir einmischen, und keiner fühlt sich gut damit. Wenn er zum Beispiel glücklich ist und du dich im Stich gelassen fühlst, weil du nicht glücklich bist: Du wirst das Gefühl haben, er hätte dich um etwas betrogen. Warum ist er glücklich? Ihr solltet doch beide glücklich sein – diese Vorstellung hast du. Manchmal geschieht das auch, aber manchmal ist es eben so, daß er glücklich ist und du nicht, oder daß du glücklich bist und er nicht. Du mußt das verstehen – daß der andere das Recht hat, ohne dich glücklich zu sein, selbst wenn es weh tut. Du würdest gerne daran teilhaben, aber du bist nicht in der Stimmung. Wenn du dich darauf versteifst, wirst du höchstens sein Glück zerstören – und auf diese Weise seid ihr beide die Verlierer, denn wenn du sein Glück zerstörst, wird er umgekehrt auch dein Glück zerstören, wenn du glücklich bist. Und allmählich werdet ihr Feinde statt Freunde.

Die erste Grundbedingung lautet: Du mußt dem Partner absolute Freiheit geben, er selbst zu sein.

Wenn er glücklich ist, freue dich – er ist glücklich! Wenn du auch glücklich sein und dich mit ihm freuen kannst – wunderbar! Wenn nicht, dann laß ihn in Ruhe. Wenn er traurig ist und du mit ihm mitfühlen kannst – wunderbar. Wenn du nicht mitfühlen kannst und lieber ein Lied singst und fröhlich bist, dann laß ihn in Ruhe. Ziehe ihn nicht zu dir hinüber; überlasse ihn sich selbst. Dann werden beide allmählich eine große Hochachtung füreinander entwickeln. Und diese Hochachtung bildet den Grundstein für den Tempel der Liebe. (77)

Wenn du mit jemandem in einer tiefen Beziehung bist, entsteht ein großes Bedürfnis nach Alleinsein. Irgendwann fängst du an, dich verbraucht, müde und erschöpft zu fühlen – eine freudige, glückliche Erschöpfung, doch Aufregung ist immer auch ermüdend. Es war wunderbar zusammen, aber jetzt möchtest du alleine sein, um dich wieder zu sammeln, um wieder überfließend zu werden, um dich wieder in dir selbst zu verankern.

In der Liebe zum anderen hast du dich verströmt und hast den Kontakt zu dir verloren. Du warst darin ertrunken, warst wie betrunken. Jetzt mußt du dich wieder finden. Und durch das Alleinsein entsteht von neuem das Bedürfnis zu lieben. Es macht dich bald wieder so voll, daß du es teilen möchtest, es macht dich so überfließend, daß du dich in jemanden ergießen möchtest, daß du jemandem aus dir heraus etwas geben möchtest. Liebe entsteht aus dem Alleinsein.

Alleinsein macht dich übervoll, und Liebe nimmt deine Geschenke entgegen. Sie macht dich leer, und danach kannst du wieder voll werden. Und jedesmal, wenn du durch die Liebe leer geworden bist, wartet dein Alleinsein darauf, dich zu nähren und dich zu integrieren. Es ist ein eigener Rhythmus.

Mache deinen Partner auf diesen Rhythmus aufmerksam. Die Menschen müssen begreifen, daß kein Mensch vierundzwanzig Stunden am Tag liebevoll sein kann. Ruhepausen sind nötig. Und kein Mensch kann auf Bestellung lieben. Liebe ist ein spontanes Phänomen: Wenn es geschieht, geschieht es, und wenn es nicht geschieht, geschieht es nicht. Daran läßt sich nichts ändern. Wenn du etwas *tust*, wird es unecht, dann wird es Schauspielerei.

Echte Liebende, intelligente Liebende werden einander auf dieses Phänomen aufmerksam machen: »Wenn ich allein sein will, heißt das nicht, daß ich dich zurückweise. Im Gegenteil – durch deine Liebe hast du mich auf das Alleinsein vorbereitet.« Und wenn deine Frau eine Nacht oder ein paar Tage allein sein will, wirst du nicht verletzt sein. Du wirst nicht denken, daß du abgewiesen wurdest, daß deine Liebe nicht angenommen wurde, daß sie nicht willkommen war. Du wirst ihre Entscheidung respektieren, daß sie ein paar Tage allein sein möchte, ja du wirst sogar glücklich darüber sein, denn deine Liebe war so intensiv, daß sie sich jetzt leer fühlt und eine Pause braucht, um sich wieder anzufüllen.

Das ist Intelligenz.

Normalerweise würde man sich zurückgewiesen fühlen. Wenn du zu deiner Freundin gehst, und sie ist nicht bereit, mit dir zusammenzusein, oder sie ist nicht besonders liebevoll zu dir, dann wirst du dich zurückgestoßen fühlen. Dein Ego ist verletzt. Dieses Ego ist kein besonders intelligentes Ding. Sämtliche Egos sind Schwachköpfe. Intelligenz kümmert sich nicht ums Ego. Intelligenz sieht einfach, was Sache ist, und versucht zu verstehen, warum die Frau nicht mit dir zusammensein will. Es ist nicht so, daß sie dich ablehnt. Du weißt, wie sehr sie dich geliebt hat, wie sehr sie dich noch liebt – aber in diesem Moment will sie eben allein sein. Und wenn du sie liebst, wirst du sie in Ruhe lassen; du wirst sie nicht quälen und wirst sie nicht unter Druck setzen, mit dir zu schlafen.

Und wenn der Mann allein sein will, wird die Frau nicht denken: »Er interessiert sich nicht mehr für mich. Vielleicht hat er angefangen, sich für eine andere zu interessieren!« Eine intelligente Frau wird den Mann in Ruhe lassen, damit er sich wieder sammeln kann, damit er wieder Energie bekommt, die er teilen kann. Es ist ein Rhythmus wie Tag und Nacht, Sommer und Winter – es wechselt ständig.

Wenn zwei Menschen wirklich respektvoll miteinander umgehen – und Liebe ist immer respektvoll; sie verehrt den anderen, sie ist ein ehrfurchtsvoller und andächtiger Raum –, dann werdet ihr euch nach und nach immer besser verstehen. Ihr werdet auf den Rhythmus des Partners und auf den eigenen Rhythmus aufmerksam werden, und bald werdet ihr entdecken, daß durch eure Liebe und euren Respekt sich die Rhythmen mehr und mehr einander angleichen. Wenn dir nach Liebe zumute ist, ist auch ihm nach Liebe zumute. Es spielt sich so ein. Es spielt sich von ganz alleine so ein – eine Synchronizität entsteht.

Habt ihr es jemals beobachtet? Wenn ihr zwei Menschen trefft, die sich wirklich lieben, werdet ihr sehen, daß sie sich in vielen Dingen ähnlich sind. Zwei wahre Liebende werden wie Bruder und Schwester. Es ist erstaunlich – nicht einmal Bruder und Schwester sind sich so ähnlich! Ihre Ausdrucksweise, ihre Art zu gehen, ihre Art zu sprechen, ihre Gesten – zwei Liebende werden sich sehr ähnlich, obwohl sie so verschieden sind. Das geschieht auf ganz natürliche Weise. Durch ihr Zusammensein fallen sie nach und nach in Harmonie miteinander. Wahre Liebende brauchen einander nichts zu sagen, und doch versteht der andere sogleich – er versteht intuitiv.

Wenn die Frau traurig ist, wird sie es vielleicht nicht sagen, aber der Mann versteht es und läßt sie in Ruhe. Wenn der Mann traurig ist, versteht es die Frau und läßt ihn in Ruhe; sie findet irgendeinen Vorwand, um ihn alleinzulassen. Dumme Leute machen genau das Gegenteil: Sie lassen sich nie in Ruhe, sind ständig zusammen; sie ermüden und langweilen sich gegenseitig und lassen dem Partner keinen Raum für sich selbst.

Liebe gibt Freiheit. Liebe hilft dem Partner, er selbst oder sie selbst zu sein. Liebe ist ein paradoxes Phänomen. Auf der einen Seite macht sie euch zu *einer* Seele in zwei Körpern, auf der anderen Seite verleiht sie euch Individualität und Einzigartigkeit. Sie hilft euch, euer kleines Selbst aufzugeben, aber sie hilft euch auch, das Höchste Selbst zu erlangen. Dann ist es kein Problem mehr.

Liebe und Meditation sind wie zwei Flügel, die einander im Gleichgewicht halten. Zwischen diesen beiden findet euer Wachstum statt, zwischen diesen beiden gelangt ihr zu Gott. **(78)**

Die tieferen Ebenen der Liebe beginnen erst wirksam zu werden, wenn ihr lange zusammen seid. Wenn euer Zusammensein eine solche Tiefe erreicht hat, daß ihr die Gegenwart des anderen vergessen könnt, wenn ihr in der

Gegenwart des anderen so sein könnt, als wäret ihr allein – erst dann wird der innerste Kern der Liebe, ihr Urgrund, berührt. Ansonsten spielen wir immer nur an der Oberfläche herum, an der Peripherie.

Daher wird eine Liebe, die bald wieder zu Ende geht – wie es im Westen die Regel ist – nur den Körper berühren. Sie erreicht nicht die Psyche, und fast nie erreicht sie die Seele. Je tiefer und je länger ihr zusammen seid, um so besser und tiefer werdet ihr euch selbst kennenlernen. Damit verborgene Dinge an die Oberfläche kommen können, ist eine gewisse Bereitschaft nötig, sich tiefer einzulassen. Eine bestimmte Tiefe von Intimität ist nötig, damit sie sich zeigen.

Normalerweise zeigst du, wenn du einem neuen Menschen, einem Fremden begegnest, nur deine guten Seiten. Du zeigst ihm nie deine schlechten Seiten. Das ist völlig in Ordnung – reine Höflichkeit. Wozu solltest du einem Fremden deine schlechten Seiten zeigen?

Wenn du dich in jemanden verliebst, zeigst du dich zuerst von deiner besten Seite, aber nach und nach kommt auch die ungute Seite hoch. Dann beginnen die schwierigen Zeiten ... du begibst dich auf stürmische See. Wenn du diese Stürme durchhalten kannst, dann gelangst du zu dem, was weder gut noch schlecht ist – zu deinem wahren Ich, das nichts mit gut oder schlecht zu tun hat. Du gelangst zu dem, was du wirklich bist. Man kann es weder gut noch schlecht nennen. Das Sein ist keines von beidem – es *ist* einfach.

»Gut« ist eine Bewertung der Gesellschaft. »Schlecht« ist ebenfalls eine Bewertung der Gesellschaft. »Gut« ist jener Teil von dir, den die Gesellschaft akzeptiert und wertschätzt; »schlecht« ist jener Teil, den die Gesellschaft verleugnet, den sie ablehnt. Doch du bist weder das eine noch das andere. Diese dritte Ebene – das einfache Sein – erreicht man nur, wenn »gut« und »schlecht« sich erschöpft haben. Und das braucht Zeit, genauso wie ein Baum Zeit braucht, um Wurzeln zu schlagen.

Eine sexuelle Beziehung gleicht den Sommerblumen: Du säst die Samen, und nach ein paar Wochen sind die Blüten da, doch einige Wochen später sind sie auch schon wieder verwelkt.

Wenn du einen großen Baum haben willst, der für Tausende von Jahren Bestand haben wird, dann sind tiefe Wurzeln nötig. **(79)**

Mein Freund sucht dauernd Streit mit mir. Das verwirrt mich. Was fange ich damit an?

Das heißt einfach, daß er dich noch liebt. An dem Tag, an dem er aufhört, Streit mit dir zu suchen, wirst du wissen, daß eure Liebesaffäre zu Ende ist. Es ist einfach ein Zeichen, daß eure Liebesbeziehung noch besteht. Es ist schwierig, eine Frau oder einen Mann vierundzwanzig Stunden am Tag zu lieben. Man kann sich ein paar Minuten lang lieben, aber die ganze Zeit ...? Es ist also völlig normal, daß er Streit sucht. Du brauchst dir deswegen keine Sorgen zu machen. Warum solltest du verwirrt sein?

Die Liebe ist sowieso eine verrückte Angelegenheit – sie macht dich verrückt. Und wenn sie dich nicht verrückt macht, dann ist sie es nicht wert. Wenn du in einer Liebesbeziehung bist, mußt du einfach akzeptieren, daß du eine verrückte Seite von dir auslebst, ihr Raum gibst. Du überläßt einem verrückten Teil von dir die Führung. Darum heißt es auch »ver-lieben«, sonst würde es vielleicht »er-lieben« heißen.

Ein Minister besichtigt die neue psychiatrische Klinik. Der Direktor führt ihn überall herum, und sie kommen zu einem Schwimmbecken, in dem sich eine Menge Leute tummeln und ganz offensichtlich großen Spaß haben. Einige springen sogar vom Dreimeterbrett.

»Sind das Ihre Patienten?« fragt der erstaunte Minister.

»Ja, natürlich«, sagt der Direktor stolz. »Aber das ist noch gar nichts! Sie sollten sie erst mal sehen, wenn das Becken voll ist!«

Eine Liebesaffäre ist wie ein Schwimmbecken ohne Wasser: Du springst hinein und schwimmst darin herum, obwohl gar kein Wasser darin ist. Es ist Wahnsinn!

Weil du nicht allein sein kannst, weil du nicht gesund genug bist, um allein zu sein, weil du nicht zentriert genug bist, um allein zu sein – darum brauchst du den anderen. Und der andere ist in der gleichen Situation: Er oder sie braucht dich, denn ohne Partner fühlt er sich leer. Zwei Leerheiten versuchen, sich gegenseitig voll zu machen – ist das nicht verrückt, absolut wahnsinnig? Wie soll das gehen?

Und die Menschen sind verschieden. Wenn du jemanden liebst, mußt du das beachten. Versuche nie, einen Menschen zu ändern, denn es ist noch nie jemandem gelungen, einen anderen zu ändern. Du kannst den Geliebten wechseln, von A zu B, aber versuche niemals, aus A einen anderen zu machen; das hat noch nie geklappt. Es ist reine Zeitverschwendung. **(80)**

Habt ihr beobachtet, wie ihr, sobald ihr euch in einen Mann oder in eine Frau verliebt, unverzüglich anfangt, den anderen in eine Richtung zu verändern, die ihr selbst nicht kennt? Ehefrauen verbringen ihr ganzes Leben damit, ihre Ehemänner zu ändern: »Tu das nicht! Benimm dich nicht so! Mach das anders!«

Erst kürzlich sagte Mulla Nasruddins Frau zu mir: »Endlich habe ich es geschafft!«

Ich fragte: »Was denn?«

Sie sagte: »Es ist mir gelungen, ihm das Nägelbeißen abzugewöhnen.«

Ich sagte: »Das Nägelbeißen? Seit fünfzig Jahren seid ihr verheiratet, Mulla ist jetzt siebzig, und jetzt, nach fünfzig Jahren, ist es dir gelungen?«

Sie sagte: »Ja!«

Ich sagte: »Erzähl mir, wie du das geschafft hast!«

Sie sagte: »Ich verstecke einfach seine Zähne!«

Die Leute versuchen ständig, den anderen zu ändern. Doch niemand ändert sich je. Ich habe es noch nie erlebt, es ist mir einfach noch nie untergekommen. Die Leute behaupten zwar: »Ja, wir haben uns geändert«, aber niemand kann sich ändern. Jeder bleibt, wie er ist. Die ganze Anstrengung ist sinnlos, aber dieser Drang, den anderen zu ändern, ist vorhanden.

Was ist dieser Drang, den anderen zu ändern? Hinter diesem Drang steht eine reale Notwendigkeit: Die Frau versucht, den Ehemann an ein verschwommenes Bild anzupassen, das sie in sich trägt. Erst dann wird sie glücklich sein: wenn er nicht trinkt, nicht raucht, nicht hinter anderen Frauen her ist – tausenderlei Dinge –, wenn er in die Kirche geht und auf den Pastor hört. Sie hat eine bestimmte Vorstellung, wie ihr Mann sein sollte: ein Held, ein Heiliger, eine bedeutende Persönlichkeit. Ein gewöhnlicher Sterblicher genügt ihr nicht.

Und der Ehemann versucht auf tausenderlei Art das gleiche: Er bringt seiner Frau schöne Kleider, Diamanten, Rubine, Perlen und macht aus ihr die reinste Schaufensterpuppe. Und er hofft immer, eine Kleopatra zu finden. Er trägt in sich das Bild einer schönen Frau, der schönsten aller Frauen. Jetzt sucht er danach, von frühester Kindheit an.

Ein Mann fragt seinen sechsjährigen, frühreifen Enkelsohn, wie er das neue kleine Mädchen von nebenan findet.

»Naja«, sagt der Stöpsel. »Sie ist zwar nicht Madonna, aber sie ist cool!« **(81)**

Mein Festklammern und meine Besitzansprüche an meinen Partner haben ihn von mir weggetrieben ...

Jeder Mann braucht seinen Freiraum. Wenn du einen Mann lieben willst und möchtest, daß er dich liebt, darfst du seinen Raum nie ganz und gar ausfüllen. Zumindest einen Teil, ein Viertel, mußt du ihm übriglassen. Wenigstens soviel braucht der Arme!

Darin zeigt sich der Unterschied zwischen der weiblichen

und der männlichen Psyche: Die weibliche Psyche kann von Liebe ganz erfüllt sein, das ganze Dasein einer Frau kann sich um die Liebe drehen – aber ein Mann hat auch noch andere Lieben. Seine Liebe zu einer Frau ist nur eine von vielen Lieben. Er liebt vielleicht auch noch Literatur, Musik, Malerei, die Jagd und tausend andere Dummheiten. Einer Frau genügt die eine Liebe.

Hat sie erst einmal einen Geliebten gefunden, umgibt sie ihn von allen Seiten. Sie möchte jeden Teil, jeden Winkel seines Wesens ausfüllen. Aber dann bekommt es der Geliebte mit der Angst zu tun, denn er hätte lieber etwas Unabhängigkeit, er wäre gern irgendwo allein, er selbst. Du mußt ihm also ein Viertel übriglassen, wenn du drei Viertel haben möchtest. Das ist ein Handel! Sonst verlierst du eines Tages alles.

Für eine Frau ist die Liebe ihr ganzes Dasein. Und das ist natürlich, man muß es verstehen. Um das einzusehen, muß man die nötige Reife haben. Wenn die Frau könnte, würde sie ihren Geliebten wieder in ein kleines Kind verwandeln und ihn in ihren Bauch zurückstecken, damit sie ihn von allen Seiten umgeben kann, ohne fürchten zu müssen, daß er ihr davonläuft. Aber weil das nicht geht, schafft sie psychologisch einen Mutterleib um ihn herum – ein Heim.

Sogar wenn er liest, befürchtet sie, daß er mehr Interesse am Lesen hat als an ihr. Oder wenn er auf seiner Flöte spielt, hat sie Sorge, daß er daran mehr interessiert ist. Alles erscheint ihr als Konkurrenz. Sie will seine uneingeschränkte Aufmerksamkeit. Doch das ist für einen Mann unmöglich, und wenn du zuviel Druck auf ihn ausübst, läuft er weg – oder er unterwirft sich, aber dann ist er tot.

Wenn sich ein Mann vollkommen einer Frau unterwirft, ist er tot – ein Ehemann, aber kein Liebhaber mehr – er ist ein Sklave. Dann ist die Frau unzufrieden, denn wer gibt sich mit einem Sklaven zufrieden? Sie will jemanden, dem *sie* sich hingeben kann, nicht jemanden, der sich ihr unterwirft – mit dem läßt sich nichts anfangen. Das ist ein Dilemma, ein Widerspruch: Die Frau will, daß ihr der Mann vollkommen gehört, doch sobald er ihr gehört, verliert sie das Interesse.

Es ist gut, daß dein Partner sich nicht aufgibt, daß er unabhängig bleiben will und seinen eigenen Raum beansprucht – nur ein bißchen Raum, er verlangt nicht viel.

Und wenn du mit ihm zusammensein willst, brauchst du dich nicht an ihn zu klammern. Er bleibt schon bei dir. Durch Anklammern stößt du andere nur weiter weg. **(82)**

Es gibt nichts Schlimmeres, als einen Menschen zu einem Ding zu machen. Und genau das bedeutet Besitzergreifen. Nur Dinge kann man besitzen, Menschen kann man nicht besitzen.

Mit einem Menschen kann man in »Kommunion« sein: Man kann seine Liebe, seine Poesie, seine Schönheit, seinen Körper, seinen Verstand mit ihm teilen. Man kann mit ihm teilen – doch man kann kein Geschäft daraus machen, keinen Kuhhandel.

Man kann einen Mann oder eine Frau nicht besitzen.

Aber genau das versuchen alle, auf der ganzen Welt. Das Ergebnis ist dieses Irrenhaus, das wir den Planeten Erde nennen.

Ihr versucht, den anderen zu besitzen – es ist von Natur aus unmöglich, es liegt einfach nicht in der Natur der Sache. Das ist die ganze Misere. Je mehr ihr versucht, einen Menschen zu besitzen, desto mehr versucht dieser Mensch, von euch unabhängig zu werden, denn jeder Mensch hat von Geburt an das Recht, frei zu sein, er selbst, sie selbst zu sein.

Ihr dringt in die Privatsphäre des anderen ein – und das ist der einzige heilige Ort auf der ganzen Welt. Weder Israel ist heilig noch Kashi noch Mekka. Die einzige heilige Sphäre im wahrsten Sinne des Wortes ist die Privatsphäre eines Menschen – seine Unabhängigkeit, sein inneres Wesen.

Wenn du einen Menschen liebst, wirst du diese Grenze niemals überschreiten.

Du wirst nie versuchen, Detektiv zu spielen, wirst nicht zum Voyeur, der durchs Schlüsselloch in die private Welt des anderen linst. Du wirst die Privatsphäre des anderen respektieren. Aber seht euch nur die sogenannten Liebenden an – Ehemänner und Ehefrauen, Freunde und Freundinnen. Alles, was sie machen, rund um die Uhr, besteht darin, Grenzen zu verletzen und in die private Welt des anderen einzudringen. Sie wollen dem anderen keine Privatheit gönnen. Warum eigentlich nicht?

Sie haben Angst, wenn der andere Unabhängigkeit, Privatheit und Individualität genießt. Vielleicht wird er sie dann morgen nicht mehr lieben, denn Liebe ist nicht unbeweglich, sie ist etwas Momentanes, ist ohne Beständigkeit. Liebe kann ewig dauern, aber im Grunde ist sie ein Phänomen des Augenblicks. Wenn sie auch im nächsten Augenblick noch da ist, könnt ihr nur froh sein. Wenn sie nicht mehr da ist, solltet ihr dankbar sein, daß sie wenigstens vorher da war.

Bleibt offen, daß sie sich wieder ereignen kann – wenn nicht mit diesem Menschen, dann mit einem anderen. Nicht der Mensch ist das Wesentliche, die Liebe ist das Wesentliche. Die Liebe sollte im Fluß bleiben, sie sollte nicht gebremst werden.

Aber in ihrer Dummheit fangen die Leute an zu denken: »Wenn mir dieser Mensch aus den Händen gleitet, werde ich mein ganzes Leben lang ohne Liebe sein und verhungern.« Und sie wissen nicht, daß sie, gerade weil sie den anderen ständig für sich behalten wollen, verhungern werden! So bekommt man keine Liebe. Von einem Sklaven kann man keine Liebe bekommen. Von euren Besitztümern könnt ihr keine Liebe bekommen, von eurem Stuhl, dem Tisch, dem Haus, den Möbeln könnt ihr keine Liebe bekommen.

Liebe könnt ihr nur von jemandem bekommen, der frei ist zu handeln, dessen Einzigartigkeit von euch respektiert wird, dessen Freiheit von euch respektiert wird. Nur durch die Freiheit des anderen konnte dieser Augenblick der Liebe geschehen. Zerstört nicht die Liebe durch euren Versuch, sie zu besitzen, sie zu behalten, eine rechtliche Verpflichtung daraus zu machen, eine Ehe. Laßt den anderen frei sein, und bleibt selber frei. Und laßt euch selbst von niemandem in Besitz nehmen.

Ob besitzen oder besessen werden – beides ist häßlich. Wenn euch jemand besitzt, verliert ihr eure Seele.

Liebende lieben nur, solange sie noch nicht in einer festen Beziehung sind. Sobald die Beziehung Wurzeln schlägt, verschwindet die Liebe. Sobald es eine feste Beziehung wird, ereignet sich statt Liebe etwas anderes: Besitzanspruch.

Sie nennen es weiter »Liebe«, aber die Existenz läßt sich nicht täuschen. Nur dadurch, daß man es Liebe nennt, ändert sich nichts: Es ist jetzt Haß, keine Liebe. Es ist Angst, keine Liebe. Es ist Anpassung, keine Liebe. Es ist Kompromiß, keine Liebe. Es kann alles mögliche sein – nur keine Liebe.

Je tiefer ihr es zu verstehen versucht, um so deutlicher wird euch, daß Liebe und Haß nicht zwei verschiedene Dinge sind. Es ist ein linguistischer Fehler, von »Liebe« und »Haß« zu sprechen. In Zukunft wird man, zumindest in psychologischen Schriften und Büchern, das »und« dazwischen weglassen. Ja, es ist besser, das Wort »Haßliebe« dafür zu verwenden. Es sind die beiden Seiten ein und derselben Münze.

Mulla Nasruddin hat es satt, daß seine Frau tagtäglich ein Frauenhaar an seinen Kleidern findet und keine Erklärung gelten läßt: »Wie kommt dieses Haar an deinen Mantel? Du hast sicher eine Frau umarmt! Du hast bestimmt mit einer anderen Frau geschlafen! Das ist der Beweis!«

Eines Tages bittet er vor dem Heimgehen einen Freund, seine Kleider gründlich nachzusehen. »Gib mir eine Bürste, damit ich mich abbürsten kann. Heute werde ich ihr keinen Beweis liefern! Diese Haare … Frauen sind ein sonderbares Volk, auf beiden Seiten! Die eine Seite läßt ihre Haare auf dir, und die andere Seite sammelt sie wieder ein. Das ist eine richtige Verschwörung gegen die Männer. Aber heute …!«

Er bürstet sich gründlich ab und geht nach Hause. Als seine Frau nach einem Beweis sucht, findet sie keinen und fängt an zu weinen.

Nasruddin sagt: »Was ist denn jetzt schon wieder? Warum weinst du?«

Sie sagt: »Mein Gott, jetzt gehst du schon mit Skinheads! Nicht ein einziges Haar! Wo hast du denn *die* aufgegabelt? Eine Frau mit Glatze!« **(83)**

Ich lebe seit einem Jahr mit einem Mann, der auch gerne mit anderen Frauen zusammen ist, und ich weiß nicht, was ich mit meiner Eifersucht machen soll.

Für eine Frau ist es immer schwierig – es sei denn, sie fängt ebenfalls an, auch andere zu lieben. Sonst bleibt es immer schwierig. Es ihm zu verbieten ist nicht möglich, und es ist auch häßlich. Dann nimmst du ihm seinen Spaß, und wenn du ihm seinen Spaß nimmst, wird er sich rächen und dich nicht mehr so lieben. Wenn du versuchst, ihn zu beeinflussen und daran zu hindern, daß er mal hier, mal da fremdgeht, wird er sich eingeengt fühlen.

Das Problem ist, daß die Männer von alters her schon immer so gelebt haben. Und die Frauen haben nie so gelebt – aus mehreren Gründen. Erstens gab es früher das Problem mit dem Kind: Wenn sie schwanger wurde, war sie in Schwierigkeiten – es war eine Frage der Sicherheit, der Finanzen, und überhaupt. Zweitens war es der Mann selbst, der die Frau dazu anhielt, rein und jungfräulich zu sein und einem einzigen Mann treu ergeben. Die Männer haben mit zweierlei Maß gemessen: Für die Frauen galt das eine, aber für sie galt etwas anderes. Die Frau mußte rein und treu und ergeben sein, und der Mann? – Er sagt: »Jungs sind eben Jungs.«

Der Mann behielt sich selbst die ganze Freiheit vor, und früher konnte er das auch, weil die Finanzen in seiner Hand waren. Er hatte die Finanzgewalt, er hatte Schulbildung, er hatte einen Beruf. Die Frau hatte keinen Beruf, keine Bildung. Ihre Welt beschränkte sich auf den Haushalt. Außerhalb des Hauses hatte sie keine Kontakte, und so war es nahezu unmöglich, sich zu verlieben. Man braucht zumindest ein bißchen Umgang, um sich in jemand verlieben zu können. Und der Mann hat hohe chinesische Mauern um die Frau herum errichtet. Jahrhundertelang haben die Mohammedaner ihren Frauen nicht einmal erlaubt, anderen ihr Gesicht zu zeigen. Und die Frau durfte mit keinem Mann sprechen. Eine lange Unterdrückung – es ist ihr bis ins Mark gegangen.

Heute liegen die Dinge anders. Heute hat die Frau eine Ausbildung, sie kann einen Beruf ausüben. Sie ist genauso frei wie der Mann. Sie kann Leute treffen, kann sich verlieben, kann das Leben genießen. Das Problem mit der Schwangerschaft ist heute nicht mehr so wichtig – die Pille bedeutet eine große Befreiung. Doch das alte Denken herrscht immer noch vor, und es ist keine Kleinigkeit – eine jahrtausendealte Konditionierung! Deine Mutter, deine Großmutter und sämtliche Frauen, die dir vorausgingen, wurden so konditioniert. Diese Konditionierung sitzt dir immer noch in den Knochen.

Dieses Problem besteht also – es sei denn, du wirst sehr bewußt und läßt es fallen. Es gibt nur zwei Möglichkeiten: Entweder nervst du weiter deinen Freund, wie es die Frauen seit ewigen Zeiten tun ... Das hilft aber nichts; es erzeugt beim Mann nur noch mehr Abwehr gegen die Frau. Je mehr du ihn nervst, um so schneller treibst du ihn in die Arme einer anderen, weil er es müde wird und sich mit dir langweilt. Dann geht er lieber woanders hin und trifft sich zur Erholung mit einer Frau, die nicht an ihm herumnörgelt. Das wird also nichts helfen, und es ist auch destruktiv.

Oder die andere Möglichkeit: Du faßt Mut und sagst ihm, wenn er es so haben will, dann soll er darauf gefaßt sein, daß du es genauso machen wirst. Es sollte nicht mit zweierlei Maß gemessen werden! Wenn es ihm Spaß macht, andere Frauen zu lieben, dann willst auch du andere Männer lieben und deinen Spaß haben. Du liebst ihn, aber du willst auch andere lieben! Mach ihm das einfach klar, und wenn er daraufhin Angst bekommt, wenn er selber zur Eifersucht neigt, dann wird er entweder sagen: »Ich höre damit auf« – und dann tut er es von sich aus – oder du brauchst dir keine Gedanken zu machen und fängst selbst damit an. Und daran ist nichts verkehrt!

Ich sage nicht, daß er etwas Unrechtes tut. Ich sage nur,

man sollte nicht mit zweierlei Maß messen – gleiches Recht für alle! Und jedes Paar muß sich auf eine Regel einigen; das ist die Auflage. Entweder beschließt ihr beide, daß ihr nur füreinander da sein und monogam sein wollt – okay, wenn ihr beide euch freiwillig, freudig und zufrieden dafür entscheidet ... Wenn das aber nicht möglich ist und wenn einer sagt: »Ich möchte meine Freiheit behalten«, dann behalte auch du deine Freiheit. Warum solltest du unglücklich sein? Das Unglück entsteht, weil er seinen Spaß hat, während du zu Hause sitzt und an ihn denkst. Hab auch deinen Spaß!

Und diese Frage betrifft nicht nur dich persönlich. Das wird in Zukunft die Frage einer jeden Frau sein. Fasse Mut! Ich werde dir dabei helfen, und all die Gruppen und Meditationen werden dir dabei helfen. Fasse Mut und sag ihm, bevor du dich in Bewegung setzt: »Damit mußt du jetzt rechnen – aber sei nicht eifersüchtig.« Denn Männer sind noch viel eifersüchtiger. Ihr männlich-chauvinistisches Ego ist leicht verletzt: »Meine Frau schläft mit einem anderen?« Und sie fangen an, das Gefühl zu haben, sie seien als Mann nicht gut genug. Aber das ist dann sein Problem. Als erstes mach ihm klar, daß ihr euch an bestimmte Regeln halten solltet. Wenn zwei Menschen beschließen, zusammenzuleben, muß man sich auf einen bestimmten Verhaltenskodex einigen. Das erübrigt sich, wenn du allein bist. Legt die Spielregeln fest – aber sie müssen für beide Parteien gelten.

Was auch immer die Entscheidung ... entweder beschließt er, nicht zu anderen zu gehen, okay, oder er beschließt, daß er seine Freiheit behalten will – dann bist auch du frei. Dann sei nicht feige und setz dich in Bewegung. Es gibt so schöne Leute – warum sich auf einen beschränken? Jeder Mensch kann dir etwas geben, was kein anderer dir geben kann. Jeder Mensch ist so einzigartig!

Warum nicht viele Menschen lieben und deine Liebe bereichern? Das ist überhaupt nicht gegen den Mann gerichtet, den du liebst. Meine Beobachtung ist, wenn du viele, viele Menschen liebst, ist es eine einfache Rechnung, daß du deinen Freund noch mehr lieben wirst, weil du in der Liebe erfahrener wirst. Viele verschiedene Aspekte der Liebe werden zu deiner Erfahrung hinzukommen, und du wirst reicher und reifer werden.

Das Festklammern an einem Menschen ist eine Art Unreife. Warum sollte man an einem kleben? Die Liebe ist schön, und sie ist göttlich, und alles sind Erscheinungsformen Gottes – warum solltest du auf eine Form fixiert sein, wenn diese Form nicht auf dich fixiert ist? Wenn beide aufeinander fixiert sind, ist es wieder in Ordnung.

Es ist eine alte Auffassung, aber wissenschaftlich falsch, daß eine Frau, deren Mann gelegentlich eine kleine Affäre mit einer anderen hat, darunter leiden muß, weil sie nicht soviel Liebe bekommt, wie ihr zusteht. Das ist falsch. Sie wird nicht darunter leiden; im Gegenteil, sie wird mehr bekommen. Und wenn er andere Frauen kennenlernt, sich immer wieder mit anderen Frauen trifft, wird der Mann bald zu der Erkenntnis gelangen: »Wozu das Ganze? Meine eigene Frau kann mir das alles geben, nur viel intimer, mit viel mehr Liebe und Hingabe. Warum soll ich mich wie ein Bettler benehmen?« Und er wird mit größerer Sehnsucht zu dir nach Hause kommen.

Die moderne Psychologie schlägt vor, daß ein paar Seitensprünge gut und hilfreich sind, um die Ehe in Schwung zu halten. Ohne Seitensprünge wird die Ehe leicht langweilig. Sie wird zur Belastung: immer der gleiche Mann, die gleiche Frau, die gleichen Gespräche, der gleiche Sex. Alles wird früher oder später zur Routine. Dann ist alle Spannung raus; alles wiederholt sich und wird monoton.

Rede ein gutes Wörtchen mit ihm und mach ihm klar: Wenn er seinen Spaß haben will, dann bist auch du frei. Und nimm dir diese Freiheit!

Freiheit erfordert ein wenig Mut, sie erfordert Mumm, aber es wird dir gefallen. Es wird deine Beziehung nicht stören, sondern verbessern. Du wirst aufhören, ihn zu nerven. Wenn du selbst gelegentlich mit anderen zusammen bist, wirst du aufhören herumzunörgeln. Das ist sicher der Grund, warum Frauen nicht fremdgehen – weil es dann witzlos ist, herumzunörgeln. Und sie genießen es zu nörgeln – es gibt ihnen Macht.

Wenn sie ebenfalls fremdgehen, können sie dem Mann keine Schuldgefühle machen. Und dem Mann Schuldgefühle zu machen, verleiht ungeheure Macht. Aber das ist nicht richtig. Mache nie jemandem Schuldgefühle. Wenn du diesen Menschen liebst, warum solltest du ihm Schuldgefühle machen? Wenn er es so haben will, laß ihn ruhig machen! Und hab auch du deine kleinen Liebesaffären! Das wird euch beide voneinander frei machen. Und wenn Liebe frei ist und aus Freiheit heraus gegeben wird, hat sie eine völlig andere Qualität. Dann ist sie etwas wirklich Schönes. Dann gibt es keine Konflikte, keinen Streit, keine Eifersucht, nichts dergleichen. Dann kann es eine ruhige, friedliche, stille Beziehung sein.

Wenn auch du dich auf ein paar neue Liebesabenteuer einläßt und er seine kleinen Abenteuer hat, dann werden eure Flitterwochen nie aufhören, und eure Begegnung bleibt schön. Dann wird die Sache zwischen euch nie alt und morsch werden.

Nur ein bißchen Mut ... und es wird passieren! **(84)**

Es ist immer gut, sich gelegentlich von den Menschen zu trennen, die man liebt, damit man sie von neuem lieben kann, denn jede Trennung bringt eine Neubegegnung. Wenn man sich nie trennt, dann braucht man eine Scheidung, und Trennung ist nicht dasselbe wie Scheidung.

Man muß von der Mahlzeit aufstehen, wenn man noch gerne ein bißchen mehr gehabt hätte, wenn man noch ein bißchen Hunger hat. Es ist gut, aufzustehen, wenn du noch ein bißchen hungrig bist. Fülle deinen Magen nur zu drei Vierteln, statt dich vollzustopfen, bis dir schlecht wird und man dich hinaustragen muß. Das ist nicht gut. Direkt vom Tisch ins Krankenhaus – das ist nicht gut!

Diese Regel, dieses Gesetz gilt für alles. Wenn du dich in einer Beziehung noch gut fühlst, ist es manchmal nützlich, sich zu trennen und sich eine Pause zu gönnen. Du kannst allein sein, dein Liebster kann allein sein, um Dinge zu klären – und dann könnt ihr wieder zusammenkommen. Wovor habt ihr Angst? Wenn Liebe da war, wird sie auch weiter da sein. Die Liebe wird auf euch warten.

Durch Trennung stirbt Liebe nie – im Gegenteil. Wenn sie überhaupt stirbt, dann durch zuviel Zusammensein, nicht durch Trennung. Zuviel Zusammensein erstickt die Liebe. So töten Eheleute ihre Liebe, so bringen sie sie um. Sie sind so viel zusammen, daß der ganze Appetit verschwindet. Man braucht mal eine Pause.

Im Westen ist die Großfamilie heute verschwunden, und die Eheleute sind unter sich und können so viel zusammensein, wie sie wollen. Sie können Sex in der Nacht haben, sie können Sex am Morgen haben, sie können Sex am Nachmittag haben. Und bald haben sie genug. Es gibt keine Hindernisse mehr, sie sind zu sehr verfügbar für den anderen ... dadurch geht der Appetit verloren, und bald sehen sie müde und gelangweilt drein. Es gibt keine Vorfreude mehr.

Es ist so, als wäre man ständig bei Tisch und ißt und ißt und ißt. Ein kurzes Fasten zwischen den Mahlzeiten ist nötig. Man muß sechs bis acht Stunden fasten, je länger, desto besser. Dasselbe gilt auch für die Liebe, denn Liebe ist auch Nahrung. Alles, was für das Essen gilt, gilt auch für die Liebe. Liebe ist die subtilste Nahrung.

Du nimmst sie zu dir, sie nährt dich. Sie gibt dir Stärke und Lebendigkeit. Nimm also nicht zuviel von dieser Nahrung zu dir. Zuviel von allem ist schlecht – vor allem Süßigkeiten. Sie machen dich zuckerkrank, nicht wahr? Liebe macht zuckerkrank. Wenn du zuviel liebst, nimmst du zuviel Süßes, zuviel Zucker zu dir. Das solltest du vermeiden. Ein bißchen ist gesund, hier und da. Und zur Abwechslung nimm auch mal Salz – das bedeutet eine Trennung. Wenn du die Scheidung vermeiden willst, freue dich über jede Trennung. **(85)**

Ich bin traurig, weil ich mich vor kurzem von meinem Partner getrennt habe und nicht aufhören kann, an ihn zu denken.

Traurigkeit kann zu einer sehr bereichernden Erfahrung werden. Aber du mußt daran arbeiten. Es fällt leichter, vor deiner Traurigkeit wegzulaufen – und in der Regel sind Beziehungen immer ein Versuch wegzulaufen, um der Traurigkeit zu entgehen. Aber dann wird sie unterschwellig immer irgendwie vorhanden sein. Selbst in Beziehungen bricht sie oft hervor, und dann neigt man dazu, die Schuld dem anderen zu geben, aber er ist nicht die Ursache. Die Ursache ist deine Einsamkeit, deine eigene Traurigkeit. Du bist mit ihr noch nicht klargekommen, darum holt sie dich immer wieder ein.

Du kannst dich in Arbeit flüchten. Du kannst dich in irgendeine Beschäftigung flüchten, in eine Beziehung, in Gesellschaft, ins Reisen, in dies und das, aber auf diese Weise wird die Traurigkeit nicht verschwinden, denn sie ist ein Teil deines Wesens.

Jeder Mensch wird allein geboren. Er kommt in diese Welt, aber allein; er kommt durch die Eltern, aber allein. Und jeder Mensch stirbt allein, jeder verläßt diese Welt allein. Und zwischen diesen beiden einsamen Polen belügen und täuschen wir uns ständig selbst. Es ist gut, all seinen Mut zusammenzunehmen und sich auf die Einsamkeit einzulassen. Wie hart und schwierig es am Anfang auch aussehen mag, es zahlt sich enorm aus. Sobald du dich damit entspannst, sobald du anfängst, es zu genießen, wirst du es nicht mehr als Traurigkeit, sondern als Stille erleben. Sobald du erst einmal begriffen hast, daß es keinen Fluchtweg gibt, wirst du dich darin entspannen.

Es läßt sich nichts daran ändern – warum es also nicht genießen? Warum nicht tiefer in dieses Gefühl hineingehen, es schmecken und herausfinden, was es eigentlich ist? Warum unnötig Angst davor haben? Da es bleiben wird und eine existentielle Tatsache ist, nichts Zufälliges: warum sich nicht dem stellen? Warum sich nicht darauf einlassen und herausfinden, was es ist?

Fang an zu meditieren. Immer wenn du dich traurig fühlst, setz dich still hin und laß die Traurigkeit kommen. Versuche nicht, ihr zu entfliehen. Sei so traurig, wie du nur kannst, und weiche vor nichts aus – das ist das eine, was du dir merken mußt. Weine, schreie ... nimm den ganzen Geschmack in dich auf. Weine dich total aus ... laß dich auf den Boden fallen, rolle herum – und dann laß es von alleine aufhören. Zwinge dich nicht dazu. Die Traurigkeit wird von selbst verschwinden, denn niemand kann lange in derselben Stimmung verharren.

Wenn sie verschwindet, wirst du dich entlastet fühlen, absolut befreit – so als ob alle Schwerkraft aufgehoben sei und du nun fliegen kannst, schwerelos. Das ist der Moment, in dem du dich finden kannst. Doch zuerst mußt du die Traurigkeit zulassen. Gewöhnlich neigt man dazu, sie nicht zuzulassen, sondern Mittel und Wege zu finden, um sich davon abzulenken. Du gehst ins Restaurant, ins Freibad, triffst dich mit Freunden, liest ein Buch, schaust dir einen Film an, spielst auf deiner Gitarre – du tust irgend etwas, damit du beschäftigt bist und deine Aufmerksamkeit auf etwas anderes lenken kannst.

Das mußt du dir merken: Wenn du traurig bist, laß dir diese Gelegenheit nicht entgehen! Schließ die Türen, setz dich hin und fühle dich so traurig, wie du nur kannst – als wäre die ganze Welt die reinste Hölle. Geh tief hinein ... laß dich hineinsinken. Laß dich von allen traurigen Gedanken durchdringen, von allen traurigen Gefühlen anrühren. Weine, schreie, drücke dich mit Worten aus – sprich sie laut aus, und hab keine Sorge!

Zuerst lebe also deine Traurigkeit ein paar Tage lang aus. Und das zweite, was du dir merken mußt: Sobald die Traurigkeit nachläßt, wirst du dich sehr ruhig und friedlich fühlen – wie nach einem Sturm. In solchen Momenten sitze still und genieße die Stille, die sich von selbst einstellt. Du hast nichts dazu getan, du hast nur die Traurigkeit zugelassen. Wenn die Traurigkeit nachläßt, kehrt Stille ein.

Lausche auf diese Stille. Schließe die Augen und fühle sie ... fühle ihre Beschaffenheit, ihren Duft. Und wenn du glücklich bist, dann singe und tanze. **(86)**

Ich trenne mich gerade von einem Mann, mit dem ich zusammen war. Ich fühle viele verschiedene Dinge. Eigentlich erwarte ich ständig, traurig zu sein, doch ich bin es nicht! Aber ich habe das Gefühl, ich sollte traurig sein.

Nein, nein, du brauchst nicht traurig zu sein; das ist nur eine falsche Gewohnheit, eine falsche Erwartung. Man sollte immer froh sein, wenn man sich trennt, denn man hat wieder ein Stück Freiheit erlangt. Eine Fessel ist gesprengt. Wenn eine Beziehung zu Ende geht, endet eine Gefangenschaft. Du solltest wirklich froh sein, und tatsächlich stellen sich Glücksgefühle ein. Aber weil man dir beigebracht hat, daß es ein Grund sei, traurig zu sein und zu weinen, bekommst du Schuldgefühle, weil du nicht traurig bist, und denkst, du machst etwas falsch. Du machst nichts falsch. Du fängst nur an, natürlich zu werden. Genau so sollte es sein.

Warum sollte man nicht glücklich sein, wenn ein Unglück verschwindet? Das ist doch völlig in Ordnung. Sei glücklich, wenigstens für ein paar Tage – bis du dir wieder ein anderes Unglück an Land ziehst. Verpasse nicht diese Chance, denn früher oder später wird irgendein anderes Karma auftauchen, und du wirst eine andere Erfahrung durchmachen.

Inzwischen genieße es, so sehr du kannst, und fühle dich nicht schuldig. Das menschliche Denken ist so konditioniert, daß es sich wegen vieler Dinge schuldig fühlt, die von Natur aus keine Schuldgefühle hervorrufen. Höre auf die Natur.

Wäre die Beziehung gut gewesen, dann hätte sie fortbestanden. Sie ist an einen Punkt gekommen, wo sie zu belastend wurde, wo es sich nicht lohnte weiterzumachen, und darum ist sie zerbrochen. Jetzt bist du frei, und der andere ist frei.

Feiere deine Freiheit! Sei dem anderen dankbar, denn er hat dir geholfen, vieles zu lernen. Er hat dir geholfen, viele Erfahrungen zu machen – gute und schlechte, häßliche und schöne, süße Träume und Alpträume. Fühle dich dankbar für das alles – nicht nötig, sich traurig zu fühlen. Und wenn du nicht traurig bist, dann fühle dich nicht schuldig, denn das ist viel schlimmer. Traurigkeit ist bitter, doch Schuld führt dich noch einen Schritt tiefer in die Hölle. Es besteht keine Notwendigkeit für Schuld, für Traurigkeit. Genieße einfach wieder den offenen Himmel.

Wenn man Single ist, wenn man allein ist ... und es geschieht meistens nur, wenn eine Beziehung zu Ende ist, daß du ein paar Tage allein bist und dein Alleinsein so richtig genießen kannst. Nach diesem Alleinsein hast du dich lange gesehnt, aber der Partner war ständig da und hat dich verkrüppelt; er hat sich andauernd eingemischt und sich Übergriffe erlaubt. Jetzt kannst du es endlich genießen!

Es wird nur ein paar Tage anhalten, denn die Weisheit hält nicht lange an – dann wirst du wieder anfangen, dich nach einer Beziehung zu sehnen, nach den Freuden des Zusammenseins. Bald wird sich das Gefühl der Einsamkeit einstellen – was sitzt du hier so allein herum? Suche dir einen schönen Mann! Was willst du denn als Single? Alle anderen sind auch in Paaren – und alle leiden sie schrecklich – und du? Was machst du? Dieses Problem wird auftauchen, und dann wirst du bald wieder auf irgendeinen Trip gehen. Bevor es soweit ist, genieße dein Alleinsein – es ist kostbar.

Das Ganze hat einen Rhythmus: Mal genießt man Beziehungen, mal genießt man das Alleinsein. Indem man beides immer wieder durchlebt, gelangt man eines Tages zu der Erkenntnis, daß keine Notwendigkeit besteht, in einer Beziehung zu sein, und keine Notwendigkeit, allein zu sein. Dann kann man in Beziehung allein sein, und man kann allein in Beziehung sein. Dann ist man weise geworden. Dann ist der Gegensatz aufgehoben. Man braucht nicht mehr zu wählen, weil beides da ist: Man kann in Beziehung bleiben und bleibt dennoch allein. Dann weiß man, daß das Alleinsein immerwährend ist; es hört nie auf. Dennoch wird man seine Freude mit anderen teilen, aber man wird sich nicht gebunden fühlen.

Wenn zwei Menschen, die im Alleinsein leben, in tiefer Liebe zusammenfinden, ohne für den anderen ein Gefängnis zu kreieren, dann geschieht etwas ungeheuer Wertvolles. Doch bevor es soweit ist, daß das geschehen kann, wirst du immer wieder diese beiden Phasen durchleben müssen, denn man lernt nur aus Erfahrung. Doch sieh, wie töricht der menschliche Verstand ist: Als du noch in der Beziehung warst, mußt du dich danach gesehnt haben, allein und frei zu sein. Jetzt, da du allein und frei bist, denkst du, du müßtest traurig sein, müßtest unglücklich sein. Und wenn du eine neue Beziehung eingehst, wirst du wieder denken, du müßtest allein glücklich sein – wie schön das war!

Wir verpassen ständig das Wesentliche. Wir denken ständig an das, was *nicht* ist – so funktioniert dieser dumme Verstand. Genieße den gegenwärtigen Augenblick! Und was immer dieser Augenblick dir zur Verfügung stellt – laß dich dadurch bereichern! Jetzt, in dieser Zeit – sei allein!

Dies ist jetzt deine Jahreszeit, um allein zu sein. Erblühe in deinem Alleinsein! Tanze und singe, ehe es vorübergeht. Und dann tanze und singe gemeinsam, ehe auch das vorübergeht. Es wird viele Male kommen und gehen, wie die Jahreszeiten. Der Sommer kommt, der Regen, der Winter, und alles bewegt sich weiter. Doch eines Tages wird sich auch das Höchste ereignen – es ereignet sich immer nur durch Erfahrung. Sei nicht traurig und fühle dich niemals schuldig. Erlaube niemals, daß Schuld in dein Dasein tritt, aus welchen Gründen auch immer.

Wenn Traurigkeit sich auf natürliche Weise einstellt, ist es gut. Lasse sie zu. Genieße sie. Doch wenn sie sich nicht einstellt, fühle dich nicht schuldig. Freue dich an dem, was natürlich ist, und vermeide das, was künstlich ist. **(87)**

Viele deiner Schüler scheinen einen Partner fürs Leben gefunden zu haben. Steht das nicht im Widerspruch zu deinen Aussagen über Liebe, Beziehung und Loslassen?

Da ist kein Widerspruch. Es ist absolut folgerichtig. Wenn ich sage, daß eure Liebe ein Loslassen sein sollte, meine ich damit, daß sie nicht etwas Erzwungenes sein sollte, daß sie nicht vom Gesetz abhängig sein sollte, von gesellschaftlichen Gepflogenheiten. Ich meine damit, daß die einzige verbindende Kraft zwischen zwei Liebenden einfach nur die Liebe und nichts anderes sein sollte. Diese Liebe kann lange dauern oder auch nicht. Diese Liebe kann ein ganzes Leben dauern, oder sie kann schon morgen zu Ende sein. Das meine ich mit Loslassen.

Manche Leute wollen Freizügigkeit. Das meine ich nicht mit Loslassen. Ich sage nicht, daß ihr eure Partner jeden Tag wechseln sollt. Das wäre wieder etwas Erzwungenes. Das würde bedeuten, von einem Extrem – der Ehe, wo man den Partner nicht wechseln darf – ins andere Extrem – wo man ständig den Partner wechseln muß – zu fallen. Ich sage nur: Laßt es in Freiheit geschehen.

Wenn ihr zusammensein wollt, ist das völlig in Ordnung. Und wenn der Tag kommt, da ihr euch trennen wollt, dann trennt euch liebevoll und seid dankbar für all die schönen Augenblicke, die ihr euch gegenseitig geschenkt habt.

Die Trennung sollte ebenso schön sein, wie eure Begegnung es war. Ja, sie sollte sogar noch schöner sein, denn durch euer langes Zusammenleben habt ihr Wurzeln im anderen geschlagen, auch wenn ihr jetzt beschließt, euch zu trennen. Die Erinnerungen werden euch verfolgen. Ihr habt euch geliebt. Es spielt keine Rolle, daß ihr das Zusammensein jetzt schwierig findet – es gab eine Zeit, da ihr für viele Leben zusammensein wolltet.

Trennt euch also ohne Zank und Streit – ihr wart Fremde, die sich trafen. Und jetzt werdet ihr wieder zu Fremden, aber ihr habt einen großen Schatz: was zwischen euch beiden war. Ihr solltet euch gegenseitig dankbar sein, wenn ihr euch trennt.

Wenn aber die Liebe andauert, sage ich nicht, daß ihr sie beenden sollt. Ich habe nur gesagt, daß ihr nichts tun sollt, was sie verhindert. Wenn sie euer ganzes Leben lang dauert, bis zum Grab, dann ist das wunderbar. Und wenn sie nur eine einzige Nacht dauert und ihr fühlt am Morgen, daß ihr nicht füreinander bestimmt seid, so habt ihr euch doch gegenseitig eine schöne Nacht geschenkt – und dafür solltet ihr dankbar sein!

Wer diese Frage gestellt hat, hat mich mißverstanden und denkt, ich sage zu meinen Leuten: »Wechselt eure Partner, so oft ihr könnt.« Das sage ich überhaupt nicht. Ich sage nur: »Solange eure Liebe die einzige verbindende Kraft ist, so lange bleibt zusammen.« Sobald ihr aber das Gefühl habt, daß etwas weggegangen ist, nicht mehr gegenwärtig ist ... Ihr könnt weitermachen, aber dann werdet ihr euch gegenseitig etwas vormachen. Es ist häßlich, dem Mann, den du geliebt hast, etwas vorzumachen. Es ist häßlich, der Frau, die du geliebt hast, etwas vorzumachen. Es ist besser, ehrlich zu sein und zu sagen: »Es ist Zeit, daß wir uns trennen, denn die Liebe ist vorbei und wir sind nicht imstande, die Liebe festzuhalten.«

Es gibt Dinge, die von selbst kommen und gehen. Als du dich verliebt hast, warst nicht *du* es – du hast es nicht beschlossen, sondern plötzlich geschah es. Du hättest nicht sagen können, warum es geschah. Du kannst nur sagen: »Plötzlich war ich verliebt.« Erinnere dich an die erste Begegnung, erinnere dich, wie die Liebe sich eingestellt hat – genauso geht sie wieder. Plötzlich wachst du eines Tages am Morgen auf und entdeckst, daß die Liebe fort ist. Dein Ehemann ist da, du bist da, aber etwas, das wie eine Brücke zwischen euch war, ein ständiger Energiestrom, ist verschwunden. Ihr seid zu zweit, doch du bist allein, und der andere ist auch allein. Das Gemeinsame ist nicht mehr da – und das geheimnisvolle Etwas, das euch zusammenhielt, hast du nicht in der Hand. Du kannst es nicht zwingen, zurückzukommen.

Millionen Paare versuchen das und hoffen, daß es vielleicht zurückkommt. Sie hoffen, daß es etwas nützt, wenn sie beten oder in die Kirche gehen, daß es etwas nützt, wenn sie den Segen von jemandem bekommen oder zur Eheberatung gehen. Aber das wird alles nichts nützen.

Selbst wenn du denselben Mann irgendwie wieder zu fassen bekommst, wirst du entdecken, daß er nicht mehr der gleiche Mann ist, und er wird entdecken, daß du nicht die gleiche Frau bist. Es ist besser, wieder Fremde zu werden. Was ist daran verkehrt? Als ihr noch Fremde wart, war es doch auch in Ordnung. Als du den Mann noch nicht kanntest, die Frau noch nicht kanntest, war alles gut. Jetzt ist es wieder so gekommen: Ihr seid wieder Fremde. Es ist nichts Neues. Ihr hättet euch von Anfang an bewußt sein können, daß etwas Geheimnisvolles im Spiel war. Ihr habt es nicht ins Spiel gebracht, und daher kann es natürlich jederzeit wieder verschwinden; ihr könnt es nicht verhindern.

Also folgt daraus: Es hängt alles von der Liebe ab. Wenn sie lange dauert – wunderbar. Wenn sie nur ein paar kurze Augenblicke dauert, ist auch das schön, denn Liebe ist etwas Wunderbares. Wie lange sie dauert, ist belanglos.

Man kann in wenigen Minuten mehr Intensität an Liebe erleben als in Jahren. Diese Intensität gibt euch einen Geschmack des Unbekannten, während viele Jahre euch das nur verdünnt liefern können. Die Dauer ist unwesentlich, die Tiefe ist das einzige, was zählt.

Solange ihr liebt, taucht völlig darin ein. Und wenn es vorbei ist, sagt euch Lebewohl und seid völlig fertig damit. Behaltet den Gedanken nicht länger im Kopf. Es gibt auf dieser Welt noch viele andere Fremde – und wer weiß? Vielleicht hat die Liebe dich verlassen, damit du einen besseren Fremden finden kannst.

Das Leben geht seltsame Wege. Vertraue in das Leben. Vielleicht triffst du jemanden, mit dem eine machtvolle Liebe auftaucht, und dann wird die erste Liebe dir im Vergleich dazu klein erscheinen. Und denke daran, daß auch diese Liebe eines Tages wieder verschwinden wird. Doch vertraue dem Leben, das dir immer wieder Geschenke gegeben hat, ohne daß du danach gefragt hättest. Bleibe offen dafür.

Die Welt ist so reich an schönen Menschen; es besteht kein Mangel. Und jedes Individuum besitzt etwas Einzigartiges, das niemand anderer besitzt. Jedes Individuum gibt der Liebe seine ganz spezielle Färbung, seine eigene Poesie, seine eigene Musik, wie niemand anderer es vermag.

Wenn wir also in das Leben vertrauen ... und das ist meine Grundprämisse: dem Leben zu vertrauen, denn das Leben gebiert uns; wir sind Kinder des Lebens.

Vertraue in das Leben. Das Leben hat noch nie jemanden verraten. Wer weiß? – Vielleicht bist du von einer Klasse in die nächste versetzt worden – auf eine höhere Stufe, zu einer feineren Liebe, einer verfeinerten Erfahrung. Halte nur dein Herz offen. Das Leben frustriert nie jemanden.

Es ist also kein Widerspruch. **(88)**

Das Allerwichtigste ist, dich selbst zu lieben. Sei nicht streng, sei nachgiebig. Sei lieb zu dir selbst! Lerne, dir selbst zu vergeben, immer und immer wieder, siebenmal, siebenundsiebzigmal, siebenhundertsiebenundsiebzigmal.

Lerne Nachsicht mit dir selbst. Sei nicht hart, richte dich nicht gegen dich selbst, dann wirst du aufblühen.

Und in diesem Aufblühen wirst du andere Blumen anziehen. Das ist natürlich. Steine ziehen Steine an, und Blumen ziehen Blumen an. Und dann kann eine Beziehung entstehen, die Anmut hat, die eine Schönheit hat, die ein Segen für beide ist. Wenn du eine solche Beziehung findest, kann sie in die Dimensionen des Gebets hineinwachsen, und deine Liebe wird zur Ekstase. Und durch eine solche Liebe erfährst du, was Gott ist. **(89)**

8. KAPITEL

Mutterschaft

Ich erwarte ein Kind. Kannst du bitte etwas über das Mutterwerden sagen?

Mutter zu werden ist eine der verantwortungsvollsten Aufgaben im Leben. So viele Menschen landen auf der Couch des Psychiaters, so viele Menschen landen im Irrenhaus, und so viele Irre befinden sich außerhalb der Irrenhäuser! Wenn man den Neurosen der Menschheit auf den Grund geht, findet man immer die Mutter.

So viele Frauen wollen gerne Mutter sein, wissen aber nicht, wie das geht. Wenn die Beziehung zwischen Mutter und Kind schiefgegangen ist, wird das ganze Leben des Kindes schiefgehen, denn die Mutter ist der erste Kontakt zur Welt, die allererste Beziehung. Alles weitere ist eine Fortsetzung davon. Und wenn der erste Schritt schiefgeht, geht das ganze Leben schief.

Man sollte wissen, was man tut, wenn man Mutter wird. Man übernimmt damit eine der größten Verantwortungen, die man als Mensch übernehmen kann.

Die Männer sind in dieser Hinsicht etwas freier, denn sie brauchen die Verantwortung, Mutter zu werden, nicht zu übernehmen. Die Frauen tragen mehr Verantwortung. Werde also Mutter, aber nimm es nicht als gegeben hin, daß man allein deshalb, weil man eine Frau ist, auch schon eine Mutter ist – das ist ein Trugschluß.

Mutterschaft ist eine große Kunst. Du mußt sie erst lernen. Beginne also, sie zu erlernen! Dazu möchte ich dir ein paar Dinge sagen: Erstens, behandle dein Kind nie so, als wäre es dein Eigentum. Du darfst dein Kind niemals besitzen. Das Kind kommt durch dich, aber es gehört dir nicht. Gott benutzt dich nur als Vehikel, als Medium, aber das Kind ist nicht dein Eigentum. Liebe das Kind, aber ergreife niemals von ihm Besitz.

Wenn die Mutter anfängt, von ihrem Kind Besitz zu ergreifen, macht sie sein Leben kaputt. Dann beginnt das Kind, ein Gefangener zu werden. Man zerstört seine Persönlichkeit und degradiert es zu einem Ding. Nur ein Ding kann man besitzen: Ein Haus kann man besitzen, ein Auto kann man besitzen – einen Menschen niemals. Dies ist also die erste Lektion. Stelle dich darauf ein. Bevor das Kind kommt, solltest du fähig sein, es als ein unabhängiges Wesen zu begrüßen, als eigenständigen Menschen, nicht bloß als dein Kind.

Und das zweite: Behandle das Kind genauso, wie du einen Erwachsenen behandeln würdest, behandle das Kind niemals wie ein Kind. Behandle es mit tiefer Hochachtung. Gott hat dich dazu auserwählt, einen Gast zu beherbergen. Gott ist als Gast in dein Dasein getreten. Das Kind ist so zart, so hilflos. Es ist nicht einfach, das Kind zu respektieren. Und es ist nicht schwer, das Kind zu demütigen. Eine Demütigung passiert sehr leicht, weil das Kind so hilflos ist und nichts tun kann. Es kann sich nicht wehren, es kann nicht reagieren.

Behandle das Kind wie einen Erwachsenen, mit großem Respekt. Wenn du für das Kind Hochachtung empfinden kannst, wirst du ihm nicht deine Vorstellungen aufzwingen wollen. Du wirst nicht versuchen, dem Kind irgend etwas aufzuzwingen. Du gibst ihm einfach seine Freiheit – die Freiheit, die Welt zu entdecken. Du unterstützt es darin, im Entdecken der Welt immer stärker zu werden, aber du gibst ihm niemals Richtlinien. Du gibst ihm Energie, gibst ihm Schutz, gibst ihm Geborgenheit – alles, was es braucht –, doch du hilfst ihm, sich immer weiter von dir zu entfernen, um die Welt zu entdecken.

Und selbstverständlich schließt diese Freiheit auch den Irrtum ein. Es ist für eine Mutter sehr schwer einzusehen, daß Freiheit geben sich nicht nur auf die Freiheit bezieht, das Richtige zu tun. Es schließt zwangsläufig auch die Freiheit mit ein, etwas Schlechtes zu tun, das Falsche zu tun. Darum sieh zu, daß das Kind aufgeweckt und intelligent wird, aber gib ihm nie irgendwelche Gebote. Es befolgt sie ohnehin kein Mensch, und die Leute werden nur zu Heuchlern. Wenn du das Kind wirklich liebst, denke immer daran: Unter keinen Umständen darfst du es darin unterstützen oder irgendwie zwingen, zum Heuchler zu werden!

Und das dritte: Höre nicht auf die Moral, höre nicht auf die Religion, höre nicht auf die Kultur – höre auf die Natur. Alles, was natürlich ist, ist gut, auch wenn es dir manchmal schwerfällt, auch wenn es dir manchmal sehr unbequem ist – denn du selbst bist nicht natürlich aufgewachsen. Deine Eltern beherrschten nicht die Kunst, dich wirklich mit Liebe aufzuziehen. Alles lief ziemlich beliebig ab. Wiederhole nicht die gleichen Fehler. Darin wirst du dich oft ziemlich unsicher fühlen ...

Zum Beispiel, wenn ein kleines Kind anfängt, mit seinen Geschlechtsorganen zu spielen. Die übliche Reaktion der Mutter ist, das Kind daran zu hindern, denn man hat ihr beigebracht, daß es falsch ist. Selbst wenn sie das Gefühl hat, daß nichts daran falsch ist, fühlt sie sich doch ein bißchen verlegen, wenn jemand dabei ist. Sei ruhig verlegen! Das ist *dein* Problem; es hat nichts mit dem Kind zu tun. Fühle deine Verlegenheit, selbst wenn du dein Image in der Gesellschaft verlierst. Verliere es ruhig, aber störe nicht das Kind. Laß der Natur ihren eigenen Lauf. Du bist dazu da, alles zu ermöglichen, was die Natur braucht, um sich zu entfalten. Du darfst nicht in die Natur eingreifen. Du darfst ihr nur Hilfestellung geben.

Diese drei Dinge also ... Und fang an zu meditieren. Bevor das Kind zur Welt kommt, solltest du so tief wie möglich in Meditation gehen.

Wenn das Kind in deinem Schoß ist, wird alles, was du tust, sich ständig als Schwingung auf das Kind übertragen. Wenn du wütend bist, wird die Wut in deinem Bauch Spannungen erzeugen, und das Kind spürt es sofort. Wenn du traurig bist, entsteht in deinem Bauch ein Gefühl von Traurigkeit, und das Kind wird sich lustlos und deprimiert fühlen.

Das Kind ist völlig von dir abhängig. Jede deiner Stimmungen ist auch die Stimmung des Kindes. Noch besitzt das Kind keine Unabhängigkeit. Deine Verfassung ist auch seine Verfassung. Also kein Kämpfen mehr, kein Ärger mehr. Deswegen sage ich, daß das Muttersein eine große Verantwortung ist. Du wirst auf vieles verzichten müssen.

Während der kommenden sieben Monate mußt du also äußerst wachsam sein. Das Kind ist wichtiger als alles andere. Wenn jemand dich beleidigt, akzeptiere es, aber werde nicht wütend. Sage zu ihm: »Ich bin schwanger, und das Kind ist jetzt wichtiger, als mich über dich aufzuregen. Diese Situation wird vorübergehen, und in ein paar Tagen werde ich nicht mehr wissen, wer mich beleidigt hat und was ich getan habe. Aber das Kind wird vielleicht siebzig, achtzig Jahre auf dieser Welt sein. Es ist ein Lebensprojekt.« Wenn du willst, kannst du es dir sogar im Kalender notieren und wenn das Kind geboren ist, *dann* kannst du wütend werden, aber nicht jetzt. Sag einfach nur: »Ich bin eine werdende Mutter. Ich darf nicht wütend werden – es ist nicht gut für das Kind.« Das nenne ich einfühlsames Verständnis.

Keine Traurigkeit mehr, kein Ärger mehr, kein Haß mehr, kein Streit mehr mit deinem Partner. Beide müssen sich nach dem Kind richten. Wenn ein Kind da ist, seid ihr beide zweitrangig. Das Kind hat immer den Vorrang, denn ein neues Leben wird geboren ... und es wird deine Frucht sein!

Wenn von Anfang an Wut, Haß und Konflikte in das Gemüt des Kindes eindringen, bereitest du ihm die Hölle. Es wird leiden. Dann ist es besser, kein Kind auf die Welt zu bringen. Warum ein Kind ins Unglück stürzen? Die Welt leidet schon genug.

Zum einen ist es schon riskant genug, ein Kind auf diese Welt zu bringen. Doch wenn du es trotzdem willst, sieh wenigstens zu, daß dieses Kind auf völlig andere Weise in dieser Welt sein wird: ein Mensch, der nicht unglücklich ist, sondern dazu beiträgt, daß auf dieser Welt ein bißchen mehr gefeiert wird. Ein Mensch, der ein bißchen mehr Feierstimmung in diese Welt bringt – ein bißchen mehr Lachen, Liebe und Leben.

Feiere deine Vorfreude in dieser Zeit: Tanze, singe, höre Musik, meditiere, liebe. Sei ganz sanft und mache nichts hektisch oder in Eile. Tue nichts unter Spannung. Bewege dich langsam, verlangsame dein ganzes Tempo. Ein wunderbarer Gast wird kommen – und du machst dich bereit, ihn zu empfangen. **(90)**

Jedesmal, wenn ein Kind auf die Welt kommt, wird nicht nur das Kind geboren – das ist die eine Seite –, es wird auch die Mutter geboren.

Zuvor war sie eine ganz gewöhnliche Frau; durch die Geburt wird sie zur Mutter. Auf der einen Seite wird das Kind geboren, auf der anderen Seite wird die Mutter geboren. Und eine Mutter ist etwas völlig anderes als eine Frau.

Sie erlebt einen Sprung; ihr ganzes Dasein erfährt eine qualitative Veränderung. Vorher mag sie Ehefrau oder Geliebte gewesen sein, doch das ist plötzlich nicht mehr so wichtig. Ein Kind wird geboren, ein neues Leben ist hinzugekommen – sie wird zur Mutter.

Darum haben Ehemänner immer Angst vor Kindern. Im Grunde wollen sie keine Kinder, weil damit eine dritte Partei in der Beziehung hinzukommt, und nicht nur hinzukommt – die dritte Partei wird zum Mittelpunkt!

Danach ist die Frau nie wieder die gleiche Ehefrau: Sie hat sich verändert. Danach muß der Ehemann, wenn er ihre Liebe haben will, zu ihrem Sohn werden, denn diese Frau, die nun Mutter geworden ist, kann nicht mehr sein wie eine gewöhnliche Ehefrau. Sie ist Mutter geworden, daran läßt sich nichts ändern. Dem Mann bleibt also nichts anderes übrig, als ihr Sohn zu werden. Das ist der einzige Weg, wie er ihre Liebe wieder bekommen kann, denn ihre Liebe fließt sonst zu ihrem Kind. **(91)**

Wenn eine Frau Mutter wird, passiert etwas ungeheuer Wichtiges mit ihr. Für eine Frau ist es beinahe wie eine Neugeburt. Nicht nur das Kind wird geboren, auch die Mutter wird geboren. Die Mutter schenkt dem Kind das Leben, und das Kind schenkt der Mutter das Leben. Bis dahin war die Frau nur eine Frau. Nun ist sie eine Mutter.

Das ist für einen Mann nur sehr schwer nachzuvollziehen – es sei denn, er ist selbst schöpferisch. Wenn er schon einmal ein Bild, ein Gedicht oder etwas ähnliches zur Welt gebracht hat, kann er ahnen, was es bedeutet, Mutter zu sein. Wenn ein Dichter einem Gedicht das Leben schenkt, ist er ungeheuer glücklich. Niemand sonst kann verstehen, was passiert, wenn er ein Gedicht verfaßt. Es ist nicht bloß ein Gedicht. Ein großer innerer Aufruhr hat stattgefunden, und durch das Gedicht hat sich vieles wieder beruhigt.

Ein Gedicht ist nur ein äußeres Zeugnis für ein inneres Geschehen. Eine tiefe innere Harmonie hat sich eingestellt. Das Gedicht ist nur ein Hinweis, daß etwas im innersten Wesen an die richtige Stelle gerückt wurde. Das Gedicht verkündet der Welt, daß ein Dichter geboren wurde. Es ist nur ein winziger Bruchteil von dem Duft, der sich im Innern des Dichters verströmte. Er ist nicht mehr der gleiche Mensch. Er ist kein gewöhnlicher Sterblicher, er ist in Konkurrenz zu den Göttern getreten – er hat etwas geboren, hat etwas erschaffen.

Aber das ist nichts im Vergleich zu einer Frau, die Mutter wird – gar nichts. Ein Gedicht ist ein Gedicht. In dem Moment, in dem es geboren wird, ist es bereits tot. Solange der Dichter es noch in sich trägt, ist es am Leben. In dem Moment, in dem es zum Ausdruck kommt, ist es ein totes Möbelstück. Man kann es an die Wand hängen, man kann es auf den Müll werfen oder was immer, doch es ist nicht mehr lebendig.

Wenn eine Frau ein Kind zur Welt bringt, gebiert sie Leben. Wenn sie in die Augen des Kindes schaut, schaut sie in ihr eigenes Wesen. Und wenn das Kind zu wachsen anfängt, wächst sie mit ihm. **(92)**

Dieser wahnwitzige, herrliche, total fordernde und körperlich erschöpfende, beglückende Marathon namens Mutterschaft ... Seit dieser Feuerball zu uns gekommen ist – vor jetzt beinahe zwei Jahren – nicht eine ungestörte Nacht des Schlafs, nicht ein Tag der Ruhe! Und nichts scheint so wichtig, als einfach nur für ihn dazusein – obwohl ich oft das Gefühl habe, unzulänglich, gestreßt und müde zu sein! Wo bleibt das Lachen? Hilfe!

Die Geburt eines Kindes ist eine Sache, aber das Muttersein ist etwas völlig anderes. Jede Frau kann ein Kind gebären, das ist keine Kunst. Doch Mutter zu sein ist eine große Kunst; es erfordert viel Verständnis.

Du erschaffst ein menschliches Wesen – das ist die größte Schöpfung überhaupt!

Die Frau geht in diesen neun Monaten durch Agonie und Ekstase. Aber damit ist ihre Arbeit noch nicht getan! Tatsächlich fängt ihre Arbeit, die eigentliche Arbeit, erst an, wenn das Kind da ist. Und das Kind gibt dem Leben eine vollkommen neue Qualität.

Jedes Kind ist urwüchsig, ein Primitiver. Jetzt liegt es an der Mutter, es zu zivilisieren. Jedes Kind ist ein Primitiver, vergiß das nicht; es ist animalisch, ungezähmt. Und die Mutter muß ihm Kultur beibringen, muß ihm das Leben, das Menschsein erst beibringen. Das ist eine große Aufgabe.

Du mußt dir das in Erinnerung rufen: Deine Arbeit ist noch nicht beendet, sie fängt jetzt erst an. Nimm sie freudig auf dich! Du erschaffst etwas ungeheuer Wertvolles – du schnitzt ein Leben, du schützt ein Leben. Es ist eine Aufgabe, für die kein Opfer zu groß ist – jeder Verzicht kann und sollte gebracht werden. Das ist das eine.

Das zweite: Nimm es nicht allzu ernst, sonst schadest du dem Kind. Sonst wird dein Ernst destruktiv. Nimm es als Spiel. Die Verantwortung ist groß, aber man muß sehr spielerisch damit umgehen. Spiele auf dem Kind, wie man auf einem Musikinstrument spielt. Nimm als Instrument jetzt das Kind. Spiele mit Sorgfalt, aber spielerisch. Wenn du ernsthaft wirst, wird das Kind deine Ernsthaftigkeit spüren, und dann wirst du es erdrücken und verkrüppeln. Bürde dem Kind keine Last auf. Fange nicht an zu denken, daß du dem Kind etwas Großartiges tust. Wenn ich sage, daß du etwas Großartiges tust, dann meine ich, du tust dir selber damit etwas Großartiges.

Indem du diesem Kind hilfst, zu einem schönen Menschen heranzuwachsen, zu einem Buddha, machst du dich selbst zur Mutter eines Buddhas. Es ist nicht so, daß du das Kind damit zu Dank verpflichtest. Du hast einfach Spaß an deinem eigenen Leben. Dein eigenes Leben erhält durch dieses Kind ein besonderes Aroma.

Es ist eine Chance, eine gottgegebene Chance.

Aber es gibt zwei Fallgruben: Die eine ist, das Kind zu vernachlässigen, weil du es müde wirst. Die andere ist, das Ganze zu ernst zu nehmen, und dann wirst du anfangen, das Kind zu belasten, es in die Pflicht zu nehmen. Beides ist falsch. Hilf dem Kind, aber aus reiner Freude. Und hab nie das Gefühl, daß es dir etwas schuldet. Im Gegenteil, sei dankbar, daß es dich als Mutter gewählt hat. Laß deine Mutterschaft durch das Kind zur Blüte kommen.

Wenn du durch die Mutterschaft aufblühst, wirst du dem Kind ewig dankbar sein.

Natürlich wird es Opfer geben, aber die müssen gebracht werden, und zwar freudig. Nur dann ist es ein Opfer. Wenn die Freude fehlt, ist es kein Opfer. Wenn du es freudig bringst, ist es heilig. Wenn du es nicht freudig bringst, erfüllst du bloß eine Pflicht – und alle Pflichten sind häßlich, nicht heilig.

Es ist eine große Chance. Meditiere darüber, geh damit in die Tiefe. Du wirst nie wieder eine so tiefe Verbindung zu irgend etwas haben. In der Tat gibt es keine andere Verbindung, die jener zwischen Kind und Mutter gleichkommt – nicht einmal zwischen Ehemann und Ehefrau oder zwischen Liebenden. Keine Verbindung ist so tief wie die zwischen Mutter und Kind. Mit keinem anderen Menschen kannst du je eine so tiefe Verbindung eingehen, weil das Kind neun Monate in dir war, als ein Teil von dir – kein anderer kann neun Monate ein Teil von dir sein.

Früher oder später wird aus dem Kind ein eigenständiges Individuum, doch in der Tiefe des Unterbewußtseins bleiben Mutter und Kind immer verbunden.

Wenn dein Kind zu einem Buddha wird, wirst du viel davon haben. Wenn dein Kind zu einem schönen Menschen heranwächst, wirst du viel davon haben, weil das Kind immer mit dir verbunden bleibt. Nur die physische Verbindung ist getrennt worden; die spirituelle Verbindung bleibt immer bestehen.

Danke Gott! Die Mutterschaft ist ein Segen. **(93)**

Ich wünsche mir noch ein Kind, fühle mich aber sehr gespalten damit. Ich habe das Gefühl, daß es verrückt ist, und trotzdem spüre ich diese Sehnsucht in mir, ein Kind zu haben.

Ein paar Dinge möchte ich dir gerne sagen. Meditiere darüber ...

Das erste: Es ist dir noch nicht geglückt, wirklich zu lieben, und es ist dir noch nicht geglückt, zutiefst geliebt zu werden. Etwas fehlt in deiner Liebe, darum suchst du einen Ersatz. Du bist in deiner Liebe nicht richtig erfüllt. Sie ist ganz nett, aber es ist kein Höhepunkt, keine Gipfelerfahrung. Sie hat dir noch nicht den Verstand geraubt – darum deine Sehnsucht. Du möchtest deine Liebe auf das Kind projizieren.

Das zweite: Du fühlst dich leer, darum möchtest du mit etwas erfüllt sein. Die Frauen versuchen das auf zweierlei Art: entweder fangen sie an, zuviel zu essen und sich den Bauch vollzustopfen – oder sie erwägen eine Schwangerschaft. Auch das verleiht eine Art Fülle, man fühlt sich rund ... doch beides ist gefährlich! Man sollte nicht essen, um sich den Bauch vollzustopfen, sondern um die notwendige Nahrung aufzunehmen.

Und du hast schon ein Kind, du bist schon Mutter. Es hat keinen Sinn, viele Kinder hervorzubringen. Und das ist auch nicht die Lösung. Nach dem nächsten Kind wirst du dich wieder genauso fühlen, denn nach neun Monaten bist du wieder leer. Man kann nicht ständig schwanger sein. Nach neun Monaten muß das Kind herauskommen, und dann wirst du dich wieder leer fühlen und du wirst wieder diese Leere mit etwas anfüllen wollen.

So ist es seit Menschengedenken Millionen von Frauen ergangen: Ihr ganzes Leben lang sind sie ständig schwanger gewesen – wieder und wieder und wieder. In Indien ist das gang und gäbe. Eine Frau ist dort die reinste Fabrik – sie produziert ununterbrochen Kinder, wie am Fließband.

Du fühlst also eine gewisse Leere – aber das ist nicht die richtige Methode, um sie zu füllen. Die Leere läßt sich füllen, und zwar so, daß du in jedem Augenblick deines Lebens erfüllt bist – aber das läßt sich nicht durch eine Schwangerschaft erreichen.

Es genügt, daß du schon einem Kind das Leben geschenkt hast. Jetzt hilf diesem Kind, ein freier Mensch zu werden, statt noch mehr Kinder aufzuziehen, um die du dich gar nicht kümmern kannst, denen du nicht helfen kannst zu wachsen.

(Sie sagt:) *Ich fühle, daß mein Kind mich bereits verläßt. Sie ist jetzt zehn und schon fast erwachsen.*

Das ist sehr gut! Es ist gut, weil du jetzt Wichtigeres zu tun hast, als ein Kind zu gebären, nicht wahr?

Und das dritte: Dein Verstand ist so ruhelos, daß er Beschäftigung sucht – und ein Kind bringt Beschäftigung; man ist fortwährend beschäftigt. Es ist eine gute Beschäftigung, um vor sich selbst auszuweichen. Man kann sich ganz auf das Kind konzentrieren und sich selbst dabei vergessen – aber für wie lange? Eines Tages wirst du dich selbst konfrontieren müssen – je früher, desto besser.

Es ist gut, daß du damit hergekommen bist. Jetzt kann man etwas tun, und diese drei Dinge können verschwinden. Wenn sie erst einmal verschwunden sind, wirst du einen völlig neuen Lebensstil entwickeln. Mein Gefühl ist, daß du noch nicht wirklich gelebt hast, wie du hättest leben sollen. Du hast noch nicht intensiv genug gelebt. Gewiß, alles war ganz behaglich, bequem, so lala, lauwarm. Du bist noch nicht zum Siedepunkt gekommen, an dem du dich auflöst.

Aber du bist gerade im richtigen Augenblick gekommen – bevor du einen weiteren Schritt machst, der dich wieder für viele Jahre festlegen würde. Ein Kind ist eine lange Verpflichtung. Das ist keine Spielerei, nicht wahr? Du würdest dich wieder für zwanzig Jahre festlegen. So lange, bis das Kind herangereift ist, wärest du festgelegt ... Und denke nicht, daß es das wert ist. Etwas Größeres ist nötig.

Du kannst zur Mutter für dich selbst werden – das ist nötig. Du selbst brauchst eine neue Geburt. Werde zu einem Schoß für dich selbst, damit du neu geboren werden kannst. **(94)**

Mein Mann und ich möchten gerne ein Kind haben, und ich glaube, wir sind bereit dafür.

Es wird gut sein, noch ein bißchen zu warten, denn es ist nur ein unbewußter Wunsch, ein biologisches Verlangen. Es passiert jedem Mann und jeder Frau – mehr der Frau als dem Mann –, doch es ist nicht sehr bewußt.

Du würdest dir dadurch eine Situation schaffen, in der du dich zu sehr engagieren mußt. Dein eigenes Wachstum würde darunter leiden. Ein Kind ist eine intensive Aufgabe. Wenn ein Kind in dein Leben tritt, kannst du nicht mehr die gleiche sein; du veränderst dich. Dieses kleine Kind ist gar nicht so klein – dieses kleine Kind ist ein Universum für sich. Es würde alles in deinem Leben umkrempeln. Es würde auch deine Beziehung umkrempeln, weil es dann zu einer Dreiecksbeziehung wird. Mein Gefühl ist deshalb, daß du noch ein bißchen warten solltest – denn es ist immer gut zu warten –, um die Sache bewußter und mit mehr Klarheit anzugehen.

Statt Mutter zu werden, werde erst einmal zu einer Meditierenden. Gehe so tief wie möglich in die Meditation. Erlange erst Erfüllung, erlange erst Zufriedenheit. Dann ist es völlig in Ordnung, ein Kind zu bekommen. Dann wird dieses Kind aus deiner Zufriedenheit, aus deiner Erfüllung geboren werden, und ein solches Kind wird eine andere Qualität haben. Es wird eine andere Art von Seele, eine bewußtere Seele sein. Und wenn eine bewußte Seele in deinen Schoß eingeht, wird es auch dich verwandeln – es wird dich zum Besseren verwandeln. Es wird auch deine Beziehung verwandeln – es wird sie vertiefen. Wenn eine bewußte Seele in deinen Schoß eingeht und als dein Kind geboren wird, gewinnt dein Leben eine solche Fülle, wie du sie nie vorher gekannt hast. Das passiert aber nicht automatisch, indem man Mutter wird.

Es ist damit vergleichbar, daß jeder ein Bild malen kann – jeder. Wenn eine Leinwand vorhanden ist, wenn Farbe vorhanden ist, kann jeder mit einem Pinsel oder direkt aus der Tube Farbe auf die Leinwand bringen. Aber das wird dir keine große Befriedigung bringen, es sei denn, du erschaffst ein Meisterwerk. Wenn dir ein van Gogh gelingt, wird deine Freude riesig sein.

Genauso ist es, wenn ein Buddha geboren wird: Die Frau erlebt ihre Erfüllung. Kennst du die Geschichte von Buddhas Mutter? Man sagt, daß Buddhas Mutter sieben Tage nach seiner Geburt starb, weil sie völlig erfüllt war. Sie hatte keinen Grund mehr weiterzuleben. Man sagt auch, daß jedesmal, wenn ein Buddha geboren wird, die Mutter nach sieben Tagen stirbt – es ist damals in die indische Mythologie eingegangen. Warum? – Weil sie so erfüllt ist, daß es keinen Grund gibt weiterzuleben. Sie hat alles erlebt, was es zu erleben gibt. Jetzt braucht sie nicht mehr weiterzuatmen; ihr Leben ist vollendet. Durch den Eintritt Buddhas in den Schoß seiner Mutter wurde diese Frau transformiert. Sie fing an, Dinge im Traum zu sehen, die sie nie zuvor geträumt hatte. Sie wunderte sich: Woher kamen diese Träume?

Freud ist ein Neuling in der Wissenschaft der Träume. Im Osten haben wir seit fünftausend Jahren daran gearbeitet. Allerdings haben wir uns nie mit pathologischen Träumen beschäftigt; darin war Freud der erste. Wir haben uns immer mit den Träumen jener Menschen befaßt, die eine andere, fast übermenschliche Qualität hatten. Nach der indischen Psychologie hat eine Frau, in deren Schoß eine erwachte Seele eintritt, immer bestimmte Träume. Diese Träume treten in einer bestimmten Reihenfolge auf – erster, zweiter, dritter Traum, je nach der Entwicklungsphase des Kindes im Mutterleib. Diese Träume weisen darauf hin, daß etwas aus dem Jenseits in den Schoß eingetreten ist. Auch das Unterbewußtsein der Mutter wird vom Jenseits berührt: Sie fängt an, von Dingen zu träumen, die nicht von dieser Welt sind. Sie fängt an, Visionen zu haben, Töne zu hören, die nicht von dieser Welt sind.

Aber das kann nur geschehen, wenn du dich darauf vorbereitest. Mein Gefühl ist, daß du noch ein kleines bißchen warten solltest. Und du wirst noch froh sein, daß du gewartet hast. Laß es zu einer großen Sehnsucht werden. Es besteht keine Eile. Wie alt bist du?

Fünfundzwanzig.

Dann kannst du noch warten; es besteht keine Eile. Es ist besser, einem einzigen Kind das Leben zu schenken – aber einem Löwen! Welchen Sinn hat es, Kinder wie die Orgelpfeifen hervorzubringen? Ist die Erde nicht ohnehin schon überbevölkert? Man sollte das vermeiden! Und außerdem würde es dich nicht glücklich machen, denn wie kann eine Mutter glücklich werden, wenn ihr Kind sich nur als durchschnittlich herausstellt? Es kann aber nur ein durchschnittliches Kind dabei herauskommen, wenn die Mutter noch nicht reif ist. Erst wenn sie reif ist, kann eine Seele von höherer Qualität in sie eintreten. Man kann nichts Besseres haben, als man verdient – das ist ein Gesetz. Man kann nur eine bestimmte Art von Seele in seinem Schoß aufnehmen. Die unterschiedlichsten Seelen sind verfügbar, aber der Schoß muß darauf vorbereitet sein.

Darum mache zuerst deinen Schoß bereit. Sei nicht in Eile. Meditiere, werde immer stiller, werde immer liebevoller. Laß die Sehnsucht da sein – denn Sehnsucht ist schön –, und eines Tages werde ich dir Bescheid geben, wenn es Zeit für dich ist, Mutter zu werden. Eines Tages wirst du Mutter werden, aber zunächst warte noch, okay? **(95)**

Ich bin schwanger. Es ist sehr schwierig, weil ich das Gefühl habe, daß ich aus vielen Gründen nicht wirklich eine Mutter sein kann. Ich glaube, ich höre noch zu wenig auf dich.

Man sollte vollkommen dazu bereit sein, Mutter zu werden – nur dann sollte man Kinder in die Welt setzen. Es ist eine große

Verantwortung. Man sollte sich nicht nur fortpflanzen, weil dann die Liebe fehlt. Man muß voller Liebe sein.

Wenn du einem Kind das Leben schenken willst, mußt du, bevor das Kind geboren wird, als Mutter geboren werden. Wer wird sonst dem Kind die nötige Fürsorge geben? Du kannst dann höchstens eine Amme sein – aber Mutter zu sein ist etwas anderes.

Muttersein ist die größte schöpferische Aufgabe im Leben. Die Männer sind immer neidisch auf die Frau gewesen, weil sie keine Mütter werden können. Wenn du dich also diesmal nicht dazu bereit fühlst, erzwinge es nicht – laß es abtreiben. Diese Seele kann einen anderen Mutterschoß finden; es ist kein Problem. Und fühle dich deshalb nicht schuldig.

Und das nächste Mal, wenn du wirklich bereit bist ... gut!

(96)

Mein Baby wurde mit einem Defekt an der Wirbelsäule geboren. Es geht ihr nicht gut. Ich glaube, sie hat sich noch nicht entschieden, ob sie hierbleiben oder diese Welt verlassen will.

Laß sie selbst entscheiden – gib ihr die Freiheit.

Wie kann ich all diese Probleme beobachten? Wie kann ich bewußter sein? Es ist so schwierig.

Es *ist* schwierig, aber die Leute hören ja nicht auf mich, also ... Ihr übernehmt die Verantwortung, und dann ... Die Leute hören nicht auf mich. Wenn ich ihnen sage, sie sollen keine Kinder haben, werden sie ärgerlich. Erst gestern schrieb mir eine Frau einen bitterbösen Brief, weil ich ihr empfahl, besser kein Kind zu haben – jetzt hält sie mich für ein Monster!

Dann ist es eben ihre Verantwortung. Tut das, was ihr für richtig haltet ... Auch wenn es jetzt schwierig für dich ist: Du mußt es beobachten. Was bleibt dir anderes übrig? Es wäre besser, von Anfang an bewußter zu sein. Ein Kind zu gebären bedeutet, eine tausendfache Verantwortung zu gebären, und man weiß nie ... Probleme gibt es immer.

Solange man allein ist, hat man eigentlich keine Probleme. Das einzige Problem ist höchstens die Einsamkeit – aber das ist kein sehr großes Problem, denn wenn man ein bißchen bewußter wird, verwandelt sich die Einsamkeit in Alleinsein und man lernt, es zu genießen.

Wenn ihr allein seid, fühlt ihr euch aber einsam, fühlt ihr euch unglücklich. Dann sucht ihr euch einen Partner, ihr verliebt euch, dieses und jenes. Erst wenn ihr in einer Beziehung festsitzt, erinnert ihr euch, wie glücklich ihr vorher wart ... aber dann ist es zu spät!

Und selbst wenn ihr wieder allein seid, leidet ihr unter der gleichen Einsamkeit. Die Leute haben ein sehr schlechtes Gedächtnis; sie erinnern sich nicht. Wieder fangt ihr an, nach einer Frau, nach einem Mann zu suchen, und immer, wenn ihr in einer Beziehung seid, habt ihr Probleme. Aber die Probleme machen da nicht halt. Wenn du erst mit einem Mann eine Beziehung hast, denkst du daran, Mutter zu werden, und dann kommt noch ein Dritter hinzu.

Die dritte Person ist ein noch größeres Risiko. Den Mann wählst du dir ja wissentlich; du weißt, welche Art von Mann du dir aussuchst. Aber das Kind? – Du kannst dir das Kind nicht aussuchen. Man weiß nie, welche Art von Kind in dich eintritt und was dann passieren wird. Es ist ein Spiel mit dem blinden Zufall. Das Kind kommt hinzu, und dann denkst du, es wäre besser, wenn du kein Kind hättest, aber dann ist es zu spät.

Nun sei auf der Hut, wenn du das nächste Mal auf die Idee kommst, schwanger werden zu wollen. Unser Verstand funktioniert so – er wird sagen: »Das letzte Kind ist nicht besonders gut geworden – vielleicht wird das nächste besser?« – Und so weiter und so fort. Man kann sein ganzes Leben damit zubringen, und es nimmt kein Ende!

Das Kind wird wachsen, dann gibt es Wachstumsprobleme, und das Kind wird anfangen, Dinge zu tun, die du nicht gutheißt. Das Kind kann zum Verbrecher werden. Man weiß ja nie – es ist nicht vorherzusehen. Und so macht man immer weiter und legt sich immer wieder fest.

Sei aufmerksam und lerne eines daraus: Wenn du wirklich wachsen willst, mußt du diese Torheiten vermeiden, sonst verschwendest du nur deine ganze Energie und Zeit daran, und dein Wachstum leidet darunter.

Sei also wachsam – was geschehen ist, ist geschehen! Sei beim nächsten Mal aufmerksamer. An dem Vergangenen läßt sich jetzt nichts mehr ändern, aber für die Zukunft läßt sich vieles ändern. Laß es dir eine große Lehre sein und gerate nicht unnötig in neue Verstrickungen. Bevor du irgendeine neue Verantwortung übernimmst, überlege es dir gut, meditiere darüber. Wenn du dich darauf einläßt, dann immer nur in vollem Bewußtsein, welche Probleme es geben könnte.

Hoffe das Beste und erwarte immer das Schlimmste. Und behalte beides im Auge – auch, daß das Schlimmste passieren könnte; es ist nicht unmöglich. Wenn du darauf gefaßt bist, ist es nicht so ein großes Unglück, wenn es passiert. Und hoffe das Beste – denn ohne Hoffnung wäre es jetzt für dich schwer zu leben. Ohne Hoffnung kannst du erst leben, wenn *du* verschwunden bist. Dann kann man ohne Hoffnung und ohne Frustration leben, denn wenn man nicht hofft, gibt es keine Erwartung und auch keine Frustration. Dann akzeptiert man alles, wie es kommt.

Aber im Augenblick sei einfach aufmerksam und tue für dein Kind, was du tun kannst. Du hast es dir so gewählt, nicht wahr, und vielleicht kann es dir helfen zu wachsen. Darum benutze diese Gelegenheit! Benutze immer jede Gelegenheit zum Wachstum. Es gibt keine Situation, die man nicht als Sprungbrett zum Wachstum benutzen könnte. Jetzt ist das Kind da, und es entspricht nicht deinen Erwartungen. Lerne daraus das eine: daß es nicht gut ist, etwas zu erwarten, und daß die Welt nicht dazu da ist, deine Erwartungen zu erfüllen. Wenn du das daraus lernst, kann etwas sehr Schönes daraus entstehen.

Und das zweite: Wer weiß? – All die Beschränkungen, die dein Kind hat, können sich letzten Endes als positiv herausstellen. Man kann es nie wissen – diese Behinderung kann sich als Vorteil erweisen. Überlege mal: Wenn Adolf Hitler blind geboren wäre – es wäre ein großer Segen für die Welt gewesen! Oder wenn er verkrüppelt gewesen wäre – es wäre ein großer Segen für die Welt gewesen! Aber er war nicht verkrüppelt, war nicht blind; er hatte genügend Energie – und die ganze Welt mußte darunter leiden.

Man kann nicht in die Zukunft schauen. Was auch immer geschehen ist – akzeptiere es und nutze es für mehr Bewußtheit, für mehr Wachheit. Bevor du das nächste Mal eine solche Verantwortung übernimmst, meditiere darüber. Und vergiß nicht, daß das, was du dir erhoffst, vielleicht nie eintreten wird, daß vielleicht genau das Gegenteil eintreten wird. Bist du bereit, auch das Gegenteil zu akzeptieren?

Wenn du dazu bereit bist, dann tue es. Wenn du nicht dazu bereit bist, ist es besser, sich nicht darauf einzulassen. Benutze also diese Gelegenheit – und ich finde, man kann jede Gelegenheit benutzen.

Das Kind entspricht nicht deinen Erwartungen: Das tut weh. Laß alle Erwartungen fallen. Jetzt ist das Kind da, und es ist ein Geschenk Gottes. Freue dich über das, was dir gegeben wurde. Akzeptiere es in tiefer Bescheidenheit und Dankbarkeit – und dann schau, was passiert. **(97)**

Was ist deiner Meinung nach die beste Methode, ein Kind zur Welt zu bringen?

Das Kind im Mutterleib hat keine Angst; es gibt keinen Grund dafür. Aber sobald es aus dem Schoß der Mutter herauskommt, wird sein ganzes Sein von einer großen Angst erschüttert. Es wird herausgerissen – wie wenn man einen Baum mitsamt den Wurzeln aus der Erde reißt. Der ganze Baum gerät ins Zittern und Schwanken; er wird entwurzelt, seine Basis wird zerstört. Er hatte nur diese eine Lebensgrundlage, er kennt keine andere Art zu existieren. Bisher hat die Erde für ihn gesorgt, und jetzt wird er entwurzelt ...

Wenn das Kind aus dem Mutterleib herauskommt, erlebt es den größten Schock seines Lebens.

Selbst der Tod wird kein so großer Schock sein, denn er kommt ohne Vorwarnung. Wenn der Tod kommt, verliert man in der Regel das Bewußtsein. Doch wenn das Neugeborene aus dem Bauch der Mutter kommt, ist es bei Bewußtsein – ja, zum ersten Mal wird es bewußt. Sein neunmonatiger Schlaf, sein friedlicher Schlaf wird unterbrochen. Und dann wird die Schnur durchtrennt, durch die das Kind mit der Mutter verbunden ist.

In dem Moment, in dem man die Schnur durchschneidet, die das Kind mit der Mutter verbindet, erzeugt man ein angstvolles Individuum. Es ist nicht die richtige Methode, aber bisher ist es immer so gemacht worden. Und unwissentlich hat diese Methode den Priestern und sogenannten Religionen Tür und Tor für die Ausbeutung des Menschen bereitet.

Das Kind muß behutsamer und langsamer von der Mutter losgelöst werden. Es darf nicht einen solchen Schock erleben. Und das läßt sich arrangieren; man kann eine intelligentere Methode finden.

Im Raum sollte kein grelles Licht sein, denn das Kind hat neun Monate in absoluter Dunkelheit gelebt und seine Augen sind sehr empfindlich, da sie noch nie das Licht gesehen haben. Doch in allen Kliniken hat man grelle Lampen, Neonlicht, und setzt das Kind mit einem Schlag diesem Licht aus. Das ist oft der Grund, warum Menschen an Sehschwäche leiden und später eine Brille brauchen. Kein Tier braucht je eine Brille – oder habt ihr schon mal ein Tier mit Brille Zeitung lesen sehen? Seine Augen sind das ganze Leben lang, bis zum Tod, völlig gesund. Nur bei den Menschen ... und es fängt bei der Geburt an.

Das Kind sollte im Dunkeln oder bei ganz sanftem Licht, bei Kerzenschein, zur Welt kommen. Dunkelheit wäre am besten, aber wenn man ein bißchen Licht braucht, dann sind Kerzen am besten.

Und wie haben es die Ärzte bisher gemacht? Sie geben dem Kind nicht die geringste Zeit, um sich an die neue Wirklichkeit zu gewöhnen. Die ganze Art, wie sie das Kind in Empfang nehmen, ist so häßlich! Sie hängen es an den Füßen auf und geben ihm einen Klaps auf den Po. Dieses schwachsinnige Ritual soll den Zweck haben, dem Kind zu helfen, daß es den ersten Atemzug macht. Im Mutterbauch hat es nicht selbst geatmet, denn die Mutter hat alles für das Kind erledigt: geatmet, gegessen – alles.

Was für ein Empfang auf dieser Welt! Kopfüber aufgehängt zu werden und einen Schlag auf den Hintern zu bekommen! Ein toller Anfang! Aber die Ärzte haben es eilig. Das Kind würde sonst nämlich ganz von alleine zu atmen anfangen.

Man sollte es der Mutter auf den Bauch legen, obenauf. Und man sollte das Kind eine Weile auf dem Bauch der Mutter liegen lassen, bevor man die verbindende Nabelschnur durchtrennt. Vorher war es innen drinnen, unterhalb – jetzt ist es obenauf; das ist keine allzu große Veränderung. Die Mutter ist nahe; das Kind kann sie fühlen, sie berühren. Es kennt ihre Schwingung. Es weiß ganz genau: Dieser Bauch ist mein Zuhause! Jetzt ist es draußen, aber es war sein Zuhause. Laßt das Kind eine Weile so mit der Mutter zusammensein, damit es sich von außen an sie gewöhnen kann; von innen ist sie ihm vertraut. Und die Nabelschnur sollte man erst durchschneiden, wenn das Kind von selbst zu atmen angefangen hat.

Aber wie wird es heute gemacht? Man durchtrennt die Schnur und schlägt das Kind, damit es zu atmen anfängt. Es passiert unter Zwang, es ist gewaltsam – und außerdem völlig unwissenschaftlich und unnatürlich!

Laßt das Kind von alleine seinen ersten Atemzug machen. Es kann ein paar Minuten dauern. Habt es nicht gar so eilig! Es geht ja schließlich um ein ganzes Menschenleben! Ihr könnt eure Zigarette auch zwei oder drei Minuten später rauchen, könnt auch ein paar Minuten später mit eurer Freundin flirten. Es wird niemandem schaden. Wozu denn die Eile? Könnt ihr dem Kind keine drei Minuten gönnen? Denn länger braucht es nicht. Wenn man es sich selbst überläßt, fängt das Kind innerhalb von drei Minuten zu atmen an. Und wenn es ganz von allein zu atmen anfängt, wird es Vertrauen schöpfen, daß es auch allein leben kann. Dann könnt ihr die Schnur durchschneiden – sie ist unnötig geworden. Und dann wird es für das Kind kein Schock mehr sein.

Und danach ist das Wichtigste, daß ihr das Kind nicht unter Decken steckt oder in ein Bett. Neun Monate lang war es ohne Decke – nackt –, ohne Kissen, ohne Bettlaken, ohne Bett. Führt nicht so schnell eine so große Veränderung herbei. Das Kind braucht eine kleine Wanne mit Wasser von der gleichen Zusammensetzung wie im Mutterschoß – eine meerwasserähnliche Lösung: die gleiche Menge Salz, die gleiche Menge chemischer Substanzen, genau gleich. Dies ist ein zusätzlicher Hinweis, daß das Leben einst im Meer entstanden sein muß: Es entsteht immer noch im Meerwasser. Das ist auch der Grund, warum schwangere Frauen salzige Dinge essen; ihre Gebärmutter braucht das Salz, denn das Kind braucht das gleiche Salzwasser wie im Meer. Bereitet eine kleine Wanne vor und legt das Kind hinein, dann wird es sich wunderbar geborgen fühlen. Es ist eine vertraute Situation.

Ein japanischer Zen-Mönch hat durch ein phantastisches Experiment bewiesen, daß ein drei Monate altes Baby schon schwimmen kann. Er hat sich langsam herangetastet: Zuerst probierte er es mit neun Monate alten Babys, dann mit sechs, schließlich mit drei Monate alten Babys. Und ich sage euch, er ist noch weit entfernt: Sogar ein Neugeborenes kann schwimmen, denn das hat es schon im Bauch der Mutter getan.

Kreiert also für das Kind eine Situation, die ähnlich ist wie im Mutterbauch. Dann wird es mehr Vertrauen haben, und kein Priester wird es so leicht ausbeuten und ihm mit dem Höllenfeuer und all diesem Humbug kommen können. **(98)**

Was hältst du von Hypnose bei der Entbindung?

Viele Kliniken haben damit angefangen. Die Geburt eines Kindes kann absolut schmerzfrei gemacht werden, und nicht nur das: unter Hypnose kann sie zu einer lustvollen, ja ekstatischen Erfahrung werden.

Die Mitwirkung und das Vertrauen der Mutter sind nötig, dann kann man sie hypnotisieren. Man kann ihr Suggestionen geben, daß der Austritt des Kindes aus der Gebärmutter nicht schmerzhaft, sondern im Gegenteil von intensiver Lust begleitet sein wird. Es ist möglich, daß die Frau, die entbindende Mutter, bei der Geburt einen so intensiven Orgasmus erlebt, daß jeder sexuelle Orgasmus daneben verblaßt. Denn der gleiche Mechanismus ist dabei im Spiel; der gleiche Mechanismus ist beteiligt, der den sexuellen Orgasmus, die sexuelle Ekstase, auslöst, und zwar noch totaler. Das Kind kommt durch den gleichen Kanal.

Wenn die Frau – mit Hilfe von Suggestionen – das Gefühl hat, daß sie eine äußerst ekstatische Erfahrung machen kann, dann wird sie einen solchen Höhepunkt auch erreichen. Ich glaube, daß früher die Frauen diesen Höhepunkt erreicht haben und daß diese Fähigkeit ihnen verlorengegangen ist. Nicht nur das – die Geburt ist zu etwas sehr Schmerzhaftem geworden. Aber auch das ist eine Suggestion.

Man kann folgendes beobachten: Je zivilisierter eine Gesellschaft ist, um so mehr Schmerz erleben die Frauen bei der Geburt, je weniger zivilisiert, um so weniger Schmerz. In Indien gibt es Naturvölker, die den Schmerz bei der Geburt gar nicht kennen – überhaupt keinen Schmerz. Und es gibt sogar heute noch Stämme auf dieser Welt, zum Beispiel in Tibet oder in der Inneren Mongolei, wo die Frauen bei der Geburt des Kindes geradezu außer sich geraten vor Ekstase. Vielleicht ist das der Grund, warum jede Frau sich insgeheim danach sehnt, Mutter zu werden. Kein Mann sehnt sich danach, Vater zu werden; er will nur Ehemann sein. Keine Frau sehnt sich danach, Ehefrau zu sein; sie will Mutter sein. Das ist ein grundlegender Unterschied.

Ich glaube, der Grund liegt darin, daß die Frauen in alter und ältester Zeit bei der Geburt eines Kindes die größte Lusterfahrung ihres Lebens machten. Das scheint in ihrem Unterbewußtsein immer noch verankert zu sein, und darum wollen sie Mutter werden. Der Vater ist bloß eine Formalität. Man gewinnt gar nichts dadurch, daß man Vater wird; man gebiert nichts, man ist nur Zuschauer. Der Vater ist nur eine gesellschaftliche Gepflogenheit. Die Mutter ist ein natürliches Phänomen. Auf den Vater kann man jederzeit verzichten; er ist nur eine Institution. Die Mutter ist ein Naturereignis.

Jede Frau wünscht sich, Mutter zu werden; erst dann fühlt sie sich erfüllt. Dieses Gefühl muß daher rühren, daß früher diese Ekstase noch vorhanden war und daß sie den Frauen verlorengegangen ist. Daß die Entbindung schmerzvoll sein muß, ist nur eine hypnotische Suggestion, aber im Laufe der Jahrhunderte hat sie sich tief verankert. Das läßt sich ändern. **(99)**

Wie kann ich meinen Mutterpflichten am besten nachkommen?

Du darfst es nicht als Pflicht ansehen. Man neigt dazu, es früher oder später als Pflicht anzusehen, aber sobald du es für eine Pflicht hältst, ist etwas gestorben, ist etwas ungeheuer Wertvolles verschwunden – die Beziehung ist zerbrochen.

Sieh es als ein Feiern an. Das Kind ist ein Geschenk Gottes. Sei voller Achtung für das Kind – nicht nur liebevoll, sondern auch respektvoll. Wenn keine Achtung da ist, wird die Liebe besitzergreifend. Wenn du für dein Kind Achtung empfindest, wie kannst du es in Besitz nehmen?

Man kann nicht jemanden in Besitz nehmen, den man respektiert. Der Gedanke allein schon ist häßlich und respektlos. Einen Menschen zu besitzen bedeutet, einen Menschen zu einem Gegenstand zu degradieren. Und wenn man ein Kind zu seinem Besitz macht, wird es zu einer Last. Dann wird es zu einer Pflicht, der man nachkommen muß – und solche Mütter reden dann ihr ganzes Leben lang davon, wieviel sie für ihre Kinder getan haben!

Eine echte Mutter wird nie auch nur ein einziges Wort darüber verlieren, was sie getan hat. Und sie wird es nicht nur nicht sagen, sie wird auch nie das Gefühl haben, daß sie etwas getan hätte. Es hat ihr Freude gemacht, und sie ist dem Kind dafür dankbar. Nicht nur das Kind wurde geboren – gleichzeitig wurde auch die Mutter geboren, wurdest *du* neu geboren. Ein Aspekt der Geburt ist das Kind; ein anderer Aspekt ist die Geburt deiner Mutterschaft. Das Kind hat dich enorm verändert, es hat dir etwas gegeben. Du bist nicht mehr der gleiche Mensch. Zwischen einer Frau und einer Mutter besteht ein großer Unterschied.

Darum sei liebevoll, sei respektvoll und unterstütze das Kind bei seinem Wachstum, ohne es zu behindern. Von diesem Augenblick an, von Anfang an mußt du sehr aufmerksam damit umgehen. Und denke daran, nicht dasselbe Muster zu wiederholen, das du von deiner Mutter gelernt hast. Das wäre ganz natürlich, denn bei ihr hast du miterlebt, wie eine Mutter sich verhält. Du wirst das Verhalten deiner Mutter bei deinem Kind wiederholen – aber das wäre verkehrt. Sei völlig neu, vergiß alles, was du von deiner Mutter gelernt hast, befolge es nicht. Sei völlig neu, finde völlig neue Antworten. Höre auf die Bedürfnisse des Kindes und gehe darauf ein, aber mit einer absolut klaren Vision.

Gib ihm Liebe, aber gib ihm keine Struktur. Gib ihm Liebe, aber gib ihm keinen Charakter. Gib ihm Liebe, aber laß seine Freiheit unangetastet.

Deine Liebe darf kein Eingriff in seine Freiheit sein. Kein Mensch denkt je an die Freiheit eines kleinen Kindes – aber wann willst du dir Gedanken darüber machen? Morgen wird das Kind auch noch zu klein sein, und übermorgen …? Für eine Mutter wird das Kind nie erwachsen; sie denkt nie an ihr Kind als an einen Menschen, der imstande ist, frei zu sein – niemals. Das kommt daher, daß der Abstand zwischen dir und dem Kind immer gleich bleibt. Beträgt der Abstand zwanzig Jahre, dann bleiben es zwanzig Jahre. Darum sei ab sofort, gleich von Anfang an, respektvoll zu deinem Kind und gib ihm die Freiheit.

Und wenn es gelegentlich schreit, brauchst du dir nicht gleich Sorgen zu machen. Laß es ruhig ein bißchen allein schreien. Es ist nicht nötig, immer gleich hinzurennen und immer bereitzustehen, um ihm zu dienen. Das sieht zwar wie Liebe aus, aber eigentlich mischst du dich damit in seine Freiheit ein. Vielleicht will es gar keine Milch; manchmal muß ein Kind einfach schreien können. Vielleicht genießt das Kind einfach sein Schreien – es ist die einzige Art, wie es sich ausdrücken kann. Es hat noch keine Sprache, und das ist seine Sprache: es brüllt, es schreit. Laß es ruhig mal schreien – das ist nicht verkehrt. Es versucht, mit der Welt in Beziehung zu treten. Versuche es nicht zu trösten, gib ihm nicht gleich die Brust. Wenn das Kind nicht hungrig ist, wird das Stillen zur Droge.

Mütter setzen ihre Brust wie eine Droge ein. Das Kind fängt an zu trinken, vergißt das Schreien und schläft ein. Es ist bequem, aber du hast dich eingemischt. Wenn es keine Milch haben will, wenn es nicht gierig danach ist, laß es in Ruhe, dann wird es später keine Primärtherapie brauchen. Die Leute, die in der Primärtherapie schreien, sind jene, die in ihrer Kindheit nicht in Ruhe gelassen worden sind und nie schreien durften.

Erlaube dem Kind alles und laß es fühlen, daß es akzeptiert ist, so wie es ist. Laß es mehr und mehr fühlen, daß es für sich selbst stehen kann. Stelle dich ihm immer weniger in den Weg. Unterstütze es, nähre es, aber laß es von alleine wachsen. Selbst wenn du manchmal das Gefühl hast, daß es etwas Falsches tut – du kannst es gar nicht beurteilen. Wenn es deiner Meinung nach etwas Verkehrtes tut, ist das nur aus deiner Sicht so. Es ist *deine* Meinung. Vielleicht ist es gar nicht so verkehrt.

Das Kind ist nicht auf dieser Welt, um deine Meinungen zu befolgen. Und es liegt nahe, daß du deine Meinungen auf das Kind projizierst, weil es so hilflos ist. Sein Überleben hängt von dir ab; es muß auf dich hören. Wenn du sagst: »Tu das nicht«, wird es aufhören müssen, auch wenn es lieber weitermachen möchte und sich gut dabei fühlt, denn es ist riskant, gegen deinen Willen zu handeln.

Eine richtige Mutter wird ihrem Kind so viel Freiheit gestatten, daß es sogar das tun darf, was ihrer Meinung nach falsch ist. Mache ihm einfach nur klar: »Meiner Meinung nach ist das nicht richtig, aber du hast die Freiheit, es zu tun.« Laß es durch eigene Erfahrung lernen. So wird man wirklich reif; ansonsten bleiben die Leute kindisch. Sie nehmen zu an Jahren, doch nicht an Bewußtsein. Ihr physisches Alter mag fünfzig sein, doch ihr psychisches Alter ist vielleicht erst so um die zehn, elf, zwölf. Dreizehn ist das psychische Durchschnittsalter der Menschen. Das heißt, daß sie in dieser Zeit stehengeblieben sind. Und das ist nur der Durchschnitt! In diesem Durchschnitt sind Albert Einstein, Buddha und Christus mitgezählt. Wenn ihr euch reale Menschen vorstellt, ist ihr psychisches Alter noch geringer. Es kommt auf etwa sieben oder acht Jahre; irgendwo um sieben herum bleibt das Kind stehen. Danach wächst es nicht mehr, es imitiert nur noch.

Gib ihm deine Liebe, teile mit ihm deine Erfahrung, aber zwinge ihm nie etwas auf. Dann wird es zu einem wunderbaren Menschen heranwachsen. **(100)**

Das Kind will nach draußen spielen gehen. Die Sonne scheint, die Vögel singen, der Wind weht, die Schmetterlinge flattern, die Bienen summen … Und das Kind fragt seine Mutter: »Kann ich nach draußen gehen und im Garten spielen?« Sie sagt: »Nein!«, ohne darüber nachzudenken, ohne richtig hinzuhören, was das Kind eigentlich fragt, ohne ihm auch nur einen einzigen Gedanken, einen Moment der Aufmerksamkeit zu schenken. Das »Nein« kommt ganz automatisch, als wäre es einprogrammiert. Sie hat nicht überlegt, hat das Kind nicht einmal angeschaut. Sie sagt nicht nein zu dem, worum das Kind gebeten hat, sondern sie sagt nein, weil sie in jedem Fall nein sagen würde. Es hat nichts mit dem Kind zu tun; es hat etwas mit ihrem Machttrip zu tun.

Viele Frauen wollen eigentlich überhaupt nicht Mutter sein. Sie sind nicht würdig, Mutter zu sein, aber sie wollen es unbedingt. Sie wollen aus einem ganz anderen Grund Mutter sein – nicht wegen der Mutterschaft.

Mutterschaft ist eine großartige Meditation. Mutterschaft ist eine der größten Künste: Du erschaffst ein Lebewesen. Ein

Bildhauer ist nichts im Vergleich zu einer Mutter, denn er erschafft nur eine Marmorstatue. Im Vergleich dazu ist ein Maler nichts, ist ein Dichter nichts, ist ein Sänger nichts, ist ein Musiker nichts, denn sie spielen nur mit Gegenständen, mit Objekten. Eine Mutter ist größer als jeder Dichter, größer als jeder Maler, größer als jeder Musiker, größer als jeder Bildhauer, denn sie erschafft ein Bewußtsein – das Leben selbst.

Doch viele Frauen sind gar nicht an der Mutterschaft interessiert; sie sind an etwas ganz anderem interessiert. Obwohl sie sagen, daß sie gerne Mutter sind, wollen sie in Wirklichkeit die Macht. Eine Frau fühlt sich sehr mächtig, wenn sie Kinder hat, denn der Mann hat sie von allen anderen Machttrips ausgeschlossen. Sie darf nicht auf den Marktplatz, darf nicht in den Tempel, darf nicht in die Politik. Nirgends hat sie die Möglichkeit, ihr Ego zu befriedigen. Fast neunzig Prozent aller Möglichkeiten hat der Mann für sich in Beschlag genommen. Die Frau ist gezwungen, im Haus zu leben. Sie kann nur einen einzigen Machttrip ausleben – den über ihre Kinder.

Daher das Nein. Sie hat nicht zugehört, hat das Kind nicht angeschaut; sie hat einfach nein gesagt. Und es ist absolut unsinnig! Hätte sie zugehört, dann würde sie keinen Grund haben für ein Nein. Es ist völlig in Ordnung, wenn die Sonne draußen tanzt – warum soll das Kind in dem dunklen, düsteren Haus bleiben? Wenn draußen der Wind weht, muß auch das Kind im Wind tanzen dürfen. Und es muß auch im Regen tanzen dürfen, aber die Mutter rationalisiert: »Es kann sich erkälten und krank werden – deshalb sage ich nein.« Aber das sind nur Rationalisierungen.

Jedes Kind hat ein angestammtes Recht, im Regen, im Wind und im Sonnenschein zu tanzen. Das macht gesund, es macht lebendig. Es bringt dich näher zur Natur, näher zu Gott. Aber die Mutter zwingt das Kind, mit in die Kirche oder in den Tempel zu gehen, wo es gar nichts zu sehen gibt – keine Spur von Gott. Und dort, wo Gott so lebendig ist, wo er so stark pulsiert – in der Natur ... Das Kind hat Lust, auf Bäume zu klettern – es ist eine große Herausforderung. Gott ruft das Kind aus dem Baum, aus dem Baumwipfel!

Alle Kinder müssen auf Bäume klettern dürfen, müssen Berge erklimmen dürfen. Sie müssen die Möglichkeit haben, alle möglichen Herausforderungen anzunehmen. Man muß sie darin unterstützen, sich in Gefahr zu begeben. Man muß sie darauf vorbereiten und nicht davor bewahren. Sie müssen darauf vorbereitet werden, sich der Gefahr zu stellen; sie müssen unterstützt, überredet und dafür belohnt werden, sich in Gefahr zu begeben, denn ein Mensch, der gefährlich zu leben versteht, wird früher oder später über Gott stolpern.

Doch die Mutter sagt nein, der Vater sagt nein.

Ein kleiner Negerjunge hat jahrelang zu Gott gebetet: »Bitte, mach mich weiß!« Als er eines Morgens aufwacht, entdeckt er, daß seine Haut weiß geworden ist. Aufgeregt springt er aus dem Bett und schreit: »Momma, Momma! Schau, ich bin weiß!«

Momma antwortet aus der Küche: »Halt die Klappe, Tommy. Du nervst mich. Erzähl's deinem Vater!«

Tom rennt ins Badezimmer: »Daddy, Daddy! Schau, ich bin jetzt weiß!«

Der Vater nimmt nicht mal den Blick weg vom Spiegel und sagt mit müder Stimme: »Ach, Tommy, bitte! Ich hab jetzt keine Zeit. Geh und erzähl deiner Schwester diesen Quatsch.«

Tom fängt an, sich zu wundern, und geht zu seiner Schwester: »Mary, Mary, hast du gesehen? Gott hat ein Wunder geschehen lassen! Meine Haut ist ganz weiß geworden!«

Mary antwortet: »Fuck off, Blödmann! Ich muß weg, ich bin spät dran!«

Total frustriert schaut Tom auf die Uhr und sagt: »Jetzt bin ich erst fünf Minuten ein Weißer, aber diese blöden Nigger können mir bereits gestohlen bleiben!« **(101)**

Nur wenige Mütter auf dieser Erde haben ihre Rolle der Mutterschaft erfüllt. Mutter zu sein ist eine Herkulesarbeit. Die Aufgabe besteht darin, dem Bewußtsein des Kindes neun Monate lang eine bestimmte Richtung zu geben.

Wenn eine Mutter in diesen neun Monaten stets wütend war und dann ein wütendes Kind zur Welt bringt, wird sie es schelten, wenn es später wütend reagiert. Sie wird mit ihm schimpfen und sich wundern, woher das Kind das bloß hat – in welch schlechter Gesellschaft es das gelernt hat!

Mütter kommen zu mir und beklagen sich darüber, daß ihre Söhne und Töchter in schlechte Gesellschaft geraten seien. Aber sie erkennen nicht, daß *sie* es waren, die den Samen dieses Fehlverhaltens ihrer Kinder gesät haben. Sie allein sind verantwortlich für die Bewußtseinsentwicklung ihrer Kinder. Die Kinder sind nur die Manifestation davon. Aber den Samen zu säen und seine Manifestation zu sehen ist zweierlei. Wir können die Verbindung zwischen beidem nicht sehen, weil ein so großer Abstand dazwischenliegt.

Eine Siebzigjährige hat einmal ein Buch geschrieben, ein kleines Buch, und es beschreibt die Geschichte ihres Experiments, wie sie sich mit einem fünfjährigen Kind anfreundete. Das ist sehr schwierig, gar nicht einfach. Es ist einfach, Vater, Mutter, Bruder oder Guru eines fünfjährigen Kindes zu sein, aber sein Freund zu sein, das ist sehr schwierig. Kaum eine Mutter oder ein Vater bringt es zuwege, mit den Kindern wirklich befreundet zu sein.

An dem Tag, an dem die Eltern Freunde ihrer Kinder sein werden, werden wir die ganze Welt transformiert haben. Es wird eine vollkommen andere Welt sein; sie wird nicht mehr so garstig, so häßlich sein. Aber die Eltern strecken ihren Kindern nicht die Hände in Freundschaft entgegen.

Diese siebzigjährige Frau hat ein wirklich erstaunliches Experiment ausprobiert. Sie freundete sich mit einem Kind an, als es drei Jahre war, und zwei Jahre lang hielt sie diese Freundschaft in jeder möglichen Hinsicht aufrecht. Und wie erlebte sie diese Freundschaft?

Zum Beispiel ging sie mit dem Kind am Strand spazieren.

Das Kind lief umher, hob Muscheln und Steine auf, und die Frau machte es ihm nach. Wie hätte sie sonst den enormen zeitlichen Abstand zu dem Kind aufheben können? Und wenn sie mit ihm gemeinsam Muscheln und Steine sammelte, tat sie es nicht nur aus Freundschaft zu dem Kind, sondern sie versuchte, die Muscheln und Steine mit der gleichen Freude und Begeisterung wahrzunehmen wie das Kind.

Sie lernte, mit den Augen des Kindes zu schauen. Sie beobachtete den Blick des Kindes und ihren eigenen; sie beobachtete seine Hände, wenn es einen glänzenden Kiesel aufhob und ihre eigenen, wenn sie das gleiche tat. Sie beobachtete die Erregung des Kindes, sein Staunen und die Begeisterung in seinen Augen. Und sie versuchte, es ihm gleichzutun.

Sie rannte mit dem Kind, den Schaum der Wellen einzufangen, die das Ufer benetzten. Das Kind lief hinter Schmetterlingen her, und sie rannte mit. Einmal kam das Kind mitten in der Nacht zu ihr und sagte: »Laß uns nach draußen gehen. Die Grillen zirpen so schön.« Da sagte sie nicht: »Geh schlafen. Jetzt ist nicht Zeit zum Spazierengehen.« Nein, sie stand sofort auf und ging mit. Das Kind setzte behutsam Schritt vor Schritt, um die Grillen nicht zu stören, und die Frau folgte ihm genauso.

Diese zweijährige Freundschaft brachte ihr erstaunliche Ergebnisse. Sie schreibt: »Ich vergaß, daß ich siebzig war. Was ich mit fünf nicht wußte, lernte ich mit siebzig, denn ich wurde zur Fünfjährigen. Die ganze Welt verwandelte sich in ein Wunderland für mich, in ein Märchenland. Ich rannte, hob Steine auf, jagte Schmetterlinge. Der Altersunterschied zwischen dem Kind und mir war aufgehoben. Es redete mit mir, als wäre ich ein Kind, und auch ich redete mit ihm, wie ein Kind mit einem anderen Kind redet.«

Ihre ganzen Erfahrungen dieser zwei Jahre hat sie in einem Buch niedergeschrieben. Sie sagt mit großer Überzeugung, sie habe zum Gefühl des Staunens zurückgefunden und selbst die größten Heiligen könnten nicht mehr erfahren, als sie erfuhr.

Als man Jesus fragte, welche Menschen in sein Himmelreich kommen würden, da antwortete er: »Jene, die werden wie die Kinder ...« Vielleicht leben die Kinder in einer Art großem Himmel. Wenn wir sie in die Schule stecken und ihnen etwas beizubringen versuchen, nehmen wir ihnen den Himmel weg. Das Paradies muß zuerst verlorengehen, doch wenn es wiedergefunden wird, ist es eine kostbare Erfahrung.

Nur wenige Menschen sind jedoch in der Lage, dieses Paradies wiederzufinden. Im allgemeinen leben sie im Zustand des »verlorenen Paradieses«, und das »wiedergewonnene Paradies« passiert nur ganz wenigen im Leben. Wir alle müssen natürlich unser Paradies verlieren, aber wir finden es nie wieder.

Wem es gelingt, wieder zum Kind zu werden, bevor er stirbt, der gewinnt das Paradies zurück. Wenn ein alter Mensch die Welt mit den Augen eines Kindes wahrnehmen kann, kommt ein solcher Friede, eine solche Freude und Glückseligkeit über ihn, wie wir es uns nicht vorstellen können. **(102)**

Mein Mann war sehr krank und ist noch immer sehr schwach. Was kann ich tun, um ihm genesen zu helfen?

Sei wie eine Mutter zu ihm in diesen sechs bis acht Wochen, in denen er das Bett hütet. Vergiß, daß du seine Geliebte, seine Freundin bist. Sei einfach nur Mutter für ihn. Wenn jemand krank ist, braucht er keine Geliebte, dann braucht er eine Mutter. Er braucht eine ganz andere Qualität von Liebe – eine Liebe, die nichts fordert, eine Liebe, die nur gibt. Eine bedingungslose Liebe. Keine leidenschaftliche, sondern eine mitfühlende Liebe. Eine Liebe, die ihn einfach mit Wärme umgibt. Werde in dieser Zeit für ihn zum Mutterschoß. Stelle keine Ansprüche an ihn – nicht einmal, daß er mit dir reden soll. Dann wird es auch für dich eine großartige Erfahrung sein. Gib ihm einfach deine Fürsorge.

Liebe bedeutet Fürsorge. Besonders im Westen ist viel

dadurch verlorengegangen, daß man die Liebe fast ausschließlich mit Leidenschaft und Erregung, Aufregung und Stimulation gleichgesetzt hat. Das gehört zur Liebe, aber es ist nicht das Wesentliche. Es ist ein sehr oberflächlicher Bestandteil. Gewiß, manchmal braucht man auch die Aufregung, aber sie ist nur wie das Salz im Essen – nicht die Nahrung selbst.

Fürsorge ist ein wesentlicher Bestandteil, das eigentliche Element der Liebe. Darum gib ihm einfach deine Fürsorge und mache es ihm möglich, sich fallenzulassen. Es kann zu einer großartigen Meditation für ihn werden, aus der er völlig neu hervorgehen wird.

Und diese paar Wochen können auch für dich zu einer Meditation werden, denn jemanden zu lieben, ohne etwas von ihm zu verlangen, ist eine wichtige Lektion, eine großartige Erfahrung. Wenn du das einmal gelernt hast, wirst du es nie wieder vergessen. Dann wirst du nie fordern, denn so viel Liebe kommt schon zu dir, ohne daß du darum bittest. Sobald du darum bittest, wird es häßlich. Wenn sie ungebeten kommt, passiert es einfach, ohne daß jemand etwas tut. Es passiert von allein zwischen zwei Menschen, die nicht fordernd, nicht besitzergreifend sind, die einfach zusammen sind und Fürsorge füreinander empfinden. Diese Fürsorge macht es möglich, daß die Liebe sich wie eine Taube niederläßt.

Sei in diesen Wochen einfach seine Mutter. Und für eine Frau gibt es keine bessere Meditation, als Mutter zu sein. Darum nenne ich auch meine weiblichen *Sannyasins* »Ma« – das bedeutet »Mutter«. Es gibt keine bessere Meditation für sie. Die Frau findet ihre Erfüllung im Muttersein.

Damit meine ich nicht, daß man Mutter werden muß, daß man ein Kind zur Welt bringen muß – nein. Das ist nur physisch. Und es ist auch gar nicht gesagt, daß man dadurch zu einer Mutter wird; das muß nicht der Fall sein. Ein Kind zu gebären ist biologisch. Mutter zu werden ist spirituell. Es ist eine andere Dimension.

Es gibt so viele Frauen, die Kinder gebären, aber nur selten findet man eine Mutter. **(103)**

Kannst du etwas über die mütterlichen Qualitäten einer Frau sagen?

Buddha sagt: »*Mutter zu sein ist süß.*« Warum? Ein Kind zu gebären macht dich noch nicht zur Mutter, wohlgemerkt. Es gibt Millionen von Müttern auf dieser Welt – aber wo bleibt die Süße? Im Gegenteil, wenn man die Psychologen fragt, sagen sie: Die Mutter ist das einzige Problem, das gelöst werden muß. Für Millionen von Menschen ist die Mutter die einzige Krankheit, unter der sie leiden. Zu diesem Schluß gelangte die Psychologie nach fünfzig, sechzig Jahren ständiger Analyse von Tausenden von Menschen. Die Krankheit jedes einzelnen läßt sich immer wieder auf diesen einen Punkt zurückführen: die Mutter.

Viele Menschen haben Angst vor Frauen, und wer vor Frauen Angst hat, kann sie nicht lieben. Wie kann Liebe entstehen, wenn Angst da ist? Und warum habt ihr Angst vor Frauen? Weil ihr in eurer Kindheit Angst vor eurer Mutter hattet. Sie war ständig hinter euch her, hat euch ständig bearbeitet, hat euch ständig gesagt: »Tue dies, laß jenes« – alles natürlich zu eurem Besten. Sie hat euch verkrüppelt, hat viele Dinge in euch kaputtgemacht. Sie hat euch unecht werden lassen, weil sie euch immer gesagt hat, was das Richtige ist. Ob ihr wolltet oder nicht, ob es eurem spontanen Gefühl entsprach oder nicht – ihr mußtet ihrem Befehl folgen. Und ihr wart so hilflos ... euer Überleben hing von der Mutter ab, deshalb mußtet ihr auf sie hören. Sie hat euch konditioniert. Und weil ihr diese Angst vor eurer Mutter hattet, habt ihr immer noch Angst vor Frauen.

Millionen von Ehemännern sind Pantoffelhelden – einfach weil ihre Mütter zu dominierend waren. Mit der Ehefrau hat das gar nichts zu tun; sie projizieren bloß die Mutter auf ihre Ehefrau. Die Frau ist nur eine Neuauflage der Mutter, und sie erwarten von der Frau, daß sie sich genauso verhält wie die Mutter. Einerseits verkrüppelt sie das, andererseits aber erwarten sie Dinge, die von Seiten der Frau gar nicht möglich sind – sie ist nicht eure Mutter! Deshalb fühlt ihr euch frustriert.

Und wie könnt ihr unter diesen Umständen mit eurer Frau schlafen?

Ein Junge, der von seiner Mutter sehr stark beherrscht wurde, von dem absoluter Gehorsam erwartet wurde, wird nicht imstande sein, mit einer Frau zu schlafen, denn sobald ihm eine Frau nahekommt, wird er impotent, und das ist psychisch. Wie kannst du mit deiner Mutter schlafen? Es ist unmöglich.

Darum sind viele Männer bei ihren Ehefrauen impotent, aber nur bei ihren Frauen. Bei Prostituierten sind sie nicht impotent. Komisch, warum sind sie bei Prostituierten nicht impotent? Aus dem einfachen Grund, daß sie ihre Mutter nicht auf eine Prostituierte projizieren können; das geht nicht. Ihre Mutter – eine Prostituierte? Die Prostituierte ist Welten davon entfernt. Aber die Ehefrau hat in ihrer Vorstellung etwas von der Mutter; sie projizieren die Mutter in sie hinein. Die Frau wird einfach zur Projektionsfläche. Sie erwarten, daß die Frau sich um sie kümmert wie um ein kleines Kind, und wenn sie es nicht tut, sind sie beleidigt.

Es gibt Tausende von Neurotikern und Psychotikern auf der Welt – alles wegen der Mutter.

Und da sagt Buddha: »*Eine Mutter zu sein ist süß*«. Er muß etwas anderes gemeint haben; er kann nicht eine jüdische Mutter gemeint haben. Er meint nicht einfach das Gebären eines Kindes – das macht dich noch nicht zur Mutter. Mütterlich zu sein ist etwas ganz anderes. Es ist absolut menschlich – etwas, das über das Tier hinausgeht, und es hat nichts mit der Biologie zu tun.

Es ist Liebe, reine Liebe – bedingungslose Liebe.

Wenn eine Mutter bedingungslos liebt – und nur eine Mutter kann bedingungslos lieben –, lernt das Kind die Freuden der bedingungslosen Liebe kennen. Das Kind wird selbst fähig, bedingungslos zu lieben. Und wenn man fähig wird, bedingungslos zu lieben, wird man religiös.

Für eine Frau ist das am natürlichsten. Es fällt ihr leicht, weil sie von Natur aus dazu bereit ist. Wenn sie zur Mutter wird, steht sie an der Schwelle, die Biologie zu transzendieren.

Man kann mütterlich sein, ohne ein Kind zur Welt zu bringen. Man kann mit jedem mütterlich sein. Man kann mit einem Tier, mit einem Baum mütterlich sein. Man kann mit allem mütterlich sein. Es ist eine innere Qualität.

Mütterlich zu sein bedeutet, zu bedingungsloser Liebe fähig zu sein, einen Menschen zu lieben aus reiner Freude am Lieben, einen Menschen in seinem Wachstum zu unterstützen aus reiner Freude, ihn wachsen zu sehen.

Der wahre Therapeut ist eine Mutter. Ist er es nicht, dann ist er kein wahrer Therapeut. Dann nutzt er die Menschen nur professionell aus, beutet er ihre Leiden aus. Aber ein wahrer Therapeut ist eine Mutter – er wird für den Patienten zum Mutterschoß; er verhilft dem Patienten zu einer neuen Geburt; er hilft dem Patienten, sein Leben von Grund auf neu zu beginnen; er macht aus ihm ein unbeschriebenes Blatt, auf dem er beginnen kann, sein Leben neu aufzuzeichnen.

Das verstehe ich unter der »Psychologie der Buddhas« – das ist die wahre Therapie. Ein Meister ist ein wahrer Therapeut; seine bloße Anwesenheit ist therapeutisch. Er umgibt euch wie eine Mutter. Er ist wie eine Wolke, die euch von überall, von allen Seiten und in allen Dimensionen umgibt – wie eine Mutter. **(104)**

9. KAPITEL

Familie und Geburtenkontrolle

Die Familie ist seit Jahrtausenden die Keimzelle der Gesellschaft. Du dagegen bezweifelst ihren Wert für deine neue Welt. Was kann deiner Meinung nach die Familie ersetzen?

Der Mensch ist den Kinderschuhen der Familie entwachsen. Die Familie hat ausgedient. Aber sie lebt schon so lange, sie ist eine so alte Institution, daß nur sehr scharfsichtige Menschen erkennen, daß sie bereits tot ist. Die meisten brauchen noch Zeit, bis sie die Tatsache erkennen, daß die Familie gestorben ist. Sie hat ihren Zweck erfüllt, und wie die Dinge jetzt liegen, hat sie keine Bedeutung mehr. Für die neue Menschheit, die jetzt im Entstehen ist, hat sie keine Bedeutung mehr.

Die Familie war hilfreich und schädlich zugleich. Hilfreich insofern, als der Mensch durch sie überlebt hat; und schädlich deshalb, weil sie den Menschen geistig und seelisch verkrüppelt hat. In der Vergangenheit gab es jedoch nichts anderes, es gab keine andere Wahl. Sie war ein notwendiges Übel. Aber in der Zukunft braucht das nicht mehr so zu sein. In Zukunft können neue, alternative Lebensformen entstehen.

Meiner Vorstellung nach wird es in Zukunft nicht nur *ein* verbindliches Muster geben, sondern viele, viele alternative Lebensformen. Einige wenige Menschen werden immer noch in Familien leben wollen, und sie sollen die Freiheit dazu haben. Es wird aber nur ein kleiner Prozentsatz sein.

Es gibt Familien auf der Welt – sehr wenige, nicht mehr als ein Prozent –, die wirklich großartig sind, reine Oasen, in denen alle wachsen und gedeihen, wo es kein Autoritätsdenken, keine Herrschaft und keine Ausbeutung gibt, wo die Kinder nicht kaputtgemacht werden, wo die Frau nicht den Mann, der Mann nicht die Frau fertigmachen will, wo Liebe und Freiheit herrschen, wo alle aus reiner Freude zusammen sind und aus keinen anderen Gründen, und wo die Politik draußen bleibt.

Ja, es hat solche Familien auf Erden gegeben, und es gibt sie immer noch. Für solche Menschen braucht sich nichts zu ändern; sie werden auch in Zukunft weiter in Familien leben.

Aber für die überwiegende Mehrheit ist die Familie eine äußerst häßliche Angelegenheit. Fragt die Psychoanalytiker. Sie werden euch sagen, daß alle möglichen seelischen Krankheiten aus dem Schoß der Familie kommen. Die Familie erzeugt alle möglichen Psychosen und Neurosen. Die Familie erzeugt völlig kranke Menschen. **(105)**

Die Familie ist die Wurzel all unserer Neurosen. Dazu muß man die psychologische Struktur der Familie verstehen und wie sie das Bewußtsein des Menschen beeinflußt.

Das erste ist: Die Familie konditioniert das Kind auf eine bestimmte religiöse Ideologie, ein politisches Dogma, ein bestimmtes philosophisches oder theologisches System. Und das Kind ist so unschuldig, so nachgiebig und verletzlich, daß man es leicht ausbeuten kann. Es kann nicht nein sagen; es kommt gar nicht auf die Idee, nein zu sagen. Und selbst wenn es nein sagen könnte, würde es nicht nein sagen, weil es auf die Familie angewiesen ist; es ist völlig abhängig. Es ist so hilflos, daß es mit der Familie konform gehen muß, mit all dem Unsinn, den zu glauben die Familie ihm abverlangt.

Die Familie unterstützt das Kind nicht darin, die Dinge selbst herauszufinden. Sie gibt ihm Überzeugungen, und Überzeugungen sind Gift. Wenn das Kind erst einmal mit Überzeugungen geimpft wurde, ist sein Wissensdrang schon verkrüppelt und gelähmt, sind seine Flügel schon gestutzt. In dem Alter, in dem es selbst zu fragen beginnt, ist es bereits so stark konditioniert, daß all sein Fragen und Forschen mit Vorurteilen belastet ist – und ein Forschen mit Vorurteilen ist kein echtes Forschen. Du hast bereits einen A-priori-Schluß gezogen und hältst nur noch Ausschau nach Beweisen, um deine unbewußt getroffene Schlußfolgerung zu bestätigen. Du wirst unfähig, die Wahrheit herauszufinden.

Darum gibt es so wenige Buddhas, so wenige Erwachte auf dieser Welt. Die Ursache ist die Familie. Denn eigentlich wird jedes Kind als Buddha geboren. Es kommt mit dem Potential auf die Welt, das höchste Bewußtsein zu erlangen, die Wahrheit zu finden und ein Leben in Glückseligkeit zu leben. Aber die Familie macht all diese Dimensionen zunichte; sie macht die Menschen eindimensional.

Jedes Kind kommt mit ungeheurer Intelligenz auf die Welt, aber die Familie macht es mittelmäßig, denn das Leben mit einem intelligenten Kind ist anstrengend. Es zweifelt, es ist skeptisch und stellt viele Fragen; es ist ungehorsam und rebellisch. Die Familie will ein gehorsames, folgsames Kind, das bereit ist, die Großen nachzuahmen. So wird der Same der Intelligenz von Anfang an zerstört, systematisch ausgelöscht, damit nur ja kein Sproß daraus hervorkommen kann.

Es ist ein Wunder, daß einige wenige Menschen wie Zarathustra, Jesus, Laotse und Buddha ihrer gesellschaftlichen Prägung und der Konditionierung durch die Familie entrinnen konnten. Wir halten sie für einsame Spitzen des Bewußtseins, aber in Wahrheit wird jedes Kind mit dieser Qualität, mit diesem Potential geboren.

99,9 Prozent der Menschen könnten Buddhas werden – aber vorher müßte die Familie verschwinden.

Ansonsten kann es nur Christen, Mohammedaner, Hindus, Dschainas, Buddhisten geben, aber keine Buddhas, keine Mahaviras, keine Mohammeds – unmöglich. Mohammed rebellierte gegen seine Herkunft, Buddha rebellierte gegen seine Herkunft, Jesus rebellierte gegen seine Herkunft. Sie alle waren Rebellen – doch die Familie ist ein absoluter Feind jeder rebellischen Gesinnung.

Die Menschheit geht heute durch eine äußerst kritische Phase. Jetzt muß sich entscheiden, ob wir weiter an der Vergangenheit festhalten oder ob wir zu neuen Lebensformen finden wollen. Es ist genug! Sämtliche Modelle der Vergangenheit haben wir zur Genüge probiert – sie sind alle gescheitert. Es ist Zeit, die Zeit ist reif, um uns aus der Umklammerung der Vergangenheit zu befreien und neue Formen des Zusammenlebens auf dieser Erde zu entwickeln. **(106)**

Für mich ist die Kommune eine Alternative – und zwar die beste. Kommune bedeutet: Die Menschen leben in einer losen Großfamilie. Die Kinder gehören der Kommune an, sie gehören allen. Es gibt keinen persönlichen Besitz, kein persönliches Ego. Mann und Frau leben zusammen, weil sie sich danach fühlen, weil sie Freude daran haben, weil sie sich schätzen und lieben. Sobald sie fühlen, daß keine Liebe mehr da ist, klammern sie sich nicht aneinander, sondern gehen voll Dankbarkeit und in Freundschaft auseinander und suchen sich jemand anderen. Das einzige Problem früher war: Was wird aus den Kindern?

In der Kommune gehören die Kinder der Gemeinschaft an, und das ist viel besser so. Im Zusammenleben mit so vielen verschiedenen Menschen ist mehr Wachstum möglich. Normalerweise wächst das Kind heutzutage bei der Mutter auf. Mutter und Vater bleiben jahrelang seine einzigen menschlichen Vorbilder. So fängt es natürlich an, sie nachzuahmen.

Kinder werden zu Nachahmern ihrer Väter. Und damit setzen sie die Krankheiten ihrer Eltern weiter fort. Sie werden zu bloßen Imitationen, ihre Eigenart wird zerstört. Und den Kindern bleibt nichts anderes übrig – sie haben keine anderen Informationsquellen.

In einer Kommune mit hundert Menschen wird es viele männliche und viele weibliche Beispiele geben. Das Kind wird auf keine bestimmte Verhaltensweise festgelegt, von der es nie wieder loskommt. Es kann vom Vater, von einem Onkel, von allen Männern der Kommune lernen. Dadurch gewinnt es an Seelengröße. Familien sind wie Zwangsjacken; sie lassen nur sehr kleine Seelen zu. Das Kind wird eine größere Seele und viel mehr Entfaltungsmöglichkeiten haben; es wird vielschichtiger in seinem Wesen sein.

Es lernt viele Frauen kennen. Seine Vorstellung ist nicht auf eine Frau fixiert. Nur ein einziges Bild von der Frau im Kopf zu haben wirkt sich zerstörend aus. Dann nämlich sucht und sucht man sein ganzes Leben lang immer nur die eigene Mutter.

Immer wenn du dich in eine Frau verliebst, paß auf! Sehr wahrscheinlich hat sie Ähnlichkeit mit deiner Mutter. Und genau das sollte man vermeiden. Denn jedes Kind ist böse auf seine Mutter. Die Mutter muß vieles verbieten, muß nein sagen; das geht nicht anders. Selbst eine gute Mutter muß manchmal nein sagen, dem Kind etwas abschlagen und verweigern. Das Kind wird wütend, es ärgert sich. Es haßt die Mutter und liebt sie zugleich, denn die Mutter erhält es am Leben, ist seine Lebens- und Energiequelle. Also haßt es die Mutter und liebt sie zugleich, beides zusammen. Und genau das wird später zum Verhaltensmuster. Man liebt und haßt dieselbe Frau. Man hat gar keine andere Wahl. Als Mann wirst du nie aufhören, unbewußt nach deiner Mutter zu suchen.

Und Frauen geschieht dasselbe – sie suchen fortwährend ihren Vater. Ihr ganzes Leben lang trachten sie danach, ihren Vater in einem Ehemann zu finden. Dein Vater ist aber nicht der einzige Mann auf der Welt; die Welt hat bei weitem mehr zu bieten. Und außerdem – selbst wenn du deinen Vater wirklich findest, macht dich das nicht glücklich. Du kannst mit einem Geliebten, einem Freund glücklich sein, aber nicht mit deinem Vater. Und wenn der Mann seine Mutter findet, wird er mit ihr auch nicht glücklich. Man kennt sie bereits; es gibt nichts mehr zu erforschen. Man kennt sie zu gut, und was man kennt, verachtet man. Man sollte lieber etwas Neues suchen – aber dazu fehlt das Vorbild.

In einer Kommune haben die Kinder eine reicher entfaltete Seele. Sie lernen viele Frauen, viele Männer kennen und sind nicht auf eine oder zwei Personen fixiert. Die Familie erzeugt eine Zwangsvorstellung, und diese fixe Idee ist unmenschlich.

Streitet sich dein Vater mit jemandem, und du merkst, daß er im Unrecht ist, dann zählt das nicht – du mußt zu deinem

Vater halten, mußt auf seiner Seite sein: »Meine Familie hat immer recht. Mein Vater ist schließlich mein Vater, und meine Mutter ist meine Mutter, also muß ich zu ihnen halten, sonst ist es Verrat.« Die Familie lehrt dich, ungerecht zu sein. Wenn du siehst, daß deine Mutter nicht recht hat ... sie streitet sich mit der Nachbarin, und die Nachbarin hat recht – aber du mußt zu deiner Mutter halten. So lernt man Ungerechtigkeit.

In einer Kommune ist man nicht zu sehr an eine Familie gefesselt – es gibt keine Familie, an die man sich hängen könnte. Man ist frei, nicht so zwanghaft. Man kann gerechter sein. Man wird von vielen Seiten geliebt. Man spürt: Leben ist Lieben.

Die Familie lehrt dich, mit der Gesellschaft und mit anderen Familien in Fehde zu liegen. Die Familie verlangt das Vorrecht. Sie zwingt dich, für sie und gegen alle anderen zu sein. Du hast der Familie zu dienen und stets für ihren Namen und ihre Ehre zu kämpfen. Die Familie lehrt dich Ehrgeiz, Konflikt, Aggression. In einer Kommune wird es nicht so viel Aggression geben. Man fühlt sich in der Welt mehr zu Hause, weil man mit so vielen Menschen vertraut ist.

Genau das rufe ich hier ins Leben – eine Kommune, in der wir alle befreundet sind, wo sogar Ehemann und Ehefrau nichts anderes als Freunde sind. Ihre Ehe ist dann bloß eine gegenseitige Übereinkunft, zusammenzusein, weil sie zusammen glücklich sind. Sobald auch nur einer der beiden merkt, daß sich Unglück breitmacht, sollten sie sich trennen. Dazu ist keine Scheidung nötig. Wo keine Heirat ist, gibt es auch keine Scheidung. Jeder lebt spontan.

Wenn du jedoch unglücklich lebst, gewöhnst du dich allmählich an das Unglück. Man sollte Unglück nicht einen einzigen Augenblick lang in Kauf nehmen. Auch wenn es schön war, mit einem bestimmten Mann zusammenzuleben, auch wenn es viel Freude gebracht hat – aber das war einmal, jetzt macht es nicht mehr froh –, dann sollte man auseinandergehen. Und es ist nicht nötig, deswegen böse zu werden oder schmutzige Wäsche zu waschen, zu schmollen und nachtragend zu sein – denn Liebe geht ihre eigenen Wege.

Liebe ist wie eine sanfte Brise. Eben hast du ihren Hauch gespürt – wenn sie da ist, ist sie da. Dann ist sie wieder fort. Wenn sie fort ist, ist sie fort.

Liebe ist ein geheimes Wunder, niemand kann sie beeinflussen. Liebe darf nicht manipuliert und zu einer Sache des Gesetzes gemacht werden. Liebe darf nie vergewaltigt werden – kein Grund rechtfertigt das.

In einer Kommune leben die Menschen miteinander aus reiner Freude am Zusammensein – aus keinem anderen Grund. Ist die Freude verschwunden, gehen sie auseinander. Das mag traurig sein, aber sie müssen sich trennen. Mögen sie auch noch so sehnsüchtig an die Vergangenheit zurückdenken, sie sollten sich trotzdem trennen. Das sind sie einander schuldig, daß sie sich das Leben nicht gegenseitig schwer machen – sonst wird das Unglück zur Gewohnheit. Schweren Herzens werden sie sich trennen, aber ohne Groll. Und sie werden sich neue Partner suchen.

In Zukunft wird es keine Heirat geben, wie früher, und auch keine Scheidung. Das Leben wird fließender ablaufen, vertrauensvoller. Wir werden den Geheimnissen des Lebens mehr vertrauen als den Eindeutigkeiten der Gesetze, werden mehr auf das Leben selbst vertrauen als auf alles andere – auf irgendein Gericht, die Polizei, irgendwelche Priester oder Kirchen.

Und die Kinder gehören allen – sie dürfen nicht von ihren Familien gestempelt sein. Sie gehören der Kommune; die Kommune kümmert sich um sie.

Das wird der revolutionärste Schritt in der Geschichte der Menschheit sein: wenn die Menschen anfangen, in Kommunen zu leben und wenn sie anfangen, wahrhaftiger, ehrlicher und vertrauensvoller miteinander umzugehen und immer mehr auf Gesetze zu verzichten.

In einer Familie stirbt die Liebe früher oder später ab. Vielleicht war von vornherein, von Anfang an keine Liebe da. Vielleicht war es eine Vernunftehe – aus Gründen wie Geld, Einfluß und Prestige. Da mag von allem Anfang an die Liebe gefehlt haben. Aber dann entspringen Kinder einer solchen

Ehe, die eher eine Öde ist. Diese Kinder werden ohne Liebe geboren. Sie veröden von Anfang an. Dieser lieblose Zustand zu Hause macht auch sie ganz lust- und lieblos. Von den Eltern bekommen sie die ersten Lektionen im Leben. Die Eltern sind jedoch lieblos, andauernd eifersüchtig, sie streiten und ärgern sich, und die Kinder sehen fortwährend die häßlichen Gesichter ihrer Eltern. So wird ihre ganze Hoffnung zunichte gemacht.

Wenn sie im Leben ihrer Eltern keine Liebe gesehen haben, können sie sich nicht vorstellen, wie ihr Leben einmal voller Liebe sein soll. Und sie sehen auch andere Eltern, andere Familien. Kinder sind sehr wahrnehmungsfähig; sie schauen sich ständig um und beobachten alles. Wenn sie sehen, daß keine Liebe möglich ist, fangen sie an zu glauben, daß es Liebe nur in der Literatur gibt. Sie ist etwas für Dichter und Schwärmer; in der Wirklichkeit des Alltags kommt sie nicht vor.

Und wenn du erst einmal die Vorstellung hast, daß Liebe bloß erdichtet ist, dann wird sie auch nie eintreten – denn jetzt hast du dich für sie verschlossen. Nur wer selbst Liebe miterlebt hat, kann sie später in seinem eigenen Leben zulassen.

Wenn du deine Eltern in tiefer Liebe siehst, voller Liebe zueinander – liebevoll besorgt um den anderen, voll Mitgefühl und Respekt für den anderen, dann hast du gesehen, wie es ist, wenn Liebe da ist. So entsteht eine Hoffnung, eine Zuversicht. Ein Same fällt in dein Herz und beginnt dort zu wachsen: Du weißt, daß es auch dir geschehen wird.

Wenn du die Liebe nie gesehen hast, wie kannst du dann glauben, daß dieses Glück auch dir begegnen wird? Wenn bei deinen Eltern keine Liebe da war, wie kann sie zu dir kommen? Ja, du wirst sogar alles tun, um zu verhindern, daß sie zu dir kommt – denn sonst wäre es ja ein Verrat an deinen Eltern.

Ich beobachte es an den Leuten: Frauen hören nie auf, sich tief im Unterbewußtsein zu sagen: »Schau, Mami, ich leide genauso, wie du gelitten hast.« Männer sagen sich später immerzu: »Keine Sorge, Papa, mein Leben ist genauso unglücklich wie deines. Ich habe dich nicht im Stich gelassen, habe dich nicht verraten. Ich lebe in der gleichen Misere wie du. Ich setze die Tradition fort. Ich vertrete dich gut, Papa, ich habe dich nicht verraten. Schau, ich mache das gleiche, was du mit Mami gemacht hast. So wie du zu meiner Mutter warst, so bin ich zur Mutter meiner Kinder. Und so wie du zu mir warst, so bin ich zu meinen Kindern. Ich erziehe sie genauso, wie du mich erzogen hast.«

Schon allein die Vorstellung, daß man Kinder »erziehen« müßte, ist falsch. Du kannst sie höchstens unterstützen, aber erziehen kannst du sie nicht. Die ganze Idee der Kindererziehung ist ein Krampf – nicht nur ein Krampf, sondern sogar sehr schädlich, ungeheuer schädigend. Man kann Kinder nicht aufbauen, nicht bilden – ein Kind ist kein Gebäude, kein Gebilde.

Ein Kind ist wie ein Baum. Ja, du kannst ihn unterstützen, kannst den Boden bereiten, kannst ihn düngen, bewässern und darauf achten, daß die Pflanze genug Sonne bekommt – mehr nicht. Aber du baust die Pflanze nicht auf – sie kommt von allein. Du kannst das Kind unterstützen, aber du kannst es nicht erziehen, kannst es nicht aufbauen.

Kinder sind unergründliche Geheimnisse. Sobald du mit dem Erziehen anfängst, sobald du Verhaltensmuster festlegst und ihren Charakter formst, sperrst du sie in ein Gefängnis. Das werden sie dir nie verzeihen können. Und etwas anderes lernen sie nicht kennen – und so werden sie mit ihren Kindern dasselbe machen und so weiter und so fort.

Jede Generation gibt ihre Neurosen an die Nachfahren weiter, die auf die Welt kommen. Und so bleibt die Gesellschaft mit all ihrem Irrsinn und ihrem Leiden bestehen. Nein – es ist wirklich an der Zeit, daß sich das grundsätzlich ändert.

Die Menschheit ist mündig geworden. Die Familie gehört der Vergangenheit an; sie hat wahrlich keine Zukunft. Die Kommune kann und wird den Platz der Familie einnehmen, und das wird sehr viel heilsamer sein.

Aber in einer Kommune können nur Menschen zusammensein, die meditativ leben. Nur wenn du aus dem Leben ein Freudenfest zu machen verstehst, kannst du mit anderen zusammenleben. Nur wenn du den Raum kennst, den ich Meditation nenne, kannst du mit anderen in Liebe zusammensein.

Erst muß dieser ganze Unsinn aufhören, Liebe zum Besitzanspruch zu machen; erst dann kannst du in einer Kommune leben. Bevor du nicht aufhörst, die Vorstellung alleinigen Besitzrechts mit dir herumzuschleppen – *meine* Frau darf niemand anderem die Hand halten, *mein* Mann darf mit keiner anderen zusammen lachen – solange du diesen Quatsch im Kopf hast, kannst du nicht Mitglied einer Kommune werden.

Wenn dein Mann mit einer anderen zusammen lacht, ist das doch wunderbar! Dein Mann lacht – und Lachen ist immer gut. Mit wem, ist doch gleichgültig. Lachen ist schön, Lachen ist wertvoll. Wenn deine Frau jemand anderen an der Hand hält – gut. Wärme fließt. Es ist schön, wenn Wärme fließt, es ist wertvoll. Mit wem es passiert, spielt überhaupt keine Rolle. Und wenn es deiner Frau mit vielen so geht, dann wird es auch mit dir weiterhin schön sein. Wenn es ihr mit keinem anderen so geht, dann wird es auch mit dir aufhören.

All diese alten Vorstellungen sind schlichtweg dumm. Als ob du zu deinem Mann sagst, wenn er weggeht: »Untersteh dich, irgendwo anders zu atmen! Wenn du heimkommst, kannst du soviel atmen, wie du willst, aber du darfst nur atmen, wenn du bei mir bist. Draußen mußt du den Atem anhalten. Werde zum Yogi! Ich möchte nicht, daß du irgendwo anders atmest.« Nun, das klingt dumm. Aber warum sollte es mit dem Lieben anders sein als mit dem Atmen?

Liebe ist Atmen. Der Atem gibt dem Körper Leben, und die Liebe gibt der Seele Leben. Liebe ist viel wichtiger als Atmen. Wenn nun dein Mann ausgeht, wachst du eifersüchtig darüber, daß er nicht mit anderen lacht – zumindest nicht mit einer anderen Frau. Er darf niemandem Liebe geben außer dir. Also muß er dreiundzwanzig Stunden lang lieblos sein, und eine Stunde lang, wenn er mit dir im Bett ist, heuchelt er Liebe. Du hast seine Liebe getötet, sie fließt nicht mehr. Dreiundzwanzig Stunden am Tag muß er ein Yogi sein, muß er ängstlich seine Liebe zurückhalten – glaubst du, er kann sich dann für eine Stunde plötzlich entspannen? Das ist unmöglich.

Erst verkrüppelst du den Mann, verkrüppelst du die Frau, und dann hast du die Nase voll und langweilst dich. Dann fängst du an zu denken: »Er liebt mich nicht mehr«, dabei hast du dir das selber eingebrockt. Und dann bekommt er immer mehr das Gefühl, daß du ihn nicht mehr liebst, daß du nicht mehr so glücklich bist wie früher.

Wenn sich zwei am Strand treffen oder im Garten oder bei einer Verabredung – nichts ist sicher, alles noch offen –, dann sind beide glücklich. Warum? – Weil sie frei sind. Der Vogel im Flug ist nicht derselbe wie der im Käfig. Sie sind glücklich, weil sie frei sind.

Ohne Freiheit kann kein Mensch je glücklich sein, und die alte Familienstruktur hat alle Freiheit zerstört. Und mit der Freiheit hat sie auch das Glück und die Liebe kaputtgemacht. Sie war eine Art Notmaßnahme zum Überleben. Ja, den Körper hat sie wohl geschützt, aber dafür hat sie die Seele zerstört. Heute brauchen wir sie nicht mehr. Wir müssen auch die Seele schützen. Das ist viel wesentlicher, viel wichtiger.

Die Familie hat keine Zukunft – zumindest nicht so, wie es bisher aufgefaßt wurde. Liebe und Liebesbeziehungen haben Zukunft. »Ehemann« und »Ehefrau« werden bald zu häßlichen Schimpfwörtern werden. Und jeder, der Alleinrechte an seiner Frau oder seinem Mann beansprucht, macht es natürlich genauso mit seinen Kindern.

Ich stimme völlig mit Thomas Gordon überein, der sagt: »Ich glaube, im Grunde mißhandeln *alle* Eltern ihre Kinder, weil die ganze Kindererziehung auf Macht und Autorität beruht. Ich halte es für zerstörerisch, daß viele Eltern die Vorstellung haben: Das ist mein Kind. Ich kann mit ihm machen, was ich will. Das ist reine Gewalttätigkeit, und allein schon die Idee wirkt zerstörend: Es ist mein Kind, also kann ich mit ihm machen, was ich will.« Ein Kind ist kein Ding. Es ist kein Stuhl, kein Auto. Du kannst mit ihm nicht machen, was du willst. Es kommt zwar durch dich auf die Welt, aber es gehört dir nicht. Es gehört Gott, es gehört dem Leben. Du kannst es höchstens versorgen – aber verhalte dich nicht so, als wäre es dein Eigentum.

Die ganze Idee der Familie beruht auf Besitz – man besitzt Grund und Boden, besitzt eine Frau, besitzt einen Mann, besitzt Kinder – und dieser Besitzwunsch ist Gift.

Das ist der Grund, warum ich gegen die Familie bin. Aber ich sage nicht, daß die wenigen, die in ihrer Familie wahrhaft glücklich sind – offen, lebendig, liebevoll –, daß sie ihre Familie kaputtmachen sollen. Nein, dazu besteht keine Notwendigkeit. Solch eine Familie ist bereits eine Kommune, eine kleine Kommune.

Und natürlich gilt:, je größer eine Kommune, desto besser. Mehr Menschen, mehr Möglichkeiten. Andere Leute singen andere Lieder. Andere Leute bringen neue Lebensweisen mit, andere Leute bringen einen anderen Hauch, einen frischen Wind. Jeder trägt seinen eigenen Lichtstrahl bei. Und die Kinder sollten mit so vielen verschiedenen Lebensstilen wie möglich in Berührung kommen, so daß sie wählen können. Nur so haben sie freie Wahl.

Und wir machen sie reicher, wenn wir sie so viele Frauen kennenlernen lassen, daß sie nicht auf das Gesicht oder die Art ihrer Mutter fixiert sind. Das macht sie fähig, später viele Frauen und viele Männer zu lieben. Das Leben wird dadurch zu einem größeren Abenteuer.

Das Leben kann hier und jetzt zum Paradies werden. Die Hindernisse müssen beiseite geräumt werden, und eines der größten Hindernisse ist die Familie. **(107)**

Warum ist die Kirche so sehr gegen Abtreibung und Geburtenkontrolle?

Politik ist ein Spiel mit Zahlen. Wie viele Christen ihr auf der Welt habt – darauf beruht eure Macht. Je mehr Christen es gibt, desto größer ist die Macht in den Händen der christlichen Priester, der ganzen Priesterschaft. Keiner hat ein Interesse daran, irgendwen zu retten, sondern nur, die Zahl der Anhänger zu steigern. Das Christentum weiß nichts Besseres, als durch den Vatikan ständig Erlasse gegen die Geburtenkontrolle zu verbreiten, in denen steht, daß es Sünde ist, Verhütungsmethoden zu verwenden, daß es Sünde ist, die Abtreibung gutzuheißen, sie zu propagieren oder zu legalisieren.

Glaubt ihr denn wirklich, es geht ihnen um die ungeborenen Kinder? Die interessieren sie überhaupt nicht – diese ungeborenen Kinder sind ihnen völlig egal. Sie verfolgen ihre eigenen Interessen, obwohl sie ganz genau wissen, daß die Menschheit einem globalen Selbstmord entgegengeht, wenn sie nicht anfängt, Geburtenkontrolle zu praktizieren.

Und bis dahin ist es nicht mehr weit; die Situation läßt sich jetzt schon absehen. Bis zur Jahrtausendwende wird die Weltbevölkerung so stark angewachsen sein, daß ein Überleben unmöglich wird.

Vor nicht allzu langer Zeit hat sich der Vatikan mit einem 139 Seiten langen »Hirtenbrief« an die Menschheit hervorgetan: »Abtreibung ist Sünde, Geburtenkontrolle ist Sünde.« An keiner Stelle ist in der Bibel davon die Rede, daß Abtreibung Sünde ist, Geburtenkontrolle Sünde ist – weil es damals nicht nötig war! Neun von zehn Kindern starben, in diesem Verhältnis. Und so war es noch bis vor dreißig, vierzig Jahren in Indien: Von zehn Kindern überlebte nur eines. Das Gute daran war, daß die Bevölkerung auf diese Weise nicht zu groß wurde und die Ressourcen der Erde nicht zu sehr belastete. Heute aber stirbt sogar in Indien nur noch jedes zehnte Kind – ganz zu schweigen von den hochentwickelten Ländern.

Auf der einen Seite hilft die Medizin, das Leben der Menschen zu verlängern, und die Christen richten Krankenhäuser ein und verteilen Medikamente. Und dann ist da Mutter Teresa, die euch lobt, und der Papst, der euch seinen Segen gibt ... Und alle möglichen Institutionen gibt es ... und sie machen sich sogar um Rußland Gedanken. In Amerika gibt es einen christlichen Verein, der sich »Evangelismus im Untergrund« nennt und in kommunistischen Ländern tätig ist. Sie verteilen kostenlos die Bibel und verbreiten diese idiotischen

Ideen, daß Abtreibung und Geburtenkontrolle Sünde sind. In Rußland herrscht nicht gerade Hungersnot – sie sind nicht reich, aber sie verhungern auch nicht. Bitte laßt doch die Russen in Frieden! Daß sie nicht verhungern, haben sie der Geburtenkontrolle zu verdanken! Würde man die Geburtenkontrolle verbieten, würde man die Abtreibung verbieten, dann wäre Rußland bald in der gleichen Situation wie Äthiopien. Dann könnte Mutter Teresa sich freuen! Und die Untergrundevangelisten könnten an die Oberfläche kommen – es wäre *die* Chance, um die Leute zum Christentum zu bekehren! **(108)**

Der Papst ist gegen die Empfängnisverhütung. Er *muß* es sein, weil sämtliche Religionen gegen empfängnisverhütende Methoden sind – einfach weil ihre Zahlen sonst abnehmen. Es ist ein politisches Spiel: Wer hat die höheren Zahlen? – Katholiken oder Protestanten, Hindus oder Dschainas oder Mohammedaner?

Die ganze Politik dreht sich um Zahlen, vor allem in der Demokratie. Jeder einzelne hat eine Stimme, und je mehr Kinder man hat, desto mehr Stimmen hat man. Und wer die meisten Stimmen hat, regiert das Land, regiert die Welt. Das ist der Grund, warum alle religiösen Oberhäupter, alle religiösen Institutionen, alle religiösen Propagandisten gegen die Empfängnisverhütung sind.

In Wahrheit ist aber die Empfängnisverhütung der größte Segen in der ganzen Geschichte der Menschheit. Es ist die größte Revolution überhaupt.

Keine Revolution ist so bedeutsam wie die Erfindung empfängnisverhütender Mittel, weil durch die Empfängnisverhütung die Frau dem Mann gleichgestellt wird. Nur durch die Empfängnisverhütung kann die Frau die gleichen Rechte haben, die der Mann schon immer für sich in Anspruch genommen hat.

Davor war die Frau praktisch ununterbrochen schwanger. Sie konnte nicht in der Fabrik arbeiten, konnte nicht im Büro arbeiten, konnte nicht Ärztin werden, konnte nicht Professorin werden. Sie konnte höchstens Hausfrau werden – was nichts anderes bedeutet als Hausgehilfin. Ihr ganzes Leben hat sie damit vergeudet, Kinder in die Welt zu setzen. Sie konnte nichts anderes tun – sie konnte nicht malen, konnte nicht dichten, konnte nicht Musik machen, konnte nicht tanzen. Wie kann man tanzen, wenn man fortwährend schwanger ist und sich schlecht fühlt? Es ist so strapaziös!

Früher bestand die ganze Aufgabe der Frau darin, ständig Kinder zu produzieren – die reinste Fabrik. Es fing im Alter von etwa vierzehn Jahren an und setzte sich so lange fort, wie der Mann potent genug war, um sich fortzupflanzen. Zwei Dutzend Kinder waren keine Ausnahme, ein Dutzend war völlig normal. Nun, eine Frau, die ein oder zwei Dutzend Kinder zur Welt bringt, hat wohl kaum Zeit für irgend etwas anderes.

Das war der Hauptgrund für die Sklaverei der Frau. Durch ihr ständiges Schwangersein, das Unwohlsein und die Übelkeit war sie vom Mann abhängig, finanziell abhängig. Und wenn du vom Mann wirtschaftlich abhängig bist, kannst du nicht frei sein. Der wirtschaftliche Faktor ist einer der grundlegendsten. Kommt das Geld vom Mann, dann sind Bedingungen daran geknüpft.

Wenn wir eine Menschheit wollen, in der Mann und Frau einander ebenbürtig sind, dann muß die Empfängnisverhütung so weitgehend wie möglich eingesetzt werden. Es muß ganz normal werden …

Die Verhütungsmittel haben eines bewirkt: Sex hat eine andere Qualität angenommen – er ist zum Spaß geworden. Sex ist nicht mehr eine so ernste Sache wie früher. Er ist spielerisch geworden. Zwei Körper spielen miteinander, das ist alles, und daran ist nichts falsch. Man spielt ja auch Fußball, Volleyball – was wäre daran falsch? Auch Sex ist nur ein Spiel – ein Spiel mit den Energien zweier Körper. Früher war es alles andere als ein Spiel. Bevor es die Empfängnisverhütung gab, war es eine todernste Sache. Die Pille hat dem Ganzen seinen Ernst genommen.

Jetzt bekommen die Religionen natürlich Angst, weil durch die Empfängnisverhütungsmittel ihr ganzes Gebäude ins Wanken gerät. Was den Atheisten in all den Jahrhunderten nicht gelungen ist, schafft die Pille in wenigen Jahrzehnten. Sie hat es bereits geschafft: Die Pille hat die Menschen von den Priestern befreit.

Verhütung ist ein Segen. Aber natürlich kann der Papst es nicht befürworten, weil seine Macht auf dem Spiel steht. Und nicht nur der Papst, auch alle anderen religiösen Oberhäupter – die Schankaracharyas, Ayatollahs und Imams – sie alle sind gegen die Empfängnisverhütung. Ihr ganzes Geschäft ist in Gefahr.

Ich bin ganz und gar für die Verhütung. Sie sollte so weit wie möglich verbreitet werden. Die Kinder sollten von ihren Eltern und in der Schule lernen, wie man Verhütungsmittel benutzt, damit der Sex zum Spaß wird und seine ganze Ernsthaftigkeit verliert.

Nur so kann die Frau befreit werden. Ohne Verhütungsmittel ist die Frau zur Sklavin verdammt, und die halbe Menschheit befindet sich in Sklaverei – das ist kein schöner Anblick!

Der Papst ist auch gegen die Abtreibung. Was haben diese Leute gegen die Abtreibung? Auf der einen Seite predigen sie die Unsterblichkeit der Seele – wieso haben sie dann Angst vor der Abtreibung?

Die Seele ist unsterblich – also kann es nicht Sünde sein. Wenn ihr abtreibt, macht ihr nichts anderes, als eine Seele daran zu hindern, in diesen Körper zu kommen. Dann wird die Seele sich einen anderen Körper suchen – wenn nicht auf dieser Erde, dann auf einem anderen Planeten. Denn die Wissenschaft sagt, daß es mindestens fünfzigtausend Planeten mit Leben gibt – mindestens – vielleicht noch mehr, aber fünfzigtausend bestimmt. Wenn also nicht auf diesem Planeten, dann auf einem anderen ... Und es ist gut, die Leute ein bißchen zu mischen – was ist daran verkehrt? Wenn es auf diesem Planeten zu voll wird, verlagert man eben ein paar Leute auf andere Planeten.

Eine Abtreibung ist nichts anderes, als daß die Seele fragt: »Gnädige Frau, darf ich reinkommen?« und du sagst: »Nein, hier ist es schon zu voll. Klopf woanders an!« Andere Möglichkeiten sind gegeben, und nichts wird zerstört.

Auf der einen Seite sagen diese Leute, daß das Leben unsterblich ist, daß die Seele unsterblich ist, und auf der anderen Seite machen sie euch Angst, daß ihr eine Seele tötet, daß ihr Leben tötet. Sie wollen euch Schuldgefühle machen.

Es gibt nur zwei Möglichkeiten: Entweder ist die Seele unsterblich – dann wird nichts getötet. Oder aber die Seele ist sterblich –dann wird ebenfalls nichts getötet. Das sind die einzigen beiden Möglichkeiten. Entweder glaubt man an die Unsterblichkeit der Seele, dann wird nichts getötet, weil nichts getötet werden *kann* – oder man glaubt an die Sterblichkeit der Seele, und auch dann gibt es nichts zu töten, weil in Wirklichkeit keine Seele, sondern nur ein Körper da ist.

Wir müssen entscheiden, wie viele Menschen glücklich auf diesem Planeten leben können!

Aber dahinter verbirgt sich eine weitere Strategie: All die frommen Priester, die Päpste und all die anderen wollen nicht, daß die Menschen glücklich leben – denn wer würde sich noch um ihr Paradies und ihren Himmel kümmern, wenn die Menschen anfingen, auf Erden glücklich, fröhlich und selig zu leben?

Nur wenn die Menschen in tiefem Unglück leben, können diese Leute predigen: »Seht, was für ein Elend dieses Leben ist! Strebt nach dem anderen Leben, dem Leben im Jenseits! Dieses Leben ist die Hölle, darum verschwendet nicht eure Zeit damit. Nutzt die Zeit, um das andere, das göttliche Leben zu finden!«

Wenn die Welt im Elend bleibt, ist es nur zu ihrem Vorteil. Sie haben es geschafft, euch mit psychologischen Mitteln im Elend zu halten. Und genauso versuchen sie, euch physiologisch, biologisch im Elend zu halten – sie wollen euch so unglücklich wie nur möglich halten, damit ihr sie um Rat fragen müßt, damit ihr zu ihnen aufschauen müßt als zu euren Rettern.

Meine Vision ist völlig anders.

Ich unterstütze den Gedanken, daß dieses Leben, hier und jetzt, alle Möglichkeiten in sich enthält, um paradiesisch zu werden. Es ist nicht nötig, sich nach einem fernen Himmel, nach einem späteren Paradies zu sehnen. Wir können dieses Leben in eine wunderbare Erfahrung verwandeln! **(109)**

Abtreibung ist keine Sünde. In dieser überbevölkerten Welt ist Abtreibung eine Tugend.

Und wenn Abtreibung Sünde ist, dann sind der Papst, Mutter Teresa und ihresgleichen dafür verantwortlich. Sie sind gegen die Empfängnisverhütung, gegen die Geburtenkontrolle, gegen die Pille. Diese Leute sind die *Ursache* für alle Abtreibungen – sie sind dafür verantwortlich! In meinen Augen sind sie große Verbrecher!

In dieser überbevölkerten Welt, in der die Menschen hungern und am Hunger sterben, gegen die Pille zu sein, ist einfach unverzeihlich!

Die Pille ist einer der bedeutendsten Beiträge der modernen Wissenschaft für die Menschheit. Sie könnte aus der Welt ein Paradies machen.

Aber natürlich wäre es ein Paradies ohne Waisenkinder – und was fangen dann Mutter Teresa und die Prediger der Nächstenliebe an? Und wer würde in diesem Paradies auf den Papst hören? Die Menschen wären so glücklich ... wer würde sich dann noch für diese Leute interessieren? Und wer würde auch nur einen Gedanken an ein Paradies nach dem Tode verschwenden? Wenn das Paradies hier und jetzt ist, braucht man kein Paradies im Jenseits zu erfinden, braucht man es nicht zu projizieren, zu erträumen, zu phantasieren.

Vom Paradies im Jenseits haben wir geträumt, weil wir hier auf Erden in der Hölle gelebt haben.

Doch diese Hölle kommt nur den Priestern zugute und den sogenannten Religionen, den Heiligen, Päpsten und all den Ayatollahs und Schankaracharyas – allen möglichen Taschenspielern. Sie alle sind gegen die Pille. Wenn sie gegen die Pille sind, dann macht sie eben zu einem Pulver! Wenn die Pille das Problem ist, dann zermahlt sie zu Pulver! Findet eine andere Lösung. Genau diese Leute sind es, auf deren Konto all die Waisenkinder und die Abtreibungen gehen – und dann üben sie Nächstenliebe an ihnen! Sie leisten wirklich gute Arbeit!

Ich hörte einmal von zwei Brüdern, die zusammen ein Gewerbe betrieben. Es bestand darin, daß der eine Bruder nachts in einen Ort kam und alle Fenster und Türen mit Teer beschmierte, und im Morgengrauen verschwand er wieder.

Am nächsten Tag kam sein Bruder und rief in den Straßen: »Ich bin der Teerreiniger! Ich mache euch die Fenster sauber!« Und natürlich hatte er viel zu tun – die ganze Stadt brauchte ihn! Als er fertig war, hatte der andere inzwischen die Fenster und Türen der nächsten Stadt beschmiert, und sein Bruder konnte dort gleich weitermachen. So hatten sie jede Menge Arbeit und verdienten ein Schweinegeld!

Genauso machen es auch diese Leute. Sie sind gegen die Pille, gegen die Empfängnisverhütung, gegen die Sterilisation, gegen sämtliche Methoden der Geburtenkontrolle – und zwangsläufig gibt es dann Abtreibungen, gibt es Waisenkinder und Bettler. Diesen können sie dann dienen und sich große Verdienste erwerben, denn ohne Dienst am Nächsten kommen sie nicht in den Himmel.

Sie brauchen die Armen als Sprungbrett in den Himmel.

Ich will nicht den Armen dienen – ich möchte die Armut ausmerzen. Genug ist genug! Seit zehntausend Jahren dienen all diese Idioten den Armen, und nichts hat sich geändert. Doch heute haben wir alle technischen Möglichkeiten, um die Armut völlig aus der Welt zu verbannen.

Wenn jemand Vergebung braucht, dann sind es diese Leute: der Papst, Mutter Teresa et cetera – ihnen muß man vergeben. Sie sind Verbrecher, aber ihr Verbrechen ist von solcher Art, daß man große Intelligenz braucht, um es zu verstehen. **(110)**

Seit Jahren sind die Geburtenzahlen in Deutschland rückläufig. Offenbar wollen die deutschen Frauen von ihren Ehemännern keine Kinder. Was schlägst du vor?

Die Deutschen sollten froh sein, daß ihre Geburtenzahlen zurückgehen. Nicht rückläufige, sondern steigende Geburtenzahlen sind ein Problem.

Als ich vor dreißig Jahren anfing, in Indien über Geburtenkontrolle und Abtreibung zu reden, warf man mit Steinen nach mir und trachtete mir nach dem Leben, weil ich für etwas Unmoralisches, Gottloses eintrat. Damals betrug die Bevölkerung Indiens vierhundert Millionen Menschen. Hätte man damals auf mich gehört, dann hätte die Katastrophe, die Indien bevorsteht, verhindert werden können. Heute beträgt die Bevölkerung Indiens neunhundert Millionen – mehr als das Doppelte.

Noch vor fünf Jahren (1980) schätzte man, daß Indien am Ende dieses Jahrhunderts eine Bevölkerung von einer Milliarde haben wird. Das bedeutet, Indien wird zum ersten Mal das bevölkerungsreichste Land der Erde sein – noch vor China. Aber die Bevölkerungsexplosion hat alle Schätzungen der Wirtschaftsexperten und Mathematiker in den Schatten gestellt. Inzwischen glaubt man, daß Indien zum Ende des Jahrhunderts nicht eine Milliarde, sondern eine Milliarde und achthundert Millionen Menschen – also fast zwei Milliarden – haben wird!

Also – dieses Land wird sterben! Dazu sind keine Atombomben nötig. Der eigene Hunger, die eigene Hungerkatastrophe wird dieses Land umbringen.

So geschieht es immer: Die Bevölkerung der armen Länder nimmt zu und die der reicheren Länder nimmt ab. Dahinter steht eine Gesetzmäßigkeit: Die Bevölkerung der armen Länder nimmt zu, weil Sex ihr einziges Vergnügen ist. Die reichen Länder haben viele andere Vergnügen. Ihnen stehen noch andere, aufregendere Abenteuer zur Verfügung; dann wird Sex nebensächlich.

Und zweitens: Je wohlhabender ein Land ist, desto mehr

befreien sich die Frauen aus der lang andauernden Sklaverei des Mannes. In den armen Ländern ist die Frau nur eine Gebärmaschine. Zwölf Kinder sind durchaus normal; fünfzehn, achtzehn, ja sogar zwei Dutzend Kinder sind nicht außergewöhnlich. Ihr ganzes Leben lang produziert die Frau ein Kind nach dem anderen. Keine Schulbildung, keine Musik, keine Kunst, kein Tanz – dazu ist keine Zeit – das ganze Leben geht verloren mit Kinderkriegen. Es raubt ihr die Schönheit, macht ihren Körper häßlich.

In den reicheren Ländern lassen die Frauen das nicht mehr mit sich machen. Sie sind heute gebildet, verlangen nach Emanzipation. Eine Frau in einem Land wie Deutschland sollte dafür eintreten, daß es unnötig ist, die Bevölkerungszahlen zu steigern. Man kann auch Kinder aus den ärmeren Ländern adoptieren. Das würde auf zweifache Weise helfen: Es würde den reichen Ländern und ihren Menschen helfen, Gesundheit und Körper zu schonen, und den armen Ländern würde es ebenfalls helfen.

Zweitens weist deine Frage darauf hin, daß die Frauen in Deutschland offenbar nicht bereit sind, von ihren Männern Kinder zu bekommen. Es ist sehr wichtig, das zu verstehen: Ein Ehemann zu sein ist eine Sache, ein Vater zu sein eine andere. Ihre Funktionen sind völlig verschieden. Eine Ehefrau zu sein ist eine Sache, eine Mutter zu sein eine völlig andere.

Man kann sich in eine Frau verlieben – okay. Man kann sie auch heiraten. Aber was die Kinder angeht, wäre es besser, die Entscheidung der Wissenschaft oder einem medizinischen Gremium zu überlassen, welcher Mann mit welcher Frau und welche Frau mit welchem Mann ein Kind zeugen soll, damit dieses ein besseres Leben, einen schöneren Körper und mehr Intelligenz bekommt. Das sollte im Leben intelligenter Menschen zu einer selbstverständlichen Sache werden. Warum wollt ihr euch darauf versteifen, daß das Kind von euch ist? Welchen Unterschied macht es? Könnt ihr erkennen, ob es *euer* Kind ist, wenn es gerade erst eine lebende atomare Zelle ist? Könnt ihr euer Kind erkennen?

Die Funktion des Mannes bei der Entstehung von Kindern

ist ähnlich wie die einer Injektionsspritze. Bei jedem Liebesakt setzt der Mann fast eine Million lebender Spermien frei – und damit fängt die Politik an: Wer wird gewinnen? Es ist ein großes Wettrennen, denn nur einer kann das Ei der Mutter erreichen. Uns erscheint die Strecke sehr kurz, aber für die Spermien ist sie im Verhältnis fast zwei Meilen lang. Auf einer Strecke von zwei Meilen rennt eine Million Spermien wie die Verrückten, um den Posten des Kanzlers zu erreichen! Und mein Gefühl ist, daß die Besten in dieser Masse sich ohnehin auf die Seite drücken.

Die Besten sind nicht so verrückt, nicht so ehrgeizig. Die Besten wollen lieber ihre Ruhe haben. In solchen Stoßzeiten warten sie lieber ein bißchen ab. Erst wenn die Massen weg sind, haben sie Platz, sich zu bewegen – aber dann haben sie ihre Chance schon verpaßt. Nur eine einzige Samenzelle kann in das Ei der Mutter eindringen, dann schließt es sich. Hier und da passiert es, daß zwei Samenzellen gleichzeitig ins Ziel einlaufen – und dann gibt es Zwillinge. Manchmal drei, manchmal vier ... der Rekord liegt bei neun, aber das ist wirklich selten.

Derjenige, der als erster ankommt, ist nicht unbedingt der Beste unter dieser Million von Samenzellen. Er wird nicht gerade ein Albert Einstein, ein Pablo Picasso, ein Gautama Buddha sein ... und ich sage, daß er es mit Sicherheit nicht ist, denn sonst wäre die Welt nicht so voll von Idioten. Der Mob, die Masse, ist ziemlich zurückgeblieben.

Es ist durchaus sinnvoll, daß die Frau selbst darüber entscheidet – und der Mann sollte ihr bei dieser Entscheidung helfen. Und man sollte den Rat von Experten einholen, welcher Mann der richtige Partner für die Frau ist. Und genauso wie es Blutbanken gibt, sollte es Samenbanken geben, und freigebige Leute sollten die Möglichkeit haben, ihren Samen dort zu spenden. Aus diesen Millionen von Samenzellen können die besten ausgewählt werden. Man könnte die Erde mit Genies bevölkern.

Ich habe also nichts gegen das, was in Deutschland passiert. Das ist erst der Anfang – der Beginn einer neuen Entwicklung, die kommen wird. Der männliche Same kann von Medizinern ausgewählt und der Frau injiziert werden.

Und man sollte einfach froh sein, wenn man ein schönes Kind bekommt. Warum sollte man darauf bestehen, daß es das eigene sein muß? Dieser Besitzanspruch ist primitiv. Es sollte das Beste sein, das Gesündeste, und es sollte eine Bereicherung für die Welt darstellen – durch seine Schönheit, seine Großartigkeit, seine Ausstrahlung.

Einen Partner für das Zusammenleben zu wählen ist etwas völlig anderes, als mit jemandem ein Kind zu zeugen. Hier sollten andere Gesetze gelten. Und dieses schwachsinnige Besitzdenken – »Es sollte *mein* Kind sein« – das müßt ihr fallenlassen.

Wenn die Geburtenzahlen sinken, ist das ein gutes Zeichen. Wenn alle wohlhabenden Länder diesem Beispiel folgen und ihre Geburtenzahlen senken, dann können sie Kinder aus den ärmeren Ländern adoptieren, und wir können die Welt besser im Gleichgewicht halten.

Und vergeßt eines nicht: Die Zuchtwahl ist nicht nur bei Tieren, bei Vögeln, bei Obstsorten sinnvoll. Die Kreuzung der Arten ist ein erstaunliches Phänomen. Wir haben uns bisher geweigert, es wissenschaftlich auszuprobieren. Doch wenn mehr und mehr Menschen aus anderen, fernen Ländern – Äthiopien, Indien, Thailand, wo die Menschen aus Armut sterben –, wenn deren Kinder von den reicheren Ländern adoptiert werden, bringen sie frisches Blut. Sie werden bald selbst Kinder zeugen, und diese Kinder werden in jeder Hinsicht besser sein. Was ich euch hier erzähle, ist eine wissenschaftliche Tatsache.

Rückläufige Geburtenzahlen sind ein Segen, steigende Geburtenzahlen sind ein Fluch. **(111)**

10. KAPITEL

Kreativität

Kannst du etwas über die weibliche Kreativität sagen? Ich bin eine Frau, und in mir lodert das kreative Feuer. Ich habe das Gefühl, daß die Frauen mit ihrer besonderen Sichtweise, ihrer Intuition und Weichheit der Kunstwelt etwas bisher noch nie Dagewesenes beizusteuern haben. Ich glaube, die weibliche Kreativität hat eine andere Ausgangsbasis – vielleicht, weil ihre Kunst aus Liebe heraus entsteht und nicht aus einem inneren Ringen.

Kreativität hat nichts damit zu tun, ob du ein Mann bist oder eine Frau. Wenn es dich drängt, kreativ zu sein, dann sei es, aber denke nicht, daß deine Kreativität etwas Höheres hervorbringe – etwas, wozu der Mann nicht imstande sei.

Wozu immer diese Trennlinien zwischen Mann und Frau ziehen? Die Wahrheit ist, daß jeder Mann eine innere Frau in sich trägt und jede Frau einen inneren Mann. Und so muß es auch sein, denn ob du ein Mann bist oder eine Frau, du bist von einem Mann und von einer Frau gezeugt worden, und sie haben dir jeweils eine Hälfte mitgegeben. Vater und Mutter sind beide in dir lebendig. Es ist nur eine Frage, welche Seite der Münze nach oben und welche nach unten schaut.

Sicherlich wird die Kunst besser sein, wenn Mann und Frau mit ihren unterschiedlichen Blickwinkeln ihre Kreativität einbringen. Aber so, wie du darüber sprichst, verstehst du überhaupt nichts von Kreativität. Du sagst, Kreativität könne aus der Liebe kommen; man brauche um Malerei, Bildhauerei und Tanz nicht zu ringen. Die Wahrscheinlichkeit ist aber neunundneunzig Prozent, daß ein Mensch, der liebt, von der Liebe so erfüllt ist, daß er sich gar nicht die Mühe macht zu malen. Er macht sich nicht die Mühe und verschwendet nicht seine Zeit, um eine Statue hervorzubringen.

Liebe ist so erfüllend – wer will da noch Gedichte darüber

schreiben? Die Gedichte werden von Leuten geschrieben, die den Zug verpaßt haben. Jetzt trösten sie sich darüber hinweg, indem sie Gedichte über die Liebe schreiben – aber sie kennen die Liebe gar nicht.

Es ist äußerst schwierig, aus Liebe heraus kreativ zu sein. Die Kreativität wird dann andere Formen annehmen: Wenn du einen Mann liebst, wird möglicherweise die Küche zu deinem kreativen Betätigungsfeld. Du möchtest, daß dein Mann das beste Essen bekommt, du möchtest, daß er die besten Kleider anhat. Seht euch nur meine Kleider an – das nenne ich Kreativität aus Liebe!

Eine Frau, die liebt, wird sich kaum die Mühe machen, zu malen, zu dichten, zu tanzen ... Im Grunde ist es der Minderwertigkeitskomplex des Mannes – daß er nicht so tief lieben kann, daß er keine Kinder zur Welt bringen kann –, der ihn nach einem Ersatz suchen läßt, um mit der Frau mithalten zu können. Er kreiert Gemälde, kreiert Skulpturen, kreiert Bauwerke, kreiert eine Gartenlandschaft. Er möchte das Gefühl haben, daß er auch etwas hervorbringen kann. Das kommt alles aus seinem Minderwertigkeitsgefühl. Er sieht die ungeheure Kraft der Frau, neues Leben hervorzubringen. Darum bringt er eine tote Statue hervor – aber so schön sie auch sein mag, ist sie doch tot.

Die Frau, die diese Frage gestellt hat, scheint etwas gegen die Männer zu haben. Und jede Frau, die etwas gegen die Männer hat, wird selbst unnatürlich. Gegen die Männer zu sein macht sie männlich. Psychologisch fühlt sie sich nun unterlegen, weil der Mann malen, musizieren und tanzen kann. Aber dann wird sie aufhören müssen, Kinder zu gebären, damit ihre Kreativität sich in diesen Bereichen entfalten kann – in der Malerei, in der Dichtkunst, in der Musik.

Ich möchte aber, daß du eines verstehst: Du verlierst nur etwas dadurch, daß du mit dem Mann in Konkurrenz trittst. Du hast es gar nicht nötig – du bist ihm schon überlegen! Du brauchst keine Poesie zu schreiben – du selbst bist Poesie! Deine Liebe ist deine Musik. Dein Herz, das für den Geliebten schlägt, ist dein Tanz.

Wenn du Poesie, Musik und Tanz hervorbringen willst, mußt du auf die Liebe verzichten, mußt du in den gleichen Zustand kommen wie der Mann: Du mußt dich unterlegen fühlen und es durch Kreativität kompensieren. Aber das ist häßlich; das kann ich nicht gutheißen. Die Frau ist bereits das überlegene Geschlecht; sie braucht es nicht erst zu beweisen.

Doch wenn du in dir keinen Wunsch nach Kindern verspürst und lieber malen und Musik komponieren willst, ist das völlig in Ordnung.

Im Grunde sollten viele Frauen das tun, weil die Erde ohnehin schon überbevölkert ist. Es wird ein großer Segen sein, wenn du deine Kreativität vom Kinderkriegen aufs Malen verlegst, denn Bilder braucht man nicht zu füttern. Oder Tanzen – wunderbar! Tanze, soviel du magst – dadurch entsteht kein Äthiopien. Oder Gedichte schreiben ... Deine Gedichte können höchstens ein paar Leuten Leiden verursachen, wenn sie sich beim Zuhören langweilen, aber das ist kein großes Problem; sie können dir aus dem Weg gehen.

Wenn du nicht den Wunsch in dir verspürst, Kinder zu gebären, ist das ganz in Ordnung. Dann wirst du natürlich etwas anderes hervorbringen wollen. Tue es, aber glaube nicht, daß deine Kreativität besser sein wird als die des Mannes. Sie kann es nicht sein – schon allein deshalb, weil du bereits zum überlegenen Geschlecht gehörst. Dir fehlt ganz einfach der Minderwertigkeitskomplex, der für einen Mann zur Triebfeder wird, um sein ganzes Leben der Malerei zu widmen. Er tritt in Konkurrenz zu deinem Baby! Und selbst wenn er ein Picasso wäre, würde er unbefriedigt sterben. Sein ganzes Leben lang versucht er zu malen, aber ein Bild kann niemals lebendig sein; ein Gedicht ist nichts Lebendiges!

Denke also daran: Auch als Frau kannst du kreativ sein, aber die Ergebnisse werden wahrscheinlich eher drittklassig sein. Trotzdem ist es ein Segen für die Welt. Wir brauchen nicht noch mehr Menschen; wir müssen die Bevölkerung auf ein Viertel reduzieren. Damit leistest du also einen Beitrag zu einem Riesenprojekt. Es ist ein Segen, wenn du kein Kind zur Welt bringst!

Laß den Gedanken fallen, daß du aus Liebe heraus etwas Höheres schaffen könntest. Wenn du wirklich etwas schaffen willst, mußt du die Liebe aus dem Spiel lassen, denn Liebe ist eine solche Befriedigung, eine solche Erfüllung, ein solches Wunder – wer will dann noch Gedichte schreiben?

Mir ist noch kein einziger Liebender – ob Mann oder Frau – untergekommen, der Gedichte, Gemälde, Skulpturen geschaffen hätte – einfach weil Liebe so zufrieden macht. Die ganze Kreativität bedarf einer gewissen Unzufriedenheit, einer Wunde, die man zudecken muß.

Ich begrüße deine Idee: Tue alles, wozu deine Kreativität dich drängt – aber sei dir bewußt: Was dir abgeht, ist der Minderwertigkeitskomplex des Mannes, und darum kannst du nicht mit ihm mithalten. Du bist bereits in der besseren Position. Der Mann ist arm dran – hab Mitgefühl mit dem armen Kerl! **(112)**

Du hast gesagt, Frauen bringen Kinder hervor und Männer bringen Kunst und andere materielle Dinge hervor. Ist es denn unnatürlich oder neurotisch für eine Frau, wenn sie sich keine Kinder wünscht und lieber Künstlerin ist? Ich wollte noch nie ein Kind haben. Tanzen, Musizieren, Dichten, Theaterspielen, Malen waren immer meine Leidenschaft und sind meine Ausdrucksformen. Kannst du etwas dazu sagen?

Daran ist nichts Unnatürliches. Wenn du kein Kind haben willst, ist es dein gutes Recht. Wenn du deine Kreativität in Malerei, Kunst und Musik stecken willst, ist das völlig in Ordnung – viel besser, als ein Kind hervorzubringen, das eine zusätzliche Last für diese Erde darstellen würde. Und wer weiß, was für ein Kind du hervorbringen würdest?

Ein Gemälde ist harmlos, und Musik ist etwas Wunderbares, auch der Tanz. Nein – daran ist nichts unnatürlich. Die Männer haben den Frauen immer wieder einzureden versucht, daß es ihre natürliche Pflicht sei, Kinder zu gebären. Auf diese Weise haben sie die Frau versklavt, denn wenn sie Kinder bekommt – woher sollte sie die Zeit zum Malen nehmen? Woher sollte sie die Zeit zum Komponieren oder zum Schreiben von Gedichten und Theaterstücken nehmen?

Auf der einen Seite haben sie also die Frau gezwungen, fortwährend schwanger zu sein. Noch vor hundert Jahren waren alle Frauen auf der Welt dauernd schwanger. Ein Kind nimmt ihr neun Monate ihres Lebens, und dann muß sie es aufziehen. Und wenn das Kind noch nicht einmal sechs Monate alt ist, wird sie schon wieder schwanger. Es ist wie Kettenrauchen. Und ein Kind allein ist schon eine solche Belastung ...

Ich stimme dir zu. Man hat mich oft gefragt: »Möchtest du kein Kind haben?« Ich habe gesagt: »Ich? – Entweder würde ich das Kind umbringen oder mich selbst, aber wir könnten nicht zusammen existieren! Ein Kind im selben Zimmer wie ich? – Unmöglich!« Um auf Nummer sicher zu gehen, habe ich nie geheiratet, denn wer weiß – vielleicht würde die Frau ein Kind wollen, und dann wird es problematisch.

Es ist also kein Problem, außer du hast das Gefühl, es sei eines. Achte nicht auf das, was andere sagen – daß es unnatürlich sei. Für andere mag es unnatürlich sein, aber sie können ja so viele Kinder haben, wie sie wollen. Wenn du dich gut fühlst mit Malen, Dichten, Komponieren, dann wirst du dieser Welt bessere Kinder schenken – harmlose Kinder, die vielen Menschen Freude bescheren. **(113)**

Du hast einmal gesagt, daß Sex zum Zweck der Fortpflanzung Sünde sei. Ich habe auch deine Worte gelesen, wo du sagst, der größte schöpferische Akt der Frau bestünde darin, ein Kind zu gebären, und es sei ein gewaltiger Unterschied zwischen einer Frau und einer Mutter. Wenn das stimmt, ist es dann auch Sünde, Sex und Liebe auszutauschen in der Hoffnung, ein Kind zu zeugen und die Freude zu erleben, die im Schöpfungsakt und im Erneuern der Energie des Universums liegt?

Ja, früher war es der größte schöpferische Akt einer Frau, ein Kind zu gebären, aber für die Zukunft trifft das nicht mehr zu.

In der Vergangenheit war die Erde noch nicht so stark bevölkert. Kinder zu gebären war eine Notwendigkeit, eine große Notwendigkeit, und die Frau hat ihr entsprochen. Heute jedoch muß sie sich neue Dimensionen der Kreativität erschließen; nur dann wird sie Gleichheit mit dem Mann erreichen. Früher war sie nur eine Gebärmaschine im Dienste des Mannes, um mehr Kinder zu erzeugen. Mehr Kinder zu haben brachte ökonomische Vorteile, denn die Kinder mußten auf jede nur mögliche Weise mithelfen, sie waren noch keine solche Belastung.

In den armen Ländern herrscht noch immer diese alte Vorstellung, daß man wirtschaftlich besser gestellt ist, je mehr Kinder man hat. Früher stimmte das auch, aber heute es ist absolut unrichtig. Mohammed heiratete neun Frauen und erlaubte den Mohammedanern, vier Frauen zu heiraten, damit es mehr Mohammedaner gäbe, denn zwischen den Mohammedanern und den Andersgläubigen war ständig Krieg, und es war eine Frage der Macht, der Zahlenpolitik. Es war daher von großer wirtschaftlicher und politischer Bedeutung, daß ein Mann mehrere Frauen heiratete, ja es war sogar üblich, daß man Frauen aus anderen Stämmen raubte. Eine Frau zu stehlen hatte mehr Wert, als einen Mann zu stehlen, weil der Mann nicht so reproduktiv ist: Ein einziger Mann reicht für viele Frauen; er kann viele Kinder zeugen.

Doch heute sieht die Lage ganz anders aus: Unsere Welt ist übervölkert. Heute ist es eine zwingende Notwendigkeit, die kreative Energie der Frauen in neue Dimensionen zu lenken – in die Dichtkunst, die Literatur, die Malerei, die Musik, die Architektur, die Bildhauerei, in den Tanz. Sie sollten das ganze Spektrum der kreativen Betätigung zur Verfügung haben.

Heute ist es gefährlich, ein Kind hervorzubringen. Die Erdbevölkerung noch zu vermehren ist inzwischen selbstmörderisch. Wir sind schon mehr als genug!

Heutzutage Kinder in die Welt zu setzen, ist nicht kreativ,

sondern destruktiv! Der ganze Kontext hat sich geändert, und wir müssen lernen, mit dem neuen Kontext anders umzugehen. Früher konnte die Frau keine großen Leistungen in Dichtung, Musik, Kunst und Literatur hervorbringen; sie konnte nicht Wissenschaftlerin werden – geschweige denn Mystikerin. Sie konnte gar nichts tun, weil sie ständig schwanger war. Sie war ausgezehrt, verbraucht durch so viele Kinder – Dutzende von Kindern – und immer schwanger, krank. Sie hatte noch nicht richtig gelebt – sie hatte gar keine Zeit zum Leben.

Zum ersten Mal ist es heute dank der Verhütungsmittel und anderer Methoden der Geburtenkontrolle, dank der Sterilisation möglich, daß die Frau sich von ungewollter Schwangerschaft befreien kann und die lang andauernde Belastung des Gebärens und Aufziehens von Kindern nicht mehr auf sich nehmen muß.

So können ihre Energien frei werden. Jetzt kann auch sie zu einem Buddha, Zarathustra, Jesus oder Krischna werden. Jetzt kann auch sie zu einer Schaffenden werden – wie Mozart, Wagner, Leonardo da Vinci, Michelangelo, Shakespeare, Kalidas, Rabindranath Tagore, Tolstoi, Tschechow, Gorki, Dostojewski.

Und mein Gefühl sagt mir, daß die Frauen, sobald sie völlig befreit sind vom Kinderkriegen, in der Lage sein werden, noch größere Buddhas hervorzubringen. Warum? – Weil sie eine viel mächtigere schöpferische Kraft in sich tragen als die Männer.

Früher war ihre Kreativität auf das Gebären von Kindern beschränkt, und das ist keine große Kreativität – es ist bloß biologisch. Jedes Tier kann das. Was ist daran großartig? Ein Kind zu gebären ist nicht etwas Bewußtes, Beabsichtigtes, Meditatives. Man wird nur von der Natur, von der Biologie dazu benutzt, die menschliche Rasse, das Menschengeschlecht fortzupflanzen.

Darum ist in jedem Menschen ein gewisses unterschwelliges Schuldgefühl vorhanden, auch ohne die Priester. Die Priester haben das benutzt, haben das ausgebeutet, aber sie haben es nicht eigentlich geschaffen. Der Sex ist unterschwellig von Schuld begleitet. Das haben die Priester verstärkt und als Grundlage für eine ungeheure Ausbeutung benutzt. Auf diese Weise konnten sie den Menschen viel wirkungsvoller beherrschen, indem sie ihm Schuldgefühle machten.

Es muß aber ein Grund dafür im Menschen selbst vorhanden sein, sonst könnte man ihm ohne diese Basis keine Schuld auferlegen. Tief im Innern fühlt es der Mensch. Auf subtile, unbewußte Weise spürt er, daß der Sex nicht bewußt ist – er ist unbewußt. Er ist etwas Mechanisches und benutzt dich nur als Mittel zum Zweck; du bist nicht Herr darüber. Es ist ein biologischer Zwang. In Wirklichkeit bist nicht du es, der einen Mann, eine Frau begehrt – es sind nur die Hormone!

Und wenn ihr wißt, daß ihr benutzt werdet, und entdeckt, daß ihr unfähig seid, euch dieser Sklaverei zu entziehen, entsteht Schuld in euch, daß ihr nicht Manns genug seid, daß ihr nicht wirklich der Herr seid, daß ihr nur ein Sklave seid. Der Geschlechtsakt ist etwas Tierisches.

Das meine ich damit, wenn ich sage, daß Sex zum Zweck der Fortpflanzung Sünde ist. Das Wort »Sünde« ist hier nicht im moralischen Sinne gemeint. Ich sage nur, daß es sündhaft ist, weil es unbewußt ist, weil es unmeditativ ist. Nicht *du* tust es, sondern du wirst von unbewußten Kräften gezwungen, es zu tun. Das habe ich gemeint, als ich sagte, daß Sex zur Fortpflanzung Sünde sei.

Die Erde braucht heute nicht noch mehr Menschen. Wenn ihr es darauf anlegen wollt, aus dieser Erde eine Hölle zu machen – dann bitteschön: Pflanzt euch weiter fort! Dann hört auf den Papst und auf Mutter Teresa! Dann hört auf all diese dummen Leute, die euch einreden wollen, daß ihr keine Verhütungsmittel, keine Geburtenkontrolle, keine Sterilisation anwenden sollt, weil es unreligiöse Handlungen sind. Dann hört auf diejenigen, die euch sagen, daß ihr keine Abtreibungen vornehmen sollt, weil es unmoralisch sei.

Wenn ihr das alles aber ablehnt – Abtreibung, Verhütungsmittel, Sterilisation – dann seid ihr es, die für den globalen Selbstmord verantwortlich sind! Es ist reine Gewalttätigkeit. Und wir kommen diesem Punkt täglich näher. Das ist der

Hauptgrund, weshalb ich sage, daß Sex zum Zweck der Fortpflanzung Sünde ist.

Doch der Papst, Mahatma Gandhi und all die anderen sogenannten Heiligen sagen, daß Sex nur moralisch sei, wenn er zum Zweck der Fortpflanzung betrieben wird. Damit sagen sie eigentlich, daß Sex nur gut ist, wenn er tierisch ist – denn die Tiere betreiben Sex ausschließlich zum Zweck der Fortpflanzung.

In meinen Augen ist Sex zur Fortpflanzung deswegen Sünde, weil er tierisch ist, weil er unbewußt ist, weil er rein biologisch ist.

Wenn ihr Sex habt aus reiner Freude daran, eure Energie mit einem anderen Menschen auszutauschen, um Intimität zu erfahren, dann ist es eine Gelegenheit, um von Energie zu Energie, von Herz zu Herz miteinander zu kommunizieren. Es ist ein Verschmelzen, ein Einswerden miteinander – zu keinem anderen Zweck.

Wenn ein Zweck da ist – etwa, um ein Kind zu zeugen –, dann wird es zu einem Geschäft. Wenn kein Zweck da ist, wenn es einfach Spaß ist, ohne Zweck, nur dann hat es eine Schönheit, nur dann erzeugt es keine Abhängigkeit. Dann könnt ihr frei werden von der Biologie, dann wachst ihr über die Biologie hinaus, dann geht ihr über die Tiere hinaus und erreicht die Gipfel des Menschseins.

Für mich ist Sex nur dann etwas Schönes, wenn er nicht zweckorientiert ist, wenn er reine Verspieltheit ist, wenn ihr ihn für keine anderen Ziele benutzt als für die reine Freude an der Kommunion mit einem Mann oder einer Frau.

Dann habt ihr das niedrigere Leben der Tierwelt transzendiert und seid in eine höhere Dimension aufgestiegen.

Und merke dir: Fortpflanzung ist nicht Schöpfung! Wenn die Frau von der unnötigen Bürde der Fortpflanzung befreit ist, kann sie schöpferisch werden – und zwar machtvoller als der Mann! Wenn sie einem Kind das Leben schenken kann, warum sollte sie nicht auch herrliche Musik ins Leben rufen können? Doch bisher war das nicht möglich, und der Mann versuchte, es zu rationalisieren ...

Wenn die schöpferischen Energien der Frau erst einmal freigesetzt sind, wird sie zur Kreativität fähig. Aber ich glaube, der Mann hat Angst vor ihrer Kreativität. Sie kann ihn zweifellos darin übertreffen, denn sie ist von Natur aus besser ausgestattet mit kreativer Energie.

Ich bin ganz und gar für Kreativität, aber vergiß nicht: Fortpflanzung ist nicht Kreativität. Das ist nicht gleichbedeutend. Kreativität ist etwas Bewußtes; Fortpflanzung ist unbewußt. Kreativität ist meditativ, doch Fortpflanzung hat nicht das geringste mit Meditation zu tun.

Der Mann hat die Frau beinahe wie Vieh benutzt. Er hat sie benutzt, um ihm seine Kinder zu züchten; er hat sie wie eine landwirtschaftliche Zuchtanstalt benutzt. Das englische Wort *husband* (»Ehemann«) bedeutet eigentlich »Bauer, Landwirt«: Die Frau ist der Acker, den der Mann beackert, damit sie jedes Jahr eine gute Ernte abwirft.

Die Frau kann niemals frei werden, solange sie eines nicht versteht: Sie muß sich von diesem Muster der Vergangenheit befreien. Der Mann hat ihr versucht einzureden: »Du bist großartig, weil du Kinder gebärst!« Damit hat er es rationalisiert, damit hat er sie getröstet. Hütet euch vor diesen Tricks! Der Mann hat die Frau auf jede erdenkliche Weise ausgenutzt, und jetzt ist endlich Zeit, mit all dieser Ausbeutung Schluß zu machen! **(114)**

Die Frauen haben jetzt eine große Chance, da sie sich von der biologischen Versklavung befreien. Natürlich hat der Mann sie immer gepriesen für ihre großartige schöpferische Leistung beim Kinderkriegen. Aber was für Kinder habt ihr denn hervorgebracht? Schaut euch nur um in dieser Welt: Das sind eure Kinder – welch eine kreative Leistung! Die Tiere tun es auch, und wahrscheinlich besser als ihr!

Gewiß, der Mann hat der Frau höchstes Lob gezollt: »Du bist eine großartige Schöpferin, weil du Kinder zur Welt bringst!« Das war ein ganz spezieller Trick des Mannes. Es sollte bewirken, daß die Frau mit dem Kinderkriegen weitermacht. Und in den armen Ländern geschieht es auch weiterhin – ein Dutzend Kinder sind dort keine Seltenheit. Manche Frauen haben sogar mehr als ein Dutzend …

Trotzdem sind sämtliche Religionen dieser Welt gegen die Geburtenkontrolle, gegen die Pille, gegen die Abtreibung.

Damit sind die Frauen weiterhin dazu verdammt, Sklavinnen der Biologie zu sein und mit ihren Energien weiterhin mittelmäßige Leute zu produzieren: die dienende Masse, die für die Armee, für die Marine, für die Luftwaffe gebraucht wird, um zu töten oder getötet zu werden – oder bestenfalls, um Angestellte, Krankenschwestern, Gepäckträger zu werden. Was meinen sie mit »schöpferisch« – einen Gepäckträger zu gebären? Kann man sich darauf etwas einbilden? Kann man darauf stolz sein? Ein jeder Vater, eine jede Mutter sollte sich schämen – das ist die Kreativität der Tiere!

Die Wissenschaft gibt euch heute die Möglichkeit, euch von der Fessel der Biologie zu befreien. Das ist eine große Befreiung, weil Sex nun zum ersten Mal nicht mehr nur ein biologisches Mittel zur Fortpflanzung ist, sondern zum Spiel wird, zu reiner Freude!

Wenn die Energie der Frau nicht mehr ins Kinderkriegen geht, gibt es tausenderlei Möglichkeiten, wie sie diese Welt verschönern kann. Alles, was die Welt schöner macht, ist kreativ. Du kannst den Garten um dein Haus herum gestalten. Du kannst Pflanzen züchten – neue Blumen, die es noch nie gab, mit neuen Düften, die diese Erde noch nie gekannt hat.

Die Frauen sollten mit den Männern auf allen Gebieten wetteifern. Ihr solltet ihnen beweisen, daß ihr gleichwertig seid – aber nicht durch feministisches Gehabe. Beweist es durch euer Tun, daß ihr ihnen ebenbürtig seid, wenn nicht sogar überlegen! Der Feminismus hat nur den Haß gegen die Männer geschürt, aber das bringt euch keine Gleichheit. Die Gleichheit müßt ihr euch erwerben, müßt ihr euch erst verdienen.

Seit die Pille euch von der biologischen Sklaverei befreien kann, könnt ihr eure Energien frei einsetzen. Die Frau hat einen zarteren, biegsameren Körper; sie kann besser tanzen als jeder Mann. Der Mann, so durchtrainiert er auch sein mag, bleibt immer irgendwie steif. Er kann nichts dafür, sein Körperbau ist steif. Die Frauen können die besten Tänzer der Welt werden.

Frauen sind sehr phantasiebegabt, aber ihre Phantasie war immer auf ihr Heim beschränkt – wegen der Kinder. Seit Jahrtausenden hielten die Kinder sie ans Haus gefesselt, und darum wurde es ihnen fast zur zweiten Natur. Ansonsten sehe ich keine natürliche Notwendigkeit, weshalb die Frauen ihre Phantasie auf die eigenen vier Wände beschränken sollten.

Die Sterne gehören der Frau genauso wie dem Mann. Sonnenaufgang und Sonnenuntergang – auch sie gehören ihr. Sie muß die Flügel ausbreiten, ihr Bewußtsein. Sie muß ihre Vision, ihre Phantasien, ihre Träume ausdehnen – über die Projektion auf ihre Kinder hinaus. Bisher machte sie sich vor allem darüber Gedanken, was einmal aus ihrem Kind werden könnte: ein Arzt, ein Ingenieur, dies und das.

Jetzt muß die Frau selbst das werden, was sie bisher auf ihr Kind projiziert hat: Ärztin, Ingenieurin, Pilotin. Was ihr euch für euer Kind erträumt habt – warum setzt ihr es nicht direkt in die Realität um und verwirklicht den Traum, den ihr für euer Kind hattet? Ich sehe kein Problem darin.

Die Frauen sind den Männern in so vieler Hinsicht überlegen, und diese Überlegenheit können sie für viele neue Dimensionen der Kreativität nutzen.

Was die Männer geschaffen haben, ist nichts gegen das, was die Frauen hervorzubringen imstande sind, wenn sie erst einmal auf den Schauplatz treten – mit all ihrer Zentriertheit, ihrer Rundheit, ihrer Besonnenheit, ihrer Liebe.

Begebt euch also in all jene Richtungen, von denen ihr euch die Erfüllung versprecht! Wenn die Frauen erst einmal anfangen, alles das hervorzubringen, was bisher nur den Männern vorbehalten war – ich sage euch: Ihr werdet nicht mehr um Gleichheit bitten müssen, denn ihr Frauen seid das überlegene Geschlecht – von Natur aus, weil die Natur die Frau so geschaffen hat, daß sie Kinder hervorbringen kann.

Jetzt ist eure Zeit gekommen, um auf allen Gebieten kreativ

zu werden. Auch ihr solltet euren Picasso, euren Mozart, euren van Gogh, euren Shakespeare hervorbringen! Und es spricht überhaupt nichts dagegen. Vielleicht wird es sogar noch ein bißchen besser, ein bißchen runder sein. Und eure Skulpturen werden zweifellos lebendiger sein!

Nur in einer Hinsicht werdet ihr euch nie mit den Männern messen können – und bitte versucht nicht, auf diesem Gebiet mit ihnen zu wetteifern – das sind die Muskeln. Was die Muskeln angeht, laßt den Männern ihre Überlegenheit. Der Tag, an dem die Frauen ebenfalls anfangen, zum Bodybuilding ins Fitneßstudio zu gehen, wird der schlimmste Tag in der Geschichte der Menschheit sein!

Wenn ich die Augen schließe und mir vorstelle, Tausende von muskulösen Frauen säßen hier vor mir: Ich würde nie wieder zu euch herauskommen! **(115)**

Wenn die Frauen die Führung übernehmen – in Politik, Wissenschaft, Dichtkunst, Malerei –, dann werden sie in jedem Bereich eine völlig neue Perspektive einbringen. Frauen sollten Professorinnen und Pädagoginnen sein – sie sollten überall anzutreffen sein.

Sie machen eine Hälfte der Welt aus – ihnen gehört eine Hälfte der Welt! Und nach meinen Erfahrungen sind sie überaus kompetent und zuverlässig.

Du kannst ihnen mehr vertrauen, weil sie nicht über den Kopf mit dir in Verbindung treten, sondern über das Herz. **(116)**

Ich habe immer geglaubt, ich sei unkreativ. Worin kann Kreativität denn noch bestehen, außer in Tanzen und Malen? Und wie kann ich herausfinden, worin meine Kreativität liegt?

Kreativität hat nichts mit einer bestimmten Tätigkeit zu tun – mit Malen, Dichten, Tanzen, Singen. Sie ist an nichts Bestimmtes gebunden.

Alles kann kreativ sein, wenn du einer Handlung diese Qualität verleihst. Eine Handlung ist an sich weder kreativ noch unkreativ. Man kann auf unkreative Weise malen, man kann auf unkreative Weise singen. Man kann auf kreative Weise den Boden sauber machen, man kann auf kreative Weise kochen.

Kreativität ist die Qualität, die du in eine Aktivität einbringst. Es ist eine innere Haltung, eine Sache der Einstellung, mit der du etwas angehst.

Als erstes mußt du dir also merken: Reduziere Kreativität nicht auf bestimmte Dinge. Wenn ein Mensch kreativ ist – wenn er wirklich kreativ ist, wird alles, was er tut, sogar sein Gang, ein Ausdruck von Kreativität sein. Sogar wenn er still sitzt und gar nichts tut, ist sein Nichtstun ein kreativer Akt. Buddha, der unter dem Bodhi-Baum sitzt und nichts tut, ist der kreativste Mensch, den die Welt je gesehen hat.

Sobald du das verstehst – daß es an dir, an deiner Person liegt, ob du kreativ oder unkreativ bist –, dann löst sich dieses Problem auf.

Nicht jeder kann ein Maler sein, und das ist auch nicht notwendig. Wenn jeder ein Maler wäre, wäre die Welt nicht mehr schön; es wäre schwierig, darin zu leben. Und nicht jeder kann ein Tänzer sein, und das ist auch nicht nötig. Aber jeder Mensch kann kreativ sein.

Was auch immer du tust – wenn du es mit Freude machst, wenn du es mit Liebe machst, wenn deine Handlung nicht bloß ökonomisch ist, dann ist es kreativ. Wenn etwas in dir daraus hervorwächst, wenn es dir Wachstum bringt, dann ist es spirituell, dann ist es kreativ, dann ist es göttlich. Du wirst göttlicher, indem du kreativer wirst.

Alle Religionen dieser Welt sagen: Gott ist der Schöpfer. Ich weiß nicht, ob Er der Schöpfer ist oder nicht, aber eines weiß ich: Je schöpferischer du wirst, um so göttlicher wirst du. Wenn deine Schöpferkraft ihren Höhepunkt erreicht, wenn dein ganzes Leben schöpferisch wird, dann lebst du in Gott. Er muß also tatsächlich der Schöpfer sein, weil jene Menschen, die schöpferisch sind, Ihm immer am nächsten waren.

Liebe das, was du tust. Sei meditativ, während du es tust – was auch immer es ist!

Kreativität bedeutet, das zu lieben, was du tust – es zu genießen, es zu feiern. Es ist ein Geschenk Gottes! Vielleicht erfährt niemand davon, die Geschichte nimmt es nicht zur Kenntnis, die Zeitungen veröffentlichen nicht deinen Namen oder dein Foto – aber darauf kommt es nicht an. Du hast deine Freude daran gehabt. Der Wert liegt im Tun.

Wenn du also darauf aus bist, berühmt zu werden, und denkst, dann seist du kreativ ... wenn du meinst, man sei kreativ, wenn man so berühmt wird wie Picasso – dann verfehlst du es. Im Gegenteil, dann bist du überhaupt nicht kreativ; dann bist du nur ein Politiker, ein Ehrgeizling.

Wenn Berühmtheit sich einstellt – gut; wenn sie sich nicht einstellt – auch gut. Sie sollte nicht der Beweggrund sein. Der einzige Beweggrund sollte sein, daß du Spaß an dem hast, was du tust – daß es eine Liebesaffäre für dich ist.

Wenn dein Tun eine Liebesaffäre ist, dann wird es kreativ. Kleine Dinge werden zu etwas Großartigem, wenn sie von Liebe und Wonne begleitet sind.

Die Fragestellerin sagt: *»Ich habe immer geglaubt, ich sei unkreativ.«* Wenn du das glaubst, wirst du unkreativ sein – denn Glauben ist nicht bloß Glauben: Er öffnet Türen, er verschließt Türen. Wenn du einen falschen Glauben hegst, begleitet er dich als verschlossene Tür. Wenn du glaubst, unkreativ zu sein, dann wirst du unkreativ werden, weil dieser Glaube alle deine Möglichkeiten, in Fluß zu kommen, stets behindern und aufheben wird. Er wird deine Energie nicht fließen lassen, weil du dir ständig sagst: »Ich bin unkreativ.«

Aber so hat man es uns allen beigebracht. Nur ganz wenige Menschen werden als Kreative anerkannt: ein paar Maler, ein paar Dichter – einer unter einer Million. Das ist töricht! Jeder Mensch wird kreativ geboren. Wenn man Kinder beobachtet, kann man es sehen: Alle Kinder sind kreativ, aber wir zerstören nach und nach ihre Kreativität. Nach und nach zwingen wir ihnen falsche Meinungen auf. Nach und nach lenken wir sie von sich selbst ab. Nach und nach machen wir sie immer berechnender, politischer, ehrgeiziger.

Sobald Ehrgeiz hinzukommt, verschwindet die Kreativität – denn ein ehrgeiziger Mensch kann nicht kreativ sein, ein ehrgeiziger Mensch kann keine Aktivität um ihrer selbst willen lieben. Während er einen Roman schreibt, wird er vorausschauen und denken: »Wann bekomme ich den Nobelpreis?« Während er ein Bild malt, wird er vorauseilen. Er ist immer in der Zukunft. Doch ein kreativer Mensch ist immer in der Gegenwart.

Wir machen alle Kreativität zunichte. Niemand wird unkreativ geboren, aber wir machen neunundneunzig Prozent aller Menschen unkreativ.

Die Schuld daran der Gesellschaft in die Schuhe zu schieben wird aber nichts helfen: Du mußt dein Leben selbst in die Hand nehmen. Du mußt die falschen Prägungen aufgeben. Du mußt die falschen, hypnotischen Autosuggestionen aufgeben, die man dir von Kindheit an mitgegeben hat. Laß sie fallen! Reinige dich von allen Konditionierungen – dann wirst du plötzlich sehen, wie kreativ du bist!

Zu sein ist gleichbedeutend mit kreativ zu sein. Es ist unmöglich, zu sein und *nicht* kreativ zu sein. Aber diese Unmöglichkeit ist eingetreten, dieses häßliche Phänomen ist eingetreten, weil all deine kreativen Quellen verstopft sind, blockiert sind, zerstört sind und deine ganze Energie in irgendwelche Aktivitäten gelenkt wurde, die man in der Gesellschaft für profitabel hält.

Unsere ganze Einstellung zum Leben ist geldorientiert. Geld ist aber eines der unkreativsten Dinge, für das man sich interessieren kann. Unsere ganze Orientierung ist machthungrig, doch Macht ist destruktiv und nicht kreativ. Ein Mensch, der hinter dem Geld her ist, wird destruktiv, denn Geld muß man sich erräubern, man muß es sich erbeuten. Nur wenn man vielen anderen etwas wegnimmt, kann man selbst zu Geld kommen. Macht zu erlangen bedeutet, daß man viele andere entmachten muß, daß man sie vernichten muß – nur so kann man mächtig werden, nur so kommt man an die Macht.

Denke daran: Solches Tun ist destruktiv. Kreatives Tun wird mehr Schönheit auf diese Welt bringen. Es wird der Welt etwas geben und nie etwas wegnehmen. Ein kreativer Mensch ist auf der Welt, um ihre Schönheit zu vermehren – durch ein Lied, ein Bild. Er wird dazu beitragen, daß die Welt mehr tanzt, sich mehr freut, mehr liebt, mehr meditiert. Wenn er diese Welt verläßt, wird er sie ein wenig schöner zurücklassen. Ob ihn jemand kennt oder nicht, spielt keine Rolle. Er hinterläßt eine bessere Welt und ist ungeheuer erfüllt, weil sein Leben einen inneren Wert hatte.

Geld, Macht, Ruhm – das alles ist unkreativ. Und nicht nur unkreativ, sondern destruktiv. Hüte dich davor! Und wenn du diesen Dingen aus dem Weg gehst, kannst du sehr leicht kreativ werden. Ich sage nicht, daß deine Kreativität dir zu Macht, Ruhm und Geld verhelfen wird. Keineswegs. Ich kann dir keine Rosengärten versprechen. Vielleicht wird sie dir auch Unannehmlichkeiten bereiten. Vielleicht wird sie dich zwingen, ein ärmliches Leben zu leben. Ich kann dir nur versprechen, daß du tief im Innern der reichste Mensch überhaupt sein wirst; tief im Innern wirst du zufrieden sein; tief im Innern wirst du voller Freude und Jubel sein. Du wirst ständig neue Gaben von Gott erhalten, und dein Leben wird zu einem einzigen Geschenk.

Es ist gut möglich, daß du außen nicht berühmt wirst, daß du nicht zu Geld und Erfolg in der Welt kommst. Aber in der sogenannten Welt Erfolg zu haben bedeutet, in der inneren Welt zu scheitern, innerlich ein Versager zu sein. Was fängst du mit der ganzen Welt an, die dir zu Füßen liegt, wenn du dein eigenes Selbst verloren hast? Was wirst du tun, wenn dir die ganze Welt gehört, aber du gehörst dir selber nicht? Ein kreativer Mensch gehört sich selbst; er ist sein eigener Herr …

Sei eine Gebende! Verschenke, was immer du verschenken kannst! Und wohlgemerkt, ich mache keinen Unterschied zwischen kleinen und großen Dingen. Wenn du von ganzem Herzen lächeln kannst, wenn du jemanden bei der Hand nehmen und lächeln kannst, dann ist es ein kreativer Akt, eine großartige kreative Handlung. Wenn du jemanden umarmst und ihn an dein Herz drückst, bist du kreativ. Wenn du jemanden mit liebevollen Augen anschaust ... ein einziger liebevoller Blick kann für einen Menschen die ganze Welt verändern.

Sei kreativ. Kümmere dich nicht darum, *was* du tust – vieles muß getan werden – aber tue es auf kreative Weise, mit Hingabe. Dann wird deine Arbeit zur Andacht. Dann wird alles, was du tust, zu einem Gebet. Und alles, was du tust, wird zu einer Opfergabe auf dem Altar deines Lebens.

Gib diese Meinung auf, daß du unkreativ seist. Ich weiß, wie diese Meinung zustande kam: Du hast vielleicht nicht gerade *summa cum laude* promoviert, warst vielleicht nicht die Beste deiner Klasse; vielleicht sind deine Bilder nicht bewundert worden, und wenn du auf deiner Flöte spielst, beschweren sich die Nachbarn bei der Polizei. Das mag alles sein – aber deswegen solltest du nicht diese falsche Meinung von dir haben, daß du unkreativ bist. Vielleicht kommt es auch daher, daß du andere nachahmst.

Die Leute haben eine sehr begrenzte Vorstellung davon, was kreativ sein heißt: auf der Gitarre oder Flöte zu spielen oder ein Gedicht zu schreiben – und dann schreiben sie irgendwelchen Schrott und nennen es Gedicht. Du mußt herausfinden, was dir liegt und was nicht. Nicht jeder kann alles tun! Du mußt dich auf die Suche machen und deine Bestimmung herausfinden. Gewiß, du wirst erst einmal im Dunkeln tappen. Es ist nicht so eindeutig erkennbar, was deine Bestimmung ist – aber so ist das im Leben. Und es ist gut, daß man danach suchen muß – durch diese Suche wird etwas in dir wachsen.

Wenn Gott dir bei deinem Eintritt ins Leben einen Lebensplan überreichen würde – dies ist dein Leben: du wirst eine Gitarristin werden –, dann würde das Leben mechanisch ablaufen. Nur eine Maschine ist vorhersehbar, nicht aber ein Mensch. Der Mensch ist unvorhersehbar. Der Mensch ist immer eine Öffnung, ein Potential von tausenderlei Möglichkeiten. Viele Türen stehen offen, und bei jedem Schritt gibt es immer viele Möglichkeiten – und du mußt wählen, du mußt es spüren. Doch wenn du dein Leben liebst, wirst du in der Lage sein, es zu finden.

Wenn du aber nicht dein Leben, sondern etwas anderes liebst, dann entsteht ein Problem. Wenn du das Geld liebst und dann kreativ sein willst, kannst du nicht kreativ werden. Dein Ehrgeiz nach Geld wird deine Kreativität zunichte machen. Wenn du Ruhm haben willst, vergiß die ganze Kreativität. Ruhm ist leichter zu erlangen, wenn man destruktiv ist. Der Ruhm kommt leichter zu einem Adolf Hitler oder zu einem Henry Ford. Man wird leichter berühmt, wenn man in Konkurrenz tritt, wenn man auf Biegen und Brechen konkurriert. Wenn man imstande ist, andere fertigzumachen oder umzubringen, dann stellt sich der Ruhm viel leichter ein.

Die ganze Geschichte ist eine Geschichte von Mördern. Wenn du zum Mörder wirst, wirst du schnell berühmt. Du kannst Premierminister werden, kannst Präsident werden – aber das sind alles nur Masken. Dahinter findet man sehr gewalttätige Leute, schrecklich gewalttätige Leute, die sich hinter ihrem Lächeln verstecken. Ihr Lächeln ist Politik, es ist Diplomatie. Wenn die Maske verrutscht, sieht man, daß sich dahinter immer ein Dschingis Khan, Tamerlan, Napoleon, Alexander oder Hitler verbirgt.

Wenn du berühmt werden willst, rede lieber nicht von Kreativität. Ich schließe nicht aus, daß auch ein kreativer Mensch berühmt werden kann, aber es geschieht selten, äußerst selten. Und wenn, dann eher zufällig, und es braucht seine Zeit. Es ist fast immer so, daß ein kreativer Mensch erst nach seinem Abgang berühmt wird – es geschieht immer posthum, mit großer Verspätung.

Jesus war zu seiner Zeit überhaupt nicht berühmt. Wenn es die Bibel nicht gäbe, wüßte man gar nichts von ihm. Die Berichte stammen von vier seiner Jünger; außer ihnen hat niemand auch nur erwähnt, daß er überhaupt existierte. Er war nicht berühmt, er war auch nicht erfolgreich. Könnt ihr euch einen größeren Verlierer vorstellen als Jesus? Und dennoch wurde er mit der Zeit immer bedeutender, und die Leute fingen an, ihn anzuerkennen. Es braucht seine Zeit.

Je bedeutender jemand ist, desto mehr Zeit brauchen die Menschen, um ihn anzuerkennen, denn wenn ein großer Mensch geboren wird, gibt es keine Kriterien, an denen man ihn messen könnte, gibt es keine Landkarten, nach denen man ihn einordnen könnte. Er muß sich seine eigenen Werte erschaffen, und bis es soweit ist, daß er seine Werte geschaffen hat, ist er schon wieder abgetreten. Es dauert Jahrtausende, bis ein kreativer Mensch anerkannt wird, und auch dann ist es nicht garantiert. Es gab unzählige kreative Menschen, die niemals anerkannt wurden. Es ist reiner Zufall, wenn ein kreativer Mensch Erfolg hat. Für einen unkreativen, destruktiven Menschen ist Erfolg viel wahrscheinlicher.

Wenn du also im Namen der Kreativität etwas anderes anstrebst, dann laß die ganze Idee des Kreativseins lieber fallen! Soweit es dir bewußt ist, zumindest von deiner Absicht her, tue genau das, was du tun willst. Verstecke dich nie hinter Masken. Wenn du wirklich kreativ sein willst, spielen Geld, Erfolg, Ruhm, Ansehen keine Rolle – dann erfreust du dich an deinem Tun; dann hat jeder Akt seinen eigenen inneren Wert.

Dann tanzt du, weil du gerne tanzt; du tanzt, weil es dir ein Vergnügen ist. Wenn jemand es zu schätzen weiß – gut, dann wirst du dankbar sein. Doch wenn niemand es zu schätzen weiß, macht es dir nicht das geringste aus. Du hast beim Tanzen deine Freude gehabt – das ist schon Erfüllung genug.

Diese Meinung, daß du unkreativ seist, kann gefährlich sein – gib sie auf! Niemand ist unkreativ, nicht einmal die Bäume, nicht einmal die Felsen. Wer die Bäume kennt und liebt, der weiß, daß jeder Baum sich seine eigene Sphäre erschafft, und auch jeder Fels tut das. Sie kreieren sich ihre eigene, unverwechselbare Sphäre. Wenn du sensibel genug wirst, verständnisvoll und voller Empathie, wird es dir etwas sehr Wertvolles geben: Du wirst sehen können, daß jeder Baum auf seine eigene Weise kreativ ist; kein anderer Baum gleicht ihm. Jeder Baum ist einzigartig; jeder Baum hat seine Individualität, so wie jeder Fels seine Individualität hat. Bäume sind nicht bloß

Bäume – es sind Wesen. Felsen sind nicht bloß Felsen – es sind Wesen. Geh und setz dich neben einen Felsen: Beobachte ihn voller Liebe, berühre und spüre ihn voller Liebe.

Man erzählt von einem Zen-Meister, der in der Lage war, riesige Felsbrocken zu heben und zu bewegen – dabei war er ein ganz zart gebauter Mann. Es war eine schiere Unmöglichkeit, wenn man seinen Körperbau betrachtete! Kräftigere Männer, viel stärkere Kerle als er, waren nicht imstande, diese Felsen von der Stelle zu rücken, doch er konnte sie ganz leicht bewegen.

Man fragte ihn, was sein Trick dabei sei. Er sagte: »Es gibt keinen Trick. Ich liebe diesen Stein, darum hilft er mir. Erst sage ich zu ihm: Jetzt hast du mein Prestige in der Hand: All diese Leute sind gekommen, um zuzuschauen. Hilf mir jetzt! Unterstütze mich, ja? – und dann fasse ich den Stein liebevoll an und warte auf ein Zeichen. Und wenn er mir ein Zeichen gibt – dabei läuft es mir wie ein Schauer durchs ganze Rückgrat – wenn der Stein mir das Zeichen gibt, daß er bereit ist, dann bewege ich mich. Ihr bewegt euch gegen den Stein – darum braucht ihr soviel Energie. Ich bewege mich mit dem Stein, ich fließe mit dem Stein. Es ist eigentlich nicht richtig zu sagen, daß ich ihn hebe – ich bin einfach da. Der Stein hebt sich ganz von selbst.«

Ein anderer großer Zen-Meister war Schreiner, und wenn er Tische oder Stühle herstellte, hatten sie eine unfaßbare Qualität, eine enorme Ausstrahlung. Man fragte ihn: »Wie bringst du das zustande?« Er sagte: »Ich bringe es nicht zustande. Ich gehe einfach in den Wald – und das ist das Wichtigste: den Wald zu fragen, die Bäume selbst zu fragen, welcher Baum dazu bereit ist, ein Stuhl zu werden.«

Das hört sich absurd an – weil wir nichts darüber wissen, weil wir diese Sprache nicht beherrschen. Er blieb gewöhnlich drei Tage lang im Wald, setzte sich erst unter den einen Baum, dann unter einen anderen, und er redete mit den Bäumen – so ein Verrückter war er! Man beurteilt einen Baum nach seinen Früchten, und diesen Meister muß man nach seinen Kreationen beurteilen. Einige seiner Stühle existieren heute noch in China – sie haben noch immer diese Ausstrahlung. Man fühlt sich ganz einfach zu ihnen hingezogen, ohne zu wissen, was einen zieht. Und das nach tausend Jahren! – Das ist etwas ungeheuer Schönes.

Er sagte: »Ich gehe hin und sage, daß ich einen Baum suche, der ein Stuhl werden will. Ich frage die Bäume, ob sie das wollen. Nicht nur, ob sie das wollen, sondern auch, ob sie mit mir zusammenarbeiten wollen, ob sie bereit sind, mit mir zu kommen – nur dann. Manchmal geschieht es, daß kein Baum bereit ist, ein Stuhl zu werden – dann komme ich mit leeren Händen wieder.«

Einmal passierte es, daß der chinesische Kaiser ihn bat, ihm ein Regal für seine Bücher zu bauen. Und so ging er hin, und nach drei Tagen kam er wieder und sagte: »Du mußt warten – kein Baum ist bereit, in den Palast zu kommen.« Nach drei Monaten fragte der Kaiser wieder. Der Schreiner sagte: »Ich bin ständig dagewesen und habe versucht, sie zu überreden. Warte noch – einer der Bäume scheint ein wenig geneigt zu sein.« Dann überredete er einen Baum. Er sagte: »Darin besteht die ganze Kunst – daß der Baum von sich aus mitkommt. Dann bittet er einfach nur den Schreiner um Hilfe dabei.«

Wenn du liebevoll vorgehst, wirst du sehen, daß die ganze Existenz Individualität besitzt. Man darf nichts überstürzen, darf nicht drängen. Beobachte, kommuniziere, sichere dir die Unterstützung – dann wirst du viel Energie sparen.

Sogar Bäume sind kreativ, Felsen sind kreativ. Und du bist ein Mensch – der Höhepunkt der Schöpfung! Du bist auf dem Gipfel, denn du bist bewußt.

Denke nie in falschen Meinungen, halte nie fest an falschen Meinungen – daß du unkreativ seist. Vielleicht hat dein Vater einmal zu dir gesagt, daß du unkreativ bist, oder deine Mitschüler haben es gesagt. Vielleicht hast du in der falschen Richtung gesucht, in einer Richtung, wo du gar nicht kreativ bist, aber es muß auch eine Richtung geben, in der du tatsächlich kreativ bist.

Suche und forsche und bleibe offen. Und tappe so lange im Dunkeln, bis du es findest!

Jeder Mensch kommt mit einer besonderen Bestimmung in diese Welt. Jeder hat irgendeinen Auftrag zu erfüllen, eine Botschaft zu verkünden, eine Arbeit zu erledigen. Es ist kein Zufall, daß du hier bist – du bist aus einem ganz bestimmten Grund hier. Hinter dir steht irgendeine Absicht. Das Ganze hat irgend etwas mit dir vor. **(117)**

Ich spüre sehr viel Energie in mir, doch sie kommt oft als Aggression oder Wut heraus. Wie kann ich meine Energie auf kreativere Weise nutzen?

Das ist eines der grundlegendsten Probleme für die Frauen heutzutage auf der ganzen Welt. Es ist nicht nur deine Frage – es ist ein Problem der modernen Frau.

Das Problem besteht darin, daß sie jahrhundertelang überhaupt keine kreative Arbeit getan hat – man hat es ihr nicht gestattet; man hat sie unterdrückt. Sie verbrachte also ihr ganzes Leben mit der gewöhnlichen, tagtäglichen Hausarbeit. Sie lebte weit unter ihren Fähigkeiten.

Das ist in der modernen Welt nun plötzlich verschwunden. Die Frauen sind frei geworden. Nun sind sie nicht länger an den Haushalt gefesselt – aber sie wissen nicht, was sie mit ihrer Energie anfangen sollen, denn seit Jahrhunderten haben sie keine andere Arbeit gekannt. Jetzt ist diese Arbeit nicht mehr da oder nimmt nur einen Teil ihrer Energie in Anspruch, und die übrige Energie bleibt ungenutzt. Dieser ungenutzte und unbeschäftigte Energieanteil wird nun destruktiv.

Du mußt diese Energie in Kreativität umwandeln, sonst wird sie sauer und destruktiv. Energie ist gefährlich: Wenn du sie hast, mußt du sie kreativ umsetzen, sonst wirst du früher oder später sehen, daß sie destruktiv wird.

Darum finde etwas – irgend etwas, was dir Spaß macht – und stecke deine Energie hinein. Nur deinen Partner zu lieben wird nicht ausreichen! Du mußt dein eigenes Energieventil finden. Unterstütze deinen Partner, liebe ihn – aber du brauchst auch deine eigene Individualität. Tue, was immer du gerne tun möchtest. Wenn du malen willst, dann male; wenn du tanzen oder singen willst, wenn du ein Instrument spielen willst, dann tue es – was immer du möchtest. Finde etwas, in dem du völlig aufgehen kannst.

Wenn du ganz im Gitarrespielen aufgehen kannst – wunderbar! In diesen Augenblicken, wenn du dich völlig verlierst, wird deine Energie auf eine schöpferische Weise freigesetzt. Wenn du dich beim Malen, Singen, Tanzen, beim Gitarrenspiel, beim Flötenspiel nicht verlieren kannst, dann wirst du andere, niedrigere Wege finden, um dich zu verlieren: in Zorn, Wut, Aggressivität – das sind die niedrigeren Wege, sich zu verlieren. Und es ist notwendig, sich zu verlieren. Es ist ein Bedürfnis, weil man sonst zu sehr auf sich selbst fixiert ist. Du brauchst Momente, in denen du dich völlig vergessen kannst, weil es dich entlastet.

Darum finde etwas, was dich anzieht. Und es braucht gar nichts Großartiges zu sein. Wenn du den Hausputz liebst, dann mache den Fußboden sauber – das reicht schon! Wenn du gerne kochst, dann koche, aber mache es zu einer Kunst! Werde zu einer Kochkünstlerin! Sogar das Putzen kann man so machen, daß es zu einem Gebet, zur reinsten Andacht wird. Man kann Holz hacken und daraus eine Kunst machen – dann ist es richtig!

Es scheint erstaunlich, aber bei Holzfällern erlebt man selten, daß sie wütend werden, daß sie gewalttätig werden, daß sie zu Mördern werden – weil sie beim Holzfällen ihre ganze Energie umsetzen ... sie sind nette Leute. Und auch bei Jägern findet man oft, daß sie nette Leute sind. Logisch wäre das Gegenteil. Logisch wäre, daß sie sehr gewalttätig sind. Jäger – die etwas so Häßliches tun wie das Töten von Tieren, von unschuldigen Tieren ... Aber ihr werdet oft feststellen, daß sie sehr nette Leute sind und sehr friedliebend – weil sie ihre Aggressionen loswerden.

Aber die gewaltlosen, sogenannten religiösen Leute – sie erweisen sich zumeist als überaus gewaltsam. Die Heiligen, die weisen Männer, sie sind meistens ziemlich gewaltsam, wenn auch auf subtile Weise, denn sie setzen ihre Energie nicht um; sie sind nicht kreativ. Sie sind zwar nicht destruktiv, aber auch nicht kreativ. Wo soll dann ihre Energie hinfließen? Sie wird schwer; sie macht diese Menschen traurig, hölzern, tot.

Das erste ist also: Fang an zu tanzen und gib deine ganze Energie hinein. Und das zweite: Finde irgend etwas, was du gerne tust, und tue es mit Hingabe.

Die früheren Zeiten sind vorüber, in denen die Frauen ans Haus gefesselt waren – und deswegen entsteht jetzt dieses Problem. Die Frau hat sich für die Freiheit entschieden, aber sie weiß noch nicht so recht, wie man frei ist.

Freiheit kommt durch Kreativität. Es ist keine politische Frage. Nur durch Kreativität können die Frauen frei werden. Politische Freiheit ist das eine – sie beseitigt nur die negativen Hindernisse, das ist alles. Sobald die Hindernisse weggeräumt und die Gefängnismauern beseitigt sind, stellt sich heraus, daß es nicht genug ist, dem Gefängnis entronnen zu sein. Jetzt muß man lernen, die Vögel und den Wind und die Sonne und den Mond zu genießen.

Die Politik kann das nicht bringen. Keine Regierung kann dich dazu zwingen, den Mond zu genießen. Du kannst aus dem Gefängnis freikommen – aber was wirst du dann machen? Du hast so lange darin gelebt ... Die Frau hat so lange in Gefangenschaft gelebt, daß ihr der Kosmos unbekannt ist.

Sie war nie kreativ. Jetzt hat sie die Freiheit – aber die Kreativität ist noch nicht da.

Darum sind die Frauen heutzutage so oft wütend und unfähig zu lieben, weil die Wut sich störend auswirkt und die Liebe erschwert. Liebe braucht eine gewisse Harmonie, eine Stille, eine Melodie. Die Wut erzeugt soviel Unruhe, soviel Unstimmigkeit, daß die richtige Stimmung fehlt, selbst wenn sie vergangen ist – selbst wenn sie verraucht ist! Wenn Wut da ist, kannst du natürlich nicht liebevoll sein, aber wenn sie vorüber ist, hat sie soviel kaputtgemacht, hat sie soviel in dir zerstört, daß du auch dann noch nicht lieben kannst. Und wenn sich wieder genug Energie aufgebaut hat, wirst du wieder wütend werden.

Was du also tun kannst: Werde kreativ – dann werden diese Probleme verschwinden! **(118)**

Vielleicht ist einer der Gründe, warum die Frauen nie kreativ waren, der, daß sie es sich nicht leisten konnten, allein in dieser Männergesellschaft zu leben. Eine alleinstehende Frau war ständig in Gefahr. Erst in neuerer Zeit haben ein paar Frauen Karriere gemacht – als Romanschriftstellerinnen, als Dichterinnen, als Malerinnen. Und zwar deshalb, weil in den letzten Jahren – und auch da nur in den fortschrittlichen, hochentwickelten, avantgardistischen Ländern – die Frauen zum ersten Mal in der Lage waren, unabhängig wie der Mann zu leben. Dann können sie anfangen, zu malen, Gedichte zu schreiben, zu komponieren ...

Die Frauen besitzen sämtliche Gaben, aber seit Jahrtausenden bestand ihre einzige Kreativität in ihrem Geschlecht, und ihre ganze sexuelle Energie floß in das Gebären von Kindern ... Könnt ihr euch vorstellen, daß eine Frau, die ein Dutzend Kinder hat, Musik komponiert? Mit diesen zwölf Trommeln um sie herum, die alle möglichen Töne von sich geben ... oder daß die Frau Gedichte schreibt oder malt? Denkt ihr wirklich, die zwölf Kleckser werden stillsitzen? – Sie werden alles bemalen, bevor sie selbst anfängt zu malen! **(119)**

Es ist eine der größten Tragödien in der menschlichen Geschichte: Weil die Frauen für ihre Begabungen niemals Anerkennung fanden, haben sie ihre Talente nach und nach verkümmern lassen.

Denn es war so, daß eine zurückgebliebene Frau mehr Anerkennung bekam, eine dumme Frau wurde mehr geschätzt. Sie brauchte nur einen schönen, wohlproportionierten Körper zu haben, aber nicht mehr – kein Hirn! Am besten war sie nur eine Kuh – ohne Intelligenz, ohne Durchblick. Das wurde von ihr erwartet – weil sonst der Mann beleidigt war und sich schlecht fühlte.

So haben die Frauen im Laufe der Zeit einen Trick gelernt. Die wichtigste Spielregel war: Zeige niemals deine Begabung! Wenn sie intelligent war, mußte sie sich dumm stellen. Wenn sie kreativ war, durfte sie das nicht zeigen. Sie mußte ihre Kreativität auf die kleinen Dinge im Haushalt beschränken: das Eßzimmer, die Küche und all das. Sie durfte nichts tun, was das Ego des Mannes hätte verletzten können – sie durfte keine Gedichte schreiben, durfte nicht malen oder bildhauern, weil der Mann sich sonst unterlegen gefühlt hätte.

Das männliche Ego gestattet es der Frau nicht, sich zur Geltung zu bringen. Dabei hat sie ein paar Qualitäten, die der Mann nicht hat und die er in diesem Ausmaß nicht haben kann. Alles Intuitive fällt den Frauen leichter als den Männern, während alles Intellektuelle den Männern leichter fällt als den Frauen. Der Mann schätzt natürlich den Intellekt. Da er selbst intellektuell ist, schätzt er ihn und verurteilt alles Intuitive – das bezeichnet er als blindes Vertrauen, unsinnigen Quatsch, Dummheit, Aberglauben. Er verurteilt die Intuition, weil er sie nicht besitzt.

Die Frauen im Mittelalter, die man als Hexen verbrannte, hatten tatsächlich große intuitive Klarsicht. Das konnte der Mann nicht dulden, das konnte der Priester nicht dulden. Die ganze Kirche steht bis heute unter der Herrschaft der Männer; das ganze Christentum ist von Männern beherrscht. Keine einzige Frau ist in der Dreifaltigkeit vertreten; die ganze Hierarchie ist männlich.

In Wirklichkeit ging das Ganze nicht gegen die Zauberei der Hexen – es ging gegen die Frauen. Irgendwann, wenn die Geschichte einmal neu und richtig geschrieben wird, wird sich herausstellen, daß es gar nicht um die Hexen ging. Es ging nicht um den Hexenzauber. Worum es tatsächlich ging, war: Mann gegen Frau, Intelligenz gegen Intuition, Vernunft gegen etwas Irrationales, aber sehr Machtvolles.

Weil all diese Hexen verbrannt wurden, weil sie gefoltert, hingemordet, umgebracht wurden, haben sich die Frauen vor lauter Angst aus der Welt in ihr Inneres zurückgezogen. Sie bekamen Angst! Wenn sie irgendeine Begabung zeigten, hielt man sie für Hexen. Wenn ein Mann irgendeine Begabung zeigte, hielt man ihn für einen Heiligen. Er wurde als Wundertäter verehrt, während man die Frau zur Hexe erklärte. Sie stand unter dem Einfluß des Teufels, während der Mann von Gott auserkoren war – und dabei handelte es sich um die gleiche Qualität! **(120)**

Wenn du etwas erschaffst, wirst du glücklich sein. Gestalte einen Garten, bringe ihn zum Blühen, dann wird auch in dir etwas zum Blühen kommen. Erschaffe ein Gemälde, dann wird auch in dir etwas sich entfalten, während das Bild sich entfaltet. Wenn das Bild sich vollendet und du die letzten Pinselstriche anlegst, wirst du sehen, daß du nicht mehr der gleiche Mensch bist. Du legst auch die letzten Pinselstriche an etwas, das völlig neu ist in dir.

Schreibe ein Gedicht, singe ein Lied, tanze einen Tanz – dann wirst du sehen: Es macht dich glücklich!

In meiner Kommune ist die Kreativität unser Gebet zu Gott. Diese Gemeinschaft ist kein Ort von traurigen, langen Gesichtern, die nichts anderes tun, als unter Bäumen oder in ihren Hütten zu sitzen und dahinzuvegetieren. Diese Gemeinschaft ist eine Gemeinschaft von Künstlern – Malern, Dichtern, Bildhauern, Tänzern, Musikern – und es gibt so vieles, was man tun kann!

Gott hat euch die Chance gegeben, kreativ zu sein. Das Leben ist eine Chance, um kreativ zu sein. Wenn du kreativ bist, wirst du glücklich sein.

Intelligenz ist nötig, um glücklich zu sein, doch man bringt den Leuten bei, unintelligent zu bleiben. Diese Gesellschaft hat kein Interesse daran, daß die Intelligenz aufblüht.

Diese Gesellschaft hat keinen Bedarf an Intelligenz. Im Gegenteil, sie hat große Angst davor. Die Gesellschaft braucht dumme Menschen. Warum? – Weil dumme Menschen manipulierbar sind. Intelligente Menschen sind nicht unbedingt gehorsam – vielleicht gehorchen sie, vielleicht auch nicht. Aber ein dummer Mensch kann nicht ungehorsam sein; er gehorcht immer den Befehlen. Ein dummer Mensch braucht immer jemanden, der ihm Befehle erteilt, weil er nicht genug

Intelligenz hat, aus sich selbst heraus zu leben. Er will, daß ihm jemand sagt, wo's lang geht. Er sucht und findet seine eigenen Tyrannen.

Die Politiker haben kein Interesse daran, daß es Intelligenz gibt auf dieser Welt; die Priester haben kein Interesse daran, daß es Intelligenz gibt auf dieser Welt; die Generäle haben kein Interesse daran, daß es Intelligenz gibt auf dieser Welt. Keiner ist daran interessiert. Sie wollen, daß alle dumm bleiben. Dann ist jeder gehorsam, paßt sich an und verläßt die Herde nicht. Dann gehören alle zum Mob und sind steuerbar, kontrollierbar, manipulierbar.

Ein intelligenter Mensch ist rebellisch. Intelligenz bedeutet Rebellion. Ein intelligenter Mensch entscheidet selbst, ob er ja oder nein sagen will. Ein intelligenter Mensch hält sich nicht an die Tradition. Er kann nicht die Vergangenheit in Ehren halten, weil es an der Vergangenheit nichts in Ehren zu halten gibt. Der intelligente Mensch möchte eine Zukunft erschaffen, und er will in der Gegenwart leben. Indem er in der Gegenwart lebt, erschafft er die Zukunft.

Ein intelligenter Mensch hängt nicht an der toten Vergangenheit und schleppt keine Leichen mit sich herum. Wie schön sie auch gewesen sein mögen, und wie kostbar – er trägt keine Leichen. Er hat abgeschlossen mit der Vergangenheit; sie ist vorüber, und zwar ein für allemal.

Ein törichter Mensch hält sich an die Tradition. Er ist bereit, dem Priester zu folgen, bereit, jedem dummen Politiker zu folgen, bereit, jedem Befehl zu folgen. Bei jedem, der Autorität ausübt, ist er bereit zum Kniefall.

Ohne Intelligenz kann es kein Glücklichsein geben. Ein Mensch kann nur glücklich sein, wenn er intelligent ist, total intelligent.

Meditation ist eine Methode, um deine Intelligenz freizusetzen. Je meditativer du wirst, um so intelligenter wirst du. Aber vergiß nicht: Mit Intelligenz meine ich nicht Intellektualität. Intellektualität ist ein Teil der Dummheit.

Intelligenz ist ein völlig anderes Phänomen: Sie hat nichts mit dem Kopf zu tun. Intelligenz ist etwas, das aus deiner

Mitte kommt. Sie bricht aus dir hervor, und mit ihr beginnen viele Dinge in dir zu wachsen. Du wirst glücklich, du wirst kreativ, du wirst rebellisch, du wirst abenteuerlustig. Du fängst an, die Unsicherheit zu lieben, fängst an, dich ins Unbekannte vorzuwagen. Du fängst an, riskant zu leben – denn das ist die einzige Art zu leben.

Intelligenz gibt dir den Mut, allein zu sein, und Intelligenz gibt dir die Vision, kreativ zu sein. Dann entsteht ein großer Drang, ein großer Hunger nach Kreativität. Und nur dann, als Folge davon, kannst du glücklich sein, kannst du selig sein. **(121)**

11. KAPITEL

Altern, Krankheit, Tod

Ein alter Baum neben meinem Haus tanzt im Regen, und seine alten Blätter fallen mit einer solchen Grazie, einer solchen Schönheit. Nicht nur der Baum tanzt im Regen und im Wind, auch die alten Blätter tanzen, wenn sie den Baum loslassen. Sie feiern es.

In der ganzen Existenz leidet außer dem Menschen niemand unter dem Alter, ja die Existenz kennt gar kein Alter. Sie kennt nur ein Wachsen, ein Reifen, sie kennt eine Zeit zum Tanzen, eine Zeit zum Leben – so intensiv und total wie nur möglich – und sie kennt eine Zeit zum Ausruhen.

Diese alten Blätter auf dem Mandelbaum neben meinem Haus ... sie sterben nicht, sie begeben sich nur zur Ruhe und vereinigen sich wieder mit derselben Erde, aus der sie emporgewachsen sind. Da ist keine Wehmut, keine Trauer – nur ein ungeheurer Frieden, sich in die ewige Ruhe fallen zu lassen. Und vielleicht werden sie eines Tages, zu einer anderen Zeit, in anderer Form wiederkehren, auf einem anderen Baum. Dann werden sie wieder tanzen, singen und den Augenblick genießen.

Die Existenz kennt nur den Wandel der Wiederkehr: von der Geburt zum Tod, vom Tod zur Geburt – ein ewiger Vorgang. Jede Geburt enthält den Tod, jeder Tod enthält die Geburt. Jeder Geburt geht ein Tod voraus, jedem Tod geht eine Geburt voraus. Darum kennt die Existenz keine Angst.

Nirgendwo herrscht Angst, außer in der Psyche des Menschen.

Es scheint, daß die Gattung Mensch als einzige im ganzen Kosmos krank ist. Wieso hat der Mensch diese Krankheit? Es sollte doch genau umgekehrt sein: Der Mensch sollte sich *mehr* freuen, sollte *mehr* lieben, sollte *mehr* leben, in jedem Augenblick – ob in der Kindheit, in der Jugend, im Alter, ob bei der

Geburt oder beim Tod – in allen Lebenslagen. Denn als Menschen seid ihr transzendent: Ihr steht über all diese kleinen Episoden. Ihr habt schon Tausende von Geburten erlebt und Tausende von Toden.

Und all jene, die klar sehen können, verstehen und sehen es in seiner ganzen Tiefe, als würde es in jedem Augenblick geschehen: Etwas in euch stirbt und wird neu geboren in jedem Augenblick. Leben und Tod sind nicht getrennt, sie sind nicht siebzig Jahre auseinander!

Leben und Tod sind wie die zwei Flügel eines Vogels, und sie ereignen sich gleichzeitig. Weder kann das Leben ohne den Tod existieren, noch kann der Tod ohne das Leben existieren. Es ist ganz offensichtlich: Sie sind keine Gegensätze, sondern ergänzen sich gegenseitig. Sie bedingen sich gegenseitig, hängen voneinander ab, gehören zu einem einzigen kosmischen Ganzen.

Aber der Mensch ist so unbewußt, so schläfrig, daß er unfähig ist, eine so einfache und offensichtliche Tatsache zu erkennen. Nur ein kleines bißchen Bewußtheit ist nötig – nicht viel –, dann könnt ihr sehen, daß ihr euch in jedem Augenblick verändert. Und Veränderung bedeutet, daß etwas stirbt und etwas neu geboren wird. Dann werden Geburt und Tod eins. Dann wird die Kindheit mit ihrer Unschuld eins mit dem Alter und seiner Unschuld. Da ist ein Unterschied, aber es ist kein Widerspruch.

Die Unschuld des Kindes ist eigentlich armselig, denn sie ist fast gleichbedeutend mit Unwissenheit. Der alte Mensch, reif an Jahren, der durch sämtliche Erfahrungen von Dunkelheit und Licht, Liebe und Haß, Freude und Leid hindurchgegangen ist, der durch die vielen verschiedenen Situationen des Lebens gereift ist, kommt an einen Punkt, wo er nicht mehr in die Erfahrungen verwickelt ist. Wenn Leiden auftaucht, beobachtet er es, wenn Glück kommt, beobachtet er es. Er wird zu einem Beobachter auf dem Berg. Alles spielt sich dort unten in den dunklen Tälern ab, doch er verweilt auf dem sonnenbestrahlten Gipfel des Berges und beobachtet alles in völligem Schweigen.

Die Unschuld des Alters ist reich. Sie ist reich an Erfahrung, reich an Verlusten und Erfolgen; sie ist reich an richtigen und verkehrten Handlungen, sie ist reich durch all die Verluste, durch all die Erfolge – sie hat einen multidimensionalen Reichtum. Diese Unschuld kann nicht gleichbedeutend sein mit Unwissenheit; solche Unschuld kann nur gleichbedeutend sein mit Weisheit.

Beide sind unschuldig, das Kind und der alte Mensch, doch da gibt es einen qualitativen Unterschied, eine qualitative Veränderung. Das Kind ist unschuldig, weil es die dunkle Nacht der Seele noch nicht kennengelernt hat. Der alte Mensch ist unschuldig, weil er aus diesem Tunnel wieder herausgekommen ist. Der eine wird noch viel leiden; der andere hat schon genug gelitten. Der eine kann die Hölle, die ihm noch bevorsteht, nicht umgehen; der andere hat die Hölle hinter sich gelassen.

In dieser Existenz hat nichts einen Anfang und nichts ein Ende. Schaut euch nur um ... der Abend ist nicht das Ende, genausowenig wie der Morgen der Anfang ist. Der Morgen geht auf den Abend zu, und der Abend geht auf den Morgen zu. Alles geht einfach ständig auf eine neue Form zu. Es gibt keinen Anfang und kein Ende.

Warum sollte es mit dem Menschen anders sein? Der Mensch ist keine Ausnahme. Durch diese Idee, etwas Besonderes, etwas Außergewöhnliches zu sein, das sich von den anderen Säugetieren, den Bäumen, den Vögeln unterscheidet, hat der Mensch sich seine eigene Hölle, seine Paranoia, geschaffen. Die Idee, daß wir, weil wir Menschen sind, außergewöhnliche Wesen sind, hat zu einer Spaltung zwischen euch und der Existenz geführt. Diese Spaltung ist die Ursache für all eure Ängste und euer Leid, die Ursache für eure unnötige Sorge und Lebensangst.

Und all eure sogenannten Führer – ob religiöse oder politische oder gesellschaftliche – haben diese Spaltung noch verstärkt, haben sie noch vergrößert. Es gab keinen einzigen Versuch in der ganzen Geschichte des Menschen, diese Spaltung zu überbrücken und den Menschen der Erde zurückzugeben, den Menschen wieder zu den Tieren, den Vögeln und den Bäumen zurückzuholen und zu erklären, daß er mit der Existenz absolut eins ist.

Dies ist die Wahrheit eures Daseins. Sobald ihr dies versteht, werdet ihr euch weder um das Alter noch um den Tod Sorgen machen. Wenn ihr euch umseht, könnt ihr absolut sicher sein, daß nichts jemals anfängt – es war schon immer da – und nichts jemals endet – es wird immer da sein.

Die Vorstellung, alt zu werden, erfüllt euch mit großer Sorge. Es bedeutet, daß jetzt eure Tage des Lebens, der Liebe, der Freude vorüber sind, daß ihr von nun an nur noch dem Namen nach existiert. Es wird keine Freude mehr sein, sondern nur noch ein Dahinschleppen bis zum Grabe.

Natürlich könnt ihr die Vorstellung nicht gutheißen, daß ihr für das Leben nur noch eine Last seid und in der Warteschlange dem Friedhof jeden Augenblick näherrückt.

Es ist eines der größten Versagen sämtlicher Kulturen und Zivilisationen der Welt, daß es nicht gelungen ist, den alten Menschen ein sinnvolles, schöpferisches Dasein zu ermöglichen, daß es ihnen nicht gelungen ist, nicht nur dem Altwerden, sondern auch dem Sterben eine gewisse Schönheit und Würde zu verleihen.

Macht euch über das Altwerden keine Sorgen. Es bedeutet eure Reife; ihr habt alle eure Erfahrungen gemacht, und jetzt habt ihr so viel Erfahrung gesammelt, daß ihr diese Erfahrungen nicht ständig zu wiederholen braucht. Das ist Transzendenz.

Ihr solltet euch freuen. Und ich möchte, daß die ganze Welt diese Freude versteht: Es ist euer Geburtsrecht, in tiefer Dankbarkeit das Alter und die Vollendung des Alters im Tode zu akzeptieren. **(122)**

Warum haben die meisten Menschen so große Angst vor dem Altwerden?

Die meisten Menschen haben Angst vor dem Altwerden, weil sie das Leben verpaßt haben. Es ist nicht wegen des Todes … man kann nicht vor etwas Angst haben, das man nie kennengelernt hat und worüber man gar nichts weiß. Vor dem Tod kann man gar keine Angst haben, weil man sich nicht einmal vorstellen kann, wie der Tod sein wird.

Normalerweise denken wir, daß Menschen, die alt werden, sich vor dem Tod zu fürchten beginnen und davor Angst haben. Das stimmt aber nicht. Die Wahrheit ist, daß jemand, für den der Tod immer näher rückt, erkennt, daß er das Leben verpaßt hat. Er hat nicht total gelebt, er hat nicht total geliebt, er hat überhaupt nichts total gemacht. Er ist immer nur lauwarm gewesen, halbherzig, und hat stets auf morgen gewartet – dann wird er etwas Großartiges tun! Doch das Morgen kam nie. Und jetzt gibt es kein Morgen mehr, nur noch den Tod.

Meine Leute werden vor dem Tod keine Angst haben, weil sie das Leben so total wie möglich leben. Sie brennen ihre Lebensfackeln von beiden Enden gleichzeitig ab. Und bevor der Tod kommt, werden sie alle Aromen des Lebens geschmeckt, alle Tiefen des Lebens ausgelotet haben, werden sie das Höchste im Leben entdeckt haben – das ewige Leben. Wer sorgt sich dann noch über den Tod?

Wenn du erst einmal dein innerstes Wesen erkannt hast, gibt es für dich keinen Tod mehr.

Der Tod ist eine Lüge. Es gibt ein paar große Lügen auf dieser Welt. Gott ist eine dieser großen Lügen. Keiner hat Gott je gesehen, aber ihr braucht jemanden, der euch beschützt. Ihr habt eine Vaterfixierung, darum braucht ihr einen Vater im Himmel, und ihr braucht einen Vater, der ihn auf dieser Erde vertritt. Dieser Vater ist der Papst, und dann sind da noch die kleineren Väter: die Erzbischöfe, die Bischöfe und die Priester.

Zwei kleine Jungen, der eine jüdisch, der andere katholisch, spielen gerade, als ein katholischer Bischof vorbeikommt. Der katholische Junge sagt: »Guten Morgen, Vater.«

Der jüdische Bub steht still daneben. Als der Bischof vorbeigegangen ist, sagt er: »Eines verstehe ich nicht ... ich weiß mit Sicherheit, daß dieser Mann nicht verheiratet ist. Wieso ist er Vater?«

Niemand stößt sich daran. Alle nennen ihn Vater, dabei ist er überhaupt kein Vater. Aber was der Junge vielleicht nicht weiß, ist, daß man sogar Gott »Vater« nennt – und der hat einen Sohn, aber keine Ehefrau!

Es sind große Lügen. Auch der Tod ist eine dieser großen Lügen, aber beim Tod ist einiges anders. Den Tod hat jeder schon gesehen – zumindest glaubt das jeder. Ihr habt aber nie den Tod gesehen, ihr habt nur gesehen, daß ein bestimmter Mensch erst geatmet und dann nicht mehr geatmet hat. Mehr habt ihr nicht gesehen. Erst hat er geredet, und jetzt redet er nicht mehr ... Das beweist aber höchstens, daß man im Tod nicht zu atmen braucht und daß Tote nicht gerne reden.

Wie kann man daraus schließen, daß man den Tod gesehen hat? Man kann höchstens daraus schließen, daß der Mensch, der zu atmen aufgehört hat, möglicherweise erfahren hat, was der Tod ist. Ich sage »möglicherweise«, denn die meisten Menschen verlieren beim Sterben aus Angst das Bewußtsein.

Nur sehr wenige Menschen, die, die eine Erfahrung der Meditation, eine Erfahrung der Bewußtheit gemacht haben, die Distanz zwischen ihrem Selbst einerseits und ihrem Körper und Verstand andererseits erfahren haben – nur solche Menschen können bewußt bleiben, wenn der Tod kommt. Innerlich lachen sie, aber ihr könnt das nicht hören, weil der Körper nicht mehr funktioniert. Sie können nicht mehr zu euch sagen: »Es ist nur ein großer Witz! Den Tod gibt es gar nicht! Das, was wirklich lebendig war, bleibt am Leben!«

Der Körper war nur lebendig, weil etwas in ihm präsent war, und diese Präsenz verläßt ihn jetzt. Diese Präsenz wird sich, wenn sie mit einem Wunsch in den Tod hinübergeht, eine neue Geburt wählen, wenn sie aber wunschlos stirbt, wird sie sich im universellen Bewußtsein auflösen und mit der Existenz eins werden.

Es ist nicht die Angst vor dem Tod – diese Angst entsteht nur, weil ihr nicht lebt. **(123)**

Du hast kürzlich gesagt, daß der Großteil der Menschheit nur dahinvegetiert und nicht lebt. Bitte erkläre uns die Kunst, so zu leben, daß auch der Tod zu einem Fest werden kann.

Der Mensch ist geboren, um das Leben zu verwirklichen, aber es hängt alles von ihm ab. Er kann es auch verfehlen. Er kann immer weiter atmen, er kann immer weiter essen, er kann immer älter werden und sich immer mehr dem Grab nähern – aber das ist nicht Leben. Das ist ein allmähliches Sterben von der Wiege bis zum Grabe, ein siebzig Jahre währendes, allmähliches Sterben. Doch weil Millionen von Menschen um euch herum einen solchen allmählichen, langsamen Tod sterben, fangt ihr an, es ihnen gleichzutun. Die Kinder lernen alles von denen, die um sie herum sind – und wir sind umgeben von Toten.

Als erstes müssen wir also verstehen, was ich mit »Leben« meine. Es darf nicht einfach ein Älterwerden bedeuten, es muß ein Erwachsenwerden bedeuten – und das sind zwei völlig verschiedene Dinge. Jedes Tier kann älter werden, doch erwachsen zu werden ist das Vorrecht des Menschen. Aber nur wenige nehmen dieses Recht für sich in Anspruch.

Erwachsen zu werden bedeutet, sich jeden Augenblick tiefer auf das Lebensprinzip einzulassen; es bedeutet, sich immer weiter vom Tod zu entfernen, statt sich ihm zu nähern. Je tiefer du dich auf das Leben einläßt, um so mehr wirst du die Unsterblichkeit in dir begreifen. Du entfernst dich immer weiter vom Tod, bis schließlich der Punkt kommt, an dem du sehen kannst, daß der Tod nichts anderes ist, als seine Kleider zu wechseln oder sein Haus zu wechseln, die Form zu wechseln. Nichts stirbt, nichts kann je sterben. Der Tod ist die größte Illusion, die es gibt.

Erwachsenwerden ist wie das Wachsen eines Baumes. Beobachte den Baum: Je höher er nach oben wächst, desto tiefer wachsen seine Wurzeln nach unten. Es besteht ein Gleichgewicht: Je höher der Baum wird, desto mehr reichen seine Wurzeln in die Tiefe. Ein großer Baum von fünfzig Metern Höhe kann keine kleinen Wurzeln haben – sie würden einen so riesigen Baum gar nicht tragen können. Auch im Leben bedeutet Wachstum, daß du in deine Tiefe wächst, denn dort sind deine Wurzeln.

Für mich ist das erste Lebensprinzip die Meditation. Alles andere kommt an zweiter Stelle. Und die Kindheit ist dafür die beste Zeit. Je älter man wird, um so näher kommt man dem Tod und um so schwieriger wird es, in Meditation zu gehen. Meditation bedeutet, in deine Unsterblichkeit zu gehen, in deine Ewigkeit, in deine Göttlichkeit. Und das Kind ist dafür am besten geeignet, weil es noch unbelastet ist von Wissen, unbelastet von Religion, unbelastet von Schulbildung, unbelastet von allem möglichen Schrott. Es ist unschuldig. Aber unglücklicherweise wird Unschuld als Unwissenheit verurteilt. Unwissenheit und Unschuld haben eine gewisse Ähnlichkeit, aber sie sind nicht identisch. Unwissenheit ist, genau wie Unschuld, ein Zustand des Nichtwissens, aber es gibt auch einen großen Unterschied, der von der ganzen Menschheit bisher übersehen wurde: Unschuld bedeutet, nichts zu wissen, aber sie hat auch gar nicht den Wunsch, etwas zu wissen. Sie ist völlig zufrieden und erfüllt.

Der erste Schritt in der Kunst des Lebens besteht darin, eine Trennlinie zwischen Unwissenheit und Unschuld zu ziehen. Unschuld ist etwas, das Unterstützung und Schutz braucht – denn das Kind hat den größten Schatz mitgebracht – jenen Schatz, den die Weisen nur nach großen Mühen wiederfinden. Die Weisen haben uns gesagt, daß sie wieder zu Kindern geworden sind, daß sie neu geboren sind.

Sobald ihr begreift, daß ihr am Leben vorbeigelebt habt, müßt ihr als erstes eure Unschuld wiedergewinnen. Laßt all euer Wissen fallen, vergeßt eure Schriften, vergeßt eure Religionen, eure Theologien, eure Philosophien. Werdet neu geboren, werdet wieder unschuldig. Und ihr habt es in der Hand. Befreit euer Hirn von allem fremden Wissen, von allem Geborgten, von aller Tradition, aller Konvention, von allem, das euch von anderen gegeben wurde – von Eltern, Lehrern, Universitäten. Werdet es los! Werdet wieder einfach, werdet wieder zu Kindern. Und dieses Wunder wird durch Meditation möglich.

Meditation ist im Grunde nur eine operative Methode, die dich von allem, was nicht dein Eigenes ist, lostrennt und nur dein authentisches Sein übrig läßt. Sie verbrennt alles andere und läßt dich völlig nackt zurück. Du stehst allein in der Sonne und im Wind, so als wärest du der erste Mensch auf Erden, der nichts weiß und alles erst entdecken muß, der sich auf die Suche machen und eine Pilgerreise antreten muß.

Das zweite Prinzip ist die Pilgerreise. Das Leben muß zu einer Suche werden – nicht zu einem Begehren, sondern zu einer Forschungsreise. Nicht zu einem ehrgeizigen Wunsch, dies oder jenes zu werden – Präsident oder Premierminister eines Landes –, sondern zu einer Suche mit dem Ziel, herauszufinden: »Wer bin ich?«

Es ist schon merkwürdig, daß die Menschen, die keine Ahnung haben, wer sie *sind*, sich so bemühen, etwas zu *werden*. Sie wissen nicht einmal, wer sie jetzt schon sind! Sie haben ihr Sein überhaupt noch nicht kennengelernt, doch sie haben ein Ziel, etwas Bestimmtes zu werden. Das Werden ist die Krankheit der Seele. Das Sein – das bist du. Dein Sein zu entdecken bedeutet den Beginn deines Lebens. Dann erst wird jeder Augenblick zu einer neuen Entdeckung, dann bringt jeder Augenblick eine neue Freude: Ein neues Mysterium öffnet seine Pforten, eine neue Liebe beginnt in dir zu wachsen, ein neues Mitgefühl, das du noch nie zuvor verspürt hast, eine neue Empfindsamkeit für das Schöne und das Gute.

Du wirst so empfindsam, daß selbst der kleinste Grashalm eine ungeheure Bedeutung für dich gewinnt. Deine Empfindsamkeit zeigt dir, daß dieser Grashalm für die Existenz ebenso wichtig ist wie der größte Stern. Ohne diesen Grashalm wäre die Existenz weniger, als sie ist. Und dieser kleine Grashalm ist einzigartig, unersetzlich und hat seine eigene Individualität.

Und diese Empfindsamkeit wird dir neue Freundschaften bringen – Freundschaften mit Bäumen, mit Vögeln, mit Tieren, mit Bergen, mit Flüssen, mit Meeren, mit Sternen. Dein Leben wird immer reicher, in dem Maße, in dem deine Liebe wächst, deine Freundschaft wächst.

Je empfindsamer du wirst, um so größer wird das Leben. Es ist kein kleiner Teich mehr – es wird zum Ozean. Es ist nicht mehr begrenzt – auf dich und deinen Ehemann und deine Kinder; es ist überhaupt nicht mehr begrenzt. Diese ganze Existenz wird zu deiner Familie, und erst wenn die ganze Existenz zu deiner Familie geworden ist, weißt du, was Leben ist – denn kein Mensch ist eine Insel; wir sind alle miteinander verbunden. Wir sind ein riesiger Kontinent, auf millionenfache Weise verbunden. Und wenn unsere Herzen nicht voller Liebe für das Ganze schlagen, ist unser Leben entsprechend reduziert.

Meditation wird dir Empfindsamkeit schenken, das großartige Gefühl, ein Teil dieser Welt zu sein. Es ist unsere Welt, die Sterne gehören uns, und wir sind hier keine Fremden. Wir gehören unserem innersten Wesen nach zur Existenz. Wir sind ein Teil von ihr, wir sind das *Herz* von ihr.

Das Leben sollte zu einem ununterbrochenen Feiern werden, einem ganzjährigen Lichterfest. Nur dann kannst du wachsen, kannst du aufblühen. Verwandle die kleinen Dinge in ein Fest. Alles, was du tust, sollte dein Ausdruck sein, sollte deine Unterschrift tragen. Dann wird das Leben zu einem ständigen Fest.

Selbst wenn du krank im Bett liegst, wirst du diese Zeit im Bett in Momente der Schönheit und Freude, der Entspannung und Ruhe, in Momente der Meditation verwandeln; du wirst Musik hören, Gedichte lesen. Es ist nicht nötig, traurig zu sein, daß du krank bist. Du solltest dich freuen, daß alle anderen im Büro sind und du wie ein König in deinem Bett liegst und dich entspannst. Jemand bereitet dir Tee, der Wasserkessel singt sein Lied, ein Freund ist gekommen, um für dich auf der Flöte zu spielen ... Diese Dinge sind viel wichtiger als alle Medikamente. Wenn du krank bist, rufe den Arzt. Aber noch wichtiger: Rufe jene, die dich lieben, denn es gibt keine wichtigere Medizin als Liebe. Rufe jene, die Schönheit, Musik, Poesie für dich kreieren können, denn nichts ist heilsamer als eine Stimmung des Feierns.

Medikamente sind die niedrigste Form der Behandlung.

Doch es scheint, daß wir alles vergessen haben, darum sind wir von Medikamenten abhängig, sind mißmutig und traurig – als würdest du im Büro einen besonderen Spaß verpassen! Du warst unglücklich im Büro. Ein freier Tag, und schon hängst du noch an deinem Unglück und kannst es nicht loslassen.

Mache aus allem Kreativität, mach aus dem Schlimmsten das Beste – das nenne ich »Lebenskunst«. Und wenn ein Mensch sein ganzes Leben so gelebt hat, daß er aus jedem Augenblick und aus jeder Phase etwas Schönes, Liebevolles, Freudiges herausgeholt hat, dann wird sein Tod natürlich zum absoluten Höhepunkt seines ganzen Lebensweges werden, das Tüpfelchen auf dem i.

Sein Tod wird nicht so häßlich sein, wie es normalerweise tagtäglich fast allen geschieht. Wenn dein Tod häßlich ist, bedeutet es, daß du dein ganzes Leben verschwendet hast.

Der Tod sollte ein friedliches Akzeptieren sein, ein liebevoller Eintritt in das Unbekannte, ein freudiges Lebewohl den alten Freunden, der alten Welt. Er sollte keine Tragödie sein.

Beginne zu meditieren, dann wird etwas in dir wachsen: Stille, Gelassenheit, Seligkeit, Empfindsamkeit. Und alles, was durch Meditation zu dir kommt, das versuche im Leben auszudrücken. Teile es mit anderen, denn alles, was man teilt, wächst schnell. Dann wirst du an der Schwelle des Todes wissen, daß es keinen Tod gibt. Dann kannst du Lebewohl sagen, und es wird nicht nötig sein, Tränen des Bedauerns zu vergießen – höchstens Tränen der Freude, aber nicht der Traurigkeit. **(124)**

Kannst du etwas über die Wechseljahre der Frau sagen?

Im Leben eines jeden Menschen gibt es Zeiten der Veränderung, und eines der wichtigsten Dinge, die man sich merken muß, wenn ein bestimmtes Lebensmuster sich verändert, ist, diese Veränderung auf natürliche Weise zuzulassen. Ihr habt es nicht in der Hand.

Die Biologie macht euch im Alter von dreizehn, vierzehn Jahren geschlechtsreif, ohne daß ihr etwas dazutut. Und ab einem gewissen Alter, um die Vierzig, Zweiundvierzig, hat die Biologie ihren Zweck erfüllt, und der Einfluß der Hormone, die euch immer angetrieben haben, läßt allmählich nach.

Es ist sehr schwierig, diese Veränderung zu akzeptieren. Plötzlich meint ihr, nicht mehr so schön zu sein – vielleicht solltet ihr euch liften lassen?

Eine Frau geht zum Schönheitschirurgen und sagt zu ihm: »Ich möchte mich liften lassen.«

Der Chirurg schaut sie an und sagt dann: »Es ist noch nicht so arg. In Ihrem Alter brauchen Sie sich noch keine Sorgen zu machen. Warum wollen Sie sich unnötig dieser Prozedur unterziehen?«

Aber weil die Frau darauf besteht, sagt der Arzt: »Na gut, aber es kostet fünftausend Dollar.«

Die Frau sagt: »Soviel Geld habe ich aber nicht. Geht es nicht billiger?«

Da sagt der Arzt: »Natürlich. Sie können sich einen Schleier kaufen.«

Es ist ein westliches Problem. Im Osten macht sich keine Frau Sorgen deswegen – die Dinge werden so akzeptiert, wie sie kommen. Das Akzeptieren ist eines der wichtigsten Lebensprinzipien im Osten. Aber der Westen greift ständig in die Natur ein und stellt Ansprüche, wie die Dinge sein sollten. Keiner möchte alt werden. Wenn die Zeit des Wechsels von einer Lebensphase in die nächste kommt, passiert ein äußerst seltsames Phänomen: Kurz bevor eine Kerze abbrennt, ein paar Sekunden vor ihrem Verlöschen, flammt sie plötzlich im letzten Augenblick noch einmal mit aller Kraft auf. Wer will schon verschwinden?

In der Medizin ist es eine bekannte Tatsache, daß Menschen vor ihrem Tod plötzlich noch einmal völlig gesund werden; alle Krankheit verschwindet. Es ist die letzte Anstrengung des Lebens, dem Tode Widerstand zu leisten. Die Verwandten sind über die plötzliche Besserung sehr glücklich – und darüber, daß der Kranke so friedlich und still geworden ist –, aber sie wissen nicht, daß der Tod sich auf diese Weise ankündigt. Die Krankheit ist verschwunden, denn sie hat ihren Zweck erfüllt: Sie hat den Menschen zum Sterben gebracht. Jetzt regt sich noch ein letztes Mal der Lebensfunke.

Genauso ist es bei jeder biologischen Veränderung im Leben. Wenn der Sex seine Wichtigkeit verliert, geschieht es, daß man mehr denn je zuvor an Sex denkt – ein plötzliches Aufflammen! Und weil man plötzlich so viele Gedanken an Sex im Kopf hat, kann der Verstand sich das logisch nur so erklären: Woher kommt all diese Sexualität? – Sie muß aus dem unterdrückten Unterbewußtsein kommen! Das haben Sigmund Freud und seine Anhänger der ganzen Welt vermittelt, und in vieler Hinsicht haben sie recht. Aber in vieler Hinsicht haben sie auch unrecht, vor allem was die Übergangszeit betrifft, wenn die Hormone ihren Einfluß und die Leute ihre Jugend und ihr Interesse am Sex verlieren. Bevor der Sex stirbt, explodiert er noch einmal mit voller Kraft. Aber wenn ihr zum Psychoanalytiker geht, wird er euch sagen, daß ihr sexuell unterdrückt seid.

Ich kann das nicht bestätigen, weil ich weiß, daß diese plötzliche, überwältigende Sexualität ganz von selbst wieder verschwindet, ohne daß ihr etwas dazutut. Es ist das Zeichen, daß das Leben eine Veränderung durchmacht. Nun wird das Leben friedlicher und ruhiger werden. Eigentlich kommt ihr jetzt in ein besseres Stadium.

Sex ist ein bißchen kindisch. Wenn man reifer wird, verliert der Sex seine Macht, und das ist ein gutes Zeichen. Man sollte sich darüber freuen. Es ist kein Problem, das man lösen muß; es ist ein Grund zum Feiern.

Im Osten sind die Frauen nicht so beunruhigt über den Übergang von der Jugend ins Alter, ja sie sind froh, daß der alte Dämon sie endlich verläßt und das Leben jetzt friedlicher wird. Aber der Westen lebt mit vielen falschen Vorstellungen, und eine dieser Illusionen besteht darin, daß es nur ein einziges Leben gibt. Das erzeugt große Unruhe. Wenn es nur ein einziges Leben gibt und der Sex verschwindet, bist du erledigt! Danach gibt es dazu keine Gelegenheit mehr, und das Leben bringt keine Aufregungen mehr. Keiner wird mehr sagen: »Du bist schön! Ich liebe dich und werde dich immer lieben.«

Erstens erzeugt also die Illusion eines einzigen Lebens das Problem. Und die zweite Illusion, die von den Psychoanalytikern und anderen genährt wird: Sex ist praktisch gleichbedeutend mit Leben. Je sexueller man ist, um so lebendiger ist man. Wenn der Sex aufhört, fühlt man sich wie eine ausgebrannte Hülse. Dann ist das Leben sinnlos geworden. Das Leben geht zu Ende, weil der Sex zu Ende geht. Und dann stürzen sich die Leute auf alle möglichen bizarren Dinge: Liften, Schönheitsoperationen, ein falscher Busen – es ist dumm, einfach nur dumm. Die Leute fangen an, Perücken zu tragen, sie fangen an, sich sexy zu kleiden.

Fast alle westlichen Frauen hungern – sie nennen es »Schlankheitsdiät« –, weil das westliche Schönheitsideal sagt, daß eine Frau nur schön sein kann, wenn sie nicht dick ist. Die Natur denkt darüber anders: Eine Frau muß ein bißchen rund sein, weil die Natur sie als Mutter vorgesehen hat. Eine schwangere Frau braucht ein paar zusätzliche Fettreserven für das Kind. Ihr Körper braucht Notreserven für das Kind, weil das Kind schnell wächst und viel Nahrung braucht.

Der Osten hat nicht dieses Ideal der schlanken Frau. Aber euch erscheint eine schlanke Frau sexuell attraktiver; sie sieht jünger aus. Eine dicke Frau sieht weniger sexy aus, weil sie aus der Form gerät. Sie hat keine schlanke Taille, und ihr Körper hat soviel Fett angesammelt, daß sich niemand von ihr angezogen fühlt. Für den Intellekt ist sie nicht anziehend genug.

Unlängst zeigte mir jemand ein Buch mit Fotos, die ein berühmter Fotograf aufgenommen hatte, und auf der Titelseite war eine berühmte Filmschauspielerin. Im Osten würde man sie nicht für schön halten; sie muß auf Diät sein. Eine Diät ist nichts anderes als die Hungerkur des reichen Mannes. Die Armen verhungern von alleine, die Reichen verhungern auf kostspielige Weise unter professioneller Anleitung.

Die Angst ist, daß man nicht mehr attraktiv aussieht, daß einen die Leute nicht mehr beachten. Man geht auf der Straße, aber keiner dreht sich um und fragt: »Wer ist diese Frau?« Aufmerksamkeit zu bekommen ist ein großes Bedürfnis des Menschen, vor allem der Frau. Aufmerksamkeit ist Nahrung. Eine Frau leidet enorm, wenn niemand ihr Aufmerksamkeit schenkt. Sie hat nichts anderes als ihren Körper, um Aufmerksamkeit auf sich zu ziehen. Der Mann hat ihr nicht erlaubt, auch andere Dimensionen zu entfalten, so daß sie zu einer berühmten Malerin, Tänzerin, Sängerin oder Gelehrten werden konnte.

Der Mann hat der Frau alle anderen Dimensionen des Lebens verwehrt, durch die sie Aufmerksamkeit bekommen könnte und für die man ihr im Alter Respekt erweisen würde. Ich möchte euch daran erinnern, daß das Wort »Respekt« von »zurückschauen« kommt. Wenn jemand vorbeigeht, wird man »zurückschauen«. Es geht also nicht um Ehre. Es geht darum, daß einem plötzlich bewußt wird, daß etwas Schönes vorübergegangen ist.

Der Mann hat der Frau nur den Körper übriggelassen. Darum ist ihr Körper so wichtig für sie. Und daher kommt auch ihr Festklammern, ihr Besitzergreifen, ihre Angst, daß der Mann, den sie liebt, sie verlassen könnte, und dann wird sie vielleicht keinen anderen mehr finden. Ohne Aufmerksamkeit kommt sie sich allmählich fast wie tot vor. Welchen Sinn hat das Leben, wenn einem niemand mehr Aufmerksamkeit schenkt? Die Frau hat kein eigenes Leben aus sich heraus entwickelt. Der Mann hat ihr beigebracht, ihr Leben von der Meinung anderer abhängig zu machen.

Niemand findet den Körper eines Mannes so wichtig. Er kann fett werden, so fett wie Winston Churchill, und wird dennoch Aufmerksamkeit auf sich ziehen, weil er Macht besitzt. Er mag noch so häßlich sein, noch so unförmig, mit schwabbeligem Gesicht ... eigentlich sollte *er* sich liften lassen! Aber der Mann tut sich deswegen nichts an. Er hat es nicht nötig, denn er kann Macht erringen, er kann Premierminister werden, er kann dies und das werden.

Der Mann hat es im Laufe der Jahrhunderte geschafft, sämtliche anderen Dimensionen zu erobern, in denen er die Aufmerksamkeit der Menschen gewinnen kann. Doch der Frau hat er nur diese eine Dimension übrig gelassen: ihren Körper. Er hat aus der Frau grünes Gemüse gemacht – und es ist klar, daß sich das Gemüse Sorgen macht, wenn keine Kundschaft kommt! Es ist wohl kein Zufall, daß in Frankreich – dem Land, das einen besonderen sexuellen Ruf genießt – ein Verliebter zu seiner Freundin sagt: »Ich will dich auffressen.« Sind das Kannibalen? Ist die Frau ein Gemüse oder was? »Ich will dich auffressen« – Das beweist ja einen großen Respekt vor der Frau! Aber wenn keiner mehr zu ihr sagt: »Ich will dich auffressen«, denkt sie: »Jetzt bin ich erledigt! Das Leben ist vorbei!«

Als erstes müßt ihr also lernen, alle Veränderungen, die euch die Natur bringt, zu akzeptieren. Die Jugend ist schön, aber auch das Alter hat seine eigene Schönheit. Es wird nicht mehr sexuell sein, aber wenn ein Mensch still, friedlich und meditativ lebt, hat das Alter seine eigene Majestät. So wie die schneebedeckten Gipfel schön sind, haben auch die weißen Haare des Alters ihre eigene Schönheit. Und nicht nur Schönheit, sondern auch Weisheit – was kein junger Mann mit seinem ganzen törichten Verhalten für sich beanspruchen kann: Er läuft mal hinter diesem, mal hinter jenem Rock her … Ein alter Mann hat dieses ganze Herumgerenne aufgegeben. Er hat sich in seiner Mitte zur Ruhe gesetzt, ist von niemand anderem mehr abhängig. Und genauso sollte es auch für eine alte Frau sein; darin sollte es keinen Unterschied zwischen Männern und Frauen geben.

Liebe ereignet sich erst, wenn ihr die biologische Sklaverei hinter euch gelassen habt. Die rein biologische Beziehung ist etwas so Häßliches, daß die Menschen seit Jahrhunderten beschlossen haben, sich im Dunkeln, ohne Licht zu lieben, damit man nicht sehen kann, was sie da tun.

Wenn das Leben diese biologische Veränderung durchmacht, sollte man sie nicht nur akzeptieren, sondern sich darüber freuen, diese ganze Stupidität hinter sich gelassen zu haben und endlich frei zu sein von der Fessel der Biologie. Es ist nur eine Frage der Konditionierung …

Man sollte das Leben akzeptieren. Doch eure Unbewußtheit erlaubt euch nicht, das Leben so zu akzeptieren, wie es ist – ihr wollt es immer anders haben.

Es ist völlig in Ordnung, wenn der Sex verschwindet. Nun wird es dir leichter fallen, allein zu sein. Es wird dir leichter fallen, glücklich zu sein, ohne Leiden zu sein, denn das ganze Spiel des Sex ist nur ein einziges langes Leiden: Streit und Haß und Eifersucht und Neid. Es ist kein friedliches Leben.

Aber nur durch Frieden, Stille, Seligkeit, Alleinsein, Freiheit wirst du den wahren Geschmack von dem bekommen, was das Leben wirklich bedeutet. **(125)**

Was bedeutet wahre Gesundheit?

Wahre Gesundheit ist etwas, das in deinem Innern geschehen muß, in deiner Subjektivität, in deinem Bewußtsein, denn das Bewußtsein kennt weder Geburt noch Tod, es ist ewig.

Gesund im Bewußtsein zu sein bedeutet: erstens, wach zu sein, zweitens, harmonisch zu sein, drittens, ekstatisch zu sein, und viertens, mitfühlend zu sein. Wenn diese vier Bedingungen erfüllt sind, ist man innerlich gesund.

Meditation vermag alle vier Bedingungen zu erfüllen. Sie kann dich bewußter machen, denn sämtliche Meditationstechniken sind Methoden, dich bewußter zu machen – Mittel, dich aus deinem metaphysischen Schlaf aufzuwecken.

Harmonischer werden kannst du durch Singen, Tanzen und Feiern. Wenn der Tänzer verschwindet und nur noch der Tanz übrigbleibt, in diesem seltenen Zustand bist du in Harmonie. Wenn der Sänger sich völlig vergißt und nur noch das Lied übrigbleibt, wenn es kein Zentrum mehr gibt, das als »Ich« fungiert, weil das »Ich« völlig verschwunden ist und du im Fluß bist – dieses strömende Bewußtsein ist harmonisch.

Wach und harmonisch zu sein, schafft die Voraussetzungen für die Ekstase. Ekstase bedeutet den Gipfel der Freude. Sie läßt sich nicht mit Worten ausdrücken, mit Worten läßt sich nichts darüber sagen. Und wenn man zur Ekstase gelangt ist, wenn man den höchsten Gipfel der Freude kennt, stellt sich Mitgefühl als Ergebnis von selbst ein. Wenn du diese Freude besitzt, möchtest du sie teilen. Du kannst gar nicht anders, als andere daran teilhaben zu lassen. Das Teilen wird unvermeidlich; es ist eine logische Konsequenz dieser Freude. Sie fängt an überzufließen, ohne dein Zutun. Es passiert ganz von allein.

Dies sind die vier Grundpfeiler innerer Gesundheit. Trachte sie zu erlangen. Sie ist unser Geburtsrecht, wir müssen nur Anspruch darauf erheben! **(126)**

Im letzten Dezember hat man bei mir Gebärmutterkrebs festgestellt. Es ging für mich um die Entscheidung, entweder zu sterben und damit das Leiden fortzusetzen – oder aus dem Ganzen auszusteigen. Ich ließ dich ganz in mich hinein – und ertrank in deiner Liebe. Der Krebs verschwand. In den letzten sechs Monaten habe ich mich dir sehr nahe gefühlt, obwohl ich nicht zu dir kommen konnte. Einige meiner Freunde sind Sannyasins, und wenn ich ihnen davon erzähle, sagen sie, ich flüchte vor der Wirklichkeit. Manchmal, wenn ich darüber nachdenke, kommen mir Zweifel an dem, was ich fühle. Haben sie recht? Was ist die Wirklichkeit?

Höre immer auf deine eigene Erfahrung, denn das ist die Wirklichkeit. Du hattest Krebs. Und es kommt häufig vor, daß Krebs zu einer großen Chance wird, weil der Tod dann gewiß ist. Dann kommt es nicht mehr in Frage, daß du dich zurückhältst. Der Tod holt dich auf jeden Fall. Und weil der Tod so nah war, hast du dich mehr an mich erinnert, hast du mich mehr geliebt – denn es war keine Zeit mehr, es aufzuschieben. Zum ersten Mal hast du mich total in dich hineingelassen – und der Krebs verschwand.

Krebs entsteht aus vielen Gründen. Einer der Gründe ist, daß das Leben ohne Bedeutung, ohne Liebe ist, daß man nicht wirklich lebt. Man schleppt sich nur noch dahin. Man hat keinen Grund zu leben, und das Problem ist, man hat auch keinen Grund, sich umzubringen. So machen die Leute auf schläfrige Weise immer weiter, von der Wiege bis zum Grab – wie Schlafwandler, Somnambulisten. Es ist eine lange Reise, aber im Schlaf schaffen sie es. So erreichen sie das Grab. Oder wo immer sie hinkommen, erweist es sich als das Grab.

Doch eine Krankheit wie Krebs gibt euch eine völlig neue Chance. Ihr wart euch des Todes nicht bewußt, nicht so bewußt, so intensiv bewußt. Plötzlich entdeckt ihr, daß ihr Krebs habt. Jetzt werden die ganzen Verwicklungen eures Lebens – die Karten, die ihr fürs Theater gekauft habt, für das Fußballspiel oder für den Boxkampf – das alles wird plötzlich bedeutungslos. Ihr habt euch auf eine Prüfung vorbereitet; das wird jetzt bedeutungslos. Ihr wolltet am Wahlkampf teilnehmen; das ist jetzt sinnlos. Der Tod ist jetzt so präsent, so stark, daß alles andere in eurem Leben dadurch aufgehoben wird, nichtig wird.

Ich sage euch ständig, daß ihr lieben sollt, daß ihr total sein sollt. Und in jenen Tagen hattest du keine andere Wahl – der Tod war schon unterwegs. Du hast total geliebt. Du hast mich in dich hineingelassen – und der Krebs verschwand. Nicht, daß ich etwas getan hätte, daß du etwas getan hättest. Wenn du früher auf mich gehört hättest, wäre der Krebs gar nicht entstanden. Wenn du früher mit solcher Intensität und Totalität gelebt hättest, wäre der Krebs gar nicht zu dir gekommen.

Nun, nachdem der Krebs verschwunden ist, rutschst du wieder in den Kopf und denkst, ich hätte vielleicht ein Wunder vollbracht. Ich habe gar nichts getan. *Du* hast ein Wunder vollbracht. Und weil du deinen Freunden erzählt hast: »Mein Meister hat ein Wunder vollbracht«, sagen sie zu dir, du sollst realistischer sein, und dann kommen Zweifel in dir auf.

Deine Freunde haben recht. Sei realistisch – obwohl sie selbst nicht realistisch sind. Die einzig reale Tatsache ist, daß der Krebs verschwunden ist, weil du zum ersten Mal eine Totalität des Seins hattest, eine Gesammeltheit deines Seins, die mächtiger war als jeder Krebs.

Jetzt tauchen Zweifel auf. Und wenn du deine Freunde fragst, werden sie sagen: »Sei nicht töricht, sei nicht abergläubisch«, obwohl sie es sich nicht erklären können, wie und warum der Krebs verschwand. Und sie sagen dir, du sollst realistisch sein. Frage sie: »Seid ihr doch mal realistisch und sagt mir, wie der Krebs verschwinden konnte.« Sollen sie sich doch mal ein bißchen mit dem Krebs beschäftigen! Laß sie darüber nachdenken, laß sie doch schlaflose Nächte haben: Wie konnte der Krebs verschwinden? – Denn da entscheidet sich, was real ist und was nicht.

Und erwarte von mir kein Wunder. Das ist eine Fiktion. Du selbst hast das Wunder vollbracht; daran ist gar kein Zweifel. Jeder Mensch ist fähig, solche Wunder zu vollbringen.

Das Leben ist ein solches Geheimnis. Wenn ihr ganz still, total und liebevoll werdet, verändern sich viele Dinge in euch – im Körper, im Geist, in der Seele.

Aber laß dich von deinen Freunden nicht auf dumme Ideen bringen, sonst kann der Krebs wieder auftauchen – denn nicht ich mache es, sondern du. Wenn du zweifelst und nicht weißt, wie es geschehen konnte, kann dein Zweifeln den Krebs wieder entstehen lassen. Es war deine Totalität, die ihn zum Verschwinden brachte. Dein Zweifel kann den Boden dafür bereiten, daß er wiederkommt. Dann wird keiner deiner Freunde sagen: »Sei realistisch.« Dann müßtest du in die gleiche Haltung zurückfinden, aber diesmal würde es schwieriger sein.

Es ist besser, nicht wieder in die gleichen Schwierigkeiten zu geraten. Das nächste Mal würde es schwierig sein, weil du Erwartungen hättest – was vorher nicht der Fall war. Beim ersten Mal, als du Krebs hattest, hast du kein Wunder erwartet. Wenn es wieder passiert, würdest du versuchen zu lieben, würdest du versuchen, total zu sein. Aber wenn man versucht, total zu sein, ist man nicht total. Wenn man versucht zu lieben, liebt man nicht. Und insgeheim würdest du erwarten, daß der Krebs sich auflöst, aber es wäre nicht die gleiche Situation. Und denke daran: Gib nicht mir die Schuld, daß ich dir beim nächsten Mal nicht helfe. Ich habe dir auch beim ersten Mal nicht geholfen.

Es bist immer du selbst. Was auch immer mit dir geschieht: Du selbst bist dafür verantwortlich. **(127)**

Aids konfrontiert uns mit der Unmittelbarkeit unseres Todes. Daß wir es so ernst damit nehmen, scheint noch mehr Leiden und Angst zu schaffen. Wie können wir mit Heiterkeit darauf reagieren, statt uns als Opfer zu fühlen?

Der Tod ist immer präsent. Du bist dir dessen vielleicht nicht bewußt, aber er konfrontiert dich immer mit Unmittelbarkeit. Du kannst dir des nächsten Augenblicks nicht sicher sein. Aber wir leben immer weiter, und niemand glaubt, daß *er* sterben wird. Es ist immer der andere, der stirbt. Du hast Menschen sterben sehen, alle möglichen Menschen, jung und alt, Kinder ... Aber du hast dich selbst nie sterben sehen, und so setzt sich offensichtlich irgendwann der Glaube bei dir fest, daß es immer der andere ist, der stirbt. Aber denke daran: Die, die jetzt tot sind, haben auch so gedacht. Für sie bist *du* der andere. Und eines Tages wirst du sterben, und die Menschen, die dich zum Friedhof bringen, werden die Unmittelbarkeit des Todes überhaupt nicht spüren.

Er ist immer präsent, wie dein Schatten. Vom allerersten Moment der Geburt an stirbst du. Es ist trügerisch zu glauben, daß der Tod – wie ein Unfall – plötzlich kommt, wenn du siebzig, achtzig, neunzig bist. Nein, Tod und Leben hängen zusammen. Vom Augenblick deiner Geburt an beginnst du zu sterben.

Aber der Mensch ist sehr trickreich, wenn es darum geht, sich selbst zu betrügen. Jeder deiner Geburtstage ist ein Versuch zu vergessen, daß es nicht dein Geburtstag, sondern dein Todestag ist; du bist ein Jahr mehr gestorben. Doch mit Blumen, Kerzen und Kuchen vergißt man die Unmittelbarkeit des Todes, die immer da ist. Die Geburt ist der Anfang des Todes.

Aids sollte dich daher nicht ernst machen. Im Gegenteil, Aids sollte dich bewußter, wacher machen, denn du bist eine Ausnahme – jemand, für den der Tod Gewißheit ist. Und du kannst dich nicht länger selbst betrügen. Viele, die nicht Aids haben, werden noch vor dir sterben, aber ihr Tod wird kommen, ohne ihnen bewußt zu sein. Und zu wissen ist immer besser, als nicht zu wissen.

Wenn du weißt, daß etwas Bestimmtes geschehen wird, kann etwas getan werden. Der Aids-Patient weiß, daß er innerhalb von zwei Jahren sterben wird. Diese Unmittelbarkeit des Todes sollte dich aufwecken. Jetzt hast du keine Zeit mehr herumzutrödeln, keine Zeit mehr, dir selbst etwas vorzumachen. Der Tod ist bereits da und wartet auf dich, und du hast es gut, weil du es weißt.

Das Wissen, daß du sterben wirst, kann zu einer Transformation werden. Wenn du weißt, daß du innerhalb von zwei Jahren sterben wirst, kannst du diese zwei Jahre der Meditation widmen. Sonst schieben die Menschen immer alles auf: Morgen werden sie meditieren – und morgen kommt nie. Und es gibt so viel anderes zu tun, daß zum Meditieren nie Zeit bleibt.

Aber jemand, der genau weiß, daß es keinen Ausweg gibt, daß es morgen zu Ende ist … Alles, was du noch in den Händen hast, ist dieser Augenblick. Das ist die Realität – ob mit oder ohne Aids! Aber Aids macht es sehr deutlich spürbar, und das kann ein versteckter Segen sein.

Die Zeit zum Meditieren ist nun da. Jetzt kannst du all die kleinen, dummen Sachen vergessen, mit denen du dich beschäftigt hast. Es gibt Menschen, die Karten spielen, Fußballspiele anschauen – zu Tausenden – und sich überhaupt nicht bewußt sind, was sie machen. Wenn du sie fragst, sagen sie, sie schlagen die Zeit tot. Großartig! Die Zeit erschlägt *dich*, und du willst dir einreden, daß du die Zeit totschlägst. Aber wie kannst du die Zeit totschlagen? Du hast sie ja noch nicht einmal gesehen. Dein Schwert kann sie nicht verletzen. Sogar eure Atomwaffen können sie nicht berühren. Wie also willst du die Zeit totschlagen? Die Zeit dagegen tötet dich jeden Augenblick.

Aids sollte als großer Segen verstanden werden. Jetzt kannst du aufhören, Karten zu spielen, kannst du aufhören herumzutrödeln, kannst du aufhören, dir Fußballspiele anzuschauen. Jetzt hast du alle Zeit für dich, und das einzige, was dir bleibt, bevor der Tod kommt, ist, dich selbst kennenzulernen.

Und der Tod ist so nah, daß du es dir nicht leisten kannst,

über dein eigenes Wesen unwissend zu bleiben. Gerade die Nähe des Todes ermöglicht es dir zu verstehen, was in dir ist: das Unsterbliche.

Das ist die wirkliche Kunst des Meditierens: so tief wie möglich in dich hineinzugehen, zum innersten Kern deines Seins. Und du wirst erstaunt, verwundert sein, daß du im Kern deines Seins unsterblich bist. Dort gibt es keinen Tod, hat es nie einen Tod gegeben. In Wirklichkeit stirbt nichts. Alles nimmt nur eine andere Form an.

Aids kann zwar deinen Körper zerstören, aber der wird sowieso zerstört werden. Es ist eigentlich kein großes Problem. Es ist besser, daß dein Körper von Aids zerstört wird, weil es ohnehin keine Hoffnung auf Überleben gibt. Aids hat dir auch deine Hoffnung genommen. Jetzt, da es keine Heilung gibt, mußt du den Tatsachen ins Gesicht sehen. Da es keine Hilfe von außen gibt, bist du völlig auf dich selbst gestellt. Du bist allein.

Tatsache ist, daß jeder immer schon allein gewesen ist. Von der Geburt bis zum Tod ist die ganze Reise allein. Du magst zwar in der Menge sein, aber dein Alleinsein kann nicht angetastet werden. Es ist da. Du versuchst zwar alles, um dich über dein Alleinsein hinwegzutäuschen, aber das ist noch nie jemandem gelungen.

Eine Wahrheit ist eine Wahrheit. Du kannst sie allenfalls ein wenig aufschieben. Aids macht jeden Aufschub zunichte. Was immer zu tun ist, muß *jetzt* getan werden.

Ja, eines ist gewiß: Du *bist* ein Opfer. Versuche nicht, dich über diese Tatsache hinwegzutäuschen; das wird nicht helfen.

Aids ist das Endergebnis der Homosexualität, und Homosexualität ist eine religiöse Krankheit, die in den Klöstern geboren wurde, wo keine Frau Zutritt hatte. Die Homosexualität entstand, weil alle Religionen der Welt auf der sexuellen Enthaltsamkeit bestanden haben, was einfach dumm ist. Man kann nicht enthaltsam sein, es sei denn, man ist impotent.

Die Natur hat ihre eigenen Wege, um sich auszudrücken. Wenn man das natürliche Ventil unterdrückt, wird sie etwas finden, das unnatürlich ist und dich zerstört. Und Aids ist der Höhepunkt. **(128)**

Jetzt redet man auf der ganzen Welt über Aids, aber ich hier bin der einzige, der sagt, daß Aids eine religiöse Krankheit ist. Sonst ist nirgendwo die Rede davon. Im Gegenteil, die Priester sagen, es sei eine Strafe Gottes. Und die Menschen werden es ihnen glauben, daß es eine Strafe für die Homosexualität ist. Aber niemand fragt danach, wie Homosexualität eigentlich entstanden ist und wer dafür die Verantwortung trägt.

Die Menschen besitzen nicht genügend Intelligenz, um diese Dinge miteinander in Verbindung zu bringen. Sie können diese einfache Tatsache nicht damit in Verbindung bringen, daß die Religionen seit jeher den Menschen predigen, in sexueller Enthaltsamkeit zu leben – *sie* sind die Wurzel aller Perversionen. Wenn also jemand bestraft werden müßte, dann sind es nicht die Homosexuellen. Wenn jemand bestraft werden müßte, dann sind es all die religiösen Oberhäupter, die das Zölibat predigen. Die Homosexualität ist nur eine Nebenerscheinung des Zölibats.

Die Journalisten sind schockiert, wenn ich das sage, weil sie nicht damit gerechnet haben, daß ich den Religionen die Schuld an Aids geben würde. Sie können es nicht sehen. Sie denken, es lägen Welten dazwischen. Das ist aber nicht der Fall. Und solange man die wahre Ursache nicht sehen kann, kann man das Problem nicht bekämpfen.

Als erstes wäre es notwendig, daß alle Regierungen das Zölibat für illegal erklären, für kriminell. Statt dessen tun sie genau das Gegenteil – sie erklären die Homosexualität für illegal.

Homosexualität ist nur ein Symptom und nicht die Ursache. Wenn man die Homosexualität für illegal erklärt, werden die Menschen anfangen, mit Tieren zu schlafen, weil das nicht verboten ist. Und es *gibt* Leute, die mit Tieren schlafen, das ist nichts Neues; es ist so alt wie die Menschheit. Wenn sie keine Frau finden können, wenn sie keinen Mann finden können, dann nehmen sie die armen Tiere her. Wenn die Homosexualität verboten und kriminalisiert wird, werden die Homosexuellen sich eine andere Perversion suchen – und das wird möglicherweise eine noch schlimmere Krankheit als Aids mit sich bringen. Man weiß nie, was daraus entstehen kann!

Man muß den Menschen klarmachen, daß es unmöglich ist, gegen die Natur anzugehen. Und jeder, der euch lehrt, gegen die Natur zu sein, ist euer Feind. **(129)**

Aids ist die letzte Konsequenz der Homosexualität, und es gibt keine Heilung dafür. Ihr habt euch zu weit von der Natur entfernt, so daß es keinen Weg mehr zurück gibt; ihr habt alle Brücken hinter euch abgebrochen. Das bedeutet die Krankheit Aids.

Und die Medizin kann nichts tun. Sie kann höchstens bestätigen, daß jemand die Krankheit hat und daß er höchstens noch zwei Jahre zu leben hat, maximal. Aids ist eine vollkommen neue Art von Krankheit; man kann sie nicht zu den anderen Krankheiten zählen. Selbst Krebs läßt sich heilen, man kann ihn operieren, doch Aids entzieht sich jeder Behandlung.

Man muß verstehen, was Aids ist. Es bedeutet, daß ein Mensch im tiefsten Innern seinen Lebenswillen aufgegeben hat. Und sobald jemand an dem Punkt ist, wo er den Lebenswillen verliert, wird er für alle möglichen Infektionen anfällig. Er erzeugt keine Antikörper, um Krankheiten abzuwehren. Er hat sich aus dem Spiel des Lebens verabschiedet, und keine Medizin kann ihm den Lebenswillen wiedergeben.

Wenn man total anfällig für alle Arten von Infektionen ist, hat man, nach Schätzung der Mediziner, nur noch eine Lebenserwartung von höchstens zwei Jahren, und es ist sogar sehr wahrscheinlich, daß man innerhalb von sechs Monaten stirbt.

Die Gefahr ist, daß jemand, der weiß, daß er in sechs Monaten oder in einem Jahr sterben wird, noch gerne mit möglichst vielen Männern, möglichst vielen Frauen, Sex haben möchte. Jetzt kann er nichts mehr aufschieben, weil er vielleicht morgen schon stirbt. Das Morgen war noch nie so ungewiß. Alles, was er je machen wollte, muß er *jetzt* tun, heute, so schnell wie möglich. Wenn jemand weiß, daß er in sechs Monaten tot sein kann, wird er unverantwortlich und rücksichtslos. Er wird anfangen, mit vielen Leuten sexuelle Kontakte zu haben, denn er muß ja sein ganzes Sexualleben in sechs Monate pressen. Wenn ihr wißt, daß ihr nur noch kurze Zeit zu leben habt – warum nicht das Beste daraus machen? Und die Biologie unterstützt euch darin: Bevor ihr euren Körper verlaßt, setzt alle Lebewesen, die in euch schlummern, frei. Tut den Ungeborenen wenigstens noch diesen Gefallen!

Und es besteht auch die Gefahr, daß diejenigen, die Aids haben, Ärzte bestechen, um zu verhindern, daß ihre Krankheit publik wird. Denn wenn es bekannt wird, daß jemand Aids hat, ist er der Ächtung durch die Gesellschaft ausgesetzt – derselben Gesellschaft, die Aids hervorgebracht hat, derselben Gesellschaft, die Homosexualität hervorgebracht hat.

In der Welt da draußen wird also jeder, der Aids hat, diese Tatsache zu verbergen trachten, denn er wird von den Priestern geächtet werden – die eigentlich dafür verantwortlich sind –, er wird von der Gesellschaft geächtet werden. Die Aids-Infizierten werden zu Unberührbaren. Jeder wird sie meiden, und das ist schlimmer als der Tod. In der Welt da draußen wird also jeder, der Aids hat, diese Tatsache verbergen wollen, und das ist sehr gefährlich. Das heißt, er wird es weiter verbreiten. Man kann sich durch sexuellen Kontakt anstecken, möglicherweise sogar durch Küssen. **(130)**

(Osho hat bereits Anfang 1984 öffentlich Empfehlungen für konkrete Schutzmaßnahmen gegen Aids gegeben. Anstatt die Krankheit zu verteufeln oder zu bagatellisieren, gab er ein Beispiel, wie man mit den Fakten dieser Krankheit ganz pragmatisch umgehen kann – nämlich vorbeugend und angstfrei.

Seither sind Oshos Empfehlungen für »Safe Sex« und die regelmäßige Durchführung von Aids-Tests weltweit von allen Osho-Meditationszentren und Kommunen, in denen Sannyasins zusammenleben, als verbindliche Regeln mit großem Erfolg praktiziert worden.

Diese Empfehlungen haben sich als ein großes Geschenk Oshos an seine Freunde erwiesen, weil sie jeden darin unterstützen, dieses heikle Thema mit erhöhter Bewußtheit und Verantwortlichkeit zu behandeln, ohne die Lebensfreude zu beeinträchtigen.)

Seit ungefähr sechs Monaten wache ich jeden Morgen mit einer tiefen Todesangst auf. Kannst du bitte dazu etwas sagen?

Die Angst vor dem Tod sitzt bei der Frau tiefer als beim Mann. Die Frau, vor allem die moderne Frau, will immer jung bleiben. Wenn sie fünfunddreißig geworden ist, dauert es fast sechs Jahre, bis sie sechsunddreißig wird. Sie will nicht älter werden, denn unbewußt weiß sie: Das Älterwerden endet mit dem Tod. Und besonders für die Frau – ihre Jugend ist ihr Leben. Der ganze heutige Schwachsinn betont noch stärker, daß eine Frau nur lebt, solange sie jung ist. Sobald sie alt wird, ist sie nur noch eine verbrauchte Hülse, völlig unnütz.

Ein junges Paar sitzt in einer Vollmondnacht am Strand, und wie gewöhnlich drängt das Mädchen aufs Heiraten ... Warum drängen die Frauen so darauf zu heiraten? – Weil sie unbewußt wissen, daß ihre Schönheit, ihre Jugend sehr vergänglich ist, und wenn sie vorüber ist, wird es schwer sein, jemanden zum Heiraten zu finden. Selbst wenn du jung und schön bist, ist es schwierig, jemand Intelligenten zu finden, der dich heiratet.

Der Mann sieht die Frau an und sagt: »Ich werde dich heiraten, Liebling, aber warte noch ein wenig.«

Die Frau sagt: »Ich kann nicht länger warten. Du erzählst mir das schon seit zwei Jahren.«

Der Mann entgegnet: »Wenn du darauf bestehst, können wir noch heute heiraten.«

Da stellt ihm die Frau eine Frage, die vielleicht in jeder Frau schlummert: »Du liebst mich so sehr, aber wirst du mich auch noch lieben, wenn ich alt bin?«

Der Mann ist schockiert über die Vorstellung, daß sie alt

werden könnte. »Du bringst mich in die Klemme! Sag mir eines: Wenn du alt bist, wirst du wie deine Mutter aussehen? Wenn ja, dann mache ich sofort Schluß. Dann habe ich keine Lust zu heiraten!«

Natürlich hat jede Frau Angst vor dem Älterwerden. Der Mann hat die Frau zu einem Gebrauchsgegenstand reduziert. Solange sie frisch, jung und saftig ist, hat sie einen Marktwert, doch sobald all diese oberflächlichen, vergänglichen Dinge verschwinden, sinkt ihr Marktwert. Wenn sie noch keinen Einblick in ihr Bewußtsein gewonnen hat, das zeitlos jung und frisch und von niemand anderem abhängig ist, wird ihr der Tod im Alter großen Schrecken einflößen. Das Wort »Tod« allein läßt schon Schreckliches erahnen.

Aber du brauchst dir um den Tod keine Sorgen zu machen. Das Heilmittel ist Meditation – sie kuriert dich von dem Irrtum, daß man stirbt. Niemand ist je gestorben, *niemals*. Der Tod ist die größte Erfindung, aber wir halten daran fest, weil wir immer nur die anderen und nie uns selbst sterben sehen. Darum glauben wir bewußt oder unbewußt, daß die anderen sterben.

Es ist klar: Jeder, der stirbt, stirbt für die anderen. Und in diesem kontinuierlichen Strom über Jahrtausende hat jeder immer nur die anderen sterben sehen. Niemand hat je sich selbst sterben sehen – mit Ausnahme einiger weniger Menschen, die in der Meditation so tief gegangen sind, daß sie eines erkennen, noch bevor sie von ihrem Körper getrennt werden: Der Körper ist immer schon tot gewesen; er besteht aus toter Materie, und das Leben, das sich im Körper zeigt, ist nur der Zustrom des ewigen Lebens, das sich im Körper widerspiegelt.

Der konstante Fluß des ewigen Lebens, das in dir strömt, läßt deinen Körper lebendig erscheinen. Sobald der ewige Fluß weitergeht und die Richtung ändert, gelangt dein Körper zu seiner Wahrheit. *Du* aber stirbst niemals. Und die ganze Kunst der Meditation besteht darin, dich darauf aufmerksam und dir bewußt zu machen, daß du nicht der Körper bist.

Als Frau hast du natürlich mehr Angst vor dem Tod. Meditation wird dir diese Angst nehmen, und Meditation wird dir auch die Vorstellung von Mann oder Frau nehmen, denn das sind Dinge, die zum Körper gehören. Das Bewußtsein ist transzendental – weder männlich noch weiblich.

Nur Meditierende wissen, daß es keinen Tod gibt. Die Gewißheit, daß es den Tod nicht gibt, begründet sich nicht auf Schriften, auf geborgtes Wissen, denn solche Dinge können sich nicht auf Schriften und geborgtes Wissen begründen. Nichts zählt, außer deiner eigenen Erkenntnis.

Eine Frau wird im Alter besonders frustriert sein, weil sie so viel Liebe und so viel Wertschätzung bekommen hat, aber jetzt schaut niemand mehr sie an. Darum ist ihre Angst vor dem Tod um ein Vielfaches größer als die des Mannes. **(131)**

Wie kann ich meine Angst vor dem Altwerden loswerden?

Das Leben, wenn es richtig gelebt, wirklich gelebt wird, hat niemals Angst vor dem Tode. Wenn du dein Leben gelebt hast, wirst du den Tod willkommen heißen. Er kommt als Ruhepause, als tiefer Schlaf. Wenn du in deinem Leben zu einem Höhepunkt, zu einem Gipfel gekommen bist, dann ist der Tod ein schönes Ausruhen, eine Gnade. Wenn du aber nicht gelebt hast, erzeugt der Tod natürlich Angst. Wenn du nicht gelebt hast, wird der Tod dir die Zeit aus den Händen reißen – all die zukünftigen Gelegenheiten, zu leben. In der Vergangenheit hast du nicht gelebt, und eine Zukunft gibt es nicht mehr. Angst stellt sich ein. Diese Angst stellt sich nicht ein wegen des Todes, sondern wegen des ungelebten Lebens.

Und wegen der Angst vor dem Tode macht auch das Alter selbst Angst, weil es den ersten Schritt in Richtung Tod bedeutet. Ansonsten ist auch das Alter schön. Es ist eine Reifung deines Daseins, es ist Reife, Vollendung. Wenn du von Augenblick zu Augenblick lebst, offen für alle Herausforderungen, die das Leben dir bringt, und wenn du alle Chancen nutzt, die das Leben dir gibt, und wenn du es wagst, dich in das Abenteuer des Unbekannten zu stürzen, zu dem das Leben dich aufruft und einlädt, dann wird das Alter für dich Reife bedeuten. Ansonsten ist das Alter gleichbedeutend mit Krankheit.

Es ist bedauerlich, daß viele Menschen einfach alt und betagt werden, ohne die entsprechende Reife zu erlangen. Für sie ist das Alter nur eine Last. Sie sind im Körper gealtert, aber im Bewußtsein kindlich geblieben. Sie sind im Körper gealtert, aber in ihrem Innenleben sind sie nicht gereift. Es fehlt ihnen das innere Licht, doch der Tod kommt täglich näher. Natürlich werden sie zittern und Angst haben und große Seelenqualen erleiden.

Jene aber, die richtig gelebt haben, akzeptieren das Alter mit einem tiefen Willkommen, denn für sie bedeutet das Altwerden, daß sie zur Blüte kommen, zu ihrer Erfüllung, und daß sie jetzt in der Lage sind, das Erreichte mit anderen zu teilen.

Normalerweise ist das Alter häßlich, weil es einfach nur Krankheit bedeutet. Der Organismus ist nicht gereift, sondern nur immer kränker, schwächer und impotenter geworden. Sonst könnte das Alter die schönste Zeit des Lebens sein: All die Torheiten der Kindheit sind vorüber, die ganze Fiebrigkeit und Leidenschaft der Jugend sind vorbei ... Heiterkeit läßt sich nieder, eine Stille, Meditation, *Samadhi*.

Das Alter ist von immenser Schönheit. Und so sollte es auch sein, weil das ganze Leben sich darauf zubewegt. Es sollte der Höhepunkt sein. Wie könnte dieser am Anfang oder in der Mitte sein? Wenn man aber die Kindheit für den Höhepunkt hält, wie viele Leute es tun, wird man natürlich sein ganzes Leben lang leiden, weil man den Höhepunkt schon hinter sich hat und danach alles andere nur noch ein Abstieg, ein Weg bergab ist. Wenn man die Jugend für den Höhepunkt hält, wie viele Leute es tun, dann wird man natürlich ab fünfunddreißig traurig und deprimiert sein, weil man jeden Tag weniger und immer weniger wird und nichts hinzugewinnt. Die Energie geht verloren, man wird immer schwächer, Krankheiten treten ins Dasein, und der Tod fängt an, an die Tür zu klopfen. Das Zuhause geht verloren, das Krankenhaus naht. Kann man da glücklich sein? – Nein. Doch im Osten haben wir Kindheit und Jugend nie für den Höhepunkt gehalten. Der Höhepunkt kommt erst ganz zum Schluß.

Wenn das Leben seinen richtigen Lauf nimmt, erreichst du allmählich immer höhere Gipfel. Und der Tod ist der höchste Gipfel des Lebens, das Crescendo.

Aber wieso gehen wir am Leben vorbei? Wieso altern wir, ohne zu reifen? Irgend etwas muß schiefgelaufen sein! Irgendwann mußt du auf eine falsche Spur geraten sein. Irgendwann mußt du eingewilligt haben, auf eine falsche Spur zu gehen. Diese Einwilligung mußt du aufkündigen, diesen Vertrag mußt du verbrennen. Das nenne ich *Sannyas* – die Erkenntnis: »Bisher habe ich falsch gelebt, ich habe Kompromisse gemacht. Ich habe noch nicht wirklich gelebt.«

Als ihr noch ganz klein wart, habt ihr euch auf Kompromisse eingelassen. Ihr habt euer Wesen verkauft, für nichts und wieder nichts. Eigentlich habt ihr nichts hinzugewonnen – nur dummes Zeug. Für Belanglosigkeiten habt ihr eure Seele verloren. Ihr habt eingewilligt, jemand anderer zu sein, als ihr seid. An diesem Punkt habt ihr euren Weg verlassen. Die Mutter wollte, daß ihr etwas werdet, der Vater wollte, daß ihr etwas werdet, die Gesellschaft wollte, daß ihr etwas werdet – und ihr habt es zugelassen. Nach und nach habt ihr euch dafür entschieden, nicht ihr selbst zu sein. Und seit damals habt ihr so getan, als wäret ihr jemand anderer.

Ihr könnt nicht reif werden, weil ihr nicht reif werden könnt als jemand, der ihr nicht seid. Ihr seid nicht echt. Wenn ich eine Maske trage, kann die Maske nicht reif werden, denn sie ist tot. Mein Gesicht kann reifen, aber nicht meine Maske. Und so altert nur eure Maske, doch ihr selbst, die ihr euch hinter der Maske versteckt, wachst nicht. Ihr könnt nur wachsen, wenn ihr euch selbst akzeptiert – wenn du du selbst wirst und niemand anderer.

Der Rosenstrauch hat sich bereit erklärt, zum Elefanten zu werden, und der Elefant hat sich bereit erklärt, zum Rosenstrauch zu werden. Der Adler macht sich Sorgen und würde am liebsten zum Psychiater gehen, weil er ein Hund sein möchte. Und der Hund landet im Krankenhaus, weil er wie ein Adler fliegen wollte. So machen es die Menschen. Das größte Unheil entsteht, wenn man sich dazu bereit erklärt, ein anderer zu sein. So wird man nie reif.

Als ein anderer kannst du nie reif werden. Du kannst nur reif werden als du selbst. Jedes »Sollte«, das du dir auferlegt hast, mußt du aufgeben, und du mußt aufhören, auf das, was andere sagen, zuviel zu geben. Was bedeutet schon ihre Meinung? Wer sind sie denn?

Du bist hier, um du selbst zu sein. Du bist nicht hier, um die Erwartungen anderer zu erfüllen. Doch jeder versucht das. Der Vater mag längst tot sein, aber du versuchst, ein Versprechen einzuhalten, das du ihm gegeben hast. Und er versuchte, ein Versprechen zu halten, das er seinem eigenen Vater gegeben hatte, und so weiter und so fort. Diese Dummheit geht zurück bis zu den Anfängen.

Versuche es zu verstehen und fasse Mut. Nimm dein Leben selbst in die Hand. Dann wirst du mit einem Mal einen enormen Energiezuwachs verspüren. In dem Augenblick, in dem du beschließt: »Ich will nur noch ich selbst sein und niemand anderer – egal, zu welchem Preis: Ich werde ich selbst sein!« – in diesem Augenblick wirst du eine große Veränderung in dir erleben. Du wirst dich lebendig fühlen. Du wirst fühlen, wie die Energie in dir fließt und pulsiert.

Doch solange das nicht geschieht, wirst du Angst haben vor dem Alter. Denn wie kannst du die Tatsache umgehen, daß du deine Zeit vergeudest, daß du nicht lebst – und das Alter rückt immer näher, und bald wirst du nicht mehr imstande sein zu leben. Wie kannst du die Tatsache umgehen, daß der Tod auf dich wartet und dir jeden Tag immer näher und näher kommt – und du hast noch nicht gelebt! Du wirst unweigerlich in tiefe Verzweiflung fallen.

Wenn du also mich fragst, was du tun sollst, dann empfehle ich dir dieses Grundlegende. **(132)**

Früher oder später wird jeder alt. Man muß die Schönheit des Alters verstehen, man muß die Freiheit des Alters verstehen. Man muß die Weisheit des Alters verstehen, man muß seine große Distanz zu all den törichten Dingen verstehen, die im Leben der Menschen ständig eine Rolle spielen, solange sie jung sind.

Das Alter verleiht dir Größe. Und wenn diese Größe sich mit Meditation verbindet ... dann kannst du dich nur noch wundern: Womit hast du deine ganze Jugend verschwendet? Warum haben deine Eltern dir deine Kindheit ruiniert? Warum hat man dir nicht schon vom Tag deiner Geburt an Meditation als erstes Geschenk mitgegeben?

Aber gleichgültig, wann du es erhältst – es ist noch nicht zu spät. Und selbst wenn es nur wenige Augenblicke vor deinem Tod ist ... wenn du die Bedeutung deines Daseins erkennst, war dein Leben nicht umsonst.

Im Osten hat man das Alter immer sehr geachtet. Dort galt es früher geradezu als schamlos, wenn ein alter Mensch, dessen Kinder längst verheiratet sind und selbst schon Kinder haben, sich noch immer betören läßt und in den Fesseln der Biologie steckt. Man sollte sich darüber erheben. Es ist Zeit, das Fußballfeld für andere Narren zu räumen. Man kann höchstens noch den Schiedsrichter spielen, aber nicht mehr den Stürmer ...

Solange du nicht alles, was das Leben bringt, mit Dankbarkeit annimmst, verfehlst du das Ziel. Die Kindheit war schön, die Jugend hatte ihre eigenen Blüten, doch das Alter kennt wahre Gipfel der Bewußtheit. Das Problem ist nur, daß die Kindheit von alleine kommt – aber was das Alter angeht, mußt du selbst schöpferisch werden. Das Alter ist deine eigene Schöpfung.

Es kann ein Unglück sein oder ein Fest; es kann tiefe Verzweiflung sein, aber es kann auch ein Tanz sein. Alles hängt davon ab, wie tief deine Bereitschaft ist, die Existenz mit allem, was sie dir bringt, zu akzeptieren. Und eines Tages wird sie auch den Tod bringen – akzeptiere ihn mit Dankbarkeit. **(133)**

12. KAPITEL

Körper, Verstand, Gefühl

Das erste ist der Körper. Der Körper ist deine Basis, er ist dein Boden, er ist deine Erdung. Wenn man dich zum Feind deines Körpers macht, vernichtet man dich, macht man dich schizophren, macht man dich unglücklich, macht man dein Leben zur Hölle. Du bist der Körper. Natürlich bist du mehr als der Körper, aber das »mehr« kommt später. Erst einmal bist du der Körper.

Der Körper ist deine grundlegende Wahrheit, deshalb sei niemals gegen den Körper. Immer wenn du gegen den Körper bist, wendest du dich gegen Gott. Immer wenn du deinen Körper nicht respektierst, verlierst du den Kontakt mit der Wirklichkeit, denn dein Körper ist dein Kontaktpunkt. Dein Körper ist deine Brücke. Dein Körper ist dein Tempel.

Tantra lehrt Ehrfurcht vor dem Körper, Liebe und Respekt für den Körper, Dankbarkeit gegenüber dem Körper. Der Körper ist wunderbar. Er ist das größte Mysterium.

Aber man hat dir beigebracht, gegen den Körper zu sein. So kommt es, daß du zwar manchmal zutiefst über einen Baum staunst – den grünen Baum! –, daß du manchmal vom Mond und von der Sonne tief berührt bist, daß du manchmal von einer Blume tief berührt bist, aber von deinem eigenen Körper noch nie so tief berührt warst. Dabei ist dein Körper das komplexeste Phänomen in der ganzen Existenz. Keine Blume, kein Baum hat einen so schönen Körper wie du. Kein Mond, keine Sonne, kein Stern hat einen so hochentwickelten Mechanismus wie du.

Aber man hat dir beigebracht, eine Blume schön zu finden, ein einfaches Ding. Man hat dir beigebracht, einen Baum schön zu finden, ein einfaches Ding. Man hat dir sogar beigebracht, Steine, Felsen, Berge, Flüsse schön zu finden, aber niemals wurde dir beigebracht, deinen eigenen Körper zu achten und ihn zu bewundern. Gewiß, er ist so nah, daß man ihn leicht vergessen kann. Er ist zu selbstverständlich, darum kann man ihn leicht vernachlässigen. Aber er ist das erstaunlichste Phänomen überhaupt.

Wenn du eine Blume bewunderst, sagen die Leute: »Wie ästhetisch!« Wenn du dagegen das Gesicht einer schönen Frau anschaust oder das schöne Gesicht eines Mannes, sagen die Leute: »Wie lüstern!« Wenn du zu einem Baum hingehst und bei ihm stehenbleibst und dir wie betäubt seine Blüten anschaust – mit weit geöffneten Augen und Sinnen, um die Schönheit der Blüten in dich aufzunehmen –, dann werden die Leute dich für einen Dichter oder einen Maler oder einen Mystiker halten. Aber wenn du zu einer Frau, zu einem Mann hingehst, in großer Ehrfurcht und Hochachtung stehenbleibst und die Frau anschaust – mit großen Augen und vor Schönheit trunkenen Sinnen –, dann wird dich die Polizei abführen. Niemand wird dich für einen Mystiker oder Dichter halten, und niemand wird es gutheißen, was du da tust.

Irgend etwas ist da schiefgelaufen.

Wenn du auf der Straße einen Fremden ansprichst und sagst: »Was für wunderschöne Augen Sie haben!« wirst du verlegen, und er wird verlegen. Er kann nicht einfach »Dankeschön« zu dir sagen. Im Gegenteil, er ist beleidigt. Er wird eingeschnappt sein, denn wer bist du, daß du es wagst, dich in seine Privatsphäre einzumischen? Wie kannst du es wagen?

Wenn du zu einem Baum hingehst und ihn berührst, ist der Baum glücklich. Aber wenn du zu einem Menschen hingehst und ihn berührst, fühlt er sich beleidigt. Was ist schiefgelaufen? Irgend etwas ist da zerstört worden, gründlich und sehr tief.

Tantra lehrt dich, die Achtung und die Liebe zu deinem Körper zurückzugewinnen. Tantra lehrt dich, deinen Körper als Gottes großartigste Schöpfung zu betrachten. Tantra ist die Religion des Körpers. Natürlich geht Tantra über den Körper hinaus, aber es verläßt ihn niemals; Tantra ist im Körper verwurzelt. Tantra ist die einzige Religion, die in der Erde wirklich verwurzelt ist: Tantra hat Wurzeln. Andere Religionen sind wie entwurzelte Bäume – morsch, abgestumpft, tot; es fließt kein Saft mehr in ihnen. Tantra ist wirklich saftig und sehr lebendig.

Tantra vertraut deinem Körper, Tantra vertraut deinen Sinnen, Tantra vertraut deiner Energie. Tantra vertraut dir – in toto. Tantra verneint nichts und transformiert alles.

Wie läßt sich diese tantrische Vision verwirklichen? Hier ist die Landkarte, um dich auf den Weg zu bringen, um dich nach innen zu bringen, um dich über dich hinauszubringen:

Als erstes mußt du lernen, den Körper zu achten. Du mußt den ganzen Unsinn vergessen, den man dir über den Körper beigebracht hat. Sonst wird nichts dich je auf den Weg bringen, wird nichts dich je nach innen bringen, wird nichts dich je über dich hinausbringen. Fange beim Anfang an. Der Körper ist der Anfang.

Der Körper muß von vielen Repressionen gereinigt werden. Er hat eine große Katharsis nötig. Der Körper ist vergiftet worden, weil du dich gegen ihn gestellt hast; du hast ihn auf vielerlei Weise unterdrückt. Dein Körper vegetiert auf dem Minimum, deshalb bist du unglücklich. Tantra sagt: Seligkeit kommt erst, wenn du auf dem Optimum existierst – niemals vorher. Seligkeit wird nur möglich, wenn du intensiv lebst. Doch wie kannst du intensiv leben, wenn du gegen den Körper bist?

Du bist immer nur lauwarm. Das Feuer ist abgekühlt. Über Jahrhunderte hinweg hat man das Feuer gelöscht. Das Feuer muß neu entfacht werden. Tantra sagt: Reinige zuerst den Körper – reinige ihn von allen Repressionen. Laß die Körperenergie fließen, beseitige die Blockaden.

Es ist sehr schwierig, jemanden zu treffen, der keine Blockaden hat, es ist sehr schwierig, jemanden zu treffen, dessen Körper nicht verspannt ist. Lockere diese Verspanntheit – die Verspanntheit blockiert deine Energie; bei dieser Verspanntheit ist kein Fließen möglich.

Warum sind alle so verklemmt? Warum kannst du dich nicht entspannen? Hast du einmal eine Katze beobachtet, wenn sie am Nachmittag ein Schläfchen hält? Wie einfach und wie schön sich die Katze entspannt. Kannst du dich nicht genauso entspannen? Du drehst und wirfst dich in deinem Bett von einer Seite auf die andere und kannst nicht entspannen. Und die Entspannung der Katze ist deshalb so schön, weil sie sich total entspannt und dabei doch total wach ist. Eine kleine Bewegung im Raum, und schon öffnet sie die Augen, ist sie auf dem Sprung. Sie ist nicht einfach nur eingeschlafen. Wir müssen lernen, wie die Katzen zu schlafen – der Mensch hat es vergessen.

Tantra sagt: Lernt von den Katzen – wie sie schlafen, wie sie sich entspannen, wie unverkrampft sie leben. Die ganze Tierwelt lebt unverkrampft. Der Mensch muß es erst lernen, denn er ist falsch konditioniert worden. Der Mensch ist falsch programmiert worden.

Schon in früher Kindheit hat man euch beigebracht, verspannt zu sein. Ihr atmet nicht … aus Angst. Aus Angst vor ihrer Sexualität atmen die Menschen nicht, denn wenn man tief atmet, geht der Atem direkt ins Sexzentrum, massiert es von innen, erregt es. Weil man euch beigebracht hat, daß Sex gefährlich ist, atmet schon das Kind ganz flach – der Atem kommt nicht über die Brust hinaus. Weiter kommt das Kind nicht. Sobald es tiefer atmet, wird es plötzlich erregt: Die Sexualität wird geweckt, und Angst kommt auf. Sobald ihr tief atmet, wird Sexenergie frei.

Die Sexenergie *muß* freigesetzt werden. Sie muß dein ganzes Wesen durchströmen, dann wird dein Körper orgasmisch. Aber du hältst vor lauter Angst den Atem an, und die Lunge ist fast zur Hälfte mit Kohlendioxid gefüllt … In der Lunge gibt es sechstausend Hohlräume, und normalerweise werden dreitausend davon nie gereinigt; sie sind immer voll mit Kohlendioxid. Darum seid ihr träge, darum seht ihr nicht wach drein, darum fällt euch Bewußtheit so schwer. Es ist kein Zufall, daß sowohl Yoga als auch Tantra Tiefenatmung lehren – *Pranayama* –, um die Lunge vom Kohlendioxid zu befreien. Das Kohlendioxid ist nicht für euch gedacht – es muß ständig ausgestoßen werden. Ihr müßt neue, frische Luft einatmen, müßt mehr Sauerstoff atmen. Sauerstoff entfacht euer inneres

Feuer, Sauerstoff entflammt eure Sexualität. Darum kann nur Tantra wirklich tiefes Atmen zulassen, nicht einmal Yoga erlaubt euch, wirklich tief zu atmen.

Nur Tantra gesteht euch zu, total zu sein, total zu fließen. Tantra gewährt euch bedingungslose Freiheit – so wie ihr seid, wie immer ihr eben zu sein vermögt. Tantra setzt euch keine Grenzen, es schränkt euch nicht ein; es gibt euch einfach totale Freiheit. Dahinter steht die Erkenntnis: Wenn ihr total frei seid, ist vieles möglich.

Meine Beobachtung ist, daß Leute, die sexuell unterdrückt sind, langsam verblöden. Nur sexuell sehr lebendige Menschen sind intelligent. Nun, es muß die Vorstellung gewesen sein, daß Sex Sünde sei, die die Intelligenz zerstört hat – und zwar sehr gründlich zerstört hat. Wenn du wirklich im Fluß bist und nicht gegen deine Sexualität ankämpfst, sondern mit ihr im Einklang bist, dann wird dein Verstand optimal funktionieren. Du wirst intelligent, wach und lebendig sein.

Man muß sich den Körper zum Freund machen, sagt Tantra.

Berührst du eigentlich manchmal deinen eigenen Körper? Spürst du deinen eigenen Körper überhaupt oder bist du darin eingesperrt wie in einem toten Ding? Genau so ist es doch! Die Menschen sind geradezu erstarrt; sie schleppen ihren Körper wie einen Sarg mit sich herum. Er ist schwer, er ist hinderlich, er hilft ihnen nicht, mit der Wirklichkeit in Kontakt zu treten.

Wenn man dem Strom der Körperelektrizität erlaubt, von den Fußspitzen bis zum Kopf zu fließen, wenn man der Energie, der Bioenergie, totale Freiheit läßt, dann wird man zu einem Strömen, dann spürt man den Körper überhaupt nicht mehr. Man fühlt sich beinahe körperlos. Wenn du nicht mit dem Körper kämpfst, wirst du körperlos. Wenn du gegen den Körper kämpfst, wird dir der Körper zur Last. Doch wenn du deinen Körper wie eine Last mit dir herumschleppst, kannst du niemals zu Gott gelangen.

Der Körper muß schwerelos werden, so daß du den Boden fast nicht mehr berührst – das ist die tantrische Art zu gehen: Du bist so schwerelos, daß die Schwerkraft aufgehoben ist –

du fliegst beinahe. Doch das kommt nur, wenn du ein großes Ja zu deinem Körper hast.

Es wird dir nicht leicht fallen, deinen Körper zu akzeptieren. Du verurteilst ihn, findest immer etwas an ihm auszusetzen. Du achtest ihn nicht, liebst ihn nicht – und dann erwartest du ein Wunder: daß einer kommt und deinen Körper liebt. Wenn du selbst ihn nicht lieben kannst, wie willst du jemanden finden, der deinen Körper liebt? Wenn du selbst ihn nicht lieben kannst, wird niemand deinen Körper lieben, denn deine Ausstrahlung wird andere abstoßen.

Man kann sich nur in jemanden verlieben, der sich selbst liebt; anders geht es nicht. Zuerst mußt du dich selbst lieben – und erst aus dieser Mitte heraus können sich andere Formen der Liebe entfalten. Du liebst deinen Körper nicht. Du versteckst ihn ständig auf tausendundeine Art. Du versteckst den Geruch deines Körpers, versteckst deinen Körper in Kleidern, versteckst deinen Körper hinter Schmuck. Du versuchst ständig, eine gewisse Schönheit herzustellen, die du selbst an dir vermißt, und genau durch dieses Bemühen wirst du künstlich.

Stelle dir nur mal eine Frau vor, die sich die Lippen bemalt hat ... es ist geradezu abstoßend! Lippen sollten aus Lebensfülle rot sein, sie sollten nicht bemalt werden. Sie sollten aus Liebe lebendig sein; sie sollten deshalb lebendig sein, weil du lebendig bist. Ihr malt euch die Lippen an und meint, daß ihr euch damit schöner macht. Nur Leute, die sich ihrer Häßlichkeit bewußt sind, gehen in Schönheitssalons, sonst wäre es doch völlig unnötig.

Habt ihr je einen häßlichen Vogel gesehen? Habt ihr je ein häßliches Reh gesehen? – das gibt es einfach nicht. Sie gehen in keinen Schönheitssalon und fragen keinen Fachmann. Sie akzeptieren sich einfach, und ihre Schönheit liegt im Akzeptieren. Dieses Akzeptieren läßt ihre Schönheit erstrahlen.

Sobald du dich selbst akzeptierst, wirst du schön. Wenn du dich an deinem eigenen Körper erfreust, wirst du auch anderen damit Freude machen. Viele werden sich in dich verlieben, weil du in dich selbst verliebt bist.

Aber so, wie du jetzt bist, ärgerst du dich über dich selbst.

Du weißt, du bist häßlich; du weißt, du bist schrecklich abstoßend. Diese Vorstellung wird andere Menschen abstoßen. Diese Vorstellung wird nicht dazu beitragen, daß sie sich in dich verlieben; sie werden dich meiden. Und selbst wenn sie sich dir nähern sollten – sobald sie deine Ausstrahlung spüren, werden sie sich abwenden.

Es ist nicht nötig, irgendeinem Menschen nachzurennen. Dieses Hinterherlaufen kommt daher, daß wir nicht in uns selbst verliebt sind, sonst kämen die Leute nämlich von allein. Es wird ihnen geradezu unmöglich sein, sich nicht in dich zu verlieben, wenn du dich selbst liebst.

Warum kamen so viele Menschen zu Buddha, warum kamen so viele Menschen zu Jesus? Diese Mystiker liebten sich selbst. Sie trugen eine solche Liebe in sich, sie freuten sich so sehr an ihrem Wesen, daß jeder, der vorbeikam, ganz natürlich von ihnen angezogen wurde. Sie waren wie Magneten; sie waren so bezaubert von ihrem eigenen Sein – wie konnte man sich diesem Zauber entziehen? Einfach bei ihnen zu sein war die reine Glückseligkeit.

Das erste, was Tantra lehrt, ist also: Sei liebevoll zu deinem Körper, mache dir deinen Körper zum Freund, achte und respektiere deinen Körper, sorge gut für deinen Körper – er ist ein Geschenk Gottes. Behandle ihn gut, dann wird er dir große Geheimnisse offenbaren. Dein Wachstum hängt davon ab, welche Art von Beziehung du zu deinem Körper hast.

Und das zweite, worauf Tantra Wert legt, sind die Sinne. Und wieder sind die Religionen gegen die Sinne. Sie versuchen, die Sinne und die Sensibilität abzustumpfen. Doch die Sinne sind die Pforten eurer Wahrnehmung, die Sinne sind eure Fenster zur Wirklichkeit. Was ist dein Auge? Was sind deine Ohren? Was ist deine Nase? – Fenster zur Wirklichkeit, Fenster zu Gott. Wenn du richtig zu sehen vermagst, kannst du Gott überall sehen. Darum dürfen die Augen nicht geschlossen sein; sie müssen richtig aufgemacht werden. Die Augen dürfen nicht kaputtgemacht werden. Die Ohren dürfen nicht kaputtgemacht werden, denn alle Töne sind göttlich.

Die Vögel ... sie singen *Mantras.* Die Bäume ... sie halten

Predigten über das Schweigen. Alle diese Töne sind Gottes Töne, und alle Formen sind seine Formen. Wenn du keine Sensibilität in dir hast, wie willst du Gott erkennen können?

Man schickt euch in eine Kirche, in einen Tempel, um ihn dort zu finden ... dabei ist er doch überall! In eine Kirche von Menschenhand, in einen Tempel von Menschenhand geht ihr, um Gott zu finden? Die Dummheit des Menschen scheint keine Grenzen zu kennen. Gott ist überall, und überall gesund und munter! Doch um das zu erkennen, braucht ihr klare, gereinigte Sinne.

Tantra lehrt also, daß die Sinne die Pforten der Wahrnehmung sind. Man hat sie abgestumpft. Diese Dumpfheit müßt ihr aufgeben, eure Sinne müssen gereinigt werden. Eure Sinne sind wie ein Spiegel, der trübe geworden ist, weil sich so viel Staub auf ihm angesammelt hat. Dieser Staub muß weggewischt werden.

Beachtet den tantrischen Ansatz in allem. Während andere sagen: »Betäubt die Sinne, tötet euren Geschmack ab!«, sagt Tantra: »Kostet Gott in jedem Geschmack.« Andere sagen: »Tötet eure Fähigkeit ab, Berührung zu genießen.« Tantra sagt: »Fließt total in eure Berührung ein, denn alles, was ihr berührt, ist göttlich.«

Tantra ist die totale Umkehrung eurer sogenannten Religionen. Es ist eine radikale Revolution – sie setzt bei den Wurzeln an.

Berühre, rieche, schmecke, schaue, höre – so total wie möglich. Du wirst diese Sprache erst wieder lernen müssen, denn die Gesellschaft hat dich hinters Licht geführt; sie hat dich das alles vergessen lassen.

Jedes Kind wird mit wunderbaren Sinnen geboren. Beobachte einmal ein Kind! Wenn es etwas anschaut, geht es völlig darin auf. Wenn es mit seinen Spielsachen spielt, geht es völlig darin auf. Wenn es schaut, wird es ganz Auge. Seht euch nur die Augen eines Kindes an. Wenn es hört, wird es ganz Ohr. Wenn es etwas ißt, wird es zur Zunge, wird es zum Schmekken. Schaut einem Kind zu, wenn es einen Apfel ißt – mit welchem Genuß, mit welcher Energie, mit welcher Lust! Seht euch ein Kind an, wenn es im Garten hinter einem Schmetterling herläuft ... es geht so darin auf, daß selbst Gott es nicht ablenken könnte. So ein totaler, meditativer Zustand – und ohne jede Anstrengung. Seht euch ein Kind an, das Muscheln am Strand sucht, als ob es Diamanten wären. Wenn die Sinne lebendig sind, ist alles kostbar. Wenn die Sinne lebendig sind, ist alles klar.

Später im Leben wird dasselbe Kind die Wirklichkeit so wahrnehmen, als wäre sie hinter einer abgedunkelten Scheibe verborgen. Viel Rauch und Staub haben sich auf dem Glas niedergeschlagen, und dahinter hast du dich versteckt. Du schaust, und alles sieht dumpf und tot aus. Du betrachtest einen Baum, und der Baum sieht glanzlos aus, weil deine Augen stumpf sind. Du hörst ein Lied, und es spricht dich nicht an, weil deine Ohren abgestumpft sind. Selbst wenn du einen Buddha hörst, wirst du ihn nicht zu schätzen wissen, weil deine Intelligenz abgestumpft ist.

Versuche, deine vergessene Sprache zurückzugewinnen. Sooft du Zeit hast, laß dich mehr auf deine Sinne ein. Wenn du ißt, iß nicht einfach nur, sondern versuche, die vergessene Sprache des Schmeckens wieder zu erlernen. Berühre das Brot, fühle seine Beschaffenheit. Fühle es mit offenen Augen, fühle es mit geschlossenen Augen. Wenn du es kaust, kaue wirklich – du kaust Gott, vergiß das nicht! Es wäre respektlos, nicht richtig zu kauen, nicht richtig zu schmecken. Laß es ein Gebet sein, dann wird ein neues Bewußtsein in dir aufsteigen. Du wirst in die Alchimie von Tantra eingeweiht werden.

Berühre die Menschen mehr. Wir sind voller Berührungsängste. Wenn dir jemand im Gespräch zu nahe kommt, weichst du zurück. Wir grenzen unser Territorium ab. Wir berühren niemanden und erlauben auch anderen nicht, uns zu berühren. Wir halten uns nicht an den Händen, nehmen uns nicht in den Arm. Wir freuen uns nicht aneinander.

Geh zu einem Baum und berühre ihn. Berühre einen Felsen. Geh zum Fluß und laß den Fluß durch deine Hände rinnen. Fühle ihn! Schwimme und spüre das Wasser so, wie ein Fisch es spürt. Laß dir keine Gelegenheit entgehen, deine Sinne wiederzubeleben. Und dazu gibt es jeden Tag tausendundeine Gelegenheit. Du brauchst dir nicht extra Zeit dafür zu nehmen; der ganze Tag ist ein einziges Sensitivitätstraining. Nutze alle Möglichkeiten. Wenn du duschst, nutze die Gelegenheit und spüre, wie das Wasser sich anfühlt, das dir über die Haut rinnt. Lege dich nackt auf den Boden und spüre die Erde. Lege dich an den Strand und fühle den Sand. Lausche dem Klang des Sandes, lausche dem Klang des Meeres. Nutze jede Gelegenheit – nur so kannst du die Sprache der Sinne wieder lernen.

Tantra kann nur verstanden werden, wenn dein Körper lebendig ist und wenn deine Sinne fühlen können.

Befreit eure Sinne von Gewohnheiten: Gewohnheiten sind eine der Ursachen für eure Abgestumpftheit. Sucht nach neuen Wegen. Erfindet neue Arten zu lieben. Die Leute haben so viel Angst! Die Leute haben feste Gewohnheiten. Selbst beim Sex sind sie immer in der gleichen Stellung, der »Missionarsstellung«. Laßt euch mal was anderes einfallen!

Jede Erfahrung sollte mit großer Einfühlsamkeit erlebt werden. Wenn du mit einer Frau oder einem Mann Liebe machst, mache ein Fest daraus. Und bringe jedesmal neue Kreativität in den Liebesakt ein, laß dir jedesmal etwas Neues einfallen. Ihr könnt tanzen, bevor ihr Liebe macht; ihr könnt andächtig sein, bevor ihr Liebe macht; ihr könnt in den Wald laufen und danach Liebe machen; ihr könnt schwimmen gehen und dann Liebe machen. So wird euch jedes Liebeserlebnis sensibler machen, und die Liebe wird nicht fade und langweilig werden.

Findet neue Wege, wie ihr den anderen entdecken könnt. Nichts sollte zur Routine erstarren. Jede Routine ist gegen das Leben: Routine steht im Dienst des Todes. Man kann sich immer wieder etwas Neues einfallen lassen; eurem Erfindungsreichtum sind keine Grenzen gesetzt. Manchmal kann schon eine kleine Veränderung eine große Abwechslung bedeuten. Ihr eßt immer am Tisch – geht doch manchmal einfach hinaus auf den Rasen, setzt euch hin und eßt dort. Ihr werdet ungeheuer überrascht sein: Es ist eine völlig andere Erfahrung. Der Geruch des frisch geschnittenen Grases, die Vögel, die herumhüpfen und singen, die frische Luft, die Sonnenstrahlen, das feuchte Gras unter dir. Das ist etwas völlig anderes, als wenn du auf einem Stuhl am Tisch sitzt und ißt. Es ist eine völlig andere Erfahrung – alles ist anders.

Probiere einmal, wie es ist, nackt zu essen, und du wirst dich wundern! Es ist nur eine kleine Veränderung, nicht viel – du sitzt nackt da, aber du wirst es völlig neu erleben, weil etwas Neues hinzugekommen ist. Normalerweise ißt du mit Löffel und Gabel. Iß zur Abwechslung mal mit den Händen – das wird eine ganz andere Erfahrung für dich sein. Wenn du das Essen anfaßt, wird es viel besser schmecken. Ein Löffel ist ein lebloses Ding. Wenn du mit einem Löffel oder einer Gabel ißt, schaffst du Distanz. Es ist dieselbe Angst, Angst vor Berührung – du kannst nicht einmal das Essen anfassen. Du weißt nichts von seiner Beschaffenheit, wie es sich anfaßt, wie es sich anfühlt. Essen schmeckt nicht nur, es fühlt sich auch an.

Manchmal genießen wir etwas und wissen gar nicht, warum. Es mag viele verborgene Gründe dafür geben, wir kennen sie nicht. Aber im Westen hat man damit experimentiert. Schließe zum Beispiel deine Augen und deine Nase, und dann iß eine Zwiebel. Jemand soll sie dir anreichen, ohne daß du weißt, ob er dir eine Zwiebel oder einen Apfel zu essen gibt. Es wird dir schwerfallen, einen Unterschied zu merken, wenn du dir die Nase dabei zuhältst und die Augen geschlossen oder mit einer Augenbinde verbunden sind. Du wirst den Apfel nicht von der Zwiebel unterscheiden können, denn der Geschmack besteht nicht allein im Schmecken: Zu fünfzig Prozent ist die Nase daran beteiligt, und auch die Augen sind stark beteiligt. Es ist nicht allein der Geschmackssinn; alle Sinne wirken zusammen. Wenn du mit den Händen ißt, ist dein Berührungssinn beteiligt. Es schmeckt einfach besser und es ist menschlicher, natürlicher.

Entdecke neue Wege in allem, was du tust.

Tantra sagt: Wenn du es schaffst, jeden Tag neue Wege zu entdecken, wird dein Leben zu einem spannenden Abenteuer.

Du wirst dich nie langweilen, und wer sich langweilt, ist ein unreligiöser Mensch. Du wirst immer wißbegierig sein, wirst immer neugierig auf das Neue und Unbekannte sein. Deine Augen bleiben klar und deine Sinne bleiben klar, denn wenn du ständig bereit bist, Neues zu suchen, zu entdecken, herauszufinden, ist es gar nicht möglich, stumpfsinnig und dumm zu werden.

Die Psychologen sagen, daß Dummheit im Alter von sieben beginnt. Sie beginnt eigentlich schon im Alter von ungefähr vier Jahren, aber mit sieben wird sie dann ganz offensichtlich. Kinder werden dumm, sobald sie sieben sind. Tatsächlich ist es so, daß ein Kind fünfzig Prozent von allem, was es in seinem ganzen Leben lernen kann, mit sieben Jahren bereits gelernt hat. Wenn der Mensch siebzig wird, dann hat er dreiundsechzig Jahre gebraucht, um die anderen fünfzig Prozent zu lernen. Was passiert hier?

Der Mensch wird mit zunehmendem Alter stumpfsinnig, er hört auf zu lernen. Was die Intelligenz angeht, so fängt ein Kind mit sieben Jahren an, alt zu werden. Körperlich beginnt das Altern später – ab fünfunddreißig baut der Mensch körperlich ab –, aber psychisch hat der Verfall schon längst begonnen. Ihr mögt es kaum glauben, daß euer psychisches Alter, das psychische Durchschnittsalter, bei zwölf Jahren liegt. Die Menschen wachsen psychisch nicht weiter; sie bleiben stehen. Deshalb gibt es so viel kindisches Verhalten auf der Welt. Beleidige einmal einen Sechzigjährigen – in einer Sekunde wird er zum Zwölfjährigen, und er benimmt sich so, daß du es einfach nicht glauben kannst, eine erwachsene Person vor dir zu haben. Die Menschen sind immer in Gefahr zu regredieren. Ihr wahres psychisches Alter verbirgt sich unter einer hauchdünnen Oberfläche. Man braucht nur ein bißchen zu kratzen, dann tritt ihr wahres psychisches Alter zutage. Das körperliche Alter spielt keine so große Rolle. Die Menschen sterben als Kinder – sie werden nie erwachsen.

Tantra sagt: Lerne alles auf immer neue Weise zu tun und befreie dich so weit wie möglich von Gewohnheiten. Tantra sagt auch: Imitiere nicht, sonst stumpfen deine Sinne ab. Äffe nicht nach. Finde deinen eigenen Weg, die Dinge anzugehen. Hinterlasse in allem, was du anpackst, deine eigene Handschrift.

Ich habe gehört ...

Mulla Nasruddin hatte einen sexbesessenen Papagei, der redete ununterbrochen unflätiges Zeug, besonders wenn Gäste da waren. Mulla war darüber sehr beunruhigt. Es wurde immer schlimmer, und schließlich riet man ihm, den Papagei zum Tierarzt zu bringen.

Er bringt also den Papagei zum Tierarzt. Der untersucht ihn gründlich und sagt: »Also, Nasruddin, du hast einen sexbesessenen Papagei, und ich habe ein süßes, junges Vogelweibchen. Wenn du mir fünfzehn Rupien gibst, kann dein Vogel zu meinem Vogel in den Käfig.«

Mullas Papagei sitzt im Käfig und hört zu. Mulla sagt: »Mein Gott, ich weiß nicht ... fünfzehn Rupien?«

Da mischt sich der Papagei ein: »Na los, Nasruddin, mach schon. Was zum Teufel soll der Geiz?« Schließlich sagt Mulla: »In Ordnung«, und gibt dem Tierarzt die fünfzehn Rupien.

Der Tierarzt nimmt den Papagei, setzt ihn in den Käfig zu dem Weibchen und läßt den Vorhang herunter. Die beiden Männer setzen sich hin und warten. Einen Moment lang ist es still, und dann ertönt es plötzlich: »Qua! Qua! Qua!«, und Federn fliegen über den Rand des Vorhangs.

»Du lieber Himmel«, sagt der Tierarzt, rennt zum Käfig und öffnet den Vorhang. Da sitzt der Papagei und drückt das Weibchen mit der einen Kralle auf den Boden. Mit der anderen reißt er ihm die Federn aus und schreit verzückt: »Für fünfzehn Rupien will ich dich nackt haben! Nackt!«

Als er den Tierarzt und Mulla Nasruddin erblickt, schreit er vor lauter Wonne: »He, Nasruddin, so magst du die Frauen doch auch am liebsten, oder?«

Selbst ein Papagei kann sich wie ein Mensch verhalten; er ahmt sogar eure Neurosen nach. Imitieren bedeutet, neurotisch zu sein. Die einzige Möglichkeit im Leben, gesund zu bleiben, ist, individuell zu sein, ein authentisches Individuum: Sei du selbst.

Erstens, sagt Tantra, muß also der Körper von Repressionen gereinigt werden. Zweitens müssen die Sinne wieder lebendig werden, und drittens muß der Verstand alles neurotische, zwanghafte Denken aufgeben, er muß die Möglichkeit der Stille lernen.

Sooft es dir möglich ist, entspanne dich. Sooft es dir möglich ist, laß den Verstand beiseite. Jetzt wirst du sagen: »Das ist leicht gesagt, aber wie kann ich den Verstand beiseite lassen? Er rattert und rattert.«

Es gibt einen Weg. Tantra sagt: Beobachte diese drei Formen der Bewußtheit:

Bewußtheit Eins: Laß den Verstand laufen. Dein Kopf ist voller Gedanken, aber du schaust sie dir einfach nur an – unbeteiligt. Du brauchst dich nicht darüber zu beunruhigen – beobachte einfach. Sei einfach Beobachter, und mit der Zeit wirst du sehen, daß zwischen den Gedanken auch Lücken der Stille auftreten. Dann folgt *Bewußtheit Zwei:* Sobald dir bewußt geworden ist, daß es zwischen den Gedanken Lücken gibt, werde dir des Beobachters gewahr. Beobachte den Beobachter, dann werden neue Lükken auftauchen, und der Beobachter wird allmählich verschwinden, genau wie die Gedanken. Eines Tages wird der ganze Denker verschwinden. Dann entsteht die wirkliche Stille. *Bewußtheit Drei:* Es gibt kein Objekt und kein Subjekt mehr; du bist in die Dimension des Jenseitigen eingetreten.

Wenn du diese drei Dinge geschafft hast – der Körper ist gereinigt von Repressionen, die Sinne sind befreit von Dumpfheit, der Verstand ist erlöst von zwanghaftem Denken –, dann kann eine Vision in dir aufsteigen, die frei ist von allen Illusionen. Das ist die tantrische Vision. **(134)**

Ich mag mich selbst nicht leiden, vor allem nicht meinen Körper!

Du hast eine bestimmte Vorstellung, wie dein Körper sein sollte, und wenn du eine bestimmte Vorstellung hast, wirst du unglücklich sein. Der Körper ist genau so, wie er sein sollte. Wenn du irgendein Ideal hast, wirst du unglücklich sein, darum gib dieses Ideal auf.

Dies ist der Körper, den du hast; dies ist der Körper, den Gott dir gegeben hat. Benutze und genieße ihn! Und wenn du anfängst, ihn zu lieben, wirst du sehen, wie er sich verändert. Denn wenn man seinen Körper liebt, fängt man an, ihn mit Sorgfalt zu behandeln, und Sorgfalt umfaßt alles. Dann wirst du dich nicht unnötig mit Essen vollstopfen, weil du den Körper liebst. Dann wirst du ihn nicht hungern lassen, weil du ihn liebst. Du horchst auf seine Bedürfnisse, horchst auf seine Hinweise – was er will, und wann er es will.

Wenn du dich wichtig nimmst, wenn du dich liebst, kommst du in Harmonie mit deinem Körper, und dann kommt der Körper automatisch in Ordnung.

Wenn du deinen Körper nicht magst, entsteht erst das Problem, denn dann wirst du allmählich gleichgültig ihm gegenüber. Du wirst ihn vernachlässigen – denn wer sorgt sich schon um einen Feind? Du wirst nicht auf ihn achten, du wirst ihn meiden. Du wirst aufhören, seine Botschaften zu beachten, und dann wirst du ihn noch mehr hassen. Dabei hast du das ganze Problem selbst erzeugt!

Der Körper erzeugt nie das Problem; es ist der Verstand, der das Problem erzeugt. Das Problem kommt durch die Vorstellung in deinem Kopf. Kein Tier ist unglücklich, weil es eine bestimmte fixe Vorstellung von seinem Körper hat – nicht einmal das Nilpferd! Kein einziges Tier ist unglücklich. Alle Tiere sind völlig zufrieden, weil sie keinen Verstand haben, der eine Vorstellung erzeugen könnte; sonst würde auch das Nilpferd denken: »Warum sehe ich so aus?«

Es ist kein Problem. Du mußt nur dein Ideal aufgeben. Liebe deinen Körper – es ist *dein* Körper, ein Geschenk Gottes. Du solltest dich über ihn freuen, dich um ihn kümmern. Dann wirst du dich ausreichend bewegen, du wirst essen, du wirst schlafen. Du wirst sehr sorgfältig mit ihm umgehen, denn er ist dein Fahrzeug – so wie dein Auto, das du ja auch sauber hältst und auf dessen Geräusche du achtest. Schon das kleinste Brummen sagt dir, wenn etwas nicht richtig läuft, und du achtest auf jeden kleinen Lackkratzer. Achte genauso auf deinen Körper, dann wird er völlig in Ordnung kommen. Er ist so schön! Ein wunderbarer Mechanismus – so komplex – und er funktioniert so gut, siebzig Jahre lang. Ob du schläfst oder wach bist, ob du bewußt oder unbewußt bist – er funktioniert immer, und ganz unauffällig. Selbst wenn du nicht auf ihn achtest, funktioniert er und leistet dir weiter seine Dienste. Dafür solltest du ihm dankbar sein.

Ändere deine Einstellung, dann wirst du erleben, wie dein Körper innerhalb von sechs Monaten seine Form ändert. Es ist fast so, wie wenn man sich in eine Frau verliebt: Man kann sofort sehen, daß sie schön wird. Vielleicht hat sie bisher nicht auf ihren Körper geachtet, doch wenn ein Mann in sie verliebt ist, fängt sie an, darauf zu achten. Sie steht stundenlang vor dem Spiegel ... weil jemand sie liebt! Das gleiche passiert, wenn du deinen Körper liebst: Du wirst sehen, wie er anfängt, sich zu verändern. Er wird geliebt, wird umsorgt, wird gebraucht. Er ist ein so feiner Mechanismus, aber die Menschen gehen sehr grob und gewaltsam mit ihm um. Ändere deine Einstellung, dann wirst du es sehen! **(135)**

Ich bin furchtbar häßlich und habe deswegen schon viel gelitten. Was soll ich tun?

Häßlichkeit hat nichts mit dem Körper zu tun. Auch Schönheit hat nicht viel mit dem Körper zu tun. Körperliche Schönheit oder Häßlichkeit sind sehr oberflächlich. Das Wahre kommt von innen. Wenn du innerlich schön wirst, fängst du an zu leuchten. Es ist schon oft vorgekommen, daß sogar ein häßlicher Mensch anfängt, schön auszusehen, wenn er meditativ wird.

Hier kann ich das ständig beobachten, jahraus, jahrein. Wenn die Menschen hierherkommen, sehen ihre Gesichter völlig anders aus. Wenn sie dann anfangen zu meditieren, wenn sie anfangen zu tanzen, wenn sie anfangen zu singen, entspannen sich ihre Gesichter. Die ganze Spannung weicht; der ganze Trübsinn, der sich im Gesicht niedergeschlagen hatte, verschwindet nach und nach. Sie werden entspannt wie die Kinder. Ihre Gesichter fangen an, vor innerer Freude zu strahlen; sie fangen an zu leuchten.

Physische Schönheit oder Häßlichkeit sind nichts Wesentliches. Das Innere ist das, was zählt. Ich kann dir zeigen, wie du von innen schön werden kannst, und das ist wahre Schönheit. Sobald sie in Erscheinung tritt, spielt die physische Form keine große Rolle mehr. Deine Augen werden anfangen, vor Freude zu strahlen, dein Gesicht bekommt einen Glanz, ein Leuchten. Die Form wird unwesentlich. Wenn etwas von innen her in dir zu fließen beginnt, eine gewisse Anmut, dann wird die äußere Form nebensächlich. Sie verliert im Vergleich dazu jede Bedeutung; darum mache dir deswegen keine Gedanken.

Meditiere, liebe, tanze, singe, feiere – dann wird die Häßlichkeit verschwinden. Bringe etwas Höheres in dein Inneres, dann wird das Niedrigere vergessen sein, denn es ist eine Frage des Vergleichens; es ist alles relativ. Wenn du etwas Höheres in dein Inneres bringst, ist es, wie wenn im Zimmer eine kleine Kerze brennt und du eine größere Lampe hereinbringst: Die kleine Kerze wird völlig unwichtig.

Kümmere dich um die innere Schönheit; das ist leichter. An der äußeren Schönheit kann ich nichts ändern; ich bin kein Schönheitschirurg. Du kannst zu einem Schönheitschirurgen gehen; er könnte etwas machen, aber das würde überhaupt nichts bringen. Du bekommst dann vielleicht eine etwas kürzere, besser geformte Nase, aber das bringt nicht viel. Wenn du innerlich gleich bleibst, wird deine äußere Schönheit nur die innere Häßlichkeit zeigen – der Kontrast wird noch verstärkt.

Bemühe dich daher um innere Schönheit. **(136)**

Doris hatte große Komplexe wegen ihres Aussehens. Sooft sie in den Spiegel sah, sagte sie sich: »Ich bin so häßlich! Meine Nase ist krumm, die Ohren stehen ab, ich habe ein Doppelkinn und Tränensäcke unter den Augen.«

In ihrer Verzweiflung ging sie zum Schönheitschirurgen und ließ sich liften. Er straffte ihr das Kinn, modellierte ihre Nase neu, korrigierte die Ohren und entfernte die Tränensäcke. Nach monatelangem Leiden hatte sie die ganze Tortur endlich überstanden und konnte wieder Freunde zu sich einladen. Aber insgeheim war sie immer noch unzufrieden.

Eines Tages schaute ihre Freundin Jenny sie ganz erstaunt an und sagte: »Ich weiß gar nicht, warum du immer noch so deprimiert dreinschaust, wo du doch jetzt wie ein Filmstar aussiehst!«

»Ich weiß«, seufzte Doris, »aber jetzt paßt mein Gesicht nicht mehr zu meinem alten Körper!« **(137)**

Ein sehr häßliches Mädchen sitzt am Meeresstrand. Da spülen ihr die Wellen eine Flasche vor die Füße. Als sie die Flasche entkorkt, fährt ein riesengroßer Flaschengeist in einer Rauchwolke heraus.

»Ich war fünftausend Jahre in dieser Flasche gefangen«, tönt der Geist mit Donnerstimme, »und du hast mich befreit! Zur Belohnung will ich dir jeden Wunsch erfüllen!«

Das häßliche Mädchen ist begeistert: »Ich möchte eine Figur wie Sophia Loren, ein Gesicht wie Elizabeth Taylor und Beine wie Ginger Rogers!«

Der Geist betrachtet sie lange und gründlich, seufzt und sagt dann: »Baby, steck mich zurück in die Flasche!« **(138)**

Ich finde es ungerecht, daß das Leben uns Frauen jeden Monat diese lästige Sache mit der Menstruation beschert. Man weiß, daß sie kommt, man kennt all die Emotionen und Verrücktheiten, die damit zusammenhängen, und trotzdem finde ich es äußerst schwierig, das alles zu beobachten und nicht damit identifiziert zu sein. Und komischerweise scheinen die Männer ebenfalls davon betroffen zu sein, wenn wir unsere Tage haben, und sie scheinen sich damit zu identifizieren. Wie kann ich besser beobachten lernen, was ein so wesentlicher Bestandteil meiner weiblichen Biologie ist?

Die Kunst des Beobachtens ist immer gleich, ob du nun etwas außerhalb von dir beobachtest oder etwas, das zu deiner eigenen Biologie gehört – auch das ist außerhalb.

Ich weiß, es ist schwierig, weil du so sehr damit identifiziert bist; es ist so nah. Aber nicht das Beobachten ist die Schwierigkeit – die Schwierigkeit ist die Identifikation. Diese Identifikation mußt du überwinden.

Wenn du spürst, daß deine Menstruation kommt, versuche es zu beobachten. Versuche zu sehen, was es alles mit sich bringt: Wut, Depression, Haß, Gereiztheit, eine Neigung zu streiten und zu explodieren. Beobachte es – und nicht nur das: Sage auch dem Mann, den du liebst: »Das alles wird sich jetzt in mir abspielen. Ich werde mein Bestes geben, um bewußt zu bleiben, aber falls ich mich identifiziere, brauchst du dich nicht hineinziehen zu lassen. Du kannst einfach zuschauen. Es hat nichts mit dir zu tun; du stehst völlig außerhalb.«

Dann weiß der Mann Bescheid, daß die Frau während der Menstruation ihre Probleme hat. Sie braucht sein Mitgefühl.

Und für dich als Frau gilt das gleiche. Denn was du vielleicht nicht weißt, ist, daß auch der Mann allmonatlich seine Tage hat. Weil es am Körper nicht offenkundig wird, hat man jahrhundertelang nichts davon gewußt, daß der Mann genauso seinen Zyklus durchmacht. Aber es kann gar nicht anders sein, weil Mann und Frau Teile eines Ganzen sind. Auch der Mann sitzt jeden Monat vier bis fünf Tage in einem dunklen Loch. *Du* kannst wenigstens der Menstruation dafür die Schuld geben, aber er kann das nicht, weil seine Periode nur auf der emotionalen Ebene abläuft. Er geht durch die gleichen Emotionen wie du. Doch weil es dafür keine körperlichen Anzeichen gibt, hat sich nie jemand darüber Gedanken gemacht. Heute ist es aber eine erwiesene Tatsache, daß er jeden Monat eine ähnliche Situation erlebt wie du. Er ist also in dieser Hinsicht nicht besser dran als du, und du bist ihm gegenüber auch nicht im Nachteil.

Das Problem ist: Wenn du einen Mann liebst und lange mit ihm zusammenlebst, harmonisieren sich allmählich eure Körperrhythmen, und wenn du gerade deine Periode hast, bekommt auch er seine Tage. Das schafft wirklich ein Problem: Ihr seid beide in einem dunklen Loch, seid beide depressiv, seid beide traurig, seid beide verzweifelt. Und dann macht ihr den anderen dafür verantwortlich.

Darum sollte der Mann herausfinden, wann er seine Periode hat. Und ein Mann kann es so herausfinden, daß er sich jeden Tag im Kalender notiert, wie es ihm geht. Dann wird er feststellen, daß er sich gelegentlich fünf Tage am Stück ständig schlecht gelaunt, depressiv und streitsüchtig fühlt. Wenn er das zwei bis drei Monate lang beobachtet und im Kalender aufschreibt, wird er zu dem eindeutigen Schluß kommen: Diese fünf Tage sind es! Und dann sollte er es seiner Frau sagen: »In dieser Zeit habe *ich* meine Tage.«

Es ist gut, wenn sie anders fallen als die Tage der Frau; es ist günstiger. Dann ist das Problem nur halb so groß. Dann kann der Mann zuschauen, wie die Frau ausflippt und alle möglichen dummen Dinge tut, und er muß nicht mitmachen, muß nicht darauf eingehen, muß nicht darauf reagieren. Er sollte cool bleiben. Dadurch gibt er der Frau die Chance, zu sehen, daß er ungerührt bleibt, und dann weiß sie: »Ich muß bewußt bleiben!«

Wenn aber die Tage zusammenfallen, ist die Hölle los. Doch selbst dann könnt ihr beide bewußt bleiben: Du kannst dann sehen, daß auch er unter seiner Periode leidet und daß es nicht gut ist, dem armen Kerl noch mehr an den Kopf zu werfen. Und er wird verstehen, daß auch du leidest und daß es besser ist, wenn er sein Zeug für sich behält.

Seid einfach achtsam.

Und bald wird es die Möglichkeit geben – nur die Religionen haben es bisher verhindert –, daß man die Menstruation zum Verschwinden bringt ... und zwar bei den Frauen leichter als bei den Männern. Wenn du die Pille nimmst, kann dein Leiden vielleicht verschwinden. Für viele Frauen ist die Pille die perfekte Lösung: Die Menstruationsbeschwerden verschwinden. Wenn es dir hilft, nimm die Pille – kein Problem! Und vor einiger Zeit habe ich gehört, daß man sogar die Pille für den Mann entwickelt hat – auch er kann also seine Pille nehmen.

Dadurch werden sich aber nur die biologischen Voraussetzungen ändern. Wichtiger ist, daß ihr bewußter werdet. Wenn es dir gelingt, in dieser Situation bewußt zu bleiben und nicht identifiziert zu sein, hat das eine noch viel weitreichendere Bedeutung.

Aber die Pille kann zumindest dein körperliches Unbehagen beseitigen – und das kann ich nur gutheißen. Man braucht nicht unnötig körperlichen Schmerz zu erleiden, wenn er gelindert werden kann. Deshalb finde eine geeignete Pille, dann kannst du das körperliche, biologische Unwohlsein vergessen ... Bewußtheit kann man auf tausend andere Arten praktizieren; man braucht nicht unnötig körperliche Schmerzen auf sich zu nehmen. Vielleicht kann die Pille dir die Periode leichter erträglich machen. Mit Sicherheit kann sie verhindern, daß du schwanger wirst – und das ist ein Segen, denn die Welt braucht kein Bevölkerungswachstum.

In jedem Fall aber versuche es mit Bewußtheit. **(139)**

Wenn ich meine Periode habe, werde ich immer verrückt. Letztes Mal habe ich im Haus Geschirr zerschmissen. Warum fühle ich mich immer so destruktiv, wenn ich meine Periode habe?

Sich wild zu fühlen ist nicht schlimm, aber Sachen zu zerstören ist nicht gut. Immer wenn du Wildheit in dir verspürst, tanze einen wilden Tanz – aber mache nie etwas kaputt.

Es mag kein großes Ding sein – ein bißchen Geschirr –, aber etwas zu zerstören ist an sich nicht gut. Dann bekommst du eine zerstörerische Einstellung zum Leben. Das Geschirr dient nur als Ausrede. Im Grunde würdest du lieber wertvollere Dinge zerstören – sogar wertvolle Beziehungen, Leute, nicht wahr? Aber so viel kannst du nicht kaputtmachen, das bringst du nicht über dich, darum zerbrichst du lieber das arme Geschirr, das dir nichts getan hat.

Für viele Frauen sind die Tage ihrer Periode immer ein wenig destruktiv, und der Grund dafür liegt in der Biologie. Du mußt es verstehen und etwas aufmerksamer und bewußter damit umgehen, dann kannst du über deine Biologie hinauskommen, ansonsten bleibst du ihr ausgeliefert.

Wenn du schwanger wirst, hört die Periode auf, weil dieselbe Energie, die du sonst in der Periode freisetzt, in Kreativität umgesetzt wird – aus ihr entsteht das Kind. Wenn du nicht schwanger wirst, sammelt sich jeden Monat diese Energie, und wenn du sie nicht schöpferisch umsetzen kannst, wird sie destruktiv. Während der Zeit der Periode – vier oder fünf Tage lang –, ist die Frau in einer sehr destruktiven Stimmung. Sie weiß einfach nicht, wohin mit all dieser Energie. Die Energie pulsiert in dir, sie verfolgt dich bis in den innersten Kern deines Wesens, und du findest keinen schöpferischen Ausdruck dafür.

Alle schöpferische Energie kann zerstörerisch werden, und alle zerstörerische Kraft hätte sich schöpferisch auswirken können. Hitler zum Beispiel: Ursprünglich wollte er Maler werden, aber man ließ ihn nicht. Er schaffte die Prüfung für die Kunstakademie nicht. Dieser Mann, der ein Maler hätte werden können, wurde zu einem der zerstörerischsten Menschen auf dieser Welt. Mit derselben Energie hätte er vielleicht ein Picasso werden können. Und eines ist gewiß – Energie hatte er. Dieselbe Energie hätte unendlich schöpferisch wirken können.

Normalerweise sind Frauen nicht destruktiv. In der Vergangenheit wurden sie nie destruktiv, weil sie ständig schwanger waren. Kaum hatten sie ein Kind geboren, waren sie schon wieder schwanger; das nächste Kind kam zur Welt, und wieder wurden sie schwanger. Ihr ganzes Leben lang brauchten sie ihre Energie auf.

Zum ersten Mal zeigt sich jetzt auf der Welt eine neue Gefahr: die Destruktivität der Frauen. Denn es besteht für sie jetzt kein zwingender Grund mehr, ununterbrochen schwanger zu werden – ja, die Schwangerschaft ist fast aus der Mode gekommen. Aber die Energie ist da.

Ich sehe einen tiefen Zusammenhang zwischen den Methoden der Schwangerschaftsverhütung und der feministischen Bewegung. Die Frauen fangen an, destruktiv zu werden, sie zerstören ihr Familienleben, ihre Beziehungen. Sie versuchen zwar, es mit den verschiedensten Argumenten zu rationalisieren, aber im Grunde wollen sie sich nur aus der Sklaverei befreien. Es ist eigentlich noch ein destruktives Stadium: Sie haben so viel Energie, daß sie gar nicht wissen, wie sie sinnvoll damit umgehen sollen. Durch die Verhütungsmethoden wurde die schöpferische Kanalisierung ihrer Energie blockiert, und wenn sie jetzt nicht neue Kanäle für sich entdecken, können sie sehr zerstörerisch werden.

Im Westen ist das Familienleben fast schon verschwunden. Andauernd gibt es Konflikte, gibt es Streit; man bekämpft sich gegenseitig und ist garstig zueinander.

Der Grund dafür – doch niemand erkennt ihn als solchen – ist ein biologisches Problem.

Immer wenn du also spürst, daß deine Periode kommt, sei ganz besonders aufmerksam. Kurz bevor sie anfängt, tanze dich aus, so wild, wie du nur kannst. Es ist möglich, über die Natur hinauszugehen, weil du auch eine höhere Natur in dir trägst. Man kann die biologischen Gesetzmäßigkeiten überschreiten und man muß es auch, sonst bleibt man ein Sklave der Hormone! Jedesmal, wenn du also Lust verspürst, etwas zu zerstören, fang an zu tanzen.

Was ich sagen will, ist, daß das Tanzen eure Energie absorbieren wird. Ihr tut aber das Gegenteil. Ihr würdet an diesen Tagen am liebsten ruhen und gar nichts tun – aber tut etwas, irgendwas – macht einen langen Spaziergang –, denn die Energie muß umgesetzt werden. Wenn ihr den springenden Punkt erfaßt und einmal erlebt habt, wieviel Entspannung das Tanzen bringen kann, dann werden diese vier Tage der Periode die allerschönsten für euch sein. Ihr werdet so viel Energie haben wie sonst nie. **(140)**

Ich habe ein Problem mit dem Essen. Jeden Abend stopfe ich mir Sachen in den Bauch und weiß nie, wann ich aufhören soll. Ich fühle mich nie satt. Und dann bin ich immer sehr verzweifelt, weil ich genau weiß, daß ich das eigentlich gar nicht will: Essen in mich hineinstopfen.

Probiere zwei Dinge. Das eine ist: Iß ganz langsam und kaue gut. Zähle bis vierzig. Jeder Bissen muß vierzigmal gekaut werden, nicht weniger, so daß das Essen fast flüssig wird – trinke es. Iß also nicht, sondern trinke. Verarbeite alles in deinem Mund zu Flüssigkeit. Das wird dich mehr befriedigen; es ist nahrhafter, und du brauchst weniger. Die Nahrungsmenge reduziert sich automatisch um die Hälfte, denn wenn du alles vierzigmal kauen mußt, wirst du bei der Menge, die du jetzt ißt, drei bis vier Stunden brauchen. Und es wird dich müde und schläfrig machen!

Das zweite ist: Am Abend, bevor du schlafen gehst, setz dich auf den Bettrand und iß in deiner Phantasie zwanzig Minuten lang alles, worauf du Lust hast. Ja – du darfst so viel essen, wie du willst! Aber mache es genau so, wie wenn du wirklich essen würdest. Stell dir das ganze plastisch vor: Führe deine Hand, die leere Hand, zum Mund und stelle dir vor, du nimmst einen Bissen – kaue, schmecke, rieche das Essen und schlucke es hinunter. Nach drei, vier Tagen wird es dir fast vorkommen, als ob du wirklich ißt. Und es wird dich mehr befriedigen als richtiges Essen – denn eigentlich ist es nicht das Essen, das dir abgeht. Du brauchst etwas anderes, nicht wahr? Das Essen ist nur ein Ersatz.

Mache das zwanzig Minuten lang, doch wenn es dir Spaß macht und du es länger machen möchtest, kannst du es auch länger machen. Du schadest ja niemandem. Und wenn du fertig bist, leg dich ins Bett wie ein kleines Kind – zusammengerollt wie ein Baby – so klein, wie deine Phantasie es dir erlaubt ... Innerhalb von zehn Tagen wird dieses Bedürfnis verschwunden sein, und du wirst daraus sehr, sehr lebendig und selbstbewußt hervorgehen. **(141)**

Ich führe euch darüber hinaus, eine Frau oder ein Mann zu sein. Man muß beides hinter sich lassen, denn beides ist ein Gefängnis. Man darf nicht zu sehr an die Biologie gefesselt sein. Man muß anfangen, sich von der biologischen Gebundenheit freizumachen, dann von der psychischen – und schließlich sogar von der spirituellen. Das ist Buddhas Ziel, so gelangt ihr zur Nichtheit: Wenn ihr von jeglicher Identifizierung befreit sein, wenn ihr über Körper, Verstand und Seele hinausgegangen seid.

Normalerweise leben die Menschen in Identifikation mit ihrem Körper. Man ist eine Frau oder ein Mann, ein Schwarzer, ein Weißer, schön, häßlich, jung, alt. So definiert man sich selbst. Diese Definitionen sind nicht unrichtig, denn sie enthalten ein Stück Wahrheit – aber wahr sind sie auch nicht, denn sie enthalten auch viel Unwahrheit.

Der Mensch ist sehr viel mehr als sein Körper. Der Körper ist etwas mehr oder weniger Zufälliges. Daß du einen weiblichen Körper hast und jemand anderer einen männlichen, ist reiner Zufall. Das sind nur Hüllen.

Wenn man tiefer in sein Wesen eintritt, ist der Körper nicht mehr so wichtig. Aber die nächste Ebene ist der Verstand, das Denken, das uns in Beschlag nimmt: Man ist Hindu oder Mohammedaner oder Christ oder Kommunist – alles Ideologien und philosophische Richtungen. Das ist zwar ein bißchen weiter gefaßt als der Körper, aber trotzdem eine Begrenzung. Und wenn man noch ein bißchen tiefer geht, kommt man zur Seele, zum Selbst. Dann ist man weder Hindu noch Mohammedaner noch Christ – man ist nur noch Bewußtsein. Trotzdem bleibt noch eine Begrenzung übrig: das »Ich« als Zentrum. Das ist die letzte Hürde zu Gott – auch sie muß man fallenlassen. Dann wird man zum reinen Nichts, in dem es keine Identifikation und keine Begrenzungen mehr gibt.

Dann ist man Leere, ein Niemand. Und die Reinheit dieser Leere ist immens – denn nur Leere kann rein sein. **(142)**

Wie kannst du, als Mann, über die weibliche Psyche reden?

Ich rede weder als Mann noch als Frau. Ich rede überhaupt nicht als Psyche. Ich gebrauche nur den Verstand, die Psyche, aber ich rede als Bewußtsein, als Gewahrsein. Und Gewahrsein ist weder männlich noch weiblich, Gewahrsein ist weder Mann noch Frau.

Diese Trennung existiert für euren Körper und auch für eure Psyche, denn eure Psyche ist der innere Aspekt eures Körpers und euer Körper ist der äußere Aspekt eurer Psyche. Körper und Psyche sind nicht getrennt – sie sind eine Einheit. Von Körper und Psyche zu reden, ist eigentlich nicht richtig; das »und« sollte nicht gebraucht werden. Ihr seid Körperpsyche – nicht einmal mit einem Bindestrich dazwischen.

Darum sind für Körper und Psyche die Worte »männlich« und »weiblich« bedeutsam und sinnvoll, aber es gibt noch etwas, das über beide hinausgeht: das Transzendente. Das ist euer wahrer Kern, euer Sein. Dieses Sein ist reines Gewahrsein – der Beobachter, der Zeuge. Er ist reine Bewußtheit.

Ich rede hier nicht als Mann; sonst wäre es mir nicht möglich, über die Frau zu reden. Ich rede als Gewahrsein. Viele Male habe ich in einem weiblichen Körper gelebt, und viele Male habe ich in einem männlichen Körper gelebt, und ich habe alles beobachtet. Ich habe alle Häuser gesehen, habe alle Verkleidungen gesehen. Was ich euch sage, ist das Endergebnis vieler, vieler Leben; es stammt nicht nur aus diesem einen Leben. Dieses jetzige Leben ist nur der Höhepunkt einer langen, langen Pilgerreise.

Hört mir also nicht als Mann oder als Frau zu, sonst könnt ihr mich nicht hören. Hört mir als Gewahrsein zu. **(143)**

Was ist eigentlich Intelligenz? Und was ist die Beziehung zwischen der Intelligenz des Herzens und der Intelligenz des Verstandes?

Intelligenz ist die Fähigkeit zu sehen, die Fähigkeit zu verstehen, die Fähigkeit, dein Leben aus deinem eigenen, inneren Wesen heraus zu leben – das bedeutet Intelligenz.

Und was ist Dummheit? Anderen zu folgen, sie nachzuahmen, ihnen zu gehorchen und ihre Sichtweise zu übernehmen, sich das Wissen anderer zu eigen zu machen – das bedeutet Dummheit.

Darum sind Gelehrte fast immer dumm. Sie sind wie die Papageien, wiederholen immer das gleiche, wie eine Schallplatte. Sie sind sehr geschickt im Wiederholen, doch laßt nur mal eine neue Situation auftauchen, die nicht in ihren Büchern steht – dann sind sie in Verlegenheit. Sie besitzen keinen Funken von Intelligenz.

Intelligenz ist die Fähigkeit, von Augenblick zu Augenblick spontan auf das Leben einzugehen, ohne Programm. Nur unintelligente Leute haben ein Programm, weil sie Angst haben. Sie wissen, daß sie nicht genug Intelligenz besitzen, um dem Leben, so wie es ist, zu begegnen. Sie müssen sich vorbereiten, müssen vorher proben. Sie bereiten sich eine Antwort vor, ehe noch die Frage aufgetaucht ist, und dadurch verraten sie ihre Dummheit, denn die Frage ist nie gleich, die Frage ist immer neu.

Jeder Tag bringt seine eigenen Probleme, seine eigenen Herausforderungen, und jeder Augenblick bringt seine eigenen Fragen mit sich. Doch wenn ihr eure Antworten schon fix und fertig im Kopf habt, seid ihr nicht in der Lage, die Frage richtig zu vernehmen. Ihr seid schon so voll mit eurer Antwort, daß ihr unfähig seid zuzuhören. Ihr seid nicht offen. Und bei allem, was ihr tut, handelt ihr nach eurer fertigen Antwort – aber die ist irrelevant, weil sie keinen Bezug zur Wirklichkeit hat, wie sie tatsächlich ist.

Intelligenz bedeutet, unvorbereitet mit der Wirklichkeit in Beziehung zu treten. Und dem Leben unvorbereitet gegenüberzutreten hat eine immense Schönheit. Dann hat das Leben eine Unberührtheit und Frische, dann ist das Leben ewig jung und im Fluß und bringt euch ständig neue Überraschungen. Und wenn das Leben so viele Überraschungen bringt, kann sich niemals Langeweile in euch breitmachen.

Ein dummer Mensch ist immer gelangweilt. Er langweilt sich wegen all der Antworten, die er von anderen übernommen hat und ständig wiederholt. Er langweilt sich, weil seine Augen so angefüllt sind mit Wissen, daß er nicht sehen kann, was geschieht. Er weiß zuviel, ohne irgend etwas zu wissen. Er ist nicht weise, er hat nur viel Wissen.

Wenn er eine Rose sieht, sieht er nicht *diese* Rose. Alle Rosen, von denen er je gelesen hat, alle Rosen, von denen die Dichter gesprochen haben, alle Rosen, die von den Malern gemalt und von den Philosophen diskutiert worden sind, alle Rosen, von denen er je gehört hat, sie alle stehen ihm vor Augen – eine lange Reihe von Informationen und Erinnerungen. *Diese* Rose, die da ist, geht in dieser langen Reihe, in dieser Masse völlig unter. Er kann sie nicht sehen. Er plappert nur etwas nach, wenn er sagt: »Diese Rose ist schön.« Und die Worte sind nicht einmal seine eigenen; sie sind nicht authentisch, nicht aufrichtig, nicht wahrhaftig. Es ist die Stimme eines anderen ... er spult nur ein Tonband ab.

Dummheit bedeutet Wiederholung, anderen etwas nachreden. Es ist billig. Billig, weil man nichts dazulernen muß. Lernen ist mühsam. Man braucht Mut, um etwas zu lernen. Lernen bedeutet, daß man bescheiden sein muß. Lernen bedeutet, daß man bereit sein muß, das Alte fallenzulassen und ständig bereit sein muß, das Neue aufzunehmen. Lernen setzt eine nicht-egoistische Haltung voraus.

Und du weißt nie, wo das Lernen dich hinführt. Man kann über einen Lernenden nichts voraussagen; sein Leben bleibt unvorhersehbar. Er selbst kann nicht voraussehen, was morgen geschieht und wo er morgen sein wird. Er bewegt sich in einem Zustand des Nicht-Wissens. Nur wer in einem Zustand des Nicht-Wissens, in einem andauernden Zustand des Nicht-Wissens lebt, kann etwas lernen.

Darum können Kinder so gut lernen. Wenn sie älter werden, hören sie auf zu lernen, weil sie Wissen anhäufen und es weniger aufwendig ist, es einfach zu wiederholen. Wozu sich die Mühe machen? Es ist weniger aufwendig, es ist einfacher, dem vorgegebenen Muster zu folgen und sich im Kreis zu bewegen. Aber dann stellt sich Langeweile ein. Dummheit und Langeweile gehören zusammen.

Ein intelligenter Mensch ist so frisch wie ein Tautropfen in der Morgensonne, so frisch wie die Sterne in der Nacht. Man kann seine Unverbrauchtheit spüren – sie ist wie eine frische Brise.

Intelligenz ist die Fähigkeit, immer und immer wieder von neuem geboren zu werden. Die Vergangenheit sterben zu lassen und in der Gegenwart zu leben – das ist Intelligenz.

Außerdem fragst du: *»Und was ist die Beziehung zwischen der Intelligenz des Herzens und der Intelligenz des Verstandes?«*

Sie sind diametral entgegengesetzt. Die Intelligenz des Kopfes ist überhaupt keine Intelligenz; es ist bloß Informiertheit. Nur die Intelligenz des Herzens ist Intelligenz – die einzige wahre Intelligenz. Der Kopf ist nur ein Sammler. Er ist immer alt, nie neu; er ist niemals originell. Für bestimmte Aufgaben ist er gut, zum Beispiel zur Archivierung – dafür ist er hervorragend. Und im Leben braucht man das, denn man muß sich viele Dinge merken. Der Verstand, unser Kopf, ist ein Biocomputer. Du kannst damit Wissen speichern und es abrufen, wann immer du es brauchst. Er ist gut für Mathematik, gut fürs Rechnen, gut fürs Alltagsleben, für den Marktplatz. Aber wenn du meinst, darin bestünde dein ganzes Leben, wirst du dumm bleiben.

Dann wirst du nie die Schönheit des Fühlens kennenlernen, wirst nie den Segen des Herzens kennenlernen. Und du wirst niemals die Gnade kennenlernen, die nur durch das Herz kommt, wirst niemals Gott erfahren, der nur durch das Herz Einlaß findet. Du wirst nie wissen, was Andacht ist, was Poesie ist, was Liebe ist.

Die Intelligenz des Herzens bringt Poesie in dein Leben; sie verleiht deinem Schritt etwas Tänzerisches. Sie bringt Freude, Feiern, Festlichkeit, bringt Lachen in dein Leben. Sie gibt dir einen Sinn für Humor, sie macht dich fähig, zu lieben und zu teilen. Das ist wirkliches Leben.

Das Leben, das vom Kopf her gelebt wird, ist ein mechanisches Leben. Du wirst zu einem Automaten – sehr tüchtig, das ist wahr, denn Automaten sind sehr leistungsfähig. Maschinen sind effizienter als Menschen. Durch den Kopf kannst du viel Geld verdienen, aber du wirst nicht viel leben. Du kannst einen besseren Lebensstandard haben – aber das ist nicht das Leben.

Leben findet im Herzen statt. Nur durch das Herz kann das Leben wachsen. Das Herz ist der Boden, auf dem die Liebe wächst, auf dem das Leben wächst, auf dem Gott wächst. Alles Schöne, alles wirklich Wertvolle, alles Wichtige und Bedeutsame im Leben kommt durch das Herz. Das Herz ist deine wahre Mitte; der Kopf ist nur die Peripherie. Im Kopf zu leben bedeutet, an der Peripherie zu leben, ohne jemals die Schönheit und die Schätze deiner Mitte kennenzulernen. An der Peripherie zu leben – das ist Dummheit.

Im Kopf zu leben ist Dummheit. Im Herz zu leben und den Kopf nur zu benutzen, wenn er gebraucht wird – das ist Intelligenz. Aber das Zentrum, dein Herr und Meister, befindet sich im innersten Kern deines Wesens. Der Meister ist das Herz, der Kopf ist nur der Diener – das ist Intelligenz. Wenn der Kopf zum Meister wird und das Herz völlig vergißt – das ist Dummheit.

Du hast die Wahl. Bedenke eines: Als Sklave ist der Kopf sehr gut und brauchbar – doch als Meister ist er gefährlich und wird dein ganzes Leben zerstören, wird es vergiften.

Schaut euch um! Das Leben der Menschen ist völlig vergiftet, durch den Kopf verdorben. Sie können nichts fühlen, können nichts mehr empfinden, sind durch nichts zu begeistern. Die Sonne geht auf, doch in ihrem Innern geht dabei nichts auf; mit leeren Augen blicken sie in die Sonne. Der Himmel füllt sich mit Sternen – solch ein Wunder, solch ein Geheimnis!– aber nichts regt sich in ihren Herzen, kein Lied sprudelt hervor. Die Vögel singen, aber der Mensch hat das Singen verlernt. Der Regen zieht auf und die Pfauen tanzen, aber der Mensch weiß nicht mehr, wie man tanzt. Er ist zum Krüppel geworden. Die Bäume blühen ... Der Mensch denkt, aber niemals fühlt er – und ohne Fühlen kann er nicht erblühen.

Beobachtet, forscht, untersucht – betrachtet euer ganzes Leben völlig neu. Niemand anderer kann euch dabei helfen. Ihr habt euch zu lange auf andere verlassen – darum seid ihr dumm geworden. Nun gebt acht! Es ist eure eigene Verantwortung.

Du bist es dir selber schuldig, einen tiefen, durchdringenden Blick darauf zu werfen, was du mit deinem Leben anfängst.

Gibt es Poesie in deinem Herzen? Wenn nicht, dann verliere keine Zeit und hilf deinem Herzen, Poesie zu spinnen und zu weben. Gibt es Romantik in deinem Leben? Wenn nicht, dann bist du tot, dann bist du bereits im Grab. Komm heraus! Hole dir ein Stück Romanze in dein Leben, ein Stück Abenteuer! Entdecke das Leben! Millionenfache Schönheit und Pracht warten auf dich. Aber du gehst ihr immer und immer aus dem Wege und betrittst nie den Tempel des Lebens. Und das Herz ist die Tür.

Darum sage ich: Die wahre Intelligenz ist die Intelligenz des Herzens. Diese Intelligenz ist nicht intellektuell, sie ist emotional. Sie ist nicht wie Denken, sie ist wie Fühlen. Sie ist nicht Logik, sie ist Liebe. **(144)**

Wer ist dümmer – Mann oder Frau?

Ich möchte dir eine Anekdote erzählen:

Ein Mann sagt zu seiner Frau: »Warum hat Gott euch Frauen so schön gemacht?« Die Frau sagt: »Damit ihr Männer euch in uns verlieben könnt.«

Darauf sagt der Mann: »Und warum hat er euch so dumm gemacht?« Und die Frau erwidert: »Damit wir uns auch in euch verlieben können.«

Doch in Wirklichkeit hat Dummheit kein Geschlecht. Man findet sie in allen Sorten, allen Formen, allen Größen. **(145)**

Die weibliche Psyche hat ihre negative und ihre positive Seite. Die positive ist Liebe, die negative ist Eifersucht; die positive ist Teilen, die negative ist Besitzergreifen; die positive ist Warten, die negative ist Lethargie – denn Warten kann zwar wie Warten aussehen, aber dabei etwas ganz anderes sein, es kann auch Lethargie sein.

Und dasselbe gilt für die männliche Psyche: Eine positive Seite der männlichen Psyche ist ihr Wissensdurst, ihr Fragen, ihr Forscherdrang, und eine negative ist der ständige Zweifel. Wie kannst du forschen, ohne zu zweifeln? Das ist die positive Seite. Aber du kannst auch ein Zweifler sein, ohne zu forschen; du kannst einfach nur dasitzen und zweifeln. Eine andere positive Seite des Mannes ist, daß er Ruhe sucht, eine negative, daß er ruhelos ist. Aber er muß nicht mit seiner Ruhelosigkeit identifiziert sein, er kann diese Ruhelosigkeit auch als Sprungbrett nutzen, um zu entspannter Ruhe zu gelangen. Man kann voller Energie und Tatendrang sein und diesen Drang nutzen, um zum Nicht-Tun zu gelangen. Man kann diese Energie nutzen, um zu meditieren.

Man muß das Negative in den Dienst des Positiven stellen, und jeder hat beides. Wo immer es eine positive Seite gibt, findet sich gleich daneben auch eine negative. Doch wenn ihr dem Negativen zuviel Aufmerksamkeit gebt, werdet ihr scheitern. Wenn ihr dem Positiven ganz viel Aufmerksamkeit gebt, werdet ihr Erfolg haben.

Und beide – Mann und Frau – müssen das tun. Dann entsteht das schönste Phänomen, das es gibt: der unteilbare Mensch – eine Einheit, eine Ganzheit, ein innerer Kosmos. Eine Symphonie, in der alle Töne sich gegenseitig unterstützen und nicht bloß Lärm erzeugen, sondern einen gemeinsamen Rhythmus, eine gemeinsame Harmonie. Sie erzeugen ein Ganzes, erschaffen ein Ganzes; sie streben nicht mehr auseinander, sind nicht mehr Fragmente, sondern sind im Einklang. **(146)**

Weshalb ist Kommunikation so schwierig, besonders zwischen Liebenden?

Kommunikation an sich ist schwierig. Natürlich ist sie schwieriger zwischen Liebenden. Doch zuerst mußt du verstehen, weshalb Kommunikation generell so schwierig ist.

Jeder ist in seinem Denken anders konditioniert worden: von verschiedenen Eltern, verschiedenen Lehrern, verschiedenen Priestern, verschiedenen Politikern. Jeder lebt in seiner eigenen Vorstellungswelt. Wenn nun zwei Vorstellungswelten versuchen, miteinander zu kommunizieren, gibt es kein Problem, was die gewöhnlichen, weltlichen Dinge anbelangt. Doch in dem Augenblick, da man die Gegenstände hinter sich läßt und die Welt der Ideen betritt, wird Kommunikation immer schwieriger.

Wie soll man kommunizieren? Bei jedem einzelnen Wort habt ihr unterschiedliche Voraussetzungen, Meinungen, Vorurteile. Die Wörter sind die gleichen, aber sobald ihr sie aussprecht und der andere sie hört, hört er sie nicht in der gleichen Bedeutung; er hört eine andere Bedeutung. Das Wort ist natürlich dasselbe, aber das Wort aktiviert einen völlig anderen Sinn. Und wenn die Kommunikation sich um höhere Dinge dreht, wird es noch schwieriger – nahezu unmöglich.

Liebende haben die größten Kommunikationsschwierigkeiten, weil der weibliche Verstand so völlig anders funktioniert als der männliche Verstand. Der Mann ist von der Gesellschaft ganz anders konditioniert worden als die Frau. Und jetzt müssen die beiden zusammenleben, vierundzwanzig Stunden am Tag. Dann wird es problematisch. Es ist deswegen problematisch, weil jedesmal, wenn der Mann etwas sagt, die Frau etwas anderes hört. Die Frau ist nicht so sehr im Kopf, sie ist mehr im Herzen. Der Mann ist mehr im Kopf. Das erzeugt eine große Diskrepanz. Der Mann kann hervorragend argumentieren …

Ein Mann und eine Frau haben Streit miteinander. Der Mann sagt: »Setz dich hin, beruhige dich und laß uns vernünftig darüber reden.«

Die Frau sagt: »Niemals! Immer, wenn wir vernünftig über etwas reden, gewinnst du! Vernünftig reden kommt überhaupt nicht in Frage! Lieber mache ich etwas kaputt, wenn du mir nicht recht gibst!«

Da sagt der Mann: »Warte. Du hast völlig recht! Vernünftig reden bringt nichts. Immer wenn ich sage: ›Beruhige dich, setz dich hin und laß uns darüber reden‹, bist du der Sieger!«

Die Frau hat ihre eigenen Argumente: Sie zertrümmert die Teller. Aber sie nimmt natürlich die, die schon einen Sprung haben; die schönen zertrümmert sie nicht. Oder sie haut mit einem Kissen auf den Mann ein – aber mit einem Kissen, das tut niemandem weh. Es ist kein brutaler Kampf, mit einem so weichen Kissen. Sie wirft mit Dingen nach dem Mann, aber sie zielt nicht richtig; sie zielt ganz woanders hin. Es genügt aber, um so viel Krach zu machen, daß die Nachbarschaft es hört. Das will sie ja eigentlich: Alle Nachbarn sollen hören, was los ist. So stellt sie ihren Ehemann bloß – und dann kriecht er zu Kreuze und bettelt: »Verzeih mir! Ich hatte von Anfang an unrecht, und ich wußte es auch.«

Wenn Paare eine Weile zusammen sind, gewöhnt der Mann sich mit der Zeit das Argumentieren ab. Wenn er nach Hause kommt, macht er nur noch einen tiefen Atemzug und bereitet sich innerlich darauf vor, daß wieder irgend etwas Irrationales passieren wird.

Auf einer Tafel vor einem Restaurant steht zu lesen: »Bei uns können Sie sich ganz wie zu Hause fühlen!« Ein Mann liest es und betritt das Restaurant. Die Kellnerin kommt auf ihn zu und fragt: »Was kann ich für Sie tun?«

Er sagt: »Bringen Sie mir Sauerkraut, aber angebrannt, und versalzene Kartoffeln und ein zähes Schnitzel. Und als Nachtisch Vanillepudding, aber angebrannt!« Die Kellnerin denkt, der Mann spinnt, aber sie bemüht sich trotzdem, ihn zufriedenzustellen, und tut ihr Bestes. Sie bringt ihm angebranntes Sauerkraut, versalzene Kartoffeln und ein zähes Schnitzel. Der Mann sagt: »Wunderbar, und jetzt setzen Sie sich zu mir und nörgeln Sie an mir rum!«

Da sagt die Kellnerin: »Was sind Sie denn für einer?«

Er sagt: »Was ich für einer bin? Gehen Sie mal raus und lesen Sie, was da draußen auf der Tafel steht: ›Bei uns können Sie sich ganz wie zu Hause fühlen!‹ Ich kann mich hier nur wie zu Hause fühlen, wenn Sie an mir rumnörgeln, denn das macht meine Frau seit Jahren mit mir. Wenn Sie nicht nörgeln, kann ich nichts essen – dann habe ich keinen Appetit!«

Es ist eine Konditionierung. Für Liebende ist es schwierig – noch schwieriger als für normale Leute, denn die Art und Weise, wie eine Frau ihre Schlüsse zieht, ist nicht logisch. Sie ist intuitiv, aber meistens hat sie recht. Logik kann danebengehen, aber ihre Eingebungen gehen nie daneben. Ihre Vorgehensweise ist intuitiv, und die Vorgehensweise des Mannes ist bloß intellektuell. Und zweifellos kennt das intuitive Vorgehen eine Hintertür zur Wirklichkeit. Der Intellekt hingegen klopft ständig an der Vordertür an, und keiner öffnet ihm. Aber die Hintertür ist immer offen.

Es ist kurz nach Mitternacht, da klopft jemand an die Tür des Arztes. Er schleppt sich aus dem Bett, streckt den Kopf aus dem Fenster und späht hinunter zu der Gestalt auf der Türschwelle.

»Okay?« fragt er.

Die Frau sieht hoch und sagt: »Nein, krank.«

Selbst mit einem kleinen Wörtchen wie »okay« geht die Frau anders um. Wenn man das erst einmal kapiert hat, rückt eine gewisse Kommunikation in den Bereich der Möglichkeiten.

Ein Mann geht in die Apotheke und sagt zu der ältlichen Verkäuferin: »Ich möchte bitte zehn Pariser, Miss.«

»Missen Sie mich nicht!« sagt die Verkäuferin schnippisch.

»Na gut«, antwortet er. »Dann geben Sie mir elf.«

»Nein! Nein! Tausendmal nein!« brüllt der Tausendfüßler seine Frau an und verschränkt die Beine.

Das kommt also nicht nur bei den Menschen vor – auch in der Tierwelt findet man die gleichen Konflikte.

Der alte Finkelstein sucht verzweifelt eine Frau zum Heiraten, doch bisher ohne Erfolg. Schließlich gibt er eine Heiratsanzeige in der Lokalzeitung auf.

Daraufhin erhält er fast zweihundert Antworten, die meisten von Männern, die ihm schreiben: »Sie können meine haben.«

Solange Liebende nicht einen Zustand meditativer Bewußtheit erreichen, sind sie nicht in der Lage, miteinander zu kommunizieren. Ihre Kommunikation wird immer konfliktbeladen sein. Sie wird nie zur Kommunion.

Die einzige Möglichkeit sehe ich darin, daß beide ihr Bewußtsein so weit entwickeln, daß es über die Psyche hinausgeht, denn dann lassen sie sämtliche Konditionierungen hinter sich. Dann lassen sie selbst die biologischen Unterschiede hinter sich. Und ein Bewußtsein, das über die Psyche hinausgeht, ist weder männlich noch weiblich. Dann wird es möglich, nicht nur eine Konversation, sondern eine Kommunion miteinander zu haben. Dann wird tiefes Verstehen möglich. Aber ohne Meditation ist diese Möglichkeit völlig ausgeschlossen.

Wenn euer Bewußtsein sich entwickelt, werdet ihr vieles verstehen, was ihr früher nicht verstehen konntet. Dann werdet ihr nicht nur euer eigenes Unterbewußtsein verstehen, sondern auch das Unterbewußtsein des Mannes. Ihr werdet nicht nur eure eigene Psyche verstehen, sondern auch die männliche Psyche – und umgekehrt. Und erst wenn beide darüberstehen, gibt es die Möglichkeit für ein tieferes Verständnis.

Die Welt kann erst im Frieden sein, wenn Mann und Frau zu einem tiefen Verständnis gelangt sind. Und solch ein tiefes Verständnis wird große Liebe, großes Mitgefühl, große Freundschaft mit sich bringen. Trachtet es zu erlangen – es ist die absolute Voraussetzung dafür, daß die Menschen zivilisiert werden. **(147)**

Sind die Frauen mutiger als die Männer?

Mit Sicherheit. Die Männer sind nur neidisch ... überhaupt nicht mutig. Die Frau ist liebevoller, weil sie nicht nach der Logik, nach dem Verstand lebt, sondern rein nach dem Gefühl, nach dem Herzen.

Der Weg des Herzens ist schön, aber gefährlich. Der Weg des Verstandes ist gewöhnlich, aber sicher.

Der Mann hat den sichersten Lebensweg gewählt, die schnellste Abkürzung. Die Frau hat den schönsten, aber auch den steilsten und gefährlichsten Weg gewählt: den Weg der Gefühle, Empfindungen und Stimmungen. Und weil die Welt bisher vom Mann regiert wurde, hat die Frau ungeheuer gelitten. Sie konnte sich in der Gesellschaft, die der Mann geschaffen hat, nicht heimisch fühlen, weil diese Gesellschaft nach dem Verstand und der Logik funktioniert.

Die Frau wünscht sich eine Welt des Herzens.

In der Gesellschaft, die der Mann geschaffen hat, ist kein Platz für das Herz.

Der Mann muß lernen, mehr im Herzen zu leben, weil der Verstand die ganze Menschheit an den Rand des globalen Selbstmordes gebracht hat. Der Verstand hat das natürliche Gleichgewicht, die Ökologie, zerstört. Der Verstand hat uns großartige Maschinen beschert, aber er hat das Schöne am Menschsein zerstört. Ein bißchen mehr Herz in allem ist nötig.

Aus meiner Sicht ist der Weg zu eurem innersten Sein vom Herzen aus viel näher als vom Verstand. Der Verstand ist eine Abkürzung, wenn ihr nach außen gehen wollt; dann ist das Herz ein Umweg. Wenn ihr nach innen gehen wollt, ist es genau umgekehrt: Das Herz ist die Abkürzung zum Sein, und der Verstand ist der größte Umweg, den man sich denken kann.

Darum bin ich ganz und gar für die Liebe, weil es sehr einfach ist, euch von der Liebe zur Meditation, zur Ewigkeit eures Lebens, zu eurer Göttlichkeit zu führen. Vom Kopf aus hingegen ist es sehr schwierig. Der Mann muß zuerst in sein Herz kommen; nur von dort aus kann er zu seinem Sein gelangen.

Meine Betonung der Liebe hat grundsätzlich einen spirituellen Grund: Vom Herzen aus kann die Frau unmittelbar zum Sein gelangen, und der Mann kann ohne Schwierigkeiten ins Herz gelangen. Er ist nur falsch trainiert worden; es ist nur eine Konditionierung, eine anerzogene Gewohnheit.

Man hat ihm beigebracht, hart zu sein, stark zu sein, männlich zu sein – und das ist alles Quatsch. Ein Mann weint nicht und drückt seine Traurigkeit oder seine Freude nicht durch das Fließen von Tränen aus, weil man ihm von Kindheit an gesagt hat, daß Tränen nur etwas für Frauen, für kleine Mädchen seien. Männer weinen und flennen nicht!

Wenn man es von der Natur her betrachtet, scheint das ganz absurd. Wenn die Natur es so gewollt hätte, dann hätte sie die Augen des Mannes anders gemacht, ohne Tränendrüsen. Er hat aber ebenso Tränendrüsen wie die Frau.

Welchen Zweck haben die Tränen? Sie sind notwendig; sie sind eine ungeheuer wichtige Sprache. Es gibt Augenblicke, in denen du nichts sagen kannst, aber deine Tränen drücken es aus. Es kann vorkommen, daß du so viel Freude spürst, daß dir Tränen in die Augen steigen. Tränen sind immer ein Zeichen für überfließendes Erleben. Es kann vorkommen, daß du so viel Traurigkeit spürst, daß du es nicht in Worte fassen kannst: Dann helfen Tränen. Das ist einer der Gründe, warum Frauen weniger verrückt werden als Männer. Weil sie jederzeit bereit sind zu weinen, zu schreien und mit Sachen zu schmeißen; sie werden jeden Tag kurz mal ein bißchen verrückt.

Beim Mann staut es sich an, bis er eines Tages total explodiert. Die Frauen spielen in kleinen Häppchen verrückt, und das ist die klügere Methode: jeden Tag ein bißchen. Warum so viel zusammenkommen lassen?

Männer begehen öfter Selbstmord als Frauen. Das ist eigenartig, denn die Frauen reden öfter vom Selbstmord als die Männer, doch sie tun es nie. Die Männer reden nie davon, daß sie sich umbringen wollen, tun es aber öfter – etwa doppelt so oft. Männer verdrängen und verdrängen, sie wahren ständig ihr Gesicht, ihre falsche Maske. Aber alles hat seine Grenzen. Es kommt der Moment, da sie es nicht mehr zurückhalten können, und dann bricht alles zusammen.

Der Mann muß lernen, mehr im Herzen zu sein, denn vom Herzen führt der Weg zum Sein. Man kann das Herz nicht umgehen. Die Frau ist in der besseren Situation, denn sie kann direkt vom Herzen zum Sein gelangen. Aber statt diese ungeheure Qualität der Frauen anzuerkennen, haben die Männer die Frauen nur schlechtgemacht. Wahrscheinlich gab es dafür einen Grund; wahrscheinlich spürte der Mann eine gewisse Überlegenheit der Frau: die Überlegenheit der Liebe. Logik kann niemals die Liebe übertreffen; der Verstand kann das Herz nicht übertreffen. Der Verstand kann aber sehr mordgierig sein, er kann sehr gewalttätig sein, und so hat er es seit Jahrhunderten gehalten.

Der Mann hat die Frau geschlagen, unterdrückt und verurteilt, ohne sich darüber im klaren zu sein, daß die Unterdrückung und Verurteilung der Frau nur seine eigene Unterlegenheit unter Beweis stellt. So hat er die halbe Menschheit daran gehindert, ihr Bewußtsein anzuheben. Dadurch hat er sich aber selbst daran gehindert, denn er hätte von der anderen Hälfte der Menschheit ebenfalls die Kunst lernen können, sich höherzuentwickeln. Er hätte den gleichen Weg, den gleichen Pfad gemeinsam mit den Frauen beschreiten können.

Darum sage ich immer: Die Emanzipation der Frau ist auch die Emanzipation des Mannes. Ja, sogar mehr die des Mannes als die der Frau.

Ja, die Frauen *haben* mehr Liebe – aber sie müssen sich auch der Kehrseite der Medaille bewußt werden. Beim Mann mit seiner Logik ist die Kehrseite die Unlogik. Das ist nicht so gefährlich; es ist einfach nur ein Fehler. Er läßt sich leicht korrigieren. Darum habe ich gesagt, der Weg des Herzens sei schön, aber gefährlich.

Die Kehrseite der Liebe ist der Haß, die Kehrseite der Liebe ist die Eifersucht. Wenn eine Frau sich in Haß und Eifersucht verstrickt, stirbt die ganze Schönheit ihrer Liebe, und alles, was ihr bleibt, ist Gift. Dann wird sie sich selbst und alle Menschen ihrer Umgebung nur vergiften.

Wer liebt, muß besonders wachsam sein, denn er kann leicht dem Haß in die Falle gehen, der gleich daneben liegt. Jeder Gipfel der Liebe ist dem Haß ganz nah. Das dunkle Tal des Hasses umgibt den Gipfel von allen Seiten, und man kann dabei leicht abgleiten.

Vielleicht ist das der Grund, warum viele Frauen beschließen, nicht zu lieben. Vielleicht ist das der Grund, warum der Mann beschlossen hat, im Kopf zu leben und das Herz einfach zu vergessen ... weil es so empfindlich ist, weil es so leicht verletzbar ist, weil seine Stimmungen sich wie das Wetter verändern.

Wer wirklich die Kunst des Liebens lernen will, muß auf all diese Dinge achten. Er muß seine Liebe davor bewahren, in die Fallgruben des Hasses und der Eifersucht zu geraten, denn sonst wird es unmöglich, zum Sein zu gelangen – unmöglicher als vom Kopf aus.

Die Frau muß ihre Eifersucht aufgeben, sie muß ihren Haß aufgeben. Der Mann muß die Logik aufgeben und ein bißchen liebevoller werden.

Die Logik ist nützlich, sie hat ihren Zweck. In der wissenschaftlichen Arbeit ist sie sinnvoll, aber nicht in menschlichen Beziehungen. Der Mann muß aufpassen, daß die Logik nicht zu seiner einzigen Seinsweise wird, daß sie nur ein Instrument bleibt, das er benutzt und dann beiseite legt.

Die Frau muß achtgeben, daß sie nicht in Haß, Eifersucht und Wut abrutscht, denn dadurch würde sie ihren wertvollen Schatz der Liebe zunichte machen. Und beide müssen sich tiefer auf die Liebe einlassen. Je tiefer sie sich auf die Liebe einlassen, um so näher kommen sie dem Sein.

Das Sein ist nicht weit weg; es ist die tiefste Schicht der Liebe – einer Liebe, die absolut rein und bedingungslos ist. Liebe, die absolut wach, aufmerksam und bewußt ist, führt sofort zu einer revolutionären Transformation; sie öffnet die Türen zum innersten Schrein des Seins.

Dein innerstes Zentrum zu erreichen bedeutet, alles zu erlangen, was das Leben dir geben kann – seinen ganzen Duft, seine ganze Schönheit, seine ganze Freude, seinen ganzen Segen.

Die Frauen sind mit Sicherheit die Mutigeren. In sämtlichen Kulturen der Welt ist es die Frau, die ihre Familie verläßt und in die Familie des Ehemannes eintritt. Sie verläßt ihre Mutter, ihren Vater, ihre Freunde, ihre Stadt – alles, was sie geliebt hat, alles, womit sie aufgewachsen ist. Um der Liebe willen opfert sie das alles. Der Mann würde das nicht fertigbringen.

Eigentlich sollte der Mann es tun – gerade weil er sich als der Überlegene ausgibt. Er sollte in das Haus des Mädchens eintreten, statt die Frau in sein Haus zu führen. Aber in keiner Kultur, in keiner Gesellschaft in der gesamten Geschichte wurde dem Mann dieser Schritt abverlangt: seiner Familie, seinen Wurzeln, seinem Hintergrund zu entsagen, alles zu opfern und sich einem völlig neuen Ambiente, einem neuen Land anzuvertrauen, sich in einen neuen Garten verpflanzen zu lassen und in neuer Erde zum Blühen zu kommen. Die Frau hat das getan, und sie hat es mit anmutiger Würde getan.

Sie ist zweifellos mutiger.

Sie liebt, in den verschiedensten Phasen ... Sie liebt als Mutter, wie es kein Vater vermag; sie liebt als Ehefrau, wie es kein Ehemann vermag. Schon als kleines Mädchen, als Tochter liebt sie, wie es kein Junge vermag.

Das ganze Leben einer Frau ist Liebe.

Für den Mann ist das Leben eine große Sache, und die Liebe ist nur ein kleiner Teil davon. Er kann die Liebe opfern – für Geld, für Macht, für Ansehen; für alles kann er die Liebe opfern. Die Frau kann die Liebe für nichts anderes opfern; alles andere ist unwichtiger als die Liebe. Sie kann alles opfern, nur nicht die Liebe.

Die Frau hat zweifellos Mut, und der Mann sollte viel von den Frauen lernen.

Wenn wir Beziehung als ein Lernen und Erfahren des anderen verstehen – nicht bloß als oberflächliche sexuelle Begegnung, sondern als tiefe, intime Lernerfahrung über das Mysterium eines anderen Menschen –, dann wird jede Beziehung zu einem spirituellen Phänomen. Dann werden beide dadurch bereichert, und in der Folge die ganze Gesellschaft. **(148)**

Ich kann in Gegenwart anderer meine Gefühle nicht zeigen, obwohl ich das sehr gerne möchte. Bitte sag mir, was ich tun kann.

Das ist eines der menschlichen Grundprobleme, denn eure ganze Erziehung erzeugt in euch eine Spaltung. Ihr müßt nach außen ein bestimmtes Gesicht zeigen – der Gesellschaft, der Menge, der Welt –, und es braucht nicht euer wahres Gesicht zu sein. Ganz im Gegenteil, es darf nicht euer wahres Gesicht sein! Ihr müßt jenes Gesicht zeigen, das die Leute sehen wollen, das die Leute mögen, das sie für akzeptabel halten – nach ihrer Ideologie, ihrer Tradition –, und euer wirkliches Gesicht müßt ihr für euch behalten.

Diese Spaltung wird unüberbrückbar, weil ihr die meiste Zeit mit anderen in der Menge zubringt – in Gesellschaft, in Beziehungen – und nur ganz selten allein seid. So wird eure Maske immer mehr zu einem Teil von euch und euer wahres Wesen immer weniger.

Die Gesellschaft erzeugt in allen eine Angst: die Angst vor Ablehnung, die Angst, daß euch jemand auslachen könnte, die Angst, euer Ansehen zu verlieren, die Angst vor dem, was die Leute sagen könnten. Ihr müßt euch allen möglichen blinden und unbewußten Leuten unterordnen. Ihr könnt nicht ihr selbst sein. Das ist traditionell auf der ganzen Welt bisher grundsätzlich so gewesen: Niemand darf er selber sein. Und so ist dieses Problem entstanden – es ist das Problem von jedermann.

Du fragst mich: »*Ich kann in Gegenwart anderer meine Gefühle nicht zeigen, obwohl ich das sehr gerne möchte. Bitte sag mir, was ich tun kann.*«

Sobald ein anderer da ist, geht es dir weniger um dich selbst; es geht dir mehr darum, welche Meinung der andere von dir hat. Wenn du allein in deinem Badezimmer bist, wirst du fast wieder zum Kind – manchmal schneidest du sogar Grimassen vor dem Spiegel. Aber wenn du plötzlich merkst, daß jemand durchs Schlüsselloch schaut – und sei es nur ein kleines Kind –, dann änderst du dich sofort. Du wirst wieder normal, wie du sonst bist – ernsthaft, nüchtern, so wie die Leute es von dir erwarten.

Und das Erstaunlichste ist, daß du vor den Leuten Angst hast und sie vor dir. Jeder hat Angst vor dem anderen. Keiner läßt seine Gefühle zu, seine Wirklichkeit, seine Echtheit. Aber jeder möchte es gerne, weil es selbstmörderisch ist, ständig sein wahres Gesicht zu unterdrücken.

Du lebst nicht wirklich; im Gegenteil, du spielst nur Theater. Und weil die ganze Welt zuschaut, hält dich dein jahrhundertealtes Unbewußtes davor zurück, dich auszudrücken und hinter der Maske deiner Persönlichkeit hervorzukommen. Jeder verbirgt sich hinter etwas Unechtem – und das tut weh.

Mit dir selbst unehrlich zu sein, dir selbst gegenüber unaufrichtig zu sein, ist die schlimmste Strafe, die du dir antun kannst.

Dabei würdest du gar niemandem weh tun! Vielleicht würdest du nur gerne weinen – und es sind Tränen der Freude; du würdest gerne tanzen – und Tanzen ist keine Sünde, ist kein Verbrechen. Du willst einfach nur dein Glück mit anderen teilen, aus Großzügigkeit. Trotzdem ist diese Angst da, die Leute könnten dein Glück nicht akzeptieren. Man könnte sagen, es sei unecht; man könnte sagen, es sei nur Theater; man könnte sagen, du stehst unter Hypnose.

Komisch – wenn du trübsinnig bist, hat niemand etwas dagegen. Dann paßt du hervorragend in diese trübsinnige Gesellschaft. Aber wenn alle trübsinnig sind und du plötzlich anfängst zu tanzen, bist du nicht mehr im Gleichschritt mit der Masse.

Du möchtest deiner Freude Ausdruck geben, aber du hast nicht den Mut, ein Außenseiter zu sein ... Aber wen kümmert das alles? Die Leute werden höchstens einmal kurz denken, daß du ein bißchen verrückt bist. Aber wenn sie erst einmal akzeptiert haben, daß du ein bißchen verrückt bist, hast du nichts mehr zu befürchten. Und was ist verkehrt daran, als verrückt zu gelten? Die Welt kennt so herrlich verrückte Leute! Ja, eigentlich waren alle Großen dieser Welt ein bißchen verrückt – zumindest in den Augen der Masse.

Ihre Verrücktheit wurde deutlich, weil sie nicht trübsinnig waren, weil sie nicht ängstlich waren, weil sie keine Angst vor dem Tode hatten und sich keine Gedanken über Nebensächlichkeiten machten. Sie lebten jeden Augenblick mit totaler Intensität, und durch ihre Totalität und Intensität wurde ihr Leben zu einem wundervollen Erblühen – voller Duft und Liebe, Leben und Lachen.

Aber das schmerzt natürlich Millionen von Menschen um dich herum. Sie können den Gedanken nicht ertragen, daß du etwas erreicht hast, was sie nicht haben. Sie werden auf jede erdenkliche Weise versuchen, dich unglücklich zu machen. Ihr Verurteilen ist nichts anderes als der Versuch, dich unglücklich zu machen, deinen Tanz zu durchkreuzen, dir deine Freude zu verderben, damit du wieder zur Herde zurückkehrst.

Man muß all seinen Mut zusammennehmen. Und wenn die Leute sagen, daß du verrückt bist, freue dich darüber. Sage zu ihnen: »Ihr habt recht. In dieser Welt können nur verrückte Leute glücklich und fröhlich sein. Ich habe mich für die Verrücktheit entschieden, für den Frohsinn, die Ekstase, das Tanzen. Und ihr habt euch für die Normalität entschieden, für das Unglück, das Leiden, die Hölle. Jeder, wie es ihm beliebt! Seid ihr ruhig normal und unglücklich, und laßt mir meine Verrücktheit. Fühlt euch nicht brüskiert! Ich nehme an euch allen auch keinen Anstoß – so viele normale Leute auf der Welt, aber ich nehme daran keinen Anstoß.«

Es handelt sich nur um eine kurze Zeit. Sobald sie akzeptiert haben, daß du verrückt bist, werden sie dich in Ruhe lassen. Dann kannst du dein wahres Wesen ans Licht bringen und kannst alles Unechte fallenlassen.

Du brauchst dir überhaupt keine Gedanken zu machen. Jeder ist mit seiner eigenen Welt so beschäftigt, daß er keine Zeit und keine Energie hat, sich um dich zu kümmern. Und wenn jemand eine Meinung von dir hat, ist es sein Problem.

Du bist allein auf dieser Welt – allein bist du gekommen, allein bist du jetzt hier und allein wirst du diese Welt wieder verlassen. Und alle diese Meinungen werden zurückbleiben.

Nur deine wahren Gefühle, deine echten Erfahrungen werden dich auch über den Tod hinaus begleiten. Nicht einmal der Tod wird dir deinen Tanz nehmen können, deine Freudentränen, die Reinheit deines Alleinseins, deine Stille, deine Heiterkeit, deine Ekstase. **(149)**

Du hast gesagt, wir sollen unsere positiven oder negativen Stimmungen nicht auf denjenigen projizieren, der sie in uns auslöst, sondern wir sollen bei uns bleiben, in unserem Zentrum. Wenn ich versuche, diese Methode auf meinen Ärger, meinen Haß usw. anzuwenden, habe ich das Gefühl, meine Emotionen nur zu unterdrücken. Bitte erkläre mir, wie du das verstehst.

Ausdrücken und Unterdrücken sind die beiden Seiten einer Münze. Sie sehen aus wie Gegensätze, aber im Grunde besteht kein Unterschied. Beim Ausdrücken ebenso wie beim Unterdrücken von Gefühlen wird der andere zum Zentrum.

Ein Beispiel: Ich ärgere mich und unterdrücke den Ärger. Erst wollte ich meinen Ärger an dir auslassen, doch jetzt schlucke ich ihn hinunter. Der Ärger wird aber weiter auf dich projiziert – egal, ob ich ihn ausdrücke oder unterdrücke.

Die Methode, von der ich gesprochen habe, sagt nicht, daß man es unterdrücken soll. Sie setzt an der Wurzel von beidem – Ausdrücken ebenso wie Unterdrücken – an. Die Methode besagt: Projiziere es nicht auf den anderen, denn du selbst bist die Quelle.

Ob du es ausdrückst oder unterdrückst: *Du* bist die Quelle. Die Betonung liegt weder auf Ausdrücken noch auf Unterdrücken. Die Betonung liegt darauf, zu erkennen, wo der Ärger seinen Ursprung hat. Du mußt zum Zentrum gehen – zur Quelle, aus der Wut, Haß, Liebe auftauchen. Wenn du es unterdrückst, gelangst du nicht zum Zentrum, sondern kämpfst nur dagegen an, es zum Ausdruck zu bringen.

In mir taucht Wut auf. Normalerweise habe ich zwei Möglichkeiten: Ich kann sie an jemandem auslassen oder sie zurückhalten. In beiden Fällen geht es um den anderen und um die Energie der Wut, die an die Oberfläche gekommen ist – aber nicht um ihren Ursprung.

Bei dieser Methode geht es darum, den anderen völlig außer acht zu lassen. Schau einfach zu, wie die Energie deiner Wut auftaucht und gehe tief hinunter, um ihre Quelle in dir zu entdecken – woher sie kommt. Und wenn du die Quelle gefunden hast, bleibe in ihr zentriert. Denke daran: Mach gar nichts mit der Wut. Wenn du sie ausdrückst, machst du etwas mit ihr; wenn du sie unterdrückst, machst du ebenfalls etwas mit ihr. Unternimm gar nichts mit der Wut! Rühr sie nicht an; benutze sie nur als Wegweiser. Geh an ihr entlang in die Tiefe, um herauszufinden, woher sie aufgestiegen ist. Und sobald du ihren Ursprung gefunden hast, ist es leicht, sich dort zu zentrieren. Die Wut sollte in Wirklichkeit als eine Chance benutzt werden, um die Quelle zu finden.

Man kann jede Emotion dazu benutzen.

Wenn du unterdrückst, kannst du nicht zur Quelle finden; dann kämpfst du nur gegen die Energie, die hochgekommen ist und sich ausdrücken will. Du kannst sie unterdrücken, doch früher oder später wird sie zum Vorschein kommen, denn die Energie, die da hochkommt, läßt sich nicht ewig bekämpfen. Sie verlangt nach Ausdruck. Du wirst sie vielleicht nicht gegen Person A richten, aber dann eben gegen B oder C. Sobald du jemanden findest, der schwächer ist als du, wirst du die Energie rauslassen. Und solange du es noch nicht getan hast, fühlst du dich bedrückt, angespannt, schwer und unbehaglich.

Sie kommt auf jeden Fall zum Vorschein; du kannst sie nicht ständig unterdrücken. Irgendwo wird sie durchsickern, denn wenn sie kein Ventil findet, gibt sie dir keine Ruhe. Unterdrücken ist also nichts anderes als ein verzögertes Ausdrücken. Du schiebst es lediglich auf.

Du bist auf deinen Chef wütend, aber du kannst es nicht zeigen; es zahlt sich nicht aus. Du mußt es wegstecken. Das heißt, du wartest, bis du es an deinem Ehemann oder an deinem Kind oder an irgend jemand anderem auslassen kannst. Sobald du nach Hause kommst, machst du dir Luft.

Natürlich wirst du Gründe dafür finden, denn der Mensch ist ein Tier, das rationalisieren kann – er rationalisiert immerzu. Du wirst etwas finden – etwas Triviales, aber plötzlich wird es sehr wichtig sein, weil du etwas loswerden mußt.

Unterdrückung ist also nur ein Aufschieben. Du kannst monatelang, jahrelang aufschieben, und die, die sich auskennen, sagen, daß man sogar viele Leben lang aufschieben kann – aber letztlich muß es zum Ausdruck kommen.

Diese Methode hat also nichts mit Unterdrücken oder Ausdrücken zu tun – keineswegs! Diese Methode benutzt lediglich deine Stimmung, deine Energie als Hilfsmittel, um dich tief nach innen zu führen. Es ist eine der erfolgreichsten Meditationstechniken überhaupt.

Du kannst jede Stimmung zur Meditation benutzen. Vergiß dabei völlig den anderen und unterdrücke nichts. Verfolge einfach die Energie, die hochgekommen ist, bis zu ihrem Ursprung. Jede Energie kommt aus derselben Quelle, und solange die Spur noch heiß ist, kannst du ihren Weg zurückverfolgen. Sobald du bei der Quelle angelangt bist, wird die Energie dort zur Ruhe kommen. Das ist keine Unterdrückung: Die Energie ist zu ihrem Ursprung zurückgekehrt. Und wenn du fähig wirst, deine Energie wieder mit der ursprünglichen Quelle zu vereinigen, dann wirst du zum Meister über deinen Körper, deinen Verstand, deine Energie. Jetzt bist *du* der Herr im Hause! Nun wirst du deine Energie nicht mehr vergeuden.

Sobald du einmal weißt, wie du mit deiner Energie in dein Zentrum zurückgehen kannst, brauchst du nichts mehr zu unterdrücken und auch nichts mehr auszudrücken. Im Moment bist du nicht wütend. Ich sage etwas, und schon wirst du wütend. Woher kommt diese Energie? Eben noch warst du nicht wütend, aber diese Energie war in dir vorhanden. Wenn diese Energie wieder zu ihrer Quelle zurückkehrt, wirst du wieder so sein wie vorher.

Merke dir eines: Energie ist weder Wut noch Liebe noch Haß. Energie ist einfach Energie – neutral. Es ist die gleiche Energie, die zu Wut, zu Sex, zu Liebe, zu Haß wird. Dies alles sind Formen der gleichen Energie. Du verleihst ihr die Form, deine geistige Verfassung gibt die Form vor, und die Energie geht hinein.

Wenn sie zu ihrem Ursprung zurückfließt, wird sie formlos. Im Ursprung ist die Energie formlos. So wie zum Beispiel Elektrizität formlos ist: In einem Ventilator nimmt sie eine bestimmte Form an, in einer Glühbirne nimmt sie eine andere Form an. Man kann sie auf tausenderlei Weise verwenden, aber es ist die gleiche Energie. Ihre Form bekommt sie durch den Mechanismus, durch den sie fließt.

Wut ist ein Mechanismus, Sex ist ein Mechanismus, Liebe ist ein Mechanismus, Haß ist ein Mechanismus. Geht die Energie in den Kanal des Hasses, wird sie zu Haß. Geht sie in die Liebe, wird die gleiche Energie zu Liebe. Und wenn sie zur Quelle zurückkehrt, wird sie formlos – zu reiner Energie. Dort ist weder Haß noch Liebe, weder Wut noch Sex – nur einfach Energie. Dann ist sie unschuldig, denn Formlosigkeit ist absolute Unschuld. Darum sieht ein Buddha so unschuldig aus wie ein Kind. Seine Energie ist zur Quelle zurückgekehrt. **(150)**

Wir rationalisieren ständig unsere Handlungen. Wenn du wütend wirst, sagst du, daß jemand dich wütend gemacht hat. Aber in Wirklichkeit warst du dazu bereit, du warst innerlich am Kochen. Du weißt es nur nicht, weil du nicht darauf geachtet hast. Du warst randvoll mit einer bestimmten Menge an Energie, die nur darauf gewartet hat, freigesetzt zu werden. Wenn jemand dich schlecht behandelt oder beleidigt, wirst du wütend und denkst, der andere hätte dich wütend gemacht.

Nein, er hat dir nur eine Situation, eine Gelegenheit gegeben, um deine überschüssige Energie loszuwerden. In gewissem Sinn ist er dein Freund, dein Helfer. Wäre er nicht da, dann wäre es schwieriger für dich. Wenn dir keiner Gelegenheit gibt, deine Energie loszuwerden, wirst du sie projizieren – du wirst dir etwas zurechtphantasieren und wirst einfach wütend werden – egal, auf was.

Die Leute werden wütend auf ihre Schuhe und werfen sie in die Ecke. Sie werden wütend auf eine Tür und schlagen sie zu. Man kann auf alles wütend werden. Und wenn man keine andere Möglichkeit hat, wird man sogar auf sich selbst wütend und verletzt sich selbst – oder man sucht sich einen Ersatz, und davon haben wir jede Menge.

Jemand raucht – wir denken, das sei eine einfache Sache. Ganz und gar nicht! Die heutigen Psychologen sagen, es sei tief verborgene Aggression. Man saugt den Rauch in sich hinein und stößt ihn wieder aus, saugt ihn ein und stößt ihn wieder aus. Das hilft, um Gefühle von Hunger, Gewalt, Sex abzubauen. Wir haben sehr viele solcher Hilfsmittel.

Aggressive Menschen essen mehr. Wenn sie Essen verschlingen, setzen sie Aggressionen frei. Vielleicht ist es euch noch nicht aufgefallen, aber wenn ihr liebt, könnt ihr nicht so viel essen; wenn ihr glücklich seid, wenn ihr selig seid, könnt ihr nicht viel essen. Eigentlich sollte es anders sein. Man sollte meinen, das Gegenteil trifft zu – wenn man glücklich ist, würde man mehr essen – aber nein! Ein glücklicher Mensch ißt weniger. Er kann nicht so viel essen, weil Essen aggressiv ist. Ein glücklicher Mensch ist nicht aggressiv, und deshalb werdet ihr, wenn ihr verliebt seid, nicht viel essen können.

Zwei Verliebte, die unverheiratet sind, werden nicht viel essen. Aber sobald sie verheiratet sind, fangen sie an, mehr zu essen, weil die Liebe verschwindet. Dann ist es Aggression und hängt mit tieferen Dingen zusammen. Bei den Tieren drückt sich Aggression durch die Zähne aus, und wir sind mit den Tieren verwandt. Wenn ein Tier gereizt und aggressiv wird, fließt seine Energie in die Zähne und in die Krallen. Das sind die Aggressionswerkzeuge des Tieres. Aber das gleiche passiert auch beim Menschen. Wenn du aggressiv wirst, strömt die Energie, die Hitze, in deine Zähne, in die Finger, in die Nägel, und du mußt sie freisetzen. Dann wirst du essen oder Kaugummi kauen, rauchen … In Indien gibt es Leute, die den ganzen Tag *Pan*-Blätter kauen. Man braucht etwas, das man zerstören kann, und auf diese Weise werden Aggressionen abgebaut. Auch ständiges Reden ist eine Möglichkeit, um Aggressionen loszuwerden.

Frauen reden mehr als Männer, weil Männer ihre Aggressionen auf andere Weise loswerden können, Frauen aber nicht. Das ist der einzige Grund, warum Frauen so viel reden! Sie reden ununterbrochen, wie verrückt, während der Mann andere Möglichkeiten hat, Aggressionen loszuwerden – im Büro, im Auto usw. Habt ihr beobachtet, wie ein ärgerlicher Mann Auto fährt? Er läßt seine Wut am Gaspedal aus, steigert das Tempo. So setzt er seine Wut frei, und das Auto ist nur ein Mittel dazu. Die Hälfte aller Autounfälle passieren nicht wegen der Autos, sondern wegen der Fahrer, nicht wegen des Verkehrs, sondern wegen der psychischen Hochspannung.

Aber die Frauen können ihre Wut nicht so leicht loswerden. Dann bleibt ihnen nur eines: fortwährendes Reden. Wenn sie die Zähne und Lippen bewegen, können sie viel Energie loswerden. Eine zornige Frau wird mehr Untertassen und Tassen zerbrechen, unbewußt. Sie wundert sich, warum ihr heute alles kaputtgeht – es ist das Unterbewußtsein. Die Energie ist in ihren Händen. Diese Energie will etwas kaputtmachen. Darum ist es gut, ein paar zerbrechliche Dinge im Haus zu haben, das hilft! Bevor der Mann nach Hause kommt, hat die Frau sich Erleichterung verschafft. Wenn man nur noch unzerbrechliche Dinge herstellt, werden die Ehen zerbrechen! Zerbrechliche Dinge helfen, daß die Ehen weiterbestehen. Das ist eine erwiesene Tatsache!

Wenn sich in deinem Zentrum fieberhafte Energie angesammelt hat, die nicht an die Peripherie gelangt, Energie, die nicht dem ganzen Körper und deinem ganzen Wesen als Licht zur Verfügung steht, dann kann es gar nicht anders sein. Jeden Tag wirst du Energie ansammeln, die du wieder loswerden mußt. Und es ist so unsinnig! Dein ganzes Leben lang machst du nichts anderes: sammeln, loswerden, sammeln, loswerden. Was machst du vierundzwanzig Stunden am Tag? Nur Energie sammeln, um sie dann wieder loszuwerden. Und wenn Energie da ist, ist das einzige Problem, wie du sie loswerden kannst. Dann wirst du sie los – durch Sex, durch Wut, durch Habgier.

Und wenn du sie losgeworden bist, dann ist das einzige Problem, wie du neue Energie ansammeln kannst.

Was ist das für ein Leben? Es ist ein Teufelskreis! Durch Bewußtheit ändert sich dieser ganze Mechanismus. Wenn du bewußt bist, sendet dein inneres Zentrum in jedem Augenblick Energie in alle Zellen deines Körpers. **(151)**

Statt in Angst zu leben, lebe in Liebe! Das sind die beiden entgegengesetzten Pole.

Normalerweise halten die Menschen Liebe und Haß für Gegensätze. Das sind sie aber nicht. Liebe und Haß haben die gleiche Energie: Liebe-Haß ist ein und dieselbe Energie. Liebe kann zu Haß werden, Haß kann zu Liebe werden – sie sind umkehrbar. Sie sind also keine Gegensätze, sondern ergänzen sich. Tatsächlich lieben und hassen wir denselben Menschen – es ist immer beides zusammen. Es sind keine Feinde, sondern Freunde.

Der wirkliche Gegensatz besteht zwischen Liebe und Angst. Sie kommen nie zusammen. Wenn du zu sehr an der Angst festhältst, verschwindet die Liebe. Angst läßt sich nicht in Liebe verwandeln, Liebe läßt sich nicht in Angst verwandeln – sie sind nicht umkehrbar.

Im Grunde habt ihr euer Leben immer aus der Angst heraus gelebt. Darum ist meine Botschaft: Fangt an, aus der Liebe heraus zu leben und nicht aus der Angst. Nur die Liebe macht euch reich. Die Angst verkrüppelt und lähmt euch, und je gelähmter ihr seid, um so ängstlicher seid ihr – es ist ein Teufelskreis.

Die Liebe gibt dir Flügel. Sie hilft dir, dich ins Leben hinein zu entspannen. Sie macht dir Mut, das Leben auf eine neue Weise zu erleben. Sie gestattet dir das gesamte Spektrum des Lebens; sie ist multidimensional. Sie ist der ganze Regenbogen – alle Farben des Lebens.

Laß die Angst los und erfülle dich mehr und mehr mit Liebe. Ersetze die Angst durch Liebe. **(152)**

Kannst du etwas über den Neid sagen?

Neid bedeutet Vergleichen. Man hat uns beigebracht zu vergleichen, wir sind konditioniert worden zu vergleichen, andauernd zu vergleichen. Dieser dort hat ein größeres Haus, jener dort einen schöneren Körper, dieser hat mehr Geld und jener mehr Charisma. Wenn du dich vergleichst, wenn du dich ständig vergleichst mit jedem, der dir über den Weg läuft, dann wirst du viel Neid verspüren. Neid ist eine Begleiterscheinung der Konditionierung, sich mit anderen zu vergleichen.

Wenn du das Vergleichen aufgibst, verschwindet der Neid. Dann weißt du einfach, wer du bist. Du bist niemand anderer – und brauchst es auch nicht zu sein.

Es ist gut, daß ihr euch nicht mit den Bäumen vergleicht – sonst würdet ihr neidisch werden: Warum seid ihr nicht grün? Und warum war Gott so knauserig mit euch – keine Blüten? Es ist besser, euch nicht mit den Vögeln zu vergleichen, mit den Flüssen, den Bergen, denn sonst würdet ihr leiden. Ihr vergleicht euch nur mit anderen Menschen, weil ihr so konditioniert worden seid, euch nur mit den Menschen zu vergleichen. Ihr vergleicht euch nicht mit den Pfauen und mit den Papageien. Sonst würde euer Neid immer größer werden. Es würde euch so belasten, daß ihr überhaupt nicht mehr leben könntet.

Zu vergleichen ist eine sehr törichte Einstellung, denn jeder Mensch ist einzigartig und unvergleichlich. Wenn sich diese Erkenntnis durchsetzt, verschwindet der Neid. Jeder ist einzigartig und unvergleichlich. Du bist einfach du selbst. Es hat noch nie jemanden wie dich gegeben, und es wird nie mehr jemanden wie dich geben. Und du brauchst auch nicht wie irgend jemand anderer zu sein.

Gott erschafft nur Originale; er hält nichts von Imitationen.

Ein neidischer Mensch lebt in der Hölle. Gib das Vergleichen auf, dann verschwindet aller Neid, verschwindet alle Gemeinheit, verschwindet alle Unechtheit. Aber du kannst es nur aufgeben, wenn du anfängst, deine inneren Schätze zu entfalten; anders geht es nicht.

Werde erwachsen. Werde mehr und mehr zu einem authentischen Individuum. Liebe dich selbst und respektiere dich selbst, so wie Gott dich gemacht hat, dann werden die Himmelstüren unverzüglich für dich offen sein. Sie sind immer offen – du hast nur nicht hingeschaut. **(153)**

Was ist Eifersucht und warum tut sie so weh?

Es gibt kaum ein psychologisches Thema, über das so viel Unwissenheit herrscht, was euch selbst, andere und vor allem eure Beziehungen angeht, wie über die Eifersucht.

Die Menschen denken, sie wüßten, was Liebe ist – sie haben keine Ahnung. Und ihr Mißverständnis in bezug auf die Liebe erzeugt die Eifersucht. Mit »Liebe« meinen die Leute eine Art Monopol, einen Besitzanspruch – aber sie verstehen eine simple Tatsache des Lebens nicht: Sobald man ein Lebewesen besitzt, hat man es getötet.

Das Leben läßt sich nicht besitzen. Ihr könnt es nicht in der geschlossenen Faust halten. Wenn ihr es haben wollt, müßt ihr eure Hände offenhalten.

Aber wir befinden uns schon seit Jahrhunderten auf diesem Irrweg. Der Irrtum hat sich so tief in uns eingegraben, daß wir Liebe nicht mehr von Eifersucht trennen können. Sie sind beinahe zu ein und derselben Energie geworden. Zum Beispiel bist du eifersüchtig, wenn dein Geliebter zu einer anderen Frau geht. Das mag dich stören, aber ich sage dir: Das Problem wäre noch viel größer, wenn du *nicht* eifersüchtig wärest – dann würdest du denken, daß du ihn nicht liebst, denn wenn du ihn liebst, mußt du doch eifersüchtig sein!

Eifersucht und Liebe sind völlig miteinander vermischt worden. Aber in Wirklichkeit liegen Welten dazwischen. Eine Psyche, die eifersüchtig ist, kann nicht lieben, und umgekehrt: Eine Psyche, die liebt, kann nicht eifersüchtig sein. **(154)**

Ist Eifersucht nur eine andere Form von Feigheit?

Eifersucht ist etwas sehr Kompliziertes. Sie enthält viele Bestandteile. Auch Feigheit ist einer von ihnen, Egoismus ein anderer, monopolistische Ansprüche – keine Erfahrung von Liebe, sondern von bloßem Besitzenwollen –, Konkurrenzdenken, eine tiefverwurzelte Angst vor Minderwertigkeit ... So viele Dinge gehören zur Eifersucht.

Du liebst jemanden – zumindest glaubst du, daß du liebst ... Aber wenn du wirklich liebst, ist Eifersucht unmöglich. Wenn du entdeckst, daß dieser Mensch jemand anderen liebt, wirst du dich freuen. Du liebst diesen Mann, und er ist mit jemand anderem glücklich ... Du willst ihn nur glücklich sehen. Du wirst nicht eifersüchtig sein, sondern im Gegenteil: Du wirst der Person, die deinen Liebsten glücklich macht, dankbar sein. Du wirst für sie große Freundschaft hegen. Aber das gilt nur für die wahre Liebe – und die ist eine Seltenheit.

Was im Namen von Liebe existiert, ist nur eine Idee. Wenn ihr einen Menschen »liebt«, heißt das, ihr besitzt jemanden. Wenn ihr einen Menschen »liebt«, heißt das, er darf niemand anderen lieben. Wenn dein Freund jemand anderen liebt, bist du beleidigt. Er zeigt dir damit, daß du nicht gut genug bist, daß es bessere, liebenswertere Menschen gibt als dich. Das verletzt dein Ego, es verletzt deinen Besitzwunsch, es verletzt deine monopolistische Vorstellung.

Im Grunde ist es Feigheit, weil du nicht versuchst, dich den Tatsachen über deine Liebe geradeheraus zu stellen. Die Frage ist nicht, ob dein Geliebter jemand anderen liebt. Die Frage ist: Liebst *du* diesen Menschen? Aber du bist nicht mutig genug, dich dieser Frage zu stellen. Und das ist die eigentliche Frage, die du stellen solltest.

Wenn ich diesen Menschen liebe, dann spielt nichts eine Rolle. Liebe gewährt Freiheit. Liebe gewährt, daß der Partner alles tun kann, was er tun möchte. Was immer ihn glücklich macht, ist seine freie Entscheidung.

Wenn du den anderen liebst, wirst du dich nicht in seine Privatsphäre einmischen. Du läßt den Freiraum des anderen intakt. Du versuchst nicht, in sein inneres Wesen einzudringen. Du erwartest nicht, daß er dir sagt, wo er gewesen ist und warum er so spät kommt. Das ist nicht recht – ganz und gar nicht.

Es ist *sein* Leben – wo er hingeht und ob er spät nach Hause kommt oder nicht ... Du liebst diesen Menschen so, wie er ist – und so ist er eben. Dann versuchst du niemals, dich in seine Privatangelegenheiten einzumischen. Du öffnest nicht seine Briefe, schaust nicht in seine Rocktaschen, in seinen Kalender, notierst dir keine Telefonnummern. Du versuchst nicht, irgendeinen Hinweis zu bekommen. Alles das ist häßlich.

Du mußt dich damit konfrontieren. Wenn du dich nicht damit konfrontierst, ist es Feigheit. Um es zu verstecken, inszeniert ihr ein solches Eifersuchtsdrama, daß ihr völlig vergeßt, daß es dabei nur um eure eigene Feigheit geht.

Du mußt dir völlig darüber klar werden ob, du diesen Mann nur in deiner Vorstellung liebst oder in Wirklichkeit. Die Wirklichkeit kennt keine Probleme. Nur Vorstellungen bringen Probleme, weil sie oberflächlich sind. Dahinter verbirgt sich so viel unsinniges Zeug, daß Vorstellungen überhaupt nichts bringen. Bei der geringsten Gelegenheit beginnen sofort die Schwierigkeiten.

Ich kann mir nicht vorstellen, daß zwei Menschen, die sich wirklich lieben, jemals aus irgendeinem Grund aneinandergeraten, daß sie aus irgendeinem Grund dem anderen ihre eigenen Vorstellungen aufzwingen wollen, daß sie versuchen, den anderen von irgendeiner Sache abzuhalten.

Die Grundvoraussetzung der Liebe ist: »Ich akzeptiere den anderen so, wie er ist.« Liebe versucht niemals, den anderen nach den eigenen Vorstellungen zu ändern. Wenn du liebst, wirst du nicht versuchen, den anderen da und dort zurechtzustutzen und ihn zurechtzubiegen, wie es überall auf der Welt immerzu geschieht.

Leute, die sich für Liebende halten, sind fortwährend damit beschäftigt, sich beim anderen einzumischen. Sie versuchen, das Bild von ihm zu erzeugen, das sie gerne hätten. Im Grunde wollen sie den anderen nur zu einer Marionette machen – und die Fäden wollen sie selbst in der Hand halten! Und das gleiche tut der andere: Er will aus dir eine Marionette machen, und die Fäden will er in der Hand haben. Dann gibt es ständig Konflikt, Leiden, Schmerz.

Dann wundert man sich: Wie kommt es, daß die Dichter so viele wundervolle Dinge über die Liebe geschrieben haben? – Denn ihr erlebt nichts dergleichen! Nur in Gedichten passiert das.

Die Wahrheit ist, daß die meisten Dichter nie geliebt haben. Sie sind nur verliebt in die Idee der Liebe, und daraus kreieren sie wunderbare Gedichte, wunderschöne Romane. Oder sie haben vielleicht geliebt, sind aber so kläglich gescheitert, daß sie, um sich selbst zu trösten, in ihrer Dichtung über das genaue Gegenteil schreiben.

Zum Beispiel Leo Tolstoi: Sein Leben lang wurde er von seiner Frau gequält, bis zum Schluß. Noch am allerletzten Tag hat sie ihn so sehr geärgert, daß er in der Nacht das Haus verließ, zum Bahnhof ging und dort auf einer Bank starb. Er war ein Graf und hatte ein großes Vermögen, viele Ländereien und alles – doch er lebte wie ein armer Mann. Die Frau hatte über alles die Kontrolle. Sie erlaubte ihm nicht einmal, einen Freund zu haben, einen männlichen Freund. Sie war so eifersüchtig, daß sie ihm nicht einmal gestattete, in ihrer Gegenwart zu lesen oder zu schreiben. Er mußte zum Schreiben in den Garten oder auf die Felder gehen. So groß war ihre Eifersucht: »In meiner Gegenwart bist du mehr an deinem Roman interessiert! Das ist eine Beleidigung für mich!«

Dabei hat dieser Mann so wunderbare Bücher und so wundervolle Dinge über die Liebe geschrieben! Wenn man sein Leben nicht kennt, könnte man nicht glauben, wie das möglich ist. Es ist eine Kompensation. Weil er es im Leben entbehrte, lebte er es in seinen Romanen aus. In den Romanen erschuf er den Traum, wie er gerne gelebt hätte – nur um sein Leben in seiner ganzen Häßlichkeit zu vergessen.

Entweder haben also die Dichter nie geliebt und es selbst nicht erlebt, sie haben die Qualen der Liebe nie erlebt, oder falls sie geliebt haben, dann haben sie auch die Qualen kennengelernt und wollten die Ekstase erfahren. Darum findet man in ihrer Dichtung nur die Ekstase der Liebe.

Aber die Wahrheit ist, daß sich die ganze Welt unnötig quält.

Ja, es ist Feigheit, die deine Qual aufrechterhält. Stelle dich den Tatsachen: Liebst du diesen Mann oder liebst du ihn nicht? Wenn du ihn liebst, dann wirst du keine Bedingungen stellen. Und wenn du ihn nicht liebst – mit welchem Recht darfst du dann Bedingungen stellen?

So oder so ist es klar. Wenn du liebst, dann stehen Bedingungen außer Frage – du liebst ihn so, wie er ist. Und wenn du nicht liebst, ist es ebenfalls kein Problem. Er bedeutet dir nichts; warum solltest du also Bedingungen stellen? Er kann tun und lassen, was er will.

Man muß sich seinen Gefühlen ganz aufrichtig und ehrlich stellen. Diese direkte Konfrontation mit deinen Gefühlen weist dir sofort den Weg. Das Leben ist nicht schwierig – wir machen es nur so schwierig, weil wir feige sind: Wir wollen etwas nicht sehen, von dem wir genau wissen, daß es da ist.

Ich fuhr einmal mit einem Freund in der Eisenbahn. Als der Schaffner kam, gab ich ihm meine Fahrkarte. Mein Freund schaute in die eine Tasche, schaute in die andere Tasche und fing an zu schwitzen.

Ich fragte ihn: »Warum schaust du nicht in diese Tasche da – hier rechts?«

Er sagte: »Das ist meine letzte Hoffnung! Wenn sie dort nicht ist, hab ich sie verloren! Darum hab ich Angst, in diese Tasche zu schauen. Lieber schaue ich zuerst überall sonst nach. Diese kommt erst zum Schluß.«

So ist es auch im Leben: Wir schauen nicht hin, weil wir wissen, daß es schwer sein könnte, sich damit zu konfrontieren. Ich weiß aber, daß es nicht schwer ist. Es ist immer leicht, sich mit der Wirklichkeit zu konfrontieren.

Es macht euch unschuldig, und so entstehen keine unnötigen Komplikationen. Ansonsten lebt man ständig weiter in der Illusion, daß man liebt und für den anderen zu sterben bereit ist. Dabei könnt ihr es nicht einmal eine Minute lang ertragen, ihn mit jemand anderem glücklich zu sehen! Und da denkt ihr, daß ihr für ihn zu sterben bereit seid?

Versucht einfach zu erkennen, was ihr wirklich für den anderen empfindet – dann wird die Eifersucht verschwinden. In den meisten Fällen wird gleichzeitig mit der Eifersucht auch die Liebe verschwinden. Aber das ist gut so, denn welchen Sinn hätte eine Liebe voller Eifersucht – die gar keine Liebe ist?

Wenn die Eifersucht verschwindet und trotzdem Liebe übrigbleibt, dann habt ihr etwas Handfestes in eurem Leben – etwas, das sich lohnt. **(155)**

Vor ein paar Tagen ist es mir gelungen, mich meinem Feind Nummer Eins zu stellen – meiner Eifersucht. Ich habe mich mit Haut und Haaren darauf eingelassen, und das Ergebnis war: Ich fühlte mich euphorisch und sehr dankbar und energiegeladen. Was kann ich aus dieser Erfahrung lernen, und wie kann ich sie nutzen, um nicht wieder von Eifersucht überwältigt zu werden?

Dies ist eine sehr bedeutsame Erfahrung für dich gewesen – eine jener Schlüsselerfahrungen, die einem helfen können, die Energie völlig zu transformieren.

George Gurdjieff versuchte bei seinen Schülern immer als erstes, jenen Charakterzug herauszufinden, der ihr Feind Nummer Eins war, denn der Feind Nummer Eins enthält den Schlüssel, der dich entweder zerstören kann, wenn du ihn nicht verstehst – oder der zu deiner Transformation führen kann.

Du hast dich deiner Eifersucht gestellt. Die Eifersucht ist eines der gefährlichsten Elemente im menschlichen Bewußtsein, und besonders in der weiblichen Psyche. Dich deinem allergrößten Feind zu stellen, ohne ihn zu verstecken, ohne ihn zu übertünchen, ohne zu versuchen, ihn zu deinen Gunsten zurechtzudeuten – daß du recht hast, daß die Situation dir Recht gibt, eifersüchtig zu sein –, ohne dich selbst irgendwie mit Rechtfertigungen darin zu bestätigen, daß die Eifersucht berechtigt war ...

Hättest du dich darin bestätigt, daß sie berechtigt ist, dann würde sie bestehen bleiben, und sie würde noch mächtiger werden. Dann würdest du nicht die Energie haben, die du jetzt in dir spürst, weil sie von der Eifersucht absorbiert worden wäre. Sie wäre an die Eifersucht gebunden geblieben und hätte nur auf eine Gelegenheit, einen Grund gewartet, um explodieren zu können. Doch weil du dich ihr gestellt hast, ohne sie mit einer Erklärung wegzurationalisieren ... du hast sie nicht gerechtfertigt, sondern hast einfach die Tatsache konfrontiert, daß diese Eifersucht in dir ist. Und du hast akzeptiert, daß sie etwas mit *dir* zu tun hat und mit niemand anderem, und daß niemand außer dir dafür verantwortlich ist. Es gibt viele Gründe, um Eifersucht zu rechtfertigen.

Du hast gute Arbeit geleistet, und das Ergebnis war, daß einfach durch dein Beobachten die Eifersucht verschwand.

Genau das habe ich euch seit Jahren immer wieder gesagt: daß man nichts tun muß. Man braucht sich mit einem Problem nur zu konfrontieren – wie ein Spiegel etwas reflektiert, ohne es zu bewerten.

Und weil die Eifersucht dein Feind Nummer Eins war, ist eine ganze Menge Energie an sie gebunden gewesen. Jetzt ist sie verschwunden, und die Energie wurde frei. Darum fühlst du dich lebendiger, liebevoller, sinnlicher.

Du hast also genau das Richtige mit deiner Eifersucht gemacht. Jetzt ist diese Energie befreit. Seit Jahren hast du mit deiner Eifersucht gerungen. Jetzt hast du den Schlüssel gefunden.

Das nächste Mal, wenn Eifersucht hochkommt, pack sie sofort bei den Hörnern. Und das gleiche, was du mit deinem Feind Nummer Eins gemacht hast, kannst du auch mit allen anderen Feinden machen, die in deinem Gemüt auftauchen. Es sind kleinere Feinde, und sie werden noch schneller verschwinden; sie enthalten nicht so viel Energie.

Doch wenn die Energie frei wird, entsteht ein Problem: Wohin mit all dieser Energie? Bisher wurde sie von der Eifersucht aufgebraucht, wurde sie von ihr aufgesogen. Jetzt ist sie über deinen ganzen Körper verteilt. Du fühlst dich sinnlicher, fühlst dich liebevoller.

Drücke sie aus: im Tanzen, im Singen, im Lieben – wozu du gerade Lust hast. **(156)**

Wenn du fühlst, dann fühlst du nicht bloß vom Kopf her, du fühlst auch nicht nur mit dem Herzen, fühlst nicht nur aus dem Bauch heraus – du fühlst mit jeder Faser deines Wesens. Fühlen ist ganzheitlich, Fühlen ist orgasmisch, Fühlen ist organisch.

Im Fühlen funktionierst du als ein Ganzes. Im Denken funktionierst du nur als Kopf. Und wenn du sentimental bist, funktionierst du nur als Herz. Aber vergiß nicht: Sentimentalität ist nicht Fühlen, Emotionalität ist nicht Fühlen! Wenn du denkst, bist du der Kopf – nur ein Teil, der so tut, als wäre er das Ganze, aber das ist natürlich nicht wahr. Es ist eine falsche Perspektive. Wenn du emotional und sentimental bist, dann bist du das Herz – und wieder ist es nur ein Teil, der so tut, als wäre er das Ganze; wieder spielt sich ein Diener als Meister auf. Auch das ist falsch.

Fühlen ist etwas, das deine Gesamtheit einbezieht – Körper, Verstand und Seele. Fühlen kennt keine Trennungen, Fühlen ist ungeteilt.

Wenn du fühlst, funktionierst du als ein Ganzes. Und wenn du als ein Ganzes lebst und handelst, dann lebst und handelst du im Einklang mit dem Ganzen. Laß mich wiederholen: Wenn du als ein Ganzes lebst und handelst, dann lebst und handelst du im Einklang mit dem Ganzen. Wenn du nur als ein Teil funktionierst, bist du abgespalten; dann bist du nicht mehr im Einklang mit dem Ganzen. Und wenn du nicht mehr im Einklang mit dem Ganzen bist, ist alles, was du zu wissen glaubst, falsch – eine Illusion.

Wenn du im Einklang mit dem Ganzen bist, dann weißt du, daß du überhaupt nichts weißt. Aber dieses Nicht-Wissen ist im Grunde ein Wissen – ein Gefühl, eine Liebesaffäre mit dem Ganzen. **(157)**

13. KAPITEL

Meditation

Meditation heißt Abenteuer – das größte Abenteuer, auf das der menschliche Geist sich einlassen kann. Meditation heißt einfach nur da sein und gar nichts tun – keine Handlung, kein Gedanke, kein Gefühl. Du bist einfach da, und es ist die reinste Freude. Woher kommt diese Freude, wenn du gar nichts tust? Sie kommt von nirgendwo, oder sie kommt von überall. Sie ist unverursacht, denn die Existenz ist aus dem Stoff, der Freude heißt. **(158)**

Was ist Meditation?

Was ist Meditation? Ist es eine Technik, die man praktizieren kann? Ist es eine Bemühung, die man auf sich nehmen muß? Ist es etwas, das man mit dem Verstand erreichen kann? Nein, überhaupt nicht.

Alles, wozu der Verstand fähig ist, kann nicht Meditation sein. Meditation ist etwas, das jenseits des Verstandes liegt. Der Verstand ist darin absolut hilflos; der Verstand kann nicht zur Meditation vordringen. Wo der Verstand endet, beginnt Meditation.

Das muß man sich vergegenwärtigen, denn in unserem Leben wird alles, was wir tun, durch den Verstand bewirkt; alles, was wir erreichen, erreichen wir durch den Verstand. Und wenn wir uns dann nach innen wenden, denken wir wieder an Techniken, Methoden, Aktionen, weil unsere ganze Lebenserfahrung uns sagt, daß man mit dem Verstand alles machen kann. Ja, alles läßt sich machen mit dem Verstand – außer Meditation. Alles wird gemacht mit dem Verstand – außer Meditation.

Meditation ist keine Errungenschaft. Sie ist bereits vorhanden; sie ist dein Wesen. Du brauchst sie nicht zu erringen; du mußt sie nur erkennen, mußt dich nur an sie erinnern. Sie ist schon da und wartet auf dich – und wenn du dich nach innen wendest, ist sie verfügbar. Sie war schon immer und ewig in dir.

Meditation ist dein dir innewohnendes Wesen – sie ist *du,* sie ist dein Sein; sie hat nichts mit deinem Machen zu tun. Du kannst sie nicht *haben,* und du kannst sie nicht *nicht* haben. Man kann sie nicht besitzen; sie ist kein Gegenstand. Sie ist du; sie ist dein Sein.

Wenn du erst einmal begreifst, was Meditation ist, werden die Dinge sehr klar. Ansonsten kannst du ewig im Dunkeln herumtappen.

Meditation ist ein Zustand der Klarheit, aber kein Zustand des Verstandes. Verstand bedeutet Verwirrung. Der Verstand ist niemals klar, kann es nicht sein. Gedanken erzeugen Wolken um dich herum, sehr subtile Wolken. Ein Nebel wird durch sie erzeugt, und die Klarheit geht verloren. Wenn die Gedanken verschwinden, wenn es keine Wolken mehr um dich herum gibt, wenn du einfach in deinem Sein da bist, entsteht Klarheit. Dann kannst du sehr weit sehen; dann kannst du bis zum anderen Ende der Existenz sehen; dann wird dein Blick durchdringend – bis zum innersten Kern des Daseins.

Meditation bedeutet Klarheit, absolute Klarheit des Sehens. Du kannst nicht darüber nachdenken. Du mußt das Denken fallenlassen. Deshalb sage ich: »Hör auf zu denken«, aber wenn du versuchst, damit aufzuhören, verpaßt du es, weil du dann wieder versuchst, es zu einem Tun zu reduzieren.

»Hör auf zu denken« bedeutet lediglich: »Tu gar nichts.« Setz dich hin. Laß die Gedanken von allein zur Ruhe kommen. Laß den Verstand von allein aufhören. Sitz einfach da und schau die Wand an, in einer stillen Ecke, und tu gar nichts. Entspannt, locker, ganz ohne Anstrengung, ohne irgendwo hinzuwollen. Wie wenn du im Wachzustand einschläfst – aber du bist wach und entspannt; nur der ganze Körper schläft ein. Du bleibst im Innern aufmerksam, aber der ganze Körper sinkt in tiefe Entspannung.

Die Gedanken legen sich von selbst; du brauchst nicht dazwischenzufunken, brauchst sie nicht zur Ordnung zu rufen. Es ist wie bei einem kleinen Bach, der vom Schlamm trübe geworden ist ... Was machst du? Wirst du hineinspringen und etwas unternehmen, damit das Wasser wieder klar wird? Damit wirst du es nur noch trüber machen! – Du wirst dich einfach ans Ufer setzen und warten. Es gibt nichts zu tun, denn was immer du tust, wird das Wasser noch trüber machen. Jemand ist durch den Bach gelaufen und hat tote Blätter und Schlamm aufgewirbelt, und nun brauchst du lediglich etwas Geduld. Setz dich einfach ans Ufer und beobachte, ganz unbeteiligt. Und während das Wasser weiterfließt, werden die toten Blätter hinweggeschwemmt, und der Schlamm fängt an, sich zu setzen, weil er nicht ewig so schweben kann.

Und nach einer Weile wirst du plötzlich gewahr: Der Bach ist wieder kristallklar.

Bei jedem Wunsch, der dir durch den Kopf geht, wird sozusagen der Bach vom Schlamm getrübt. Darum setz dich einfach hin. Versuche nicht, etwas zu tun. In Japan nennt man dieses »einfach Sitzen« *Zazen* – einfach sitzen und nichts tun. Und eines Tages wird Meditation passieren. Es ist nicht etwas, das du herbeiführst; es kommt zu dir. Und wenn es kommt, wirst du es sogleich erkennen. Es ist immer schon dagewesen, du hast nur nicht in die richtige Richtung geschaut. Der Schatz war in dir, aber du warst mit anderen Dingen beschäftigt – mit deinen Gedanken, mit deinen Wünschen, mit tausendundeiner Sache. Du warst nicht interessiert an dieser einen, einzigen Sache – deinem eigenen Sein.

Wenn die Energie sich nach innen wendet, wenn deine Energie zu ihrem Ursprung zurückkehrt, erlangst du plötzlich Klarheit. Dann kannst du die Wolken in tausend Meilen Entfernung sehen, kannst du das ewige Rauschen der Kiefern hören ... Dann wird alles sich dir erschließen. **(159)**

Meditation macht dir nur dein Potential bewußt – das, was du sein kannst, was du tun kannst, was du noch nicht getan hast, was du noch nicht genutzt hast. Die Psychologen sagen, daß der Mensch nur fünf Prozent seines Potentials nutzt. Was für eine Verschwendung – nur fünf Prozent! Fünfundneunzig Prozent gehen den Bach hinunter, ohne genutzt zu werden. Aber die Menschen wollen lange leben – wozu eigentlich?

Du kannst in diesem kurzen Leben ungeheuer intensiv leben, wenn du hundert Prozent deines Potentials nutzt! Es wird besser sein, als zehntausend Jahre zu leben und nur fünf Prozent deines Potentials zu nutzen. Siebzig Jahre sind mehr als genug, wenn du hundert Prozent deines Potentials nutzt – dann wirst du zu einer Freudenflamme! **(160)**

Wenn du überhaupt nichts tust – weder körperlich noch geistig noch sonst irgendwie –, wenn alle Aktivität aufgehört hat und du einfach nur bist, reines Sein – genau das ist Meditation. Du kannst sie nicht herstellen, du kannst sie nicht praktizieren, du brauchst nur zu verstehen.

Wann immer du die Zeit finden kannst, einfach nur zu sein, stelle alles Tun ein. Auch Denken ist Tun, auch Konzentration ist Tun, auch Kontemplation ist Tun. Wenn du auch nur für einen Augenblick nichts tust und einfach in deiner Mitte bist, völlig entspannt, so ist das Meditation. Und hast du erst den Bogen raus, dann kannst du so lange in diesem Zustand bleiben, wie du willst. Schließlich kannst du vierundzwanzig Stunden am Tag in diesem Zustand verharren. Sobald du gewahr geworden bist, wie das geht – dich nicht von dir ablenken zu lassen –, kannst du anfangen, alle möglichen Dinge zu tun und gleichzeitig achtzugeben, daß dein Sein ungetrübt bleibt.

Das ist der zweite Teil von Meditation: Erst lernst du, einfach nur dazusein, und dann lernst du, kleine Tätigkeiten auszuüben – den Fußboden saubermachen, unter der Dusche stehen – und doch dabei deine Mitte zu wahren. Später kannst du kompliziertere Dinge tun. Zum Beispiel spreche ich zu dir, aber meine Meditation wird dadurch nicht getrübt. Ich kann so viel sprechen, wie ich will, aber in meiner Mitte kräuselt sich nicht die kleinste Welle; es ist einfach nur still, absolut still.

Meditation schließt also Handeln nicht aus. Es ist nicht so, daß du vor dem Leben flüchten müßtest. Sie lehrt dich ganz einfach eine neue Art zu leben: Du wirst zum Zentrum des Hurrikans. Dein Leben geht weiter, es geht in Wirklichkeit viel intensiver weiter – mit mehr Freude, mehr Klarheit, mehr Sichtweite, mehr Kreativität – und doch hältst du Abstand, bist nur ein »Wächter auf dem Berge«, nimmst einfach nur alles wahr, was um dich herum geschieht. Du bist nicht derjenige, der handelt – du bist derjenige, der beobachtet.

Das ist das ganze Geheimnis der Meditation: daß du zum Beobachter wirst. Das Handeln geht auf seiner eigenen Ebene weiter, da gibt's kein Problem: Du hackst Holz, du ziehst Wasser aus dem Brunnen, du kannst kleine Dinge verrichten oder große.

Nur eines ist nicht erlaubt: Deine Mitte darf nicht verloren gehen. Diese Bewußtheit, diese Wachheit muß absolut wolkenlos, ungetrübt bleiben. Meditation ist im Grunde eine einfache Sache. **(161)**

Kannst du bitte die grundlegenden Schritte erklären, die zum höchsten Zustand meditativer Bewußtheit führen?

Der erste Schritt zur Bewußtheit besteht darin, sehr aufmerksam deinen Körper zu beobachten, dir allmählich jeder Geste, jeder Bewegung bewußt zu werden. Und indem du bewußt wirst, tritt ein Wunder ein: Viele Dinge, die du früher immer getan hast, verschwinden einfach. Dein Körper wird entspannter, dein Körper wird ausgeglichener. Ein tiefer Friede breitet sich allmählich in deinem Körper aus, eine unhörbare Musik pulsiert in deinem Körper.

Danach fang an, dir deiner Gedanken bewußt zu werden; das gleiche muß mit den Gedanken geschehen. Sie sind subtiler als der Körper und natürlich auch gefährlicher. Und wenn du dir deiner Gedanken bewußt wirst, wirst du dich wundern, was in dir vor sich geht. Wenn du einmal aufschreibst, was sich da alles abspielt, jeden Augenblick, kannst du dich auf etwas gefaßt machen! Du wirst es nicht fassen, daß sich all das in dir abspielt.

Schreibe einfach mal zehn Minuten lang alles auf. Mache die Türen und Fenster zu, schließe dich ein, damit dich keiner stört und du ganz ehrlich sein kannst. Und wenn du kannst, mache ein Feuer, damit du das, was du schreibst, verbrennen kannst und niemand außer dir davon erfährt. Und dann sei wirklich ehrlich und schreibe alles auf, was dir in den Sinn kommt. Und nach zehn Minuten lies es – du wirst sehen, was für einen Wahnsinn dein Gehirn in sich birgt!

Weil wir uns dieses ganzen Wahnsinns nicht bewußt sind, läuft er ständig unterschwellig weiter und beeinflußt alles, was du tust, beeinflußt alles, was du nicht tust, beeinflußt einfach alles und jedes. Und was unterm Strich dabei herauskommt, ist – dein Leben! Mit diesem Wahnsinnigen in dir muß etwas passieren! Und das Wunder der Bewußtheit ist, daß du nichts weiter zu tun brauchst, als dir etwas bewußtzumachen. Die bloße Tatsache, daß du dies alles beobachtest, verändert es.

Mit der Zeit verschwindet dieser Wahnsinnige; mit der Zeit ordnen sich die Gedanken zu bestimmten Mustern. Das Chaos beginnt sich zu lichten und wird mehr zu einem Kosmos. Und dadurch stellt sich wiederum ein noch tieferer Friede ein. Wenn dein Körper und dein Geist zur Ruhe kommen, wirst du sehen, daß sie sich aufeinander einstimmen, daß da eine Brücke ist. Jetzt rennen sie nicht mehr in verschiedene Richtungen, reiten sie nicht mehr verschiedene Pferde. Zum ersten Mal herrscht Einklang, und dieser Einklang hilft enorm bei der Arbeit auf der dritten Stufe – nämlich, dir deiner Gefühle, Emotionen und Stimmungen bewußt zu werden.

Das ist die subtilste Ebene – und auch die schwierigste. Aber wenn du dir deiner Gedanken hinreichend bewußt bist, dann ist es nur noch ein weiterer Schritt; dann ist nur eine noch intensivere Wahrnehmung nötig, und du wirst anfangen, deine Stimmungen, deine Emotionen, deine Gefühle im Spiegel zu sehen. Und wenn du erst einmal alle drei bewußt wahrnimmst, dann verschmelzen sie zu einem einzigen Phänomen.

Und wenn diese drei alle eins sind – wenn sie harmonisch zusammenwirken und gemeinsam schwingen, wenn du ihre Musik wahrnimmst wie ein einziges Orchester – dann passiert das sogenannte »Vierte«, das nicht in deiner Macht steht: Es stellt sich von selber ein. Es ist ein Geschenk des Ganzen, es ist eine Belohnung für diejenigen, die die ersten drei Stufen bewältigt haben.

Und dieses »Vierte« ist die höchste Bewußtheit, die dich zu einem Erwachten macht. Man wird sich seiner eigenen Bewußtheit bewußt – das ist »das Vierte«, *Turiya*. Das macht den Buddha aus, den Erleuchteten. Und nur in diesem Erwachen erfährt man, was Seligkeit heißt.

Der Körper kennt die Lust, der Geist kennt das Glück, das Herz kennt die Freude, »das Vierte« kennt die Glückseligkeit.

Glückseligkeit ist das Ziel von *Sannyas*, des Auf-der-Suche-Seins, und Bewußtheit ist der Weg dorthin. **(162)**

Brauchen wir Frauen spezielle Meditationen?

Nein. Meditation hat etwas mit eurer Bewußtheit zu tun – und Bewußtheit ist weder männlich noch weiblich. Das ist eines der grundlegenden Dinge, auf die ich alle Welt hinweisen möchte.

Sämtliche Religionen haben den Frauen jede Möglichkeit für spirituelles Wachstum abgesprochen – in dem Glauben, ihr Körper sei anders, ihre Biologie sei anders, in dem Glauben, die höchste Blüte des Bewußtseins sei den Frauen nicht zugänglich. Aber es ist seltsam, daß über die Jahrhunderte keiner gefragt hat: Was erreicht denn die höchste Blüte des Bewußtseins – der Körper, die Psyche oder das Bewußtsein?

Der Körper der Frau ist anders. Wenn der Körper die Voraussetzung für Meditation wäre, dann wären zweifellos für Frauen andere Meditationen notwendig als für Männer. Doch weil der Körper nicht die Voraussetzung für Meditation ist, stellt sich die Frage des Unterschiedes nicht. Im Yoga zum Beispiel, wo der Körper überaus wichtig ist – denn alle Yoga-Stellungen haben eine physiologische Grundlage –, gibt es viele Stellungen, die für den weiblichen Körper ungeeignet sind, aber auch viele, die für den weiblichen Körper besser geeignet sind als für den männlichen. Im Yoga kann man diesen Unterschied machen: Yoga für Männer, Yoga für Frauen.

Die Psyche der Frau ist ebenfalls anders. Der Mann denkt stärker logisch, in Worten. Die Frau ist stärker von Emotionen und Gefühlen beeinflußt, und diese laufen ohne Worte ab. Darum streitet sie nicht so gern mit Worten; statt dessen liegt es ihr mehr, zu schreien und zu toben, zu weinen und zu schluchzen. So macht sie es seit Jahrhunderten, und damit gewinnt sie – weil der Mann sich dann hilflos fühlt. Er mag logisch gesehen recht haben, aber die Frau funktioniert nicht logisch.

Wäre also Meditation eine Sache der Psyche und des Verstandes, dann müßte es für Frauen eine andere Art von Meditation als für Männer geben. Doch Meditation ist eine Sache des innersten Wesenskerns, und dieser läßt sich nicht in männlich und weiblich trennen.

Bewußtheit ist einfach Bewußtheit. Ein Spiegel ist ein Spiegel. Er ist weder männlich noch weiblich; er reflektiert einfach.

Bewußtheit ist genau wie ein reflektierender Spiegel. Durch Meditation wird es dir möglich, wie ein Spiegel zu reflektieren – die Bewegungen der Psyche, die Bewegungen des Körpers einfach widerzuspiegeln. Es spielt dabei keine Rolle, ob dein Körper der eines Mannes oder einer Frau ist, und es spielt keine Rolle, wie dein Verstand funktioniert – ob emotional oder logisch. Bewußtheit ist einfach auf alles gerichtet, was ist. Dieses Gewahrsein, diese Achtsamkeit – das ist Meditation.

Es kann also keinen Unterschied in der Meditation für Mann oder Frau geben. **(163)**

Meditation ist ein Mittel, sich der ganzen Vergangenheit zu entledigen, sich der ganzen Krankheiten zu entledigen, sich des ganzen Eiters zu entledigen, der sich in uns angesammelt hat. Es ist schmerzhaft, aber es ist reinigend – und die einzige Möglichkeit, sich von alldem zu befreien. **(164)**

Alle Meditationen sind nichts anderes als Methoden, um das innere Wesen zu reinigen. Die ganze Wissenschaft der Religion hat nur eines zum Ziel: Wie kann der Mensch sein inneres Wesen reinigen, wie kann er die ganze Vergangenheit – diese tote, unlebendige Bürde – loswerden, um menschlicher und empfindsamer zu werden? Je größer die Empfindsamkeit, um so tiefer kann man in das Geheimnis des Daseins eindringen. Und Gott ist der innerste Kern des Daseins.

Solange wir nicht bis zu unserem innersten Kern vordringen, können wir nicht mit der Quelle allen Lebens in Kontakt kommen. **(165)**

Als erstes ist eine Katharsis nötig. Eine Katharsis läßt alles Falsche aus dir herauskommen – alles, was du in deinem Innern unterdrückt hast. Du bringst alle verdrängten Inhalte nach außen, wirfst sie hinaus, setzt sie frei.

Wir müssen heute den traditionellen Methoden, wie Hatha-Yoga, viele neue Dinge hinzufügen – es ist ein Abstand von zweitausend Jahren! Die Katharsis ist in meinen Augen das Wichtigste, das hinzukommen muß. Für den Westen müssen viele neue Dinge hinzugefügt werden, viele neue Methoden müssen entwickelt und ausprobiert werden. Ich selbst habe mit vielen Dingen experimentiert. **(166)**

Warum bevorzugst du chaotische Methoden gegenüber systematischen Meditationen?

Ich ziehe chaotische Methoden den systematischen vor, weil eine chaotische Methode sehr hilfreich ist, um das Zentrum wieder vom Kopf wegzubringen. Das Zentrum kann durch keine systematische Methode nach unten verlagert werden, weil Systematik selber Kopfarbeit ist. Systematische Methoden stärken das Gehirn; es bekommt mehr Energie.

Durch chaotische Methoden wird das Gehirn außer Funktion gesetzt und hat nichts zu tun. Die Methode ist so chaotisch, daß sich das Zentrum automatisch vom Kopf zum Herzen verlagert. Wenn du meine Methode der Dynamischen Meditation nach besten Kräften, systemlos und chaotisch machst, geht dein Zentrum zum Herzen. Dann kommt es zur Katharsis.

Eine Katharsis ist notwendig, weil dein Herz vom Gehirn so unterdrückt wird. Dein Gehirn hat so viel von deinem Wesen an sich gerissen, daß es dich beherrscht. Es läßt keinen Raum für das Herz, und so werden die Sehnsüchte des Herzens verdrängt. Du hast niemals von ganzem Herzen gelacht, von ganzem Herzen gelebt, hast nie irgend etwas von ganzem Herzen getan. Das Gehirn kommt immer dazwischen: Es systematisiert und macht alles mathematisch – und das Herz bleibt unterdrückt.

Zuerst brauchst du also eine chaotische Methode, um das Zentrum des Bewußtseins vom Gehirn ins Herz zu bringen. Dann brauchst du eine Katharsis, um das Herz zu erleichtern, die Verdrängungen abzuschütteln, das Herz zu öffnen. Wenn das Herz leicht wird, befreit von allen Belastungen, dann wird das Zentrum des Bewußtseins noch tiefer gedrückt und verlagert sich zum Nabel. Der Nabel ist die Quelle der Lebenskraft, der Ursprung, aus dem alles andere kommt – Körper, Geist und alles.

Ich setze diese chaotische Methode ganz gezielt ein. Eine systematische Methodik kann heutzutage nichts ausrichten, weil das Gehirn sie sich zu eigen machen würde. Auch das Singen von *Bhajans* (Liedern der Hingabe) ist heutzutage nicht hilfreich, weil die Herzen der Menschen so beladen sind, daß sie nicht im Singen aufgehen können. Singen wäre nur Ausflucht, Beten wäre nur Ausflucht. Das Herz kann sich heute nicht mehr im Gebet entfalten, weil es so sehr mit unterdrückten Gefühlen überladen ist. Ich kenne keinen einzigen Menschen, der tief in aufrichtiges Beten verfallen kann.

Beten ist unmöglich geworden, weil Liebe unmöglich geworden ist.

Das Bewußtsein muß zu seiner Quelle, zu seinen Wurzeln gebracht werden, nur dann gibt es eine Möglichkeit zur Transformation. Darum verwende ich chaotische Methoden, um das Bewußtsein aus dem Gehirn zu katapultieren und nach unten zu bringen.

Immer wenn du im Chaos bist, hört das Gehirn auf zu arbeiten. Zum Beispiel, wenn dir beim Autofahren plötzlich jemand vors Auto rennt: Du reagierst dann so plötzlich, daß es keine Gehirnarbeit sein kann. Das Gehirn braucht Zeit, um darüber nachzudenken, was es tun oder lassen soll. Wenn aber ein Unfall droht und du auf die Bremse trittst, fühlst du einen starken Reiz in der Nabelgegend, so als ob es dein Bauch ist, der reagiert. Dein Bewußtsein ist angesichts des drohenden Unfalls zum Nabel hinabgerutscht. Könnte man den Unfall im voraus abschätzen, dann hätte das Gehirn Zeit, damit fertigzuwerden. Bei einem Unfall geschieht aber etwas Unbekanntes, und du merkst, daß sich dein Bewußtsein zum Nabel verlagert hat.

Wenn man einen Zen-Mönch fragt: »Von wo aus denkst du?«, legt er seine Hand auf den Bauch. Als Leute aus dem Westen zum ersten Mal mit japanischen Mönchen in Berührung kamen, konnten sie das nicht begreifen. »Was für ein Unsinn! Wie kann man vom Bauch aus denken?« Aber die Zen-Antwort ist bedeutungsvoll. Das Bewußtsein kann jedes Körperzentrum benutzen, und das Zentrum, das dem Ursprung unserer Energie am nächsten liegt, ist der Nabel. Das Gehirn ist am weitesten von der ursprünglichen Quelle entfernt. Deshalb wird, wenn die Energie nach außen strömt, das Gehirn zum Bewußtseinszentrum. Fließt die Lebensenergie jedoch nach innen, dann wird schließlich der Nabel zum Zentrum.

Chaotische Methoden sind nötig, um das Bewußtsein zu seinen Wurzeln zurückzubringen, denn nur von den Wurzeln aus ist Transformation möglich. Andernfalls kannst du verbalisieren, solange du willst, aber es gibt keine Transformation.

Es genügt nicht, nur zu wissen, was richtig ist. Du mußt deine Wurzeln umbilden; sonst wirst du dich nicht verändern.

So wie ich es sehe, hat der heutige Mensch sich so stark verändert, daß er neue Methoden, neue Techniken braucht. Chaotische Methoden werden ihm helfen, weil der Zeitgeist selbst chaotisch ist. Tatsache ist, daß dieses Chaos, diese Rebellion im modernen Menschen, ein Ausdruck für die Rebellion des Körpers gegen den Verstand mit seinen Unterdrückungsstrategien ist. In Yoga-Begriffen ausgedrückt: Es ist die Rebellion des Herzzentrums und des Nabelzentrums gegen das Gehirn.

Diese Körperzentren lehnen sich gegen das Gehirn auf, weil es den ganzen Bereich der menschlichen Seele unter seine Herrschaft gebracht hat. Das kann nicht länger geduldet werden. Darum sind die Universitäten (Ende der sechziger Jahre) zu Zentren der Rebellion geworden. Das ist kein Zufall. Wenn man sich die gesamte Gesellschaft als einen Organismus vorstellt, dann ist die Universität der Kopf, das Gehirn. Wegen dieser Bereitschaft zur Rebellion fallen heute lockere, chaotische Methoden auf fruchtbaren Boden.

Die Dynamische Meditation wird helfen, das Bewußtseinszentrum vom Kopf wegzubringen. Jemand, der diese Methode benützt, wird nicht mehr rebellieren wollen, weil die innere Ursache der Rebellion bereinigt wird und zufriedene Gelassenheit entsteht.

Darum sehe ich in der Meditation nicht nur die Möglichkeit zur individuellen Erlösung und Umwandlung. Meditation ist auch die Grundlage für die Umwandlung der gesamten Gesellschaft, der menschlichen Natur an sich.

Die Menschheit wird entweder Selbstmord begehen – oder die Menschen lernen, ihre Energien bewußt umzuwandeln. **(167)**

Aktive Meditationen

Was ist die Dynamische Meditation?

Das Wichtigste zum Verständnis der Dynamischen Meditation: Sie ist eine Methode, durch höchste Anspannung eine Situation zu schaffen, in der Meditation geschehen kann. Wenn dein ganzes Sein total angespannt ist, bleibt nur noch eins übrig – Entspannung. Normalerweise kannst du nicht einfach entspannen, aber wenn dein ganzes Sein auf dem Gipfel totaler Spannung steht, kommt der nächste Schritt automatisch und spontan: Ruhe tritt ein.

Die ersten drei Phasen dieser Methode bringen die Spannung auf allen Ebenen deines Wesens zum Höhepunkt. Die erste Ebene ist der physische Körper. Die nächste ist der Vitalkörper oder Ätherkörper. Dahinter kommt der dritte, der Astralkörper.

Der Vitalkörper nährt sich durch Atmen. Wenn sich die normale Sauerstoffzufuhr ändert, muß sich der Vitalkörper auch ändern. Zehn Minuten tiefes, schnelles Atmen in der ersten Phase verändert die gesamte chemische Beschaffenheit des Vitalkörpers.

Das Atmen muß gleichzeitig tief und schnell sein – so tief wie möglich und so schnell wie möglich. Wer nicht beides zugleich kann, der atme vor allem schnell. Schnelles Atmen ist eine Art Hämmern auf den Vitalkörper; dadurch wacht etwas auf, das vorher geschlummert hat: Dein Energiereservoir bricht auf. Dieses Atmen geht wie ein elektrischer Strom durch das ganze Nervensystem.

Den ersten Schritt mußt du so kräftig und intensiv machen, wie du nur kannst. Du mußt dich restlos hineinwerfen und darfst kein bißchen zurückhalten. Dein ganzes Sein soll im Atmen aufgehen. Du wirst zur reinen Anarchie, zum wilden Einatmen und Ausatmen. Geist, Herz und Seele gehen völlig mit: Einatmen, Ausatmen. Wenn du total darin aufgehst, hören alle Gedanken auf. Es ist keine Energie mehr da, die ins

Denken gehen könnte, keine Energie mehr, um die Gedanken am Leben zu halten.

Wenn die Körperelektrizität in dir zu fließen beginnt, kommt der zweite Schritt. Wenn die Bioenergie in dir zu kreisen beginnt und in deinem Nervensystem arbeitet, wird vieles in deinem Körper möglich. Du mußt frei sein, den Körper tun und machen zu lassen, was er will.

Auf der zweiten Stufe geht es aber nicht mehr nur um passives Loslassen, sondern auch um aktive Mitarbeit. Du mußt deinem Körper beistehen, weil die Sprache unseres Körpers eine symbolische und ihr Sinn uns verlorengegangen ist. Wenn der Körper tanzen will, erkennst du nicht mehr die darin enthaltene Botschaft. Wenn also in der zweiten Phase eine Neigung zum Tanzen kommt, unterstütze es – denn nur so kannst du die Sprache deines Körpers wieder verstehen lernen.

Was auch immer in der zweiten Zehn-Minuten-Phase passiert, steigere es bis zum Maximum. Während der ganzen Meditation darf nichts unter dem Maximum bleiben. Du fängst vielleicht zu tanzen an, zu hüpfen, zu lachen oder zu weinen. Was sich auch meldet, wie immer sich deine Energie ausdrücken will – geh mit. Anfangs wird es nur eine Ahnung sein, eine leichte Regung – so undeutlich, daß sie dir, wenn du sie unterdrücken willst, nicht einmal bewußt wird. Man kann sie auch unbemerkt beiseite schieben. Wenn sich also nur der geringste Impuls meldet – ein inneres Flackern, eine gedankliche Regung – dann hilf nach und steigere es bis zum Maximum; treibe es zum Extrem.

Spannung kommt nur durch Extreme zustande, durch nichts sonst. Wenn der Tanz nicht bis ins Äußerste gesteigert wird, hat er keine Wirkung, kommt nichts dabei heraus. Oft tanzen die Leute, und es bringt nichts. Du mußt den Tanz bis zum Äußersten treiben – planlos, rein instinktiv, intuitiv. Dein Verstand, der Intellekt darf sich nicht einmischen.

In der zweiten Phase werde zum Körper, ganz eins mit ihm, voll mit ihm identifiziert – genauso, wie du in der ersten Phase zum Atmen wurdest. Sobald du deine Aktivität zum Äußersten treibst, wallt ein völlig neues, frisches Gefühl in dir auf. Etwas bricht auf: Du siehst deinen Körper als etwas von dir Getrenntes; du wirst zum unbeteiligten Zeugen. Um das Zeugesein brauchst du dich nicht zu bemühen, du mußt dich nur völlig mit dem Körper identifizieren und ihm freien Lauf in allem lassen, was er tun möchte – egal, wo er hinwill.

Auf dem Höhepunkt der Aktivität – Tanzen, Schreien, Lachen, Verrücktspielen, jeder Unsinn – passiert plötzlich etwas: Du wirst zum Zeugen. Jetzt schaust du nur noch zu. Jetzt ist keine Identifikation mehr da, nur ein zuschauendes Bewußtsein, das sich von selbst einstellt. Du brauchst dir darüber keine Gedanken zu machen – es passiert von allein.

Das ist die zweite Stufe dieser Meditation. Nur wenn die erste Stufe total war, rückhaltlos, kannst du auch die zweite Stufe nehmen. Es ist wie beim Auto: Man schaltet erst dann vom ersten in den zweiten Gang, wenn man im ersten die maximale Geschwindigkeit erreicht hat. Und vom zweiten in den dritten, wenn man im zweiten die maximale Geschwindigkeit erreicht hat.

Bei der Dynamischen Meditation geht es um die Gangschaltung der Psyche. Wenn der Körper – erster Gang – durch das Atmen zu seiner Höchstleistung gebracht worden ist, kannst du den zweiten Gang einlegen. Und dann muß der zweite bis zur äußersten Grenze getrieben werden, du mußt geben, was du hast – restlos.

Beim ersten Mal ist die Dynamische Meditation nicht ganz leicht, denn wir haben den Körper so unterdrückt, daß wir unser unterdrücktes Leben für natürlich halten. Es ist nicht natürlich! Seht euch ein Kind an: Es spielt ganz anders mit seinem Körper. Wenn es weint, weint es aus vollem Herzen. Das Schreien eines Kindes hört sich schön an – aber wenn ein Erwachsener schreit, ist es abstoßend. Selbst in seiner Wut ist ein Kind schön; seine Intensität ist total. Aber wenn ein Erwachsener wütend wird, ist er häßlich; er ist nicht total. Intensität in jeglicher Form ist schön.

Diese zweite Stufe ist nur deshalb so schwierig, weil wir im Körper so vieles unterdrückt haben. Aber wenn ihr den

Körper darin unterstützt, werdet ihr euch wieder an seine vergessene Sprache erinnern. Du wirst wieder zum Kind. Und wenn du wieder Kind wirst, überkommt dich ein neues Gefühl: Du wirst schwerelos. Ein nicht unterdrückter Körper wird schwerelos.

Wenn der Körper von aller Unterdrückung frei wird, werden die lebenslang gesammelten Verdrängungen hinausgeworfen. Das bedeutet Katharsis. Jemand, der durch eine solche Katharsis geht, kann niemals verrückt werden, das ist unmöglich. Und ein Verrückter, der zu einer solchen Katharsis überredet werden kann, wird wieder normal. Ein Mensch, der diesen Prozeß durchgemacht hat, ist gegen Wahnsinn gefeit. Der Wahnsinn ist im Keim erstickt worden – er hat sich bei diesem Austoben verzehrt.

Diese zweite Stufe ist psychotherapeutisch. Man kann nur in Meditation gehen, wenn man zuvor durchs Fegefeuer der Katharsis gegangen ist. Man muß sich völlig reinfegen, alles Unsinnige muß hinausgeworfen werden. Unsere Zivilisation hat uns beigebracht, alles unter den Teppich zu kehren, zu schlucken, und so sinkt alles ins Unbewußte, wird Teil unserer Seele und wirkt sich verheerend auf unser ganzes Sein aus.

Jedes Gespenst, das man in sich eingesperrt hat, legt den Keim zum Wahnsinn. Es muß herauskommen. Je zivilisierter der Mensch wird, desto mehr wächst sein potentieller Wahnsinn. Ein zivilisationsloser Mensch ist nicht so sehr in Gefahr, wahnsinnig zu werden, weil er die Sprache seines Körpers noch versteht und noch mit ihm geht. Sein Körper ist nicht unterdrückt, sein Körper ist die Blüte seines Seins.

Diese zweite Stufe muß total sein. Du darfst nicht außerhalb, du mußt ganz im Körper sein. Wenn du etwas machst, tu es rückhaltlos. Werde zu dem, was du tust, und sei nicht derjenige, der es tut. Das genau ist hier mit »Totalität« gemeint: Sei das Tun, sei die Handlung, nicht der Handelnde. Der Handelnde steht neben der Handlung, er ist nicht selbst darin. Wenn ich dich liebe, bin ich ganz darin enthalten, aber wenn ich liebevoll handle, halte ich mich selbst heraus.

Auf der zweiten Stufe ist so viel möglich – bei jedem

geschieht etwas anderes! Der eine fängt an zu tanzen, ein anderer zu weinen. Einer reißt sich die Kleider vom Leib, ein anderer hüpft herum, ein Dritter lacht lauthals los. Alles ist möglich. Geh nach innen, mit Totalität, und dann kannst du zur dritten Phase weitergehen.

Die dritte Phase folgt notwendig den vorangegangenen. Bei der ersten Phase wird die Bioelektrizität – auch *Kundalini* genannt – geweckt. Sie fängt an zu strömen und im Körper zu kreisen. Erst dann kann der Körper ganz loslassen, vorher nicht. Erst wenn die innere Bewegung losgeht, wird äußere Bewegung möglich.

Wenn die Katharsis der zweiten Stufe ihren Höhepunkt erreicht hat und auf dem Gipfel ist, fängt die dritte Phase an: Fang an, mit voller Kraft das Sufi-Mantra »Hu! Hu! Hu!« zu rufen. Die Energie, die durch Atmen geweckt und durch Katharsis ausgedrückt wurde, fließt jetzt nach innen und oben. Das Mantra lenkt sie in neue Bahnen. Vorher ging sie nach unten und außen; jetzt fließt sie nach innen und oben.

Hämmere den Ton »Hu! Hu! Hu!« immer weiter nach innen, bis dein ganzes Sein zu diesem Ton wird. Du mußt dich völlig erschöpfen. Nur dann tritt die vierte Phase ein – die Meditation.

Die vierte Phase ist – nichts ... nur Schweigen und Warten. Wer in den ersten drei Phasen total mitgemacht und nichts zurückgehalten hat, der fällt in der vierten von selbst in eine tiefe Entspannung. Der Körper ist erschöpft; alles Verdrängte wurde rausgeworfen, alle Gedanken sind weg. Jetzt kommt Entspannung ganz spontan, du brauchst nichts zu tun – es passiert einfach.

Das ist der Anfang von Meditation. Die Situation ist eingetreten: *Du* bist nicht mehr da. Jetzt kann Meditation geschehen. Du bist offen, bereit, empfänglich. Und das Ereignis tritt ein ... **(168)**

*Anleitungen zur Dynamischen Meditation**

Die Dynamische Meditation dauert eine Stunde und hat fünf Phasen. Man kann sie alleine machen, aber die Energie wird viel stärker, wenn du sie mit einer Gruppe von Leuten machst. Sie ist eine ganz persönliche Erfahrung, deshalb solltest du während der ganzen Meditation alle anderen um dich herum völlig vergessen und deine Augen geschlossen halten; am besten ist eine Augenbinde. Mache die Dynamische Meditation mit nüchternem Magen und trage dabei bequeme, weite Kleidung.

Erste Phase: 10 Minuten

Atme schnell und chaotisch durch die Nase ein und aus. Konzentriere dich dabei immer ganz aufs Ausatmen. Für die Einatmung sorgt der Körper von selbst. Der Atem muß tief in die Lungen gehen. Atme so schnell, wie du nur kannst, und achte darauf, daß der Atem weiterhin tief geht. Mach das so total, wie du nur irgend kannst, ohne deinen Körper zu verspannen. Achte darauf, daß Nacken und Schultern entspannt bleiben. Mach weiter so, bis du buchstäblich zum Atmen geworden bist, und laß den Atem chaotisch sein (d.h. nicht gleichbleibend und vorhersehbar). Sobald deine Energie ins Fließen kommt, wird sie sich in Bewegungen umsetzen. Laß die Körperbewegungen einfach kommen und nutze sie dazu, deine Energie sogar noch zu steigern. Wenn du Arme und Körper auf natürliche Weise bewegst, hilft es deiner Energie aufzusteigen. Spüre, wie sich deine Energie aufbaut; laß in dieser ersten Phase auf keinen Fall locker und werde nie langsamer.

Zweite Phase: 10 Minuten

Folge deinem Körper. Gib dem Körper die Freiheit, alles auszudrücken, was hochkommt ... EXPLODIERE! ... Laß den Körper machen. Laß alles heraus, was ausbrechen will. Werde total verrückt ... Singe, schreie, kreische, lache, weine, hüpfe, zittere, tanze, kicke und tobe herum. Halte nichts zurück, halte deinen ganzen

* Die Anleitungen zu Oshos wichtigsten Meditationen sind kursiv gedruckt. Musik auf MC oder CD siehe Quellennachweis auf Seite 667.

Körper in Bewegung. Ein bißchen Schauspielerei kann dir oft helfen, in die Gänge zu kommen. Erlaube deinem Verstand auf keinen Fall, sich in das, was passiert, einzumischen. Denk daran: Sei total mit deinem Körper.

Dritte Phase: 10 Minuten
Hebe beide Arme, so hoch du kannst, ohne Schultern und Nacken zu verspannen und die Ellbogen zu versteifen. Springe mit erhobenen Armen auf und ab und rufe dabei das Mantra HU! HU! HU!, so tief wie möglich aus dem Bauch heraus. Jedesmal, wenn du mit den Fußsohlen flach aufkommst, achte darauf, daß die Fersen den Boden berühren, und laß diesen Ton tief in dein Sexzentrum hineinhämmern. Gib alles, was du hast, bis zur völligen Erschöpfung.

Vierte Phase: 15 Minuten
STOP! Erstarre so, wie du bist – egal, in welcher Position du dich gerade befindest, und mache keinerlei Körperkorrekturen. Jedes Husten, jede kleinste Bewegung würde den Energiestrom unterbrechen, und alle Mühe war umsonst. Sei Zeuge von allem, was mit dir geschieht.

Fünfte Phase: 15 Minuten
Feiere! – Drücke durch die Musik und den Tanz alles aus, was da ist. Nimm deine Lebendigkeit mit in den Tag.

Dies ist eine Meditation, bei der du ununterbrochen wach, bewußt, aufmerksam bleiben mußt, bei allem, was du tust. Bleibe Zeuge. Verliere dich nicht. Man kann sich leicht dabei verlieren. Während der Atemphase kann es dir leicht passieren, daß du dich vergißt. Du kannst so sehr eins werden mit dem Atmen, daß du vergißt, Zeuge zu bleiben. Aber damit entgeht dir das Wesentliche. Atme so schnell und so tief wie möglich, lege dich total ins Zeug, bleibe aber dennoch Beobachter.

Beobachte, was geschieht – als wärest du nur ein Zuschauer, als würde dies alles einem anderen passieren, als würde die ganze Sache im Körper stattfinden, und dein Bewußtsein schaut zu und bleibt einfach zentriert. Während aller drei Phasen mußt du Zeuge bleiben. Und wenn alles plötzlich aufhört und du in der vierten Phase völlig reglos erstarrst, dann erreicht diese Wachheit ihren Höhepunkt. **(169)**

Wenn du dort, wo du meditierst, keinen Lärm machen darfst, dann gibt es noch eine stille Version: Statt die Emotionen herauszuschreien, lasse in der zweiten Phase die Katharsis allein durch die Bewegungen deines Körpers geschehen. In der dritten Phase kannst du den Ton »HU!« lautlos nach innen hämmern, und die fünfte Phase kann ein Ausdruckstanz werden.

Irgend jemand hat einmal gesagt, daß die Meditationen, die wir hier machen, der reine Wahnsinn sind. Das stimmt. Und zwar sind sie das aus einem ganz bestimmten Grund – der Wahnsinn hat nämlich Methode; er ist ganz bewußt gewählt.

Vergiß nicht: Du kannst nicht absichtlich verrückt werden. Wahnsinn ist etwas, das von dir Besitz ergreift; nur so kannst du überhaupt verrückt werden. Wenn du absichtlich verrückt wirst, ist das etwas völlig anderes. Im Grunde hast du dich unter Kontrolle, und einer, der sogar seine Verrücktheit in der Hand hat, wird niemals wirklich wahnsinnig werden. **(170)**

Kundalini-Meditation

Dies ist die beliebte Schwester-Meditation der Dynamischen Meditation. Sie besteht aus vier Phasen von je 15 Minuten.

Erste Phase: 15 Minuten
Sei locker und laß den ganzen Körper sich schütteln – spüre die Energie von deinen Füßen hochsteigen. Laß überall los und werde zum Schütteln. Deine Augen können dabei offen oder geschlossen sein.

Zweite Phase: 15 Minuten
Tanze … so wie du dich gerade fühlst, und laß den ganzen Körper sich bewegen, wie er will.

Dritte Phase: 15 Minuten
Schließe die Augen und sei still, entweder im Sitzen oder im Stehen. Beobachte, was innen und außen geschieht.

Vierte Phase: 15 Minuten
Lege dich mit geschlossenen Augen hin und sei still.

Wenn du die Kundalini-Meditation machst, dann laß das Schütteln von selbst geschehen – mach es nicht! Stelle dich still hin, fühle es kommen, und wenn dein Körper anfängt, ein wenig zu zittern, dann hilf nach – aber *mache* es nicht. Genieße es, fühle dich selig damit, laß es kommen, sei offen dafür, heiße es willkommen, aber *mache* es nicht mit dem Willen.

Wenn du es herbeizwingst, wird eine Übung daraus, eine Körpergymnastik. Dann wird das Schütteln zwar da sein, aber nur an der Oberfläche; es wird dich nicht durchdringen. Du wirst im Innern kompakt bleiben wie ein Stein, wie ein Felsblock. Du wirst der Manipulator bleiben, der Macher, und der Körper wird dir nur gehorchen. Aber um den Körper geht es nicht – es geht um *dich*.

Wenn ich sage: »Schüttle dich«, dann meine ich deine Gefrorenheit, dann meine ich, daß dein ganzes Sein bis in die Grundfesten erschüttert werden soll, damit es flüssig wird, fließend wird, damit es schmilzt und strömt. Und wenn das felsenfeste Sein flüssig wird, wird dein Körper nachfolgen. Dann ist da kein Schüttler, sondern nur Schütteln – dann macht es niemand, dann geschieht es einfach. Dann existiert der Macher nicht. **(171)**

Tanzen als Meditation

Du mußt wissen, daß Tanzen ursprünglich eine Meditationstechnik war. Das ursprüngliche Tanzen war kein Tanz im heutigen Sinn, sondern diente dazu, jenen ekstatischen Zustand zu erreichen, in dem sich der Tänzer auflöst und nur der Tanz übrigbleibt – ohne Ego, ohne zu manipulieren, einfach ein spontanes Fließen des Körpers. Wenn Bewegung ekstatisch wird, dann ist es Tanz. Wenn die Bewegung so total ist, daß kein Ego mehr da ist, dann ist es Tanz.

Dann brauchst du keine andere Meditation mehr. Das Tanzen selbst wird zur Meditation, wenn der Tänzer dabei verschwindet. Der springende Punkt ist, sich darin zu verlieren. Wie du es machst und wo, ist unwesentlich. Verliere dich einfach! Es kommt ein Punkt, an dem du nicht mehr bist, und trotzdem geht alles weiter ... so als ob etwas von dir Besitz ergriffen hätte.

Ein solcher Tanz ist eines der wunderbarsten Dinge, die einem Menschen geschehen können. Du brauchst also nicht an eine besondere Meditation zu denken. Eine besondere Meditation ist nur für Leute nötig, die keine aus der Tiefe kommende schöpferische Energie in sich haben, die ihre Energie nicht so total in etwas hineingeben können, daß sie völlig darin aufgehen.

Aber Tänzer, Maler, Bildhauer – sie brauchen keine andere Meditation. Sie brauchen sich nur so tief in ihre Kunst zu versenken, bis sie an den Punkt gelangen, wo Transzendenz passiert. Und es gibt nichts, was mit Tanzen vergleichbar wäre ...

Vergiß also für mindestens eine Stunde am Tag jegliche Technik. Mach es einfach zu einem Tanz für Gott. Es braucht nicht perfekt zu sein – denn Gott ist kein Preisrichter. Tanze einfach wie ein kleines Kind ... als ein Gebet. Dann wird der Tanz eine völlig andere Qualität haben. Zum ersten Mal wirst du beobachten, daß du Schritte machst, die du noch nie gemacht hast, daß du dich in völlig unbekannte, neue Dimensionen begibst.

Tanze so, als wärest du verliebt in das Universum, als würdest du mit deinem Geliebten tanzen. Tanze mit Gott, als wäre er dein Geliebter.

Meditation hat nichts mit Ernsthaftigkeit zu tun. Meditation bedeutet Verspieltheit. Darum bin ich so sehr für das Tanzen, für das Singen. **(172)**

Nataraj-Meditation

Nataraj heißt Tanz als totale Meditation. Es gibt drei Phasen, die insgesamt 65 Minuten dauern.

Vergiß den Tänzer, den Mittelpunkt des Egos – werde zum Tanz. Darin besteht die Meditation. Tanze so tief versunken, daß du völlig vergißt, daß *du* tanzt, und beginne zu fühlen, daß du der Tanz *bist*. Die Trennung muß verschwinden; dann wird es zur Meditation. Solange die Trennung da ist, ist es eine Übung – gut, gesund, aber nicht spirituell zu nennen. Dann ist es einfach ein gewöhnlicher Tanz. Tanzen an sich ist etwas Gutes – hinterher fühlst du dich frisch und jung. Aber das ist noch keine Meditation.

Der Tänzer muß verschwinden, so daß nur noch der Tanz übrig bleibt.

Was ist also zu tun? Sei total in deinem Tanzen, denn die Trennung kann nur bestehen, solange du nicht total im Tanzen aufgehst. Wenn du daneben stehst und dir zuschaust, wie du tanzt, bleibt die Trennung bestehen: Du bist der Tänzer, und du tanzt. Dieses Tanzen ist nur ein Akt – etwas, das du tust, nicht etwas, das du bist. Gehe also total darin auf; verschmelze darin. Stehe nicht daneben, sei kein Beobachter. Wirf dich hinein!

Laß den Tanz kommen, wie er will, und erzwinge nichts. Im Gegenteil – folge ihm; laß das Tanzen geschehen. Es ist kein Tun, es ist ein Geschehen. Und bleibe in festlicher Stimmung, denn du erfüllst ja keine Pflicht. Du spielst nur, spielst mit deiner Lebensenergie, deiner Bioenergie, und überläßt dich ihrem Fluß. So wie der Wind weht und der Fluß fließt – so fließt und wehst du. Spüre es!

Und sei spielerisch. Schreib dir dieses Wort hinter die Ohren: »spielerisch« – für mich ist dies das Allerwichtigste. In Indien nennen wir die Schöpfung *Leela* – »das Spiel Gottes«. Die Welt ist nicht Gottes Schöpfung – sie ist sein Spiel!

Erste Phase: 40 Minuten

Tanze wie besessen mit geschlossenen Augen. Laß dich völlig vom Unbewußten leiten. Suche deine Bewegungen auf keine Weise zu kontrollieren und sei auch kein Beobachter des Geschehens. Geh einfach total im Tanzen auf.

Zweite Phase: 20 Minuten
Lege dich sofort hin. Bleib still und rühr dich nicht; die Augen sind geschlossen.

Dritte Phase: 5 Minuten
Tanze – genieße und feiere den Tanz. **(173)**

Laufen als Meditation

Kannst du mir eine Meditation geben, die mir hilft, meine Wut zu transformieren?

Du kannst laufen – das wird dir sehr helfen. Wenn es möglich ist, fang an zu laufen. Es gibt nichts Besseres als Laufen – vier, fünf Kilometer. Steigere es nach und nach auf vier, fünf Kilometer, aber mach es tatsächlich wie eine Meditation.

Laufe allein und frühmorgens, dann wirst du dich freier und den Elementen näher fühlen – der Luft, der Sonne, der ganzen Atmosphäre, den Bäumen, den Vögeln. Und mache es nicht wie einen Wettlauf. Wenn du mit jemand anderem läufst, wirst du ihn besiegen wollen – unbewußt wirst du den Ehrgeiz haben, erster zu sein. Dieses Gift steckt uns in den Knochen, doch wenn du das Laufen zu einem Wettkampf machst, ist es nicht mehr meditativ. Dann ist es ein Sport und keine Meditation. Du mußt also alles Konkurrenzdenken beiseite lassen – das ist das eine.

Das zweite: Du mußt laufen, ohne dich selbst zu beurteilen: daß du besser sein solltest, daß du mehr laufen solltest, daß du dich noch steigern könntest. Das ist alles Unsinn! Du läufst mit niemandem um die Wette; genieße einfach die Erregung des Laufens. Du mußt laufen, ohne dir dafür Noten zu geben – einfach aus Spaß!

Wenn du irgendeine Sache täglich mindestens eine Stunde lang tun kannst, ohne dich selbst dafür zu beurteilen, ist es

Meditation. Einfach aus reiner Freude! Aber wir sind so sehr gegen die Freude konditioniert worden – alles muß einen Nutzen haben. Die Leute werden fragen: »Wozu läufst du? Du bist doch nicht dick, du hast es doch nicht nötig! Du brauchst doch nicht abzunehmen – also wozu? Du willst doch nicht an einem Wettrennen teilnehmen – wozu dann?«

Wir sind darauf trainiert worden, immer irgendeinen Nutzen zu suchen. Aber alles Schöne passiert nur, wenn wir den Nutzen beiseite lassen – wenn wir etwas tun aus Freude am Tun, aus reiner Freude. Und Laufen kann sehr tief gehen, darum empfehle ich es dir. Da ist Angst, und unter der Angst ist Wut, und unter der Wut ist Liebe, und unter all diesen Dingen ist noch etwas anderes, das du finden mußt – darum fang an, mit diesen tieferen Schichten zu arbeiten.

Laufen berührt eine der tiefsten Schichten des Menschseins, weil der Mensch jahrtausendelang ein Läufer gewesen ist. Erst seit ein paar Jahrhunderten hat der Mensch aufgehört zu laufen. Er war Jäger, und Laufen war eines der wichtigsten Dinge, die man können mußte. In Afrika gibt es heute noch Jäger; dort gibt es noch Stämme, die reine Jäger sind. Sie haben so schöne Körper, so lange Hälse, daß selbst die Tiere neidisch sein müssen. Dort gibt es Läufer, die können zwanzig, dreißig, vierzig Kilometer ohne Unterbrechung laufen. Sie laufen wie die Tiere. Manchmal jagen sie Tiere, und manchmal jagen die Tiere sie, aber alles geschieht im Laufen, und sie laufen schnell, denn es geht um Leben und Tod.

Die tiefste Schicht des Menschseins ist die des Jägers. Unsere Gehirnzellen sind so beschaffen, daß sie uns die Fähigkeit zum Laufen geben. Schwimmen sitzt nicht so tief, es ist etwas Angelerntes, aber Laufen sitzt wirklich tief. Und manchmal kommt es vor, daß ein Läufer mehr meditative Energie erzeugt als ein Meditierender. Wenn das Meditieren zehn Prozent meditativer Energie erzeugt, dann sind es beim Laufen vielleicht achtzig Prozent.

In einer besseren Welt wird das Laufen zu einer der wichtigsten Meditationen werden. Wenn du schnell läufst und tief atmest, wird allmählich, etwa nach der ersten Meile, die Trennung zwischen dir und dem Körper aufgehoben. Die Trennung zwischen Psyche und Körper verschwindet, und du wirst zu einer psychosomatischen Einheit – du wirst eins.

Nach der ersten Meile, wenn du läufst und der Atem wirklich tief geht und von dir Besitz ergreift – und er muß wirklich tief gehen, Ausatmen und Einatmen so tief wie möglich –, dann wird dein ganzes Blut aufgefrischt und mit Sauerstoff angereichert, die Sonnenstrahlen durchströmen dich ... Dann wirst du wieder zu einem Teil der Natur, wirst du wieder zum Tier und hörst auf, ein zivilisierter Mensch zu sein – was etwas Totes ist ... Wenn du wieder zum Tier wirst, verschwinden plötzlich alle Sorgen. Man kann nicht laufen und sich gleichzeitig Sorgen machen – das geht nicht, obwohl mancher es versucht ...

Ich selbst bin fast zehn Jahre lang täglich fünfzehn Meilen gelaufen. Nach der ersten Meile bist du high. Das kann dir kein LSD geben! Dann gehörst du nicht mehr zur Menschheit, du gehörst zum Universum. Und dieses Gefühl stellt sich mit solcher Sicherheit ein, daß du dich nach zwei, drei Monaten darauf verlassen kannst, daß es jeden Tag passiert. Es braucht nur etwa drei Monate dazu.

Wenn das Laufen bis in deinen tiefsten Kern reicht und der Jäger in dir – den du immer noch in deinen Gehirnzellen trägst und der nur wieder aktiviert und zum Leben erweckt werden muß –, wenn dieser Jäger wieder lebendig wird, dann wirst du eine ungeheure Freude erleben. Und in dieser Freude verschwindet die Angst; in dieser Freude verschwindet die Wut, und die Liebe fängt an zu fließen. Das ist das eine – wenn du kannst, ist es die beste Meditation, die ich dir verschreiben kann.

Wenn es nicht möglich ist, dann kannst du joggen – einfach in deinem Zimmer joggen, als Ersatz. Wenn das erste nicht möglich ist, dann das zweite. Und wenn du fühlst, daß auch das zweite nicht möglich ist, dann nimm dir ein Kissen und laß deine Wut daran aus. *(Eine vollständige Beschreibung der Kissen-Meditation folgt unten.)* Diese Kissen-Meditation sollte zweimal am Tag gemacht werden: zwanzig Minuten am Morgen, zwanzig Minuten am Abend – aber wenn du laufen kannst, genügt das allein schon. Eine Stunde laufen … **(174)**

Kissen-Meditation

Wenn du wütend bist, brauchst du deine Wut nicht an einem anderen auszulassen; sei einfach wütend. Mache eine Meditation daraus. Mach die Tür hinter dir zu, setze dich ganz ruhig hin, und lasse die Wut hochkommen, so stark es nur geht. Und wenn dir nach Zuschlagen zumute ist, dann hau auf ein Kissen …

(Die Fragerin sagt: »Das reicht mir nicht. Ich bin viel zu wütend, als daß es mir helfen könnte, ein Kissen zu schlagen.«)

Tu, was immer du tun möchtest; das Kissen wird nichts dagegen haben. Und wenn du es umbringen willst, nimm ein Messer und bringe es um. Das hilft, das hilft enorm! Man kann sich nicht vorstellen, wie hilfreich ein Kissen sein kann! Verprügle es, beiß hinein, wirf es herum. Und wenn du auf eine bestimmte Person wütend bist, dann schreibe ihren Namen auf das Kissen oder klebe ihr Foto darauf.

Du wirst dir lächerlich vorkommen, idiotisch – aber Wut *ist* lächerlich; daran kann man nichts ändern. Laß es also, wie es ist, und genieße das ganze als ein Energiephänomen. Es *ist* ein Energiephänomen. Wenn du niemanden dabei verletzt, ist nichts Unrechtes daran.

(Sie sagt: »Aber wenn man mit Leuten zusammen ist, will man sie ja verletzen.«)

Wenn du diese Methode ausprobierst, wirst du feststellen, daß der Wunsch, jemanden zu verletzen, nach und nach verschwindet.

Mache es jeden Tag, zwanzig Minuten am Morgen. Und dann beobachte, wie du dich den Tag über fühlst. Du wirst dich ruhiger fühlen, weil die Energie, die zu Wut wird, rausgelassen wurde. Die Energie, die dich vergiftet, ist aus deinem System entfernt. Mache diese Übung mindestens zwei

Wochen lang, und schon nach einer Woche wirst du überrascht feststellen, daß – in welcher Situation auch immer – keine Wut mehr aufkommt. Es ist den Versuch wert. **(175)**

Gibberish-Meditation

Die Gibberish(»Kauderwelsch«)- oder Brabbel-Meditation ist eine sehr starke kathartische Technik, die zu starken Körperbewegungen anregt.

Diese Meditation kann entweder allein oder in einer Gruppe gemacht werden. Schließe die Augen und fange an, irgendwelche unsinnigen Laute von dir zu geben – einfach Gebrabbel. Vertiefe dich fünfzehn Minuten lang total ins Brabbeln. Erlaube dir, alles das auszudrücken, was aus dir herauswill. Wirf alles hinaus. Der Verstand denkt immer in Form von Worten. Das Brabbeln hilft dabei, diese Verhaltensweise des ständigen Verbalisierens zu durchbrechen. Du brauchst deine Gedanken nicht zu unterdrücken, du kannst sie hinauswerfen – in Form von Kauderwelsch, einer Sprache, die es nicht gibt. Und laß auch deinen Körper sich ausdrücken.

Danach lege dich fünfzehn Minuten lang auf den Bauch, mit dem Gefühl, als würdest du mit Mutter Erde verschmelzen. Fühle, wie du bei jedem Ausatmen mit dem Boden unter dir verschmilzt. **(176)**

Lachen als Meditation

Lachen bringt Energie aus deiner inneren Quelle an die Oberfläche: Die Energie kommt ins Fließen, sie folgt dem Lachen wie ein Schatten. Hast du es schon mal beobachtet? Wenn du wirklich lachst, bist du für diese paar Augenblicke in einem tiefen meditativen Zustand. Die Gedanken hören auf. Lachen und gleichzeitig Denken – das geht nicht, das sind diametrale Gegensätze. Entweder kannst du lachen, oder du kannst denken. Wenn du wirklich lachst, steht das Denken still. Wenn du noch denkst, kannst du nicht aus vollem Herzen lachen; das Lachen wird hinterherhinken, es kann nur ein verkrüppeltes Lachen sein. Wenn du wirklich lachst, verschwindet plötzlich das Denken.

Soweit ich weiß, sind Tanzen und Lachen die besten, natürlichsten, am leichtesten zugänglichen Türen. Wenn du wirklich tanzt, bleibt das Denken stehen. Du tanzt und tanzt, du wirbelst herum, bis du zu einem Strudel wirst – dann verlieren sich alle Grenzen, lösen sich alle Unterscheidungen auf. Du weißt nicht einmal mehr, wo dein Körper aufhört und wo die Existenz anfängt. Du verschmilzt mit der Existenz, und die Existenz verschmilzt mit dir. Die Grenzen gehen verloren. Und wenn du wirklich tanzt, wenn du das Tanzen nicht lenkst, sondern dich von ihm überwältigen, dich hinwegreißen läßt, wenn du dich im Tanz verlierst, dann steht das Denken still.

Das gleiche passiert beim Lachen. Wenn dich das Lachen völlig überwältigt, dann steht das Denken still. Lachen kann eine wunderbare Einführung in den Zustand des Nichtdenkens sein.

Anleitungen für die Lachmeditation

Jeden Morgen beim Aufwachen, noch bevor du die Augen öffnest, strecke dich wie eine Katze. Strecke jede Faser deines Körpers. Nach drei oder vier Minuten – mit noch geschlossenen Augen – beginne zu lachen. Lache einfach, fünf Minuten lang. Am Anfang wirst du es willentlich tun, aber bald wird dich dein krampfhafter Lachversuch wirklich zum Lachen bringen. Verliere dich darin. Es kann ein paar Tage dauern, bis es echt wird, denn es ist für uns so ungewohnt. Aber bald wird dein Lachen spontan sein und die Qualität deines Tages verändern. **(177)**

Es gibt in Japan die Geschichte von Hotei, dem lachenden Buddha. Seine ganze Lehre bestand nur aus Lachen. Er wanderte stets von einem Ort zum anderen, von einem Marktplatz zum anderen, stellte sich jedesmal mitten auf den Markt und fing an zu lachen – das war seine Predigt.

Sein Lachen war ansteckend ... dieses Lachen, das so echt war, daß sein ganzer Bauch wackelte, daß er sich schüttelte vor Lachen. Er rollte schier am Boden vor Lachen. Die Leute liefen jedesmal zusammen und mußten einfach mitlachen. Dann breitete sich das Lachen aus, und ganze Lachwogen überrollten das Dorf. Die Leute konnten es kaum erwarten, bis Hotei wieder in ihr Dorf kam – soviel Freude brachte er mit, soviel Segen.

Er sagte nie auch nur ein einziges Wort – niemals. Wollte man etwas über Buddha wissen, lachte er nur. Wollte man etwas über Erleuchtung wissen, lachte er nur. Wollte man etwas über die Wahrheit wissen, lachte er nur. Lachen war seine ganze Botschaft. **(178)**

Meditation ist ein Trick. Sie ist keine Wissenschaft, sie ist keine Kunst, sie ist kein Handwerk – sie ist ein Trick. Alles, was man dazu braucht, ist der Trick, spontan in die Stille zu fallen. Man kann Stille kultivieren, aber kultivierte Stille ist keine echte Stille. Du kannst deine Gedanken, dein inneres Chaos einfach unterdrücken und darauf sitzenbleiben, aber dann sitzt du auf einem Vulkan und schaffst es nur irgendwie, ihn unter Kontrolle zu halten. Eine solche Stille ist nicht sehr tief, kann es nicht sein. Genau das tun viele Menschen und nennen es Meditation oder Gebet: Sie unterdrücken einfach ihre Gedankenvorgänge. Aber unterschwellig laufen die Gedanken weiter; sie gehen nur in den Untergrund. Sie verschwinden von der Oberfläche und laufen statt dessen im Untergrund weiter, aber sie sind noch da. Ein kurzer Augenblick des Vergessens, und schon sind sie wieder da! Es braucht zuviel Energie, um sie zu unterdrücken – und es bringt gar nichts.

Wahre Meditation ist ein Trick, keine Kunst – der Trick, sich spontan in die Stille fallenzulassen. Genauer meine ich das so: Wenn du dich täglich beobachtest, wirst du im Laufe der vierundzwanzig Stunden immer wieder ein paar Augenblicke erleben, in denen automatisch Stille in dir einkehrt. Sie kommen von allein; wir haben ihnen bisher nur keine Aufmerksamkeit geschenkt. Als erstes fang also an, dir bewußt zu werden, wann ein solcher Augenblick kommt ... und wenn er sich einstellt, laß für einen Moment alles stehen und liegen. Setz dich einfach still hin und fließe mit dem Augenblick. Er ist auf natürliche Weise gekommen, du hast ihn nicht erzwungen; es ist also keine Unterdrückung im Spiel. Laß dich einfach davon überwältigen. Und diese Momente kommen – sie sind natürlich. Einige Fenster öffnen sich immer von selbst, aber wir sind viel zu beschäftigt, um zu sehen, daß ein Fenster aufgegangen ist und ein sanftes Lüftchen hereinweht und die Sonne scheint – wir sind so mit unserer Arbeit beschäftigt.

Solche Öffnungen lassen sich nicht zu bestimmten Zeiten erzwingen, aber das versuchen die Leute, wenn sie zu festen Zeiten meditieren, und nur ganz selten trifft es zusammen. Ansonsten geschieht es nie. Ihr macht ständig eure Meditationen wie ein Ritual.

Beobachte es ... frühmorgens, wenn du nach langem, tiefem Schlaf voller Frische bist und die Welt gerade aufwacht, die Vögel zu singen anfangen und die Sonne aufgeht ... wenn du einen solchen Moment in dir spürst, eine Art inneren Raum, der sich in dir ausbreitet, dann laß dich einfach hineinfallen. Sitze still unter einem Baum, an einem Fluß oder in deinem Zimmer – und sei einfach da ... es gibt nichts zu tun. Genieße einfach diesen Zustand und versuche nicht, ihn auszudehnen. Wenn er wieder verschwindet, steh auf und vergiß es. Du hast noch viele andere Dinge zu tun. Und sehne dich nicht danach – er wird von alleine wiederkommen; er kommt immer uneingeladen, er ist sehr scheu. Wenn du ihn einlädst, kommt er nie; wenn du ihm hinterherrennst, zieht er sich zurück. Er ist sehr zart und schüchtern, sehr feminin – dieser Zustand, den man »Meditation« nennt –, aber er kommt. Wenn du geduldig warten kannst, kommt er – viele Male am Tag.

Manchmal des Nachts, wenn alle Welt ganz still wird, ist er plötzlich da – dann tauche in ihn ein. Und manchmal geschieht es sogar auf dem Marktplatz, mitten im Lärm: Plötzlich ist er da, und du fühlst dich in eine andere Welt versetzt. Diese göttliche Stille! Nicht *du* erzeugst sie; sie ist ein Geschenk Gottes, eine Gnade.

Und wenn du erst einmal den Dreh heraus hast, wird es sich immer öfter einstellen. Dann kommst du allmählich damit in Einklang. Eine Liebesgeschichte hat begonnen – zwischen dir und diesem Zustand von Schweigen, Gelassenheit, Ruhe, Stille. Und das Band wird immer tiefer und tiefer, bis es schließlich und endlich gar nicht mehr aufhört. Dann kannst du jederzeit für einen Augenblick die Augen schließen und eintauchen, denn es ist immer da. Du kannst es fast berühren – es wird greifbar.

Aber es ist ein Trick, keine Kunst. Man kann es nicht erlernen – man kann sich nur dafür empfänglich machen. **(179)**

Was ist die richtige Art zu meditieren?

Du fragst mich, was die richtige Meditationsmethode sei. Die erste und grundlegende Arbeit besteht darin, dein inneres Wesen von allen Gedanken freizumachen. Es geht nicht darum, die guten Gedanken zu behalten und die schlechten loszuwerden. Für einen Meditierenden sind sämtliche Gedanken nichts als Müll – ob gut oder schlecht. Sie besetzen den ganzen Raum in deinem Innern, und weil sie sich dort breitmachen, kann dein inneres Wesen nicht zur völligen Stille gelangen. Gute Gedanken sind also genauso schlecht wie schlechte Gedanken; da ist kein Unterschied. Du kannst das Kind mit dem Bade ausschütten!

Meditation bedarf der absoluten Ruhe – einer so tiefen Stille, daß sich nichts in dir regt. Sobald du ganz genau verstehst, was Meditation bedeutet, ist sie nicht schwer zu erreichen. Sie ist unser Geburtsrecht, und wir sind ganz und gar dazu befähigt, sie zu erlangen. Aber du kannst nicht beides haben: Denken *und* Meditation.

Das Denken, der Intellekt, ist eine Störung. Der Intellekt ist nichts anderes als der ganz normale Wahnsinn.

Du mußt über den Intellekt hinausgehen, in einen Raum,

wohin noch nie ein Gedanke gekommen ist, wohin keine Phantasie reicht, wo kein Traum auftaucht, wo du einfach bist – ein Niemand.

Es geht mehr um das Verstehen als um eine Übung. Du brauchst nicht viel zu tun – im Gegenteil, du mußt gar nichts tun; du mußt nur ganz klar verstehen, was Meditation ist. Dieses Verstehen an sich wird deinen Intellekt zum Schweigen bringen. Dieses Verstehen ist dem Herrn des Hauses vergleichbar, in dessen Gegenwart die Diener zu streiten aufhören, ja sogar zu reden aufhören. Wenn plötzlich der Herr das Haus betritt, herrscht Stille. Alle Diener wenden sich sofort ihren Geschäften zu – zumindest tun sie alle geschäftig. Eben noch waren sie alle am Streiten und Kämpfen und Diskutieren, und keiner tat etwas.

Durch das Verstehen, was Meditation ist, holst du den Herrn ins Haus. Der Intellekt ist nur ein Diener. Sobald der Herr da ist – mit all seiner Stille, mit all seiner Freude –, fällt der Intellekt unverzüglich in tiefes Schweigen.

Sobald du einen meditativen Raum in dir geschaffen hast, ist die Erleuchtung nur noch eine Frage der Zeit. Du kannst sie nicht erzwingen. Du mußt einfach warten, intensiv warten, mit großer Sehnsucht – es ist beinahe wie Durst, wie Hunger, ohne Worte ...

In der Meditation wird diese Sehnsucht zum Dürsten nach Erleuchtung, zu einem geduldigen Warten, denn es ist ein so gewaltiges Phänomen, und du bist so winzig. Deine Hände können es nicht fassen; es liegt nicht in deiner Reichweite. Es wird kommen und dich überwältigen, aber du kannst nichts tun, um es herbeizuführen. Du bist zu klein; deine Energien sind zu klein. Aber wenn du wirklich wartest – voller Geduld und Sehnsucht und Leidenschaft –, dann kommt es. Im richtigen Augenblick wird es kommen. Es ist immer gekommen.

Du fragst mich, welche Meditation für dich hilfreich ist. Alle Meditationen ... es gibt Hunderte von Techniken, aber die Essenz all dieser Techniken ist die gleiche, nur ihre Form ist verschieden. Und die Essenz von Meditation ist in *Vipassana* enthalten.

Vipassana ist von allen Meditationen jene Technik, mit der die meisten Menschen auf dieser Welt erleuchtet wurden, weil sie die eigentliche Essenz darstellt. Alle anderen Meditationen haben die gleiche Essenz, aber unterschiedliche Formen; sie sind mit nichtessentiellen Dingen gekoppelt. Doch die *Vipassana*-Methode ist reine Essenz. Man kann nichts mehr weglassen oder hinzufügen, um sie zu verbessern.

Vipassana ist so einfach, daß sogar ein kleines Kind sie machen kann. Tatsache ist, daß ein ganz kleines Kind sie sogar besser machen kann als du, weil es noch nicht so angefüllt ist mit dem Müll des Verstandes; es ist noch rein und unschuldig.

Ich würde dir also *Vipassana* als Technik empfehlen. **(180)**

Stille Meditation

Vipassana

Vipassana kann auf drei verschiedene Arten gemacht werden, und du kannst wählen, welche dir am meisten liegt.

Die erste: Aufmerksamkeit für deine Handlungen, deinen Körper, deinen Verstand, dein Herz. Wenn du gehst, gehe mit Aufmerksamkeit. Wenn du deine Hand bewegst, bewege sie mit Aufmerksamkeit, im vollen Bewußtsein, daß du sie bewegst. Man kann sie auch völlig unbewußt bewegen, fast mechanisch; wenn du spazieren gehst, kannst du auch gehen, ohne jemals auf deine Füße zu achten. Werde also aufmerksam auf die Bewegungen deines Körpers.

Wenn du ißt, sei aufmerksam auf die Bewegungen, die beim Essen nötig sind. Wenn du eine kalte Dusche nimmst, sei aufmerksam, wie die Kühle des Wassers dich berührt und Freude in dir hervorruft ... Sei einfach aufmerksam. Es sollte nichts in einem unbewußten Zustand geschehen.

Und das gleiche gilt für den Verstand: Für jeden Gedanken, der auf dem Bildschirm deines Verstandes auftaucht, sei einfach Beobachter. Und ebenso für jede Emotion, die auf dem Bildschirm deines Herzens abläuft: Bleib einfach Zeuge – laß dich nicht hineinziehen, werde nicht identifiziert. Bewerte nicht: was ist gut, was ist schlecht – das hat nichts mit Meditation zu tun. Deine Meditation soll nichtwertende Aufmerksamkeit sein.

Nach und nach wirst du imstande sein, auch ganz feine Stimmungen wahrzunehmen: wie Traurigkeit sich auf dich herabsenkt – so wie die Nacht sich ganz langsam auf die Welt herabsenkt – oder wie eine Kleinigkeit dich plötzlich fröhlich macht.

Sei einfach ein Zeuge. Denke nicht: »Ich bin traurig.« Sei dir einfach bewußt, daß Traurigkeit dich einhüllt, Freude dich einhüllt. Du siehst dich einer bestimmten Emotion oder Stimmung gegenüber. Aber *du* bist immer weit entfernt – ein Wächter auf dem Berge –, und alles andere spielt sich unten im Tale ab. Das ist *eine* Möglichkeit, wie du Vipassana machen kannst.

Und mein Gefühl ist, daß es für eine Frau die einfachste Möglichkeit ist, weil eine Frau sich ihres Körpers mehr bewußt ist als ein Mann. Es ist natürlich für sie. Sie achtet mehr darauf, wie sie aussieht, wie sie sich bewegt, wie sie sitzt; sie achtet immer auf ihre Anmut, und das ist nicht nur anerzogen, sondern biologisch bedingt und ganz natürlich für sie.

Darum meine ich, daß es dir am leichtesten fallen wird, Vipassana in dieser ersten Form zu machen.

Die zweite Art Vipassana besteht im Atmen: Aufmerksamkeit für das Atmen. Wenn der Atem hineingeht, hebt sich der Bauch, und wenn der Atem hinausgeht, senkt sich der Bauch wieder. Diese zweite Methode besteht also darin, aufmerksam auf das Heben und Senken des Bauches zu sein, einfach nur zu beobachten, wie der Bauch sich hebt und senkt ... Und der Bauch ist der Quelle unseres Lebens am nächsten, weil das Kind über den Nabel mit der Lebensenergie der Mutter verbunden ist. Hinter dem Nabel befindet sich die Lebensquelle. Wenn also der Bauch sich hebt, ist es in Wirklichkeit die Lebensenergie, die Quelle des Lebens, die sich mit jedem Atemzug hebt und wieder senkt. Auch das ist nicht schwierig, und vielleicht sogar noch leichter als die erste Methode, weil es sich um eine einzige Technik handelt.

Bei der ersten Methode mußt du auf den Körper achten, auf den Verstand und auf die Emotionen und Stimmungen; das heißt, sie besteht aus drei Schritten. Bei der zweiten gibt es nur einen einzigen Schritt: den Bauch mit seinen Auf- und Abbewegungen zu beobachten. Das Resultat ist das gleiche: Wenn du die Aufmerksamkeit auf deinen Bauch richtest, wird der Verstand ruhig, wird das Herz still, und die Stimmungen verschwinden.

Die dritte Art besteht darin, auf den Atem bei seinem Ein- und Austritt zu achten – wenn die Atemluft durch die Nasenlöcher streicht. Fühle den Atem an diesem Ende – dem anderen Pol, statt dem Bauch – fühle ihn an der Nase. Der einströmende Atem fühlt sich in den Nasenöffnungen kühl an. Und dann der ausströmende Atem … einströmender Atem, ausströmender Atem.

Dies ist ebenfalls möglich. Es ist leichter für Männer als für Frauen. Die Frau ist ihrem Bauch näher.

Das sind die drei Arten Vipassana – jede von ihnen ist geeignet. Und wenn du zwei Arten miteinander kombinieren willst, ist auch das möglich; dann wird deine Bemühung noch intensiver sein. Wenn du alle drei zusammen machen willst, kannst du sie miteinander kombinieren. Dadurch beschleunigt sich der Prozeß. Doch es hängt ganz von dir ab – was sich für dich leicht anfühlt. Vergiß nicht: Das, was leicht ist, ist richtig.

Wenn deine Meditation sich einspielt, kommt der Geist zur Ruhe, das Ego verschwindet. Du wirst da sein, aber ohne ein Gefühl von »ich«. Dann sind die Türen offen. Dann warte einfach – mit liebender Sehnsucht, mit großer Bereitschaft im Herzen – warte auf den großen Augenblick, den größten Augenblick im Leben eines Menschen: die Erleuchtung.

Sie kommt … sie kommt gewiß. Sie hat noch nie gezögert, nicht einen einzigen Augenblick. Wenn du erst einmal in der richtigen Einstimmung bist, wird sie plötzlich in dir explodieren, wird sie dich transformieren. Dann stirbt der alte Mensch, und der neue Mensch wird geboren.

Ein Witz …

Der Große Häuptling Sitting Bull leidet seit vielen Monden an Verstopfung. Darum schickt er seine Lieblingssquaw zum Medizinmann um Hilfe. Der Medizinmann gibt ihr drei Tabletten für den Großen Häuptling mit, und am nächsten Tag soll sie ihm berichten, ob es gewirkt hat.

Am nächsten Morgen kommt die Squaw mit der Botschaft: »Großer Häuptling keine Scheiße.« Also gibt ihr der Medizinmann die doppelte Dosis.

Tags darauf kommt sie mit der Botschaft wieder: »Großer Häuptling keine Scheiße.« Er sagt ihr, sie soll die Dosis wieder verdoppeln.

Doch wieder kommt sie mit der gleichen Botschaft. So geht das eine Woche lang, und schließlich rät ihr der Medizinmann, sie soll Sitting Bull die ganze Schachtel geben.

Am nächsten Morgen kommt sie ganz traurig wieder. »Was ist los, mein Kind?« fragt der Medizinmann. Die kleine Squaw schaut ihn mit Tränen in den Augen an und sagt: »Große Scheiße, kein Häuptling!«

Eines Tages wird es euch geschehen – und das wird ein großartiger Augenblick sein! Das nenne ich den richtigen Augenblick! **(181)**

Klang-Meditationen

Musik hören

Musik kommt der Meditation am nächsten. Musik führt dich zur Meditation – ein Schritt weiter, und du bist in Meditation. Und Musik ist eine wunderbare Tür! Höre Musik mit einer solchen Totalität, daß im Hören der Zuhörer verschwindet und nur noch die Musik übrig bleibt; daß du nicht mehr bist, sondern Leere wirst, die von Musik erfüllt ist. Nicht einmal ein Beobachter bleibt zurück, und niemand, der es genießt oder beurteilt. Höre Musik, ohne zu urteilen, ohne zu bewerten, dann kann es zu deiner tiefsten Meditation werden. Und jede Musik ist dazu geeignet.

Mit der Zeit wirst du den Trick des Zuhörens lernen. Dazu eignet sich jeder Ton, jedes Geräusch – selbst das Geräusch eines vorbeifahrenden Zuges ist geeignet, um Stille zu erzeugen, denn Töne sind der eine Pol, und Stille ist der andere Pol der gleichen Energie. Wenn du weißt, wie man richtig zuhört, kann jeder Ton Stille erzeugen. So wie Licht und Dunkelheit zusammengehören, gehören auch Ton und Stille zusammen; sie sind nie getrennt. Es ist ein und dieselbe Energie – mit ihren beiden Aspekten.

Wenn du lernst, richtig zuzuhören, wird jeder Ton in dir Stille erzeugen. Darin liegt die Schönheit der Musik. Wenn du Musik hörst, wird dir das großartige Phänomen bewußt, daß man durch Zuhören still werden kann. Dann kannst du es nach und nach auch mit anderen Tönen versuchen, und eines Tages wirst du plötzlich auf dem Marktplatz stehen, und der ganze Lärm wird um dich herum tosen, aber du wirst ganz still sein – das Zentrum des Hurrikans. **(182)**

Summen

Summen kann dir enorm viel bringen, und du kannst es jederzeit tun ... mindestens aber einmal am Tag, zweimal wäre noch besser. Es ruft eine so großartige innere Musik in dir hervor, daß es deinem ganzen Wesen Frieden bringt. Es bringt die widerstreitenden Seiten in dir in Einklang, und nach und nach entsteht eine zarte Musik in deinem Körper, die du sogar hören kannst. Nach drei oder vier Monaten brauchst du dich nur still hinzusetzen und kannst eine zarte Musik hören, eine Harmonie in dir, eine Art Summen. Alles läuft so perfekt wie ein perfekt funktionierendes Auto, dessen Motor brummt.

Ein guter Autofahrer weiß, wenn etwas nicht in Ordnung ist. Die Mitfahrer merken es vielleicht gar nicht, aber ein guter Fahrer merkt sofort, wenn sich das Geräusch verändert: Der Brummton ist auf einmal nicht mehr harmonisch; ein Störgeräusch ist aufgekommen. Anderen fällt es gar nicht auf, aber ein passionierter Autofahrer hört sofort, wenn etwas mit seinem Wagen nicht stimmt und der Motor nicht so läuft, wie er sollte.

Jemand, der sich aufs Summen versteht, bekommt mit der Zeit ein Gefühl dafür und merkt sofort, wenn etwas in ihm nicht stimmt. Wenn du zum Beispiel zuviel gegessen hast, merkst du gleich, daß die innere Harmonie fehlt. Mit der Zeit hast du die Wahl, ob du lieber zuviel essen oder die innere Harmonie fühlen willst. Die innere Harmonie ist so kostbar, so göttlich; sie ist eine solche Wonne – wer will sich da noch vollstopfen?

Du brauchst nicht etwa anfangen zu hungern, denn schon bald nimmt sich der Körper genau das, was er braucht. Und wenn die Summ-Meditation noch tiefer geht, spürst du genau, welches Essen der Meditation förderlich ist und welches nicht. Etwas schwer Verdauliches belastet den Körper und beeinträchtigt das Summen.

Wenn dir das Summen vertraut geworden ist, bekommst du auch ein Gefühl dafür, wann Sex für dich stimmt und wann nicht. Wenn ein Paar das Summen praktiziert, werdet ihr euch wundern, wie groß die Harmonie zwischen zwei Menschen werden kann und wie einfühlsam sie mit der Zeit füreinander werden. Wie sie zum Beispiel ein Gefühl dafür bekommen, wann der andere traurig ist – sie brauchen gar nichts zu sagen. Wenn der Mann müde ist, weiß die Frau es sofort instinktiv, denn beide funktionieren auf derselben Wellenlänge. **(183)**

Nadabrahma-Meditation

Nadabrahma ist eine alte tibetische Technik, die ursprünglich in den frühen Morgenstunden durchgeführt wurde. Sie kann zu jeder Tageszeit praktiziert werden, entweder allein oder zusammen mit anderen. Mache sie aber mit nüchternem Magen und bleibe danach mindestens 15 Minuten lang untätig. Die Meditation dauert eine Stunde und hat drei Phasen.

Erste Phase: 30 Minuten
Sitze in entspannter Haltung mit geschlossenen Augen und geschlossenem Mund. Fange an zu summen, und zwar gerade laut genug, daß andere es noch hören können, und laß dabei den ganzen Körper ins Vibrieren kommen. Du kannst dir eine Röhre oder ein leeres Gefäß vorstellen, das völlig von den Vibrationen des Summens erfüllt ist. Ein Moment wird sich einstellen, von wo an das Summen von selbst geschieht und du zum Zuhörer wirst. Eine spezielle Atemtechnik ist nicht nötig, und du kannst deine Tonlage verändern und dich auch ganz leicht und langsam in den Hüften wiegen, wenn dir danach ist.

Zweite Phase: 15 Minuten
Die zweite Phase besteht aus zwei Teilen von jeweils siebeneinhalb Minuten. Bewege in der ersten Hälfte deine Hände, mit den Handflächen nach oben, in einer vom Körper weggehenden kreisförmigen Bewegung. Vom Nabel aus gehen beide Hände nach vorne und trennen sich dann zu zwei spiegelgleichen, großen Kreisen nach rechts und nach links. Die Bewegung sollte so langsam sein, daß es dir zeitweise so vorkommt, als seien die Arme gar nicht in Bewegung. Fühle, daß du Energie nach außen an das Universum abgibst.

Nach siebeneinhalb Minuten drehe die Hände um – die Handflächen sind jetzt nach unten gerichtet – und bewege sie in die entgegengesetzte Richtung. Die Hände treffen einander jetzt in der Nabelgegend und gehen dann zu beiden Seiten des Körpers auseinander. Fühle, daß du Energie hereinholst. Wie in der ersten Phase kannst du auch hier leichte Körperbewegungen zulassen.

Dritte Phase: 15 Minuten
Sitze oder liege absolut ruhig und still. **(184)**

Visualisieren als Meditation

Das innere Lächeln

Wenn du irgendwo sitzt und gerade nichts zu tun hast, entspanne den Unterkiefer und öffne leicht den Mund. Fang an, durch den Mund zu atmen, aber atme nicht tief. Überlasse es dem Körper zu atmen, dann wird der Atem immer flacher werden. Und wenn du spürst, daß der Atem sehr flach ist, der Mund offen, der Unterkiefer entspannt, dann wird sich dein ganzer Körper entspannen.

Fühle in diesem Augenblick ein Lächeln in dir aufgehen – nicht im Gesicht, sondern in deinem ganzen inneren Wesen ... und du wirst dazu imstande sein. Es ist kein Lächeln mit den Lippen – es ist ein existentielles Lächeln, das sich nur in deinem Innern ausbreitet.

Probiere es, dann wirst du wissen, was ich meine ... man kann es nämlich nicht erklären. Du brauchst dabei nicht mit den Lippen zu lächeln – es ist so, als ob du vom Bauch her lächelst. Dein Bauch lächelt. Und es ist ein Lächeln, kein Lachen – also ganz sanft und zart, sehr zerbrechlich – wie eine kleine Rose, die sich in deinem Bauch öffnet und deren Duft sich über den ganzen Körper ausbreitet.

Wenn du einmal erlebt hast, wie dieses Lächeln sich anfühlt, kannst du vierundzwanzig Stunden am Tag glücklich sein. Und sooft du dieses Glück vermißt, mache einfach die Augen zu und hole dir das Lächeln zurück, dann wirst du dich wieder glücklich fühlen. Dieses Lächeln kannst du jeden Tag, so oft du willst, wiederfinden. Es ist immer da. **(185)**

Strahle Liebe aus

Übe dich in Liebe. Setz dich allein in dein Zimmer und sei einfach liebevoll. Strahle Liebe aus. Fülle den ganzen Raum mit deiner Liebesenergie. Fühle, wie du auf einer neuen Frequenz schwingst, wiege dich und fühle dich dabei wie in einem Ozean von Liebe. Erzeuge Schwingungen von Liebesenergie um dich herum – und du wirst sofort spüren, daß etwas geschieht: Etwas in deiner Aura verändert sich; Wärme entsteht und hüllt deinen Körper ein ... eine Wärme wie beim tiefen Orgasmus. Du fühlst mehr Leben in dir. Es ist, als würde der Schlaf von dir weichen; Bewußtheit erwacht. Wiege dich in diesem Ozean. Tanze, singe und laß dein ganzes Zimmer von Liebe erfüllt sein.

Am Anfang wird es sich etwas seltsam anfühlen. Wenn du zum ersten Mal dein Zimmer mit Liebesenergie gefüllt hast, mit deiner eigenen Energie, die auf dich zurückfällt und dich so glücklich macht, wirst du denken: »Habe ich mich etwa selbst hypnotisiert? Ist es eine Täuschung, oder was passiert da?« – denn du hast immer gedacht, Liebe könne nur von einem anderen Menschen kommen, von einer Mutter, die dich liebt, einem Vater, einem Bruder, einem Mann, einer Frau, einem Kind – von irgend jemand.

Liebe, die von einem anderen Menschen abhängt, ist eine arme Liebe. Liebe, die in dir entsteht, Liebe, die du aus deinem eigenen Wesen erschaffst, ist reale Energie. Diesen Ozean von Liebe kannst du überallhin mitnehmen, und du wirst spüren, daß jeder, der dir nahekommt, unter den Einfluß dieser Energie gerät.

Die Menschen werden dich mit offeneren Augen anschauen. Wenn du an ihnen vorbeigehst, werden sie spüren, daß der Hauch einer unbekannten Energie sie gestreift hat, und sie werden sich erfrischt fühlen. Wenn du jemanden bei der Hand nimmst, wird sein ganzer Körper zu pulsieren anfangen. Jemand, der in deiner Nähe ist, wird sich auf einmal sehr glücklich fühlen, völlig grundlos. Das wirst du beobachten können. Dann bist du bereit zu teilen. Dann suche dir einen Menschen, der für deine Liebe empfänglich ist. **(186)**

Atishas Herz-Meditation: Transformation von Leiden in Glückseligkeit

Atisha sagt: »Übe dich im gemeinsamen Verbinden, Senden und Nehmen. Tu dies, indem du auf dem Atem reitest.«

Atisha sagt: Fang an, mitfühlend zu sein. Und die Methode

ist, dir beim Einatmen – hör genau zu, es ist eine der großartigsten Methoden – dir beim Einatmen vorzustellen, daß du alles Elend aller Menschen auf der Welt einatmest. All das Dunkle, all das Negative, all die Hölle, die überall herrscht, all das atmest du ein. Und laß dein Herz es in sich aufnehmen.

Ihr habt vielleicht schon von den sogenannten »Positiv-Denkern« des Westens gehört. Sie sagen genau das Gegenteil – sie wissen nicht, wovon sie reden. Sie sagen: »Wenn du ausatmest, wirf all dein Elend und deine Negativität hinaus. Und wenn du einatmest, atme Freude, Positivität, Glück und Fröhlichkeit ein.«

Atishas Methode ist das genaue Gegenteil: Wenn du einatmest, atme all das Elend und Unglück aller Wesen der Welt ein – Vergangenheit, Gegenwart und Zukunft. Und wenn du ausatmest, atme all die Freude aus, die du hast, all die Seligkeit, die du hast, all die Segnungen, die du hast. Atme aus und ergieße dich in die Existenz.

Dies ist die Methode des Mitgefühls: alles Leiden in sich aufzusaugen und alle Segnungen auszugießen. Und du wirst überrascht sein, wenn du dies tust. In dem Moment, da du alle Leiden der Welt in dich hineinnimmst, hören sie auf, Leiden zu sein. Das Herz transformiert die Energie augenblicklich. Das Herz ist eine transformierende Kraft: Sauge das Unglück auf, und es wird in Seligkeit umgewandelt ... und dann schütte sie aus.

Wenn du erst einmal gelernt hast, daß dein Herz diese Magie, dieses Wunder vollbringen kann, möchtest du es immer und immer wieder tun. Versuche es – es ist eine der praktischsten und einfachsten Methoden, und sie führt augenblicklich zu Ergebnissen. Tu's noch heute und sieh selbst.

Fang bei dir selber an

Atisha sagt: »Fang mit der Entwicklung des Nehmens bei dir selber an.«

Atisha sagt: Ehe du das *(die oben beschriebene Herz-Meditation)* mit der ganzen Existenz machen kannst, wirst du zunächst bei dir selbst anfangen müssen. Dies ist eines der Grundgeheimnisse inneren Wachstums: Du kannst nichts für andere tun, was du nicht zunächst für dich selbst getan hast. Du wirst andere nur verletzen, wenn du dich selbst verletzt; du wirst anderen nur auf die Nerven gehen, wenn du dir selbst auf die Nerven gehst; du kannst den anderen nur zum Segen gereichen, wenn du dir selbst zum Segen gereichst.

Was immer du mit anderen tun kannst, mußt du zunächst dir selber getan haben, denn das ist alles, was du zu geben hast. Du kannst nur das geben, was du hast; du kannst nicht das geben, was du nicht hast.

Atisha sagt: »Fang mit der Entwicklung des Nehmens bei dir selber an.«

Statt damit zu beginnen, das ganze Elend der Welt auf dich zu nehmen und es im Herzen zu absorbieren, fang bei deinem eigenen Elend an. Geh nicht so schnell ins tiefe Wasser, lerne erst im seichten Wasser schwimmen. Und wenn du gleich damit anfängst, das Elend der ganzen Existenz in dich aufzunehmen, wird es einfach ein spekulatives Experiment bleiben. Es wird nicht real sein, kann nicht real sein. Es bleibt nur verbal.

Du kannst dir einreden: »Ja, ich nehme das Elend der ganzen Welt in mich auf« – aber was weißt du schon vom Elend der ganzen Welt? Du hast ja noch nicht mal dein eigenes Elend erfahren.

Wir vermeiden immerzu unser eigenes Elend. Wenn ihr euch unglücklich fühlt, schaltet ihr das Radio oder den Fernseher ein und lenkt euch ab. Ihr fangt an, Zeitung zu lesen, damit ihr euer Unglück vergessen könnt, oder ihr geht ins Kino, oder ihr geht zu eurer Freundin, zu eurem Freund. Ihr geht in den Klub, ihr geht einkaufen auf dem Markt, nur um euch irgendwie von euch selber abzulenken, nur um nicht die Wunde zu sehen, nur um euch nicht ansehen zu müssen, wie sehr es innen weh tut.

Die Menschen vermeiden sich unentwegt selber. Was wissen sie von ihrem eigenen Elend? Wie können sie an das Elend der ganzen Menschheit denken? Erst mußt du mit dir selber beginnen.

Wenn du dich unglücklich fühlst, laß es zu einer Meditation werden. Setz dich still hin, schließe die Türen. Spüre erst dein Leiden so intensiv wie möglich. Spüre deine Verletztheit. Jemand hat dich beleidigt: Die beste Methode, deine Verletztheit nicht zu spüren, ist die, hinzugehen und ihn ebenfalls zu beleidigen; dann bist du mit ihm beschäftigt. Aber das ist nicht Meditation.

Wenn dich jemand beleidigt hat, sei ihm dankbar, daß er dir Gelegenheit gegeben hat, eine tiefe Wunde zu fühlen. Er hat eine Wunde in dir geöffnet. Die Wunde mag durch viele, viele Beleidigungen entstanden sein, die du dein ganzes Leben über erlitten hast; der andere wird kaum all dieses Leiden verursacht haben, aber er hat einen Prozeß ausgelöst.

Schließ einfach dein Zimmer ab, setz dich still hin, ohne Wut auf den andern, sondern in völlig bewußter Wahrnehmung des Gefühls, das in dir aufkommt – die Verletztheit darüber, daß du zurückgestoßen wurdest, daß du beleidigt wurdest.

Und überrascht wirst du feststellen, daß da nicht nur dieser eine Mensch ist, der dich verletzt hat, sondern daß all die Männer und all die Frauen und all die Leute, die dich jemals verletzt haben, in deinem Gedächtnis vorbeiziehen werden. Du wirst dich nicht nur an die Situationen erinnern, sondern wirst sie wiedererleben. Du wirst eine Art »Urschmerz« erleben, eine Katharsis. Spüre die Verletztheit, spüre den Schmerz, vermeide ihn nicht.

Darum wird bei vielen Therapieformen vom Patienten verlangt, daß er vor Beginn der Therapie keinerlei Drogen und Medikamente zu sich nimmt, weil Drogen einfach ein Mittel sind, um dem inneren Schmerz auszuweichen. Sie erlauben dir nicht, deine Wunden zu sehen, sondern verdrängen sie. Sie erlauben dir nicht, dich auf dein Leiden einzulassen, und solange du dich nicht auf dein Leiden einläßt, kannst du nicht aus seiner Gefangenschaft freikommen.

Es ist völlig wissenschaftlich, auf jedes Rauschmittel zu verzichten, bevor man in eine Gruppe geht – möglichst sogar auf Suchtmittel wie Kaffee, Tee, Rauchen, denn das sind alles nur Fluchtmittel.

Hast du es schon mal beobachtet? Immer wenn du nervös wirst, fängst du sofort zu rauchen an. Es ist ein Mittel, Nervosität zu verhindern: Du lenkst dich mit Rauchen ab. In Wirklichkeit ist es Regression. Beim Rauchen fühlst du dich wieder als Kind – sorglos, ohne Verantwortung –, denn das Rauchen ist im Grunde eine symbolische Brust. Der heiße, einströmende Rauch versetzt dich wieder zurück in die Tage, wo du an der Mutterbrust lagst und die warme Milch in dich hineingesaugt hast: Der Nippel ist jetzt die Zigarette. Die Zigarette ist ein symbolischer Nippel.

Durch diese Regression vermeidest du die Verantwortungen und Schmerzen des Erwachsenendaseins. Und genau das passiert durch die zahlreichen Drogen, die es gibt. Die Menschen der heutigen Zeit stehen unter Drogen wie nie zuvor, denn die heutigen Menschen leiden ungemein. Ohne Drogen könnten sie all ihr Leid gar nicht aushalten. Die Drogen schaffen einen Schutzschirm; sie halten euch im Rausch, sie betäuben eure Empfindsamkeit und lassen euch euren Schmerz nicht fühlen.

Das erste ist also, deine Tür hinter dir zuzumachen und jede Ablenkung zu unterbinden: Fernsehen, Radio, Bücherlesen. Höre mit jeder Beschäftigung auf, denn auch das ist eine subtile Droge. Sei einfach still, absolut allein. Nicht einmal beten solltest du, weil auch das eine Droge sein kann: Du hast etwas zu tun, redest mit Gott, fängst zu beten an und rennst damit wieder vor dir selbst davon.

Atisha sagt: Sei einfach du selbst. Wie schmerzhaft es auch sein mag – laß es so sein. Erfahre erst den Schmerz in seiner ganzen Intensität. Es wird schwierig sein, es wird dir schier das Herz zerreißen. Vielleicht wirst du zu weinen anfangen wie ein kleines Kind; vielleicht wird dein Körper sich winden und auf dem Boden wälzen in tiefem Schmerz. Vielleicht wird dir plötzlich bewußt, daß der Schmerz nicht nur im Herzen, sondern im ganzen Körper steckt – daß es dir überall weh tut, daß dein Körper ein einziger Schmerz ist.

Wenn du das erleben kannst – und es ist eine ungeheuer wichtige Erfahrung –, dann absorbiere es. Stecke es nicht weg – es ist eine so wertvolle Energie, vergeude sie nicht! Nimm sie auf, trinke sie in dich hinein, akzeptiere sie, heiße sie willkommen, sei ihr dankbar. Und sage dir selbst: »Diesmal werde ich nicht ausweichen, diesmal werde ich es nicht zurückweisen, diesmal werde ich es nicht vor die Tür setzen. Diesmal will ich es wie einen Gast empfangen und es bis zur Neige austrinken. Diesmal will ich es verdauen.«

Du wirst wahrscheinlich ein paar Tage brauchen, bis du es verdaut hast. Doch an dem Tag, an dem dies geschieht, bist du auf eine Tür gestoßen, die dich wirklich sehr weit bringen wird – ganz, ganz weit. Damit beginnt eine neue Reise in deinem Leben; es ist ein Eintritt in eine neue Art von Dasein.

In dem Moment, in dem du den Schmerz völlig ohne Widerstand annimmst, verändern sich augenblicklich seine Energie und seine ganze Qualität: Es ist kein Schmerz mehr. Ja, du kannst nur noch staunen, du kannst es nicht glauben – es ist so unfaßbar!

Es ist unglaublich, aber wahr: Leiden kann in Ekstase verwandelt werden, Schmerz kann zu Freude werden! **(187)**

Tantrische Meditationen

(Dies ist eine tantrische Technik aus dem Vigyan Bhairav Tantra, *einer klassischen Tantra-Schrift, die eine Beschreibung von 112 Meditationstechniken enthält.)*

Shiva sagt: »Fühle, wie die feinen Kräfte der Kreativität deine Brust durchdringen und zarte Konfigurationen bilden.«

Ein paar wichtige Dinge vorweg, ehe ich darauf eingehe:

Shiva spricht hier zu seiner Gefährtin Parvati oder Devi; darum ist diese Technik speziell für Frauen geeignet. Man muß erst ein paar Dinge verstehen: Der männliche und der weibliche Körper sind sich ähnlich, aber in vielfacher Hinsicht sind sie auch sehr verschieden, und die Unterschiede stellen immer auch eine Ergänzung dar. Zum Beispiel ist das, was im männlichen Körper positiv ist, im weiblichen Körper negativ, und was im weiblichen Körper positiv ist, ist im männlichen Körper negativ. Das ist der Grund, warum sie auf dem Höhepunkt des Orgasmus zu einer Einheit verschmelzen: Der positive Pol trifft auf den negativen, der negative trifft auf den positiven Pol, und beide werden eins – ein elektrischer Kreis ist geschlossen. Daher die große Anziehungskraft, der große Reiz des Sex. Diese Anziehungskraft besteht nicht, weil die Menschen unmoralische Sünder wären, oder weil die Welt heute zu freizügig geworden wäre, oder weil es so viele obszöne Filme und Literatur gibt – sie ist sehr tief verwurzelt. Sie ist etwas durch und durch Kosmisches.

Die Anziehungskraft kommt daher, daß Mann und Frau nur halbe Kreise sind, und in der Existenz besteht ein natürlicher Drang, alles Unvollkommene zu transzendieren und vollkommen zu machen. Dies ist eines der höchsten Gesetze: der Drang zur Vollkommenheit. Immer dort, wo du fühlst, daß etwas fehlt, hast du das Gefühl, daß du es ergänzen möchtest, daß du es vollständig machen möchtest. Die Natur hat eine Abneigung gegen Unvollständiges, gegen jede Art von Unvollständigkeit. Das Männliche ist unvollständig, das Weibliche ist unvollständig, und sie können nur einen kurzen Augenblick der Vollständigkeit erleben – wenn ihre elektrischen Kreise zu einem verschmelzen und die Zweiheit sich auflöst.

Deshalb sind »Liebe« und »Gebet« in allen Sprachen die beiden wichtigsten Wörter. In der Liebe wirst du eins mit einem einzelnen Menschen; im Gebet wirst du eins mit dem ganzen Kosmos. Liebe und Gebet sind sich ähnlich, was die inneren Vorgänge angeht.

Der männliche und der weibliche Körper sind sich ähnlich, aber ihre positiven und negativen Pole sind verschieden. Wenn ein Kind im Mutterschoß entsteht, ist es ein paar Wochen lang – ich denke, mindestens sechs Wochen lang – geschlechtslos, weder männlich noch weiblich. Die Richtung ist vorgegeben, aber der Körper verhält sich noch neutral, in der Mitte. Erst nach sechs Wochen wird der Körper entweder männlich oder weiblich. Wird es eine Frau, dann entsteht der positive Pol der Geschlechtsenergie in der Brustgegend und der negative Pol in der Vagina. Wird das Kind ein Mann, dann entsteht der positive Pol im Penis, dem männlichen Sexzentrum, aber es sind auch Brüste vorhanden – weil der ganze Funktionsmechanismus angelegt wird –, nur werden sie negativ sein. Auch im weiblichen Körper existiert das Gegenstück zum Penis – die Klitoris –, aber sie hat nicht dieselbe Funktion.

Die Physiologie hat sich mit der Frage beschäftigt, warum es im männlichen Körper auch eine Brust gibt, wo doch gar keine Notwendigkeit gegeben ist, ein Kind zu stillen. Wozu ist die Brust gut? Sie ist der negative Pol. Darum hat für die männliche Psyche die weibliche Brust eine solche Anziehungskraft – sie enthält positiv geladene Elektrizität. In Dichtung, Literatur, Malerei, Bildhauerei – überall findet man dieses enorme Interesse an den Brüsten der Frau! Für die anderen Teile des weiblichen Körpers zeigt der Mann nicht so viel Interesse wie für die Brüste. Und es ist nichts Neues – schon die ältesten primitiven Höhlenmalereien enthalten Darstellungen von Brüsten; die Brüste sind dabei so sehr betont, daß der übrige Körper nur Beiwerk ist. Die Brüste sind etwas sehr Grundlegendes.

Diese Meditationstechnik ist also für Frauen, weil ihr positiv geladener elektrischer Pol in den Brüsten liegt. Die Vagina ist – im Vergleich zu den Brüsten, die zu den empfindsamsten Teilen der Frau gehören – eigentlich ziemlich unempfindlich. Die ganze Kreativität des weiblichen Körpers konzentriert sich im Brustbereich.

Darum sagen die Hindus auch, daß eine Frau nur dann Erfüllung findet, wenn sie zur Mutter wird. Für den Mann stimmt das nicht – niemand wird sagen, daß ein Mann nur dann Erfüllung findet, wenn er zum Vater wird. Vater zu werden ist etwas Zufälliges. Es kann eintreten oder auch nicht, aber es ist nicht grundlegend für einen Mann. Er kann Mann sein, ohne Vater zu werden, und wird nichts vermissen. Aber einer Frau wird etwas abgehen, weil ihre ganze Kreativität, ihre volle Funktionsfähigkeit, erst durch das Muttersein zur Entfaltung kommt. Wenn ihre Brüste zum Zentrum ihres Daseins werden – dann erst wird sie vollständig.

Die schöpferische Kraft der Frau konzentriert sich in der Brustgegend. Darum legen auf der ganzen Welt alle Frauen so großen Wert auf ihren Busen – als ob ihr ganzes Dasein sich dort konzentrieren würde. Sie sind sich ihres Busens immer bewußt – ob sie ihn verstecken oder herzeigen, sie sind sich seiner stets bewußt. Die weibliche Brust ist ihr geheimnisvollster Bereich, die Mitte ihres Daseins, ihres Mutterseins, ihrer Schöpferkraft.

Shiva sagt: »Fühle, wie die feinen Kräfte der Kreativität deine Brust durchdringen und zarte Konfigurationen bilden.«

Konzentriere dich auf deine Brüste, werde eins mit ihnen und vergiß den ganzen übrigen Körper. Richte deine ganze Aufmerksamkeit auf die Brüste, dann werden dir viele Dinge zuteil werden. Wenn es dir gelingt, dich ganz auf die Brüste zu konzentrieren, wird der ganze Körper an Gewicht verlieren, und ein sehr süßes Gefühl, eine tiefe Süße wird dich durchdringen. Sie wird um dich her pulsieren – in dir, über dir, unter dir, überall – ein tiefes Gefühl von Süße.

Tatsächlich sind alle Techniken, die je entstanden sind, mehr oder weniger von Männern entwickelt worden; daher werden immer nur Energiezentren erwähnt, mit denen der Mann leichter arbeiten kann. Soviel ich weiß, hat nur Shiva ein paar Techniken entwickelt, die grundsätzlich für Frauen sind.

Ein Mann kann diese Technik nicht praktizieren. Tatsächlich wird ein Mann, der sich auf seine Brust konzentriert, sich äußerst unwohl fühlen. Ihr könnt es ausprobieren. Schon nach fünf Minuten werdet ihr ins Schwitzen kommen, wird euch sehr unbehaglich zumute sein, denn die männliche Brust ist negativ geladen; sie gibt euch negative Energie. Ihr werdet euch sehr unwohl und unangenehm berührt fühlen, so als wäre etwas mit dem Körper nicht in Ordnung und als würdet ihr krank.

Doch die weiblichen Brüste sind positiv geladen. Wenn eine Frau sich in der Brustgegend konzentriert, wird sie sich sehr glücklich fühlen, sehr selig. Ihr ganzes Wesen wird von einer süßen Wonne erfüllt sein; alle Schwere wird vom Körper abfallen. Sie wird sich so leicht fühlen, als könnte sie fliegen.

Dieses Konzentrieren auf die Brüste wird viele Veränderungen bewirken: Zum Beispiel wirst du mütterlicher werden – nicht unbedingt Mutter, aber mütterlicher. Deine Beziehungen zu anderen Menschen werden eine mütterliche Qualität bekommen: Sie werden mehr Mitgefühl, mehr Liebe enthalten. Die Konzentration muß aber ganz entspannt und anstrengungslos durchgeführt werden. Wenn du dich dabei verspannst, entsteht zwischen dir und deiner Brust eine Trennung. Entspanne dich und verschmelze mit deinen Brüsten, und hab das Gefühl, als würdest du verschwinden und als würden nur noch die Brüste übrigbleiben.

Entspanne dich und begib dich in deine Brust hinein. Laß deine Brüste zu deinem ganzen Sein werden. Dein Körper wird nur zum Rahmen für die Brüste; er wird sekundär, tritt in den Hintergrund, und die Brüste treten in den Vordergrund. Du entspannst dich völlig in sie hinein, versenkst dich in sie. Das wird deine kreative Energie wecken. Die schöpferische Energie der Frau erwacht erst, wenn ihre Brüste angeregt werden. Verschmelze mit ihnen, dann wirst du fühlen können, wie die kreative Energie erwacht.

Was bedeutet es, wenn die Kreativität erwacht? Du kannst Visionen haben. Buddha und Mahavira haben berichtet, sie hätten jeweils in ihrem vorangegangenen Leben angekündigt, daß ihre Mütter vor ihrer Geburt bestimmte Visionen, bestimmte Träume haben würden. Aufgrund dieser Träume konnte man vorhersagen, daß ein Buddha zur Welt kommen würde.

Ich habe Experimente damit gemacht. Wenn eine Frau mit ihren Brüsten verschmilzt, fängt sie an, bestimmte Dinge zu sehen. Sie fängt an, unbekannte Gerüche und Düfte wahrzunehmen. Ihre Brüste können zu einer Quelle zarter Düfte werden, die nicht von dieser Welt sind und nicht chemisch hervorgerufen werden können. Oder sie vernimmt Töne, harmonische Töne ... sämtliche kreativen Bereiche können in neuen und vielfältigen Konfigurationen hervortreten. Alles, was die großen Maler und Dichter je erfahren haben, kann eine Frau erfahren, die mit ihrer Brust verschmilzt.

Und es ist so real, daß es ihre ganze Persönlichkeit verändert – es wird ein anderer Mensch aus ihr. Und wenn sie weitermacht, hören mit der Zeit die Visionen auf und es kommt der Augenblick, da *Shunyata* sich ereignet – das Nichts, die Leere – und das ist die höchste aller Meditationen.

Wenn du eine Frau bist, merke dir also: Konzentriere dich nie auf das Dritte Auge. Für dich ist es besser, dich in der Brustgegend zu konzentrieren – auf die Brüste. Konzentriere dich genau auf die Brustwarzen beider Brüste. Und konzentriere dich nicht auf eine Brust allein, sondern auf beide zusammen. Wenn du dich nur auf eine konzentrierst, könnte es zu Störungen in deinem Körper führen, ja sogar Lähmungserscheinungen sind nicht ausgeschlossen. Darum konzentriere dich auf beide zugleich, verschmelze mit ihnen und laß alles zu, was geschieht.

Beobachte einfach und identifiziere dich nicht mit den schönen, himmlischen Klängen, die vielleicht auftreten. Sei an nichts verhaftet. Beobachte immerzu alles und sei einfach Zeuge. Ein Augenblick wird kommen, in dem das alles verschwindet und *Shunyata*, die Leere, erfahren wird. Dann gibt es nur noch leeren Raum, dann sind auch die Brüste verschwunden – dann sitzt du unter dem Bodhi-Baum. **(188)**

Wie wird der Liebesakt zur Meditation?

Einfach durch Hingabe! Denkt nicht darüber nach, sondern laßt es geschehen. Entspannt euch, eilt nicht in Gedanken voraus. Das ist eines der größten Probleme mit dem Verstand, er eilt immer voraus. Er sucht immer nach dem Ergebnis, und mit dem Ergebnis hat man die Zukunft ins Spiel gebracht. Ihr geht nie total in euren Handlungen auf, ihr seid immer in der

Zukunft und verlangt nach einem Ergebnis. Diese Suche nach Ergebnissen macht alles kaputt.

Seid einfach total bei der Sache. Was wollt ihr mit der Zukunft? Sie kommt von allein, ihr braucht euch keine Sorgen darum zu machen. Eure Sorgen werden sie bestimmt nicht herbeizaubern. Sie ist ohnehin schon unterwegs, sie ist schon da. Darum laßt sie aus dem Spiel und seid einfach jetzt hier.

Sex kann euch tiefe Einsichten in das Hier und Jetzt bringen. Sex ist nämlich die einzige Tätigkeit, die ihr kennt, die euch ganz in die Gegenwart holt. Während ihr im Büro arbeitet oder euren Studien an der Universität nachgeht, könnt ihr nicht im Hier und Jetzt sein. In der Welt, in der wir leben, könnt ihr bei keiner Sache im Hier und Jetzt sein. Nur im Liebesakt. Aber selbst in der Liebe seid ihr nie richtig da. Von Anfang an denkt ihr an das, was dabei herauskommen soll.

Vieles, was heute darüber geschrieben wird, hat noch zusätzliche Probleme in die Welt gesetzt. Ihr lest ein Buch über das richtige Sexualverhalten, und danach habt ihr noch mehr Angst, alles falsch zu machen. Ihr lest ein Buch über die verschiedenen Stellungen und wie man sie auszuführen hat, und dann habt ihr Angst, daß ihr alles verkehrt macht.

Die Psychologen haben nur neue Ängste erzeugt. Jetzt sagen sie, daß der Mann dafür sorgen muß, daß auch die Frau einen Orgasmus bekommt – also macht er sich Sorgen, und die Sorgerei nützt niemandem etwas, sondern macht alles nur noch schlimmer.

Die Frau macht sich ihrerseits Gedanken, ob sie den Mann dazu bringt, sich richtig zu entspannen. Sie tut so, als sei sie in höchster Seligkeit, und dadurch wird alles unecht. Beide machen sich Gedanken um das Endresultat – und wegen dieser Gedanken kommt es nie zustande.

Vergeßt einfach alles. Geht im Moment auf und laßt euren Körpern freies Spiel. Eure Körper wissen Bescheid, sie folgen ihrer eigenen Weisheit. Sie sind aus Geschlechtszellen entstanden, sie folgen einem eingebauten Programm! Ihr seid überhaupt nicht gefragt! Überlaßt alles eurem Körper, der macht es schon richtig. Dieses »Es-der-Natur-Überlassen« auf beiden Seiten, diese Hingabe, führt euch automatisch in einen Zustand der Meditation.

Und durch diese Erfahrung beim Sex wird euch klar, daß dieses Gefühl sich jedesmal einstellt, wenn ihr euch hingebt. Dann könnt ihr euch auch einem Meister hingeben. Das ist ebenfalls eine Liebesbeziehung. Ihr gebt euch einem Meister hin und fühlt, während ihr zu seinen Füßen liegt, daß euer Kopf leer wird – ihr seid in Meditation gegangen.

Und dann braucht ihr dazu noch nicht einmal mehr einen Meister. Dann könnt ihr hinausgehen und euch dem Himmel hingeben. Dann könnt ihr hingehen und euch einem Baum hingeben ... Das kommt euch jetzt natürlich komisch vor, weil ihr nicht wißt, was Hingabe ist. So etwas sieht man nur noch bei einfältigen Menschen oder bei den Primitiven. Sie gehen hinunter an den Fluß und geben sich dem Fluß hin, nennen ihn »Göttliche Mutter«, oder sie geben sich der aufgehenden Sonne hin und nennen sie den »Großen Sonnengott«. Oder sie umarmen einen Baumstamm, legen den Kopf auf seine Wurzeln und geben sich ihm hin.

Wir halten das für Aberglauben und sagen: »Was sind das für dumme Menschen! Was soll der Baum oder der Fluß denn bewirken? Es gibt doch keine Götter! Die Sonne ist doch kein Gott!«

Aber alles wird göttlich, wenn man sich hingeben kann. Eure Hingabe macht alles göttlich. An sich gibt es nichts Göttliches; erst durch bewußte Hingabe wird das Göttliche geschaffen.

Gib dich deiner Frau hin, und sie wird göttlich. Gib dich deinem Mann hin, und er wird göttlich. Die Göttlichkeit aller Dinge offenbart sich durch Hingabe. Gib dich einem Stein hin, dann ist der Stein kein Stein mehr, sondern ein Monument mit einer Seele, etwas Lebendiges.

Lernt also, wie man sich hingibt. Und wenn ich sage: »Wie man sich hingibt«, dann meine ich keine Technik. Ich meine damit, daß ihr die natürliche Fähigkeit habt, euch der Liebe hinzugeben. Gebt euch in euren Liebesbeziehungen hin und lernt dieses Gefühl kennen. Und dann laßt euer ganzes Leben davon bestimmt sein. **(189)**

Meditation – vierundzwanzig Stunden am Tag

Wähle Glück oder Unglück

Ein Sufi-Mystiker, der sein ganzes Leben lang glücklich gewesen war – niemand hatte ihn je unglücklich erlebt –, tat nichts als lachen. Er *war* Lachen, sein ganzes Dasein strahlte Lebensfreude aus. Im hohen Alter, als es ans Sterben ging – er lag auf dem Sterbebett und genoß auch den Tod noch und wollte sich schier totlachen –, da fragte ihn einer seiner Jünger: »Du bist uns ein Rätsel. Jetzt stirbst du – aber warum lachst du? Was ist denn so komisch daran? Wir sind so traurig! Wir wollten dich schon so oft in deinem Leben fragen, warum du nie traurig bist. Aber jetzt, wo der Tod bevorsteht, sollte man wenigstens traurig sein. Und du lachst immer noch! Wie schaffst du das nur?«

Und der alte Mann sagte: »Es ist ein einfacher Schlüssel – ich hab ihn von meinem Meister. Als junger Mann war ich zu meinem Meister gekommen – ich war erst siebzehn und schon unglücklich, und mein Meister war alt, siebzig – und er saß unter einem Baum und lachte ohne ersichtlichen Grund. Es war sonst niemand da, nichts war passiert, niemand hatte einen Witz gemacht oder dergleichen. Doch er lachte einfach und hielt sich den Bauch. Ich fragte ihn: Was ist los mit dir? Bist du verrückt oder was?

Da sagte er: Es gab einmal eine Zeit, da war ich so traurig wie du. Dann dämmerte es mir, daß es *meine* Entscheidung ist, es ist *mein* Leben. Seit jenem Tag treffe ich jeden Morgen beim Aufstehen als erstes meine Entscheidung. Noch bevor ich die Augen aufmache, sage ich zu mir: Abdullah – so war sein Name –, was willst du? Unglück oder Seligkeit? Was wirst du heute wählen? Und wie es der Zufall so will, entscheide ich mich immer für die Seligkeit.«

Es ist deine Entscheidung. Probiere es aus. Frage dich im ersten Moment am Morgen, sobald du merkst, daß der Schlaf verflogen ist: »Abdullah – wieder ein Tag! Was meinst du –

wirst du Glück oder Unglück wählen?« Und wer wählt schon Unglück? Und wozu? Es ist so unnatürlich – es sei denn, man ist im Unglück selig. Aber selbst dann wählt man nicht das Unglück, sondern Seligkeit. **(190)**

Sei gegenwärtig – jetzt!

Meine ganze Betonung liegt auf dem gegenwärtigen Augenblick, denn dieser Augenblick enthält alles.

Das Jetzt ist die einzige Wirklichkeit – alles andere ist entweder Erinnerung oder Phantasie. Nur durch das Jetzt kann die Vergangenheit als Erinnerung existieren. Sie existiert nicht als Vergangenheit, sondern als Gedanke in der Gegenwart. Und das gleiche gilt für die Zukunft: Die Zukunft existiert nicht als Zukunft, sondern als Phantasie im gegenwärtigen Augenblick.

Alles, was existiert, existiert im Jetzt. Das Jetzt ist die einzige Zeit, die es gibt. Wer sich des Jetzt mehr und mehr bewußt wird, wird sich der Gegenwart Gottes bewußt.

Wir sind sehr unbewußt. Wir denken viel an die Vergangenheit, und wir denken auch viel an die Zukunft – und mit diesen Gedanken verschwenden wir unser ganzes Leben.

Die ganze Bemühung der Meditation geht dahin: Wie kannst du völlig präsent in der Gegenwart sein? Wie kannst du dich im Jetzt sammeln? Dann wird alles wunderbar. Dann ist Gehen eine Meditation, Sitzen eine Meditation, Reden eine Meditation, Zuhören eine Meditation – denn gleichgültig, ob du gehst oder sitzt – es ist immer jetzt; ob du still bist oder redest – es ist immer jetzt. Es gibt nur diese eine Zeit. Jetzt ist die Ewigkeit.

Nimm dies als Schlüssel. Du mußt daran arbeiten; du mußt dich mehr und mehr mit diesem Gedanken vertraut machen. Bei allem, was du tust, hole dich immer wieder in die Gegenwart zurück. Am Anfang wird der Verstand rebellieren und sich wehren. Die alten Muster sind machtvoll; die alte Gewohnheit zieht dich ständig dorthin und dahin. Aber mit der Zeit wird die Gegenwart dich mit tiefer Freude erfüllen, du wirst dich mehr und mehr darin gesättigt fühlen, wirst die Zufriedenheit genießen, die daraus entsteht, die Stille und den Jubel. Nach und nach werden die alten Muster, die alten Gewohnheiten verschwinden.

Und jener Tag, an dem du zum ersten Mal die ganzen vierundzwanzig Stunden des Tages in der Gegenwart lebst – das wird der Tag deiner Erleuchtung sein. Das heißt nicht, daß du nie wieder an die Vergangenheit denken wirst, sondern daß du dir ständig der Gegenwart bewußt bist. Selbst wenn du einen Gedanken über die Vergangenheit im Kopf hast, wirst du ihn als gegenwärtigen Gedanken betrachten; er wird dich nicht in die Vergangenheit ziehen. Der Gedanke ist wie eine Rose, die in dir blüht – eine Blüte der Erinnerung –, aber du bist dir des gegenwärtigen Augenblicks, des jetzigen Moments bewußt. Du bleibst im Jetzt zentriert, und dann ist es kein Problem.

Gewiß, man kann die Vergangenheit benutzen, und auch die Zukunft. Man muß ja schließlich planen – die morgige Abreise, den Kauf der Fahrkarten, die Reservierung der Fahrt – aber selbst das ist nicht die Zukunft; auch das ist Gegenwart. Man bleibt in der Gegenwart, bei allem, was man tut – in der Erinnerung ebenso wie in der Phantasie. Und wenn du davon erst einmal tief durchdrungen bist, wirst du sogar in deinen Träumen präsent sein. Du wirst sehen, wie die Träume sich entfalten, und du wirst wissen: Es ist ein Traum.

Zu wissen, daß ein Traum ein Traum ist, ist eine großartige Erfahrung. Dann bist du endlich nach Hause gekommen, dann bist du im Zentrum deines Seins angelangt. **(191)**

14. KAPITEL

Spiritualität

Ist nicht die Tatsache, daß du die Frauen auf die gleiche Stufe wie die Männer gestellt hast, einer deiner größten Beiträge zur Spiritualität?

Der Bereich der Spiritualität war seit jeher von den Männern beherrscht – und nicht nur einfach von den Männern, sondern von den männlichen Chauvinisten.

Es hat seine Gründe, warum alle spirituellen Traditionen gegen die Frauen waren. Sie waren gegen die Frauen, weil sie gegen das Leben waren. Und wenn man das Leben zerstören will, ist es am einfachsten, Mann und Frau zu trennen. Die alten Religionen lehnten alle Freude, alle Liebe, alle Lebendigkeit ab. Daher war es das Einfachste, die Frau zu verdammen und sie, wo es nur ging, vom Mann fernzuhalten, besonders in den Klöstern.

Die Frauen waren Menschen zweiter Klasse, den Männern nicht ebenbürtig.

Das hat sich natürlich auf vieles negativ ausgewirkt: Es nahm alle Verspieltheit, allen Sinn für Humor, allen Spaß weg und schuf für den Mann ebenso wie für die Frau eine äußerst triste Lebensweise. Sie sind Teile eines Ganzen, und wenn man sie voneinander trennt, wird ihnen ständig etwas abgehen. Dieser Mangel läßt sich durch nichts beheben, und dieser Mangel macht die Menschen ernst, krankhaft ernst, pervertiert und psychisch gestört. Er verzerrt die natürliche Harmonie, verzerrt das biologische Gleichgewicht. Es ist eine wahre Katastrophe, wie die Menschen seit Jahrhunderten darunter leiden.

Ja, es ist mein größter Beitrag für die Zukunft des Menschen, daß die Frauen bei mir auf der gleichen Stufe sind wie die Männer – spirituell gesehen gibt es keine Ungleichheit.

Hier bei mir kann man Lachen, Tränen und Freude erleben – das wäre in Buddhas Kommune unmöglich gewesen! Es war auch unmöglich in Mahaviras Kommunen. Obwohl Frauen dort ihre eigenen Gemeinschaften hatten, wurden sie doch in jeder Hinsicht erniedrigt. Im Dschainismus ist es üblich, daß einem männlichen Sannyasin, selbst wenn er erst einen Tag alt ist, sogar von einer siebzigjährigen weiblichen Sannyasin Respekt zu erweisen ist. Selbst wenn sie schon seit siebzig Jahren Sannyasin ist, muß sie sich vor dem frischgebackenen männlichen Sannyasin verbeugen, nur weil er ein Mann ist!

Und während die Männer nach Erleuchtung strebten, konnten die Frauen nicht direkt nach Erleuchtung streben, sondern mußten zuerst darauf hinarbeiten, im nächsten Leben ein Mann zu werden, denn das war unumgänglich: Zuerst mußte man ein Mann werden – nur dann konnte man erleuchtet werden.

Sie sahen zwar aus wie Mönche und Nonnen, doch ihre Ziele waren völlig verschieden. Der Mann hatte bereits einen viel höheren spirituellen Status, den die Frau in diesem Leben für das nächste zu erzielen trachtete – sie hinkte ein Leben hinterher. Und das ist alles Quatsch.

Was die Spiritualität betrifft, ist es keine Frage von Mann oder Frau, weil es keine Frage des Körpers oder der Biologie ist, ja nicht einmal eine Frage des Intellekts oder der Psyche.

Es ist eine Frage des Seins – und das Sein kennt keine Geschlechtsunterschiede.

Die Seele ist weder männlich noch weiblich, und die gleiche Methode, die den Mann zu seinem inneren Selbst führt, genau die gleiche Methode führt auch die Frau zu ihrem inneren Selbst. Es ist überhaupt keine Frage – denn bei der ganzen Sache geht es um den inneren Zeugen, den inneren Beobachter. *Was* man beobachtet, spielt keine Rolle – ob man einen weiblichen oder einen männlichen Körper, eine weibliche oder eine männliche Psyche beobachtet, ist völlig gleichgültig. Die Betonung liegt auf dem Beobachter – und der Beobachter ist geschlechtslos.

Selbst so bedeutende Leute wie Mahavira und Gautama

Buddha blieben letztlich Teil der von den Männern beherrschten Welt und konnten nicht dagegen revoltieren. Dies ist hier das erste Mal, daß Männer und Frauen zusammen sind, daß sie gemeinsam nach der gleichen Erfahrung streben. Und es ist ganz natürlich: Wenn gegensätzliche Energien aufeinandertreffen, gibt es mehr Verspieltheit, mehr Sinn für Humor, mehr Lachen, mehr Liebe, mehr Freundschaft – all jene Qualitäten, die das Menschsein ausmachen.

Die alten Heiligen waren geradezu unmenschlich – knochentrocken. Vor Lebenssaft zu strotzen – das stand für sie im Widerspruch zur Spiritualität. Strotzende Lebendigkeit ist für mich die Voraussetzung für Spiritualität. Wenn ein spiritueller Mensch nicht Saft und Kraft haben soll, wer dann? Wenn diejenigen, die nach der höchsten Wahrheit suchen, ihr Leben nicht zu zelebrieren verstehen, dann hat kein anderer das Recht zu feiern.

Aber die traditionellen Religionen haben sich nicht das Zelebrieren, sondern das Zölibat auf die Fahnen geschrieben. Und durch das Zölibat richteten sie bei den Menschen einen solchen psychischen Schaden an, daß an spirituelles Wachstum gar nicht mehr zu denken war. Als erstes muß man dazu psychisch gesund sein – und sie waren alle psychisch krank.

Mein Wunsch ist es, daß meine Leute natürlich sind und daß sie auf allen Ebenen – biologisch, physiologisch und psychisch – gesund sind. Nur dann, nur unter diesen gesunden Voraussetzungen, können sie eine gesunde Spiritualität entwickeln. Und ihre Spiritualität soll nichts ausklammern, ihre Spiritualität soll alles in sich aufnehmen, was auf einer tieferen Ebene liegt; dann wird sie viel reicher sein. Eine Spiritualität, die den Menschen in allen Lebensdimensionen ärmer macht, ist für mich ein langsamer Selbstmord – nichts Spirituelles.

Es ist kein Zufall, daß sämtliche alten spirituellen Traditionen gegen mich sind, denn was ich hier versuche, bedeutet, sie von ihrer Basis her zu entwurzeln. Wenn ich Erfolg habe, erweisen sich Zehntausende von spirituellen Wegen als falsch!

Mein Experiment ist also sehr entscheidend, sehr endgültig, sehr kritisch. Ich vertrete die Auffassung, daß man Eifersucht nur überwinden kann, wenn man Gelegenheit zur Eifersucht bekommt, daß man Sex nur überwinden kann, wenn es Gelegenheit zum Sex gibt – daß man etwas – was auch immer – nur überwinden kann, wenn die Gelegenheit dafür gegeben ist.

Die alten Traditionen haben die Menschen hinters Licht geführt. Durch die Trennung von Mann und Frau war keine Gelegenheit gegeben, und so fingen die Mönche und Nonnen mit der Zeit an zu glauben, sie hätten die Eifersucht transzendiert, sie hätten den Sex transzendiert. In Wirklichkeit war es genau umgekehrt: Sie hatten nichts transzendiert, sondern alles nur durch verschiedene fromme Rituale unterdrückt. Die Frauen hatten alles verdrängt, wozu sie einen Mann gebraucht hätten; die Männer hatten alles verdrängt, wozu sie eine Frau gebraucht hätten – und zwar so tief, daß sie selbst nicht einmal bemerkten, daß das alles noch vorhanden war.

Es gibt eine Geschichte aus China: Eine Frau hatte jahrelang einem Meister gedient. Er lebte in einer Hütte außerhalb der Stadt, und die Frau war sehr wohlhabend und konnte ihm stets ein köstliches Essen bringen und alles bereitstellen, was er brauchte. So mußte er nicht betteln – die Frau brachte ihm immer selbst alles zu seiner Hütte. Und so wurde er ein bedeutender Heiliger.

Als die Frau so alt geworden war, daß sie bald sterben würde – ein, zwei Tage vorher –, wurde sie sehr krank und fühlte, daß ihre Zeit gekommen war. Da rief sie die Prostituierte der Stadt zu sich, die eine sehr schöne Frau war, und sagte zu ihr: »Ich zahle dir jeden Preis, wenn du mir einen einfachen Gefallen tust: Geh mitten in der Nacht zu dem Mönch, den ich mein ganzes Leben lang verehrt habe. Er glaubt, daß er den Sex überwunden hat, und ich glaube das auch, aber es ist noch nie auf die Probe gestellt worden. Geh mitten in der Nacht zu ihm hin – er meditiert um diese Zeit –, klopfe an seine Tür und trete ein. Laß einfach die Kleider fallen und steh nackt da. Merk dir alles genau, was er sagt und tut – und dann komm hierher zurück. Und der Preis, den du verlangst, den will ich dir bezahlen.«

Die Prostituierte sagte: »Kein Problem«, und sie ging hin, klopfte an die Tür, und der Mönch öffnete. Sie ließ sofort ihr Gewand fallen – sie trug nur dieses Gewand – und stand nackt vor dem Mönch.

Der Mönch schrie: »Was tust du da!« und zitterte. Und bevor die Frau irgend etwas sagen konnte, rannte er durch die Tür hinaus. Sie kehrte zu der alten Frau zurück und erzählte ihr: »Es ist nicht viel passiert. Er hat die Tür geöffnet, ich ließ mein Kleid fallen, und er fing an zu zittern und schrie: Was tust du da? Warum bist du hergekommen? – und flüchtete durch die offene Tür in den Wald.«

Da sagte die Frau: »Ich habe meine Jahre vergeudet, um diesem Idioten zu dienen! Hier, nimm deinen Lohn und tu noch etwas für mich. Auch dafür will ich dir geben, was immer du begehrst: Geh und steck die Hütte in Brand!«

Diese Mönche und Nonnen werden von ihren Religionen gezwungen, getrennt zu leben. Und wenn man ihre Schriften studiert, ist es manchmal zum Lachen. Ein Dschaina-Mönch muß erst fragen, bevor er sich irgendwo hinsetzt: »Hat eine Frau vorher hier gesessen?« – und es müssen mindestens neun Minuten seither vergangen sein. Ich weiß nicht, wie sie auf neun Minuten gekommen sind! Erst dann kann er den Platz mit seinem kleinen Besen aus weicher Wolle fegen, damit nicht irgendein kleines Insekt oder eine Ameise getötet wird, und dann kann er seine Bambusmatte ausbreiten und sich daraufsetzen.

Ich habe diese Leute gefragt: »Wieso denn neun Minuten?«, und sie sagten: »Wenn eine Frau an einem Platz gesessen hat, verweilen ihre Schwingungen dort noch neun Minuten lang, und ein Mönch kann dadurch gestört werden.« Ich sagte: »Was sind denn das für Mönche? Ein normaler Mann fühlt sich nicht gestört, aber eure Mönche fühlen sich gestört? Das beweist doch nur, daß sie ununterbrochen an Sex denken und an nichts anderes!«

Der wichtigste Grund, warum Männer und Frauen getrennt wurden, war der, daß man auf diese Weise mit einem Schlag vieles in den Griff bekam – sonst hätte man zahllose

Schläge gebraucht und hätte es trotzdem nicht geschafft, all diese Dinge an ihrer Wurzel zu zerstören.

Die Ernsthaftigkeit religiöser Leute hat nicht das geringste mit Spiritualität zu tun. Ihre Ernsthaftigkeit rührt von der Art, wie sie leben – abgespalten von ihrem Herzen.

Ein religiöser Mensch sollte voller Freude sein – voller Humor, Lachen und Liebe.

Mit dem, was wir hier versuchen, leisten wir zweifellos einen der wesentlichsten Beiträge. Alle Traditionen, alle Religionen werden es ablehnen – die ganze Welt wird es ablehnen, weil wir damit den Beweis erbringen, daß sie alle seit zehntausend Jahren unrecht haben – und das verletzt ihr Ego. Lieber würden sie uns vernichten, als die Tatsache zu akzeptieren, daß Spiritualität voller Lachen, voller Humor, voller Verspieltheit sein sollte – denn wenn man sich entspannt und sich in tiefem Vertrauen der Existenz überläßt, dann gibt es keine Angst mehr, kein Problem, keine Verzweiflung. Wozu sollte man da ernst sein?

Aber das steht im Widerspruch zur gesamten Vergangenheit. Und nicht nur in diesem Punkt widerlege ich die ganze Vergangenheit. Auch in vielen anderen Punkten widerlege ich sie – einfach schon deshalb, weil die Vergangenheit vom Mann beherrscht wurde und die Regeln von den Männern aufgestellt wurden, ohne daß man die Frau je berücksichtigt hätte. Das Weibliche ist überhaupt nicht in Betracht gezogen worden.

Die Tragik ist aber: Wenn der Mann das Weibliche nicht in Betracht zieht, teilt er sich selbst entzwei. Sobald er das Weibliche außen verleugnet, verleugnet er ebenso das Weibliche in seinem Innern – und so entsteht ein Schizophrener, und nicht etwa ein spiritueller Mensch. Er braucht psychologische Behandlung und keine Verehrung! **(192)**

Vielleicht ist euch nicht klar, was ich hier eigentlich mache und wie ich es mache. Ihr mögt euch der Konsequenzen gar nicht bewußt sein. Sie sind sehr weitreichend.

Ich versuche, den ganzen alten Unterbau von Religion zu

zerstören und sie auf eine völlig neue Grundlage zu stellen – eine Grundlage, die natürlich, spontan und menschlich ist, eine Grundlage, die auch das Verhältnis zwischen Mann und Frau in seiner ganzen Schönheit und Größe einbezieht.

Und das muß ich euch sagen: Solange ihr nicht eure Sexualität in ihrer Gesamtheit dankbar und liebevoll annehmt, werdet ihr nie über sie hinausgehen können. Der Weg, um über etwas hinauszugehen, geht mitten hindurch. Jene, die versucht haben, die Sexualität zu umgehen, blieben immer darin verfangen. Jede Erfahrung, vor der man die Augen verschließt, bleibt bestehen: Sie macht sich wieder und wieder bemerkbar, hämmert an die Tür und begehrt Einlaß. Ihr könnt keinen Teil eures Seins verleugnen, und wenn ihr irgend etwas verleugnet, werdet ihr niemals ganz werden.

Nichts darf verleugnet werden. Alles muß akzeptiert und transformiert werden.

Ich nenne denjenigen einen weisen Menschen, der alles, was Gott ihm gibt, akzeptiert und es transformiert, ohne etwas von sich zu weisen – weil nichts, was Gott euch gibt, falsch sein kann. Wenn ihr denkt, daß etwas falsch ist, dann ist das nur euer Vorurteil, eure Vorstellung, eure Interpretation.

Da ist die Wut. Wenn Wut zu eurer Meditation wird, werdet ihr entdecken, daß aus der Wut ein neues Phänomen entsteht: Mitgefühl. Nur ein Mensch, der wütend werden kann, kann auch mitfühlend sein. Wenn man keine Wut in sich hat, kann man nicht mitfühlend sein – höchstens kraftlos, ohne Rückgrat.

Aus Sex wird *Samadhi* – kosmisches Bewußtsein. Sex ist die unterste Sprosse der Leiter, die zu Samadhi führt, und Samadhi ist die oberste Sprosse. Aber zur obersten Sprosse könnt ihr nur gelangen, wenn ihr bei der untersten anfangt. An der untersten Sprosse sind die Wurzeln, und auf der untersten Sprosse beruht die oberste. Die unterste ist nicht minderwertig. Wenn ich sie die »unterste« nenne, dann ist das keine Bewertung, sondern eine Positionsangabe. Der Unterbau muß an der tiefsten Stelle sein; nur dann kann man darauf ein Gebäude errichten. Daß er zuunterst ist, bedeutet nicht, daß er geringer ist – im Gegenteil: Er trägt das ganze Gebäude; ohne ihn könnte das ganze Gebäude nicht existieren.

Sex ist der Unterbau des Lebens – das Grundgerüst. Alles, was geschieht, geschieht durch immer dieselbe sexuelle Energie. Und es gibt viele, viele Erscheinungsformen, zu denen diese Energie transformiert werden kann: Sie kann zu Liebe werden, sie kann zu Andacht werden, sie kann zu Samadhi werden – und letztlich wird sie zu Gott.

Sex ist der Same Gottes. Sex ist noch nicht Gott selber, aber der Same enthält schon den Baum. Sex enthält schon das Potential, und nur wenn ihr den Samen liebt und ihn in die Erde eurer Bewußtheit sät, könnt ihr den Baum bekommen, mit all seinen wunderbaren Blüten und all seiner Pracht. Nur dann kann der tausendblättrige Lotos in eurem Sein aufblühen.

Man hat die Frauen verdammt, weil man den Sex verdammte. Die Verdammung der Frauen ist sekundär; die grundlegende Verdammung gilt dem Sex. Und solange man den Sex nicht akzeptiert, wird man auch die Frau niemals akzeptieren.

Darum gebe ich euch eine völlig neue Vision: Akzeptiert das Leben mit allem, was darin enthalten ist. Alles ist gut. Das bedeutet nicht, daß ihr dort, wo ihr seid, stehenbleiben sollt. Alles ist gut – das bedeutet, daß alles benutzt werden kann, um euch zu immer höheren Erfahrungen zu führen. Man kann alles als Sprosse benutzen. **(193)**

Ist es für eine Frau schwieriger als für einen Mann, ein erleuchteter Meister zu werden?

Du verstehst nicht das wahre Problem! Der eigentliche Grund, warum die Frauen nicht so gut darin abschneiden wie die Männer, ist der, daß ihnen die Ehefrau fehlt! Und ich fürchte, solange dieser Schnitzer der Natur nicht durch Wissenschaft oder Ökonomie korrigiert wird, bleiben wir Männer immer das schwächere Geschlecht!

Der Mann ist das schwächere Geschlecht. Und weil die Frau ihn auf jede mögliche Weise in den Wahnsinn treibt, fängt er an, in alle Richtungen zu rennen, herumzustolpern und jede Chance zu nutzen, um sich aus dem Staub zu machen. So geschieht es, daß einige Männer rein zufällig zu erleuchteten Meistern werden. Andere werden zu Malern, zu Dichtern, zu Wissenschaftlern.

Die Frauen bringen nur deshalb keine solchen Leistungen, weil niemand sie dazu treibt. Aber der Mann kann natürlich nicht so direkt sagen: »Du treibst mich in den Wahnsinn«, sondern er sagt: »Du inspirierst mich! Ohne dich wäre ich nichts!« Und das ist wahr, das ist buchstäblich wahr.

Darum habt Mitleid mit den armen Männern! Sie *mußten* zu Meistern werden: Buddha, Zarathustra, Dionysius ... Denkt nur an Sokrates und seine Frau Xanthippe – ohne diese Frau wäre Sokrates nicht Sokrates! Es war seine Frau, die ihn zur Philosophie trieb. Was kann man anderes tun, um sich in Sicherheit zu bringen? Man wird zum Philosophen!

Ein junger Mann fragte Sokrates: »Ich trage mich mit dem Gedanken zu heiraten, und da ich deinen Rat immer sehr zu schätzen wußte, bin ich gekommen, um dich zu fragen. Was empfiehlst du mir? Soll ich heiraten oder nicht?« Und Sokrates sagte: »Du solltest heiraten, du mußt unbedingt heiraten!«

Der junge Mann hatte gedacht, Sokrates würde sagen: »Heirate nicht«, weil er wußte, wie es Sokrates mit Xanthippe erging. Einmal hatte sie ihm einen ganzen Topf kochenden Wassers über den Kopf geschüttet – den ganzen Topf! Sie verbrannte ihm das halbe Gesicht, und sein ganzes Leben lang lief er mit verbranntem Gesicht herum. Und oft verdrosch sie ihn – das muß eine stramme Frau gewesen sein, eine richtige Amazone!

Und dieser junge Mann dachte, Sokrates würde sagen: »Heirate bloß nie! Nimm dir ein Beispiel an meinem Leben!« Aber Sokrates sagte: »Du solltest heiraten.«

Der junge Mann sagte: »Jetzt bin ich noch verwirrter als vorher. Du sagst, ich sollte heiraten? Aus welchem Grund?«

Sokrates sagte: »Wenn du eine schöne Frau bekommst, wirst du ein zufriedenes Leben haben. Und wenn du eine Frau wie meine bekommst, wirst du ein großer Philosoph werden!«

Die Frau hat sich in keinem Bereich, in keiner Dimension mit großen Leistungen hervorgetan, weil ihr einfach die innere Spannung für große Leistungen abgeht. Ganz im Ernst – sie trägt nicht die innere Spannung in sich, die jemanden zu großen Leistungen antreibt. Sie ist viel entspannter, viel ausgeglichener als der Mann. Der Mann birgt in sich eine tiefe Unausgewogenheit.

Aufgrund der Tatsache, daß der Mann keine Kinder hervorbringen kann, daß er nicht Mutter werden kann, daß er keine Gebärmutter hat, empfindet er – so behaupten zumindest die Psychologen – einen tiefen Neid. Im Vergleich zur Frau, die schöpferisch ist, indem sie Leben zur Welt bringt, kommt er sich unfruchtbar vor, und um das zu kompensieren, erschafft er großartige Malerei, Dichtung, Bildhauerei, Architektur – oder er geht auf die Suche nach der Wahrheit.

Die Frau fühlt sich rund – entspannt und geborgen. Im Grunde kann sie nicht begreifen, wozu ein Mann wie Mahavira sich zwölf Jahre lang dermaßen abgequält hat! Ich weiß von keiner einzigen Frau in der ganzen Menschheitsgeschichte, die sich auch nur zwölf Tage lang so sehr gequält hätte wie Mahavira! – »Auf der Suche nach der Wahrheit? Was für eine Wahrheit?« Das interessiert die Frau nicht im geringsten. Sie interessiert sich mehr dafür, was mit der Nachbarsfrau passiert. – »Was für eine Wahrheit? Und was hat man davon, wenn man sie erlangt? Kann man sie essen? Kann man sie verkaufen? Vermehrt sie das Bankkonto? Was macht man damit, wenn man sie hat?« – Sie kann einfach nicht verstehen, weshalb diese Leute so verrückt sind nach der Wahrheit – der »Höchsten Wahrheit«! Wollen das Ewige Leben erlangen und haben nicht mal eine Ahnung, wie man dieses kleine Leben lebt!

Die Frau hat ganz andere Interessen – mehr von der pragmatischen als von der metaphysischen Art. Sie interessiert sich mehr für die Liebe als für die Logik. Die Logik hat für Frauen keinen Reiz. Ich habe noch nie eine durch und durch intellektuelle Frau getroffen. Heutzutage, im Gefolge des Feminismus, versuchen zwar viele Frauen, sich intellektuell zu geben – sie rauchen wie die Männer und diskutieren große Dinge –, aber man kann sehen, wie oberflächlich es ist. Es kann nicht sehr tief gehen; es liegt nicht in ihrer Natur. Ihr natürliches Wesen ist ganz anders – und daran ist nichts falsch.

Der Mann hat seine eigene Art. Und es ist klar: Alle Geschichtsbücher wurden von Männern geschrieben, und darum haben sie nur von Männern berichtet. Die Frauen hat man übergangen, man hat sie einfach ignoriert. Es hat mit Sicherheit bedeutende Frauen gegeben, aber sie waren vielleicht auf andere Weise bedeutend – großartige Liebende, großartige Mütter, großartige Ehefrauen. Mag sein, daß es nicht viele großartige Dichterinnen gab – aber dafür großartige Köchinnen!

Ich würde nicht wünschen, daß die Frauen mit den Männern wetteifern. Sie sollten einfach sie selbst sein. Das hat man ihnen zwar noch nie gesagt, aber die Frauen sollten nur sie selbst sein, und sie sollten so meditieren, wie es ihrem natürlichen Wesen entspricht. Für sie sollte das eigene, natürliche, spontane Leben ihre Meditation sein. Dann wird es auch erleuchtete Frauen geben.

Sie werden nicht wie Buddha sein – das können sie nicht sein, brauchen sie auch gar nicht zu sein. Aber sie brauchen sich deswegen nicht unterlegen zu fühlen. Sie werden ihre eigene Größe haben, die kein Buddha jemals haben kann. Sie werden ihre eigenen Erfahrungen machen, die kein Mahavira jemals machen kann. Die Frau hat eine andere innere Welt als der Mann.

Der Mann ist aggressiv. Ja, um ein Meister zu sein, ist sogar eine gewisse Aggressivität unumgänglich, sonst kann man kein Meister werden. Eine Frau kann ein großartiger Jünger sein, aber sie kann nicht Meister sein. Und wohlgemerkt, daran ist nichts falsch. Sie ist deswegen nicht weniger wert, bloß weil sie kein Meister sein kann.

Ein Jünger braucht Empfänglichkeit; er muß empfangen können. Selbst die männlichen Schüler müssen in gewisser Weise weiblich werden. Der Schüler muß beim Meister zu einer Art Mutterschoß werden, zu einem Empfangenden, einem Gefäß. Darum erweist sich die Frau als perfekter Jünger.

Maria Magdalena ist der perfekte Jünger – kein anderer Jünger Jesu kommt ihr im entferntesten nahe. Im Gegenteil, einer seiner männlichen Jünger, Judas, verursachte seinen Tod, und alle anderen verdrückten sich, als Jesus gekreuzigt wurde. Aber wer holte seinen Körper vom Kreuz herunter? – Drei Frauen! Die eine war seine Mutter Maria, die anderen waren Magdalena und deren Schwester. Und wo blieben die männlichen Jünger? – Sie verdrückten sich alle. Sie hatten Angst, geschnappt zu werden. Aber diese drei Frauen hatten keine Angst – Liebe kennt keine Angst. Und ihre Jüngerschaft war vollkommen.

Ein vollkommener Jünger zu sein ist gleichwertig damit, ein vollkommener Meister zu sein. Es sind nur unterschiedliche Vorgehensweisen.

Für einen Mann ist es sehr schwierig, ein vollkommener Jünger zu sein; er bleibt immer irgendwie unvollkommen. Mir ist noch kein Mann untergekommen, der ein vollkommener Jünger gewesen wäre – nur zu neunundneunzig Prozent, vielleicht neunundneunzig Komma neun Prozent. Bei einem Mann bleibt immer etwas von seinem aggressiven Wesen bestehen; so nahe er der Vollkommenheit auch kommen mag – irgend etwas bleibt davon zurück. Zu einem vollkommenen Meister kann er jedoch werden, dazu reicht es. Wenn ein männlicher Jünger zu neunundneunzig Komma neun Prozent vollkommen ist, wird er erleuchtet – er wird zu einem vollkommenen Meister.

Die Frau hingegen ist als Jünger vollkommen – so vollkommen, daß sie überhaupt nicht auf die Idee kommt, Meister werden zu wollen. Sie geht völlig zufrieden in ihrer Jüngerschaft auf, ist so erfüllt, daß sie dafür keine Notwendigkeit sieht.

Meine Beobachtung ist, daß jeder männliche Schüler insgeheim den Wunsch hegt, eines Tages zum Meister zu werden. Das ist auch der Grund, warum viele männliche Schüler ihren Meister verraten haben: weil sie nicht so lange warten konnten.

Buddha wurde von Devadatta verraten, seinem eigenen Neffen und engsten Schüler. Judas war der intellektuellste und intelligenteste Jünger Jesu. Er wäre gewiß zum Nachfolger Jesu geworden. Vielleicht war das unbewußt der Grund, warum er sich auf die Seite der Feinde schlug und ihnen half, Jesus zu fangen – denn ich kann mir nicht vorstellen, daß ihm an den dreißig Silbermünzen so viel lag. So ein Mann war er nicht. Er war sehr intellektuell, gebildet, sehr kultiviert; er hätte Jesus nicht einfach wegen dreißig Silberlingen verkauft. Aber in ihm muß ein unbewußter Wunsch gewesen sein: Wenn Jesus von der Szene verschwand, dann wäre alles in seiner Hand – natürlich, denn er war der Intelligenteste, Intellektuellste in dem ganzen Kreis. Alle anderen waren Bauern, Fischer, Zimmerleute, Gärtner – arme Leute, einfache Leute.

Der männliche Jünger trägt sich unbewußt mit der Idee, früher oder später zum Meister zu werden. Und wenn er bei ihm bleibt, wird er auch früher oder später zu einem Meister werden. Aber es gibt ungeduldige Leute, die es so eilig haben, daß sie es kaum erwarten können.

Der weibliche Jünger hingegen hat nicht diesen Wunsch, Meister zu werden. Die Frau hat den Wunsch, als Jünger vollkommen zu sein, durch und durch Jünger zu sein, und dazu ist sie auch in der Lage, hundertprozentig.

Deine Frage ist deshalb so ähnlich, wie wenn ein Mann mich fragen würde: »Warum werden immer nur Frauen zu Müttern, aber nie Männer?« Was soll ich darauf antworten? Was kann ich daran ändern? Sie haben eine andere Biologie, eine andere Psyche. Sie sind eigentlich eine andere Spezies – aber das macht die gegenseitige Anziehung aus. Sie leben auf verschiedenen Planeten.

Der Mann lebt im Intellekt, und der Intellekt ist aggressiv. Die Frau lebt im Instinkt, in der Intuition, und diese ist rezeptiv. Der Mann lebt im Kopf – die Frau lebt im Herzen. Der Mann lebt in der Logik – die Frau lebt in der Liebe. Für den Mann ist die Liebe nur eine Entspannung von der Logik. Für die Frau kann die Logik nur ein Spiel sein; sie wird es gelegentlich mitspielen, um zu zeigen, daß sie es ebenfalls beherrscht, aber sonst ist es eigentlich nicht ihre Sache.

Und wenn ich diese Dinge sage, vergeßt nicht, daß ich die Ausnahmen nicht berücksichtige. Ausnahmen bestätigen immer die Regel. Ich rede nur von der Regel.

Es hat auch ein paar weibliche Meister gegeben: Rabiya al-Adabiya, Sahajo, Daya, Lalla, Meera – ein paar, aber nur sehr wenige weibliche Meister. Sie müssen eine sehr männliche Psyche gehabt haben! **(194)**

Ich kann mich nicht in dich verlieben wie in einen Geliebten, aber es fühlt sich mit dir irgendwie richtig an. Liegt das daran, daß ich meine Macken mit Männern habe? Ist es für unsere anderen Beziehungen notwendig, daß wir in den Meister verliebt sind?

Du hast mich überhaupt nicht verstanden. Du brauchst dich nicht in mich zu verlieben wie in einen Geliebten, und ich brauche für dich kein Geliebter zu sein.

Aber ich kann deine Schwierigkeit verstehen: Du verstehst nicht, wie Liebe möglich sein kann, ohne daß man sich verliebt, wie man sich sonst in einen Geliebten verliebt. Ihr könnt mich aber lieben, ohne meine Geliebten zu sein – und das ist die höchste Form von Liebe, die reinste Liebe.

Man muß das richtig verstehen: Die Beziehung zwischen einem Meister und seinem Schüler ist nicht von dieser Welt. Der Meister ist weder dein Vater noch dein Bruder, er ist weder dein Ehemann noch deine Ehefrau, und er ist auch nicht dein Kind. Nein – keine der Beziehungen, die es auf dieser Welt gibt, ist mit der Beziehung zwischen einem Meister und seinem Schüler vergleichbar. Sie ist gewissermaßen all diese Beziehungen zusammen, oder keine von ihnen.

In gewissem Sinne ist er wie ein Vater, in gewissem Sinne

ist er wie ein Kind für dich. Wenn ich sage, daß er in einem gewissen Sinne wie ein Vater für dich ist, muß das nicht heißen, daß er älter ist als du; er kann noch sehr jung sein. Aber in gewissem Sinne ist er wie ein Vater für dich, weil er gibt und du empfängst. Und weil er auf einem Berggipfel lebt und du im Tale, muß er nicht unbedingt älter sein als du, gemessen an Zeit, aber er ist unendlich älter als du, gemessen an Ewigkeit. Und in gewissem Sinne wird er auch wie ein Kind für dich sein, weil er wieder zum Kind geworden ist.

Diese Beziehung ist äußerst kompliziert, äußerst komplex. Er kann für dich kein Ehemann sein, weil er nicht von dir Besitz ergreift und du nicht von ihm. Aber in einem gewissen Sinne ist er wie ein Ehemann. Ohne daß er von dir Besitz ergreift, bist du besessen. Ohne daß er sich darum bemüht, wird deine Haltung ihm gegenüber die einer Liebenden sein.

Die Beziehung zwischen Meister und Schüler erfordert, daß der Schüler eine weibliche Haltung einnimmt, weil er der Empfangende ist; er muß offen sein. Er muß geradezu schwanger sein mit dem Meister, nur dann ist eine Neugeburt möglich.

In einem anderen Sinne ist der Meister wie eine Ehefrau, weil er so weich ist. Alle Ecken und Kanten sind aus seinem Leben verschwunden. Mit der Zeit wird er immer runder und weicher. Sogar sein Körper, sein ganzes Wesen, wird femininer. Darum sieht Buddha fast wie eine Frau aus. Ein Meister ist in gewissem Sinne auch schwach, und seine Schwäche ist die ihm innewohnende Kraft. Er ist in gewissem Sinne feminin, weil alle Aggression verschwunden ist, alle Härte fort ist. Er ist mehr wie eine Mutter als wie ein Vater.

Es ist eine sehr komplexe Angelegenheit, denn sie verlangt von keinem, daß er zum Geliebten wird, und gleichzeitig verlangt sie von jedem, daß er sich verliebt.

Du sagst: *»Ich kann mich nicht in dich verlieben wie in einen Geliebten, aber es fühlt sich mit dir irgendwie richtig an.«*

Wie kalt! »Irgendwie richtig«? Irgendwie richtig ist nicht genug! Solange ich nicht mehr als richtig für dich bin, wird gar nichts passieren. »Irgendwie richtig« ist viel zu kalkuliert,

»irgendwie richtig« ist nicht ausreichend. »Irgendwie richtig« bedeutet, daß ich dir nur an der Peripherie begegne, aber nicht im Zentrum. Und wenn du sagst: »Du bist irgendwie richtig für mich«, kann diese Beziehung nicht vom Herzen kommen. Sie kommt nur vom Kopf – berechnend, clever, kalkulierend, auf Nummer sicher gehend, abseits stehend. Sie läßt sich nicht auf das Risiko einer Herzensbeziehung ein; sie bleibt nur am Rande stehen, jederzeit bereit davonzulaufen – das bedeutet »irgendwie richtig«. Und »irgendwie richtig« hat kein bißchen Energie; es ist kalt.

Die Beziehung zwischen einem Schüler und seinem Meister ist keine kalkulierte Beziehung. Nur wenn der Meister für dich zum *einzigen* Meister wird – nicht, daß er der einzige wäre; es gibt viele, aber das ist nicht der Punkt – nur wenn er für den Schüler zum *einzigen* Meister wird, wenn die ganze Geschichte, wenn Vergangenheit und Zukunft, wenn alles andere neben diesem einen Menschen verblaßt und er allein in deinem Herzen übrig bleibt – nur dann kann etwas passieren!

»Irgendwie richtig« ist überhaupt nicht richtig. »Irgendwie richtig« bedeutet beinahe schon »falsch«. Versuche, aus dieser Falle des »irgendwie richtig« herauszukommen. Wenn du überfließend zu mir kommst – nur dann wirst du mich finden. Wenn du angerannt kommst, wenn du rennst, so schnell du kannst – nur dann wirst du mich finden. Wenn du kopfüber in mich hineinspringst – nur dann wirst du mich finden. Es ist zu geschäftsmäßig, wenn du sagst: »Irgendwie richtig.«

Wachse entweder darüber hinaus – oder geh weg von mir! Vielleicht kannst du dich irgendwo anders in jemand anderen verlieben. Denn die Frage ist nicht, ob du dich in Meister A oder Meister B oder Meister C verliebst – das ist nicht entscheidend. Entscheidend ist, *daß* du dich verliebst. Wo auch immer es für dich geschieht, dort geh hin. Wenn die Beziehung »irgendwie richtig« ist, dann bin ich nicht dein Meister, dann bist du nicht mein Jünger.

»Liegt das daran, daß ich meine Macken mit Männern habe?« – Nein, das liegt nicht daran, daß du deine Macken mit Männern hast. Es liegt an *dir*, an deinem Ego, und deine Macken

mit Männern hast du auch nur wegen deines Egos, aus dem gleichen Grund. Wenn eine Frau sich keinem einzigen Mann hingeben kann, liegt es nicht daran, daß es zu wenig Männer gäbe oder keine Männer da wären. Es liegt daran, daß die Frau noch nicht erwachsen geworden ist, denn nur eine erwachsene Frau kann sich hingeben. Nur eine erwachsene Frau bringt den Mut auf, sich hinzugeben. Ansonsten ist sie kindisch und unreif geblieben, und dann wird sie mit jedem Mann Probleme haben.

Wenn du dich in der Liebe nicht hingeben kannst, wird es sehr schwierig für dich sein, dich jemals hinzugeben. Auch bei einem Meister geht es um Hingabe – eine größere Hingabe, als irgendein Mann, irgendeine Frau jemals von dir verlangen kann. Ein Mann verlangt die Hingabe deines Körpers von dir, wenn er nur über den Sex mit dir in Beziehung ist. Wenn er dich auch liebt, verlangt er die Hingabe deiner Psyche. Aber ein Meister verlangt *alles* von dir – Körper, Psyche, Seele – dein ganzes Wesen. Darunter geht es nicht.

Es gibt drei Möglichkeiten, wenn du zu einem Meister kommst: Die erste Möglichkeit ist, mit ihm über den Kopf, auf intellektueller Ebene, in Beziehung zu treten. Das ist nicht viel. Du wirst vielleicht seine Gedanken mögen, aber das heißt noch nicht, daß du ihn magst. Seine Gedanken, seine Meinungen zu mögen, heißt nicht, ihn zu mögen. Man kann die Gedanken auch getrennt vom Meister annehmen – dann braucht man sich auf keine Beziehung mit ihm einzulassen. Das ist bei der Fragestellerin der Fall: Ihre Beziehung ist intellektueller Art; darum ist es nur »irgendwie richtig«.

Eine andere Möglichkeit ist, sich mit dem Herzen zu verlieben. Dann spielt es keine Rolle, was der Meister *sagt*; dann geht es um ihn selbst. Wenn ihr nur intellektuell mit mir in Beziehung tretet, werdet ihr früher oder später von mir weggehen müssen, weil ich mir ständig selbst widerspreche. Ein Gedanke entspricht euch, aber ein anderer vielleicht nicht. Eine Idee gefällt euch, aber eine andere könnt ihr nicht akzeptieren – und ich widerspreche mir selbst ständig.

Ich widerspreche mir selbst aus einem ganz bestimmten

Grund: Ich will nur solche Leute um mich haben, die mich lieben, und nicht solche, die nur intellektuell von mir überzeugt sind. Um sie loszuwerden, muß ich ständig paradox sein.

Es ist eine Art Ausfiltern, ein sehr subtiles Aussortieren. Ich werde nie zu jemandem sagen: »Geh weg.« Ihr werdet von selbst gehen, und ihr werdet euch gut dabei fühlen – dieser Mann war einfach zu widersprüchlich, und darum seid ihr gegangen! Nur diejenigen, die über das Herz mit mir verbunden sind, werden sich nicht an den Widersprüchen stoßen. Sie werden sich nicht darum kümmern, was ich sage – sie werden direkt in mich hineinschauen. Sie kennen mich, ich kann ihnen nichts vormachen. Sie kennen mich unmittelbar – aber nicht durch das, was ich sage. Das, was gesagt wird, ist nicht so wichtig.

Seht den Unterschied: Jemand, den meine Gedanken überzeugt haben, ist durch diese Gedanken mit mir verbunden. Jemand, der mich liebt, wird zwar mit meinen Gedanken, aber durch *mich* in Verbindung sein, und das ist ein großer Unterschied.

Dann gibt es eine dritte Art von Beziehung, und diese ist nur möglich, wenn die zweite Art von Beziehung eingetreten ist. Wenn du wirklich liebst, wird die Liebe etwas so Selbstverständliches, daß sie nicht mehr da ist. Und wenn ich sage, sie verschwindet, meine ich nicht, daß sie verschwindet. Ich meine damit, daß man sich ihrer nicht mehr bewußt ist. Seid ihr euch noch eures Atems bewußt? Ja, wenn etwas Ungewohntes eintritt – wenn ihr schnell lauft und der Atem heftig wird und ihr ganz außer Atem seid, dann ja. Aber wenn ihr euch in eurem Sessel ausruht und alles in Ordnung ist – seid ihr euch dann des Atems bewußt? – Nein, es ist unnötig. Erst wenn ihr Kopfweh habt, werdet ihr euch eures Kopfes bewußt – wenn etwas falsch läuft. Wenn der Kopf ganz gesund ist, seid ihr kopflos.

Das ist die Definition von Gesundheit: Wenn der Körper vollkommen gesund ist, nehmt ihr ihn gar nicht wahr – es ist, als wäre er nicht vorhanden; ihr werdet körperlos.

Und das ist auch die Definition von vollkommener Liebe: Sie ist die höchste, die absolute Gesundheit, denn Liebe macht euch ganz. Wenn ihr einen Meister liebt, vergeßt ihr mit der Zeit völlig, daß ihr liebt. Es ist so natürlich geworden wie das Atmen.

Und dann entsteht eine dritte Art von Beziehung, die weder im Kopf noch im Herzen stattfindet, sondern im innersten Wesen. Herz und Kopf sind zwei Schichten, hinter denen sich das Zentrum eures Seins verbirgt. Ihr könnt es *Atma* nennen, Selbst, Seele, oder wie immer ihr wollt, denn auf dieser Ebene ist eine begriffliche Unterscheidung nicht mehr sinnvoll. Genausogut könnt ihr es auch Nicht-Selbst, *Anatma,* nennen.

Der Kopf ist der Anfang; bleibt nicht darin stecken. Das Herz ist der Kanal, durch den ihr hindurchgeht, aber laßt euch auch darin nicht häuslich nieder. Von Sein zu Sein – erst dort verschwinden die Grenzen. Dann sind Schüler und Meister nicht mehr getrennt. Sie existieren zwar als zwei Wesen, aber nur ein einziges Bewußtsein strömt dann von einem Ufer zum anderen. **(195)**

Du sprichst von Gott immer als einem »Er«. Was sind eigentlich seine weiblichen Eigenschaften?

Das ist ein sehr heikles Problem ... Eigentlich hat Gott ausschließlich weibliche Eigenschaften, und darum nenne ich ihn »Er«, weil er sonst keinen Grund hätte, sich als Mann zu verstehen. Eigentlich kann er einem nur leid tun! Und zumindest das könnt ihr ihm doch zugestehen, oder? Er hat sämtliche Eigenschaften einer Frau, aber ihn »Sie« zu nennen – das ginge nun doch zu weit! Nur um den Ausgleich herzustellen, nenne ich ihn »Er«.

Gott ist mehr wie eine Mutter als wie ein Vater. Gott ist mehr wie ein Mutterschoß als sonst irgend etwas. Aus Gott werden wir geboren und in Gott lösen wir uns wieder auf. Er ist unsere Geburt und unser Tod. Er ist wie der Ozean: Er »wellt« uns – wir sind seine Wellen. Er absorbiert uns, und wir verschwinden. Er ist Mitgefühl, ist Liebe. Alle seine Eigenschaften sind weiblich.

Macht euch also keine Gedanken darüber, daß ich ihn »Er« nenne. Es wäre zu realistisch, ihn »Sie« zu nennen, nicht wahr? Soviel Phantasie, soviel Poesie könnt ihr mir doch zugestehen – daß ich ihn »Er« nenne. Das bringt die Sache ins Gleichgewicht.

Im Grunde ist er weder das eine noch das andere – kann es nicht sein, denn aus ihm wird der Mann geboren, aus ihm wird auch die Frau geboren. Entweder ist er beides oder keines von beidem – denn er ist alles.

Aber ich verstehe diese Frage. Sie muß von einer Frau stammen, die eine Feministin ist. Die Feministinnen haben angefangen, Gott »Sie« zu nennen. Daran ist nichts verkehrt! Ja, vielleicht wird es sogar allmählich zur Regel.

Die gesamte Menschheit hat zu allen Zeiten Gott als einen »Er« betrachtet. Vielleicht steckt in dieser Tatsache etwas von der männlichen Psyche, weil es der Mann war, der all die Schriften verfaßt hat. Es wäre den Männern zu sehr gegen den Strich gegangen, sich Gott als eine »Sie«, als Frau, vorzustellen. Dafür hätte das männliche Ego nichts übrig gehabt. Deswegen braucht man jetzt aber nicht ins andere Extrem zu fallen. Worauf ich euch immer wieder hinweise, ist, daß man Extreme vermeiden sollte.

Bisher haben wir ihn »Er« genannt – mag sein, daß eine männlich-chauvinistische Einstellung dabei eine Rolle gespielt hat. Jetzt könnten wir anfangen, ihn »Sie« zu nennen – dann wird lediglich eine weiblich-chauvinistische Einstellung ins Spiel kommen.

In Indien gibt es ein neutrales Wort – weder männlich noch weiblich, von neutralem Geschlecht. *Brahma*, das indische Wort für Gott, ist ein Neutrum. Wir nennen ihn »Es«, und das erscheint mir am besten und wissenschaftlichsten. Wir nennen ihn »Das« – weder »Er« noch »Sie«. *Tatwamasi swetketu* – »Das bist du.« Das ist viel wissenschaftlicher.

Es ist leicht, das Pendel vom »Er« in die andere Richtung, zum »Sie«, ausschwingen zu lassen, aber dann unterliegt man derselben Täuschung. Gott ist entweder beides – oder keines von beidem. **(196)**

Du hast erwähnt, daß die Hexen, die von den Christen verbrannt wurden, neben anderen Dingen auch wußten, wie man Hypnose einsetzt. Auch im alten Ägypten scheint Hypnose praktiziert worden zu sein, ja es gibt sogar Theorien, denen zufolge Jesus der Hypnose kundig war. Ist die Hypnose früher einmal eine anerkannte Form des Heilens gewesen? Wie ist sie entstanden und wie kam es, daß sie in Verruf geriet?

Die Wissenschaft der Hypnose – und beachtet, daß ich »Wissenschaft« und nicht »Kunst« der Hypnose sage – ist eine der ältesten Wissenschaften überhaupt.

Sie wurde im untergegangenen Kontinent von Atlantis praktiziert, und ihr Schrifttum wurde im ägyptischen Alexandria bewahrt. Der große griechische Sucher und Forscher Pythagoras, der einmal die Bibliothek von Alexandria besuchte, erwähnt die großartigen Schriften über die Wissenschaft der Hypnose, die von dem verlorenen Kontinent Atlantis stammten. Atlantis ist durch eine Naturkatastrophe im Atlantischen Ozean versunken, und der Name »Atlantik« stammt von »Atlantis«. Möglicherweise bestand in Atlantis die größte und älteste Zivilisation, und die Ägypter waren bestrebt, soviel wie möglich von den Lehrern und den Universitäten von Atlantis zu lernen. Denn die Pharaonen, die ägyptischen Herrscher, hatten ungeheuer großes Interesse daran, alle möglichen Quellen des Wissens zu sammeln.

Die Bibliothek von Alexandria muß die größte Bibliothek gewesen sein, die es je gab. Selbst die Bibliothek des Britischen Museums ist klein im Vergleich zur Bibliothek von Alexandria. Sie wurde von den Mohammedanern unter Kalif Omar in Brand gesteckt, und es dauerte sechs Monate, bis das Feuer gelöscht werden konnte. Das gibt euch eine Vorstellung davon, wie unermeßlich groß diese Sammlung gewesen sein muß. Und warum haben die Mohammedaner sie in Brand gesteckt?

Ich erwähne das ganz bewußt, weil es sich auf deine Frage bezieht. Diese Bibliothek enthielt noch viele andere Dinge neben den Informationen über die Wissenschaft der Hypnose.

Wenn sie erhalten geblieben wären, hätte der Islam nicht überlebt.

Und das Christentum verbrannte die Frauen zu Tausenden bei lebendigem Leibe als »Hexen«. Die Hexen waren einfach weise Frauen, doch das Christentum hat dem Wort »Hexe« einen bösen Beigeschmack, eine falsche Bedeutung gegeben. In ganz Europa wurden Frauen von der Inquisition verfolgt und vernichtet, weil sie angeblich mit dem Teufel im Bunde waren. Aber das war nur eine Strategie, um die weisen Frauen aus der Welt zu schaffen.

Tatsache ist, daß die Religion des Christentums einen sehr schlechten Stand gehabt hätte, wenn diese Frauen am Leben geblieben wären. Sie kannten viel tiefere Wahrheiten als das Christentum, viel höher entwickelte religiöse Praktiken: Methoden der Hypnose und der Meditation – und diese gehören immer zusammen.

Durch die Hexenverfolgungen versuchten die Christen Hypnose und Meditation auszumerzen – es war für sie eine Frage des Überlebens. Die Mohammedaner zerstörten die Bibliothek in Ägypten, weil sie all diese ungeheuer wertvollen Schriften enthielt, und das Christentum zerstörte lebende Menschen – all diese Frauen. Man hat sie gefoltert und gezwungen, vor Gericht auszusagen, daß sie mit dem Teufel Geschlechtsverkehr hatten. Der Teufel existiert nicht. Seit der Zeit der Hexen hat er sich bei keiner einzigen Frau mehr blicken lassen! Und komischerweise hat der Teufel nur in den christlichen Ländern mit den Frauen sexuelle Beziehungen unterhalten – in keinem anderen Land.

Doch Tausende von Frauen wurden verbrannt. Ihre einzige Schuld bestand darin, daß sie die Wissenschaft der Hypnose und der Meditation noch bewahrten und in kleinen, geheimen Schulen lehrten.

Das war eine große Gefahr für das Christentum, denn das Christentum hat nichts der Hypnose und der Meditation Vergleichbares anzubieten. Christentum, Judentum und Islam – diese drei Religionen sind ärmlich, ja sie verdienen eigentlich nicht einmal den Namen »Religion«. Sie haben nicht im entferntesten etwas von dem anzubieten, was man bei Laotse,

Tschuangtse, Gautama Buddha, Bodhidharma, Nagarjuna oder Shankara finden kann. Man kann nichts von grundlegendem Wert in ihnen finden.

Die Wissenschaft der Hypnose und die Wissenschaft der Meditation sind die beiden Seiten ein und derselben Münze.

Meditation ist etwas, das man alleine tut ... Es gibt zwei Grundtypen von Menschen, so wie es Männer und Frauen gibt, und die Wissenschaft der Meditation eignet sich besser für Männer, während die Wissenschaft der Hypnose sich besser für Frauen eignet. Deswegen gab es auch die Hexen, und sie alle befaßten sich eingehend mit der Wissenschaft der Hypnose.

Bei der Hypnose ist ein zweiter nötig, der dich zu deinem innersten Zentrum führt. Ein Meditierender geht seinen Weg allein; er gelangt zu dem gleichen Zentrum, aber allein. Das entspricht der männlichen Psyche. Die Hypnose führt dich an den gleichen Ort, aber mit der Unterstützung desjenigen, der dich hypnotisiert. Die Frau hat Angst, den Weg allein zu gehen – es ist gegen ihre weibliche Natur. Sie braucht jemanden, den sie liebt und dem sie vertraut. Sie braucht jemanden, der sie auf der Reise in die Tiefen ihres Selbst begleitet.

Die Hypnose wurde immer von jemandem durchgeführt, der ein Meister, ein enger Freund oder Vertrauter war – jemand, bei dem die Frau sich rückhaltlos und furchtlos entspannen konnte, bei dem sie wußte, daß er sie besser beschützte, als sie selbst das vermochte.

Das ist eine Verallgemeinerung, denn es gibt auch Männer, die ihrem Wesen nach mehr weiblich sind und starke weibliche Eigenschaften aufweisen. Ihnen wird Hypnose mehr helfen als Meditation. Und umgekehrt wird manchen Frauen, die ihrem Wesen nach mehr männlich sind, Meditation leichter fallen als Hypnose.

Doch beides ist eigentlich genau der gleiche Prozeß: In der Meditation entspannst du dich einfach selbst. Es ist Autosuggestion. In der Hypnose geht es um Fremdsuggestion: Jemand anderer sitzt neben dir und gibt dir die Suggestion, und wenn du ihn liebst, wenn du ihm vertraust, wird seine bloße Nähe dir helfen, dich zu entspannen.

Wenn Meditation und Hypnose miteinander kombiniert werden können – und das ist mein Bestreben, das versuche ich hier – wenn sie miteinander verschmelzen können ... Genauso, wie ich bestrebt bin, Männer und Frauen zusammenzubringen, weil sie die beiden Hälften eines gemeinsamen Ganzen sind, die sich nahekommen und miteinander verschmelzen müssen.

Liebe sollte nichts anderes sein als das tiefe Verschmelzen mit deiner anderen Hälfte – so tief, daß zwei Körper, aber nur eine Seele da sind.

Auch Meditation und Hypnose können zusammenfinden und eins werden, denn auch sie sind die beiden Hälften eines gemeinsamen Ganzen. Und sobald ihr euch auf diesen Prozeß einlaßt – entweder durch den Einstieg mit Hypnose oder durch den Einstieg mit Meditation, je nachdem –, dann nähert ihr euch durch zwei verschiedene Türen demselben Zentrum. Und dieses Zentrum ist euer Sein.

Aber sämtliche Religionen haben versucht, euch von eurem Zentrum fernzuhalten, denn das ist die einzige Methode, euch unglücklich zu halten, euch versklavt zu halten, euch auszubeuten und euch jede Möglichkeit zur Revolte zu nehmen.

Hier in dieser Mysterienschule versuchen wir unser Bestes, um sämtliche Gegensätze als Ergänzungen zusammenzuführen, und wenn sie zur Ergänzung werden, wird das Wachstum sprunghaft fortschreiten. Dann humpelt ihr nicht nur auf einem Bein, dann flattert ihr nicht nur mit einem Flügel – dann habt ihr beide Beine und beide Flügel, dann habt ihr eure Ganzheit. **(197)**

Es hat nur ganz wenige erleuchtete Frauen auf dieser Welt gegeben, und soviel ich weiß, keine in diesem Jahrhundert. Gibt es noch Hoffnung für uns Frauen?

So schwer ist es gar nicht – der Mann hat es nur nicht zugelassen. Der Mann leidet unter einem tiefen Minderwertigkeitskomplex und nur, um ihn nicht fühlen zu müssen, hat er die Frau auf jede mögliche Weise in Unterlegenheit gehalten. Die große Angst des Mannes besteht darin, daß sich die Frau, wenn sie ihre Freiheit erhält und all ihre Talente und genialen Begabungen leben darf, ihm in vielfacher Hinsicht als überlegen erweisen wird. Und tatsächlich hat sie vieles, was der Mann nicht hat.

Am einfachsten war es natürlich, die Frauen von sämtlichen Möglichkeiten ihres Wachstums abzuschneiden. So sind sie zurückgeblieben. Man hat ihre Wurzeln gekappt: Man hat ihnen die Schulbildung vorenthalten, hat ihnen nicht erlaubt, sich in der Gesellschaft frei zu bewegen, hat ihnen verboten, Freundschaft mit dem anderen Geschlecht zu pflegen.

Und so geht das schon seit Tausenden von Jahren. Und wenn die Frau nicht zur Wissenschaftlerin, zur Dichterin, zur großen Architektin, zur großen Bildhauerin werden kann, ist es für sie natürlich noch viel schwieriger, erleuchtet zu werden. Man hat ihr alle Zwischenstufen weggenommen.

Meine Vision besteht darin, ihr all diese Zwischenstufen zurückzugeben, und ich tue mein Bestes, daß jede Frau alle Möglichkeiten, alle Freiheiten und jede Unterstützung erhält, damit sie wachsen kann. Und für einige Frauen wird es ein Wachstum hin zur Erleuchtung sein – aber diese Möglichkeit war bisher nie gegeben.

Es stimmt also: Man hat noch kaum von erleuchteten Frauen gehört, vor allem in diesem Jahrhundert – aber es hat doch einige wenige Frauen gegeben, die trotz der ganzen Versklavung ihres Daseins erleuchtet wurden. Aber sie sind nicht die Regel – sie sind die Ausnahme. Sie sind der Beweis: Eine Frau zu sein bedeutet ganz und gar nicht, daß die Tore der Erleuchtung verschlossen sind.

Eine dieser Frauen war Rabiya al-Adabiya in Arabien, eine andere war Meera in Indien. Und eine Frau gab es in den ältesten Zeiten der indischen *Rigveda*, die vielleicht fünftausend, möglicherweise aber auch neunzigtausend Jahre alt sind; darüber sind sich die Gelehrten nicht einig. Aber diese Frauen kann man an weniger als zehn Fingern abzählen. Und dennoch sind sie ein ausreichender Beweis dafür, daß auch Frauen die Erleuchtung erlangen können.

Und was mich betrifft, so habe ich das Gefühl, daß ihr, weil man euch so lange daran gehindert hat, erleuchtet zu werden oder auch nur in diese Richtung zu gehen, ein viel größeres Potential habt als die Männer – denn ein Acker, der viele Jahre lang nicht bestellt wurde, ist viel fruchtbarer. Er benötigt nur die Samen … **(198)**

Die Frau muß ihre Ebenbürtigkeit in allen Dimensionen unter Beweis stellen. Sie sollte sich in allen Bereichen beweisen: in Erziehung, Finanzen, Dienstleistungen, in der Arbeitswelt. Überall sollte sie Seite an Seite neben dem Mann stehen und ihre Ebenbürtigkeit, ihre Qualitäten, ihre Talente, ihr Genie unter Beweis stellen.

Doch merkt euch eines: Sie darf den Mann niemals imitieren, wie es in der feministischen Bewegung geschehen ist. Das wäre der falsche Weg. Aber so ist es eben: Man bewegt sich immer von einem Extrem ins andere. Der Mann hat die Frau so sehr unterdrückt, daß sie nun auf die Idee kommt, es ihm gleichzutun. Auf diese Weise kann sie jedoch nie dem Mann gleichwertig werden, denn eine Kopie bleibt eine Kopie; sie wird nie zum Original.

Ich möchte nicht, daß ihr werdet wie die Männer. Ihr müßt richtige Frauen sein. Ihr müßt euch eure Einzigartigkeit bewahren, müßt euch eure Unterschiede bewahren – und trotzdem eure Unabhängigkeit und Freiheit in allen Bereichen unter Beweis stellen. Nur dann wird es euch gelingen, auch im spirituellen Bereich eure Freiheit zu erklären, denn ausschließlich im spirituellen Bereich – das allein ist nicht möglich. Es hängt von vielen anderen Faktoren ab.

Ihr Frauen müßt euch in jeglicher Hinsicht zum Ausdruck bringen: Ihr müßt Künstlerinnen sein, müßt Dichterinnen sein, Malerinnen, Bildhauerinnen, Musikerinnen, Tänzerinnen. Ihr müßt euch in allen Dimensionen zum Ausdruck bringen – überall, wo eure Talente und euer Genie euch hinziehen.

Imitiert nicht die Männer! Bleibt in eurer Weiblichkeit verwurzelt. In eurem Anderssein besteht eure Anziehungskraft für die Männer, eure Schönheit. Euer Anderssein erzeugt die nötige Spannung, ohne die das Leben eintönig wäre.

Eine Frau muß eine Frau sein, und ein Mann muß ein Mann sein. Je mehr ihr euch voneinander unterscheidet, um so größer wird eure Anziehung seid. Ihr seid polare Gegensätze, und das ist die Ursache für eure Liebe und für eure Kämpfe.

Doch der Feminismus hat auf der ganzen Welt diese schwachsinnige Ideologie verbreitet: »Werdet wie die Männer!« Und wenn sie rauchen, müßt ihr auch rauchen! – Seid nicht so häßlich! Wenn die Männer so dumm sind, braucht ihr nicht so dumm sein, es ihnen gleichzutun!

Die Emanzipationsbewegung hat sich auf den Wahnsinn zubewegt. Sie hat versucht, den Frauen beizubringen, daß sie keine Männer lieben sollen, daß sie nur Frauen lieben sollen. Sie hat das Lesbentum gepredigt. Das ist krank – genauso krank wie früher das Predigen der Religionen, daß die Männer Mönche werden sollen. Mönche können nur homosexuell werden, sie haben keinen anderen Ausweg. Lesbierinnen sind eine ebenso häßliche Erscheinung wie Homosexuelle – eine Perversion. Auf diese Weise könnt ihr euren Wert nicht beweisen.

Ihr müßt eure Weiblichkeit, euer Anderssein, eure Unterschiede, eure andere Sichtweise im Vergleich zum Mann unter Beweis stellen. Ihr müßt euch eure besonderen Qualitäten bewahren; diese Qualitäten sind euer Schatz. Doch ihr müßt die gleichen Chancen fordern, euch auszudrücken und all das zu tun, was ihr tun wollt. Und das muß in allen Lebensbereichen geschehen.

Nur dann könnt ihr hoffen, daß ihr auch die Chance habt, euch spirituell zu befreien und unabhängig zu werden – sogar so weit, daß ihr die Meisterschaft erlangt.

Es *ist* möglich. Es ist schon vorgekommen, und es gibt keine natürlichen Hindernisse. Alle Hindernisse sind nur vom

Mann erzeugt. Die Menschen, die mich lieben und mich verstehen, sollten anfangen, diese Hindernisse fallenzulassen. Das wird eine große Aufgabe für euch sein: die Wiedergutmachung. Was eure Vorfahren den Frauen angetan haben, sollt ihr wiedergutmachen. Dann können Männer und Frauen in Freundschaft zusammenleben. Es ist unnötig, daß der Mann der Herr und die Frau die Sklavin ist. Ihr seid einander ebenbürtig. **(199)**

15. KAPITEL

Erleuchtete Frauen

Mir fällt auf, daß uns nur sehr wenige erleuchtete Frauen bekannt sind. Würdest du bitte über weibliche Mystikerinnen sprechen?

Mehr Frauen hätten erleuchtet sein können als Männer, aber der Mann hat es nicht zugelassen, daß die Frau zu dieser Höhe gelangt. Er hat sie in Sklaverei gehalten, als Bürger zweiter Klasse. Er hat ihr die Schulbildung verwehrt, hat ihr verwehrt, sich in der Gesellschaft frei zu bewegen, hat ihr verwehrt, die religiösen Schriften zu kennen. Er hat sie ans Haus gefesselt, das praktisch zum Gefängnis für sie wurde, während er frei ist. Und seit Jahrhunderten hat er die Frau einfach als Gebärmaschine zur Erzeugung von Kindern benutzt. Sämtliche Kulturen rund um die Welt haben die Frauen schlecht behandelt ... Die Frau wurde zum Besitz, ja beinahe zur Ware.

Unter diesen häßlichen Umständen war es für die Frauen nahezu unmöglich, erleuchtet zu werden. Sie lebten ja nicht einmal! Sie wurden nur benutzt. Und es ist die größte Erniedrigung im Leben, wenn man benutzt wird.

Keine Religion hat den Frauen gegenüber auch nur den geringsten Respekt gezeigt. Der Mann hat die Frau komplett am spirituellen Wachstum gehindert.

Es ist ein Wunder, daß trotz all dieser Unterdrückung und Sklaverei ein paar Frauen erleuchtet wurden. Sie sind der Beweis, daß Mahavira Unrecht hat, daß Buddha Unrecht hat, daß Jesus Unrecht hat. Für euch habe ich die Namen all dieser erleuchteten Frauen herausgesucht.

Eine von ihnen ist Gargi. **(200)**

Gargi

Vor fünftausend Jahren, in den Kindheitstagen der Menschheit, zu jener Zeit, als die Upanischaden geschrieben wurden, ist der Mann noch nicht so brutal mit den Frauen umgegangen. Damals rief der Herrscher des Landes alljährlich sämtliche Weisen zu einem Wettstreit zusammen. Er selbst war ein philosophisch interessierter Mann. Natürlich wäre kein Erleuchteter zu diesen Streitgesprächen gegangen, denn sie waren kindisch, auch wenn es eine hohe Belohnung gab. So geschah es einmal, daß der Herrscher ankündigte, er würde demjenigen, der als Sieger aus dem Wettstreit hervorging, tausend Rinder mit vergoldeten, diamantenbesetzten Hörnern geben.

Jagnavalkya war einer der berühmtesten und gelehrtesten Männer jener Tage. Er war sich seines Sieges völlig gewiß, und als er auf dem Gelände, wo die Debatte stattfinden sollte, eintraf, sah er die Rinder – und die eintausend Rinder mit ihren vergoldeten, diamantenbesetzten Hörnern waren im Sonnenlicht ein wahrhaft großartiger Anblick. Er sagte zu seinen Schülern: »Bringt die Rinder in unser Lager, damit die armen Tiere nicht so lange unnötig in der heißen Sonne stehen müssen.«

Die Schüler sagten: »Aber du mußt sie doch erst gewinnen!« Und er sagte: »Dafür sorge ich schon.«

Auch der Herrscher konnte ihn nicht abhalten. Und all die weisen Männer, die sich zu Tausenden versammelt hatten – sie alle konnten ihn nicht abhalten. Sie wußten, es war unmöglich, ihn im Streitgespräch zu besiegen. Also führten seine Schüler die Rinder fort.

Doch kurz bevor er zum Sieger erklärt werden sollte, trat eine Frau namens Gargi vor. Sie hatte auf ihren Ehemann gewartet, der ebenfalls bei der Debatte war, und es wurde schon spät. Darum ging sie, ihn zu holen. Als sie das Gelände betrat, wurde sie der ganzen Szene gewahr, und sie sah, daß man die Rinder schon vor dem Siege weggeführt hatte.

Sie sagte zum Herrscher: »Erkläre noch nicht seinen Sieg.

Ich bin zufällig hierhergekommen, um meinen Ehemann zu suchen, doch dieser Mann hier hat jemanden nötig, der wirklich ein Wissender ist. Ich bin bereit, mit ihm zu diskutieren. Er ist nur ein Gelehrter, doch Gelehrsamkeit wußte noch nie etwas von der Wahrheit!«

Das war zu einer Zeit, als eine Frau selbst noch den gelehrtesten Mann herausfordern konnte! Und der Herrscher sagte: »Dann werde ich noch warten müssen. Ihr könnt diskutieren.«

Sie stellte nur ein paar simple Fragen. Sie fragte ihn: »Wer erschuf die Welt?« Und Jagnavalkya lachte, weil er meinte, diese Frau stelle eine kindische Frage. Aber er sollte bald eines Besseren belehrt werden.

Er sagte: »Gott erschuf sie – denn alles, was existiert, muß von jemandem erschaffen sein.«

Jetzt war die Reihe an Gargi, zu lachen. Sie sagte: »Du bist gefangen! Jetzt bist du in der Zange! Wer erschuf Gott? – Denn auch er existiert, und alles, was existiert, braucht einen Schöpfer.«

Da erkannte Jagnavalkya, daß er in Schwierigkeiten war, denn wenn er sagte, ein anderer Gott erschuf ihn, würde die Frage bestehen bleiben: Wer erschuf diesen anderen Gott? Man kann es tausend Male beantworten, aber die Frage bleibt immer bestehen: Wer erschuf den ersten Gott? Und wenn es jemanden gab, der ihn erschuf, dann konnte er nicht der erste sein.

Jagnavalkya wurde so wütend, daß er sein Schwert zog und sagte: »Weib, wenn du nicht aufhörst, wird dein Kopf rollen!«

Doch Gargi sagte: »Steck dein Schwert zurück in die Scheide! Schwerter sind kein Argument.« Und sie sagte zu dem Herrscher: »Sag diesem Kerl, daß er die tausend Rinder zurückbringen soll.«

Das war eine solche Schmach für Jagnavalkya, daß er nie wieder an einer Diskussion teilnahm. Und Gargi holte sich die tausend Rinder von Jagnavalkya zurück.

Sie ist die erste erleuchtete Frau, von der wir wissen. **(201)**

Mallibhai

Mallibhai gehört zur Tradition der Dschainas. Mahavira und alle dreiundzwanzig Großmeister des Dschainismus hatten immer erklärt, daß eine Frau nicht erleuchtet werden kann. Doch Mallibhai, eine Dschaina, wurde erleuchtet. Sie erbrachte den Gegenbeweis und legte damit Zeugnis dafür ab, daß es nur eine Behauptung aus männlichem Chauvinismus war.

Sie mußten sie als einen der vierundzwanzig Großmeister anerkennen. Aber man spielte ihr einen Streich: Als sie starb, änderte man ihren Namen. Darum wissen heute nicht einmal die Dschainas, daß eine der vierundzwanzig Statuen in ihren Tempeln die Statue einer Frau ist. Man änderte den Namen von Mallibhai in Mallinath, machte daraus einen männlichen Namen, und man änderte sogar die Statue: Es ist nicht die Statue einer Frau, es ist eine Männerstatue.

Als ich davon erfuhr, wurde ich sehr böse auf die Dschaina-Mönche und stellte ihnen immer wieder die Frage: »Welche von den vierundzwanzig Statuen ist Mallibhai?« – denn alle waren Männerstatuen. »Ihr macht der ganzen Welt etwas vor! Ihr habt sogar den Namen dieser Frau geändert, nur um eure Ideologie zu schützen!«

Doch Mallibhai muß eine großartige Frau gewesen sein. Dem Dschaina-Pfad zu folgen ist nicht leicht; es ist schwierig, sehr extrem. Um ein *Tirthankara*, ein Großmeister, zu werden, muß man sogar die Kleider aufgeben – allen Besitz, sogar die Kleider. Mallibhai muß eine sehr mutige Frau gewesen sein. Sie lebte nackt, und sie bewies, daß diese ganze Theorie falsch war. Aber nach ihrem Tode hat man ihr übel mitgespielt – und das sind religiöse Leute, solche gerissenen Betrüger!

Mallibhai muß eine ungeheuer kühne Frau gewesen sein. Ich habe riesigen Respekt vor dieser Frau, die sich nackt hinstellte. Und widerstrebend mußten die Männer akzeptieren, daß diese Frau erleuchtet war. **(202)**

Rabiya al-Adabiya

Es gibt eine sehr berühmte Sufigeschichte über die Sufi-Mystikerin Rabiya al-Adabiya, eine der Ausnahme-Frauen in der ganzen Geschichte des menschlichen Bewußtseins. Nur ganz wenige Frauen können so hoch eingeschätzt werden wie Rabiya.

Hassan, ein anderer großer Mystiker, weilte einmal bei Rabiya. Hassan fragte sie: »Kann ich mir dein Exemplar des heiligen Koran ausleihen? Ich habe meines nicht mitgebracht, weil ich dachte, ich könnte für mein Morgengebet deines verwenden.«

Rabiya sagte: »Hier bitte, hier ist mein Exemplar.«

Und als Hassan es öffnete, war er sehr erstaunt … denn die Mohammedaner glauben, daß man den Koran nicht verbessern kann und daß kein einziges Wort weggelassen, verändert oder hinzugefügt werden darf – keine Korrektur ist möglich. Es ist das Wort Gottes, und niemand kann weiser sein als Gott. Doch Rabiya hatte eine ganze Zeile durchgestrichen! Hassan konnte sich nicht vorstellen, wie Rabiya so etwas tun könnte.

Er sagte zu Rabiya: »Jemand hat deinen Koran entweiht. Er hat seine Heiligkeit verloren.«

Rabiya sagte: »Meinen Koran darf keiner anrühren; er ist nicht entweiht. Ich habe ihn erst richtig geheiligt. Sieh dir doch die Zeile an, die ich durchgestrichen habe!« – Und die Zeile lautete: »Wenn du den Teufel zu Gesicht bekommst, hasse ihn.«

Hassan sagte: »Aber was ist daran falsch? Wir müssen Gott lieben und den Teufel hassen.«

Rabiya sagte: »Du bist immer noch bloß ein Intellektueller! Liebe und Haß gehören nicht zu deiner existentiellen Erfahrung. Ich kenne die Liebe, und mein Herz ist voll Liebe. Wenn heute der Teufel vor mich hintritt, kann ich ihn nicht hassen. Woher sollte ich den Haß nehmen? Ich kann ihn nur lieben; etwas anderes habe ich nicht zu geben. Es ist mir unmöglich, ihn zu hassen. Und wenn es mir unmöglich ist, dann muß dieser Satz im Koran falsch sein! Er widerspricht meiner existentiellen Erfahrung.«

Wenn du voller Liebe bist, wird Haß unmöglich. **(203)**

Eines Tages wurde Rabiya auf dem Marktplatz gesehen, wie sie mit einer brennenden Fackel in der einen und einem Topf voll Wasser in der anderen Hand herumlief. Die Leute hielten sie an und fragten: »Was machst du da? Wohin läufst du? Wir haben schon viele Geschichten über dich gehört, auch, daß du ein bißchen verrückt bist, aber das geht zu weit!«

Sie sagte: »Haltet mich nicht auf! Ich werde jetzt euren Himmel verbrennen – dazu ist die Fackel – und ich werde eure Hölle ertränken – dazu ist das Wasser. Und solange man euch eure Hölle und euren Himmel nicht wegnimmt, werdet ihr niemals Gott finden, denn Gott ist niemals von jenen zu finden, die in Angst oder in Habgier leben!« **(204)**

Ein anderer Mystiker, Junnaid, pflegte vor der Moschee zu sitzen, und die Tränen rannen ihm über die Wangen ... Fünfmal täglich muß ein Mohammedaner beten, und fünfmal täglich konnte man Junnaid vor dem Tor der Moschee sitzen sehen, wie er die Hände zu Gott emporstreckte und ihn anflehte: »Wie lange wird es noch dauern? Wann wirst du mir endlich deine Türen öffnen? Ich warte und bete schon seit Jahren!«

Eines Tages kam Rabiya vorbei, und Junnaid betete gerade die gleichen Worte: »Öffne die Tür! Ich warte schon lange genug. Ich bin nur ein schwacher Mensch, meine Geduld ist nicht unerschöpflich!«

Da schlug ihn Rabiya von hinten auf den Kopf und sagte: »Du Idiot!« – und Junnaid galt als ein großer Gelehrter! – »Die Türen Gottes sind immer geöffnet! Warum verschwendest du unnötig deine Zeit? Tritt ein! Die Türen Gottes sind niemals geschlossen. Und ich sage es aus meiner eigenen Erfahrung, denn ich gehe ständig ein und aus.«

Sie muß eine sehr mutige Frau gewesen sein. **(205)**

Eines Abends bei Sonnenuntergang fand man Rabiya, wie sie etwas auf der Straße direkt vor ihrer Tür suchte. Einige Leute blieben stehen und sagten: »Rabiya, was hast du denn verloren? Wir können dir suchen helfen.«

Sie war eine alte Frau, und die Menschen liebten sie, weil sie so herrlich verrückt war. Rabiya sagte: »Ich habe meine Nadel verloren. Ich habe genäht und dabei meine Nadel verloren. Jetzt suche ich sie, aber es ist nicht mehr viel Zeit, bis die Sonne untergeht. Wenn ihr mir helfen wollt, dann macht schnell, denn wenn die Sonne untergegangen ist und die Dunkelheit sich senkt, wird es unmöglich sein, die Nadel zu finden.«

So begannen alle hektisch nach der Nadel zu suchen. Da kam einem von ihnen plötzlich der Gedanke: »Die Nadel ist so klein und die Straße so breit, und die Sonne wird gleich untergehen und dann wird das Licht fort sein ... Wenn wir nicht genauer wissen, wo sie hinuntergefallen ist, können wir sie unmöglich finden.« Also fragte er Rabiya: »Bitte sag uns, wo genau ist dir die Nadel hinuntergefallen? Dann wird es möglich sein, sie zu finden, ansonsten ... es ist gleich dunkel, und die Straße ist so breit und die Nadel so klein.«

Rabiya fing an zu lachen. Sie sagte: »Bitte frag mich das nicht – diese Frage ist mir peinlich!«

Da hörten alle zu suchen auf. Sie fragten: »Was ist passiert? Warum ist es dir peinlich?«

Sie sagte: »Es ist mir peinlich, weil ich die Nadel drinnen im Haus verloren habe, aber dort ist kein Licht, um sie zu finden. Draußen auf der Straße ist gerade noch ein bißchen Licht von der untergehenden Sonne.«

Da sagten alle: »Jetzt bist du völlig übergeschnappt! Wir haben schon immer den Verdacht gehabt, daß du nicht normal bist, aber das ist nun der absolute Beweis!«

Rabiya sagte: »Ihr haltet mich für verrückt, aber ihr macht genau das gleiche seit vielen Leben – seid *ihr* denn normal? Wo habt ihr euch verloren, und wo versucht ihr euch zu finden? Wo habt ihr eure Seligkeit verloren, und wo versucht ihr sie zu finden? Ihr habt sie in eurem Innern verloren, aber ihr sucht sie außen!« **(206)**

So war Rabiya, diese unglaubliche Frau. Rabiyas Worte wurden nicht von ihr selbst aufgeschrieben; es sind lediglich Notizen ihrer Schüler. Rabiya sagte irgend etwas – völlig aus dem Zusammenhang gerissen, niemand konnte den Zusammenhang verstehen – ganz plötzlich sagte sie irgend etwas, und jemand schrieb es auf. Und genauso war es mit den Anekdoten, die sie erzählte, und auch mit den Anekdoten, die ihr eigenes Leben schrieb. Ich liebe das.

Ich kann von Rabiya sagen: Rabiya, du bist das Salz sämtlicher Frauen, die je existiert haben und jemals auf dieser Erde existieren werden! **(207)**

Die vierte ist ebenfalls eine mohammedanische Frau, aus Kaschmir. Ihr Name ist Lalla.

Lalla

Sie war eine der schönsten Frauen ... Kaschmir hat die schönsten Frauen in ganz Indien. Nicht nur das Land ist schön, auch die Menschen sind wunderschön.

Lalla lebte nackt; sie verzichtete auf alles, sie entsagte allem ... In Kaschmir gibt es ein Sprichwort: »Wir kennen nur zwei bedeutsame Wörter: das eine ist Allah, und das andere ist Lalla.« Sie haben Lalla auf die gleiche Höhe wie Gott – Allah – gehoben. Oftmals, wenn ich Kaschmir besuchte, habe ich es von vielen Mohammedanern gehört: »Wir kennen nichts, was sich mit diesen beiden Wörtern vergleichen ließe: Allah und Lalla.«

Sie wurde ungeheuer verehrt – ihre Lieder sind so schön! Ich habe einen meiner Freunde in Kaschmir gebeten, sie zu übersetzen, denn sie sind in der Landessprache geschrieben. Aber selbst wenn man sie nur hört ... es ist eine solche Musik! Ich verstehe die Sprache Kaschmirs nicht, aber immer, wenn ich in Kaschmir war, habe ich jemanden gefunden, der Lallas Lieder singen konnte. Sie haben eine solche Tiefe, und obwohl ich die Sprache nicht verstehe, kann ich die Stimmung, kann ich die Schwingung empfinden. Und Lalla muß auf ganz Kaschmir einen so tiefen Eindruck gemacht haben wie sonst niemand. **(208)**

Meera

Sie ist vielleicht die wichtigste aller erleuchteten Frauen. Ihre Lieder ... jedes Wort ist reines Gold. Es kommt direkt aus der Quelle der Erleuchtung.

Meera war eine wahrhaft verrückte Liebende, eine verrückte *Bhakta* – sie lebte in gewaltiger Liebe und Ekstase zu Gott. Sie war eine Königin, aber sie tanzte auf den Straßen. Ihre Familie enterbte sie und trachtete sie zu vergiften – ihre eigene Familie! –, denn für die königliche Familie war sie eine Schande. Ihr Ehemann war in Verlegenheit, in absoluter Verlegenheit – zumal in jenen Tagen! Und ihre Geschichte spielte in einem der traditionellsten Teile des Landes, in Rajasthan, wo jahrhundertelang niemand die Gesichter der Frauen sehen durfte – sie waren verschleiert, ständig verhüllt. Nicht einmal der Ehemann mag imstande gewesen sein, seine Frau bei Tageslicht zu erkennen, denn sie begegneten sich nur bei Nacht, in der Dunkelheit.

In jener Zeit, in diesem idiotischen Klima, in einem solchen Umfeld, fing die Königin an, auf den Straßen zu tanzen! Die Menge versammelte sich, und Meera war so trunken vom Göttlichen, daß ihr der *Sari* herabglitt und Gesicht und Hände enthüllte! Die Familie war zweifellos in höchster Empörung.

Aber sie sang wunderbare Lieder – die wunderbarsten Lieder, die je auf der ganzen Welt gesungen wurden, denn sie kamen direkt aus ihrem Herzen. Sie waren nicht komponiert; es waren spontane Ergüsse.

Sie war eine Verehrerin von Krischna, sie liebte Krischna. Sie sagte zu ihrem Ehemann: »Glaube bloß nicht, daß du noch mein Mann bist! Mein Mann ist Krischna. Du bist nicht mehr mein Mann, du bist nur ein schlechter Ersatz.«

Der König war sehr wütend und verbannte sie aus dem

Königreich; sie durfte das Land nicht mehr betreten. Sie ging nach Mathura, Krischnas Geburtsort. Krischna war schon vor Tausenden von Jahren gestorben, aber für sie war er so lebendig wie je. Das ist das Mysterium der Liebe: Sie transzendiert die Grenzen von Zeit und Raum. Krischna war für sie nicht bloß eine Idee – für sie war er Realität. Sie redete mit ihm, sie schlief mit ihm, sie küßte und umarmte ihn. Niemand sonst konnte ihn sehen, aber sie war sich seiner Präsenz ständig bewußt.

Krischna repräsentierte für sie die Grundsubstanz der Existenz – was Buddha *Dhamma* nennt, das Gesetz. Das ist die männliche Ausprägung, der männliche Ausdruck: das Gesetz. Meera sagt zu Krischna: »Mein Geliebter« – nicht Gesetz, sondern Liebe – so ist das weibliche Herz. **(209)**

Sie erreichte Krischnas Geburtsort ... und genau darauf will ich hinaus: An Krischnas Geburtsort gibt es den größten Krischna-Tempel in Indien. Der Priester des Tempels hatte ein Keuschheitsgelübde abgelegt, und seither durfte keine Frau mehr den Tempel betreten.

Ein Wächter stand da mit blankem Schwert, um die Frauen fernzuhalten. Doch als Meera kam – tanzend, ekstatisch –, vergaß er völlig, warum er dort stand, und sie konnte in den Tempel eintreten. Sie war die erste Frau, die in den Tempel kam, seit jener Mann vor vierzig Jahren zum Priester geworden war.

Der Priester war gerade bei seiner Krischna-Anbetung. Er traute seinen Augen nicht! Die Andachtsgegenstände fielen ihm aus der Hand zu Boden. Er geriet völlig außer sich und sagte: »Weib, wie kannst du es wagen! Jeder weiß, daß nur ein Mann diesen Tempel betreten darf! Du hast mein vierzigjähriges Gelübde zunichte gemacht!«

Doch Meera lachte und sagte: »Ich dachte, es gäbe nur *einen* Mann, und das ist Krischna, und wir alle sind seine Geliebten – wir alle sind Frauen! Ich freue mich, daß es noch einen anderen Mann auf dieser Welt gibt!«

Und so, wie sie das sagte, traf es diesen Mann mitten ins

Herz. Er fiel ihr zu Füßen und bat um Vergebung. Er sagte: »Ich habe nie darüber nachgedacht – was ich sagte, ist einfach absurd! Nur Krischna, nur Gott ist ein Mann – wir alle sind seine Geliebten, und natürlich sind wir alle Frauen! Du hast völlig recht, und ich hatte unrecht.«

Meeras Aussage, daß nur die Frau eine Herz-zu-Herz-Begegnung mit dem Göttlichen haben kann, ist sehr bedeutsam.

Doch alle Religionen sind von Männern begründet worden. Sie sind die großen Intellektuellen, Philosophen, Theologen. Sie weben großartige, komplizierte Theorien – aber nichts darin vermittelt das Gefühl, daß sie selbst etwas erfahren haben. Sie denken es nur, sie leben es nicht. Es zu denken ist sehr oberflächlich. Es zu leben ist am tiefsten. Und die Liebe ist der Weg, um tiefer hineinzugelangen. **(210)**

Sahajo

In Sahajo zeigt sich uns die Frau in Reinkultur. Mann und Frau sind verschiedene Dimensionen, und wenn ihr den Unterschied klar versteht, dann werden euch auch die Lieder Sahajos klar sein.

Sahajo war eine *Sannyasin*, eine Entsagende. Sie hatte keine Familie, die Welt hatte keine Anziehung für sie. Sie legte alles dem Meister zu Füßen – dort war ihr Zuhause, dort war ihre Familie. Darin bestand ihre vollkommene Hingabe an Gott.

Ihre Keuschheit war nichts Erzwungenes ... denn niemand sah Sahajo jemals trübsinnig. Sie war immer glücklich, immer blühend wie eine Blume. Niemand hätte je einen Grund finden können, weshalb ihr Leben eine andere Richtung hätte nehmen sollen als die, die sie gewählt hatte. Es war genau ihre Richtung.

Sahajo singt: *»Ich bringe Charandas alles dar. Gott kann ich lassen, doch nicht den Meister.«*

Zu Füßen ihres Meisters Charandas hat sie Gott gefunden, und nun bringt sie ihm alles dar. *»Gott kann ich lassen, doch nicht den Meister«* – denn Gott hat für sie Gestalt angenommen in Charandas.

Charandas war ein ganz einfacher Mann, so einfach, daß ein gewöhnlicher Mensch zwischen sich und Charandas keinen Unterschied erkennen würde. Er war ganz gewöhnlich. Und vergeßt nicht: Ihr könnt nur erlöst werden, wenn ihr den Schimmer des Außergewöhnlichen im Gewöhnlichen erhascht. Nur dann wißt ihr: Da ist jemand, der euch ganz nah und doch sehr fern ist. Und manchmal ist er euch so nah, daß ihr zweifelt, ob überhaupt ein Unterschied besteht zwischen ihm und euch – vielleicht ist auch er nur ein Ertrinkender wie ihr!

Charandas war also ein ganz einfacher Mann. Er erlöste Sahajo. Darum singt Sahajo ihre Lieder für ihn. Sie sagt: »Selbst wenn ich Gott dafür aufgeben müßte, würde ich ihn aufgeben – aber den Meister kann ich niemals verlassen. Gott warf mich mitten in den Fluß, und ich war am Ertrinken, doch der Meister rettete mich und brachte mich zurück ans Ufer.« – Daher: »Ich kann Gott lassen, aber den Meister kann ich niemals vergessen.«

Niemand hätte je von Charandas erfahren, doch Sahajos Lieder machten seinen Namen weithin bekannt. Er hatte zwei Schülerinnen: Sahajo und Daya – wie die zwei Augen eines Menschen, wie die zwei Flügel eines Vogels. Und beide sangen ihre Lieder von Charandas. Dadurch erfuhren es die Menschen. Gleich werden wir auf Daya zu sprechen kommen, und ihre Lieder sind sehr ähnlich, müssen es sein – weil sie beide vom selben Meister erlöst wurden, weil sie Zuflucht beim selben Meister fanden und sein Herz in ihnen beiden schlug. Ihre Lieder kommen aus derselben Quelle.

Woher willst du wissen, daß Sahajo erleuchtet war? Sind ihre Worte allein ein ausreichender Beweis?

Diese Frage ist ein bißchen schwierig. Worte können kein ausreichender Beweis sein, denn Worte können geborgt sein. Was jemand sagt, kann eine Wiederholung dessen sein, was ein anderer gesagt hat. Darum können Worte kein ausreichender Beweis sein, aber sie können trotzdem ein Beweis sein, wenn auch ein unvollkommener. Sie können ein Hinweis sein, daß jemand zur Erkenntnis gelangt ist.

Die Worte eines Erleuchteten sind spontan. Sie kommen direkt aus der Quelle – frisch und neu. Es sind frisch geprägte Münzen, noch nicht im Umlauf auf dem Markt. Sahajos Worte sind frisch gemünzt. Sie ist keine Gelehrte und sie ist auch keine Dichterin. Ihre Worte sind einfach und direkt – ohne Getue, ohne verborgenen Sinn. Und sie hat auf eine Art und Weise gesprochen, wie es noch nie zuvor jemand getan hatte. Es kann also nicht geborgt sein.

Jedesmal, wenn das Göttliche sich in einem Menschen niederläßt, drückt es sich anders aus – Gott mag keine Wiederholungen. Jeder einzelne Vers von Sahajo ist einmalig. Niemals zuvor und niemals danach hat es je solche Verse gegeben. Worte sind also ein Beweis, wenn auch ein unvollkommener. Sie geben keine Sicherheit, sind nur Möglichkeiten, Hinweise. Wie kann ich also behaupten, daß Sahajo erleuchtet war?

Man muß die Zwischenräume zwischen den Worten lesen, die Zwischenräume zwischen den Zeilen. Die Zeilen geben einen unvollkommenen Beweis, doch der vollkommene Beweis findet sich zwischen den Zeilen.

Du kannst die Zwischenräume zwischen Sahajos Worten nur lesen, wenn du die Zwischenräume in deinem eigenen Innern gelesen hast. Darum sage ich, daß diese Frage ein bißchen schwer zu beantworten ist. Die Lösung liegt nicht in meiner Antwort. Die Lösung liegt in der Antwort, die dein eigenes Leben dir gibt.

Sahajo ist erleuchtet. Aber das wirst du erst verstehen, wenn du selbst erleuchtet bist. Ein Erleuchteter erkennt sofort einen anderen Erleuchteten. **(211)**

Daya

Daya hat den Pfad beschritten; sie ist mit ihm vertraut. Auf diesem Pfad ließ sie keinen Stein auf dem anderen, und in seinem Staub ist sie erloschen. Im Beschreiten dieses Weges, im Wandern auf diesem Pfad wurde sie leer von allem. Zurück blieb nur der Duft des Pfades, und dieser Duft durchzieht ihre kleinen Verse.

Daya gehört zu jenen Menschen der Hingabe, die von sich selbst keinerlei Informationen zurückgelassen haben, die so sehr im Singen ihrer Lieder vom Göttlichen aufgegangen sind, daß keine Zeit blieb, um von sich selbst zu berichten. Nur ihr Name ist uns bekannt.

Und was ist Besonderes an einem Namen? Jeder Name wäre recht. Doch eines ist gewiß: Sie hat uns den Namen ihres Meisters in Erinnerung gebracht – in ihren Liedern des Göttlichen hat sie den Namen ihres Meisters verewigt. Ihr Meister war Charandas, und seine beiden Schülerinnen – Sahajo und Daya … er nannte sie seine beiden Augen.

Beide haben ihm ihr ganzes Leben lang gedient. Wenn man einen Meister gefunden hat, genügt als Disziplin, ihm zu dienen. Ihm nah zu sein ist genug. Ob sie irgend etwas anderes praktizierten, weiß man nicht. Doch dies ist genug. Wenn ein Mensch ans Ziel gelangt ist, genügt es, in seiner Nähe zu sein. Wenn du durch einen Garten gehst, fängt dein Gewand das Aroma der Blumen ein. Wenn du mit einem, der die Erkenntnis erlangt hat, zusammen bist, fängt dein Sein das Aroma ein. Das Aroma verströmt und verbreitet sich. Sicher haben sie dem Meister die Füße massiert, das Essen bereitet, das Wasser geholt und all die kleinen Besorgungen für ihn erledigt.

Auch in ihren Versen ist kein großer Unterschied. Der Meister war der gleiche, darum kann es nicht sehr verschieden sein, was durch sie hindurchfloß. Beide tranken aus derselben Tasse – sie haben dasselbe Aroma.

Und sie stammten aus demselben Dorf – aus der gleichen Gegend, aus der auch Meera stammte. Diese Gegend ist gesegnet, denn keine andere Gegend hatte das Vorrecht, gleich drei weibliche Mystikerinnen hervorzubringen. **(212)**

Amrapali

Was für euch der Name Kleopatras, einer der schönsten Frauen Ägyptens, das ist für uns im Osten der Name einer schönen Frau, die zu Gautama Buddhas Zeiten lebte: Amrapali.

Buddha hielt sich in Vaishali auf, wo Amrapali lebte. Amrapali war eine Kurtisane. Zu Buddhas Zeiten war es in Indien Tradition, daß die schönste Frau einer Stadt nicht einen einzigen Mann heiraten durfte, denn das würde unnötig zu Eifersucht, Konflikten und Streit führen. Die schönste Frau mußte zur *Nagarvadhu* werden – zur Frau der ganzen Stadt.

Das war überhaupt nichts Anstößiges, ganz im Gegenteil: Diese Frauen genossen höchstes Ansehen; sie waren keine gewöhnlichen Prostituierten. Sie hatten zwar die gleiche Funktion, doch sie wurden nur von den ganz Reichen – den Königen, Fürsten, Generälen, den höchsten Kreisen der Gesellschaft – besucht.

Amrapali war wunderschön. Eines Tages stand sie auf ihrem Balkon, als sie einen jungen buddhistischen Mönch erblickte. Obwohl sie tagtäglich diesem und jenem König, diesem und jenem Reichen oder General die großartige Geliebte vorspielen mußte, hatte sie sich noch nie in jemanden verliebt. Und nun verliebte sie sich plötzlich in diesen Mann, diesen buddhistischen Mönch, der nichts besaß als eine Bettelschale. Ein junger Mann, aber von enormer Präsenz, Bewußtheit und Anmut – allein wie er ging ... Sie lief nach unten und bat den Mönch: »Bitte – nimm heute mein Essen an.«

Andere Mönche kamen hinter ihm her, denn überall, wo Buddha hinging, folgten ihm zehntausend Mönche. Die anderen Mönche konnten es nicht fassen: Sie wurden neidisch und wütend, wurden ganz menschlich und schwach, als sie den jungen Mann in Amrapalis Palast eintreten sahen.

Amrapali sagte zu ihm: »In drei Tagen beginnt die Regenzeit ...« Während der Regenzeit ziehen die buddhistischen Mönche vier Monate lang nicht umher, sondern bleiben die ganze Zeit am selben Ort. Während der übrigen acht Monate wandern sie ständig umher, denn sie dürfen nicht länger als drei Tage an einem Ort verweilen.

Amrapali sagte also: »In drei Tagen beginnt die Regenzeit, und ich möchte dich einladen, die nächsten vier Monate in meinem Haus zu verbringen.«

Der junge Mönch sagte: »Ich werde meinen Meister fragen. Wenn er es mir gestattet, will ich kommen.«

Als er wieder herauskam, stand eine große Gruppe von Mönchen dort, und man fragte ihn, was geschehen sei. Er sagte: »Ich habe meine Mahlzeit entgegengenommen, und die Frau hat mich gefragt, ob ich die vier Monate während der Regenzeit in ihrem Palast bleiben will. Ich habe ihr gesagt, daß ich meinen Meister fragen werde.«

Da herrschte große Aufregung! Ein Tag war schon zuviel, doch vier Monate am Stück ...! Sie eilten zu Gautama Buddha, und noch bevor der junge Mann die Versammlung erreichte, standen bereits Hunderte da und sagten zu Gautama Buddha: »Diesem Mann muß Einhalt geboten werden! Jene Frau ist eine Prostituierte, und ein Mönch, der vier Monate im Hause einer Prostituierten verbringt ...!«

Buddha sagte: »Beruhigt euch! Laßt ihn kommen. Er hat noch nicht zugesagt; er hat nur zugesagt, wenn ich es ihm gestatte. Laßt ihn erst kommen.«

Der junge Mönch kam, berührte die Füße Buddhas und erzählte ihm die ganze Geschichte: »Die Frau ist eine Kurtisane, eine sehr berühmte Kurtisane – Amrapali. Sie hat mich gefragt, ob ich die vier Monate in ihrem Haus bleiben möchte. Alle Mönche werden in diesen vier Monaten irgendwo Unterkunft finden, in irgendwelchen Häusern. Ich habe ihr gesagt, daß ich meinen Meister fragen werde – darum bin ich hier: Was immer du sagst ...«

Buddha schaute ihm in die Augen und sagte: »Du kannst hingehen.«

Das war ein Schock für die zehntausend Mönche ... Da war ein großes Schweigen, aber auch große Wut und großer Neid. Sie konnten nicht glauben, daß Buddha dem Mönch erlaubt hatte, im Hause einer Prostituierten zu bleiben. Nach drei Tagen machte sich der junge Mann auf, um bei Amrapali zu wohnen. Und die Mönche begannen, jeden Tag neue Gerüchte zu melden: »Die ganze Stadt ist in Aufruhr. Es ist in aller Munde, daß ein buddhistischer Mönch sich ganze vier Monate bei Amrapali aufhalten wird!«

Buddha sagte: »Ihr solltet Schweigen bewahren. Die vier Monate werden vorübergehen, und ich vertraue diesem Mönch. Ich habe in seine Augen gesehen – da war kein Begehren. Hätte ich nein gesagt, hätte er gar nichts empfunden. Ich sagte ja, und so ging er einfach. Ich vertraue meinem Mönch – seiner Bewußtheit, seiner Meditation. Warum seid ihr alle so aufgeregt und besorgt? Wenn die Meditation dieses Mönches tief genug ist, wird er Amrapali verwandeln. Wenn seine Meditation nicht tief genug ist, wird Amrapali vielleicht ihn verwandeln. Jetzt ist die Frage: Meditation oder biologische Anziehung? Wartet einfach vier Monate. Ich vertraue diesem jungen Mann. Er hat gute Fortschritte gemacht, und ich bin mir sicher, daß er diese Feuerprobe siegreich besteht.«

Keiner wollte Gautama Buddha glauben. Seine eigenen Schüler dachten: »Er hat zuviel Vertrauen. Dieser Mann ist noch so jung; er ist noch zu frisch, und Amrapali ist viel zu schön. Buddha nimmt ein unnötiges Risiko auf sich.« Aber es blieb ihnen keine andere Wahl.

Nach vier Monaten kam der junge Mann zurück, berührte Buddhas Füße – und ihm folgte Amrapali, gekleidet wie eine buddhistische Nonne. Sie berührte Buddhas Füße und sagte: »Ich habe alles versucht, um deinen Mönch zu verführen, doch er verführte mich. Er überzeugte mich durch seine Präsenz und seine Bewußtheit, daß hier zu deinen Füßen das wahre Leben ist. Ich möchte meinen ganzen Besitz der Gemeinschaft deiner Mönche übergeben.«

Sie hatte einen wunderschönen Garten und einen schönen Palast. Sie sagte: »Du kannst daraus einen Platz machen, wo zehntausend Mönche sich immer in der Regenzeit aufhalten können.«

Und Buddha sagte zur Versammlung: »Seid ihr nun zufrieden?«

Wenn die Meditation tief geht, wenn die Bewußtheit klar ist, dann kann nichts sie stören. Dann ist alles andere unwichtig.

Amrapali wurde eine der erleuchteten Frauen unter Buddhas Jüngern. **(213)**

Die Pfeilmacherin

(Die Geschichte von Saraha und der Pfeilmacherin stammt aus Oshos Kommentaren zum Königslied des Saraha.)

Saraha ist der Begründer der tantrischen Vision. Ihr habt seinen Namen wahrscheinlich noch nie gehört, aber Saraha zählt zu den großen Wohltätern der Menschheit.

Saraha war der Sohn eines sehr gelehrten Brahmanen, der zum Hof des Königs Mahapala gehörte. Der König wollte Saraha seine eigene Tochter zur Frau geben, aber Saraha wollte lieber der Welt den Rücken kehren. Er wollte Sannyasin werden, und so wurde er Schüler von Sri Kirti.

Eines Tages, während der Meditation, hatte Saraha eine Vision: Er sah eine Frau vor sich auf einem Marktplatz sitzen, und er wußte, diese Frau würde sein wahrer Meister werden. Sri Kirti hatte ihn nur auf den Weg gebracht, aber die wahre Unterweisung würde von einer Frau kommen.

Nun, auch das muß näher verstanden werden. Tantra ist die einzige religiöse Tradition, die nie unter die Herrschaft der Männer geraten ist. Ja, um in Tantra eingeweiht zu werden, braucht man die Hilfe einer weisen Frau. Ohne eine weise Frau kann niemand in die komplexe Welt des Tantra eindringen.

In seiner Vision sah Saraha eine Frau auf dem Markt. Erstens also: eine Frau. Und zweitens: auf dem Markt – dort, wo das Leben am turbulentesten ist. Die tantrische Haltung ist nicht lebensfeindlich; Tantra ist bedingungslose Bejahung.

Saraha ging also zum Markt. Er war überrascht: Tatsächlich fand er die Frau, die ihm in der Vision erschienen war. Die Frau arbeitete an einem Pfeil. Sie war eine Pfeilmacherin.

Und jetzt das dritte, was ihr euch über Tantra merken müßt: Je zivilisierter und kultivierter jemand ist, desto geringer die Möglichkeit einer tantrischen Transformation. Je unzivilisierter, je primitiver jemand ist, um so lebendiger ist er. Je zivilisierter, um so künstlicher – man wird überzüchtet, man verliert seine Wurzeln in der Erde. Man bekommt Angst vor der schmutzigen Welt. Man hält sich aus der Welt heraus und tut so, als gehöre man nicht dazu.

Tantra sagt: Wenn du den wahren Menschen finden willst, mußt du bis zu den Wurzeln gehen.

Eine Pfeilmacherin gehört zur untersten Kaste. Und für Saraha – den gelehrten Brahmanen, den berühmten Brahmanen, der zum Hof des Königs gehört hatte – ist der Gang zur Pfeilmacherin symbolisch. Die Gelehrsamkeit muß zur Vitalität gehen. Das Künstliche muß zum Wirklichen gehen.

Er sah diese Frau, diese junge Frau – so lebendig, so sprühend vor Leben –, wie sie den Schaft eines Pfeiles schnitzte und dabei weder links noch rechts schaute, völlig in ihre Arbeit am Pfeil vertieft. In ihrer Gegenwart verspürte er sofort etwas Außergewöhnliches – etwas, das ihm noch nie vorher untergekommen war. Selbst sein Meister Sri Kirti verblaßte neben der Ausstrahlung dieser Frau. Sie hatte etwas so Frisches, so unmittelbar aus der Quelle.

Saraha schaute ihr aufmerksam zu: Der Pfeil war fertig; die Frau schloß das eine Auge und machte das andere auf, als zielte sie auf einen unsichtbaren Punkt. Saraha trat näher heran. Er konnte keine Zielscheibe entdecken – die Frau posierte nur. Sie hielt ein Auge geschlossen, das andere war geöffnet, und so stand sie da und zielte auf ein unbekanntes, unsichtbares, nicht existentes Ziel. Saraha ahnte, daß das eine Art Botschaft war. Die Pose, so schien ihm, war symbolisch – aber was sie bedeutete, war dunkel und unklar. Er fühlte wohl, daß es etwas bedeutete, aber er hatte keine Ahnung, was.

Also fragte er die Frau, ob sie von Beruf Pfeilmacherin sei.

Da lachte die Frau lauthals, ein wildes Lachen, und sagte: »Du dummer Brahmane! Die Veden hast du aufgegeben, aber statt dessen verehrst du jetzt die Sprüche Buddhas, das *Dhammapada*. Was soll's? Du hast deine Bücher ausgetauscht, hast deine Philosophie ausgewechselt, aber du bist nach wie vor derselbe Dummkopf.«

Das war ein Schock für Saraha. So hatte noch nie jemand zu ihm geredet. Nur eine ungebildete Frau konnte so reden. Und wie sie lachte – so primitiv, so unzivilisiert! Trotzdem: Sie hatte etwas sehr Lebendiges, und er fühlte sich angezogen. Sie war ein großer Magnet und er nur ein Stückchen Eisen.

Dann sagte sie: »Du hältst dich für einen Buddhisten?« Er muß das Gewand eines buddhistischen Mönches angehabt haben – die ockerfarbene Robe. Und wieder lachte sie und sagte: »Buddha kannst du nur durch Handeln verstehen, nicht durch Worte, nicht durch Bücher. Hast du denn immer noch nicht genug? Hast du von dem ganzen Bücherkram denn immer noch nicht die Nase voll? Verschwende keine Zeit mehr mit dieser sinnlosen Suche. Komm und folge mir!«

Und dann geschah etwas, so etwas wie eine Kommunion. Er hatte so etwas noch nie erlebt. In diesem Augenblick ahnte Saraha die spirituelle Bedeutung ihres Tuns. Weder nach rechts noch nach links hatte sie geschaut, sondern genau auf die Mitte.

Zum ersten Mal begriff er, was Buddha damit gemeint hatte, wenn er davon sprach, genau in der Mitte zu bleiben: Vermeide die Extreme. Erst war er Philosoph gewesen, dann Anti-Philosoph – vom einen Extrem ins andere. Erst hatte er das eine angebetet, dann das Gegenteil davon – aber das Anbeten war geblieben. Man kann von links nach rechts umschwenken, und von rechts nach links, aber das hilft nicht viel.

Die Mitte ist der Punkt, von dem aus die Transzendenz geschieht.

Zum ersten Mal sah Saraha also, was das hieß ... bei Sri Kriti hatte er es nie gesehen. Und hier war es Wirklichkeit. Die Frau hatte recht, wenn sie sagte: »Du kannst es nur lernen, indem du handelst.« Und sie war so sehr darin vertieft gewesen, daß sie nicht einmal bemerkt hatte, wie Saraha neben ihr stand und zusah. Sie war so in ihre Sache vertieft, ging so in ihrem Handeln auf, daß sie auch damit ein Wort Buddhas erfüllte: Etwas total tun heißt, frei sein von allem Tun.

Diese Frau ging total in ihrer Arbeit auf. Darum ging ein solches Leuchten von ihr aus; das machte sie so schön. Sie war eine gewöhnliche Frau, aber ihre Schönheit war nicht von dieser Welt. Die Schönheit kam aus ihrer restlosen Hingabe. Die Schönheit kam daher, daß sie nicht ins Extrem ging. Die Schönheit kam daher, daß sie in ihrer Mitte blieb, im Gleichgewicht war. Ausgeglichenheit führt zu Anmut.

Zum ersten Mal in seinem Leben sah Saraha eine Frau, deren Schönheit nicht nur körperlich war, sondern auch spirituell. Kein Wunder, daß er sich ihr hingab. Daß er sich ihr auslieferte, geschah einfach von selbst. Ihre völlige Versunkenheit in das, was sie gerade tat, ließ ihn zum ersten Male begreifen was wirkliche Meditation ist. Meditation bedeutet nicht, eine Zeitlang dazusitzen und ein bestimmtes Mantra zu wiederholen oder in den Tempel oder die Kirche oder die Moschee zu gehen, sondern voll im Leben zu stehen, mit ganz einfachen Dingen beschäftigt, aber mit einer Hingabe, deren Tiefe sich in jeder Handbewegung offenbart.

Er verstand zum ersten Mal, was Meditation heißt. Er hatte meditiert, er hatte sich große Mühe gegeben, aber zum ersten Mal erfuhr er lebendige Meditation – so war das also! Er konnte es spüren. Er hätte es anfassen können. Es war geradezu mit Händen zu greifen. Und dann erinnerte er sich, daß das Öffnen des einen Auges und das Schließen des anderen ein Symbol war, ein buddhistisches Symbol.

Plötzlich erkannte Saraha, daß die Frau das eine Auge geschlossen hatte. Ein geschlossenes Auge – das hieß symbolisch: Schließe das Auge des Verstandes, der Logik. Und das andere Auge hatte sie geöffnet – symbolisch für Liebe, Intuition, Bewußtsein. Die symbolische Bedeutung dieser Geste fiel ihm jetzt erst auf.

Auf das unsichtbare Unbekannte zielend, befinden wir uns

auf der Reise ins Ungewisse: Das zu suchen, was nicht gefunden werden kann; das zu erkennen, was nicht erkannt werden kann; das zu erreichen, was nicht erreicht werden kann. Diese unmögliche Leidenschaft macht den religiösen Sucher aus.

Saraha erinnerte sich also an diese Geste. Dieses Zielen auf das Unbekannte, das Unsichtbare, das Unsagbare, das Eine – darum ging es. Wie kann ich eins werden mit der Existenz? Das Nicht-Duale ist das Ziel, wo Subjekt und Objekt nicht mehr sind, wo Ich und Du verschwinden.

Saraha sagte zu ihr: »Du bist keine gewöhnliche Pfeilmacherin – es tut mir leid, daß ich dich auch nur einen Augenblick lang dafür gehalten habe. Verzeih, es tut mir ungeheuer leid! Du bist eine große Meisterin – durch dich bin ich neu geboren. Bis gestern war ich kein wahrer Brahmane; von heute an bin ich einer. Du bist meine Meisterin, du bist meine Mutter; du hast mir ein neues Leben geschenkt. Ich bin nicht mehr derselbe.«

Die Pfeilmacherin nahm ihn an, ja sie hatte ihn erwartet. Bevor ein Jünger seinen Meister wählt, hat der Meister ihn längst gewählt. Sie hatte auf Saraha gewartet. Sie zogen gemeinsam auf eine Verbrennungsstätte und lebten von nun an dort zusammen. Warum eine Verbrennungsstätte? – Weil Buddha sagt: Du mußt erst den Tod verstanden haben, bevor du das Leben verstehen kannst. Nur wenn du stirbst, kannst du neu geboren werden.

Viele Tantra-Adepten haben seitdem auf Verbrennungsfeldern gelebt. Diese Tradition stammt von Saraha. Er lebte zwischen brennenden Leichen. Tote wurden gebracht, eine Leiche nach der anderen wurde verbrannt, und er lebte dort; dort war er zu Hause. Er lebte dort mit dieser Pfeilmacherin zusammen. Es war eine große Liebe. Nicht die Liebe zwischen Mann und Frau, sondern die zwischen Jünger und Meister, die weit über alles hinausgeht, was zwischen Mann und Frau geschieht – sie ist viel intimer, sehr viel intimer ... denn eine Liebesbeziehung zwischen Mann und Frau ist eine Sache zwischen zwei Körpern. Sie reicht allenfalls ab und zu ins

Spirituelle; aber im großen und ganzen bleibt es eine körperliche Angelegenheit.

Jünger und Meister – das ist eine Liebesbeziehung der Seelen. Saraha hatte seine Seelenpartnerin gefunden. Sie liebten sich ungeheuer; ihre Liebe war so groß, wie man es kaum auf Erden findet.

Sie lehrte ihn Tantra. Nur eine Frau kann Tantra lehren. Sie hat bereits all die Eigenschaften, die dazu nötig sind: die liebende, zärtliche Haltung. Sie hat bereits von Natur aus das Herz, die Liebe, das Gespür für das Zarte.

Unter der Anleitung dieser Pfeilmacherin wurde Saraha zum Tantriker. Jetzt meditierte er nicht mehr. Zuvor hatte er bereits die Veden und all die heiligen und gelehrten Bücher über Bord geworfen; jetzt ließ er auch das Meditieren hinter sich. Daraufhin verbreitete sich im ganzen Land das Gerücht: »Er meditiert nicht mehr. Er singt, und er tanzt sogar, aber er meditiert nicht mehr.« Jetzt war Singen seine Meditation. Jetzt war Tanzen seine Meditation. Jetzt war sein Leben ein einziges Fest.

Stellt euch vor, das Leben als Fest – mitten unter brennenden Leichen! Zu leben, wo nur der Tod herrscht, und das auch noch mit größter Freude! Das ist das Schöne an Tantra: Es bringt die Gegensätze zusammen, die unvereinbaren Dinge. Normalerweise fühlt man sich auf Verbrennungsstätten bedrückt. Es fällt einem nicht leicht, sich dort froh zu fühlen, geschweige denn zu tanzen und zu singen, während Leichen verbrannt werden und Trauernde weinen und wehklagen. Und tagein, tagaus nichts als der Tod ... Tag und Nacht nur der Tod. Wie kann man dabei froh sein?

Aber solange du dort nicht froh sein kannst, ist alles, was du für Freude gehalten hast, reine Einbildung. Wenn du dort Freude empfinden kannst, dann ist wirklich Freude in dir. Dann ist sie bedingungslos. Dann ist sie nicht mehr abhängig von Leben und Tod oder davon, ob jemand geboren wird oder stirbt.

Saraha fing an, singend und tanzend zu leben. Er war kein ernsthafter Mensch mehr. Tantra ist nicht ernst, Tantra ist spielerisch. Aufrichtig ja, aber nicht ernst. Tantra ist reine Freude. Sarahas Leben wurde von Spiel erfüllt – Tantra ist Spiel, denn Tantra ist eine sehr hochentwickelte Form der Liebe, und Liebe ist Spiel.

Spiel kam in sein Dasein, und durch das Spiel wurde die wahre Religion in ihm geboren. Seine Ekstase war so ansteckend, daß die Leute zu ihm kamen, um ihm beim Tanzen und Singen zuzusehen. Und wenn sie kamen und ihm eine Weile zusahen, fingen sie selber an zu tanzen und zu singen. Die Verbrennungsstätte wurde zu einem großen Festgelände. Sicher, es wurden dort nach wie vor Leichen verbrannt, aber es versammelte sich eine immer größere Menge um Saraha und seine Pfeilmacherin, und es herrschte eitel Freude.

Die Sache wurde so ansteckend, daß Leute, die noch nie etwas von Ekstase gehört hatten, beim Tanzen und Singen dort in Ekstase gerieten, in *Samadhi* fielen. Seine Ausstrahlung, seine bloße Gegenwart wurde so stark, daß es ganz von allein passierte, wenn man nur in seiner Nähe war und mitmachte. **(214)**

Rengetsu

Es geschah einst einer sehr berühmten Zen-Nonne … ihr Name war Rengetsu. Nur sehr wenige Frauen haben im Zen das Höchste erreicht. Rengetsu ist eine dieser seltenen Frauen.

Auf ihrer Pilgerreise kam sie bei Sonnenuntergang in ein Dorf und bat um Unterkunft für die Nacht, doch die Dorfbewohner schlugen ihr die Tür vor der Nase zu. Sie waren Gegner des Zen. Zen ist so revolutionär, so durch und durch rebellisch, daß es sehr schwer zu akzeptieren ist. Wenn du es akzeptierst, wird es dich transformieren; wenn du es akzeptierst, gehst du durch ein Feuer – du wirst nie wieder der sein, der du warst.

Darum sind die traditionsgebundenen Leute schon immer gegen alles Wahre an der Religion gewesen. Die Tradition enthält alles Unwahre an der Religion. Das müssen also traditionelle Buddhisten in jener Stadt gewesen sein, und sie wollten diese Frau nicht da haben – sie warfen sie hinaus. Es war eine kalte Nacht, und die alte Frau hatte kein Dach über dem Kopf und war hungrig. Sie mußte unter einem Kirschbaum auf dem Feld Unterschlupf suchen. Es war bitterkalt, und sie konnte nicht gut schlafen. Und es war auch gefährlich – mit all den wilden Tieren und überhaupt.

Um Mitternacht erwachte sie von der Kälte und sah dort am Nachthimmel des beginnenden Frühlings, wie der voll erblühte Kirschbaum mit dem verschleierten Mond um die Wette lachte. Von der Schönheit überwältigt stand sie auf und verneigte sich in Richtung des Dorfes:

Durch ihre Güte,
mir die Unterkunft zu verwehren,
fand ich mich unter den Blüten
in der Nacht des verschleierten Mondes.

Sie ist dankbar. Voller Dankbarkeit gedenkt sie dieser Menschen, die ihr die Unterkunft verwehrt haben, weil sie sonst unter einem gewöhnlichen Dach geschlafen und diesen Segen verpaßt hätte: diese Kirschblüten, ihr Flüstern mit dem verschleierten Mond und die Stille der Nacht, diese totale Stille der Nacht. Statt böse zu werden, akzeptierte sie es, und sie akzeptierte es nicht nur, sondern sie hieß es willkommen – sie ist dankbar.

Ein Mensch wird zum Buddha, sobald er alles, was das Leben ihm beschert, voll Dankbarkeit akzeptiert. **(215)**

Chiyono

Es war eine Vollmondnacht. Die Welt strahlte wie eine Braut. Das Licht strömte wie Regen hernieder, und ein großer Jubel herrschte im Himmel, im Ozean, in den Lüften. Die Bäume schwankten im Winde, als wären sie betrunken, wie im Rausch versunken, und die fernen Berge mit ihren schneebedeckten Spitzen erschienen wie Buddhas in tiefster Meditation. Der Wind fegte durch die alten Kiefern, und es war die reinste Musik. Die Freude dieses tanzenden Universums war so greifbar dicht, daß man sie fast berühren konnte.

In dieser Nacht der lauteren Freude und des Jubels senkte sich etwas Jenseitiges auf die Erde herab: Eine Frau – Chiyono – wurde erleuchtet. Sie erlangte wieder das Paradies; sie kehrte heim. Welch ein Moment, um in der Zeit zu sterben für die Zeit, und wiedergeboren zu werden in der Ewigkeit als Ewigkeit! Welch ein Moment, um sich aufzulösen und zum ersten Mal zu *sein!*

Die Nonne Chiyono hatte jahrelang studiert, ohne die Erleuchtung finden zu können.

Eines Nachts trug sie einen alten Eimer voll Wasser, und während sie so ging, gewahrte sie, wie der Vollmond sich in dem Wassereimer spiegelte. Plötzlich rissen die Bambusstreifen, die den Eimer zusammengehalten hatten, und der Eimer brach auseinander. Das Wasser stürzte heraus, die Spiegelung des Mondes verschwand, und Chiyono wurde erleuchtet.

Zur Feier ihrer Erleuchtung verfaßte sie diese Verse:

Auf diese und auf jene Weise
hielt den Eimer ich zusammen,
auf daß der schwache Bambus niemals bräche.
Doch plötzlich brach der Boden …
Kein Wasser mehr,
kein Mond im Wasser,
Leere nur in meiner Hand.

Was ist Erleuchtung? – Die Fähigkeit, sich selbst zu sehen, wie man wirklich ist. Wir sind Leere, völlig leer vom Ego. Das Ego ist nur eine Vorspiegelung. Wir haben es uns kreiert, haben es projiziert, haben diese Illusion, diesen Traum aufrechterhalten. Es existiert gar nicht; es ist an und für sich nicht vorhanden. Und je bewußter man wird, je mehr man nach innen schaut, um so mehr erkennt man, daß man nicht ist.

Je bewußter du wirst, um so weniger bist du. Und sobald die Bewußtheit vollkommen wird, verschwindest du – kein

Wasser mehr, keine Spiegelung des Mondes mehr im Wasser, nur noch Leere in deinen Händen ...

So geschah es mit Chiyono. Sie hatte jahrelang studiert, hatte alle möglichen Meditationen praktiziert, hatte alle möglichen Techniken kultiviert, ohne die Erleuchtung finden zu können.

Auf die Erleuchtung kann man keine Ansprüche erheben. Man muß völlig verschwinden – erst dann kann sie kommen. Das Denken muß aufhören, damit Gott kommen kann. Nennt es Gott oder Erleuchtung – es ist dasselbe.

Chiyono hatte jahrelang studiert, ohne die Erleuchtung finden zu können.

Erleuchtung ist nicht etwas, das du durch Suchen finden kannst. Sie kommt zu dir, wenn alles Suchen sich als vergeblich erwiesen hat. Und beachte: Ich sage nicht, daß du nicht suchen sollst, denn wenn du nicht suchst, wirst du niemals die Erfahrung machen, daß das Suchen vergeblich ist. Ich sage nicht, daß du nicht meditieren sollst, denn wenn du nicht meditierst, wirst du niemals verstehen, daß es eine Meditation gibt, die du nicht tun kannst, sondern die zu dir kommt.

Deine Meditationen sind nur dazu da, dir die Augen zu reinigen, dich wahrnehmungsfähiger zu machen. Sie machen dein Herz wacher – bewußter, liebevoller, empfindsamer. Sie machen dein Sein empfänglicher, Dinge zu sehen, die du nie zuvor gesehen hast. Sie machen es möglich, daß du neue innere Räume in deinem Sein entdeckst. Jeden Tag, in jedem Augenblick, wird etwas Neues passieren. Deine Meditationen sind wie ein Bad. Sie werden dir Frische verleihen – doch diese Frische ist noch nicht die Erleuchtung, sie bereitet nur den Weg. Die Erleuchtung erreichst du nie – es ist immer umgekehrt: Die Erleuchtung erreicht dich.

Bereite den Weg für Gott, daß Er dich erreichen kann. Du kannst Ihn nicht finden; du kannst nur warten – in tiefem Vertrauen, daß Er dich findet.

Chiyono war eine Nonne. Bestimmt erfreute sie sich ihres feinen, rechtschaffenen Wesens, ihrer Gelehrsamkeit und Tugend. Sie hatte großen Verzicht geleistet. Man sagt, sie war eine der schönsten Frauen – so schön, daß ein Kloster sie zurückwies, weil es sonst nur Probleme mit den Mönchen gegeben hätte. Daraufhin entstellte sie ihr Gesicht, um in ein anderes Kloster aufgenommen zu werden. Sie muß eine wunderschöne Frau gewesen sein – aber stellt euch vor: Sie entstellte ihr Gesicht, machte es häßlich. In tiefster Seele muß sie gedacht haben: »Habe ich nicht große Entsagung geleistet? Ich, eine der schönsten Frauen, habe mein Gesicht verunstaltet! So etwas hat noch niemand vor oder nach mir getan! Seht meinen Verzicht, meine Distanz zum Körper! Ich pfeife auf die Schönheit – ich habe mir vorgenommen, die Erleuchtung zu finden, und zwar um jeden Preis!« Aber sie konnte sie einfach nicht finden.

Doch in dieser Vollmondnacht geschah es – plötzlich, wie ein Blitz aus heiterem Himmel. Es geschieht immer wie ein Blitz aus heiterem Himmel. Es geschieht immer plötzlich.

Aber das heißt nicht, daß es auch jemand anderem so hätte geschehen können. Es geschah so für Chiyono. Alles, was sie unternommen hatte, hatte nichts gebracht. Doch alles, was sie unternommen hatte, hatte eines gebracht: die Erkenntnis, daß alles, was man unternimmt, scheitert und daß der Mensch keinen Erfolg haben kann.

Sie muß in einen Zustand totaler Hoffnungslosigkeit gelangt sein. Zu dieser Hoffnungslosigkeit kommt man nur, wenn man alles getan hat, was man tun konnte. Und wenn man zu dieser Hoffnungslosigkeit kommt, erfüllt sich die Hoffnung. Denn in dieser Hoffnungslosigkeit wird das Ego am Boden zerschmettert. Man hört auf, Ansprüche zu stellen.

Das Ego verschwindet erst, wenn es den Höhepunkt erreicht hat, seinen Gipfel. Ein unausgegorenes Ego kann man nicht fallen lassen – nein, es ist nicht möglich, weil es immer noch hofft. Es sagt sich: »Wer weiß? – Noch ein bißchen mehr Anstrengung, ein bißchen mehr Disziplin, ein bißchen mehr Verzicht. Wer weiß? – Wir haben noch nicht alles versucht, haben noch nicht alle Möglichkeiten erschöpft.« Und so bleibt das Ego weiter am Leben. Doch wenn man überall gesucht und sämtliche Möglichkeiten ausprobiert hat und jedesmal gescheitert ist, wenn das Scheitern zur Grunderfahrung geworden ist – wie lange kann man das Suchen und Forschen noch fortsetzen? Eines Tages fällt alles Suchen und Forschen ab.

Es ist ein Paradox: Die Erleuchtung ist nur demjenigen möglich, der zu suchen aufhört. Aber wer kann zu suchen aufhören? – Nur, wer tief genug geforscht hat. Das ist das Paradox. Es ist eines der größten Geheimnisse, die man verstehen muß. Laß es in dein Herz sinken.

Es gibt Leute, die sagen: »Suchet, dann werdet ihr finden.« Das ist nur die halbe Wahrheit. Durch Suchen allein hat es noch nie jemand gefunden. Dann gibt es Leute, die sagen: »Wenn man Gott durch Suchen nicht finden kann, wozu dann überhaupt suchen? Wartet – es geschieht durch Seine Gnade.« Auch auf diese Weise geschieht es nie. Ihr wartet schon seit vielen Jahrhunderten, seit vielen Leben, und es ist nicht geschehen. Das ist Beweis genug, daß es auf diese Weise nicht geschieht.

Wie geschieht es also? Es geschieht einem Suchenden, wenn er die Suche aufgibt. Es geschieht dem, der mit seinem ganzen Potential gesucht hat und gescheitert ist, total gescheitert ist. In diesem Scheitern blitzt der erste Lichtstrahl auf, und dann kommt es völlig überraschend! Wenn du dich völlig hoffnungslos fühlst, wenn du das Gefühl hast, die ganze Erleuchtung könne dir gestohlen bleiben, wenn alles Suchen aufgehört hat und sogar die Sehnsucht nach Erleuchtung verschwunden ist – dann ist sie plötzlich da!

So geschah es mit Chiyono, so geschah es mit Buddha – und so geschieht es immer! **(216)**

Sharda

Ramakrishna starb. Kurz vor seinem Tode, als der Arzt sagte: »Jetzt kann er nicht mehr lange leben«, fing Ramakrishnas Frau Sharda zu weinen an. Und Ramakrishnas letzte Worte waren: »Weine nicht, denn ich werde nicht sterben. Was die Ärzte sagen, betrifft nur die äußere Hülle.«

Er starb an Krebs, und er sagte: »Soweit ich weiß, habe ich keinen Krebs in mir. Der Krebs betrifft nur die äußere Hülle. Darum vergiß nicht: Wenn die Ärzte mich für tot erklären, glaube ihnen kein Wort! Glaube mir – ich werde leben.«

Und als einzige indische Witwe, als einzige in der ganzen indischen Geschichte, verhielt Sharda sich nie wie eine verwitwete Frau – denn in Indien muß eine Witwe nach dem Tode ihres Mannes ihren ganzen Lebensstil ändern. Sie darf keine farbigen Kleider mehr tragen; die ganze Farbe ist aus ihrem Leben gewichen. Sie darf keinen Schmuck mehr tragen – für wen denn?

Doch Sharda lebte genauso weiter wie vorher, als Ramakrishna noch am Leben war. Die Leute dachten, sie sei verrückt geworden, und sagten: »Wirf deinen Schmuck weg, vor allem die Armreifen. Zerbrich sie! Du bist eine Witwe.«

Da lachte sie und sagte: »Soll ich euch glauben oder Ramakrishna? Denn er hat gesagt: ›Nur die äußere Hülle wird sterben, nicht *ich*.‹ Und ich war mit *ihm* verheiratet, nicht mit seiner äußeren Hülle. Soll ich also auf euch hören oder auf Ramakrishna?«

Sie hörte auf Ramakrishna und blieb bis zuletzt seine Ehefrau. Und sie lebte in großer Ekstase, denn durch die Tatsache, daß sie auf ihn hörte, wurde sie transformiert: Sie erkannte, daß der Körper nicht die Wirklichkeit ist. Sie setzte Ramakrishnas alte Lebensweise fort. Das muß verrückt ausgesehen haben, denn in dieser Welt von Verrückten, in der die äußere Hülle für die Wirklichkeit gehalten wird, muß ein Mensch, der sich so anders verhält, verrückt erscheinen.

Jeden Abend machte sie Ramakrishnas Bett und dann ging sie in sein Zimmer und sagte: »Paramhansdev, komm jetzt. Es ist Zeit zum Schlafengehen« – und dabei war niemand da. Oder sie kochte sein Essen und sang dabei und war so glücklich, wie sie es immer gewesen war. Und dann ging sie Ramakrishna holen: »Komm, Paramhansdev, dein Essen ist fertig!«

Sie muß eine Erkenntnis gehabt haben, denn sie machte das nicht nur einen Tag, sondern viele Jahre lang. Und alles wegen dieser einfachen Botschaft von Ramakrishna: »Nur die äußere Hülle wird sterben, nicht ich.« Es transformierte sie und machte aus ihr eine heilige Frau. Sie selbst wurde ebenfalls erleuchtet. **(217)**

Madame Blavatsky

Das erinnert mich an eine andere bedeutende Frau. Die Zahl der Frauen, die man bedeutend nennen könnte, ist sehr klein, aber diese Frau war zweifellos bedeutend: Madame Blavatsky. Sie begründete eine große Bewegung, die Theosophische Bewegung. Und sie bereiste die ganze Welt, außer Rußland – und Rußland war ihr Heimatland.

So geschieht es immer wieder; es ist beinahe eine Regel, ein Gesetz. Madame Blavatsky bereiste die ganze Erde, nur nach Rußland konnte sie nicht fahren, an ihren eigenen Geburtsort, in ihr eigenes Land. Doch überall, wo sie hinfuhr, trug sie immer zwei Taschen mit sich, die mit Samen von wunderschönen Blumen gefüllt waren. Und wenn sie im Zug saß, warf sie dauernd Samen aus dem Fenster. Die Leute dachten, sie sei verrückt. Man fragte sie: »Wozu machen Sie das? Vielleicht fahren Sie nie wieder diese Strecke.«

Sie sagte: »Das spielt keine Rolle. Mag sein, daß ich hier nie wieder vorbeikomme, aber der Frühling wird kommen. Vielleicht werde ich nicht kommen, aber jeder, der hier vorbeifährt, wird die schönen Blumen sehen.« **(218)**

Gertrude Stein

Gertrude Stein, die große Dichterin, lag im Sterben, in ihren letzten Atemzügen. Sie wurde von vielen Menschen geliebt, hatte viele Freunde. Sie war eine Frau von ungeheuren schöpferischen Fähigkeiten. Ihre Gedichte reichen an die Haikus der Zen-Meister heran oder an die Gedichte von Kabir, Nanak, Farid. Ihre Gedichte haben etwas von der

Essenz des Ostens; sie hat einen Schimmer der mystischen Erfahrung gehabt.

Im letzten Augenblick also – es war Abend, die Sonne war gerade untergegangen und die Dunkelheit setzte ein –, da öffnete sie die Augen und fragte: »Was ist die Antwort?«

Die Menschen, die sich um sie versammelt hatten, um ihr Lebewohl zu sagen, waren verwirrt: »Ist sie nur senil, oder ist sie jetzt verrückt geworden? Vielleicht ist der Tod eine zu große Belastung für sie, und sie hat den Verstand verloren.« Natürlich wird kein vernünftiger Mensch fragen: »Was ist die Antwort?«, wenn gar keine Frage gestellt wurde. »Was ist die Antwort?« – das erscheint dann völlig irrational.

Für einen Moment herrschte Stille. Dann sagte einer ihrer Freunde, der in der Nähe war: »Aber du hast gar keine Frage gestellt. Wie können wir darauf antworten?«

Und Gertrude Stein lächelte ein mildes Lächeln und sagte: »Nun gut, dann sagt mir: Was ist die Frage?«

Und dann starb sie. Den anderen blieb keine Zeit mehr zu sagen: »Diese Frage ist genauso absurd wie die erste. Zuerst hast du nach der Antwort gefragt, ohne eine Frage zu stellen, und jetzt willst du auch noch die Frage von uns wissen! Es gibt Tausende, Millionen von Fragen. Wie sollen wir denn wissen, welche Frage du beantwortet haben möchtest?«

Als Gertrude Stein fragte: »Was ist die Antwort?«, ist sie über den Verstand hinausgegangen. Und als sie zögernd und lächelnd fragte: »Nun gut, was ist die Frage?«, ist sie über das Herz hinausgegangen. Und danach ging sie über beides hinaus.

Es war einer der schönsten Tode, von denen der Westen je gehört hat. Im Osten haben wir von vielen schönen Toden erfahren. Für die Menschen ist es sehr schwierig, ein schönes Leben zu leben, doch es hat tatsächlich Menschen gegeben, die ein schönes Leben gelebt haben und einen noch schöneren Tod gestorben sind! Für sie kommt der Tod als ein Höhepunkt, als eine Steigerung des Lebens – als ob das ganze Leben in einem einzigen Augenblick mit totaler Intensität zu einer einzigen Flamme, einem Feuer würde, bevor sie sich ins Universum auflösen.

Sie hat nicht im üblichen Sinne den Verstand verloren, aber zweifellos überschritt sie die Grenzen des Verstandes, und auch über das Herz ging sie hinaus.

Jenseits von diesen beiden diametral entgegengesetzten Zentren in euch gibt es ein Sein, das völlig unschuldig ist und weder von Fragen noch Antworten weiß. Es ist so von sich selbst erfüllt, so vollkommen zufrieden und in sich ruhend, daß nichts zu fragen übrigbleibt und auch nichts zu antworten übrigbleibt.

Nach meinem Verständnis ist Gertrude Stein erleuchtet gestorben. Der Westen hat kein Wissen von Erleuchtung. Man dachte einfach, sie wäre verrückt geworden. Aber das war keine Verrücktheit, das war ein sehr feierlicher Moment. Was sie im Leben nicht erreichen konnte, erreichte sie bei ihrem Tode. Und sie gab dafür einen sicheren Hinweis: Keine Frage, keine Antwort – und du bist heimgekehrt. **(219)**

So wie ich es sehe, haben im Westen nur ganz wenige Menschen jenen Zustand erreicht, den Gertrude Stein erreichte. In ihrem letzten Augenblick wurde sie zweifellos zu einem Buddha. Sie sagt damit: Es gibt keine Frage, und es gibt keine Antwort. Das Leben ist so einfach, so wunderbar, so ehrlich, daß darin gar kein Platz ist für irgendeine Frage oder irgendeine Antwort. Das Leben kann man singen, das Leben kann man tanzen, das Leben kann man lieben – doch es gibt keine Frage und keine Antwort. **(220)**

Bhuribai

Bhuribai ist sehr eng mit mir verbunden. Ich habe Tausende von Männern, Tausende von Frauen kennengelernt, doch Bhuribai war einzigartig.

Bhuribais *Mahaparinirvana* – ihr Tod, durch den sie die höchste Befreiung erlangte – ereignete sich vor nicht allzu langer Zeit. Ihr könnt sie in eine Reihe stellen mit Meera, Rabiya, Sahajo, Daya – sie ist eine von diesen wenigen, auserwählten Frauen.

Sie war Analphabetin, und vielleicht wird ihr Name niemals bekannt werden. Sie war eine Frau vom Lande, aus der Landbevölkerung Rajasthans. Aber sie war ein einzigartiges Genie: Ohne irgendwelche Schriften zu kennen, kannte sie die höchste Wahrheit.

Es war mein erstes Meditationscamp ... Bhuribai nahm daran teil, und später kam sie auch zu den anderen Camps. Nicht wegen der Meditation – denn sie hatte den Zustand der Meditation erlangt. Es machte ihr einfach Freude, bei mir zu sein. Sie stellte keine Fragen, ich gab keine Antworten. Sie hatte nichts zu fragen – es gab nichts zu fragen. Sie kam einfach und brachte eine frische Brise mit.

Beim allerersten Camp geschah es, daß sie sich innerlich mit mir verband. Es passierte einfach. Es wurde nichts gesagt, es wurde nichts gehört, aber das Wesentliche ereignete sich!

Sie war beim ersten Vortrag dabei. Die Worte und Ereignisse des Camps, an dem Bhuribai teilnahm, sind in einem Buch mit dem Titel *The Path of Self-Realisation* (Der Pfad zur Selbsterkenntnis) festgehalten. Es war, wie gesagt, das erste Camp, und nur fünfzig Teilnehmer waren da. Es fand in Muchala Mahavir, einer abgelegenen, leerstehenden Ruine im entlegenen Rajasthan statt. Sie kam in Begleitung von Kalidas Bhatiya, einem ehemaligen Anwalt bei Gericht. Er diente ihr; er hatte alles zurückgelassen – seine juristische Praxis, seine Tätigkeit bei Gericht – und wusch Bhuribais Wäsche, massierte ihr die Füße. Bhuribai war schon betagt, um die siebzig.

Bhuribai war also gekommen, und mit ihr Kalidas Bhatiya und zehn, fünfzehn ihrer Schüler. Ein paar Leute erkannten sie. Sie hörte sich meinen Vortrag an, doch als die Zeit für die Meditation kam, ging sie auf ihr Zimmer. Kalidas Bhatiya war erstaunt, denn er war wegen der Meditation gekommen. Er lief ihr nach und fragte sie: »Du hast dem Vortrag über Meditation so aufmerksam zugehört, doch jetzt, wo es Zeit wäre, es zu tun – warum bist du nicht geblieben?« Und Bhuribai sagte: »Geh du nur, mach nur! Ich habe es kapiert.«

Kalidas war sehr verwundert. Wenn sie es verstanden hatte, warum meditierte sie dann nicht?

Er kam zu mir und fragte mich: »Was ist los, was soll das? Bhuribai sagt, daß sie es versteht – warum meditiert sie dann nicht mit uns? Und als ich sie fragte, sagte sie: Geh nur und frage *Baapji* selbst. – Bhuribai war siebzig, aber trotzdem nannte sie mich *Baapji*, Vater. – Geh nur und frage *Baapji*. Deshalb bin ich hergekommen«, sagte Kalidas. »Sie sagt gar nichts, sie lächelt nur. Und als ich mich auf den Weg machte, meinte sie: Du kapierst gar nichts. Ich habe es kapiert!«

Da sagte ich: »Sie hat recht. Ich habe über Meditation gesprochen, und es bedeutet Nicht-Tun. Du bist zu ihr hingegangen und hast sie gefragt, warum sie nicht die Meditation mitmacht. Natürlich hat sie gelacht – Meditation und machen? Wie kann man es machen, wenn es Nicht-Tun ist? Ich habe auch erklärt, daß Meditation bedeutet, einfach still zu werden. Sicher hat sie gedacht, es ist einfacher, in ihrem Zimmer still zu sein als in dieser Menge. Sie hat es ganz richtig verstanden. Und die Wahrheit ist: Sie braucht nicht zu meditieren. Sie kennt die Stille, auch wenn sie es nicht Meditation nennt. Meditation ist ein gelehrter Begriff, und sie ist eine einfache, kernige Dorffrau; sie nennt es einfach: *Chup* – Stille!«

Und als sie nach dem Camp wieder nach Hause kam, bat sie jemanden, das folgende Sutra an die Wand ihrer Hütte zu schreiben:

Stille das Mittel, Stille das Ziel;
in der Stille herrscht Stille.
Stille – das Wissen allen Wissens:
Wenn du es verstehst, wirst du Stille.

Stille ist das Mittel, Stille ist das Ziel, in der Stille herrscht nur Stille. Wenn du verstehen kannst, wenn du verstehen willst, dann gibt es nur eines, was sich lohnt, verstanden zu werden: Stille. Sobald du sie kennst, wirst du still. Es gibt nichts anderes zu tun. Stille – das Wissen alles Wissens.

Ihre Schüler sagten zu mir: »Sie hört nicht auf uns. Aber sprich du doch mit Bai! Was du sagst, wird sie akzeptieren. Sie würde dich nie zurückweisen; sie wird tun, was du sagst.

Sag ihr doch bitte, daß sie ihre Lebenserfahrungen aufschreiben lassen soll! Denn sie kann nicht schreiben, sie war nicht in der Schule. Aber sie soll alles, was sie erfahren hat, aufschreiben lassen. Sie ist schon alt, und die Zeit rückt näher, daß sie gehen wird. Sie soll es aufschreiben lassen – es wird all jenen helfen, die später kommen.«

Ich fragte sie: »Bai, warum läßt du es nicht aufschreiben?« Darauf antwortete sie: »Baapji, wenn du es sagst, ist es gut. Wenn ich zum nächsten Camp komme, kannst du es selbst weitergeben. Ich bringe es dir aufgeschrieben.«

Beim nächsten Camp warteten alle ihre Schüler ganz begierig und aufgeregt. Sie hatte das Buch in eine Kiste getan, die sie versiegeln ließ. Sie hatte ein Schloß anbringen lassen und brachte mir den Schlüssel.

Ihre Schüler kamen mit der Kiste auf dem Kopf, stellten sie vor mich hin und baten mich, sie zu öffnen. Ich öffnete sie und nahm ein kleines Buch heraus – ein winziges Büchlein von etwa zehn bis fünfzehn Seiten, ganz winzig, etwa acht mal sechs Zentimeter groß. – Lauter schwarze Seiten, ohne jedes Weiß!

Ich sagte: »Bhuribai, das hast du gut geschrieben! Wenn andere Leute schreiben, machen sie die Seite nur ein bißchen schwarz. Du hast es so geschrieben, daß gar kein Weiß mehr übrig blieb.« Sie hatte geschrieben und geschrieben und geschrieben.

Sie sagte: »Nur du kannst mich verstehen! Die anderen haben es nicht kapiert. Ich habe zu ihnen gesagt: Seht ihr, die anderen Leute schreiben auch, aber sie schreiben nur ein bißchen. Sie sind gebildet, darum können sie nur ein bißchen schreiben. Ich bin ungebildet, darum habe ich geschrieben und geschrieben, und ich habe alles vollgeschrieben, bis kein Platz mehr übrig war. Und wie hätte ich es jemand anderen schreiben lassen können? Also habe ich immer weitergeschrieben, habe Zeichen um Zeichen gemalt – und das ganze Buch schwarz gemacht! Jetzt mußt du es präsentieren.«

Und ich präsentierte es. Ihre Schüler waren sehr überrascht.

Ich sagte: »Das ist die wahre Schrift, die Schrift aller Schriften! Die Sufis haben ein Buch mit lauter leeren Seiten; sie nennen es *Das Buch der Bücher.* Seine Seiten sind jedoch weiß. Aber Bhuribais Buch stellt alles in den Schatten, denn seine Seiten sind ganz schwarz.«

Bhuribai hat nie etwas gesagt. Wenn jemand zu ihr kam und sie fragte: »Was soll ich tun?«, dann hat sie einfach nur ihren Finger an die Lippen gelegt, so als wollte sie sagen: »Sei einfach still. Nichts anderes ist zu tun.«

Ihre Liebe war unglaublich. Sie hatte ihre ganz besondere Art, einmalig! Sie braucht nicht mehr auf diese Welt zurückzukommen, sie ist für immer gegangen. In der Stille herrscht Stille. Sie hat sich aufgelöst. Der Fluß hat sich ins Meer ergossen. Sie hat nichts gemacht, blieb einfach still. Und jedem, der in ihr Haus kam, hat sie gedient. Sie diente ihm in jeder Hinsicht, aber schweigend, still.

Sie war eine erstaunliche Frau. **(221)**

Nani

Die Mutter meiner Mutter nannte ich *Nani,* wie es in Indien üblich ist. Oft fragte ich meinen Großvater: »Nana, wo hast du eine so schöne Frau her?« Meine Großmutter sah mehr griechisch als indisch aus. Ihre Gesichtszüge waren nicht indisch; sie sah griechisch aus, und sie war eine starke Frau, sehr stark.

Mein Nana starb, als er nicht mehr als fünfzig war. Meine Großmutter lebte bis achtzig, und sie war kerngesund, und selbst dann dachte keiner, daß sie sterben könnte. Eines hatte ich ihr versprochen: Ich würde sie besuchen kommen, wenn sie starb, und das würde mein letzter Besuch bei der Familie sein. Sie starb 1970. Ich mußte mein Versprechen einlösen.

In meinen ersten Jahren war meine Nani für mich meine Mutter. Das sind die Jahre, in denen man sich entwickelt. Meine eigene Mutter kam erst später. Da war ich schon herangewachsen, hatte bereits meinen persönlichen Stil, und dabei hatte mir meine Großmutter ungeheuer geholfen.

Meine Großmutter wurde in Khajuraho geboren – kein Wunder, daß sie eine schöne Frau war, mutig und gefährlich dazu. Schönheit ist immer so: mutig und gefährlich. Sie riskierte etwas. Nani war eine so mutige Frau! Sie machte mir Mut, alles zu riskieren – und ich meine wirklich *alles*.

Wenn ich Wein trinken wollte, besorgte sie mir welchen. Sie sagte immer: »Solange du nicht total trinkst, kannst du es nicht loswerden.« Und ich weiß, daß das der einzige Weg ist, um etwas loszuwerden, was es auch sei. Was immer ich wollte, sie arrangierte es.

Ich sagte zu meiner Großmutter: »Ich will das Glücksspiel versuchen«.

Sie fragte mich: »Wieviel Geld willst du haben?«

Selbst ich traute meinen Ohren nicht. Ich dachte, sie würde sagen: »Spielen – nein!« Statt dessen sagte sie: »Du willst also spielen?« Sie gab mir prompt einen Hundertrupienschein und sagte, ich solle gehen und mein Glück versuchen, wo ich wolle, weil man nur durch Erfahrung lernt. Auf diese Art hat sie mir ungeheuer geholfen.

Einmal wollte ich zu einer Prostituierten gehen. Ich war erst fünfzehn und hatte gehört, daß eine Prostituierte ins Dorf gekommen sei. Meine Großmutter fragte mich: »Weißt du überhaupt, was eine Prostituierte ist?«

Ich sagte: »Nicht genau.« Da sagte sie: »Dann mußt du hingehen und es dir ansehen. Aber sieh ihr erst mal beim Tanzen und Singen zu.«

In Indien singen und tanzen die Prostituierten zuerst, aber dieses Singen und Tanzen war so drittklassig, und die Frau war so häßlich, daß ich mich übergab! Ich ging mittendrin wieder nach Hause, noch bevor sie mit Tanzen und Singen fertig war und die eigentliche Prostitution losging. Meine Nani fragte: »Warum bist du so früh zurückgekommen?«

Ich antwortete: »Es war zum Kotzen.«

Erst später, als ich Jean-Paul Sartres Buch *Der Ekel* las, begriff ich, was an jenem Abend mit mir los war. Aber meine Großmutter ließ mich sogar zu einer Prostituierten gehen!

Ich kann mich nicht erinnern, daß sie mir je etwas verboten

hätte. Ich wollte rauchen. Sie sagte: »Merk dir eines: Rauchen ist in Ordnung, aber rauche nur hier im Haus.« Ich fragte: »Warum?« Sie sagte: »Andere könnten sich beschweren, also rauch lieber nur im Haus. Ich besorg dir die Zigaretten.« Sie versorgte mich so lange mit Zigaretten, bis ich sagte: »Es reicht! Jetzt brauche ich keine mehr.«

Meine Nani war zu allem bereit, was mir helfen konnte, mich selbst zu erfahren. Um zu erkennen, muß man es selbst erleben und darf es nicht nur gesagt bekommen.

Mein Großvater, ihr Mann, hatte immer Angst. Er war genau wie alle anderen Ehemänner der Welt – eine Maus. Eine schöne Maus, ein netter Kerl, aber nichts im Vergleich zu ihr. Als er in meinem Schoß starb, weinte sie nicht einmal.

Ich fragte sie: »Er ist tot. Du hast ihn geliebt. Wieso weinst du nicht?«

Sie sagte: »Deinetwegen. Ich möchte nicht vor einem Kind weinen.« – Was für eine Frau! – »Und ich möchte dich nicht trösten müssen. Wenn ich selbst zu weinen anfange, dann wirst du natürlich auch weinen, und wer tröstet dann wen?«

Ich muß euch die Situation beschreiben ... Wir saßen in einem Ochsenkarren und fuhren vom Dorf meines Großvaters in das meines Vaters, weil dort das einzige Krankenhaus war. Mein Großvater war schwerkrank. Nicht nur krank, sondern auch bewußtlos, beinahe im Koma. Sie und ich waren die einzigen weiteren Leute im Innern des Wagens. Ich kann verstehen, wie sie mit mir fühlte. Nicht einmal über den Tod ihres geliebten Mannes zu weinen! – Nur meinetwegen, denn ich war als einziger da, und sonst gab es niemand, der mich hätte trösten können.

Ich sagte: »Mach dir keine Sorgen. Wenn du ohne Tränen bleiben kannst, kann ich auch ohne Tränen bleiben.« Und ob ihr es glaubt oder nicht – ein Kind von sieben Jahren blieb ohne Tränen. Sogar sie war erstaunt. Sie sagte: »Du weinst ja gar nicht.«

Ich sagte: »Ich möchte dich nicht trösten müssen.«

Wir waren ein merkwürdiges Grüpplein in diesem Ochsenkarren. Nana lag in meinem Schoß. Und ich, ein siebenjähriges Kind, mit dem Tod … nicht nur ein paar Sekunden lang, sondern vierundzwanzig Stunden ununterbrochen. Es gab keine Straße, und es war beschwerlich, zur Ortschaft meines Vaters zu gelangen. Wir kamen nur ganz langsam voran. Wir waren vierundzwanzig Stunden lang mit der Leiche zusammen. Ich durfte nicht weinen, weil ich meine Großmutter nicht beunruhigen wollte. Sie durfte nicht weinen, weil sie den kleinen Siebenjährigen, der ich war, nicht beunruhigen wollte. Sie war wirklich eine Frau von Stahl.

Als wir in der kleinen Stadt ankamen, holte mein Vater den Arzt, und stellt euch vor: Meine Großmutter lachte. Sie sagte: »Ihr gebildeten Leute seid alle dumm. Er ist tot! Da braucht man keinen Arzt mehr zu holen! Bitte verbrennt ihn, und zwar so schnell wie möglich!« Alle waren schockiert über diese Worte, außer mir, denn ich kannte sie. Sie wollte, daß der Körper sich in die Elemente auflösen solle. Es war an der Zeit, es war schon spät … ihr versteht. Sie sagte: »Und ich gehe nicht in mein Dorf zurück.«

Als sie sagte, daß sie nicht in ihr Dorf zurückgehen und dort wohnen wollte, hieß das natürlich, daß ich sie dort nicht mehr besuchen konnte. Aber sie hat danach nie bei der Familie meines Vaters gewohnt. Sie war anders als andere. Als ich dann ebenfalls im Ort meines Vaters lebte, ging ich ganz mathematisch vor: Die Tage verbrachte ich ganz bei der Familie meines Vaters, und die Nächte ganz bei meiner Großmutter. Sie lebte damals allein in einem sehr schönen Bungalow. Es war nur ein kleines Haus, aber wirklich schön.

Meine Mutter fragte mich immer: »Warum bleibst du nachts nie zu Hause?« Ich sagte: »Das geht nicht. Ich muß zu meiner Großmutter, vor allem nachts, wo sie sich doch ohne meinen Nana so allein fühlt. Tagsüber geht es ihr gut, da ist sie beschäftigt, und es sind lauter Leute um sie herum, aber nachts allein in ihrem Zimmer fängt sie vielleicht zu weinen an, wenn ich nicht da bin. Ich muß bei ihr sein!« Ich ging immer zu ihr, Nacht für Nacht, ohne Ausnahme.

Tagsüber war ich in der Schule, nur morgens und nachmittags verbrachte ich ein paar Stunden bei meiner Familie – meiner Mutter, meinem Vater, meinen Onkeln. Es war eine große Familie, aber sie blieb mir fremd; sie wurde nie ein Stück von mir.

Meine Großmutter war meine Familie, und sie verstand mich, weil sie mich von frühester Kindheit an hatte aufwachsen sehen. Sie wußte so viel von mir wie sonst niemand, denn sie erlaubte mir alles – einfach alles.

Als mein Großvater starb, waren die letzten Worte auf seinen Lippen: »Mach dir keine Sorgen, denn ich sterbe nicht.«

Wir alle warteten, ob er noch etwas sagen würde, aber das war alles. Seine Augen schlossen sich, und er war gegangen.

Ich erinnere mich an diese Stille. Der Ochsenkarren fuhr gerade durch ein Flußbett. Ich erinnere mich genau an jede Einzelheit. Ich schwieg, weil ich meine Großmutter nicht stören wollte. Sie sagte kein Wort. Ein paar Augenblicke verstrichen, dann wurde ich ein wenig besorgt um sie und sagte: »Sag doch was. Sei nicht so still. Es ist ja nicht auszuhalten.«

Und könnt ihr es glauben, sie sang ein Lied! So lernte ich, daß der Tod zu feiern ist. Sie sang dasselbe Lied, das sie gesungen hatte, als sie in meinen Großvater frisch verliebt gewesen war. Auch das verdient Beachtung: daß sie vor neunzig Jahren, und noch dazu in Indien, den Mut gehabt hatte, sich zu verlieben. Bis zum vierundzwanzigsten Lebensjahr blieb sie unverheiratet. Das war sehr selten. Ich fragte sie einmal, warum sie so lange unverheiratet geblieben war. Sie war eine so schöne Frau. Ich sagte im Scherz zu ihr, daß sich selbst der König von Chhatterpur – dem Staat, in dem Khajuraho liegt – in sie hätte verlieben können.

Sie sagte: »Komisch, daß du das sagst, denn es war tatsächlich so! Ich habe ihn abgewiesen, und nicht nur ihn, sondern viele andere auch.« In jenen Tagen wurden die Mädchen in

Indien mit sieben oder spätestens mit neun Jahren verheiratet. Aus purer Angst vor der Liebe ... sonst könnten sie sich verlieben, wenn sie älter sind! Doch der Vater meiner Großmutter war ein Dichter. Seine Lieder werden noch heute in Khajuraho und den umliegenden Dörfern gesungen. Er bestand darauf, daß er sie ohne ihre Einwilligung mit keinem verheiraten würde. Und wie es der Zufall wollte, verliebte sie sich in meinen Großvater.

Ich fragte sie: »Das ist noch komischer. Den König von Chhatterpur hast du abgewiesen, und dann hast du dich in diesen armen Mann verliebt? Warum? Er sah doch nicht besonders gut aus, und auch sonst war er in keiner Hinsicht außergewöhnlich. Wieso hast du dich in ihn verliebt?«

Sie sagte: »Du stellst die Frage falsch. Verlieben kennt kein warum. Ich hab ihn nur gesehen, und das war's. Ich sah seine Augen, und in mir stieg ein Vertrauen auf, das nie nachgelassen hat.«

Ich habe auch meinen Großvater gefragt: »Nani sagt, sie hat sich in dich verliebt. Was sie betrifft, ist das ja in Ordnung, aber warum hast du es zu dieser Heirat kommen lassen?«

Er sagte: »Ich bin kein Dichter oder Philosoph, aber ich kann Schönheit erkennen, wenn ich sie sehe.«

Ich habe nie eine schönere Frau gesehen als meine Nani. Ich war selbst in sie verliebt und habe sie ihr ganzes Leben lang geliebt. Als sie mit achtzig starb, eilte ich heim und fand sie tot daliegen. Alle hatten nur auf mich gewartet, weil sie ihnen aufgetragen hatte, ihren Leichnam nicht eher auf den Scheiterhaufen zu legen, als bis ich eingetroffen sei. Es war ihr Wunsch, daß ich ihren Scheiterhaufen anzünden sollte, also warteten alle auf mich. Ich ging hinein und enthüllte ihr Gesicht ... sie war immer noch schön! Ja, sogar schöner als je zuvor, denn alles war ruhig. Selbst die Unruhe ihres Atmens, die Unruhe des Lebens war nicht mehr da. Sie war nur noch eine Präsenz.

Ihren Körper den Flammen zu übergeben war die schwierigste Aufgabe, die ich in meinem ganzen Leben zu erfüllen hatte. Es war, als müßte ich eines der schönsten Gemälde von Leonardo da Vinci oder Vincent van Gogh anzünden. Natürlich war sie für mich wertvoller als die Mona Lisa, schöner als Kleopatra. Das ist keine Übertreibung.

Alles, was in meinen Augen schön ist, kommt irgendwie durch sie. Sie half mir auf jede erdenkliche Weise, so zu sein, wie ich bin. Ohne sie wäre ich vielleicht Ladenbesitzer oder Arzt oder Ingenieur geworden, denn zu der Zeit, als ich die Schule abschloß, war mein Vater so arm, daß es ihm schwer wurde, mich auf die Universität zu schicken. Aber er war sogar bereit, sich Geld zu leihen, um es zu ermöglichen. Er bestand absolut darauf, daß ich zur Universität gehen sollte. Ich war einverstanden; aber ich wollte nicht auf das medizinische College gehen, und auch nicht auf die Ingenieurschule. Ich weigerte mich rundheraus, Arzt oder Ingenieur zu werden. Ich sagte zu ihm: »Wenn du die Wahrheit wissen willst: Ich will ein *Sannyasin* werden, ein Landstreicher.«

Er sagte: »Was? Ein Landstreicher?« Ich sagte: »Ja. Ich will auf die Universität, um Philosophie zu studieren, damit ich ein philosophischer Landstreicher sein kann.«

Er weigerte sich und sagte: »In diesem Fall werde ich kein Geld borgen und all die Mühen auf mich nehmen.«

Meine Großmutter sagte: »Mach dir keine Sorgen, Sohn. Geh du nur und tu, was immer du tun möchtest. Ich lebe noch, und ich werde alles verkaufen, was ich habe, um dir zu helfen, du selbst zu sein. Ich werde nicht fragen, wohin du gehen und was du studieren willst.«

Sie hat nie gefragt. Und sie schickte mir ständig Geld, sogar noch, als ich schon Professor war. Ich mußte ihr sagen, daß ich jetzt selber Geld verdiente und eigentlich *ihr* Geld schicken sollte.

Sie sagte: »Keine Sorge. Ich brauche dieses Geld nicht, und du hast sicher gute Verwendung dafür.«

Die Leute staunten immer, woher ich das ganze Geld für Bücher hatte, denn ich besaß Tausende von Büchern. Selbst als ich noch an der High School war, gab es bei mir zu Hause Tausende von Büchern. Mein ganzes Haus war voll mit Büchern, und jeder wunderte sich, woher ich das viele Geld hatte.

Meine Großmutter hatte zu mir gesagt: »Verrate keinem, daß du Geld von mir bekommst, denn wenn es dein Vater und deine Mutter erfahren, werden sie anfangen, mich um Geld zu bitten, und ich werde es ihnen kaum abschlagen können.«

Sie gab mir weiterhin Geld. Ihr werdet euch wundern – sie hat mir sogar noch in dem Monat, als sie starb, das übliche Geld geschickt. Am Morgen des Tages, an dem sie starb, hatte sie den Scheck unterschrieben. Und noch mehr werdet ihr euch wundern, wenn ich euch sage, daß es das letzte Geld war, das sie auf der Bank hatte. Vielleicht wußte sie insgeheim, daß es kein Morgen mehr geben würde.

Diese Frau hätte eine ungeheuer machtvolle Kraft werden können. Sie war nicht dazu bestimmt, nur Hausfrau zu sein. Sie war nicht dazu bestimmt, in diesem kleinen Dorf zu leben. Die ganze Welt hätte von ihr wissen sollen. Vielleicht bin ich ihr Medium. Vielleicht ist sie in mich eingeströmt. Sie liebte mich so tief, daß ich meine wirkliche Mutter nie als meine wirkliche Mutter betrachtet habe.

Immer wenn ich etwas zu beichten hatte, wenn ich jemandem Unrecht getan hatte, konnte ich es nur ihr beichten, sonst keinem. Sie war mein Fels. Ich konnte ihr alles anvertrauen, denn ich hatte eines erkannt: Sie war fähig zu verstehen. Ich muß wirklich alles angestellt haben, was ein Mensch nur anstellen kann, und nachts erzählte ich ihr dann immer davon. Das war, als ich bei ihr wohnte, bevor ich zur Universität ging.

Ich schlief nie im Haus meiner Mutter. Obwohl meine Großmutter nach dem Tod meines Großvaters in das Dorf der übrigen Familie gezogen war, schlief ich immer bei ihr, einfach weil ich ihr alle Missetaten berichten konnte, die ich bei Tage begangen hatte. Sie lachte immer und sagte: »Recht so! Großartig! Toll! Der Mann hat's verdient. Ist er wirklich in den Brunnen gefallen, wie du gesagt hast?«

Dann sagte ich: »Ja, aber er ist nicht gestorben.«

Sie sagte: »Dann ist es ja gut, aber ist es dir wirklich gelungen, ihn in den Brunnen zu schubsen?«

Es gab in unserer Nachbarschaft einen Brunnen ohne Schutzmauer. Nachts konnte jeder hineinfallen. Ich lockte öfters Leute hin, und der Mann, der hineingefallen war, war kein anderer als der Süßigkeitenmacher.

Ich erzählte meiner Nani: »Heut' hab ich es geschafft, daß der Süßigkeitenmacher in den Brunnen gefallen ist.« Ich kann noch hören, wie sie lachte. Sie lachte Tränen.

Sie sagte: »Das ist sehr gut ... aber ist er noch am Leben?«

Ich sagte: »Es geht ihm bestens.«

»Dann«, sagte sie, »ist es kein Problem. Mach dir keine Gedanken, dieser Mann hat es verdient. Er mischt so viel Mist in seine Süßigkeiten, daß irgendwer mal was dagegen unternehmen mußte.«

Später sagte sie zu ihm: »Merk dir: Wenn du nicht deine Gepflogenheiten änderst, wirst du immer wieder in den Brunnen fallen!«

Aber zu mir sagte sie kein böses Wort. Ich fragte sie: »Sonst hast du nichts dazu zu sagen?«

Sie sagte: »Nein, denn ich habe dich schließlich von frühester Kindheit an beobachtet. Selbst wenn du etwas Unrechtes tust, tust du es so richtig und so genau im rechten Augenblick, daß sogar etwas Unrechtes richtig wird.«

Sie war es, die mir zum ersten Mal erklärte, daß das Richtige in den Händen des Falschen falsch wird, und das Falsche in den Händen des Richtigen richtig.

Macht euch also keine Gedanken darüber, was ihr tut. Bedenkt nur eines: Was ihr seid. Dies ist eine entscheidende Frage – Tun oder Sein. Alle Religionen befassen sich mit dem Tun. Ich befasse mich mit dem Sein. Wenn dein Sein richtig ist, und mit »richtig« meine ich: selig, still, friedlich, liebevoll –, dann ist alles, was du tust, richtig. Dann gibt es keine anderen Gebote mehr für dich außer einem: *Sei* einfach. Sei so total, daß in deiner Totalität kein Schatten mehr möglich ist. Dann kannst du überhaupt nichts falsch machen. Die ganze Welt mag sagen, daß es falsch ist, aber das ist egal. Was zählt, ist dein eigenes Sein.

Meine Nani war eigentlich gar keine Inderin. Selbst der Westen wäre ihr etwas weniger fremd gewesen. Und bedenkt, sie war völlig ungebildet. Vielleicht hatte sie deshalb eine so feine Wahrnehmung. Vielleicht konnte sie etwas in mir sehen, wovon ich damals selbst noch nichts wußte. Vielleicht hat sie mich deshalb so sehr geliebt ... Ich weiß es nicht. Sie lebt nicht mehr. Aber eines weiß ich: Als ihr Mann starb, kehrte sie nie mehr in das Dorf zurück. Sie blieb im Dorf meines Vaters. Ich mußte sie dort zurücklassen, aber jedesmal, wenn ich sie besuchen kam, fragte ich sie immer wieder: »Nani, können wir nicht in unser Dorf zurückgehen?«

Dann sagte sie immer: »Wozu? Du bist hier.« Sie liebte mich.

Nach diesen frühen Jahren, in denen Nani für mich meine Mutter war, konnte ich zu keiner anderen Frau mehr *Ma* sagen, Mutter. Ich habe zwar immer *Nani* zu ihr gesagt und auch gewußt, daß sie nicht meine wirkliche Mutter war, aber sie war Mutter für mich. Meine wirkliche Mutter blieb ein bißchen blaß für mich, ein bißchen fremd und fern. Meine Nani ist mir, obwohl sie tot ist, näher. Und obwohl meine Mutter jetzt erleuchtet ist, werde ich sie auch weiterhin *Bhabhi* nennen; ich kann sie nicht *Ma* nennen. Dieses Wort zu gebrauchen, käme fast einem Verrat an der Toten gleich. Nein, ich kann es nicht.

Bhabhi bedeutet »Frau des älteren Bruders«. Meine Onkel sagen zu meiner Mutter Bhabhi, und so ist es richtig. Warum nenne ich sie immer noch Bhabhi, selbst heute noch? Der Grund ist, daß ich eine andere Frau als Mutter gekannt hatte – die Mutter meiner Mutter.

Meine Großmutter selbst hat mich oft gefragt: »Warum

nennst du deine Mutter immer Bhabhi? Nenne sie Mutter!« Ich wich der Frage einfach aus. Dies ist das erste Mal, daß ich darüber gesprochen und es erörtert habe – mit euch.

Meine Nani ist irgendwie Teil von meinem innersten Sein geworden. Sie hat mich so ungeheuer geliebt. Einmal, als ein Dieb in unser Haus kam, packte sie ihn mit bloßen Händen, und ich sah, wie wild eine Frau sein kann ... wirklich gefährlich! Wenn ich mich nicht eingeschaltet hätte, hätte sie den armen Mann umgebracht.

Ich kann aus jeder Kleinigkeit eine Geschichte machen. Man muß sie nur in den richtigen Zusammenhang bringen.

Einmal besuchte die Königin von Bhopal unser Dorf, das zu ihrem Reich gehörte, und sie lud uns als Gäste zu ihrem alljährlichen Fest ein.

Sie fragte meine Nani: »Wieso nennst du deinen Jungen *Raja?*« *Raja* heißt »König«, und in ihrem Staat war der Titel *»Raja«* dem Souverän vorbehalten; nicht einmal der Ehemann der Königin durfte *Raja* genannt werden, sondern nur *Raj-kumar*, »Prinz«. Deshalb wollte sie natürlich von meiner Großmutter wissen: »Wieso nennst du deinen Jungen *Raja?*« Ob ihr es glaubt oder nicht: Es war in diesem Staat damals gesetzlich verboten, jemanden *»Raja«* zu nennen.

Meine Großmutter lachte und sagte: »Er ist der König meines Herzens! Und was das Gesetz betrifft ... wir werden diesen Staat ohnehin bald verlassen. Aber seinen Namen ändern kann ich nicht!«

Sogar ich selbst war überrascht, als sie sagte, daß wir den Staat bald verlassen würden. Nur, damit ich meinen Namen behalten konnte? Noch am selben Abend sagte ich zu ihr: »Nani, bist du verrückt? Nur, damit ich diesen dummen Namen behalten kann? Mir ist jeder Name recht, und du kannst mich ja weiter heimlich *Raja* nennen, aber darum müssen wir doch nicht weggehen!«

Sie sagte: »Ich habe so ein Gefühl im Bauch, daß wir dieses Land bald verlassen müssen. Darum habe ich es riskiert, den Mund aufzumachen.«

Und genauso kam es. Dieser Vorfall ereignete sich, als ich acht war, und bereits ein Jahr später mußten wir diesen Staat für immer verlassen. Aber sie hörte nie auf, mich *Raja* zu nennen. Ich selbst änderte meinen Namen, weil *Raja*, »König«, so arrogant klang und ich in der Schule nicht von allen ausgelacht werden wollte. Und außerdem wollte ich nicht, daß mich irgend jemand anderer außer meiner Großmutter *Raja* nannte. Das war eine private Sache zwischen uns beiden.

Aber die Königin von Bhopal fühlte sich durch meinen Namen beleidigt. Ich sagte zu meiner Großmutter: »Soweit ich sehe, fühlt sie sich nicht nur durch meinen Namen beleidigt, sondern sie ist auch neidisch auf dich!« Das konnte ich so deutlich sehen, daß ich überhaupt keinen Zweifel hatte. »Und ich frage dich nicht, ob ich recht habe oder nicht«, sagte ich. Und tatsächlich drückte das meinem ganzen Leben den Stempel auf.

Ich habe nie jemanden gefragt, ob ich recht habe oder nicht. Ob richtig oder falsch – wenn ich etwas tun will, dann tue ich es und ich sorge dafür, daß es richtig wird. Auch wenn es falsch ist, mache ich etwas Richtiges daraus. Aber ich habe nie irgend jemandem erlaubt, sich in meine Entscheidungen einzumischen. Dieser Haltung verdanke ich alles, was ich habe – zwar nicht viel Weltliches, kein Bankkonto, aber dafür alles, was wirklich zählt – die Erfahrung der Schönheit, der Liebe, der Wahrheit, der Ewigkeit. Kurz gesagt, das eigene Selbst.

Ich habe euch erzählt, daß mein Großvater starb. Das war meine erste Begegnung mit dem Tod, und es war eine schöne Begegnung. Sie war in keiner Weise häßlich, so wie es sich mehr oder weniger für jedes Kind auf der Welt abspielt. Ich hatte das Glück, stundenlang mit meinem sterbenden Großvater zusammenzusein, und er starb langsam ... ganz allmählich. Ich konnte spüren, wie der Tod zu ihm kam, und ich konnte seine große Stille sehen.

Ich hatte auch das Glück, daß meine Nani dabei war.

Vielleicht wäre mir ohne sie die Schönheit des Todes entgangen. Denn Liebe und Tod sind einander so ähnlich – vielleicht sind sie eins. Sie liebte mich, sie überschüttete mich mit ihrer Liebe, und dort stand der Tod und kam ganz langsam näher. Ein Ochsenkarren ... Ich kann noch sein Geräusch hören, das Knarren und Knirschen der Räder auf den Steinen ... Unser Diener Bhoora, wie er ständig die Ochsen anfeuerte ... das Knallen seiner Peitsche, mit der er auf sie einschlug ... Ich kann das alles jetzt noch hören. Es hat so tiefe Wurzeln in meiner Erfahrung geschlagen, daß wohl selbst mein Tod es nicht wird auslöschen können. Selbst im Sterben höre ich vielleicht noch einmal das Geräusch jenes Ochsenkarrens.

Meine Nani hielt meine Hand, und ich war völlig benommen und wußte nicht, was geschah. Ich war total im Augenblick. Der Kopf meines Großvaters lag in meinem Schoß. Ich hielt meine Hände auf seiner Brust verschränkt, und langsam, ganz langsam, zog sich sein Atem zurück. Als ich spürte, daß er nicht mehr atmete, sagte ich zu meiner Großmutter: »Es tut mir leid, Nani, aber er scheint nicht mehr zu atmen.«

Sie sagte: »Laß gut sein. Mach dir keine Sorgen. Er hat genug gelebt. Da braucht man nicht mehr zu verlangen.« Sie sagte auch zu mir: »Merke dir – denn dies sind die Augenblicke, die man nie vergessen darf: Du darfst nie zuviel verlangen. Was ist, ist genug.«

Als mein Großvater starb, sagte er vor allem immer wieder eines: »Halte das Rad an!«

Ich konnte das damals nicht verstehen. Wenn wir das Rad des Karrens angehalten hätten – und das war das einzige Rad, das da war – wie sollten wir dann das Krankenhaus erreichen? Als er immer wieder von neuem sagte: »Halte das Rad an, das *Chakra*«, fragte ich meine Großmutter: »Ist er verrückt geworden?«

Sie lachte. Das war es, was mir an dieser Frau so gefiel: Obwohl sie so gut wie ich wußte, daß der Tod ganz nah war ... Wenn sogar ich es wußte, wie sollte sie es nicht wissen? Es war ganz offensichtlich, daß er jetzt jeden Augenblick zu atmen aufhören würde, und er bestand darauf, das Rad anzuhalten! Trotzdem, sie lachte ...

Meine Nani war fünfzig – noch in der Blüte ihrer Schönheit und Jugend. Ich habe den Augenblick damals nie vergessen – es war ein solcher Augenblick! Mein Großvater lag im Sterben und bat uns, das Rad anzuhalten ... Was für ein Unsinn! Wie konnte ich das Rad anhalten? Wir mußten ins Krankenhaus, und ohne das Rad wären wir in der Wildnis verloren gewesen! Und meine Großmutter lachte so laut, daß sogar Bhoora, unser Kutscher, fragte – natürlich von draußen: »Was ist denn los? Was gibt es zu lachen?« Weil ich sie Nani nannte, nannte auch Bhoora sie immer Nani, einfach aus Respekt mir gegenüber. Dann sagte er: »Nani, mein Herr ist krank, und du lachst so laut? Was ist los? Und warum ist Raja so still?«

Der Tod und das Lachen meiner Großmutter – beides zusammen ließ mich absolut still werden, weil ich verstehen wollte, was eigentlich vor sich ging. Es ging etwas vor sich, das ich noch nie gekannt hatte, und ich wollte mir keinen einzigen Moment durch irgendeine Ablenkung entgehen lassen.

Mein Großvater sagte: »Halte das Rad an! Raja, kannst du mich nicht hören? Wenn ich deine Großmutter lachen hören kann, mußt du mich doch hören können! Ich weiß, sie ist eine komische Frau. Ich habe sie nie richtig begreifen können.«

Ich sagte zu ihm: »Nana, soviel ich weiß, ist sie die einfachste Frau, die ich je gesehen habe – obwohl ich noch nicht viele gesehen habe.«

Aber jetzt, zu euch, kann ich sagen: Ich glaube nicht, daß es irgendeinen Mann auf der Welt gibt, lebendig oder tot, der so viel vom Wesen der Frau gesehen hat wie ich!

Aber um meinen sterbenden Großvater zu trösten, sagte ich zu ihm: »Laß sie ruhig lachen. Ich kenne sie. Sie lacht nicht über das, was du sagst, sondern über etwas zwischen uns beiden, einen Witz, den ich ihr erzählt habe.«

Er sagte: »Gut, wenn es ein Witz ist, den du ihr erzählt hast, dann ist es völlig in Ordnung, wenn sie lacht. Aber was ist mit dem *Chakra*, dem Rad?«

In dem Augenblick, als mein Nana starb, flackerte das Lachen meiner Großmutter gerade noch ein letztes Mal auf; dann nahm sie sich zusammen. Sie war ganz gewiß eine Frau, die sich zusammennehmen konnte. Aber nicht davon war ich beeindruckt, sondern davon, daß sie dem Tod direkt ins Gesicht lachte.

Wieder und wieder habe ich sie gefragt: »Nani, kannst du mir sagen, warum du laut gelacht hast, als der Tod so nah war? Wenn sogar ich als Kind es gemerkt habe, kann es nicht sein, daß du es nicht gemerkt hast!«

Sie sagte: »Natürlich hatte ich es gemerkt; genau deswegen habe ich ja gelacht. Ich lachte über den armen Mann, der sich so sinnlos bemühte, das Rad anzuhalten, denn letzten Endes haben weder Geburt noch Tod einen Sinn.«

Ich mußte die Zeit abwarten, bis ich fragen und mit ihr argumentieren konnte. Wenn ich selbst erleuchtet werde, dachte ich, dann werde ich sie fragen – und genau das tat ich.

Das allererste, was ich nach meiner Erleuchtung im Alter von einundzwanzig Jahren tat, war, in das Dorf zu eilen, wo meine Großmutter lebte, ins Dorf meines Vaters. Sie hat den Ort, wo ihr Mann verbrannt wurde, nie mehr verlassen. Dieser Ort wurde ihre Heimat. Sie vergaß allen Luxus, an den sie gewöhnt war. Sie vergaß all die Gärten, die Felder und den See, die ihr einmal gehört hatten. Sie ging einfach nie mehr zurück, nicht einmal, um alles zu regeln.

Sie sagte: »Wozu denn? Es ist alles geregelt. Mein Mann ist tot, und das Kind, das ich liebe, ist auch nicht dort. Alles ist geregelt.«

Ich eilte also nach Hause – das heißt, zum Haus meiner Nani, nicht zu dem meines Vaters, denn sie war die Frau, der ich berichten wollte, was passiert war. Aber seltsam sind die Wege der Existenz: Sie stand schon in der Tür und sah mich ein wenig verwundert an.

Sie sagte: »Was ist mit dir passiert? Du bist nicht mehr derselbe.« Sie war nicht erleuchtet, aber intelligent genug, um die Veränderung in mir zu erkennen.

Ich sagte: »Nein, ich bin nicht mehr derselbe, und ich bin

hergekommen, um das, was mit mir passiert ist, mit dir zu teilen.«

Sie sagte: »Bitte, bleib wenigstens für mich immer mein Raja, mein kleiner Junge.«

So sagte ich gar nichts zu ihr. Ein Tag verging, dann weckte sie mich mitten in der Nacht. Mit Tränen in den Augen sagte sie: »Vergib mir. Du bist nicht mehr derselbe. Du kannst versuchen, dich zu verstellen, aber ich durchschaue deine Verstellung. Du brauchst mir nichts vorzumachen. Du kannst mir erzählen, was mit dir passiert ist. Das Kind, das ich einmal gekannt habe, ist gestorben, aber etwas viel Schöneres und Leuchtenderes ist an seine Stelle getreten. Ich kann dich jetzt nicht mehr mein eigen nennen, aber das macht nichts. Jetzt können dich Millionen ihr eigen nennen, und alle werden das Gefühl haben, daß du ihr eigen bist. Ich ziehe meinen Alleinanspruch zurück, aber lehre auch mich den Weg.«

Heute erzähle ich es zum ersten Mal: Meine Nani war mein erster Jünger. Ich lehrte sie den Weg. Mein Weg ist einfach: Still zu sein und in seinem Selbst dasjenige wahrzunehmen, was stets nur Beobachter ist und nie das Beobachtete; den Wissenden zu erkennen und das Gewußte zu vergessen.

Mein Weg ist einfach, so einfach wie der von Laotse, Tschuangtse, Krischna, von Christus, Moses, Zarathustra … denn nur die Namen unterscheiden sich – der Weg ist der gleiche. Nur die Pilger unterscheiden sich, die Pilgerreise ist die gleiche. Und die Wahrheit, der Weg dahin ist sehr einfach.

Ich hatte das Glück, daß meine Großmutter mein erster Jünger war, denn mir ist nie wieder ein so einfacher Mensch begegnet. Ich habe viele sehr einfache Menschen gefunden, die ihrer Einfachheit sehr nahe kamen, aber Nanis Einfachheit war derart tief, daß niemand sie je darin übertreffen konnte.

So, und nun werdet ihr staunen – ich verkünde es zum ersten Mal: Meine Nani war nicht nur mein erster Jünger, sie war auch mein erster erleuchteter Jünger. Und sie wurde erleuchtet, lange bevor ich anfing, Leute in Sannyas einzuweihen. Sie war nie Sannyasin.

Sie starb 1970 – in dem Jahr, als ich anfing, Leute in Sannyas einzuweihen. Sie lag auf dem Sterbebett, als sie von meiner Bewegung hörte. Ich habe es zwar selbst nicht gehört, aber einer meiner Brüder berichtete mir, was ihre letzten Worte waren. »Es war so, als würde sie mit dir sprechen«, erzählte mir mein Bruder.

»Sie sagte: Raja, jetzt hast du eine Sannyas-Bewegung angefangen, aber es ist zu spät. Ich kann nicht deine Sannyasin sein, denn bevor du hier sein kannst, verlasse ich meinen Körper. Aber laß dir berichten, daß es mein Wunsch war, deine Sannyasin zu sein.«

Sie starb, bevor ich bei ihr ankam, genau zwölf Stunden vorher. Es war eine lange Reise von Bombay in jenes kleine Dorf, aber sie hatte darauf bestanden, daß niemand ihren Leichnam berühren dürfe, bis ich gekommen sei. Danach solle alles so geschehen, wie ich es entscheiden würde. Wenn ich wollte, daß ihr Leichnam beerdigt würde, dann wäre das in Ordnung. Wenn ich wollte, daß ihr Leichnam verbrannt würde, dann wäre auch das in Ordnung. Wenn ich etwas anderes wollte, dann wäre auch das in Ordnung.

Als ich zu Hause ankam, traute ich meinen Augen nicht – sie war achtzig und schien doch so jung! Sie war schon zwölf Stunden tot, aber es gab noch keine Anzeichen von Verfall.

Ich sagte zu ihr: »Nani, da bin ich. Ich weiß, dieses Mal wirst du mir nicht antworten können. Ich sage es dir nur, damit du es hören kannst. Eine Antwort ist nicht nötig.« Plötzlich – fast ein Wunder! Ich war nicht allein; außer mir waren mein Vater, meine ganze Familie, ja die ganze Nachbarschaft versammelt, und alle sahen sie das gleiche: Eine Träne rollte aus ihrem linken Auge – nach zwölf Stunden!

Die Ärzte hatten sie für tot erklärt. Aber Tote weinen nicht. Selbst lebende Menschen tun es kaum, geschweige denn Tote. Aber da war eine Träne, die aus ihrem Auge rollte. Ich nahm es als Antwort – und konnte man mehr erwarten? Ich entzündete ihren Scheiterhaufen, wie es ihr Wunsch gewesen war.

Meine Nani war keine Sannyasin, aber sie war in anderer Hinsicht Sannyasin, in jeder anderen Hinsicht, nur daß ich ihr keinen Namen gegeben hatte. Sie starb in Orange, obwohl ich sie nicht gebeten hatte, Orange zu tragen. Aber an dem Tag, als sie erleuchtet wurde, hörte sie auf, ihre weißen Witwenkleider zu tragen.

An den Tag, als meine Nani erleuchtet wurde, erinnere ich mich noch – ich habe das Datum aufgeschrieben; es wird irgendwo zu finden sein – es war der 16. Januar 1967.

Ich sage ohne Zögern, daß sie meine erste Sannyasin war; und nicht nur das, sie war meine erste erleuchtete Sannyasin.

(222)

16. KAPITEL

Zukunft

Die Menschheit war noch nie in einer so kritischen Situation wie heute. Kriege hat es immer gegeben, Tausende von Kriegen, aber nie drohten sie alles Leben zu vernichten.

In früheren Zeiten waren Kriege beinahe wie Fußballspiele, doch heute leben wir in einer ganz außergewöhnlichen Zeit: Ein nuklearer Krieg würde die totale Vernichtung bedeuten – den globalen Selbstmord. Es gäbe keine Verlierer, keine Gewinner – nur Tote. Und nicht nur die Menschen, auch die Vögel, die Tiere, die Bäume – alles Leben auf der Erde wäre ausgelöscht.

Die Gefahr ist so groß, daß es ein wahres Wunder ist, wenn die Menschen dieses Jahrhundert überleben. Uns bleibt nicht mehr viel Zeit. Zum ersten Mal ist die Zukunft sehr kurz. Sie war immer ewig – jetzt beträgt sie höchstens noch zwanzig Jahre.

In der Lebenszeit eines jeden von euch wird also der entscheidende Moment kommen: Entweder begeht der Mensch Selbstmord oder – wenn er die totale Absurdität darin erkennt – er verändert sein Bewußtsein. Häufig geschieht es, daß Menschen sich unter Druck verändern – und nie war der Druck größer als heute.

Es ist also sehr wahrscheinlich, daß die Menschheit eine Transformation erleben wird. In diesem Sinne kommt meine Botschaft genau zur rechten Zeit: Die Nationen müssen verschwinden, denn die Nationen bekämpfen sich gegenseitig. Die Religionen müssen verschwinden, denn die Religionen bekämpfen sich gegenseitig. Der Rassengedanke – daß es höhere und niedrigere Rassen gibt – muß verschwinden, denn er ist eine der Ursachen für den Krieg.

Die Zeit ist reif: Entweder zerstören wir die ganze Erde – oder wir zerstören all diese willkürlichen Vorstellungen von

Nation, Rasse und Religion und machen die ganze Erde zu einer einzigen Menschheit.

Es ist ein Hoffen gegen jede Hoffnung – aber noch hoffe ich, daß die Gefahr des globalen Todes der Schock sein wird, der die Menschheit aufzuwecken vermag. Wenn der Mensch dieses Jahrhundert überlebt, dann wird es ein neuer Mensch, dann wird es eine neue Menschheit sein.

Eines ist sicher: Entweder stirbt der Mensch – oder er muß sich ändern.

Ich kann mir nicht vorstellen, daß die Menschen sich für das Sterben entscheiden. Die Sehnsucht nach dem Leben ist so groß ... die bloße Vorstellung, daß die Erde sterben könnte – keine Bäume mehr, keine Menschen, keine Vögel, keine Tiere, keine Meerestiere ...

Es ist eine gewaltige Krise, denn im ganzen Universum ... einer wissenschaftlichen Theorie zufolge könnte es auf fünfzigtausend Planeten Leben geben, doch es gibt keinen absoluten Beweis dafür. Es ist nur eine mathematisch-logische Schlußfolgerung, aber es gibt noch keinen wissenschaftlichen Beweis.

Soweit wir wissen, ist nur diese Erde grün, gibt es nur auf dieser Erde Blumen, gibt es nur auf dieser Erde Liebe.

Nur diese Erde hat Menschen wie Gautama Buddha hervorgebracht. Nur auf dieser Erde gibt es singende Vögel, tanzende Menschen, liebende Menschen. Dies ist der einzige Ort im ganzen Universum, wo es Menschen gibt, die nach der Wahrheit suchen und streben. Diese Erde zu zerstören – so völlig sinnlos zu zerstören – wäre eine so ungeheure Dummheit, daß ich mir nicht vorstellen kann, daß der Dritte Weltkrieg passieren wird.

Und wenn der Dritte Weltkrieg nicht passiert, wird es eine enorme Veränderung, einen Gezeitenwechsel im menschlichen Bewußtsein geben. Wir werden die Ankunft eines neuen Menschen erleben, der weder Christ noch Hindu noch Jude ist, der weder Chinese noch Amerikaner ist. Wenn all diese Bäume existieren können, ohne christlich oder hinduistisch zu sein, wenn all diese Vögel ohne Staatsgrenzen existieren können ... wenn ein Vogel die Grenze zwischen Indien und Pakistan überschreitet, braucht er kein Visum, ja er braucht nicht mal einen Reisepaß!

Mit Ausnahme der Menschheit ist diese ganze Erde eins. Und es ist einfach nur die Frage, ob wir das menschliche Bewußtsein anheben können: Die Nationen könnten verschwinden, die Religionen könnten verschwinden, alle Diskriminierungen könnten verschwinden – und damit würde der ganze Unfug verschwinden. Die Politiker würden überflüssig, die Priester würden überflüssig, Kirchen, Tempel und Moscheen würden überflüssig. Millionen von Menschen sind ohne Behausung, aber Gott – der nichts anderes ist als eine Lüge – hat Millionen von Häusern ganz für sich allein!

Wir haben auf eine völlig irrsinnige Art und Weise gelebt, doch jetzt haben wir die Wahl zwischen Irrsinn und gesundem Menschenverstand. Siegt der Irrsinn, dann wird alles Leben verschwinden. Siegt der gesunde Menschenverstand, dann wird das Leben zum ersten Mal befreit werden von allem Aberglauben, allen Grenzen, allen Trennungen – *eine* Menschheit, *eine* Erde! Das bedeutet: freier Ausdruck, freie Beweglichkeit und freie Wahl, wo man leben möchte.

Es ist unsere Erde. **(223)**

Zum ersten Mal ist das Morgen völlig ungewiß. Es war schon immer ungewiß, doch jetzt ist es absolut ungewiß. Für das Individuum war es schon immer ungewiß: Morgen kommt vielleicht nie, ja vielleicht kommt nicht einmal der nächste Atemzug. Dem Individuum steht der Tod immer bevor, doch diesmal ist die Gefahr global, universal: Die ganze Erde könnte explodieren und verschwinden. Nicht nur die Menschen, Vögel, Tiere, Bäume – das gesamte Leben auf diesem Planeten könnte verschwinden.

Jetzt liegt es an euch. Ihr könnt heulen und mit den Zähnen knirschen und mit dem Kopf gegen die Wand rennen, aber das wird die drohende nukleare Vernichtung nicht aufhalten.

Im Gegenteil, es könnte sie noch schneller herbeiführen, denn trübsinnige Menschen, unglückliche Menschen sind gefährlich. Unglück bewirkt Destruktivität.

Wenn die ganze Menschheit anfangen könnte, zu tanzen, zu feiern und sich zu freuen – weil sie die Nähe der Gefahr erkennt... Der Dritte Weltkrieg kann jeden Augenblick ausbrechen. Diese törichten Politiker haben genügend Kernwaffen auf Lager, um diese Erde nicht nur einmal, sondern siebenhundert Mal zu vernichten! So viele Atombomben und Wasserstoffbomben sind vorhanden, daß wir jeden Menschen siebenhundert Mal töten könnten. Auch dich könnte man siebenhundert Mal töten! Wie unnötig – einmal würde schon genügen!

Freut euch – denn dann haben wir eine Chance. Wenn die ganze Welt von Freude erfüllt ist, sinken die Chancen für ihre Zerstörung – denn wer wird sie zerstören wollen? *Wir* sind die Menschen! An *uns* liegt es, zu wählen, ob wir leben oder Selbstmord begehen wollen.

Wenn wir ein neues Klima auf dieser Welt schaffen können – ein Klima der Freude, des Tanzens, des Singens, der Meditation, der Andacht – und wenn die Menschen erfüllt sind von Glückseligkeit, Fröhlichkeit und Lachen ... Wenn die Welt voller Lachen ist, dann besteht eine reelle Chance, daß wir die nukleare Zerstörung abwenden können. Denn fröhliche Menschen wollen nicht zerstören – sie wollen etwas erschaffen. **(224)**

Die Zeit für eine große Veränderung ist gekommen: Die Zukunft gehört den Frauen und nicht den Männern. Denn was der Mann im Verlauf all dieser Zeiten getan hat, ist so häßlich: Kriege über Kriege über Kriege ... das ist seine ganze Geschichte. Alles, was der Mann an Großem hervorgebracht hat, ist das: Dschingis Khan, Alexander der Große, Napoleon, Adolf Hitler, Mao Tse-tung – Leute wie diese.

Ja, es hat auch einige wenige Männer wie Gautama Buddha, Jesus Christus, Krischna gegeben ... aber habt ihr etwas bemerkt? – Sie sehen alle feminin aus! **(225)**

Was ist das größte Problem auf der Welt?

Das größte oder das kleinste Problem – es ist das gleiche: der Mensch. Und wenn ich sage: der Mensch, meine ich nicht irgend etwas Abstraktes. Ich meine damit: ich, du, er, sie. Ein »Mensch an sich«, getrennt von den einzelnen Menschen, existiert nirgendwo.

Eine »Menschheit« existiert nicht – es ist nur ein Begriff. In Wirklichkeit gibt es nur das Individuum. Und das Problem existiert deshalb, weil die Wirklichkeit nicht akzeptiert wird. Dem Wirklichen wird der Ausdruck verwehrt, und das Unwirkliche, das Abstrakte wird darübergestülpt.

Man hat euch ständig gepredigt: »Lebt für die Menschheit.« Aber wo ist diese Menschheit? Ist euch die Menschheit jemals über den Weg gelaufen? Denkt ihr, daß ihr der Menschheit jemals begegnen werdet? Es ist so wie mit all diesen bombastischen, hohlen Wörtern: Gott, Mutterland, Vaterland, Heiliger Geist ... Sie existieren überhaupt nicht; es sind nur Projektionen.

»Lebe für die Menschheit« – das soll heißen: »Lebe nicht für dich selbst.« Aber keiner hat den Mut, es euch direkt zu sagen: »Lebe nicht für dich selbst.« So hat man eine schlaue, eine sehr gerissene, indirekte Methode gefunden, das gleiche zu sagen: »Lebe für Gott, lebe für die Menschheit, lebe für den Menschen, lebe für das Universum. Lebe für irgendwas – XYZ – aber, bitteschön, lebe nicht für dich selbst!« Und da liegt die Wurzel des ganzen Problems.

Dein Leben ist *dein* Leben, und es kann nur auf eine einzige Weise gelebt werden; eine andere Möglichkeit gibt es nicht. Und der einzige Weg, wie du es leben kannst, den mußt du selbst herausfinden. Das Leben ist nicht wie eine bereits vorhandene, fix-und-fertige Autobahn, auf der sich Millionen von Menschen auf ihr Ziel zubewegen, und man braucht sich nur der Masse anzuschließen.

Nein, in der Existenz gibt es keine solche Autobahn. Es gibt nur ganz schmale Wanderpfade, die man völlig im Alleingang begehen muß.

Und merke dir: Selbst diese Wanderpfade sind noch nicht vorhanden, sind nicht vorpräpariert, so daß du die Route Nummer elf nehmen könntest. Diese Wege entstehen erst dadurch, daß ihr sie beschreitet. Indem du deinen Weg gehst, entsteht er. **(226)**

You, the fountain of love,
our source is in thee.
Loving thy will
our spirit is free.
This beautiful day
that all of us see.
The hope of the world
is love.

(Du Born der Liebe,
unser Quell ist in dir.
Deinen Willen zu lieben,
macht uns frei im Geist.
Dieser herrliche Tag,
den wir alle sehen.
Die Hoffnung der Welt
ist Liebe.)

Kannst du bitte etwas dazu sagen?

Liebe ist nicht nur die Hoffnung der Welt, sie ist die einzige Hoffnung.

Bisher haben die Menschen ein absolut liebloses Leben gelebt. Sämtliche Gesellschaften und Kulturen und Religionen, die es auf dieser Erde gegeben hat, haben zwar von Liebe geredet, aber ein sehr liebloses Dasein gelebt. Viel ist in der Vergangenheit von Liebe geredet worden, doch die Strukturen, die unsere Gesellschaft hervorgebracht hat, sind grundsätzlich liebesfeindlich. Die Gesellschaft ist auf Krieg ausgerichtet, und eine Gesellschaft, die auf Krieg ausgerichtet ist, kann nur von Liebe reden, aber Liebe nicht leben.

Nun sind wir am Höhepunkt dieser häßlichen und dummen Struktur des Hasses angelangt. Wir sind an den Punkt gelangt, wo der Mensch sich entweder total ändern oder sterben muß.

Der neue Mensch kann nur mit einem neuen Herzen, mit einer neuen Seele geboren werden – und der Duft dieser Seele wird Liebe sein, und die Poesie dieses Herzens wird Liebe sein.

Eine Gesellschaft, die lieblos lebt, ist wettbewerbsorientiert, ehrgeizig, gierig nach Geld, Macht und Prestige. Eine Gesellschaft, die ohne Liebe lebt, lebt durch Glaubenssätze. Glaubenssätze spalten die Menschheit, und jede Spaltung führt zum Krieg. Eine Gesellschaft, die ohne Liebe lebt, lebt ein absolut glanzloses Dasein, denn ohne Liebe gibt es nichts Wunderbares im Leben, nichts Bedeutsames. Ohne Liebe sprudelt kein Lied aus den Herzen der Menschen.

Wir haben den Punkt erreicht, oder werden ihn erreichen, denn von Tag zu Tag rückt er näher ... Bis zum Ende dieses Jahrhunderts wird der Mensch sich entscheiden müssen: entweder die totale Vernichtung – oder eine Revolution.

Eine Revolution, die nicht politisch ist, nicht gesellschaftlich, sondern eine Revolution des Herzens. Mit jedem Tag nähern wir uns dem Wendepunkt, und ihr müßt euch darauf vorbereiten.

Sannyas soll eine Botschaft für eine neue Welt sein, der erste Strahl der Morgendämmerung. Die Menschen rüsten für den totalen Krieg; alle Vorbereitungen für den globalen Selbstmord werden getroffen. Das ist das Erbe eurer Geschichte: sämtliche Alexanders und Napoleons und Stalins und Hitlers und Maos haben jahrhundertelang darauf hingearbeitet. Jetzt kann ihr Traum in Erfüllung gehen: Wir können die ganze Erde innerhalb von Sekunden zerstören. Die Vernichtungsmaschinerie hat ihren Höhepunkt erreicht.

Wenn nicht die Kreativität ebenfalls ihren Höhepunkt erreicht, ist der Mensch nicht mehr zu retten.

Für mich ist Liebe nichts anderes als die Geburt der Kreativität in euch. Und mit Liebe meine ich ein überfließendes Herz. Liebe ist für mich nicht bloß eine Beziehung. Die Beziehung, die wir Liebe nennen, ist ein weit entferntes Echo der wahren Liebe.

In Wahrheit ist Liebe keine Beziehung, sondern ein Seinszustand. Man liebt nicht, sondern man *ist* Liebe. Immer wenn ich über Liebe spreche, denkt daran: Ich spreche über den Zustand Liebe. Ja, Beziehung ist wunderbar, aber die Beziehung wird unwahr, wenn ihr nicht den Zustand der Liebe erreicht habt. Erst dann ist die Beziehung nicht mehr nur eine Täuschung. Sie ist eine gefährliche Täuschung, denn sie kann euch weiterhin zum Narren halten; sie kann euch weiterhin das Gefühl geben, daß ihr wißt, was Liebe ist – und ihr wißt es nicht.

Liebe ist grundsätzlich ein Zustand des Seins; man liebt nicht, man *ist* Liebe.

Und diese Liebe entsteht nicht, indem man sich in jemanden ver-liebt. Diese Liebe entsteht, indem man nach innen geht – nicht durch *falling in love*, ein »Fallen in Liebe«, sondern ein Aufsteigen, Höhersteigen, höher als du selbst. Es ist ein Über-sich-selbst-Hinausgehen. Ein Mensch ist Liebe, wenn er in seinem Sein still geworden ist.

Liebe ist das Lied der Stille. Ein Buddha ist Liebe, ein Jesus ist Liebe – nicht Liebe zu einem bestimmten Menschen, sondern einfach Liebe. Liebe ist ihr Klima. Sie ist nicht an jemand Bestimmten gerichtet, sie geht in alle Richtungen. Jeder, der einem Buddha nahekommt, wird sie fühlen, wird sich von ihr überschüttet fühlen, wird sich in sie eingetaucht fühlen. Und zwar bedingungslos.

Liebe stellt keine Bedingungen, kein Wenn und Aber. Liebe sagt nie: »Wenn du diese Bedingungen erfüllst, werde ich dich lieben.« Liebe ist wie Atmen: Wenn es geschieht, bist du einfach Liebe. Es spielt keine Rolle, wer dir nahe kommt – ein Sünder oder ein Heiliger. Jeder in deiner Nähe beginnt die Schwingung der Liebe zu fühlen und fühlt sich beglückt.

Liebe ist bedingungsloses Geben – aber nur diejenigen können geben, die *haben*.

Einer der mysteriösesten Züge des Menschen ist, daß er ständig Dinge gibt, die er nicht hat. Ihr gebt ständig Liebe, und dabei habt ihr sie noch gar nicht. Und ihr bittet andere ständig um Liebe, und dabei haben sie gar keine. Bettler bitten Bettler!

Liebe muß zuerst im innersten Kern deines Seins geschehen. Es ist die Qualität des Alleinseins, des glücklichen und freudigen Alleinseins. Es ist die Seinsqualität des Nichtdenkens, der Stille. Inhaltlose Bewußtheit ist der Raum, der Zusammenhang, in dem Liebe in dir aufsteigt.

Und wenn sie in dir aufsteigt, ist es so viel, daß es fast unerträglich ist. Die Freude ist so groß, daß es schmerzt. Liebe ist schwer wie Wolken voller Regen: Sie können gar nicht anders, als sich zu ergießen, sich auszuregnen, sich von der Last zu befreien. Wenn Liebe in der Stille deines Herzens aufsteigt, muß sie ausgeteilt werden, muß sie weitergegeben werden. Du kannst nicht anders.

Und der Mensch, dem du deine Liebe gibst, ist dir in keiner Weise verpflichtet. Vielmehr bist du ihm verpflichtet, weil er dir half, dich zu entlasten, weil er etwas mit dir teilte, das für dich allein zuviel wurde.

Und die Ökonomie der Liebe besagt: Je mehr du gibst, desto mehr hast du, denn in deinem stillen Sein bist du mit dem ozeanischen Sein verbunden, mit der göttlichen Quelle von allem. Dann kannst du immer weiter austeilen ... und immer mehr wird in dich einströmen; es strömt immer nach.

Ja, es stimmt: Liebe ist die einzige Hoffnung der Welt. Und wir nähern uns diesem Wendepunkt: entweder der totale Krieg oder die totale Liebe. Und es gibt nur entweder-oder; eine dritte Möglichkeit gibt es nicht. Ein Kompromiß ist nicht mehr möglich; man kann nicht in der Mitte bleiben. Die Menschheit muß sich entscheiden.

Es ist eine Frage von Leben und Tod: Krieg ist Tod, Liebe ist Leben.

Indem ich euch ins Leben rufe, indem ich Sannyasins ins Leben rufe, rufe ich eine neue Dimension ins Leben. Dies ist der Anfang eines völlig neuen Menschen.

Darum werden die alten Traditionen nicht verstehen können, was wir hier machen; sie haben dafür kein Kriterium – so neu ist dieses Experiment!

Ja, gelegentlich sind in der Vergangenheit Menschen aufgetaucht wie Buddha, Kabir, Krischna, Christus, Zarathustra – aber nur einzelne. Heute reichen einzelne nicht mehr aus. Ein gelegentlicher Buddha kann nicht mehr viel helfen. Die Welt ist zu tief im Haß versunken. Die Welt ist so voller Haß

– ein einziges Meer von Haß – und ein einzelner Buddha wäre nur wie ein Teelöffel Zucker; er würde den Geschmack des Meeres nicht ändern.

Wir brauchen *Tausende* von Buddhas. Darum bin ich nicht an Christen interessiert, nur an Christussen. Ich bin nicht an Dschainas interessiert, nur an Mahaviras. Ich bin nicht an Buddhisten interessiert, nur an Buddhas.

Meine Arbeit hier besteht nicht darin, eine Gefolgschaft hervorzubringen, Gläubige hervorzubringen, sondern Individuen, Liebende, Meditierende, die auf eigenen Füßen stehen können und von denen jeder selbst ein Licht sein kann. Wir werden es brauchen – denn die Nacht wird von Tag zu Tag dunkler werden. Wir werden Millionen Lichter rund um die Welt brauchen: Millionen von Menschen, die fähig sind zu lieben, bedingungslos zu lieben, ohne etwas dafür zurückzuverlangen. Menschen, die so still und so glückselig sind, daß überall, wo sie sich aufhalten, die Dunkelheit weicht.

Ja, Liebe ist die Hoffnung der Welt – die einzige Hoffnung.

(227)

Wir brauchen große Hochachtung vor kreativen Menschen aller Richtungen. Und wir müssen lernen, unsere Energien zu transformieren, so daß sie nicht mehr verdrängt werden, sondern sich ausdrücken in der Liebe, im Lachen, in der Freude. Diese Erde ist mehr als ein Paradies – ihr braucht nirgendwo anders hinzugehen. Das Paradies ist nicht etwas, das man sich verdienen muß; es ist etwas, das man sich erschaffen muß! Und es hängt ganz von uns ab.

Diese Krise gibt mutigen Menschen eine Chance, sich von ihrer Vergangenheit zu befreien und ihr Leben auf eine völlig neue Art und Weise zu leben – nicht als Modifizierung und Fortsetzung der Vergangenheit, nicht einfach als eine Verbesserung der Vergangenheit, sondern ganz und gar neu.

Findet neue Wege, neue Formen der Beziehung. Vergeßt die Ehe und trachtet danach, das Leben zu erforschen. Vergeßt all eure Glaubenssysteme und beginnt zu meditieren, um herauszufinden, wer ihr wirklich seid. Denn wenn ihr euch selbst entdeckt, entdeckt ihr das wahre Wesen der Existenz: Es ist unsterblich und ewig, und all jene, die es gefunden haben, fanden unaussprechliche Seligkeit, unaussprechlichen Segen.

Wir brauchen mehr glückliche Menschen rund um die Erde, um den Dritten Weltkrieg zu verhindern. Vielleicht seid ihr erstaunt und verwundert über meine Antwort. Vielleicht könnt ihr nicht gleich sehen, welchen Zusammenhang es zwischen Nuklearwaffen und lachenden Menschen geben sollte – aber es gibt ihn. Diese Nuklearwaffen und diese ganze Kriegsmaschinerie können nicht von allein in Aktion treten. Sie werden von menschlichen Wesen in Gang gesetzt; dahinter stehen menschliche Hände.

Eine Hand, welche die Schönheit einer Rosenblüte kennt, kann keine Bombe auf Hiroshima werfen.

Eine Hand, welche die Schönheit der Liebe kennt, kann kein Gewehr halten, das mit Tod geladen ist. Wenn ihr ein bißchen darüber nachdenkt, werdet ihr verstehen, was ich sage.

Ich sage: Verbreitet Lachen, verbreitet Liebe, verbreitet lebensbejahende Werte, laßt mehr Blumen rund um die Erde wachsen. Alles Schöne solltet ihr anerkennen, und alles Unmenschliche solltet ihr verdammen. Nehmt diese ganze Erde den Politikern und den Priestern aus den Händen, dann werdet ihr die Welt retten, und ihr werdet die Welt in ein völlig neues Phänomen verwandeln – mit einem neuen menschlichen Bewußtsein. Und es muß *jetzt* geschehen, denn die Zeit läuft aus. Am Ende des zwanzigsten Jahrhunderts werden wir entweder das erste Jahrhundert einer neuen Menschheitsgeschichte beginnen, oder es wird kein einziges Lebewesen übrig bleiben, nicht einmal eine wildwachsende Blume. Alles wird tot sein.

In der Sowjetunion, möglicherweise auch in Amerika, hat man mit Todesstrahlen experimentiert. Statt eine Bombe abzuwerfen, wäre es viel einfacher, Todesstrahlen auszusenden, die alle lebenden Menschen, Tiere, Vögel, Bäume töten. Nur tote Dinge – Häuser, Tempel, Kirchen – würden übrigbleiben. Es wäre wahrhaftig ein Alptraum! Und diese Todesstrahlen sind unsichtbar. Wir wissen, daß es diese Todesstrahlen bereits gibt; es wird noch experimentiert, wie sie sich verbreiten lassen, um ein bestimmtes Ziel zu erreichen und alle Lebewesen, die damit in Berührung kommen, zu vernichten.

Die Menschen müssen befreit werden von solchen Monstern! Unsere Arbeit hier besteht darin, die Leute Bewußtheit zu lehren – mehr Achtsamkeit, mehr Liebe, mehr Einsicht, mehr Freude – und das Tanzen und Feiern um den ganzen Erdball zu verbreiten. Wenn ich es in einem einzigen Satz sagen soll: Wenn es uns gelingt, die Menschheit glücklicher zu machen, dann wird es einen Dritten Weltkrieg nicht geben. **(228)**

Die Zukunft könnte völlig anders aussehen. Alle Frauen dieser Welt müßten für ein getrenntes Wahlsystem kämpfen: Jede Frau gibt ihre Stimme nur den Frauen, und jeder Mann nur den Männern. So würde jedes Parlament zur Hälfte aus Frauen und zur Hälfte aus Männern bestehen.

Die Männer würden sich in kleinere Parteien aufsplittern, doch die Frauen sollten darauf achten, keine Spaltung zuzulassen, sondern sich über alles Wesentliche einig zu sein – denn es geht darum, Jahrtausende der Sklaverei hinter sich zu lassen! Ihr könnt euch keine Aufsplitterung in Parteien leisten. Es sollte nur eine einzige, internationale Frauenpartei geben, und sie sollte sämtliche Regierungen der ganzen Welt übernehmen.

Um den Status der Frauen zu verändern, erscheint mir folgendes unumgänglich: die freie Anwendung wissenschaftlicher Verhütungsmethoden, um das Verhältnis zwischen Mann und Frau zu transformieren; das Aufgeben des Konzeptes der Ehe, die etwas absolut Häßliches ist und im Grunde nur eine Form von Privateigentum darstellt. Man kann Menschen nicht besitzen – sie sind keine Gegenstände. Und die

Liebe sollte einfach eine spielerische Freude sein. Und wenn ihr Kinder wollt, dann sollten sie der Gemeinschaft angehören. Nur so wird man der Frau keinerlei Stempel mehr aufdrücken – als Mutter, als Ehefrau oder als Prostituierte. All diese Stempel müssen verschwinden. **(229)**

Der Mensch der Zukunft wird weder Mann noch Frau sein – nicht von der Biologie her, so meine ich das nicht – vom biologischen Standpunkt bleibt eine Frau eine Frau, bleibt ein Mann ein Mann. Vom spirituellen Standpunkt wird der Mann der Zukunft ebenso weibliche Eigenschaften aufweisen wie die Frau, und die Frau wird ebenso männliche Eigenschaften aufweisen wie der Mann. Spirituell wird es keinen Unterschied mehr zwischen Mann und Frau geben.

Und darin besteht die wahre Befreiung – nicht nur die Befreiung der Frauen, sondern auch die Befreiung der Männer: die Befreiung von allen Zwangsjacken, die Befreiung von allen einschränkenden Kategorien, die Befreiung von allen Etiketten.

Die Menschen werden weder Hindus noch Mohammedaner noch Christen sein. Die Menschen werden weder Inder noch Deutsche noch Engländer sein.

Die Menschen werden weder weiß noch schwarz sein.

Nicht, daß die Farben verschwinden werden – ein Weißer wird weiß sein, und ein Schwarzer wird schwarz sein –, aber es wird bedeutungslos, unwichtig, unsinnig sein; es wird überhaupt keine Rolle mehr spielen. Der neue Mensch wird ein universelles Bewußtsein haben – und die Grundlage bildet die Verbindung von Wissenschaft und Religion. **(230)**

Mein ganzes Leben habe ich nur einem einzigen Programm gewidmet: wie man Liebe und Meditation verbinden kann. Denn nur durch ihre Verbindung kann eine neue Menschheit entstehen. Und nur durch die Verbindung von Liebe und Meditation kann die Dualität von Mann und Frau – und damit die Ungleichheit von Mann und Frau – aufgehoben werden.

Die Frauenemanzipationsbewegung kann dieses Ziel nicht erreichen. Mir geht es nicht primär um die Befreiung der Frauen – mir geht es um die Befreiung *aller*, denn ohne die Befreiung der Frau ist auch die Befreiung des Mannes nicht möglich. Ihr Verhältnis ist wie das eines Gefangenenwärters zu seinem Gefangenen; sie sind aneinandergefesselt.

Bisher ist weder der Mann befreit noch die Frau. Beide leben in einer Sklaverei, die sie sich gegenseitig auferlegt haben – in der Hoffnung, daß sie, wenn sie den anderen von sich abhängig machen, selbst frei sein werden. Aber auch der andere hat seine Methoden, um euch in Abhängigkeit zu halten.

Nur in der Meditation, in der Stille, dort, wo die Liebe erblüht, gibt es eine natürliche Harmonie ohne Kampf, ohne Streit, gibt es Gleichheit, gibt es ein natürliches Gleichgewicht. Und wenn es auf natürliche Weise zustande kommt, hat es seine eigene Schönheit.

Liebe ohne Meditation zu leben bedeutet, in einem aufgewühlten, angstvollen Zustand zu leben – in Sorge und Unruhe, unter ständiger Spannung. Da sind Augenblicke der Stille, aber diese Stille ist nur wie ein kalter Krieg – die Vorbereitung auf einen neuen Krieg, nichts anderes. Um sich auf den nächsten Krieg vorzubereiten, muß man natürlich ein paar Tage, ein paar Augenblicke stillhalten.

Bisher war beides zusammen nicht möglich, weil alle Religionen sich für den falschen Weg entschieden haben. Sie alle haben Mann und Frau voneinander ferngehalten, haben sie zu Feinden gemacht. Und alle Religionen sind gegen mich, weil ich diese eine Sache vertrete: Meditation ist das Monopol von keinem – weder Mann noch Frau. Sie ist der einzige Berührungspunkt, wo der Mann kein Mann mehr ist, wo die Frau keine Frau mehr ist, wo beide nur noch Mensch sind – potentielle Götter, Samen der Göttlichkeit.

Genausowenig, wie Liebe allein es vermag – weil sie zu viel

Unruhe bringt – genausowenig kann Meditation allein es schaffen – weil Meditation ohne Liebe mehr wie die Stille eines Friedhofs ist, wie Grabesstille. Sie kennt keinen Tanz, kein Erblühen; sie bringt zwar einen gewissen Frieden, doch dieser Friede ist totengleich – er ist nicht lebendig. Dieser Friede atmet nicht mehr, dieser Friede hat kein Herzklopfen mehr.

Nur an einem Punkt, an einer Stelle kommen Mann und Frau zusammen, und diesen Raum nenne ich Meditation – wo Mann und Frau wirklich gleich sind, weil beide sich selbst gebären. Sie können neu geboren werden; beide können mit der Erleuchtung schwanger gehen.

Außer im Zustand der Meditation sind Mann und Frau zwei verschiedene Spezies. Nur in tiefer Meditation kommen sie zusammen. Und solange nicht die ganze Menschheit meditativ wird, werden Männer und Frauen sich weiterhin bekämpfen. Ihre Liebe ist ein ständiges Auf und Ab – es gibt schöne Momente und es gibt häßliche Momente; es gibt freudvolle Momente und es gibt leidvolle Momente.

Nur durch Meditation – wenn zwei Meditierende ihre Energien miteinander teilen – wird Liebe zu einem beständigen Phänomen – sie wird unwandelbar. Und dann hat sie die Qualität von Ewigkeit – sie wird göttlich.

Die Verbindung von Liebe und Meditation ist die großartigste Erfahrung im Leben. **(231)**

Die Vergangenheit strotzte vor Fehlern jeglicher Art. Zieht einen Schlußstrich darunter! Fangt alles noch einmal ganz von vorne an, im Lichte neuer Erkenntnisse – auch die Beziehung zwischen Mann und Frau. Findet gemeinsame Wege, wie das Leben zu einer wunderbaren Erfahrung werden kann, zu einem Tanz der Liebe – ohne all das Häßliche, was in der Vergangenheit passiert ist. Ihr dürft es nicht wiederholen.

Das Pendel ist in die andere Richtung ausgeschwungen:

Zuerst haben die Männer idiotische Dinge getan, dann fingen die Frauen an, idiotische Dinge zu tun. Aber die ganze Menschheit leidet weiter. Es spielt keine Rolle, wer die Dummheiten begeht, nur: Auf diese Weise kann die Menschheit sich niemals weiterentwickeln.

Mann und Frau müssen zu einem Einverständnis gelangen. Sie müssen das, was vergangen ist, verzeihen und vergessen. Und sie müssen wieder ganz von vorne anfangen, mit neuen Erkenntnissen, und dürfen eines dabei nicht vergessen: Die Frau darf den Mann nicht imitieren, weil ihr eine Schönheit, eine Anziehungskraft innewohnt, die von einer anderen Dimension ist.

Wenn sie den Mann imitiert, kann sie bestenfalls eine Kopie des Mannes werden, aber sie wird ihre Identität verlieren – und verliert sie bereits. Der Körper folgt der Psyche auf subtile Weise. Die Frauen im Westen sind dabei, ihren alten Liebreiz, ihre alten körperlichen Konturen zu verlieren. Sie haben keinen so schönen Busen mehr wie früher. Wie kommt das? Der Körper richtet sich nach der Psyche. Früher hatten die Frauen wunderbare Rundungen – jetzt werden sie zu einem geraden Strich. Aber eine Frau ohne Busen, ein gerader Strich ohne Kurven – das ist unschön, eine Schande! Doch die Kleidung wirkt sich auf den Körper aus, die psychische Einstellung beeinflußt den Körper.

Die Frau darf nicht zur Kopie des Mannes werden. Sie sollte eine vollendete Frau werden und einen möglichst großen Unterschied zum Mann beibehalten. Je größer der Unterschied, um so größer ihre Anziehungskraft, ihre Schönheit, ihr Liebreiz. Sie muß zu ihrer eigenen Identität finden.

Ich bin absolut für die Befreiung – die Befreiung von beiden, von Mann und Frau – denn es ist eine einfache Regel: Wer einen anderen zum Sklaven macht, wird selbst zum Sklaven. Man kann nicht jemanden von sich abhängig machen, ohne selbst abhängig zu werden. Was man anderen gibt, bekommt man selbst zurück. Gibt man Liebe, dann bekommt man Liebe. Gibt man Sklaverei, dann bekommt man Sklaverei. Was auch immer du gibst, kommt in der einen oder anderen Form zu dir zurück.

Mann und Frau müssen beide befreit werden – befreit von der ganzen Vergangenheit, befreit von all den Fehlern, all den häßlichen Ideen der Vergangenheit. Und sie müssen eine neue Welt schaffen, einen neuen Mann, eine neue Frau …

Die Frauen im Westen brauchen unbedingt eine neue Befreiungsbewegung. Die Führenden der bisherigen Befreiungsbewegung waren keine Meditierenden – sie waren krank. Es waren neurotische Frauen, die gegen neurotische Männer gekämpft haben. Was wir brauchen, ist gesunde Besonnenheit; was wir brauchen, ist tiefes Verständnis und Mitgefühl für all jene, die den Frauen in der Vergangenheit aus Unbewußtheit geschadet haben – es war nicht ihre Absicht.

Die alte Frauenbewegung versuchte es den Männern absichtlich heimzuzahlen – und das ist noch viel häßlicher. Damit sind sie jedoch nicht sehr weit gekommen, und nicht viele Frauen haben sich dieser Gegenreaktion angeschlossen.

Die neue Frauenbewegung könnte Millionen von intelligenten, verständnisvollen Frauen erfassen, und sie könnte mit der ganzen Unterstützung der Männer rechnen, denn es ist kein Kampf gegen die Männer: Es ist ein Kampf gegen unsere ganze Vergangenheit – in der die Frauen ebenso gelitten haben wie die Männer, in der wir *alle* gelitten haben.

Diese Rebellion richtet sich nicht gegen den Mann. Diese Rebellion richtet sich gegen die gemeinsame Vergangenheit von Mann und Frau. Eine solche Rebellion hat eine spirituelle Qualität, und sie bringt den Menschen Würde und Dankbarkeit.

Die westliche Frau von heute ist gut informiert; sie kennt alles, war überall. Sie hat Dinge erfahren, die den Frauen im Osten völlig unbekannt sind. Aber in ihrer Unschuld strahlen die östlichen Frauen eine solche Schönheit und Anmut aus, die nicht von dieser Welt ist, sondern auf etwas Jenseitiges hinweist. So sollte es mit jeder Frau auf dieser Welt sein.

Jede Frau kann ein Pfeil werden, der in Richtung Göttlichkeit weist: Ihre Anmut, ihre Schönheit, ihre Liebe, ihre Hingabe können den Weg zu höheren Bereichen des Seins weisen, zu erweiterten Räumen des Bewußtseins. **(232)**

17. KAPITEL

Erfülltes Leben

Dein Weg ist der Weg des Herzens – und die Welt da draußen repräsentiert den Weg des Kopfes. Wird es jemals möglich sein, daß der Mensch aus einer Verschmelzung von Kopf und Herz heraus lebt, oder muß diese Trennung immer bestehen bleiben?

Als erstes muß man verstehen, daß es gar keinen Weg gibt – weder den des Kopfes noch den des Herzens. Jeder Weg führt dich weiter weg von dem, was du in Wahrheit schon bist.

Es wäre viel einfacher, wenn es irgendwo eine Wahrheit gäbe! So schwierig der Weg dorthin auch wäre, die Menschen würden ans Ziel gelangen. Je schwieriger und weiter entfernt die Wahrheit, desto größer die Herausforderung für das Ego. Wenn das Ego den Menschen herausfordert, den Everest, den höchsten Gipfel des Himalajas zu besteigen – wo nichts zu finden ist ... wenn das Ego dem Menschen genug Anreiz gibt, Milliarden von Dollar zu verschwenden, um den Mond zu erreichen und dabei sein Leben zu riskieren ... und wir haben den Mond erreicht! Aber der erste Mensch, der auf dem Mond herumspazierte, muß sich dumm vorgekommen sein, denn dort gab es nichts, wofür sich der riesige Aufwand, die ganze Technik und all die Vorbereitungen gelohnt hätten!

Man darf nicht vergessen: Das Ego braucht Herausforderungen. Es lebt nur durch die Herausforderung.

Warum haben so wenige Menschen einen Funken der Wahrheit erhascht? – Weil die Wahrheit keine Herausforderung darstellt. Sie ist nicht etwas dort draußen – sie ist hier, in dir selbst. Sie braucht keinen Weg, denn du *bist* sie schon.

Die Frage geht aber noch weiter: Wird es jemals möglich sein, daß Kopf und Herz sich verbinden, oder werden sie auf ewig getrennt leben?

Das hängt ganz von dir ab, denn beide sind nur ein Mechanismus. Du bist weder der Kopf, noch bist du das Herz. Du kannst durch den Kopf, aber auch durch das Herz funktionieren. Natürlich wirst du dabei an verschiedenen Orten ankommen, denn Kopf und Herz führen in diametral entgegengesetzte Richtungen.

Der Kopf geht immer und immer im Kreis: Er denkt, grübelt und philosophiert; er kennt nur Worte, Argumente, Logik – aber das fruchtet alles nichts. Man kann mit dem Kopf die Wahrheit nicht erkennen, denn die Wahrheit bedarf keiner Logik, keiner Argumente, keiner philosophischen Untersuchung. Die Wahrheit ist so einfach – nur der Kopf macht sie so kompliziert. Über die Jahrhunderte haben alle Philosophen mit dem Kopf nach der Wahrheit gesucht und geforscht. Keiner hat irgend etwas gefunden, aber sie haben großartige Denksysteme entwickelt. Ich habe mir all diese Systeme angeschaut – sie führen zu keinem Ergebnis.

Auch das Herz ist ein Mechanismus, aber anders als der Kopf. Man könnte den Kopf als das logische Werkzeug bezeichnen und das Herz als das emotionale Werkzeug. Aus dem Kopf entstehen alle philosophischen und theologischen Denkgebäude; aus dem Herzen kommt alles, was mit Hingabe, Andacht, Gefühl zu tun hat. Aber auch das Herz geht immer und immer im Kreis – mit Emotionen.

»Emotion« ist ein gutes Wort; es beinhaltet *motio*, Bewegung. Das Herz bewegt sich also, aber das Herz ist blind. Es bewegt sich schnell, weil es keinen Grund hat zu warten. Es braucht nicht zu denken, darum stürzt es sich überall gleich hinein. Doch die Wahrheit läßt sich nicht durch Emotionen finden. Emotionalität ist ein ebenso großes Hindernis wie Logik.

Die Logik ist das Männliche in dir, und das Herz ist das Weibliche in dir. Die Wahrheit ist aber weder männlich noch weiblich. Die Wahrheit ist dein Bewußtsein. Du kannst dem Kopf beim Denken zuschauen, du kannst dem Herzen beim Pulsieren der Gefühle zuschauen, und beide werden in einem bestimmten Verhältnis zueinander stehen.

Normalerweise richtet die Gesellschaft es so ein, daß der Kopf der Herr ist und das Herz der Diener – denn die Gesellschaft ist eine Schöpfung des männlichen Verstandes, der männlichen Psyche, und das Herz ist weiblich. So wie der Mann die Frau versklavt hat, so hat der Kopf das Herz versklavt.

Diese Situation können wir umkehren: Das Herz kann wieder zum Herrn werden und der Kopf zum Diener. Wenn wir zwischen beiden wählen müßten, wenn wir gezwungen wären zu wählen, dann wäre es besser, wenn das Herz der Herr wäre und der Kopf der Diener.

Es gibt Dinge, zu denen das Herz unfähig ist, aber dasselbe gilt auch für den Kopf: Der Kopf kann nicht lieben, er kann nicht fühlen, er kann nicht empfinden; das Herz kann nicht rational sein, kann nicht vernünftig sein. In der Vergangenheit lagen Kopf und Herz ständig im Konflikt miteinander. Dieser Konflikt wird repräsentiert durch den Konflikt und den Streit zwischen Mann und Frau.

Wenn ihr mit eurer Frau redet, müßt ihr euch bewußt sein, daß es unmöglich ist, zu reden und zu argumentieren, unmöglich, zu einer fairen Entscheidung zu gelangen – denn die Frau funktioniert durch das Herz. Sie springt von einer Sache zur nächsten, ohne sich darum zu kümmern, ob ein Zusammenhang besteht. Sie kann nicht argumentieren, aber sie kann weinen. Sie kann nicht rational sein, aber sie kann schreien. Sie kann nicht kooperieren, um zu einer Schlußfolgerung zu gelangen. Das Herz kann die Sprache des Kopfes nicht verstehen.

Physiologisch ist der Unterschied nicht sehr groß: Herz und Kopf sind, in Zentimetern ausgedrückt, gar nicht so weit auseinander. Aber in bezug auf ihre existentiellen Eigenschaften liegen Welten dazwischen.

Man hat meinen Weg als den »Weg des Herzens« bezeichnet, aber das stimmt eigentlich nicht.

Das Herz gibt euch alle möglichen Phantasien, Halluzinationen, Illusionen, süße Träume, aber es kann euch niemals die Wahrheit geben. Die Wahrheit steht darüber: Sie liegt im

Bewußtsein – und das ist weder Kopf noch Herz. Doch gerade weil das Bewußtsein von beidem unabhängig ist, kann es beides harmonisch benutzen.

Der Kopf ist in manchen Bereichen eine Gefahr, weil er zwar Augen, aber keine Beine hat – er ist verkrüppelt. In manchen Dimensionen funktioniert das Herz besser. Es hat keine Augen, aber Beine. Es ist blind, doch es kann sich mit enormer Geschwindigkeit bewegen – natürlich ohne zu wissen, wohin. Es ist nicht bloß ein Zufall, daß man in allen Sprachen der Welt die Liebe blind nennt. Aber die Liebe ist nicht blind – das Herz hat nur keine Augen!

Wenn eure Meditation tiefer geht und sich die Identifikation mit dem Kopf und dem Herzen allmählich auflöst, werdet ihr sehen, wie ihr zu einem Dreieck werdet: Eure Wirklichkeit ist die dritte Kraft in euch – das Bewußtsein. Es kann leicht die Führung übernehmen, weil Herz und Kopf ihm unterstehen.

Vielleicht kennt ihr die Geschichte von dem blinden und dem verkrüppelten Bettler ... Beide lebten im Wald, fernab vom Dorf. Sie waren natürlich Konkurrenten und befeindet, denn Betteln ist ein Geschäft. Doch eines Tages stand der Wald in Flammen. Der Krüppel konnte nicht weglaufen, weil er sich allein nicht wegbewegen konnte. Er hatte Augen und konnte den Weg sehen, der aus dem Feuer hinausführte – aber welchen Zweck hat das, wenn man keine Beine besitzt? Der Blinde hatte zwar Beine und hätte schnell laufen und sich vor dem Feuer in Sicherheit bringen können, doch wie sollte er die Stellen finden, die vom Feuer verschont geblieben waren?

Es sah aus, als würden beide im Wald umkommen, als würden sie lebendigen Leibes verbrennen. In dieser Notlage vergaßen sie ihre ganze Konkurrenz, ihre Feindschaft, denn das war die einzige Möglichkeit zu überleben. Der Blinde nahm den Krüppel auf seine Schultern, und so fanden sie den Weg aus dem Feuer. Der eine konnte sehen, und der andere bewegte sich nach seinen Anweisungen.

Etwas Ähnliches muß auch in deinem Innern passieren –

nur umgekehrt: Der Kopf hat die Augen und das Herz die Courage, sich überall hinzuwagen. Du mußt eine Synthese zwischen beiden herstellen. Und diese Synthese – ich muß es wiederholen –, sollte darin bestehen, daß das Herz der Herr ist und der Kopf der Diener.

Dein Diener hat ein großes Plus: die Kraft des Verstandes. Er läßt sich nicht so leicht täuschen, betrügen oder ausbeuten. Das Herz hat alle weiblichen Qualitäten: Liebe, Schönheit, Anmut. Der Kopf ist barbarisch, das Herz ist viel zivilisierter, viel sanfter.

Ein bewußter Mensch benutzt seinen Kopf als Diener und sein Herz als Herrn – genau umgekehrt wie in der Geschichte von den Bettlern.

Einem Menschen, der bewußt ist, wird das leichtfallen. Wenn man erst einmal die Identifikation mit dem Kopf und dem Herzen überwunden hat und zum bloßen Beobachter von beiden geworden ist, kann man sehen, welche Eigenschaften höher stehen und bestimmend sein sollten. Wenn der Kopf der Diener ist, kann er diese Eigenschaften bringen, aber man muß es ihm befehlen und ihn im Griff haben. Seit Jahrhunderten, bis heute, ist genau das Gegenteil der Fall: Der Diener spielt den Herrn. Und der wahre Herr ist so höflich, ein solcher Gentleman, daß er sich nicht einmal dagegen wehrt: Er nimmt die Sklaverei freiwillig auf sich – und das Ergebnis ist dieser ganze Wahnsinn in der Welt.

Wir müssen die Alchimie des Menschen verändern. Wir müssen seine ganze Innenwelt umgestalten.

Die tiefstgehende Revolution wird sich im Menschen ereignen, wenn das Herz die Werte entscheidet. Und das Herz kann sich unmöglich für den Krieg entscheiden; es findet nichts an Nuklearwaffen – es kann nicht todesorientiert sein. Das Herz ist unser Lebenssaft.

Sobald der Kopf im Dienste des Herzens steht, muß er tun, was das Herz entscheidet. Und der Kopf ist ungeheuer tüchtig, wenn es darum geht, alle möglichen Dinge zu tun. Er braucht nur die richtige Steuerung, sonst dreht er durch, sonst wird er verrückt. Für den Kopf gibt es keine Werte. Für den

Kopf hat nichts einen Sinn. Für den Kopf gibt es keine Liebe, keine Schönheit, keine Anmut – nur die Vernunft.

Doch dieses Wunder ist nur möglich, wenn du die Identifikation mit beidem – Kopf und Herz – überwindest. Beobachte die Gedanken, denn durch dein Beobachten werden sie verschwinden. Dann beobachte deine Emotionen, deine Gefühlswellen, und durch dein Beobachten werden sie verschwinden. Dann wird das Herz so unschuldig wie das eines Kindes, und der Kopf wird so genial wie Albert Einstein, Bertrand Russell, Aristoteles.

Aber das Problem ist noch viel weitreichender, als man meinen könnte. In dieser Gesellschaft gibt der Mann den Ton an. Der Mann hat sämtliche Spielregeln erfunden, und die Frau hat sie befolgt. Die Konditionierung sitzt unglaublich tief, denn sie besteht seit Millionen von Jahren.

Wenn sich diese Revolution im Individuum ereignet und das Herz wieder auf den Thron kommt, wenn es seinen rechtmäßigen Platz als Herr und der Kopf seinen rechtmäßigen Platz als guter Diener zugewiesen bekommt, dann wird sich das auf die gesamte gesellschaftliche Struktur auswirken.

In meiner Kommune kann man es beobachten. Die Leute fragen mich ständig, warum ich alle wichtigen Positionen mit Frauen besetzt habe. Weil Frauen einfach nicht einen Dritten Weltkrieg anzetteln würden. Es ist eine historisch erwiesene Tatsache, daß alle Kriege von den Männern angezettelt wurden, aber die Frauen am meisten darunter zu leiden hatten. Eigenartig – die Männer sind die Verbrecher, aber die Konsequenzen müssen die Frauen tragen! Die Frau verliert ihren Mann, sie verliert ihre Kinder. Die Frau verliert ihre Würde, denn immer wenn ein Land erobert wird, sind die Soldaten so unter Druck – genau wie die Mönche ... Während des Krieges haben sie keine Möglichkeit, ihre Sexualität auszuleben, und bei der ersten Gelegenheit – sobald sie eine Stadt erobern und besetzen – stürzen sie sich gleich auf die Frauen.

Dabei haben die Frauen im Grunde nichts mit dem Krieg zu tun. Sie stehen außerhalb, es ist nicht ihr Spiel; es ist ein Spiel der Männer, genau wie Boxen – aber die Frauen müssen vergewaltigt werden! Die Soldaten lechzen nach Sieg – nicht für den Ruhm des Vaterlandes, der liegt ihnen fern; sie lechzen danach, sich die Frauen der Feinde so schnell wie möglich zu nehmen.

Ich habe Frauen an alle wichtigen Machtpositionen gesetzt. Damit setze ich ein Zeichen. Der Mann hat enorme Fähigkeiten, Dinge anzupacken, aber er sollte nicht der Führende sein. Er steckt zu sehr im Kopf fest. Doch er kann wieder eine führende Rolle spielen, kann sogar zum Meister werden, wenn er lernt, das Herz über den Kopf zu stellen. Darum sage ich, daß alle meine Sannyasins Frauen sind – sogar diejenigen, die biologisch und physiologisch gesehen Männer sind. Sobald sie Sannyasins werden, akzeptieren sie eine neue Rangordnung: Sie haben ihrem Kopf etwas vorangestellt – ihr Herz.

So ist das zu verstehen: Sogar die Männer um mich herum fangen an, weibliche Qualitäten zu erwerben. Und die weiblichen Qualitäten sind die einzigen, die zu haben sich lohnt.

(233)

Liebe, Vertrauen, Schönheit, Offenheit, Aufrichtigkeit, Echtheit – all das sind weibliche Qualitäten, und es sind viel großartigere Eigenschaften, als der Mann sie besitzt. Doch die ganze Vergangenheit ist vom Mann und seinen männlichen Eigenschaften beherrscht worden.

Es ist klar: Im Krieg ist die Liebe nutzlos, die Wahrheit, die Schönheit, die Empfindsamkeit für das Schöne – das alles ist nutzlos. Für den Krieg braucht man ein Herz, das härter ist als Stein. Für den Krieg braucht man nur Haß, Wut und Zerstörungswahn.

In dreitausend Jahren hat der Mann fünftausend Kriege geführt. Gewiß, auch das ist Stärke – aber eine Stärke, die des Menschen unwürdig ist. Diese Stärke leitet sich von unserem animalischen Erbe ab. Sie gehört der Vergangenheit an, die hinter uns liegt, doch die weiblichen Eigenschaften gehören zur Zukunft, die noch vor uns liegt.

Fühlt euch nicht schwach, weil ihr diese weiblichen Eigenschaften habt! Ihr solltet der Existenz dafür danken, daß das, was der Mann sich erst verdienen muß, euch schon von Natur aus als Geschenk mitgegeben wurde.

Der Mann muß lieben lernen. Der Mann muß lernen, wie er das Herz zum Herrn und den Verstand zu dessen gehorsamem Diener machen kann. Diese Dinge muß der Mann erst lernen.

Die Frau bringt diese Dinge schon mit; doch wir verurteilen all diese Eigenschaften als Schwäche.

Die Frauenbewegung muß etwas Grundlegendes lernen: Sie darf den Mann nicht imitieren, und sie darf auch nichts darauf geben, was der Mann über ihre weiblichen Eigenschaften und über die weibliche Persönlichkeit sagt.

Laßt alle Ideen fallen, die die Männer euch in den Kopf gesetzt haben. Und laßt ebenso die Ideen der Frauenemanzipation fallen, denn auch sie hat euch Unsinn in den Kopf gesetzt. Der Unsinn besteht darin, daß sie versucht hat zu beweisen, daß Mann und Frau gleich sind. Sie sind es aber nicht – und wenn ich sage, sie sind es nicht, meine ich damit nicht, daß einer dem anderen überlegen beziehungsweise unterlegen ist. Ich meine damit, daß beide einzigartig sind.

Frauen sind Frauen und Männer sind Männer. Es ist keine Frage des Vergleichs. Gleichheit steht außer Frage. Sie sind weder ungleich, noch können sie gleich sein. Sie sind einfach einzigartig.

Freut euch über eure weiblichen Eigenschaften, macht eure weiblichen Eigenschaften zur Poesie. Sie sind euer großartiges natürliches Erbe. Werft es nicht über Bord, denn der Mann hat diese Eigenschaften nicht. Um der Gleichheit willen könntet ihr aber anfangen, euch idiotisch zu verhalten.

Wir sollten eine große Hochachtung vor den weiblichen Qualitäten haben. Diese Qualitäten verbieten manches und fördern manches andere. Die Frau sollte nicht versuchen, den Mann nachzuahmen, denn selbst wenn sie es schafft ... Es ist schwer, das zu schaffen. Nachahmung bleibt immer Nachahmung; sie führt nie zur Gleichheit.

Aber laßt uns der Argumentation wegen ruhig einmal annehmen, daß ihr genau wie die Männer werden könntet: Dann würdet ihr alles verlieren, was euch auszeichnet, doch ihr würdet nichts gewinnen. Denn dann würdet ihr selbst in den Augen der Männer eure Schönheit verlieren, und in euren eigenen Augen würdet ihr eure Würde verlieren. Nicht gleich zu sein ist besser als gleich zu sein, weil sonst der Mann alles Interesse verliert.

Eine Frau sollte ihre Getrenntheit bewahren, sollte all ihre weiblichen Qualitäten bewahren und sie verfeinern. Auf diese Weise geht sie, ihrem Wesen entsprechend, in Richtung Erleuchtung. Natürlich werdet ihr, wenn ihr erst einmal erleuchtet seid, die Geschlechtsunterschiede hinter euch gelassen haben. Jenseits der Erleuchtung seid ihr einfach Menschen. Aber vorher ...

Seid stolz auf eure Qualitäten. Verstärkt sie, verfeinert sie, denn sie sind der Pfad zur Göttlichkeit.

Der Mann ist, was die religiöse Erfahrung angeht, überhaupt nicht besser dran als die Frau. Aber er hat *eine* Qualität: Er ist ein Krieger. Wenn man ihm eine Herausforderung gibt, kann er jede Eigenschaft entwickeln. Dann wird er sogar die weiblichen Eigenschaften besser entwickeln als jede Frau. Sein Kampfgeist macht alles wett. Ihr Frauen habt diese weiblichen Eigenschaften von Geburt an, doch der Mann muß erst dazu provoziert werden; er muß eine Herausforderung bekommen: »Du hast diese weiblichen Qualitäten nicht mitbekommen – du mußt sie dir erwerben!«

Und wenn die Männer ebenso wie die Frauen ihre weiblichen Qualitäten ins Leben einbringen können, ist der Tag nicht mehr fern, an dem wir diese Erde in ein Paradies verwandeln können.

Ich befürworte die Qualitäten der Frauen. Ich sähe gerne die ganze Welt voller weiblicher Qualitäten. Nur dann können Kriege verschwinden. Nur dann kann die Ehe verschwinden. Nur dann können die Nationen verschwinden. Nur dann können wir eine geeinte Welt haben – eine liebevolle, friedliche, stille und schöne Welt.

Darum laßt alle Konditionierungen fallen, die der Mann euch gegeben hat. Findet eure eigenen Qualitäten und entwickelt sie. Ihr dürft den Mann nicht imitieren, und genausowenig darf der Mann euch imitieren. Und wenn ich sage, daß er seine weiblichen Qualitäten entwickeln soll, meine ich nicht, daß er die Frau nachahmen soll.

Jeder Mensch – ob Mann oder Frau – stammt von Vater und Mutter ab. Eine Hälfte seines Wesens stammt vom Mann und die andere Hälfte von der Frau – jeder ist beides. Bist du ein Mann, dann ist der Mann an der Oberfläche, und darunter verborgen sind alle weiblichen Eigenschaften – der Anteil der Mutter. Bist du eine Frau, dann sind die weiblichen Eigenschaften an der Oberfläche und die männlichen Eigenschaften liegen darunter – der Anteil des Vaters.

Es braucht also keinen Konflikt zwischen beiden zu geben, denn ihr seid beides zugleich: Mann und Frau.

Statt einen Konflikt zu erzeugen, besteht meine ganze Arbeit darin, euch den Weg zu zeigen, wie ihr aus allen euren Eigenschaften zusammen eine Harmonie herstellen könnt.

So findet ihr zu eurer Ganzheit als Menschen, zu einem erfüllten Leben. **(234)**

Die Chance ist vorhanden, aber du mußt die Grundlage dafür schaffen: Du mußt bewußter werden, mußt ein Beobachter, ein Zeuge von allem werden, was sich in deinem Innern abspielt. Als Beobachter bist du unmittelbar befreit von der Identifikation. Da du als Beobachter die Emotionen wahrnehmen kannst, weißt du mit absoluter Gewißheit: »Ich bin nicht die Emotionen.« Der Beobachter kann die Gedanken wahrnehmen, und daraus folgt: »Ich bin nicht mein Denkvorgang.«

»Wer bin ich dann?« – Der reine Beobachter, der Zeuge. So kannst du das höchste Potential von Intelligenz in dir erreichen: Du wirst zu einem bewußten Menschen.

Inmitten dieser ganzen schlafenden Welt wirst du wach,

und sobald du erwacht bist, gibt es kein Problem mehr. Dein Erwachen wird alles an die richtige Stelle rücken. Der Kopf muß entthront werden, und das Herz muß wieder die Krone bekommen. Wenn sich dieser Wandel in vielen Menschen vollzieht, entsteht eine neue Gesellschaft, ein neuer Mensch auf dieser Welt. Dann wird sich so vieles verändern, daß ihr es euch überhaupt nicht vorstellen könnt.

Die Wissenschaft wird eine völlig andere Qualität bekommen: Sie wird nicht mehr im Dienste des Todes stehen, wird keine Waffen mehr herstellen, die das ganze Leben auf der Erde vernichten können. Sie wird unser Leben bereichern, wird uns Energien nutzbar machen, die den Menschen mehr Zufriedenheit bringen können, die den Menschen ein Leben in Bequemlichkeit und Luxus geben können, weil sie völlig andere Werte vertreten wird. Nach wie vor wird der Kopf all seine Funktionen ausführen – aber unter der Führung des Herzens.

Mein Weg ist der Weg der Meditation.

Ich muß Sprache gebrauchen, unglücklicherweise, und darum sage ich: »Mein Weg ist der Weg der Meditation« – weder des Kopfes noch des Herzens, sondern eines wachsenden Bewußtseins, das über beidem steht: über Kopf und Herz.

Dies ist der Schlüssel, um die Tore für die Ankunft eines neuen Menschen auf dieser Erde zu öffnen. **(235)**

Du hast mich gefragt: *»Kannst du etwas über das Mysterium der Frau sagen?«*

Da ist ein Mysterium, aber es ist nicht auf die Frau beschränkt. Diese ganze Existenz ist ein Mysterium. Dieser herrliche Regen ... die Musik des strömenden Regens ... diese Freude in den Bäumen ... Meinst du nicht auch, daß dies alles ein großes Mysterium ist?

Wenn du genauer hinsiehst, ist jede einzelne Blume ein Mysterium. Woher kommen diese Farben? Jeder Regenbogen ist ein Mysterium, jeder Augenblick des Lebens ist ein Mysterium. Einfach nur hier zu sein ... Ist es nicht ein Mysterium, daß du genau da bist, wo du bist – hier?

Sobald dein Blick klar geworden ist, sobald dein Kopf und dein Herz nicht mehr im Konflikt miteinander stehen, beginnt alles ein Geheimnis zu werden. Dann willst du das Geheimnis nicht mehr enträtseln – das ist so häßlich, so kriminell! Das Geheimnis der Existenz muß man annehmen, so wie es ist. Der Versuch, es zu enträtseln, es zu sezieren ist ein aggressiver, gewaltsamer Eingriff.

Ein Mensch, der in Meditation lebt, freut sich über alles – die Blumen, die Vögel, die Bäume, den Regen, die Sonne, den Mond, die Menschen. Wie schön wir alle in dieses geheimnisvolle Ganze verwoben sind! Das Leben wäre völlig langweilig, könnte man jedes Geheimnis entziffern.

Die Wissenschaft bemüht sich um jeden Preis, hinter das Mysterium der Existenz zu kommen. Dichtung und Kunst erfreuen sich daran und heißen das Mysterium willkommen. Und der Mystiker, der religiöse Mensch: Er lebt das Mysterium – nicht von außen wie ein Dichter, sondern aus seinem innersten Innern. Er wird selbst zum Mysterium. **(236)**

Über Osho

Von seiner frühesten Kindheit in Indien an war Osho ein rebellischer und unabhängiger Geist, der alle herkömmlichen religiösen, gesellschaftlichen und politischen Werte in Frage stellte und darauf bestand, selber die Wahrheit herauszufinden, statt einfach das Wissen und die Überzeugungen anderer Leute zu übernehmen.

Im Alter von einundzwanzig Jahren, am 21. März 1953, wurde Osho erleuchtet. Er sagt von sich: »*Ich suche nun nicht mehr, suche nichts. Die Existenz hat mir all ihre Türen geöffnet. ich kann nicht einmal sagen, daß ich der Existenz angehöre; denn ich bin einfach eins geworden mit ihr ... Wenn eine Blume aufblüht, blühe ich mit ihr auf. Wenn die Sonne aufgeht, gehe ich mit ihr auf. Das Ego in mir, das die Menschen davon abhält, ist nicht mehr. Mein Körper ist Teil der Natur, mein Sein ist Teil des Ganzen. Ich bin kein losgelöstes Wesen.*«

Mit höchsten Auszeichnungen machte er sein Examen im Fach Philosophie an der Universität von Sagar. In seiner Zeit als Student war er gesamtindischer Sieger im Debattieren und Gewinner der Goldenen Medaille gewesen. Nach neunjähriger Lehrtätigkeit als Philosophieprofessor an der Universität Jabalpur nahm er seinen Abschied, um kreuz und quer durch Indien zu reisen; er hielt Vorträge, forderte die orthodoxen religiösen Führer des Landes zu öffentlichen Debatten heraus und schockierte durch seine Angriffe auf die überlieferten Glaubensinhalte die Hüter des Status quo.

Im Laufe seiner Arbeit hat Osho sich zu praktisch jedem Aspekt der Entwicklung des menschlichen Bewußtseins geäußert. Von Sigmund Freud bis Tschuang Tse, von George Gurdjieff bis Gautama Buddha, von Jesus Christus bis Rabindranath Tagore hat er von jedem Großen der Geistesgeschichte die Essenz herausdestilliert – das, was für die spirituelle Suche des modernen Menschen von Wichtigkeit ist. Dabei läßt er sich nicht vom intellektuellen Verständnis, sondern von seiner eigenen existentiellen Erfahrung leiten.

Er gehört keiner Tradition an: »*Mit mir beginnt ein vollkommen neues religiöses Bewußtsein*«, sagt er. »*Bitte stellt keinen Zusammen-*

hang zwischen mir und der Vergangenheit her; sie ist es nicht einmal wert, daß man sich an sie erinnert.«

Seine Vorträge vor Freunden und Suchern aus aller Welt sind in mehr als sechshundertfünfzig Büchern erschienen und wurden in mehr als vierzig Sprachen übersetzt. Dabei sagt er: *»Meine Botschaft ist keine Ideologie, keine Philosophie. Meine Botschaft ist eine gewisse Alchimie, eine Wissenschaft der Transformation; nur diejenigen also, die bereit sind, so, wie sie sind, zu sterben und neu geboren zu werden als etwas so Neues, daß man es sich jetzt noch nicht einmal vorstellen kann ... nur solche mutigen Leute werden bereit sein zuzuhören, denn schon das Zuhören wird riskant sein. Indem du zuhörst, hast du schon den ersten Schritt in Richtung Neugeburt getan. Sie ist also keine bloße Philosophie, aus der du dir einen neuen Mantel schneidern und damit angeben kannst. Sie ist keine Doktrin, die dir tröstende Antworten auf quälende Fragen finden hilft ... Nein, meine Botschaft ist keine bloße Wortmitteilung. Sie ist weit riskanter. Sie ist nichts Geringeres als Tod und Neugeburt.«*

Osho hat seinen Körper am 19. Januar 1990 verlassen. Nur wenige Wochen zuvor war er gefragt worden, was aus seinem Lebenswerk werden würde, wenn er einmal nicht mehr da wäre. Er sagte: *»Mein Vertrauen in die Existenz ist absolut. Wenn in dem, was ich sage, irgendeine Wahrheit steckt, wird es Leben haben ... Diejenigen Menschen, die weiterhin an meiner Arbeit interessiert sind, werden einfach die Fackel weitertragen, ohne irgend jemandem etwas aufzuzwingen ...*

Ich werde für meine Leute eine Quelle der Inspiration bleiben. Und genau das werden die meisten Sannyasins spüren. Ich möchte, daß sie von sich aus Eigenschaften entwickeln wie Liebe – die sich durch keine Kirche einmauern läßt –, wie Bewußtheit – auf die niemand ein Monopol hat –, wie Lebensfeier und Lebensfreude und das Bewahren der funkelnden Frische von Kinderaugen ...

Ich möchte, daß meine Leute sich selber kennen und nicht so sind, wie andere es gerne hätten. Und der Weg führt nach innen.«

Entsprechend seinem Rat gedeiht die Kommune, die sich um ihn gebildet hat, in Poona (Indien) weiter, wo sich zu allen Jahreszeiten Tausende von Jüngern und Suchern einfinden, um an den einzigartigen Meditationen und anderen dort angebotenen Programmen teilzunehmen.

Quellennachweis

Die Quellenangaben beziehen sich auf die Titel der Originalvortragsserien, die fast alle in Englisch als Buch erschienen sind. Soweit eine deutsche Ausgabe vorliegt, sind Titel und Verlag in Deutsch angegeben.

Ein Verzeichnis der lieferbaren deutschen und englischen Bücher sowie der Originalmusik auf MC und CD zu den Meditationen von Osho ist erhältlich bei:

Osho Verlag, Venloer Str. 5–7, D 50692 Köln, Tel. 02 21-5 74 07 43.

1. Kapitel: »Weiblich«

1 The Great Pilgrimage: From Here to Here, 27. Kapitel
2 The Great Pilgrimage: From Here to Here, 2. Kapitel
3 The Sword and the Lotus, 5. Kapitel
4 The Mustard Seed: My Most Loved Gospel on Jesus, 18. Kapitel
5 Das Herz Sutra, 3. Kapitel, Osho Verlag
6 Ancient Music in the Pines, 1. Kapitel
7 The Sacred Yes, 22. Kapitel
8 Hsin Hsin Ming: The Book of Nothing, 1. Kapitel
9 The Madman's Guide to Enlightenment, 19. Kapitel

2. Kapitel: Unterdrückung

10 The White Lotus, 10. Kapitel
11 The Messiah: Commentaries on Khalil Gibran's »The Prophet«, 2. Band, 4. Kapitel
12 The Sword and the Lotus, 17. Kapitel
13 From Unconsciousness to Consciousness, 6. Kapitel
14 Nirvana – die letzte Hürde auf dem Weg, 6. Kapitel, Osho Verlag
15 Christianity: The Deadliest Poison, and Zen: The Antidote to All Poisons, 4. Kapitel
16 The Transmission of the Lamp, 2. Kapitel
17 Christianity: The Deadliest Poison, and Zen: The Antidote to All Poisons, 3. Kapitel
18 Sermons in Stones, 5. Kapitel

3. Kapitel: Befreiung

19 The Dhammapada: The Way of the Buddha, 7. Band, 10. Kapitel
20 The Dhammapada: The Way of the Buddha, 10. Band, 2. Kapitel
21 The Fish in the Sea is Not Thirsty, 4. Kapitel
22 Tao: The Three Treasures, 2. Band, 7. Kapitel
23 Take It Easy, 2. Band, 2. Kapitel
24 The Book of Wisdom, 7. Kapitel
25 Ah, This!, 4. Kapitel
26 The Hidden Splendor, 22. Kapitel

4. Kapitel: Sexualität

27 The Razor's Edge, 26. Kapitel
28 The Rebel, 29. Kapitel
29 Ah, This!, 8. Kapitel
30 From Death to Deathlessness, 10. Kapitel
31 Tantra – Die höchste Einsicht, 6. Kapitel, Sannyas Verlag
32 Tao: The Three Treasures, 1. Band, 7. Kapitel
33 Zen: The Special Transmission, 6. Kapitel
34 The Shadow of the Whip, 15. Kapitel
35 The Open Secret, 4. Kapitel
36 Vigyan Bhairav Tantra, 1. Band, 33. Kapitel
37 Vigyan Bhairav Tantra, 1. Band, 34. Kapitel
38 Tantrische Transformation, 4. Kapitel, Osho Verlag
39 Be Still and Know, 1. Kapitel
40 Vigyan Bhairav Tantra, 2. Band, 28. Kapitel
41 Zen: The Special Transmission, 4. Kapitel
42 Die tantrische Vision, 1. Kapitel, Osho Verlag
43 Tantrische Transformation, 4. Kapitel, Osho Verlag

5. Kapitel: Ehe

44 From the False to the Truth, 15. Kapitel
45 Walking in Zen, Sitting in Zen, 6. Kapitel
46 The New Dawn, 20. Kapitel
47 Tao: The Pathless Path, 2. Band, 4. Kapitel
48 The Dhammapada: The Way of the Buddha, 7. Band, 10. Kapitel
49 Zen: Zest, Zip, Zap and Zing, 5. Kapitel
50 This Very Body the Buddha, 3. Kapitel

51 From Misery to Enlightenment, 7. Kapitel
52 Tantrische Transformation, 2. Kapitel, Osho Verlag
53 Komm und folge – zu dir, 4. Band, 4. Kapitel, Osho Verlag
54 No Mind: The Flowers of Eternity, 11. Kapitel
55 Walking in Zen, Sitting in Zen, 1. Kapitel
56 The Dhammapada: The Way of the Buddha, 9. Band, 8. Kapitel
57 The Discipline of Transcendence, 1. Band, 2. Kapitel

6. Kapitel: Liebe

58 Unio Mystica, 2. Band, 4. Kapitel
59 Das Klatschen der einen Hand, 6. März 1981, Edition Gyandip
60 The Rebellious Spirit, 5. Kapitel
61 The Razor's Edge, 15. Kapitel
62 The New Dawn, 1. Kapitel
63 The Golden Future, 6. Kapitel
64 Satyam Shivam Sundram, 5. Kapitel; Aus purer Lust am Leben, Osho Verlag
65 The Wild Geese and the Water, 3. Kapitel
66 Tantrische Transformation, 2. Kapitel, Osho Verlag
67 The Fish in the Sea is Not Thirsty, 4. Kapitel
68 The Wisdom of the Sands, 2. Band, 5. Kapitel
69 Zorba the Buddha, 7. Kapitel
70 The Rebellious Spirit, 4. Kapitel
71 The Rainbow Bridge, 8. Kapitel
72 Yoga: The Alpha and the Omega, 3. Band, 8. Kapitel

7. Kapitel: Beziehung

73 The Book of Wisdom, 27. Kapitel
74 Komm und folge – zu dir, 4. Band, 6. Kapitel, Osho Verlag
75 The Cypress in the Courtyard, 7. Kapitel
76 Mein Weg: Der Weg der weißen Wolke, 7. Kapitel, Edition Tao
77 Don't Look Before You Leap, 22. Kapitel
78 Die Mysterienschule, 5. Kapitel, Osho Verlag
79 Be Realistic: Plan for a Miracle, 20. Kapitel
80 Theologia Mystica, 11. Kapitel
81 The Discipline of Transcendence, 3. Band, 7. Kapitel
82 Sprengt den Fels der Unbewußtheit, 9. Kapitel, Osho Verlag
83 From Darkness to Light, 20. Kapitel

84 Don't Look Before You Leap, 1. Kapitel
85 Be Realistic: Plan for a Miracle, 22. Kapitel
86 Be Realistic: Plan for a Miracle, 17. Kapitel
87 Don't Bite My Finger, Look Where I'm Pointing, 16. Kapitel
88 The Sword and the Lotus, 7. Kapitel
89 Ekstase – die vergessene Sprache, 2. Kapitel, Ki-Buch Verlag

8. Kapitel: Mutterschaft

90 God Is Not For Sale, 6. Kapitel
91 The Mustard Seed: My Most Loved Gospel on Jesus, 18. Kapitel
92 Get Out of Your Own Way, 3. Kapitel
93 Walk Without Feet, Fly Without Wings and Think Without Mind, 3. Kapitel
94 This Is It, 23. Kapitel
95 Don't Bite My Finger, Look Where I'm Pointing, 3. Kapitel
96 The Cypress in the Courtyard, 5. Kapitel
97 For Madmen Only (Price of Admission: Your Mind), 17. Kapitel
98 From Unconsciousness to Consciousness, 25. Kapitel
99 Vedanta: Seven Steps to Samadhi, 9. Kapitel
100 Don't Look Before You Leap, 30. Kapitel
101 The Dhammapada: The Way of the Buddha, 4. Band, 10. Kapitel
102 And Now, And Here, 2. Band, 14. Kapitel
103 Be Realistic: Plan for a Miracle, 19. Kapitel
104 The Dhammapada: The Way of the Buddha, 9. Band, 7. Kapitel

9. Kapitel: Familie und Geburtenkontrolle

105 Sufis: The People of the Path, 2. Band, 12. Kapitel
106 Philosophia Ultima, 3. Kapitel
107 Sufis: The People of the Path, 2. Band, 12. Kapitel
108 From Personality to Individuality, 18. Kapitel
109 Philosophia Ultima, 3. Kapitel
110 Zen: Zest, Zip, Zap and Zing, 13. Kapitel
111 Socrates Poisoned Again After 25 Centuries, 4. Kapitel

10. Kapitel: Kreativität

112 From Death to Deathlessness, 1. Kapitel
113 From the False to the Truth, 34. Kapitel

114 Philosophia Ultima, 16. Kapitel
115 From Death to Deathlessness, 4. Kapitel
116 The Last Testament, 1. Band, 19. Kapitel
117 A Sudden Clash of Thunder, 4. Kapitel
118 Blessed Are the Ignorant, 13. Kapitel
119 From Ignorance to Innocence, 6. Kapitel
120 Far Beyond the Stars, 4. Kapitel
121 The Book of Wisdom, 20. Kapitel

11. Kapitel: Altern, Krankheit, Tod

122 The Great Pilgrimage: From Here to Here, 20. Kapitel
123 Socrates Poisoned Again After Twenty-Five Centuries, 21. Kapitel
124 Beyond Enlightenment, 28. Kapitel
125 The Invitation, 24. Kapitel
126 Don't Let Yourself Be Upset by the Sutra, 6. Kapitel
127 The Osho Upanishad, 19. Kapitel
128 From Death to Deathlessness, 26. Kapitel
129 The Last Testament, 2. Band, 23. Kapitel
130 From Death to Deathlessness, 9. Kapitel
131 Satyam Shivam Sundram, 21. Kapitel; Aus purer Lust am Leben, Osho Verlag
132 Yoga: The Alpha and the Omega, 9. Band, 4. Kapitel
133 The Great Pilgrimage: From Here to Here, 13. Kapitel

12. Kapitel: Körper, Verstand, Gefühl

134 Tantrische Transformation, 7. Kapitel, Osho Verlag
135 Hallelujah!, 31. Kapitel
136 Unio Mystica, 1. Band, 4. Kapitel
137 Unio Mystica, 2. Band, 4. Kapitel
138 Ekstase – die vergessene Sprache, 3. Kapitel, Ki-Buch Verlag
139 The Transmission of the Lamp, 8. Kapitel
140 Sprengt den Fels der Unbewußtheit, 4. Kapitel, Osho Verlag
141 Und vor allem nicht wackeln, 3. Kapitel, Verlag D. Klotz
142 Let Go!, 26. Kapitel
143 The Dhammapada: The Way of the Buddha, 8. Band, 12. Kapitel
144 The Secret of Secrets, 2. Band, 8. Kapitel
145 Take It Easy, 2. Band, 4. Kapitel
146 The Mustard Seed: My Most Loved Gospel on Jesus, 18. Kapitel

147 Sat Chit Anand, 11. Kapitel
148 Socrates Poisoned Again After 25 Centuries, 21. Kapitel
149 The Hidden Splendor, 15. Kapitel
150 Das Buch der Geheimnisse, 1. Band, 16. Kapitel, Osho Verlag
151 The Ultimate Alchemy, 2. Band, 5. Kapitel
152 Don't Bite My Finger, Look Where I'm Pointing, 16. Kapitel
153 The Book of Wisdom, 27. Kapitel
154 Sermons in Stones,13. Kapitel
155 Light on the Path, 26. Kapitel
156 The Transmission of the Lamp, 17. Kapitel
157 Ekstase – die vergessene Sprache, 5. Kapitel, Ki-Buch Verlag

13. Kapitel: Meditation

158 Meditation – die erste und letzte Freiheit, Osho Verlag
159 Ancient Music in the Pines, 7. Kapitel
160 Hallelujah!, 31. Kapitel
161 Meditation – die erste und letzte Freiheit, Osho Verlag
162 Meditation – die erste und letzte Freiheit, Osho Verlag
163 Light on the Path, 35. Kapitel
164 Walking in Zen, Sitting in Zen, 14. Kapitel
165 Let Go!, 6. Kapitel
166 The Eternal Quest, 4. Kapitel
167 Esoterische Psychologie, 4. Kapitel, Osho Verlag
168 The Great Challenge, 2. Kapitel
169 Meditation – die erste und letzte Freiheit, Osho Verlag
170 The New Alchemy: To Turn You On, 12. Kapitel
171 Meditation – die erste und letzte Freiheit, Osho Verlag
172 Be Realistic: Plan for a Miracle, 7. Kapitel
173 Das Orangene Buch, Osho Verlag
174 This Is It, 15. Kapitel
175 Das Orangene Buch, Osho Verlag
176 Das Orangene Buch, Osho Verlag
177 Meditation – die erste und letzte Freiheit, Osho Verlag
178 The Secret of Secrets, 1. Band, 4. Kapitel
179 The Tongue-Tip Taste of Tao, 17. Kapitel
180 The New Dawn, 16. Kapitel
181 The New Dawn, 16. Kapitel
182 Hallelujah!, 31. Kapitel
183 Das Orangene Buch, Osho Verlag
184 Das Orangene Buch, Osho Verlag
185 Das Orangene Buch, Osho Verlag

186 Das Orangene Buch, Osho Verlag
187 Meditation – die erste und die letzte Freiheit, Osho Verlag
188 Vigyan Bhairav Tantra, 2. Band, 27. Kapitel
189 Vigyan Bhairav Tantra, 1. Band, 32. Kapitel; Tantra, Spiritualität und Sex, Osho Verlag
190 Meditation – die erste und die letzte Freiheit, Osho Verlag
191 The Madman's Guide to Enlightement, 17. Kapitel

14. Kapitel: Spiritualität

192 The Transmission of the Lamp, 24. Kapitel
193 The Wisdom of the Sands, 2. Band, 5. Kapitel
194 Theologia Mystica, 11. Kapitel
195 Yoga: The Alpha and the Omega, 3. Band, 2. Kapitel
196 A Sudden Clash of Thunder, 4. Kapitel
197 Sermons in Stones, 1. Kapitel
198 Jenseits von Psychologie, 20. Kapitel, Osho Verlag
199 The Sword and the Lotus, 17. Kapitel

15. Kapitel: Erleuchtete Frauen

200 The Razor's Edge, 16. Kapitel
201 The Razor's Edge, 16. Kapitel
202 The Razor's Edge, 16. Kapitel
203 Socrates Poisoned Again After 25 Centuries, 14. Kapitel
204 Be Still and Know, 8. Kapitel
205 The Razor's Edge, 16. Kapitel
206 Come, Come, Yet Again Come, 14. Kapitel
207 Books I Have Loved, 5. Kapitel
208 The Razor's Edge, 16. Kapitel
209 The Dhammapada: The Way of the Buddha, 5. Band, 10. Kapitel
210 Light on the Path, 22. Kapitel
211 Aus dem Hindi-Vortrag: *Bin Ghan Parat Phuhar*
212 Aus dem Hindi-Vortrag: *Jagat Taraiya Bhor Ki*
213 The Great Zen Master Ta Hui, 12. Kapitel
214 Die tantrische Vision, 1. Kapitel, Osho Verlag
215 Zen: The Path of Paradox, 3. Band, 5. Kapitel
216 The Secret of Secrets, 2. Band, 9. Kapitel
217 Hsin Hsin Ming: The Book of Nothing, 4. Kapitel
218 Sprich uns von der Liebe, 3. Kapitel, Osho Verlag
219 Sat Chit Anand, 13. Kapitel
220 The Language of Existence, 8. Kapitel

221 Early Talks, 8. Kapitel, September 1980, aus dem Hindi-Vortrag: *Jyun tha tyun tharaya*
222 Goldene Augenblicke, Osho Verlag

16. Kapitel: Zukunft

223 The Rebellious Spirit, 12. Kapitel
224 The Dhammapada: The Way of the Buddha, 4. Band, 6. Kapitel
225 The Book of Wisdom, 7. Kapitel
226 From Misery to Enlightenment, 19. Kapitel
227 The Guest, 5. Kapitel
228 Hari Om Tat Sat, 5. Kapitel
229 The Razor's Edge, 26. Kapitel
230 Be Still and Know, 1. Kapitel
231 The Rebellious Spirit, 29. Kapitel
232 The Rebel, 29. Kapitel

17. Kapitel: Erfülltes Leben

233 From the False to the Truth, 31. Kapitel
234 Sermons in Stones, 17. Kapitel
235 From the False to the Truth, 31. Kapitel
236 The Great Pilgrimage: From Here to Here, 27. Kapitel

Die Osho Commune International

Die Osho Commune International ist nach wie vor das größte spirituelle Wachstumszentrum der Welt. Besucher aus aller Welt strömen zu Tausenden herbei, um sich dort inmitten von üppigem Grün und gepflegten Anlagen zu entspannen, an Meditationen, Therapien, körperlichen Regenerationsprozessen und kreativen Programmen teilzunehmen – oder einfach den Geschmack eines »Buddhafeldes« kennenzulernen.

Die Osho Multiversity der Kommune mit ihren neun Fakultäten (z. B. Osho International Academy of Healing Arts, Osho Center for Transformation, Osho School of Mysticism) bietet Hunderte von Workshops, Gruppen und Trainings an.

All diese verschiedenartigen Programme sind dazu da, jedem auf seine Art die Chance zu bieten, das Aha-Erlebnis der Meditation zu erfahren – jenen Trick, einfach nur unbeteiligter Zeuge der eigenen Gedanken, Emotionen und Handlungen zu sein, ohne zu urteilen oder sich zu identifizieren.

Anders als in den alten östlichen Traditionen ist Meditation in Oshos Kommune keine isolierte Disziplin, sondern untrennbar mit dem Alltag verbunden – Teil der Arbeit, des Umgangs mit anderen, der Lebensprozesse schlechthin. Die Folge davon ist, daß die Menschen hier sich nicht von der Welt abkehren, sondern vielmehr ihren Geist der Wachheit und des Feierns in sie hinaustragen, in tiefer Achtung vor dem Leben.

Weitere Informationen:

Osho Commune International
17, Koregaon Park
Pune 411001 MS, Indien
Tel. 0091-212-62 85 61/62,

World Wide Web
http://www.osho.org

Fax 0091-212-62 41 81

Osho International
570 Lexington Ave
New York, N.Y. 10022 USA
Tel. 0 01-8 00-7 77 77 43 (USA only)
Internet: www.osho.org
E-Mail: osho-int@osho.org

Osho Uta Institut
Venloer Str. 5–7
50672 Köln
Tel: 00 49-2 21-5 74 07 30
Fax 00 49-2 21-52 39 30
E-Mail: OSHOUta@aol.com

Osho Tao Zentrum
Klenzestr. 41
80469 München
Tel. 00 49-89-20 24 09-0
Fax 00 49-89-20 24 09-18
E-Mail: 101666.2712
@compuserve.com

Alphabetisches Sachregister

L

M

N

O

P

Q

R